지식장의 변동과 공중위생

이 저서는 2018년 대한민국 교육부와 한국연구재단의 지원을 받아 수행된 연구임
(NRF-2018S1A5B8068518)

신체정치 연구총서 02

지식장의 변동과 공중위생

초판 1쇄 발행 2021년 2월 28일

엮은이 ㅣ 청암대학교 재일코리안연구소
발행인 ㅣ 윤관백
발행처 ㅣ 도서출판 선인

등 록 ㅣ 제5-77호(1998.11.4)
주 소 ㅣ 서울시 마포구 마포대로 4다길 4 곳마루 B/D 1층
전 화 ㅣ 02)718-6252 / 6257   팩 스 ㅣ 02)718-6253
E-mail ㅣ sunin72@chol.com

정가 44,000원

ISBN 979-11-6068-462-9 94900
      979-11-6068-321-9 (세트)

· 잘못된 책은 바꿔 드립니다.

신체정치 연구총서 02

지식장의 변동과 공중위생

청암대학교 재일코리안연구소 편

▌머리말▐

1. '재일코리안연구소'의 신체정치 연구총서

청암대에서는 2011년부터 '재일코리안연구소'를 설립하여 적잖은 연구 결과를 내었다. 이러한 성과를 인정받아 2018년 「한국의 근대정치와 신체정치」라는 다년간 연구주제로 한국연구재단의 '대학중점연구소지원사업'에 선정되었다. 그 사업의 결과 가운데 하나로 2019년에는 『계몽의 기획과 신체』라는 총서 1권을 출간했다. 우리는 그 책에서 우리 연구진의 연구목적과 총서의 성격을 명료하게 밝혔다. 의학·간호학과 인문학이 결합하는 과정에서 연구 방향을 명확하게 설정하는 것이 무엇보다 중요했기 때문이었다.

공동연구를 통한 총서의 출간은 섬세하게 연구를 설계해야 한다. 여러 분야의 전공자가 한데 어울려 문제의식을 공유해야 하고 연구방법론에서도 일정하게 합의해야하기 때문이다. 심포지엄과 워크숍, 그리고 국내·국외 학술회의는 연구자 내부의 공감대 형성에 이바지했음은 말할 나위 없다. 우리 연구진은 학술행사를 통한 상호소통 과정을 차근차근 거치면서 연구의 내실을 다지고 성과를 외화하는데 힘을 쏟았다. 그 성과 가운데 하나를 이 책 『지식장의 변동과 공중위생』으로 내놓는다.

2. 『지식장의 변동과 공중위생』의 핵심 문제의식

"서양 의료체계의 헤게모니가 형성되는 과정을 살핀다. 식민지 조선에 대한 일제의 위생 인식과 계몽내용을 다룬다. 일본과 독일의 의학지식이 사회정책으로 연결되는 과정을 비교 검토한다." 이것이 2019~2020년 공동연구의 목표였다. 연구를 진행하는 과정에서 사료의 한계로 고통받기도 했고, 전공을 뛰어넘는 확장된 문제의식을 완전히 확보한 것도 아니었다. 그러나 대체로 공동연구의 목표를 이룩했다고 감히 말할 수 있다. 그 결과를 이 책 1부, 2부, 3부로 실었다.

1부「근대의 '의료 지식'과 공중위생」에서는 매체에 나타난 의약품 광고와 텍스트 분석을 통해 '의료과학' 또는 '의학상식'이 어떻게 유통되었는지를 밝혔다. 또 위생풍속에 대한 식민권력의 시선과 교과서 속의 계몽 프로젝트를 설명했다. 1부를 통해서 질병에 대한 신념, 태도, 행동 양식의 전개과정을 살필 수 있을 것이다.

2부「전염병과 사회 관리」는 오늘날 '코로나 국면'에서 많은 시사를 받을 수 있는 주제들을 다루었다. 콜레라 등의 전염병에 대한 역사적 접근법을 통해 당대의 사회를 들여다보았다. 2부를 통해서 질병을 관리하는 체계는 사회 질서를 관리하는 권력과 밀접한 관련이 있음을 알 수 있을 것이다.

3부「의료와 정치, 제국과 인종」에서는 의료인이 민족운동에 참여하게 된 배경을 설명하거나 '731부대에 대한 민족주의적 소비'를 다루면서 의료에 관련된 정치적 시야를 확장하게 한다. 또한, 우생학과 인종론을 통해 '의학적 시선'이 이데올로기와 결합하는 맥락을 추적하면서 인간의 신체에 통치의 기술과 전략이 개입한다는 것에 주목했다.

총서가 단순히 개별 논문을 모아놓은 것이 아니라 체계적인 연구설계의 결과물이어야 한다는 생각에는 변함이 없다. 우리 연구진이 미처 해명하지 못한 영역에 대해서 외부 필자의 옥고를 받아 보충했다. 이 총서의 취지에 공감하며 옥고를 보내주신 이병례 선생님과 박이진 선생님께 우리 전체 연구진을 대신하여 고맙다는 말씀을 드린다.

청암대학교 재일코리안연구소 소장
김인덕

▌목차 ▌

2부 전염병과 사회관리

3부 의료와 정치, 제국과 인종

한위건의 초기 생애와 3·1 독립운동 참여 과정 톺아보기
생애 초기 규명과 경성의학전문학교 특성 고찰을 중심으로 | 하세가와 사오리 · 최규진

'인종개량'과 '역선택' 사이에서 | 서동주
근대일본의 '우생결혼' 담론을 중심으로

일본 미군 점령기의 혼혈 담론 | 박이진

731부대에 대한 민족주의적 '소비'를 넘어서 | 하세가와 사오리 · 최규진

731부대 관련 사진오용 사례와 조선 관계 자료 검토를 중심으로

1부
근대의 '의료 지식'과
공중위생

1910년대 의약품 광고의 '과학'과 주술

최 규 진

I. 머리말

시각은 근대를 지배하는 감각이다. 근대에 새롭게 발명된 사진과 영화 그리고 인쇄술의 발달은 예전의 문자 중심사회를 시각 중심사회로 바꾸었다. 신문과 잡지 등에 실린 광고도 '이미지 미디어'[1]로서 '시각적 모더니티' 형성에 큰 영향을 미쳤다. 광고 도안에 실린 사진, 삽화, 일러스트레이션, 상표 등이 시각체계 재편에 큰 몫을 차지했다. 특히 의약품 광고는 몸과 질병에 대한 의학적 시선을 대중에게 전파하는 데 결정적인 역할을 했다. 근대의 '의학적 시선'이란 '눈에 의한 증명'이다.[2]

이미지는 문자보다 사물과 현실을 쉽게 인식할 수 있도록 해준다. "이미지는 글보다 전염성이 강하고 바이러스 성을 띤다. 이미지는 신념 공

---

1) 홍선표, 「경성의 시각문화 공람제도 및 유통과 관중의 탄생」, 한국미술연구소 한국근대시각문화팀, 『모던 경성의 시각문화와 관중』, 한국미술연구소CAS, 2018, 34쪽.
2) 피터 브룩스, 이봉지 · 한애경 역, 『육체와 예술』, 문학과지성사, 2000, 410쪽.

동체를 땜질하듯 녹여 붙이는 탁월한 재능을 갖고 있다."3) 의약품 광고
문구는 건강 담론에 개입했고, 신체 이미지는 몸을 보는 시선을 변화시
켰다. 어떤 변화인가. 그 내용을 한꺼번에 정리하기는 쉽지 않다. 광고
에 실린 상징적인 이미지들은 여러 해석을 기다리고 있기 때문이다. "이
미지들은 사회적 실체의 반영도, 사회적 실체와는 아무런 관계가 없는
기호들의 체계도 아니며, 이 두 극단 사이의 여러 지점에 놓여있다. 이
미지들은 개인이나 집단의 상상 세계를 포함해 사회를 바라보는, 그러나
서서히 변해가는 방법들에 대해 증언하고 있다."4) 이미지에 담긴 은유와
무의식을 읽어내려면 당대의 사유체계와 역사 상황을 알아야 한다.

이 글이 대상으로 삼는 1910년대는 일제 '무단통치' 시기이다. 익히 알
듯이 무단통치기에는 육해군 대장 가운데 임명한 조선총독이 모든 권한
을 거머쥐고 헌병경찰제도를 실시하면서 폭압적인 정치를 했다. 아울러
제국의 이익에 알맞게 조선의 사회와 경제를 강압적으로 재편하는 시기
이기도 하다. 그런 가운데 1910년대에 비록 '관제문화'이지만 여러 문화
행사가 넘쳐났다. 그러한 문화행사는 취미와 쾌락이라는 새로운 기준을
제시하면서 사적 욕망을 부추겼다.5) 관화대회(觀火大會), 공진회, 동물
원, 수족관 등의 관제(官制) 이벤트가 있었고 벚꽃놀이, 서커스, 일본 예
능인 공연 등의 근대 유흥 시스템이 있었다.

많은 연구에서 1920년대 이후의 소비와 욕망 문제를 다루고 있다.6)
그러나 이미 1910년대에 자본주의적 욕망을 창출하는 장치가 작동되고
있었다. 특히 '근대의 기획자'인 자본주의 상품이 광고로 위세를 떨치고

---

3) 레지스 드브레, 정진국 역, 『이미지의 삶과 죽음』, 시각과 언어, 1994, 108쪽.
4) 피터 버크, 박광식 역, 『이미지의 문화사. 역사는 미술과 어떻게 만나는가』, 심산, 2009, 303쪽.
5) 권보드래, 「1910년대의 새로운 주체와 문화 -『매일신보』가 만든 『매일신보』에 나타난 대중」, 『민족문학사연구』 36, 2008, 149~158쪽.
6) 권창규, 『상품의 시대』, 민음사, 2014.

있었다. 그 상품광고는 '물질들의 신화[7]'를 만들어가기 시작했다.

생산은 재화를 생산할 뿐만 아니라, 재화를 소비할 사람들, 그리고 그에 상응하는 욕구를 생산한다. 자본은 상점에서 물건을 내보내기 위해서 먼저 개인의 마음을 흔들어야 한다. 그 무렵 상품판매자는 다음과 같이 말한다. "광고란 영업에 관한 일체 사항을 일반 중인(衆人)에게 주지(周知)케 하며 고객을 유인하여 점포를 번창하게 하는 수단 방법으로 막대한 이익을 제공하는 것이다."[8] 이처럼 광고는 대중에게 제품에 관한 정보를 알리는 도구로서 역할을 시작했지만, 사회구성원들이 공유하는 의식과 가치관 그리고 이데올로기를 만들어가는 문화 기구가 되었다. "광고는 소비자를 창출하는 또 다른 생산수단일 뿐만 아니라, 문화적 확산을 꾀하는 수단이 된다."[9] 광고는 상품 판매를 위한 '설득 커뮤니케이션' 또는 '디자인 마케팅' 이상의 의미를 담고 있다. "광고는 사물에 대한 특권담화이며"[10] 시대의 담론이다. 광고는 당대의 시대상과 문화를 만들어가는 문화적 현상으로서 사회문화를 반영하는 역사적인 텍스트이다. 적어도 "광고는 상품에 대한 과거 사람들의 태도를 이해하는 데 도움을 준다."[11]

1910년대 의약품 광고를 분석하기 위해『매일신보』,『부산일보』,『경성일보』,『조선시보』에 실린 광고 전체를 조사했다. 그 광고들은 1910년대 문화를 읽어낼 수 있는 수많은 정보를 담고 있다. 그 가운데 그림과 일러스트레이션을 활용한 의약품 광고를 범주별로 묶고 대표적인 광고를 가려내어 분석 대상으로 삼았다. 광고는 생활방식에 영향을 끼치기

---

7) 롤랑바르트, 정현 역,『신화론』, 현대미학사, 1995, 179쪽.
8) 윤재식,「상업과 실재」,『신문계』3권 8호, 1915.8, 61쪽.
9) 스튜어트 유엔, 최형철 역,『광고와 대중소비문화』, 나남, 1998, 43쪽.
10) 돈 슬레이터, 정숙경 역,『소비문화와 현대성』, 문예출판사, 2000, 223쪽.
11) 피터 버크, 박광식 역, 앞의 책, 151쪽.

마련이다. 특히 의약품 광고는 신체에 침투한다. 의약품 광고는 몸을 바라보는 새로운 시선을 탄생시키고 유통한다는 점에서도 중요하다. 광고를 통한 시각적 경험은 곧 내면화한다. 이 글은 1910년대 의약품 광고의 '설득구조' 속에 내포된 '근대성'의 의미를 포착하려는 데 힘을 기울였다. 아울러 『매일신보』 등의 신문 기사와 잡지 『청춘』, 『신문계』, 『학지광』 등에 실린 글을 통해 1910년대의 인식 지형을 탐색하면서 의약품 광고에 담겨있는 의식과 무의식 세계를 추론하려고 했다.

II. '과학 만능시대'와 신체

1. '과학의 시대', 전기치료기와 화학

기록에 따르면 우리나라에 전기를 도입된 한 때는 1884년쯤이다. 우여곡절 끝에 1887년 3월에 경복궁 안에 있는 건천궁에서 처음으로 100촉짜리 전구 두 개가 불을 밝혔다. 그러나 전등 사업은 순조롭지 못했다. 비용도 많이 들고 툭하면 고장이 나고 발전시설의 소음도 심해서 사람들은 전등을 '건달불'이라고 불렀다. 1900년에는 한성전기회사가 종로 네거리에 전등 세 개를 달아 처음으로 가로등을 설치했다. 그보다 한해 앞선 1899년에는 전주와 전선에서 동력을 받아 일정한 궤도 위를 달리는 전차(streetcar)가 새로운 교통수단으로 모습을 드러내었다. 그 전차를 보고 사람들은 "공중에 선이 있어 홀로 차가 다니는 것"을 신기하게 보았다. 전깃줄이 비를 오지 않게 한다고 여기기도 했다. 사람들은 개통한 지 4~5년이 지나도록 전차를 대중교통수단이 아닌 오락거리나 전통을

어그러뜨리는 것으로 보았다. 1910년대에 들어서야 전차가 대중교통수단으로 자리 잡았다.[12]

이렇게 전기가 차츰 생활 속으로 파고들었지만, 1910년대까지 전기는 대중에게 강렬한 호기심과 취미의 대상이기도 했다. 1907년 경성박람회 때는 사람들의 관심을 끌기 위해서 전등 아치를 설치하여 테크놀로지(technology)의 스펙터클(spectacle)한 전시를 시도했다.[13] 1910년대에는 무대의 4면을 장식한 전등, 전기 춤, 전기 광선의 교차와 움직임 등 초보적 전기효과(electric effect)도 스펙터클로 흥행하였다.[14] 다음 〈그림 1〉에서 보듯이 1915년 공진회 때에는 남대문을 '전기 꽃밭'으로 장식하여 사람들의 눈길을 끌려고 했다.

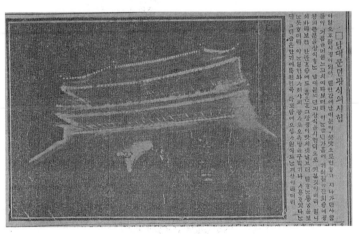

<그림 1> 『매일신보』, 1915.8.4.

---

12) 송찬섭 · 최규진, 『근현대 속의 한국』, 한국방송통신대학출판원, 2018, 14쪽.
13) 토드 A. 헨리, 김백영 외 역, 『서울, 권력도시』, 산처럼, 2020, 179쪽.
14) 유선영, 「식민지 미디어 효과론의 구성: 대중 통제 기술로서 미디어 '영향 담론'」, 『한국언론정보학보』 77, 2016, 142쪽.

이래저래 전기는 사람들의 호기심을 부추겼다. 지금 읽으면 황당한 내용이 잡지에 실렸다. "우리 신세기는 과학 만능시대다. '전기 밭'을 만들고 전기재배를 하니 식물이 전류 때문에 현저히 빨리 자랐다. 소학교의 한 교실 천장과 4면 벽에 '감응 코일'을 장치하고 전류를 통하면서 수업을 하자 신장과 체중이 발달하고 성적이 좋아졌다. 음식물이 인체에 미치는 결과와 같이 전기가 인체 유지에 필요한 '에네르기'를 보급하게 될 것이다."15) "평류전기(平流 電氣)나 감전전기(感傳電氣)를 위부(胃部)에 통하면" 위장병에 좋다는 글도 있다.16) 한 학자는 지적한다. "19세기 말까지 전기나 자기는 인간과 자연을 매개하고 질병을 발생하거나 치유하는 힘으로 사람들의 상상력을 불러일으켜 왔다. 우리는 이런 상상력이나 신앙을 지나간 시대의 미신으로 간단히 정리해버려서는 안 된다."17) 이 말을 쫓아 『대한매일신보』에 잇달아 실렸던 〈그림 2〉의 자택치료 '전기대' 광고를 해석해 보자.

<그림 2> 『대한매일신보』, 1909.5.6.

---

15) 「當來하는 전기생활시대」, 『청춘』 7, 1915.5, 20~22쪽.
16) 康秉鈺, 「胃病論」, 『대한흥학보』 제12호, 1910.4, 17쪽.
17) 요시미 슌야, 송태욱 역, 『소리의 자본주의』, 이매진, 2005, 80쪽.

전기 에너르기로 질병을 치료한다는 전기치료기 광고다. 이 광고는 "무릇 전기란 인간에게 관계하는 것이 매우 많은데 모든 신체가 다 전기를 지니고 있으므로 전기를 보강해주어야 한다"라는 논리를 펴고 있다. 허리띠와 머리띠가 있고 배꼽과 머리에 전기를 보내는 모습을 그렸다. 신경쇠약, 신경통, 뇌졸중, 반신불수, 수족냉증 등 혈관과 신경계 질병, 그리고 소화기 계통에 효능이 많으며 각종 부인병에도 효과가 크다고 했다.[18] 남성의 조루에도 효과가 있다고 적었다. 서양의 경우 1892년 『내 빈약한 성기』라는 책에 실린 광고에서 전기 벨트 형태의 의료기구가 호전시킬 수 있는 증상으로는 무력감, 류머티즘, 신경 소모, 두뇌 혹사, 정력 감퇴, 쇠약, 불면, 소화불량, 부인병, 히스테리, 간과 신장 질환 등 대부분 신경성으로 진단된 증상을 망라했다. 이는 성적 퇴화와 신경병의 밀접한 관계를 드러내고 있다.[19] 〈그림 3〉에서 보는 '전기대' 광고

〈그림 3〉『경성일보』,
1910.2.17

〈그림 4〉「자양환」 광고 가운데 부분.
『매일신보』, 1914.8.25.

---

18) 전기치료에 대한 관심은 1930년대에도 이어진다. "전기치료에 합당한 병은 운동마비, 히스테리적 실어증, 지각마비, 소화기 이완, 만성변비, 야뇨증(夜尿症), 지각과민, 동통(疼痛), 심기항진(心機亢進), 불면증, 관절염, 동맥경화, 신경통 등등이

에서도 신경쇠약과 남녀 생식기 쇠약에 효과가 있는 것으로 선전했다.

〈그림 4〉는 강장제인 '자양환' 광고 가운데 일부이다. 허리에 두른 전기 치료대에서 전기가 흘러나오고 건장한 남성이 강장제인 '자양환'을 들고 있다. 또 다른 광고를 보자.

<그림 5> 「전기환」
『매일신보』, 1918.11.17.

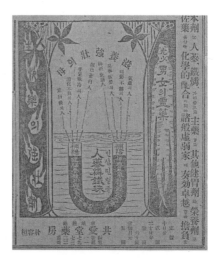

<그림 6> 자석과 불꽃의 강장제
『매일신보』, 1917.11.15.

〈그림 5〉는 전기에 대한 사람들의 호기심을 이용하여 아예 약 이름을 '전기환'으로 붙였다.[20] 〈그림 6〉은 '쾌락의 강장제'인 '인삼린철주' 광고이다. 이 광고는 인삼과 불꽃 중간에 자석을 그려 넣고 '보양', '보음'이라고 적었다. 이 광고에 나오는 자석 또는 자기는 어떤 의미가 있는가. 신

다."(「最新科學의 發達」, 『동광』 22, 1931.6, 85쪽).

19) 이수형, 「김동인 문학과 히스테리, 성적 상상」, 『사이(間, SAI)』 14, 2013, 310쪽.

20) '전기환'은 "강력한 살균약으로 호열자(콜레라) 예방에 효과가 있다"라고 광고했다 (『매일신보』, 1920.8.19).

문 기사를 직접 인용하자.

　'라듐' 화합물을 국부에 항상 부착하여 여기서 나오는 '에마나티온'을
동작케 하는 일도 있는데 이 효과는 일반으로 육내(肉內)의 신진대사를
촉진하여 허약한 세포를 건전히 할 뿐 아니라 혈액 중에 백혈구의 수를
줄이고 적혈구의 수를 증가하고 또 혈구의 점도(粘度)를 줄여서 그 순
환을 용이하게 하는 것이다. 의료상 라듐으로 가장 유명한 것은 금일까
지 여하한 의료로써 치료하여도 근치하지 못하던 암(癌)에 특효가 있는
사실이니 이는 어느 정도까지 효력이 있는지 아직 연구시대이기 때문
에 명확하지는 못하나 어쨌든 유익은 한 것이라.21)

　"아직 확실치는 않지만, 라듐과 같은 자기는 어땠든 유익한 것이다"라
는 논리다. 〈그림 6〉에서 자석의 N극과 S극은 각각 음양을 나타내기도
하지만 자기장의 신비한 힘을 상징한다. 게다가 '인삼린철주'는 '대소 남
녀의 영약인 인삼'에다 다른 약재를 '화학적'으로 배합했다고 적었다. 이
제 의약품 광고에서 말하는 '화학'의 의미를 짚어보자.

　『독립신문』에는 "화학을 모른즉 약이 어찌 효험이 있는지 약을 쓰면
그 약이 어떻게 사람의 몸에 관계가 되는지 도무지 모르고 덮어 놓고 약
을 준다."라고 비판하는 글이 있다.22) 이 글은 약과 화학의 관계를 극명
하게 보여준다. 사실 세균학과 화학은 감염성 질병과 싸움에서 가장 중
요한 무기가 되었다.23) 또 근대 의약은 자연의 산물이 아니라 인공의 산
물이라는 특성이 있다. 근대 이전에 약은 주로 자연에서 얻었다. 동양의
학에서 본초(本草)라는 개념이 바로 근대 이전의 약이 무엇인지를 함축
해서 표현하고 있다. "본초는 동아시아에서 전통적으로 약물을 칭해오

---

21) 「조선의 화학공업」(5), 『매일신보』, 1916.9.16.
22) 「논설」, 『독립신문』, 1896.12.1(박윤재, 「청심보명단 논쟁에 반영된 통감부의 의약
　　품 정책」, 『역사비평』 67, 2004, 199쪽에서 재인용).
23) 헨리 지거리스트, 이희원 역, 『질병은 문명을 만든다』, 몸과마음, 2005, 266쪽.

던 일반명사"로 동물, 식물, 광물을 이용해 만든 모든 천연 약재를 뜻한다. 그러나 근대의약은 약의 효능을 극대화하면서 자연적 성분을 인공적 화합물로 대체하였다. 그 결과 약의 형태는 알약이나 물약 등과 같이 단순화 규격화되었고 약에 대한 인간의 접근성이 비약적으로 개선되었다. 이로써 근대사회에서 약이 대량 소비의 대상, 즉 상품이 되었다.[24]

그렇다면 광고에서 활용했던 '화학'의 의미는 무엇일까. 먼저 화학이라는 말을 개념사적으로 접근해보자. 1910년대 이전에는 무에서 유를 창조하는 것이 바로 화학이라고 인식했다. 세상 모든 것이 화학적으로 구성되어 있는데 그 이치가 신통하기 그지없으며 화학은 "백성을 부요하게 만들고 나라를 강하게 하는 원동력"이 될 것이라고 했다.[25] 염료와 화약, 화학비료 같은 것 때문에 화학에 관심이 있었을 것이다.[26]

1910년대에도 과학 이론과 기술을 신비와 기이의 관점에서 바라보면서 화학에 대해 경이감을 드러낸다.[27] 화학자란 "뇨(尿)에서 보물을 탐색하는 기인"[28]이라거나 화학이란 "예전에는 먹을 수 없었던 것을 음식물로 만드는"[29] 신비한 학문이다. 화학 실험은 경이감을 주었다. 종래 경험적인 지식에만 의존하던 사람들에게 실험(experiment)이라는 것은 엄청나게 신선했을 것이다. 음양오행처럼 선험적으로 정해져 있는 절대진리에서부터 연역해 나가는 것이 아니라 실험으로 비로소 올바름이 증명되어간다는 것은 서양 학문의 탁월성을 상징했다.[30] 다음 〈그림 7〉의 광고에서 보듯이 화학은 실험실과 시험관으로 표상된다.

---

24) 이병훈, 「〈濁流〉: '약'의 향연」, 『현대소설연구』 53, 2013, 315쪽.
25) 「화학이 요긴한 것」, 『독립신문』, 1899.7.31.
26) 마루야마 마사오·가토 슈이치, 임성모 역, 『번역과 일본의 근대』, 이산, 2013, 148쪽.
27) 김주리, 「1910년대 과학, 기술의 표상과 근대 소설-식민지의 미친 과학자들 (2)」, 『한국현대문학연구』 39, 2013, 48쪽.
28) 「尿中의 寶物을 探索하는 奇人-化學者란 무엇이뇨」, 『靑春』 2호, 1914.11, 67쪽.
29) 極光, 「최근의 문명소식」, 『學之光』 14호, 1917.12, 66쪽.
30) 마루야마 마사오·가토 슈이치, 임성모 역, 앞의 책, 150쪽.

<그림 7> 『매일신보』,
1916.5.2.

〈그림 7〉은 제약 실험실을 그리고 "원료를 잘 선택하고 제조를 정밀하
게 한다"라는 광고 문안을 썼다. 실험실 현판에는 "실험위증(實驗爲證)"
즉 "실험으로 증명한다"라는 글을 썼다.

의약품에서 화학은 호르몬 지식과 연결되어 중요성이 더욱 커졌다.
1910년대에 호르몬이란 "일종의 화합물이니 혈액에 혼수(混隨)하여 각처
로 순환하다가 그 고유한 화학적 작용으로 미묘한 조화를 일으키는 것"
이었다.[31] 부인약인 중장탕 등의 광고 문안에 보이는 '최신의 학리'[32] 또
는 '약물학'[33] 등은 화학과 관계가 있다.

1910년대에는 화학 가운데 '응용화학'에 관심이 집중되었다.[34] 다음의
비누와 치약광고가 그 보기이다.

---

31) 장석태, 「호르몬'의 이야기」, 『신문계』 4권 1호, 1916.1, 20쪽.
32) 『부산일보』, 1917.12.11.
33) 『조선시보』, 1918.4.8.
34) 응용화학에 대한 관심은 계속 커져서 모든 과학 가운데 화학이 으뜸이라는 인식이
널리 퍼졌다. 다음과 같은 글이 그 보기다. "近代工業中에 가장 新進인 동시에 가장
찬란하게 明星的 行勢를 하는 것은 화학공업일 것이다. 그 중에도 합성화학공업의
현저한 발달은 사람을 조물주의 지위에 가깝게 하는 것이다."(「科學페지」, 『동광』
제27호, 1931.11. 63쪽).

<그림 8> 『부산일보』 1918.10.13.　　　　<그림 9> 『조선시보』, 1918.3.20.

〈그림 8〉에서는 양복을 입은 사람이 비누와 시험관을 들고 있고 '화학적으로 순량하다'라고 적었다. 〈그림 9〉 치약 광고에서는 콧수염을 기른 서양 화학자가 시험관 속의 결과를 지켜보고 있다. 서양 과학에 대한 동경이 담겨있다.

2. 근대의 몸,[35] 공장과 요새[36]

의학과 인간학의 기초로서 인간의 몸과 해부에 대한 관심은 유사 이

---

35) 근대의 몸은 근대인의 시선으로 바라본 몸을 말한다. 근대의 시선이란 주체와 대상, 몸과 마음을 구분해 있는 그대로 몸과 대상을 바라보는 것을 뜻한다. 다시 말하면 주체를 배제한 대상, 마음을 배제한 몸을 읽는 것이다(강신익, 『몸의 역사』, 살림, 2007, 29쪽).

36) 수전 손탁은 근대에 들어와서 신체를 기계들이 결합한 공장으로 비유하거나 "질병이란 신체 - 요새를 공격하는 적"으로 묘사했다고 한다. 수전 손탁, 이재원 역, 『은유로서의 질병』, 이후, 2010, 132~133쪽.

래 계속되었다. 그러나 근대에 들어와서야 해부학이 하나의 학문 체계로 성립되었다. 15세기 초에 최초로 공식적 해부학 실험이 시도된 후 16~17세기 유럽에서는 해부학적 행위가 차츰 일반화했다. 해부학은 서구 개인주의가 사회적으로 널리 유포되도록 만드는 데 중요한 계기가 된다. 해부학의 지식이 몸과 인간을 구분함으로써 새로운 인식 지평이 열렸다.[37] 이제 몸은 특별한 존엄성이 없이 여러 물건 가운데 하나에 지나지 않게 되었다.

서양 해부학이 동아시아에 전해질 즈음, 동양의 의학자들은 엄청난 충격을 받았다고 한다. 몸을 우주의 오행과 상응하는 오장육부로 파악하는 수천 년에 걸친 앎의 체계가 단순한 구조와 형태의 집합으로 보는 앎의 체계와 충돌했기 때문이다.[38] 이성과 합리라는 근대의 정신 속에서 해부학과 생리학이 발달하면서 사람의 몸을 구조와 기능으로 구성된 기계로 생각하게 된다. 마취와 소독이 발명되자 몸이라는 기계는 해체와 조립을 할 수 있게 되었다. 이러한 사상과 기술의 결합이 있었기에 외과술이 비약적 발전할 수 있었다.

해부학은 신체를 기관들로 확실하게 구별하여 앎의 대상으로 상정하며 가시적으로 재현한다.[39] 해부학적 지식은 교과서와 잡지 등의 서적, 그리고 의약품 광고를 통해 매우 빠르게 전파되었다. 인체 해부도는 보이지 않는 신체 내부를 눈으로 보여주며 글로써 말할 수 없는 수많은 정보를 한꺼번에 전달했다. 해부학은 인체에 대한 새로운 패러다임을 제시했다. 이제 많은 사람이 해부학적 시선에 따라 인간의 몸을 바라보게 되었다. 해부학적 시선이란 자기 몸을 하나의 대상으로 보는 '객관화'이

---

37) 다비드 르 브르통, 홍성민 역, 『근대성과 육체의 정치학』, 동문선, 2003, 55쪽.
38) 강신익, 앞의 책, 5쪽.
39) 김은주, 「시각 기술의 권력과 '신체 없는 기관'으로서의 신체 이미지」, 『한국여성철학』 25, 2016, 147쪽.

고 다른 사람의 시선으로 자신의 몸을 바라보는 내 몸의 '타자화'이다. "이제 몸은 소유와 연결되며 더 이상 존재와 연결되지 않았다. 해부학자들과 함께 몸은 인간으로부터 분리되어 무중력 상태에 놓이게 되었다."[40] 이로부터 몸을 설명할 때 기계적 은유에 의존하는 것이 일반화하기 시작했다. 몸은 여러 기계가 결합 된 하나의 공장과 같다는 생각이었다. 신문에 실린 전면광고는 그 내용을 잘 보여준다.

콧수염을 잘 다듬고 머리를 단정하게 한 근대인의 해부도다. '청심보명단'은 "위생을 중요하게 여기는 사람의 벗"이라는 카피를 달았다. 그리고 "소화에 도움을 주는 청량제"라는 문안도 썼다. 식도를 따라 '청심보명단'이라는 약이 들어가자 위에 사는 세균이 어찌할 줄 모르고 도망가고 있다. 이 전면광고는 해부학과 세균 그리고 위생이라는 근대의학 지식체계를 고스란히 담고 있다. 몸을 들여다보는 해부학적 시선은 임신과 출산에까지 다다른다. 다음 광고를 보자.

〈그림 11〉은 임신과 출산에 도움을 준다는 '태양조경환' 광고다. 난소에서 시작해서 아이가 태어나기까지를 발생학적 차원에서 해부학적 시선으로 그렸다. 전통 한의학에서는 인간의 몸 내부의 기관, 조직들을 통해 임신과 출산을 이해한 것이 아니라 음양오행이나 정(精)·기(氣)·신(神) 등의 관념적인 방식으로 이해해왔다.[41] 이제 발생학의 시선에 따라 그러한 생각이 발붙일 곳이 없게 되었다. "시각 기술이 정교하게 임신과정을 분절하고 자궁 내부의 신체 이미지 재현에 초점을 맞추면 맞출수록 여성의 신체는 그저 아이 생산을 위한 매체이자 신체 인큐베이터인 신체 없는 기관으로 작동한다. 그리고 이와 동시에 태아도 수정된 순간부터 관찰 가능한 영역에 들어선다."[42] 이 광고에서 눈여겨볼 문안이

---

40) 다비드 르 브르통, 홍성민 역, 앞의 책, 56쪽.
41) 신동원, 『조선사람의 생로병사』, 한겨레 신문사, 1999, 58쪽.

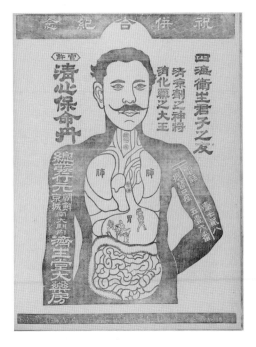

<그림 10> 『매일신보』, 1911.8.29. 6면, 전면광고   <그림 11> 『매일신보』, 1913.5.11.

있다. 자녀 생산은 인생의 쾌락이자 "국가의 원소(元素)"라는 문구이다. 이때의 '원소'란 집합을 이루는 낱낱의 요소이기도 하고 화학원소일 수도 있다. 그 무엇이든 이 광고에서는 개인의 신체와 국가의 관계도 제시하고 있다.

해부학적 시선은 뇌라고 해서 비껴가지 않는다. 동아시아 사상체계에서는 "심장이 사고의 주체"라는 것이 핵심이었다. 한의학에서는 심장을 마음과 정신 활동이 머무는 기관으로 간주했고 성리학에서는 이러한 가

---

42) 김은주, 앞의 논문, 153쪽.

정에 따라서 인간의 본성을 논했다.[43] 이에 견주어 서양에서는 뇌가 모든 기관을 주재한다는 뇌주설(腦主設)을 주장했다. 다음 광고에서 보듯이 뇌약 광고는 뇌주설을 적극 전파한다.

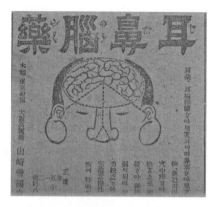

<그림 12> 『매일신보』, 1919.2.13.

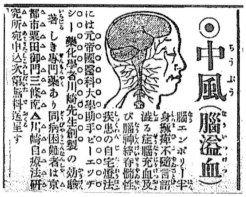

<그림 13> 『경성일보』, 1915.9.18.

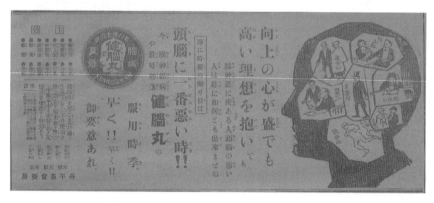

<그림 14> 『부산일보』, 1917.10.14.

43) 신동원, 『호열자 조선을 습격하다』, 역사비평사, 2004, 205쪽.

〈그림 12〉와 〈그림 13〉은 뇌의 구조를 보여준다. 〈그림 14〉는 뇌가 의식을 관장하고 있음을 표현했다. 높은 이상을 실현하려면 두뇌가 건강해야 한다면서 '건뇌환'을 선전한다.[44] 이 광고들을 한데 묶어보면 뇌는 혈관과 신경세포로 구성되어 있고 인간의 마음을 움직인다는 결론을 자연스럽게 내릴 수 있다. 해부학적 지식의 도입되면서 "뇌가 인체의 중심이 될 수 있다는 지식, 그리고 기존에는 인식하지 못했던 신경이 뇌를 각 기관과 연결하고 있다는 것을 확인시켰다."[45]

뇌가 피로하고 약해지는 것이 신경쇠약이다. 신경쇠약(neurasthenia)이라는 용어는 19세기 후반에 미국인 의사인 조지 M. 비어드(George M. Beard)가 만들어 낸 개념이다. 그에 따르면 '진보와 문명'의 대가로 인간 신경력이 고갈되었으며, 그 결과로 얻게 된 것이 바로 신경과민과 신경쇠약이었다.[46] 1910년대부터 신경쇠약이라는 병리적 용어가 광고에서 많이 나타난다. 광고에서 말하는 '신경쇠약'에는 근대와 마주치는 긴장감이 배어있다. 잡지에서도 그렇다. "근대정신 가운데 하나인 과학적 정신은 물질주의를 만들고 물질주의를 고취한다. 근대인은 이 물질주의에 휩싸이면서 피로라는 병적인 상태에 빠져든다."[47] "또한, 도시가 발달하면서 지나친 자극으로 피로가 쌓이며 격렬한 경쟁으로 심신이 흥분되어 "도시의 사망률은 평균 사망률보다 4분의 1이 많다. 도시의 생활은 도회병 즉 정신적 불구자의 상태로 빠져드는 경향이 있다."[48] "현대 일본 청년 가운데

---

44) 건뇌환에 대해서는 김영수, 「메이지기 근대적 의약담론의 성립과 '뇌병'의 치료」, 『이화사학연구』 58, 2019를 참조하라. 이 논문에서는 건뇌환을 중심으로 의학지식과 매약 시장의 관계를 설명했다.
45) 김영수, 위의 논문, 95쪽.
46) C. 한스컴, 「근대성의 매개적 담론으로서 신경쇠약에 대한 예비적 고찰: 박태원 단편 소설을 중심으로」, 『한국문학연구』 29, 2005, 154~156쪽.
47) 恒笑子, 「근대인의 물질욕과 정신관」, 『신문계』 3권 12호, 1915.12, 17쪽.
48) 위의 글, 18~19쪽.

7할이 신경쇠약'이라는 신문 기사도 실렸다.[49] 신문 광고를 보면 도시에 사는 근대 지식인과 학생을 신경쇠약 약의 판매대상으로 삼고 있다.

<그림 15> 『매일신보』,
1916.2.6.

〈그림 15〉[50]에서는 "뇌를 많이 쓰면 뇌근(腦筋)이 쇠퇴하여 정신이 혼미하며 전신(全身)에서 힘이 빠진다"라고 적었다. '뇌근' 즉 뇌의 힘줄이란 뇌 신경을 일컫는 말일 것이다. 이 약의 효능 가운데 '뇌근쇠패(腦筋衰敗)'란 신경쇠약을 뜻할 것이다. 잡지 『청춘』은 학생의 신경쇠약증을 다음과 같이 말한다. "학생이 가장 대단하게 여기는 것은 입학시험, 학년시험, 졸업 시험 셋이니 여간한 사람은 이 시험으로 하여 곧 과도한 공부로 하여 중대한 뇌의 기능을 손상하기도 한다."[51] "신경세포가 피로하고 신경성 두통, 신체근육 수축작용이 감소, 눈의 피로가 온다. 학생에게

---

49) 『부산일보』, 1917.7.4.
50) 영어로 가득 채운 상표를 보면 "창백한 사람을 위한 윌리암스 박사의 분홍 알약"이라는 뜻이다. 이를 광고문에서는 '위렴사홍색보환(韋廉士紅色補丸)'이라고 했다.
51) 「시험과 뇌 쓰는 법」, 『청춘』 1, 1914.10, 63쪽.

전장과 같은 시험장을 당하면 신경 자극이 대단해지고 시험 공포증이 생긴다. 그들은 '신경쇠약증'의 원인으로는 시험 전의 고민증이 대부분이었다."[52) 잡지에는 "제일 괴롭고, 무한한 애를 쓰는 시험, 책상에 쓰러짐도 한두 번이 아니다."[53)라고 하는 투고도 실렸다. 〈그림 15〉의 광고는 경쟁이 치열해지면서 생기는 학생들의 불안과 피로를 상품으로 삼은 광고였다. 이제 여성을 대상으로 삼은 신경쇠약 광고를 보자.

<그림 16> 『매일신보』,
1916.3.5.

히스테리의 어원인 'hustera'가 자궁을 뜻하는 말이었던 만큼 히스테리는 히포크라테스가 자궁에 의해 생겨난 질병으로 진단할 정도로 여성의 병으로 알려졌다.[54) 1920년대 신문에서는 여성의 히스테리란 "감상적 기분으로 신경이 흥분된 것"이라고 정의했다.[55) 〈그림 16〉에서는 자신의 그림자를 보고도 놀라는 그림과 함께, 뇌근이 약한 탓이라고 적었다.[56)

52) 위의 글, 67쪽.
53) 백낙영, 「시험을 畢하면서」, 『청춘』 13, 1918.4, 107쪽.
54) 주형일, 「이미지로서의 육체, 기호로서의 이미지-삶과 틀의 육체 담론」, 『인문연구』 47, 2004, 118쪽.
55) 『매일신보』, 1923.6.1.

III. 세균과 전쟁

1. 현미경의 과학과 도깨비의 주술

19세기에 이르면 현미경 기술이 발달하면서 사람의 시각 능력이 확장되었고, 그에 따라 시각에 대한 의학의 신뢰도 커졌다. 시각이 아닌 다른 감각에 의존한 진단법은 믿을만한 것이 못 된다는 생각이 많아졌다. 의약품 광고에서 현미경은 세균성 질환에 대해 약효를 보증하는 기능을 한다. 다음은 현미경을 그려 넣은 유행병 예방약이다.

<그림 17> 『부산일보』.
1916.9.10.

세균을 눈으로 볼 수 있게 되면서 병인체설이 막강해졌다. 『독립신문』이 박테리아에 대한 유별난 관심을 보인 것, 『황성신문』이 콜레라균의 관찰을 특별한 뉴스로 보도한 것 등이 바로 그 뚜렷한 증거다. 즉 병인체

---

56) 의약품 광고 시장에서 큰손 역할을 하던 부인병 약 '중장탕'도 히스테리에 효과가 있다고 선전했다(『매일신보』, 1917.4.12).

론은 질병의 원인을 단 하나의 세균으로 환원하는 투명성의 원리와 함께 '가시적인 것 만이 진리'라는 근대적 앎의 원리가 작동하고 있다. 19세기 말 이래 세균이 속속 발견되면서 병인체론은 더욱 확고부동한 진리로 자리 잡게 되었다.[57] 1915년에 열린 공진회에서는 "세균에 관한 각종 표본과 각종 전염병 환자 병원균의 표본을 진열하여 인체 내에 여하한 병균이 침입하면 여하한 질병이 발생하리라는 의미를 무언중에 설명"했다.[58] 그 밖의 신문과 잡지, 교과서에서도 세균 삽화를 이용하여 병인체론을 설명했다.[59] 의약품 광고도 그러했음은 말할 나위 없다. 구강의 병을 일으키는 세균(『매일신보』, 1915.12.23/『매일신보』, 1916.7.22), 임질과 매독균(『매일신보』, 1916.8.2) 등이 그 보기다.

<그림 18> 『경성일보』, 1916.1.9.
감기약 광고 가운데 부분

<그림 19> 『경성일보』, 1919.10.2.
인단 광고 가운데 부분. 콜레라 깃발을 든
도깨비가 인단 앞에서 쓰러진다.

---

57) 고미숙, 「『대한매일신보』를 통해 본 '병리학'의 담론적 배치」, 『한국의 근대와 근대 경험(3)』, 이화여자대학교 한국문화연구원 2005년 봄 학술대회 자료집, 2005, 33~34쪽.

58) 『매일신보』, 1915.10.14.

59) 보기를 들면 李台用, 「病理의 原因」, 『新文界』 2권 8호, 1914.8, 34~38쪽에서 결핵, 임질, 매독, 콜레라 등 여러 세균의 그림을 보여주며 병의 원인과 치료 방법을 소개하고 있다.

그러나 광고에서는 은유와 상징으로 세균을 표현하는 경우가 더 많다. 다음 그림에서 보듯이 도깨비는 세균과 병마(病魔)를 혼합한 이미지로 흔히 사용되었다.

그 밖에 쥐(『매일신보』, 1919.3.8)나 독사(『부산일보』, 1915.7.17) 같은 '혐오 동물' 또는 거미줄(1916.4.11)로 세균을 빗대는 일도 있다. 삽화에서는 도깨비와 독사를 함께 묶어 제시하기도 한다(『경성일보』, 1918.8.2). 그러나 〈그림 20〉에서는 좀 색다른 은유법을 썼다.

<그림 20> 『매일신보』, 1915.1.1.

오른쪽 맨 끝에는 한시처럼 한자를 죽 늘어놓은 광고문을 실었다. 그 옆에는 '팔보단장군 대승첩'이라는 비석이 서 있다. 왼쪽 위 끝에는 제1차 세계대전에서 활용하기 시작한 비행선이 두 척 떠 있고, 제약회사 '화평당'의 대포가 병마를 물리치고 있다. 이 병마는 세균이다. 그러나 자세히 보면 포탄에 맞아 죽어가는 세균을 꼬리 달린 벌레로 그렸다. 이 작은 벌레들은 무엇인가. "도교에서는 삼시(三屍, 三尸)란 인간의 몸속에서 살면서 그 사람의 수명, 질병, 욕망에 영향을 미치는 벌레들을 말한다. 삼충(三蟲)이라고도 부른다. 아이의 모습이나 말의 모습을 하고 있으며, 머리 쪽에 있는 상시(上尸)는 머리를, 배에 있는 중시(中尸)는 오장을, 발에 있는 하시(下尸)는 하반신을 병들게 한다."[60]

---

60) 조정은, 「근대 상하이 도시위생과 세균설의 수용」, 『도시연구』 18, 2017, 72쪽.

한약재인 이 약 광고에서 삼시의 이미지를 빌린 것은 아닐까. 세균설에 근거하되 아직 무의식 속에 강하게 남아 있는 전통에 호소하는 광고기법을 썼다는 뜻이다. 이렇게 "광고는 무의식을 향한다. 근대 이전에도 약은 있었고, 동서양 가릴 것 없이 그때의 약은 병마를 쫓아내는 것이었다. 더구나 "인간과 미생물의 투쟁'이라는 이미지는 철저하게 신학적인 이미지이다. 그 이미지 속에서는 세균이라는 것은 눈에 보이지 않지만 산재하여 있는 '악'이다."[61] 이러한 근대의 '신학적인 이미지'와 전통 속의 병마 관념이 자연스럽게 융합한 것으로 볼 수 있지 않을까. 다른 사례를 들자. 의약품 광고에서는 메시지, 형태, 이미지, 그리고 타이포그래피에서 부적과 비슷한 것이 많다. 광고에 등장하는 캐릭터에서 신화, 설화, 탱화, 불화 등에 나타나는 인물이 많다.[62]

의약품 광고에서 왜 주술적인 이미지를 활용했을까. 첫째, 근대적 교육을 많이 받은 사람은 서양의료를 선호했지만, 아직 한의학 대 서양의학의 비과학성대 과학성 비교, 또는 전근대성 대 근대성 비교는 일반인에게 확실하고 일관성 있게 영향력을 행사하지 못했기 때문이다.[63] 주술적 광고는 '한약과 양약의 신구교체기'에[64] 한의학에 대한 대중적 정서를 반영했다. 둘째, 신문을 읽는 독자라면 일반적으로 교육을 받은 사람일 테지만, 그 가운데 몸에 대한 다른 종류의 지식을 유지하는 사람들이 있었기 때문이다. 과학적인 지식은 몸을 기계 장치의 모델로 바라보았지만, 영혼을 강조하는 사람들은 그러지 않았다. "몸에 관계된 여러 지식의 층은 서로 겹쳐지고 효과 있는 치료법을 찾는 사람은 자신이 걸린

61) 마셜 맥루언, 김성기 · 이한우 역,『미디어의 이해』, 민음사, 2015, 319쪽.
62) 김엘리아나,「일제강점기 조선 의약품 광고 디자인에 나타난 주술적 특징」, 서울대 석사논문, 2013, 27~35쪽.
63) 이꽃메,「일반인의 한의학 인식과 의약 이용」, 연세대학교 의학사연구소 엮음,『한의학, 식민지를 앓다』, 아카넷, 2008, 153쪽.
64) 홍현오,『한국약업사』, 약업신문사, 1972, 66쪽.

병의 특성에 따라 한 유형의 치료사에서 다른 유형의 치료사로 옮기는 것을 전혀 어색해하지 않는다."[65] 최초의 의약품 광고이자 말라리아 치료제인 금계랍이 학과 거북이를 광고 캐릭터를 썼던 것은 이 점에서 시사적이다. 셋째, 상품 판매라는 현실적인 이익을 위해서 초월적인 힘을 조작하는 가운데 주술적인 이미지가 등장했다. "상품을 팔려면 잠재 고객들의 생활방식에 맞도록 조율하면서도 잠재 고객의 욕망을 일깨워야 한다. 그러나 그 욕망이란 당연히 무의식과 관계가 있다."[66]

상품 판매를 위해 무의식을 파고드는 광고를 보자. 〈그림 21〉은 매독을 독사에 견주곤 하는 광고와는 매우 다르다.

매독약 광고에 매화나무를 그렸다. 매화나무에 버팀목을 괴어 성치 못하다는 것을 암시하고 있다. 왜 매화나무인가. 매독(梅毒)은 매화꽃 모양의 피부 궤양이 생겨서 붙인 이름이기 때문이다. 광고문에서는 "10년 이상 만성 매독으로

<그림 21> 『매일신보』, 1919.7.24.

수은 등 금석제(金石劑)와 비훈제(鼻薰 劑)옥도가리 등의 약, 기타 606호 등으로 효과를 못 본 사람"은 이 약을 마지막 해결책으로 먹어보라고 했다. 그리고 재발한다면 본 약방에서 책임을 지겠다고 했다. 광고에 나오는 606호란 살바르산 606호를 말한다. 파울 에를리히가 매독을 치료하는 살바르산, 일명 '마법의 탄환'을 개발했다. 이것은 특정 세균과 싸우는

65) 다비드 르 브르통, 홍성민 역, 앞의 책, 107쪽.
66) 로버트 보콕, 양건열 역, 『소비-나는 소비한다, 고로 존재한다』, 시공사, 2003, 90쪽.

최초의 화학 약제였다.[67] 606호로도 낫지 못하는 매독을 치료할 수 있는 약이라는 것은 분명 과장 광고다. 이 광고는 플라세보 효과를 의도했을까. 어쨌든 이 광고를 보고 약을 먹은 사람들은 "약을 먹는 것이 아니라 광고를 먹는 셈이다."[68]

2. 세균과 군사적 은유

신체는 정교한 기계들이 결합한 '공장'이자, 적의 침입으로부터 나를 방어할 '요새'다. 그 적은 누구인가. 서양에서는 오물과 분뇨에서 발생하는 나쁜 기운, 즉 장기(瘴氣) 또는 미아즈마(miasma)가 전염병을 일으킨다고 생각했었다. 이러한 장기설 또는 미아즈마설은 19세기 말에 격동기를 맞이했다. 파스퇴르와 코흐로 대표되는 일련의 학자들이 전염병의 원인을 발견했기 때문이다. 세균이었다. 1861~1863년에 파스퇴르는 세균이 발효의 원인이며 열로 세균을 없앨 수 있다는 것을 알아냈다. 1882~1883년에 코흐는 결핵과 콜레라균을 발견했다. 세균설은 학문적 기반을 강화해나갔고, 장기설을 대체하기 시작했다.[69] 세균이 질병을 일으킨다는 생각은 내 몸은 밖에서 들어온 미생물에 맞서 싸우는 전쟁터라는 생각으로 이어졌다. 질병을 이겨내려면 내 요새에 더 많은 무기를 갖추어 침략자를 물리쳐야 한다. 그렇게 군사적 은유가 시작되었다. "현대의 의학적 사고는 조잡한 군사적 은유가 뚜렷이 등장하고서야 비로소 시작됐다고 말할 수 있다. 외부의 침략자는 질병 그 자체가 아니라

---

67) 아노 카렌, 권복규 역, 『전염병의 문화사』, 사이언스북스, 2016, 213쪽.
68) 제임스 B. 트위첼, 김철호 역, 『욕망, 광고, 소비의 문화사』, 청년사, 2001, 53쪽.
69) 박윤제, 「19세기 말~20세기 초 병인론의 전환과 도시위생」, 『도시연구』 18. 2017, 8쪽.

질병을 일으키는 세균이라는 사실이 밝혀지고 나서야 군사적 은유들이 믿을만하고 정확하다고 받아들여졌다.[70]

의약품 광고는 질병과의 전투 장면을 재현하려 했다. 세균설을 밑바탕으로 삼고 때마침 일어난 제1차 세계대전을 오버랩시켰다. 이 무렵 광고에서 비행선, 비행기, 대포, 탱크 등이 자주 등장했다. 굳이 전쟁이 아니더라도 비행선과 비행기는 과학의 힘을 보여주는 기계로 대중에게 깊은 인상을 주었다. 보기를 들면 "비행기를 보고 과학만능을 깨닫는다."[71]는 글, "금일은 항공시대라, 공기구(空氣球)와 비행선의 사용이 점점 성행하고 있다."[72]는 글 등이 잡지에 실렸다. 어느 글에서는 "비행기의 창작자는 조선인이다."는 주장까지 했다.[73] 소비자의 관심을 끌어야 할 광고가 대중의 이러한 관심을 놓칠 까닭이 없다. '날아다니는 공'인 비행선을 활용한 〈그림 22〉를 보자. 비행선은 공중을 정복하고 '보명단'은 위병을 정복한다는 내용이다.

<그림 22> 『매일신보』, 1911.4.25.

'과학의 전쟁'[74]인 제1차 세계대전에서 비행기는 놀라운 무기였다. 처음에는 비행사가 수류탄을 휴대했지만, 다음에

70) 수전 손탁, 이재원 역, 앞의 책, 133~134쪽.
71) 『新文界』 제2권 제9호, 1914.9, 2쪽.
72) 「氣球用 瓦斯는 如何히 제조하느뇨」, 『신문계』 4권 3호, 1916.3, 51쪽.
73) 「비행기의 창작자는 조선인이라」, 『청춘』 4호, 1915.5.
74) 제1차 세계대전 때 사용한 무기들을 설명하는 잡지 기사 제목이다. 최찬식, 「과학의 전쟁」, 『신문계』 2권 11호, 1914.11, 15쪽.

는 폭발성이 강한 폭탄을 장착하여 후방에서 전방으로 이동하는 적을 공격하고 보급품을 차단했다.[75] 비행기에서 내리꽂는 폭탄, 이것이야말로 세균박멸을 목표로 삼는 의약품을 광고할 때 가장 좋은 컨셉이었다. 그 광고를 보자.

<그림 23> 『매일신보』,
1919.3.12.

"비행기의 웅장한 모습!!, '대력환'의 위력!!" 대력환 광고는 "허약자에게 절대의 건강을 주어 인생사 모든 것을 이루게 하며 하늘이 주신 수명을 다 누리게 한다."라고 적었다. 갖가지 약효 가운데 신경쇠약도 포함했다. 비행기에서 쏘아대는 약을 사람들이 서로 받으려고 달려들고 있다. 중절모에 안경을 쓰고 두루마기를 입은 지식인, 교복 입은 중학생이 있다. 차림새로 보아 일본인 듯한 사람과 서양인 남녀가 섞여 있다. '대력환'은 서양 사람도 반기는 약이며 지식인과 학생 등 피로를 느끼고 신경쇠약에 걸리기 쉬운 사람에게 기력보충제로 좋다는 인상을 준다.

전쟁 무기 가운데 탱크와 대포 이미지도 의약품 광고에 적지 않게 등

75) 마틴 반 클레벨트, 이동욱 역, 『과학기술과 전쟁』, 황금알, 2006, 233쪽.

장한다. 내연기관이 발명된 뒤에 1914년까지 각국의 발명가들은 "장갑으로 보호하고 무한궤도를 사용하는 사격 기계"에 대한 제안을 내놓았다. 1915년에 참호전이 시작되었을 때 전차의 필요성이 더욱 커졌다. 1916년에 영국군이 탱크를 처음으로 실전에 투입했다. 1916년에 등장한 탱크가 전세를 확실히 바꾸지는 못했지만, 영국 국민의 상상력을 자극했다. 그 결과 값비싼 신기술 무기인 탱크는 전쟁을 재정적으로 지원해야 할 명분이 되

<그림 24> 『경성일보』. 1918.9.7.

었다.76) 탱크를 그려 넣은 <그림 24>의 광고를 보자.

대각선 구도를 써서 탱크를 역동적으로 그렸다. 대포에서 화염과 함께 "아침과 저녁의 한잔은 백약보다도 낫다."라는 문구가 터져 나온다. "악성 유행병을 분쇄하는 거포는 살균력이 강대한 포도주"라는 카피를 달았다. 이 광고에서 말하는 악성 유행병이란 스페인독감이라고 알려진 인플루엔자의 재앙이다.77) 이 독감은 제1차 세계대전이 막바지이던 1918년 봄에 발생하여 1919년 봄까지 전 세계로 퍼져나가 적게는 2,000만 명 많게는 1억 명 넘는 사망자를 낸 것으로 추정된다. 식민지 조선에서 이 독감을 인지하기 시작한 것은 1918년 9월 무렵이었다. 이 독감으로 14만 명 남짓이 사망했다.78) 바로 그 9월에 맞추어 이 광고를 낸 것이다.

76) 데이비드 웰치, 이종현 역, 『프로파간다 파워』, 공존, 2015, 54쪽.
77) 다른 포도주 광고에서는 탱크 그림과 함께 "유행성 독감의 대군을 돌파해버리는 한 대의 장갑차"라고 카피를 달았다(『부산일보』, 1918.11.21).

다음으로 대포를 그려 넣은 〈그림 25〉의 광고를 보자.

<그림 25> 『매일신보』, 1916.7.23.

대포에서 '임질 신약'이라는 글귀가 나온다. 바퀴는 욱일기를 연상시
킨다.

욱일기와 관련된 광고로는 위문품 광고가 으뜸이다. 제1차 세계대전
에 일본이 참여하자 위문품 광고가 신문을 장식했다. 위문품 광고는 전
쟁에 애국심과 상품을 끼워 넣었다. 위문품 보내기는 러일전쟁기에 일
본에서 시작해서 제1차 세계대전 때 더욱더 넓게 활용하다가 만주사변
과 중일전쟁을 거치면서 널리 퍼졌으며 '후방의 전시화'에 이용되었다.
위문품은 전방과 후방을 연결하는 '총력전'(total war)의 한 형태이기도
했다. 제1차 세계내전 때 일제는 식민지 조선에서도 '위문대 정치'를 가
동했다. 『매일신보』는 위문대란 "군인을 위문하는 물품 봉지"[79]라고 설
명했다. 인천 애국부인회에서 발기하여 모으는 위문대가 최초였다.[80]
위문대에 무엇을 넣을까. 상품판매자들은 자기 물품을 넣으라고 광고했
다. 그 광고에 치약이 합류했다. 라이온 치약은 '군대의 위문'이라는 카

---

78) 김택중, 「1918년 독감과 조선총독부 방역정책」, 『인문논총』 71-1, 2017, 163쪽.
79) 『매일신보』, 1914.9.18.
80) 『매일신보』, 1914.9.18.

피와 함께 욱일기를 넣은 광고를 신문에 실었다(『매일신보』, 1914.10.7). 인단은 위문대 광고에 더욱 적극 뛰어들었다.[81] 그 가운데 하나인 〈그림 26〉을 보자.

큼지막한 일장기 밑에서 말 탄 군인과 보병이 진격하고 있다. "세계에 휘날리는 일장기는 일본 제국 융성의 표징이며 효험이 탁월한 인단은 건위보건의 가장 좋은 약재"라고 썼다. 그리고 위문대에는 인단을 넣으라고 적었다. 이렇게 광고는 이데올로기의 전파자가 되었다.

<그림 26> 전면광고 『경성일보』, 1918.10.7.(『부산일보』, 1918.10.5)

IV. 맺음말

과학혁명과 함께 시작된 모더니티는 철저하게 시각 중심적이다. 망원경과 현미경 같은 발명품들이 시각적인 것에 특권을 부여하는 것을 부추겼다면, 인쇄술은 그 특권을 강화했다.[82] 인쇄술의 발전은 문명 전반에 광범위한 영향을 미쳤다. 과학의 성과는 인쇄물에서 삽화 등의 시각 이미지로 재현되어 대중에게 익숙한 형태로 전달되었다. "인쇄된 삽화가 없었다면 과학혁명이 쉽지 않았을 것"이라고도 한다.[83] 인쇄물에 실

---

81) 인단은 일종의 구강청정제 또는 금연보조제인데 소화에 도움을 주고 독을 없앤다는 등 마치 만병통치약처럼 선전했다(자세한 내용은 권보드래, 「인단-동아시아 상징제국」, 『사회와역사』 81, 2009 참조).

82) 핼 포스터 엮음, 최현희 역, 『시각과 시각성』, 경성대학교출판부, 2012, 21~22쪽.

린 상업 광고도 시각문화에 영향을 끼쳤음은 말할 나위 없다. 상업 광고 가운데 의약품 광고는 의학 정보의 전달체로서 중요한 역할을 했다. 물론 그 정보는 이윤추구의 목적에 따라 때때로 왜곡되고 과장되었지만, 그 나름대로 위생 사상과 과학 지식을 대중에게 전달했다.

의약품 광고는 약의 신빙성을 높이기 위한 '과학적' 설득 방식으로 전기와 자력 같은 신비한 힘, 현미경과 세균, 해부학과 발생학, 화학과 시험관 등 근대과학의 성과를 시각화하여 적극 활용했다. 1915년 일제가 시정 5년을 기념하여 열었던 조선물산공진회에서 2호관 위생부에서 '병균도'와 통계표를 만들어 의학지식을 눈으로 보여주며 계몽의 효과를 거두려고 했던 것과 같은 맥락이다.[84] 의약품 광고는 '과학적' 지식에 따라 신체의 장기들을 세균의 침공을 막아 낼 요새로서 표상했다. 또한, 세균과의 전쟁에서 새롭게 확보해야 할 신무기인 근대 의약품을 비행기, 비행선, 탱크, 대포 등에 빗대어 묘사하곤 했다. 그런데도 1910년대 의약품 광고에서는 주술적이고 신화적인 이미지가 매우 자주 나타난다. 1920년대에 들어서야 그러한 경향은 눈에 띄게 줄어든다. 1910년대에는 아직 전통적인 신체관이 견고했고 예전의 습속은 영향력을 가지고 있었다. 1910년대 의약품은 그러한 고객들의 의식과 욕망을 반영할 수밖에 없었다.

이 글은 매약 광고에 나타난 이미지를 분석 대상으로 삼았다. 의사의 처방에 따른 조제약이 아니라 미리 만들어 놓은 약을 파는 것이 매약이다. 그 약들은 얼마나 약효가 있었을까. 광고만을 보면 약이 병을 완전히 낫게 하며 어떤 약은 만병통치약에 가깝다. 대중은 그러한 광고를 어떻게 받아들였을까. 신문기사에 따르면, "효능서와 같은 효력이 없음을 분명히 알면서도 매약을 복용하는 자가 많다."라고 했다.[85] 대중도 광고

---

83) 이정희, 「근대과학에서 시각적 재현의 의미」, 『철학논총』 55, 2009, 317쪽.
84) 『매일신보』, 1915.10.14.

가 말하는 약의 효능을 의심했다는 뜻이다.[86] 1910년대부터 매약제조업
이 우후죽순처럼 생겨났고 그에 따라 유사품 경쟁이 치열해졌다. 품질
경쟁이 아닌 할인 경쟁이 드세지자 매약의 품질은 날로 낮아져 일반의
신용을 차츰 잃어갔다.[87] 그러나 여전히 광고는 주문처럼 약을 외우게
했고 약 광고는 광고계에서 으뜸을 차지했다.

　신문을 통한 약품 광고만이 아니라 약장사(賣藥行商)도 약 선전에 큰
몫을 차지했다. 약장사는 약방과 관계를 맺어 약을 파는 행상이다. 그
약장사가 대중에게 그들 나름의 의학지식을 동원하면서 약을 파는 모습
을 보자.

<그림 27> 『매일신보』, 1913.5.3.

　매약제조업자가 '매약 행상원'을 3,500명이나 모집한다는 광고다. 남녀
를 가리지 않는다고 했다. 광고에서 보이는 '태양조경환'은 여성용 약이

---

85) 「有利 商品 판매법」 3, 『매일신보』, 1914.6.20.
86) 약값에 견주어 약 재료비는 아주 적게 들었다. "10전짜리 약이라면 약품 제조비가
　　1전 2리, 용기와 포장비 8리 합계 2전이면 만들 수 있다. 이것은 가장 상등(上等)
　　부분이고 약품과 포장을 합해서 3~4리면 만들 수 있는 것도 적지 않다"(「有利 商品
　　판매법」 3, 『매일신보』, 1914.6.20).
87) 홍현오, 앞의 책, 48쪽.

기 때문에 남성보다는 여성 약장사 알맞았을 것이다. 약장사 앞에 주로 갓을 쓴 사람들이 모여있다. 근대 의료시설과 양약 종사자들이 크게 부족한 상태에서 한약업과 매약업이 성황을 이루고 있음을 보여준다.[88] 약장사는 약을 팔아 일정한 수당을 받거나[89] 도매로 사서 지역을 돌아다니며 소매로 약을 팔았다. 부인[90]과 고학생[91] 또는 일정한 직업이 없는 사람이 그 일을 했다. 1910년대에는 일본에서 수입한 매약이 잡화상이나 구멍가게에서 팔렸다. 일본인 행상들은 거리에서까지 약을 팔기도 했다.[92] 때로는 직업이 있는 일본인도 약 소매상을 했다.[93] 이렇게 약은 근대의 상품으로써 또는 근대의학 지식의 매개체가 되어 신체에 침투했다.

1910년대에 이미 개인의 신체만이 아닌 '가정의 의료화'도 진행되었다. 학교의 위생 교육은 학생을 통해 가정으로 연결되었다.[94] 의약품 광고에서도 '가정상비약'을 선전하기 시작하면서(『매일신보』, 1916.7.19/『매일신보』, 1919.4.11) '가정의 의료화'를 촉진했다. 인쇄 매체를 통한 시각적 광고이든 약장사를 통한 구두 광고이든 약을 매개로 한 '과학'지식은 몸과 건강에 대한 인식을 '근대적'으로 바꾸어가기 시작했다.

88) 양정필, 「한약업자의 대응과 성장」, 연세대학교 의학사연구소 엮음, 『한의학, 식민지를 앓다』, 아카넷, 2008, 248쪽.

89) 『대한매일신보』, 1908.6.14.

90) "자혜약방에서는 약도 만들고 약봉지도 만드는데 부인을 모집한다"라는 광고가 있다(『대한매일신보』, 1908.6.14). 또한, 1910년대에 부인이 상행위 등의 직업을 가져야 한다는 담론이 형성되고 있었다. (「부인과 직업」, 『新文界』 4권 8호, 1916.8, 5쪽).

91) 『대한매일신보』, 1910.7.6.; 『대한매일신보』, 1910.8.2. "처음에는 고학생이면 누구든지 약을 자유롭게 팔도록 하였으나 그 후 차츰 경찰서에서 문제가 되어 지금은 모두 매약 행상의 허가를 받아서 팔러 다닌다."(『동아일보』, 1922.10.24).

92) 『한국약업 100년』, 약업신문사, 2004, 90쪽.

93) 『대한매일신보』, 1910.6.3.

94) 조형근, 「식민지체제와 의료적 규율화」, 김진균·정근식 편저, 『근대주체와 식민지 규율권력』, 문화과학사, 1997, 197쪽.

참고문헌

1. 자료

『대한매일신보』, 『매일신보』, 『부산일보』, 『경성일보』, 『조선시보』, 『청춘』, 『신문
    계』, 『학지광』.

2. 저서

강신익, 『몸의 역사』, 살림, 2007.

권창규, 『상품의 시대』, 민음사, 2014.

다비드 르 브르통, 홍성민 역, 『근대성과 육체의 정치학』, 동문선, 2003.

데이비드 웰치, 이종현 역, 『프로파간다 파워』, 공존, 2015.

돈 슬레이터, 정숙경 역, 『소비문화와 현대성』, 문예출판사, 2000.

레지스 드브레, 정진국 역, 『이미지의 삶과 죽음』, 시각과 언어, 1994,

로버트 보콕, 양건열 역, 『소비-나는 소비한다, 고로 존재한다』, 시공사, 2003.

롤랑바르트, 정현 역, 『신화론』, 현대미학사, 1995.

마루야마 마사오 · 가토 슈이치, 임성모 역, 『번역과 일본의 근대』, 이산, 2013.

마셜 맥루언, 김성기 · 이한우 역, 『미디어의 이해』, 민음사, 2015.

마틴 반 클레벨트, 이동욱 역, 『과학기술과 전쟁』, 황금알, 2006.

송찬섭 · 최규진, 『근현대 속의 한국』, 한국방송통신대학출판원, 2018.

수전 손탁, 이재원 역, 『은유로서의 질병』, 이후, 2010.

스튜어트 유엔, 최형철 역, 『광고와 대중소비문화』, 나남, 1998.

신동원, 『조선사람의 생로병사』, 한겨레 신문사, 1999.

아노 카렌, 권복규 역, 『전염병의 문화사』, 사이언스북스, 2016.

요시미 슌야, 송태욱 역, 『소리의 자본주의』, 이매진, 2005.

제임스 B. 트위첼, 김철호 역, 『욕망, 광고, 소비의 문화사』, 청년사, 2001.

토드 A. 헨리, 김백영 외 역, 『서울, 권력도시』, 산처럼, 2020.

피터 버크, 박광식 역, 『이미지의 문화사. 역사는 미술과 어떻게 만나는가』, 심산,

2009.

피터 브룩스, 이봉지·한애경 역, 『육체와 예술』, 문학과지성사, 2000.

헬 포스터 엮음, 최현희 역, 『시각과 시각성』, 경성대학교출판부, 2012.

헨리 지거리스트, 이희원 역, 『질병은 문명을 만든다』, 몸과마음, 2005.

홍현오, 『한국약업사』, 약업신문사, 1972.

『한국약업 100년』, 약업신문사, 2004.

3. 논문

고미숙, 「『대한매일신보』를 통해 본 '병리학'의 담론적 배치」, 『한국의 근대와 근대
　　　경험(3)』, 이화여자대학교 한국문화연구원 2005년 봄 학술대회 자료집,
　　　2005.

권보드래, 「1910년대의 새로운 주체와 문화-『매일신보』가 만든 『매일신보』에 나타
　　　난 대중」, 『민족문학사연구』, 36, 2008.

권보드래, 「인단-동아시아 상징제국」, 『사회와역사』 81, 2009.

김엘리아나, 「일제강점기 조선 의약품 광고 디자인에 나타난 주술적 특징」, 서울
　　　대 석사논문, 2013.

김영수, 「메이지기 근대적 의약담론의 성립과 '뇌병'의 치료」, 『이화사학연구』 58,
　　　2019.

김은주, 「시각 기술의 권력과 '신체 없는 기관'으로서의 신체 이미지」, 『한국여성철
　　　학』 25, 2016.

김주리, 「1910년대 과학, 기술의 표상과 근대 소설-식민지의 미친 과학자들 (2)」,
　　　『한국현대문학연구』 39, 2013.

김택중, 「1918년 독감과 조선총독부 방역정책」, 『인문논총』 71-1, 2017.

박윤재, 「청심보명단 논쟁에 반영된 통감부의 의약품 정책」, 『역사비평』 67, 2004.

박윤제, 「19세기 말~ 20세기 초 병인론의 전환과 도시위생」, 『도시연구』 18, 2017.

양정필, 「한약업자의 대응과 성장」, 연세대학교 의학사연구소 엮음, 『한의학, 식민
　　　지를 앓다』, 아카넷, 2008.

유선영, 「식민지 미디어 효과론의 구성: 대중 통제 기술로서 미디어 '영향 담론'」,
　　　『한국언론정보학보』 77, 2016.

1910년대 의약품 광고의 '과학'과 주술 **49**

이꽃메, 「일반인의 한의학 인식과 의약 이용」, 연세대학교 의학사연구소 엮음, 『한의학, 식민지를 앓다』, 아카넷, 2008.

이병훈, 「〈濁流〉: '약'의 향연」, 『현대소설연구』 53, 2013.

이수형, 「김동인 문학과 히스테리, 성적 상상」, 『사이(間, SAI)』 14, 2013.

이정희, 「근대과학에서 시각적 재현의 의미」, 『철학논총』 55, 2009.

조정은, 「근대 상하이 도시위생과 세균설의 수용」, 『도시연구』 18, 2017.

조형근, 「식민지체제와 의료적 규율화」, 김진균·정근식 편저, 『근대주체와 식민지 규율권력』, 문화과학사, 1997.

주형일, 「이미지로서의 육체, 기호로서의 이미지-삶과 틀의 육체 담론」, 『인문연구』 47, 2004.

홍선표, 「경성의 시각문화 공람제도 및 유통과 관중의 탄생」, 한국미술연구소 한국근대시각문화팀, 『모던 경성의 시각문화와 관중』, 한국미술연구소CAS, 2018.

식민지 초기 조선의 위생풍속에 대한 식민권력의 이중성

미신담론을 중심으로

황 익 구

Ⅰ. 머리말

일본은 조선에 대한 식민지화를 전제로 강제병합 이전부터 조선의 제도와 법률, 관습과 풍속 등에 대해 조사를 진행하였다. 1906년에는 부동산법을 제정하기 위해 이토 히로부미(伊藤博文)가 부동산법조사회를 통해 조선의 제도와 관습을 조사하였으며, 1908년에는 부동산법을 비롯한 민법, 상법, 형법 등의 제정을 위해 법전조사국에서도 조선의 관습과 제도를 조사하였다. 그리고 강제병합 이후에는 조선의 제도와 관습은 물론 역사와 풍속, 언어와 종교, 생활과 문화 등으로 영역이 확대되면서 보다 광범위하고 세밀하게 조사가 이루어졌다. 강제병합 이후에 이루어진 일본의 조선에 대한 조사는 식민지지배의 용이와 통치정책의 입안, 각종 제도의 정비와 실행이라는 정치적 목적을 달성하기 위한 기초자료로서 중요한 역할을 한만큼 그 필요성은 더욱 강조되었으며, 조사 빈도의 증가는 물론 관련 내용에 대한 담론의 형성도 활발하게 이루어졌다. 그

대표적인 사례 중의 하나로 위생업무와 관련한 조사와 담론을 들 수 있다.

강제병합 직후 일본은 조선에 대한 위생업무의 관리와 통제를 위해 조선총독부 내에 내무부 지방국 위생과와 경무총감부 위생과라는 두 개의 담당 기구를 설치하여 운영할 정도로 조선의 위생업무에 대한 감시와 경계를 강화하였다. 내무부 지방국 위생과에서는 공중위생, 약사·약제사·산파 및 간호부의 업무, 병원 및 위생회, 두묘, 병원(病源) 검색 및 분석검사, 기타 위생시험 등과 같은 조선 전역에 대한 위생지침이나 정책업무를 담당하였다. 그리고 경무총감부 위생과에서는 상수 및 하수의 취체, 음식물·음식기구 및 약품 취체, 오물 소제, 묘지 및 매화장, 약사·약제사·산파·간호부의 업무 취체, 약종상·제약자·입치·침구영업, 아편연의 흡용, 모르핀 주사 금알(禁遏), 행려병인 및 사망인, 정신병자, 도축, 검징(檢徵), 기타 공중위생의 취체(이상 보건계), 전염병 및 지방병, 종두, 도축 위생(이상 방역계) 등의 업무를 수행하며 주로 단속의 성격이 강한 실질적인 집행업무를 담당하였다.[1] 물론 이와 같은 위생과 업무의 이원적 체제는 1912년 4월부터 시행된 '조선총독부경무총감부사무분장규정중개정(朝鮮総督府警務總監部事務分掌規程中改正)'으로 위생 관련 업무는 경무총감부 위생과로 통합되었지만 위생업무에 대한 관리를 원활하게 함과 동시에 통제의 효율성도 강화할 목적으로 진행된 것이다.[2]

위생업무와 관련한 체제의 정비와 함께 관련 분야에 대한 각종 조사도 활발히 진행되었다. 1910년 10월에 설립된 조선총독부 취조국(取調局)에서는 구(舊) 제도 및 관습의 조사 필요성에 발맞추어 조사 항목과

---

1) 「朝鮮総督府事務分掌規程」, 『朝鮮総督府訓令』 第2号, 1910.10.1., 『朝鮮総督府官報』 第29号.
2) 「朝鮮総督府警務總監部事務分掌規程中改正」, 『朝鮮総督府訓令』 第18号, 1912.3.28, 『朝鮮総督府官報』 号外.

범위를 확대하여 제도 및 관습, 상민(常民)의 생활상태 등을 조사하였으며, 1912년 4월부터는 취조국의 업무를 승계한 참사관실에서 구관조사(舊慣調査)를 진행하였다. 그 후 구관 및 제도 조사는 1915년 4월에 중추원 관제가 개정되면서 중추원 업무로 편입되었다. 중추원에서는 조선의 구관 및 제도는 물론 의식주, 출생, 관혼상제, 직업, 종교, 미신, 오락, 유희, 연중행사, 의약 등에 이르기까지 조사의 범위를 대폭 확대하였다. 한편 조선총독부 경무총감부에서는 각 도의 경무청 위생경찰 및 행정 관리와 함께 조선인의 의식주를 비롯한 일상생활과 위생풍습, 질병의식과 의료관습, 민간신앙과 생애 주기 등에 대한 포괄적 조사를 실시하였다. 그리고 그 조사 결과는 조선 전역에 대한 의료관습과 위생풍습을 다룬 『조선위생풍습록(朝鮮衛生風習録)』이라는 관찬조사보고서로 편찬되었다.[3]

그 외에도 1912년부터 2년간 조선의 북부지방에 파견된 제8사단군의부는 소속 군의들이 주둔 지역에 대한 위생상태와 의료문제 등을 조사한 보고서『조선인의 의식주 및 그 외의 위생(朝鮮人ノ衣食住及其ノ他ノ衛生)』을 편찬하였으며(第8師団軍医部編纂, 1915), 이 조사보고서는 조선총독부 내부국 촉탁인 무라카미 다다요시(村上唯吉)에 의해『조선인의 의식주(朝鮮人の衣食住)』라는 제목으로 출판되기도 하였다(村上唯吉, 1916).

또 이보다 앞서 경찰 출신의 조선총독부 촉탁 이마무라 도모(今村鞆)도 조선의 다양한 풍속과 관혼상제, 종교와 미신, 질병과 위생 등을 조사하고 기록한『조선풍속집(朝鮮風俗集)』을 간행하여 조선풍속 입문서로서의 평가를 받기도 하였다.[4]

---

3) 朝鮮総督府警務総監部,『朝鮮衛生風習録』, 日韓印刷株式会社, 1915, 1~221쪽.
4) 今村鞆,『朝鮮風俗集』, 斯道館, 1914, 1~459쪽.

이와 같이 조선의 풍속과 위생에 관련한 조사가 다방면에서 진행되는 가운데 이와 관련한 담론도 많이 등장하였다. 특히 조선총독부는 위생 업무에 관한 체제의 정비와 동시에 기관지『매일신보(每日申報)』를 통해 조선의 열악한 위생과 문제점에 대해 지속적으로 담론을 생산하며 조선에 대한 위생행정의 당위성을 강조하였다.

> 조선인은 원래로 위생에 주의치 아니하는 습관을 이미 만들었으니 질병요촉(疾病夭促)은 환난(患難)이 천지(荐至)함을 불원하여 거처의 불결도 상관하지 않고 음용수의 탁하고 불결함도 상관하지 않아 태만한 습성으로 인하여 고질이 되어 인구의 임총(林蔥)치 못한 것도 이에서 비롯된지라[5]

인용문에서도 알 수 있듯이 조선인은 태생적으로 비위생이 습관화되어 있으며 불결함도 상관하지 않는 태만한 민족이라는 민족차별적인 담론과 함께 일본인과의 암묵적인 비교를 통해 자신들의 민족적 우월감을 과시하는 양상이 총독부의 기관지를 통해 발신되고 있었다. 이뿐만이 아니다. 위생이 단지 개인의 문제가 아니라 국가의 문제라는 발상으로 조선인의 비위생과 불결함이 개인의 가치 훼손은 물론 국가의 가치증진을 방해한다는 논리도 제시하고 있다.

> 불탄(不彈)한 관(冠)을 쓰고, 씻지 않은 옷을 입어 흐트러진 머리털이 엽렵(獵獵)에 먼지와 때가 얼굴에 가득하면, 그 사람이 비록 70, 80세에 이르고, 백천(百千)권 서사(書史)를 읽었을지라도 나는 사람의 가치가 있다 말하기 어렵도다. (중략) 오호라 아일신(我一身)의 청결로 일국(一國)의 가치를 증중(增重)하거늘 어찌 불청불결(不淸不潔)에 함(陷)하여 자기 일신의 가치까지 잃으리오.[6]

---

5) 「衛生과 修身」, 『每日申報』, 1910.10.7.

위의 인용은 조선인의 외모를 '불청불결(不淸不潔)'한 것으로 규정하고 오랜 경험과 독서로 상징되는 교양과 학식의 전통적 가치보다 청결을 중요시하고 있다. 그리고 심지어 청결이라는 준거로 조선인의 인간적인 가치조차 무시하는 담론을 쏟아내고 있다.

이와 같은 담론은 청결의 가치와 위생의 중요성을 강조하면서 조선인을 불결과 비위생의 전형으로 전제하려는 인식을 노정하고 있다. 결국 문명국의 위생 논리로 전근대적이고 미개한 사회의 비위생적인 요소를 비판하고 소거함으로써 국가와 사회를 일신하려는 문명론적 위생관이 작용한 결과가 아닐 수 없다. 다시 말해서 조선의 전통적 가치에 대한 무시와 비위생의 지적으로 근대적 교화와 계몽의 필요성을 강조한 것이다. 더 나아가 문명적 열등감을 조장하고 민족적 차별을 합리화하며 결국에는 식민지지배의 정당성을 강조하는 논리와 연동하는 장치로서 기능한 것이라 할 수 있다. 이 과정에서 조선인은 교화와 개선의 대상으로 인식되었으며 문명적으로 열악하고 열등한 민족으로 치부되었다. 이 때문에 조선총독부가 행하는 의료시술과 위생행정은 식민지 '신민'을 위한 식민권력의 시혜적 성격을 띠고 진행되었다.[7]

그런데 여기에서 주목할 점은, 이와 같이 위생풍속과 관련한 조사가 빈번하게 진행되고 동시에 그에 대한 담론이 다양하게 생산되는 과정에서 거의 빠짐없이 다루어지는 소재가 조선의 미신에 대한 것이라는 점이다. 1910년 대한제국정부내부·경무총감부의 촉탁으로 구관조사를 시행한 야마미치 조이치(山道襄一)는 당시의 조선 사회에 대해 다음과 같

---

6) 「淸潔과 人의 價値」, 『每日申報』, 1911.1.8.
7) 이와 관련한 선행연구에는 박윤재(「한말·일제 초 근대적 의학체계의 형성과 식민지배」, 연세대학교대학원 박사학위논문, 2002, 215~245쪽.), 이종찬(「衛生의 近代: 사회적 몸에 대한 統治의 術」, 『인문연구』 51호, 2006, 72~78쪽), 권기하(「1910년대 총독부의 위생사업과 식민지 '臣民'의 형성」, 연세대학교대학원 석사학위논문, 2011, 1~70쪽) 등을 참조한다.

이 기술하고 있다.

> 조선반도에서 유교가 감화(感化)를 미치는 점은 일반 인민의 의례에
> 관계하는 형식상의 일뿐이다. 인심(人心)을 지배하는 것은 유교가 아니
> 고, 불교가 아니고, 실로 미신이 아닐 수 없다. (중략) 그래서 위로는 왕
> 실에서 아래로는 천민에 이르기까지 신앙이라 할만한 것이 있다면 정
> 말 미신을 빼고는 달리 말할만한 것이 없다. (중략) 조선반도와 같은 곳
> 은 혹은 정치, 혹은 종교, 혹은 사교 등 모든 것이 미신의 지배를 받고
> 있으며 그 수가 너무나도 많아서 놀라지 않을 수 없다.[8]

야마미치는 당시의 조선 사회를 신분, 정치, 종교를 막론하고 모든 영
역에 있어서 미신이 지배하는 사회라고 노골적으로 비판하였다. 이미
미신이라는 용어가 비과학적이고 비합리적인 구관·구습으로 간주 되어
개선되어야 할 대상으로 인식되던 상황에서 조선 사회 전체를 미신이
지배하는 미개한 사회로 낙인찍는 담론이 아닐 수 없다.

미신 담론은 문명, 과학, 위생, 합리성, 근대를 지향하는 식민지지배
권력의 입장에서 볼 때 미개, 비과학, 비위생, 비합리, 전근대 등의 산실
과도 같은 사안으로 식민지 조선의 근대화와 위생화의 필요성을 자극하
는 중요한 역할을 한 것이다. 아울러 식민지 조선의 열등감 조장은 물론
식민지지배의 정당성도 부각시키는데 유효하게 활용되었다. 따라서 식
민지 초기 조선의 미신을 둘러싼 조사와 담론은 식민권력의 조선 인식
은 물론 조선 사회에 대한 관리와 통제 양상을 고찰하는데 실마리를 제
공한다는 측면에서 중요하다.[9]

---

8) 山道襄一, 『朝鮮半島』, 日韓書房, 1911, 263쪽.
9) 식민지 조선의 미신을 둘러싼 대표적인 선행연구를 살펴보면 다음과 같다. 먼저 이
방원(「일제하 미신에 대한 통제와 일상생활의 변화」, 『동양고전연구』 24, 동양고전
학회, 2006, 281~314쪽)은 '일제의 '미신타파' 정책이 식민통치정책의 변화에 따라 다
르게 나타났으나, 결국 일제의 목적은 일관되게 한국인을 '일제에 순종하는 바람직

이 논문에서는 식민지 초기 조선의 미신에 대한 식민권력의 관리와 통제, 대응을 살펴봄으로써 동시대 일본의 조선 인식을 고찰함과 동시에 미개와 문명, 과학과 주술, 전근대와 근대 등의 충돌에 의한 단절과 연속의 문제를 지적하고 식민지지배 권력의 통제와 통치정책의 양상을 고찰하고자 한다. 다만, 연구 대상과 범위는 식민지 초기에 식민권력의 통치시스템 구축과 정비과정의 일단을 살펴볼 수 있다는 점에서 1910년대부터 1920년대까지의 미신 담론에 한정하며, 그중에서도 질병이나 공중위생과 관련한 미신 담론을 중심으로 고찰하고자 한다. 그러나 유사종교와 관련한 미신 개념에 대해서는 관련 주제를 벗어나는 영역으로 판단하여 고찰 대상에서는 제외한다. 또한, 식민권력의 통치 및 대응 양상을 살펴보는 것이 목적이기 때문에 조선의 내재적 요구 혹은 자발적 동기에 의한 미신타파와 관련한 담론은 분석 대상에서 제외한다.

한 식민지민'으로 개조하는 것이었다'는 점을 지적하였다. 이러한 관점은 미신과 식민통치정책과의 관계를 조명하고자 하는 이 논문에도 큰 시사점을 제공하고 있다. 다음으로는 미야우치 사키(宮内彩希, 「韓国併合前後における「迷信」概念の形成と統治権力の対応」, 『日本植民地研究』24, 2012, 1~19쪽)는 조선 개화기에 미신 개념이 형성되는 과정을 고찰하고, 한일강제병합 이후에 조선의 내직동기에 의한 미신타파운동과 일제의 미신에 대한 통제정책을 비교·분석하고 있다. 여기에서 미야우치는 일제의 통제정책은 미신의 박멸이 목적이 아니라 위생문제, 토지정리, 치안유지 등의 문제로서 법제도에 저촉되는 범위 내에서 전개된 반면에 조선사회 내부에서 전개된 미신타파운동은 일제 당국과의 긴장관계 속에서 미신에 대한 심리적 측면을 계몽하고자 하는 성격이 강했다고 분석하고 있다. 다음으로는 식민지 경찰의 기관지인 『경무휘보(警務彙報)』에 실린 미신 관련 기사를 통해 식민지 위생경찰의 미신타파정책과 통제 활동의 양상을 고찰한 이충호(「식민지 일본어잡지 속의 〈미신〉-『경무휘보』의 〈미신〉 관련 기사를 중심으로」, 『외국학연구』 제29집, 2014, 303~330쪽)는 미신연구에 있어서 담론연구의 필요성을 제시했다는 측면에서 고무적이다. 그러나 선행연구는 식민통치정책과 미신타파의 관계를 규명하는 데는 유효하지만 식민권력이 조선인의 일상 속에서 어떠한 작용을 하였으며, 식민권력에 내재된 자기모순과 이중성의 문제에 대해서는 간과한 측면이 있다.

II. 위생경찰과 미신 담론

앞서 살펴본 바와 같이 한일강제병합 이후 경무총감부 위생과는 위생 업무를 총괄하는 조선총독부 직속기관으로서 경시와 경부로 구성된 경찰조직이었다. 즉 경찰조직이 위생 관련 사무의 지휘와 집행을 모두 담당한 것이다. 그리고 이 경찰조직은 1915년 3월부터 각 도의 위생경찰사무와 위생업무를 총괄 지휘하는 체계를 형성하면서 경찰 중심의 위생행정을 공고히 구축하였다. 말하자면 식민지 위생경찰체계가 완성된 것으로 볼 수 있으며 이에 따라 식민지 조선의 위생업무는 통제와 단속이 중심이 되었을 것이라는 짐작은 어렵지 않을 것이다. 또 효율적인 업무 진행이라는 명분과 함께 경찰력은 더욱 강력하게 행사되었을 것이라는 점도 쉽게 유추할 수 있다.[10]

일본 통감부 고문경찰에 의해 도입된 위생경찰은 일본에서는 '국민의 건강에 미치는 병적 위해를 방제하는 수단으로서 사람의 자유를 제한하고 또 강제를 이용하는 것'이라는 개념으로 자리잡고 있었다.[11] 즉 국민의 건강을 위해 국민의 자유를 제한하고 강제하는 국가의 방제 수단이 위생경찰이라는 개념이다. 이러한 위생경찰에 대한 개념은 조선에서도 유효하게 활용되었다. 조선총독부 경부 시라이시 야스나리(白石保成)는 1912년 6월에 경찰을 대상으로 한 위생강습회에서 위생경찰의 개념을 '공중위생상에 미치는 위해를 방제하는 국가의 권력작용'으로 규정하였다.[12] 위생경찰을 위생이라는 목적을 위해 동원되는 국가권력으로 정의

---

10) 정근식, 「식민지 위생경찰의 형성과 변화, 그리고 유산-식민지 통치성의 시각에서」, 『사회와 역사』 제90집, 한국사회사학회, 2011, 221~270쪽.

10) 정근식, 「식민지 위생경찰의 형성과 변화, 그리고 유산-식민지 통치성의 시각에서」, 『사회와 역사』 제90집, 한국사회사학회, 2011, 221~270쪽.
11) 山口謙二郞, 『衛生警察学』, 明治大学出版部, 1901, 5쪽.
12) 平安南道警務部編纂, 『衛生警察講義一班』, 平安南道警務部, 1913, 85쪽.

한다는 점에서 위의 두 개념은 거의 동일하다고 할 수 있다.

　그런데 주의할 점은 여기에서 제시하는 위생이란 국민의 건강을 보전하는 일련의 작용으로 생활과 풍속, 제도와 관습, 종교와 미신 등의 제반 영역과 관련된다는 점이다.[13] 그리고 이 가운데에서도 미신에 관한 업무는 경찰의 주요 업무의 하나로 일찍부터 통제와 단속, 타파의 대상으로 지목되었다. 마쓰이 시게루(松井茂)가 경무국장으로 있던 1910년 3월에 한국내부경무국은 한국경찰의 현황과 역할, 조사와 회의자료, 자문 등의 내용을 바탕으로 편찬한 『한국경찰일반(韓國警察一斑)』에서 경찰의 업무 중에 하나로 미신에 대한 단속과 통제, 그리고 교육을 통한 미신의 타파를 강조한 바 있다.[14] 또 한일강제병합 이후에 조선총독부 총독 데라우치 마사타케(寺内正毅)는 헌병경찰제도를 통해 조선인의 생활습관의 지배와 의식의 통제를 기도하였는데 그 일환으로 1912년 3월 25일에 총 85개 항목의 '경찰범처벌규칙(警察犯處罰規則)'을 제정하여 단속과 처벌을 강화하였다. 여기에는 직접적으로 미신에 대한 항목을 규정하지는 않았지만 미신과 관련된 항목으로 '22. 무분별하게 길흉화복을 말하거나 기도, 주문 등을 하거나 부적류를 수여하여 사람을 미혹시키는 행위를 하는 자, 23. 병자에게 금염, 기도, 주문 또는 정신요법 등을

---

13) 일제강점기 경찰의 활동과 역할을 고찰한 장신(「경찰제도의 확립과 식민지 국가권력의 일상 침투」, 연세대국학연구원, 『일제의 식민지지배와 일상 생활』, 혜안, 2004, 562쪽)은 다음과 같이 지적하고 있다. 근대 일본의 경찰은 국가권력이 추진하는 새로운 질서를 창출하는 강제력으로서의 역할이 기대되었다. 당시는 이른바 〈문명개화〉의 시기로 경찰에게는 풍속, 위생의 개량과 습관의 교체라는 과제가 주어졌다. 일상생활의 세세한 곳까지 권력의 규제가 미치고, 새로운 가치관으로 무장한 경찰은 문명화된 풍속, 생활 등을 일반 민중의 내부에 강제하는 역할을 담당하였다. 특히 문명화가 사회에서 구현되는 논리인 합리주의는 전통이나 인습, 미신이나 주술을 비합리적인 것으로 보는 사고에 기반하여, 그것의 구속으로부터 탈각하도록 하였다. 일제강점기 경찰의 역할과 담당업무에 대해서는 大日方純夫(『日本近代国家の成立と警察』, 校倉書房, 1992, 184쪽)도 참조한다.

14) 韓國內部警務局, 『韓國警察一斑』, 日韓印刷株式会社, 1910, 232~243쪽.

행하거나 부적, 神水 등을 주어 의료를 방해하는 자, 24. 함부로 최면술을 행하는 자'를 제시하고 구류 또는 과료에 처한다고 규정하였다.[15) 이외에도 '32.경찰관서에서 특별히 지시 또는 명령한 사항에 위반하는 자'의 항목을 통해 규정된 항목 이외의 미신행위에 대해서도 규제가 가능하도록 하였다. 실제 당시의 경찰이 미신과 관련한 문제를 범죄로 분류하고 처벌한 사례는 다수 확인된다. 조선총독부 경무국(警務局) 조선경찰협회(朝鮮警察協會)에서 발행한 월간지 『경무휘보(警務彙報)』는 「조선의 미신범죄(朝鮮における迷信犯罪)」라는 제목으로 미신과 관련한 범죄를 상세하게 설명하고 그 판례를 소개하는 연재기사를 싣기도 하였다.[16) 이 기사에는 조선의 미신에 대해 다음과 같이 설명하고 있다.

> 조선에서 미신범죄는 아주 다양한 형태가 유래하고 있으며, 또한 아주 악질적인 것은 누구나가 인정하는 부분이다. 이것은 조선의 민도가 아직 유치하고, 신앙심의 기조를 이루는 종교적 감정성(感情性)이 천박한 것에 따른 것이다. 따라서 신앙의 대상이 되는 것은 초목금수(草木禽獸) 등에 대한 숭배와 유교적 감화에 의해 자연을 추상화 하고 귀신 이외에는 나타나지 않는다. 그래서 욕구하는 소망을 쉽게 충족하기 어려운 경우에는 곧바로 황당무계한 미신의 길에 빠져서 실로 종교상의 위안을 얻을 수 없게 된다.[17)

이 기사는 조선에서 미신범죄가 많은 이유를 조선의 민도가 유치하고, 종교적 신앙심이 천박하기 때문이라고 지적하고 있다. 이러한 시각

---

15) 국사편찬위원회 한국사데이터베이스, 『한국근대사기초자료집5』, 「조선총독부령 제40호 1912.3.25. 관보 제470호」(http://db.history.go.kr/item/, 2020.4.20 검색)

16) 『경무휘보(警務彙報)』는 1910년 7월에 조선총독부 경무국(警務局) 조선경찰협회(朝鮮警察協會)가 『경무월보(警務月報)』라는 이름으로 발행한 월간지로 1913년 1월 제40호부터 『경무휘보(警務彙報)』로 이름을 바꾸어 발행되었다. 조선의 미신범죄에 관한 기사는 1920년 4월에 발행된 179호부터 183호까지 연재되었다.

17) 朝鮮総督府警務局, 「朝鮮における迷信犯罪」, 『警務彙報』 179, 1920, 35쪽.

은 당시 경찰의 조선에 대한 인식을 그대로 노정한 것으로 볼 수 있다. 이와 같은 경찰의 조선 인식은 다음의 기사에서도 확인할 수 있다.

> 특히 조선은 세계에서 유명한 미신의 나라, 유언비어의 향토라고 알려져 있다. 옛 한국시대에 조선인의 생활은 거의 미신의 축도(縮圖)였다. 위로는 왕후 귀족으로부터 아래로는 백성담군(百姓擔軍)의 천민에 이르기까지 미신에 현혹되어 있다. 음사사교(淫祠邪教)는 당당히 권세를 휘두르고 시대를 풍비하며 민심을 어지럽히고 있다.[18]

여기에서도 경찰은 조선을 '미신의 나라', 조선인의 생활을 '미신의 축도'라고 노골적으로 비난하면서 미신의 타파가 시급하고 중대한 업무라고 주장하고 있다. 다시 말해서 경찰이라는 국가권력은 국민의 건강을 보전한다는 명분하에 조선의 제도와 역사, 풍속과 생활을 부정하고 교정해야 할 대상으로 간주한 것이다. 더 나아가 조선인의 의식과 정신에 대한 감시와 통제, 그리고 교화를 중대한 과제로 삼으며 식민지지배의 당위성과 정당성도 우회적으로 제시한 것이다.[19]

Ⅲ. 위생풍속 조사와 미신 담론

앞에서 살펴본 바와 같이 한일강제병합 이후 조선의 위생풍속에 대한

---

18) 警務局池内生, 「迷信打破と警察官」, 『警務彙報』 229, 1925, 61~62쪽.
19) 이외에도 『경무휘보』에는 각 지방경찰부가 질병이나 위생에 관한 미신을 조사하여 수록한 기사도 다수 확인된다. 예를 들면 전남경찰부가 조사하고 작성한 「질병과 미신(疾病と迷信)」이라는 기사는 『경무휘보』 195호(1921.8)부터 198호까지의 연재되었으며, 경기도경찰부가 조사한 내용은 「이질과 미신(赤痢と迷信)」이라는 제목으로 『경무휘보』 210호에 수록되었다.

조사는 활발하게 진행되었다. 특히 그중에서도 미신과 관련한 위생풍속의 조사에는 이마무라 도모(이하 이마무라)『조선풍속집』과 조선총독부 경무총감부『조선위생풍습록』이 대표적이다.[20]

먼저 이마무라『조선풍속집』의 미신 담론에 대해 살펴보자. 대만총독부에서 순사로 근무한 이마무라는 1908년 조선 통감부 경찰로서 조선으로 건너와 충청북도 경찰부장을 비롯하여 강원도 경찰부장, 내부순시관, 통감부 및 총독부 경시, 경성남부 경찰서장 겸 경무총감부 위생과장심득, 평양 경찰서장, 제주도사 겸 경찰서장 겸 검사사무취급, 원산부윤, 이왕직사무관(궁내관)과 서무과장, 고등관 이등 등 경찰의 요직을 두루 거친 경찰 간부 출신의 조선풍속 전문가였다.[21]『조선풍속집』은 이마무라가 경찰 직무 수행은 물론 총독부를 비롯한 각종 기관단체의 촉탁으로 근무하면서 진행한 조선풍속 조사자료나 강연 자료가 바탕이 되어 간행되었다.[22] 이마무라는 조선풍속을 조사한 계기에 대해 '직무의 집행이 민도(民度)와 조화를 이룬다는 점'에서 '조선의 풍속 습관을 이해하는 것이 필요한 일'이며, '직무와 관계가 깊은 것, 혹은 내가 취미를 느끼는 사항을 단편적으로 연구'하고 조사하여 발표하였다고 기술하고 있다.[23] 즉 이마무라는 조선의 풍속을 조사하고 연구하는 일이 자신의 경찰로서

---

20) 이외에도 楢木末實,『朝鮮の迷信と俗傳』(新文社, 1913)도 미신과 관련한 조선의 위생풍속을 다루고 있다. 이 책의 「序」는 이마무라가 작성한 것으로 속전과 미신 연구를 통해 그 국민의 윤리관, 종교신념, 사회사상 등과 같은 국민성을 파악할 수 있다고 기술하고 있다.

21) 주영하 외,『제국일본이 그린 조선민속』, 한국학중앙연구원출판부, 2017, 68~71쪽.

22) 당시에『조선풍속집』은 조선풍속 입문서로서 평가를 받았으며, 「조선의 관청 수험자가 반드시 지녀야 하는 책(朝鮮諸官廳受驗者必携)」으로 선전되었다(주영하 외, 위의 책, 68~71쪽) 참조. 원문은 秋葉隆「鄂博と城隍」(『書物同好会会報(今村鞆先生古稀祝賀記念特輯)』第九号, 書物同好会, 1940, 2쪽), 横山将三郎, 「白川温泉で朝鮮の話を聞く」(『書物同好会会報(今村鞆先生古稀祝賀記念特輯)』第九号, 書物同好会, 1940, 26쪽), 今村鞆『朝鮮風俗集』, (訂正 3版)ウツボヤ書籍店, 広告, 1919) 참조).

23) 今村鞆,『朝鮮風俗集』, 斯道館, 1914, 1~459쪽.

의 직무, 다시 말해서 식민통치를 위한 효용성과 용이성이 관여하고 있음을 밝힌 것이다. 이점은 『조선풍속집』이 조선 사회에 대한 단순한 개인적 관심과 흥미, 나아가 이해를 위한 목적보다도 식민지정책에 이용하고자 하는 측면이 강했다는 것을 나타낸 것이다. 그렇다면 『조선풍속집』에서 미신은 어떻게 다루어졌는가를 살펴보자.

『조선풍속집』은 「조선인의 미풍」을 시작으로 총 32개의 목차, 약 520여 페이지로 구성되어 있다. 그중에 미신에 관한 내용은 목차 「24. 조선인의 미신 및 종교」부터 「25. 묘지에 관한 미신 및 폐해」, 「26. 조선인의 몽점(夢占)에 대하여」, 「27. 조선인의 소인요병금염(素人療病禁厭) 및 미신」, 「28. 조선의 속전(俗傳)」, 「29. 호랑이에 관한 미신 속전」, 「30. 조선의 미신업자」까지로 약 150여 페이지를 할애할 만큼 비중 있게 다루고 있다. 여기에서 이마무라는 '미신은 미개시대의 유물'로서 미신을 민족적으로 연구하는 것은 '그 민족의 풍상심리(風尙心理)를 살펴보고 여러 가지 일에 참고로 삼는데 이익이 많은 일'이라고 기술하고 있다.[24] 즉 이마무라는 미신을 문명의 상대적 개념으로 다루고 있으며 조선의 미신을 통해 조선인의 풍속과 심상을 확인할 수 있다고 판단한 것이다. 그러면서 미신이 '역사, 종교, 철학, 그 외 각종 과학'에 이르기까지 다양한 영역에 간섭하고 있다는 것을 지적하였다. 예를 들어 조선의 종교에 대해서는 다음과 같이 기술하고 있다.

조선에서는 종교가 미신으로 성행한다-현재에도 불교 본래의 신앙은 가까스로 남아 있을 뿐이고 미신이 다수를 차지한다. 이들 불교 신앙 및 미신적 유물은 민간의 연중행사로 변화되거나 건축 의식이나 제의 등에 예전의 면영(面影)이 남아 있고, 현재까지 미신 그대로의 형태로 남아 있는 것도 매우 많다.[25]

---

24) 今村鞆, 위의 책, 310쪽.

인용에서도 알 수 있듯이 이마무라는 조선의 종교가 미신의 영향 하에 있으며 또한 미신으로 성행한다고 지적하면서 조선의 종교를 폄훼하고 부정하고 있다. 즉 이와 같은 시각은 조선인의 풍속과 심상에 대한 무시와 부정을 그대로 반영한 결과라고 할 수 있다.

한편 이마무라는 「27. 조선인의 소인요병금염(素人療病禁厭) 및 미신」에서 조선의 민간에서 행해지고 있는 치료행위는 '수준이 매우 낮으며', '황당무계하여 의술에 하등 효력이 없을 뿐만 아니라 오히려 해를 일으키는 것도 있지만', '한편으로 합리적인 것도 아주 많으며', '조선인의 의약, 질병에 대한 감상을 파악하는데 충분한 자료가 있다'고 일정 부분 그 효용성과 가치를 인정하는 측면을 보이기도 한다. 하지만 조선의 미신에 대한 이마무라의 기본적인 인식은 교화와 단속, 관리와 통제라는 식민통치 권력의 입장을 견지하고 있었다.

> 모두 그 직업은 다르지만 어느 것도 황당무계한 설을 가지고 인심(人心)의 약점에 편승하여 우매한 국민을 현혹되게 하며, 사회에 해독(害毒)을 유포하는 것은 동일하다. (중략) 최근 사회의 풍조에 맞추어 일반에게 미신을 벗어나게 한다고 한다. 한편 단속을 엄중하게 함으로써 이들 미신업자는 현저하게 위축쇠퇴 하여 과거로 되돌아가는 세력은 없으며 간신히 명맥을 유지하고 있는 상태이다.[26]

이마무라는 「30. 조선의 미신업자」에서 '황당무계'한 이유로 '국민을 현혹되게 하고 사회에 해독을 유포하는' 주요 미신업자로 지사(地師, 혹은 지관), 무당, 점쟁이, 점술가 등을 지목하고 이들에 대한 지속적인 단속과 통제의 필요성을 지적하고 있다. 결국 이마무라는 조선의 미신은

---

25) 今村鞆, 위의 책, 327쪽.
26) 위의 책, 458~459쪽.

타파의 대상이며, 식민통치라고 하는 신정(新政)을 통한 계몽과 교화를 하지 않으면 조선은 전근대성과 원시성을 탈피하기 어렵다는 점을 강조한 것이다. 다음으로 조선총독부 경무총감부『조선위생풍습록』이 발신하는 미신담론을 살펴보자.『조선위생풍습록』은 전국 13개 도의 각 경무청 위생과에서 조사 보고한 자료를 바탕으로 「격언편」, 「속언편」, 「민간치료편」, 「미신요법편」, 「관행편」, 「부록 일반풍습편」으로 구분하여 조선총독부가 편찬한 위생풍습 조사보고서이다.[27] 조선총독부 경무총감부는 이 조사보고서의 편찬에 대해 다음과 같이 기술하고 있다.

조선 각지의 속언·관습 중에서 위생에 관한 것을 조사하고 이것을 바탕으로 진리를 깊이 탐구하여 바로잡을 것은 바로잡아 차츰 비루한 풍속을 교화함으로써 새롭게 공통 보편의 미속(美俗)을 익히도록 하고자 이 위생풍습록을 편찬하게 되었다. (중략) 그 속언으로 수집한 것 중에 다소 진리를 담은 것이 없지는 않지만, 대부분은 부패한 유생과 주술을 일삼는 무당 무리의 망탄허설(妄誕虛說)이 세속의 미신과 합쳐져서 인습속(因襲俗)을 만들어낸 것이다. 그래서 그 미신이 성행할 때에 국법을 어기고 인명을 해치며, 인권을 유린하는 소위 민간치료와 같은 것, 또 미신에서 비롯된 것으로서 지금도 성행하여 귀중한 생명을 빼앗아 가는 것이 유감스럽다. 미신의 폐해가 이처럼 심각한데 그 뿌리는 더욱 넓게 뻗어가고 있다. 이것을 오늘날 위생상의 관점에서 보면 완연한 하나의 적국(敵國)이 모습이 아닐 수 없기에 예의주시히고 힘을 다해 미신을 각성시켜야 한다. 위생을 거론함에 있어 어찌 경계하지 않을 수 있겠는가.[28]

그야말로『조선위생풍습록』은 조선의 낙후되고 비위생적인 위생풍습

27) 한지원,『조선총독부 의료민속지를 통해 본 위생풍습 연구』(민속원, 2013, 1~176쪽); 한지원, 「1920년대 경무국 위생과 조사보고서를 통해 본 의료민속 연구」(『역사민속학』 제42호, 한국역사민속학회, 2013, 169~211쪽)를 참조.
28) 朝鮮総督府警務総監部, 「緖言」, 『朝鮮衛生風習録』, 日韓印刷株式会社, 1915, 10쪽.

을 계몽하고 식민권력의 미속(美俗)으로 교화하고자 편찬된 것이라고 기술하고 있다. 그러나 주의할 점은『조선위생풍습록』은 식민지 초기에 일본어로 출판되었으며, 조사내용 그 자체로 조선인을 상대로 직접 계몽하고 생활풍속을 교정하기 위한 것은 아니었을 것이라는 점이다. 만약 조선인의 위생풍습에 대한 직접적인 교정을 목적으로 한 것이라면 조선어를 병기하거나 적어도 각 항목에 대한 계몽의 지침이나 방법, 혹은 교정의 방향과 내용 등에 대한 보고와 제안이 함께 기술되었을 것이다. 하지만『조선위생풍습록』은 당시 조선의 일상생활 속 위생풍습이나 의료민속에 관한 기초 자료를 일본어로 채록한 수준에 그치고 있다. 다시 말해서『조선위생풍습록』은 조선인에 대한 계몽과 교정이 직접적인 계기가 된 것이라기보다는 당시의 식민통치 권력인 행정관료나 경찰 등을 비롯한 일본인 지식인, 재조일본인 등에 대해 조선의 위생풍습의 실태와 정보를 제공함으로써 식민지 조선에서의 생활에 대한 주의와 편의를 제공하는 한편 식민통치의 합리화와 정당성의 공감을 자극하는 역할을 하였다. 이 때문에 조선의 위생풍습과 민간치료를 미신에서 비롯된 것으로 규정하고 이에 대한 경계와 단속, 관리와 통제의 필요성과 당위성을 강조하는 것은 당연한 순리였다. 다만 또 하나 주의할 부분은 조선인들에게는 원시적이고 전근대적인 위생풍속의 실태를 자각하게 함으로써 미신타파에 대한 자발적 동기를 조장하는 작용도 하였다는 점이다.

이와 같은 논의는 1915년 9월에 개최된 '시정5년기념조선물산공진회(始政五年記念朝鮮物産共進会)'에서 미신에 관한 출품이 있었다는 사실에서도 확인할 수 있다. 1915년 3월 25일자『매일신보』는 '미신이 위생상에 참고될 것이 많은 고로 금년 가을에 서울서 개최되는 시정오년기념공진회에 각 도에서 그 지방 미신을 조사 출품하면 대단한 참고 자료가 되겠기로 당국에서는 각 도에 그 조사를 명령하였다'고 보도하였다.[29]

그리고 실제로 이 공진회에는 '무당의 복장 및 용구 십 수 점, 그리고 무당춤의 사진 여러 장' 등 조선의 미신에 관한 물품이 전시되었다.[30] 조선물산공진회가 조선총독부가 식민지조선의 근대화를 선전하기 위해 개최한 전시회라는 점을 고려하면 전근대적이고 비위생적이며 또한 비과학적인 조선의 미신에 관한 출품은 대외적으로 식민지지배를 통한 계몽의 필요성을 선전하고 근대화의 당위성을 강조하는 작용과 함께 식민권력의 단속과 통제의 강화를 유도하는 효과로 이어졌다. 한편 대내적으로는 조선 내부의 미신타파에 대한 내재적 요구도 자극하는 효과를 만들었다고 할 수 있다.

IV. 교과서 속의 미신 담론

앞서 살펴본 바와 같이 조선에서 교육을 통한 미신타파의 강조는 한일강제병합 이전부터 전개되었다. 1908년에 학부편찬으로 발행된『보통학교 학도용 일어독본』(권8)에는 제11과와 제12과에「기도와 약(祈祷と薬)」이라는 제목의 교재가 수록되어 있다.[31] 교재의 내용은 눈병을 앓고 있는 무학(無學)의 사쿠헤이(作平)가 병의 치료에 평판이 좋은 스님을 찾아가서 눈병에 대해 상의를 한 결과, 극진한 기도와 함께 스님이 준 물을 눈에 바르면 낫는다는 말을 듣고 열심히 기도를 드리고 물도 눈에 발랐지만, 병은 낫지 않고 날로 악화하였다. 그 후 통증이 심해서 근처

---

29)「공진회와 미신」,『每日申報』, 1915.3.25.
30) 亥角仲藏,「一萬四千方哩の治安を保持する警察機関」,『朝鮮公論』10月号, 1915, 73쪽.
31) 学部編纂,『普通学校学徒用 日語読本』巻八, 大倉書店, 1908, 43~52쪽.

의 의사에게 찾아가서 진찰을 받은 결과, 눈병이 완전히 치료되었다는 내용이다. 그런데 이 교재에는 내용적으로는 미신의 폐해를 다루고 있지만, 이보다는 무학(無學)으로 인한 어리석음의 자각과 계몽이 주된 학습 목적으로 제시되어 있다.[32] 그 후 이 교재는 1911년에 조선총독부가 발행한 『정정 보통학교 학도용 국어독본』(권8)에도 그대로 재수록되어 활용되었다.[33] 당시 조선의 교과서 편찬에 있어서 일본의 교과서 교재가 그대로 수록되는 경우가 많은 점을 고려할 때 「기도와 약」이라는 교재는 일본에서 계몽과 교육의 필요성을 강조하기 위해 활용된 교재가 조선에서도 그대로 활용된 사례라고 할 수 있다.

조선의 학교 교육에서 미신타파를 목적으로 활용된 교재는 1916년에 조선총독부에서 편찬한 『보통학교 수신서 생도용』(권3)에 등장한다. 「제18과 미신을 피하자(迷信ヲ避ケヨウ)」라는 교재가 그것이다.[34] 교재의 내용을 살펴보면, 어느 지역에 미신을 많이 믿는 노파가 눈병에 걸렸는데 어느 곳의 물을 눈에 바르면 낫는다는 말을 믿고 매일 눈에 물을 발랐지만 낫지 않자 주변의 친척이 의사에게 데려가서 진찰을 받은 결과 치료할 수 없다는 이야기를 듣고 후회한다는 내용이다.

교재의 내용적인 면은 앞서 살펴본 교재 「기도와 약」의 내용과 유사하지만, 교재의 제목에서도 알 수 있듯이 미신타파가 주된 목적임을 알 수 있다.[35] 특히 이 교재에 대한 교사용 단원에는 미신이란 '도리에 맞지 않는 것을 믿는 것(道理ニ合ワナイコトヲ信ズルノデアッテ)'이라는 설

---

32) 이점에 대해서는 본문의 「개화되지 않은 나라에는 이런 사람이 많습니다(開けない 国にわ, こんな人が多うございます.)」(51쪽)는 표현에서도 유추할 수 있다.

33) 朝鮮総督府, 『普通学校学徒用 国語読本』, 巻八, 1913, 43~52쪽.

34) 朝鮮総督府編纂, 『普通学校修身書 生徒用』, 巻三, 1916, 36~38쪽.

35) 이 교재의 목적에 대해서는 朝鮮総督府編纂(1916, 106쪽.)에 '미신을 피해야 한다는 것을 가르치는 것이 이 과(課)의 목적이다(迷信ヲ避クベクコトヲ教エルノガ, 本課 ノ目的デアル)'고 명시되어 있다.

명과 함께 '미신에 빠지지 않도록 인도하지 않으면 안된다(迷信ニ陷ラナ
イ樣ニ導カナケレバナラヌ)'는 '주의'사항도 기술하고 있다. 그러면서 급
속한 미신 배척은 오히려 좋지 않기 때문에 주의해야 한다는 당부도 제
시하고 있다.[36]

　이와 유사한 교재는 1924년에 조선총독부가 편찬한『보통학교수신서
아동용』(권4)에도 등장한다.「제12 미신에 빠지지 마라(迷信におちいる
な)」라는 교재이다.[37] 교재의 내용을 살펴보면, 어느 지역에 미신을 많
이 믿는 여성이 눈병에 걸렸는데 병원에 가지 않고 무당이 준 물을 눈에
발라서 치료하려고 하였다. 그러나 병세가 날로 악화되어 결국 의사에
게 진찰을 받게 되었다. 진찰 결과 오른쪽 눈은 치료가 불가능한 상태이
며 다른 쪽 눈만 수술을 해서 겨우 치료하게 되었다. 그 후 이 여성은
자신의 어리석음 때문에 도리에 어긋난 것을 믿고 오른쪽 눈을 잃게 된
것을 후회하며 미신의 무서움을 주변 사람들에게 이야기하였다는 내용
이다.

　전체적인 교재의 내용이나 구성은 앞에서 살펴본 교재와 아주 흡사하
다. 그런데 이 교재에는 몇 가지 특징적인 요소가 내재되어 있다. 먼저
이 교재에는 등장인물에 미신을 잘 믿는 어리석은 조선인 여성과 대표
적인 미신업자 무당, 그리고 일본인 남성으로 추정되는 의사가 등장한
다. 등장인물의 여성이 조선인이라고 추정할 수 있는 근거는 교재의 삽
화를 통해 확인할 수 있다(〈그림 1〉 참조).[38]

　지극히 도식적일지는 모르지만, 내용적 구도는 근대적인 지식과 위생
적인 의학을 겸비한 일본인 남성 의사가 어리석고 미신에 빠진 조선인

---

36)　朝鮮総督府編纂,『普通学校修身書 教師用』, 巻三, 1916, 106~110쪽.

37)　朝鮮総督府,『普通学校修身書 児童用』, 巻四, 1924, 26~28쪽.

38)　이와 유사한 삽화는 앞서 살펴본『普通学校修身書 生徒用』(巻三, 1916) 교재에도 등
　　장한다.

여성을 병과 미신으로부터 구제한다는 젠더적 위계와 함께 민족적 권력
위계를 동시에 묘출하고 있다.

그리고 더 나아가 이 조선인 여성은 자신의 어리석음을 깨닫고 후회
하며 다른 사람에게 미신타파를 전파하고 계몽하는 역할까지 수행한다.
다시 말해서 이러한 구도는 식민권력의 통치 활동을 합리화하고 동시에
식민지지배를 정당화하는 논리를 교육의 장(場)에서 우회적이지만 자연

스럽게 이식하는 작용을 한 것
이다.

V. 식민통치 권력의 잡지 속 미신 담론

한일강제병합 이후 식민지 조선에는 식민통치 권력의 필요와 재조일
본인의 수요에 의해 다양한 잡지 미디어가 출현하였다. 특히 조선총독
부는 총독부 정책의 홍보와 선전을 위한 기관지의 하나로 잡지를 발행
하였다.[39] 대표적인 잡지로는 1911년 6월에 『조선총독부월보(朝鮮総督

---

39) 조선총독부가 기관지로 발행한 신문으로는 일본어판 『경성일보(京城日報)』와 조선
   어판 『매일신보』가 대표적이다.

府月報)』로 창간된 뒤 1915년 3월부터 『조선휘보(朝鮮彙報)』로 개칭, 1920년 7월부터 다시 『조선(朝鮮)』으로 개칭된 월간지를 들 수 있다.[40] 또 1920년 7월부터는 조선어로 된 『조선문 조선(朝鮮文 朝鮮)』도 별도로 발행하여 기관지로서 활용하였다.

이 장에서는 위의 잡지 속에서 조선의 위생풍속과 미신에 관한 담론이 어떻게 형성되고 다루어졌는지를 중심으로 살펴보고자 한다.

먼저 『조선휘보』를 살펴보자. 『조선휘보』 1915년 9월호는 「시정5년공진회기념호」로 발행되었는데 공진회에 대한 일반 개요를 비롯하여 조선에 관한 풍속, 행정, 무역, 교육, 재무금융, 교통, 산업, 사법, 경찰 및 위생 등 제반 분야의 현황과 보고 내용을 담고 있다. 이 가운데 미신에 관한 내용은 「위생상의 미신」이라는 소제목으로 다음과 같이 다루어지고 있다.

> 동서고금을 막론하고 어느 지역, 어느 국민이든 미신은 있을 것이다. 하지만 조선에서는 특히 미신이 많다. 구시대 미신을 중시하거나 관혼상제의 어느 경우도 무당의 주문에 의해 운명을 정하는 식이다. 질병을 고치고 재해를 피하는 가장 좋은 방법에 이와 같은 심리가 있다. 이들은 그 요언괴설(妖言怪說)을 신뢰하고 의료를 구원하는 것은 극히 드물다. 그래서 의도(醫道)를 발전시키지 않고 점점 미신이 세력을 떨치게 된다.(중략) 그러나 시대의 추이와 지도 독려의 결과는 그들로 하여금 점차 각성의 길로 인도하게 하고, 근래에는 뚜렷하게 교정 개선을 보기에 이르렀다.[41]

---

40) 월간지 『조선』은 원래 일본어로 발행되었는데 1917년부터 1934년까지는 『조선휘보 지방호(朝鮮彙報 地方號)』와 『언문 조선(諺文 朝鮮)』이라는 이름으로 조선어로 발간되기도 하였다(정근식, 「조선문 『朝鮮』 解題」, 『朝鮮文 朝鮮 總目次, 總索引』, 문현, 2011, 3쪽 참조).

41) 朝鮮總督府, 『朝鮮彙報』 (9), 1915, 225쪽.

인용에서도 알 수 있듯이 조선인은 미신을 중시하고 의료를 구원하지 않는 관계로 의학을 발전시키지 않으며 미신의 세력이 더욱 강하게 자리잡고 있다고 보고하고 있다. 그런 한편에 식민지 통치라는 신정을 통한 '지도 독려의 결과'로 조선인은 미신에 대해 스스로가 '각성의 길'을 모색하고 있으며, 최근에는 많은 부분에서 교정과 개선이 이루어졌다고 선전하고 있다. 즉 미신담론은 조선의 전근대성과 비위생을 표상하는 동시에 식민지지배의 당위성과 정당성을 선전할 수 있는 근거로 활용된 것이다.

다음으로 『조선문 조선』에 등장하는 조선의 미신담론을 살펴보자. 『조선문 조선』에는 1920년대 중반부터 다수의 미신에 관한 기사들이 확인된다. 그중에 하나로 다음의 기사를 살펴보자.

> 미신은 쉽게 말하면 시대의 진보를 방해하고, 시국을 불평시하며 일생을 비관시하는 악마이다. 그런 즉 우리는 이 미신을 근절함에 불가불 노력(不可不努力)할지니, 이를 근절함에는 적극적 근절책과 소극적 근절책의 양자가 있으니, 전자를 이용함에는 (1)진흥회나 혹 풍속개량회를 조직하여 무당, 점쟁이 그 외 모든 술관(術官) 등을 엄금 혹 책벌하며, (2)경찰의 단속으로 미신의 서책과 미신인 등을 금할 것이다. 후자를 이용함에는 진력하여 시대의 교육을 베풀어 미신 대(對) 인류의 독해(毒害)를 자각하게 하거나, 혹 신문잡지 및 그 외 선전문 등으로 미신을 적극 타파함에 있을 것이다.[42]

조선인으로 추정되는 배상철의 「미신근절론」이라는 기고문의 일부이다. 배상철은 미신이 '우매, 의혹, 허겁(虛劫), 몰상식, 무실험' 등에서 생겨난 것으로 '시대의 진보를 방해하고, 시국을 불평시하며 일생을 비관시하는 악마'라고 강한 논조로 역설하고 있다. 즉 미신을 조선의 전근대

---

42) 裵相哲, 「迷信根絕論」, 『조선문 조선』, 조선총독부, 1월호, 1926, 88~90쪽.

성과 미개함이 탄생시킨 것으로 식민통치를 통한 근대화에 방해 요소이자 위험 요소로 규정하고 있다. 이 때문에 미신타파는 필수적이며, 그 근절책으로 진흥회나 풍속개량회 등을 통한 통제와 교화, 그리고 경찰에 의한 단속과 처벌, 교육을 통한 자각, 신문잡지를 통한 계몽 등을 제시하고 있다. 여기에서 주의할 점은 배상철의 미신타파와 근절론은 조선인 스스로 식민통치 권력에게 면죄부를 주면서 동시에 식민지지배의 정당성마저 확보하게 하는 파급효과를 주었다는 것이다. 또한 조선 내부의 민족적 분열과 열등감 조장에도 영향을 주었을 것이라는 점이다.

이와 유사한 논리의 미신타파 담론은 다음의 기사에서도 확인할 수 있다.

> 관습적 미신은 일조일석(一朝一夕)에 이것을 소거하기는 극히 어려운 일이나, 그들로(인용자 주: 조선인) 하여금 미신으로 인하여 두려할 만한 범죄를 조성하는 것에 자각하도록 하여 폐해를 동반하는 미신은 타멸(打滅)하여 차차 단속을 하면 장래에 그 결과를 거두는 것은 어렵지 아니할 것이다.[43]

1926년 10월호 『조선문 조선』에 발표된 최정석의 「朝鮮人의 迷信」이라는 기고문의 일부이다. 여기에서도 미신은 단지 통제와 규제의 대상으로 규정되었으며 계몽을 비롯한 단속과 처벌이 미신타파에 효과적인 결과를 만들어낼 것이라고 기술하고 있다. 다시 말해서 조선인에 대한 통제와 관리, 단속과 처벌을 미신타파라는 명분으로 용인하는 결과가 아닐 수 없으며, 이것은 식민통치의 당위성으로 귀결되는 논리로 해석될 수 있다.[44]

---

43) 崔鼎錫, 「朝鮮人의 迷信」, 『조선문 조선』, 조선총독부, 10월호, 1926, 75쪽.
44) 그 외에 『조선문 조선』에 발표된 미신 관련 기사에는 吳正圭(1926.9), 吳正圭(1929.1), 吳正圭(1930.7) 등을 확인할 수 있다.

다음으로 잡지 『조선』을 살펴보자. 잡지 『조선』에는 특이하게도 전국의 13개 도 경찰부 위생과에서 미신과 관련하여 조사한 내용을 1927년부터 1929년까지 총 12회에 걸쳐 수록하고 있다.[45] 이 조사의 대부분은 각 지역의 위생풍습, 민간 의료, 주술요법, 전통 의학 등에 관한 내용이다. 1927년 10월에 처음으로 수록된 평안남도 위생과의 기고문에는 이 조사에 대한 취지를 다음과 같이 기술하고 있다.

> 최근 의술은 뚜렷하게 진보하고 그 설비도 또한 정비되고 있는데 조선에서는 도시를 제외하면 아직도 그 혜택을 보지 못하는 지방이 적지 않다. 이러한 지방에서는 여러 가지 미신적 요법이 행해지고 있으며, 치료 시기를 놓쳐서 결국 건강을 잃는 원인을 만들고, 불행하게 일생을 끝내는 사례가 적지 않다. 조선인들의 미신적 행위 중에는 우매한 이론과 합치된 것들이 없지 않다. 그 대부분은 황당무계하여 웃음을 참을 수 없는 것이며 또한 위험을 참기 어려운 것 등이다. 이러한 것들을 등한시해서는 안 되며, 위생상 각종의 시설과 함께 계몽하지 않으면 안 된다. 이상의 취지에 따라 평안남도 위생과에서 조사 취록한 위생에 관한 미신집(迷信集)은 위생사상의 향상과 발달을 도모하는데 필요한 자료가 되기에 본지에 게재하게 되었다.(편자)[46]

인용에서도 알 수 있듯이 이 조사는 조선의 위생과 의료를 낙후성과

---

45) 평안남도 위생과 「조선의 위생에 관한 미신(1)」(149호, 1927.10), 평안남도 위생과 「조선의 위생에 관한 미신(2)」(150호, 1927.11), 황해도 위생과 「질병치료에 관한 미신관행」(158호, 1928.7), 함경남도 위생과 「위생에 관한 풍습 및 미신요법」(165호, 1929.2), 경기도 위생과 「위생에 관한 풍습 및 미신요법」(166호, 1929.3), 경기도 위생과 「위생에 관한 풍습 및 미신요법」(167호, 1929.4), 충청북도 위생과 「위생에 관한 풍습 및 미신요법」(168호, 1929.5), 충청남도 위생과 「위생에 관한 풍습 및 미신요법」(169호, 1929.6), 전라남북도 위생과(제주도 포함) 「위생에 관한 풍습 및 미신요법」(170호, 1929.7), 경상남북도 위생과 「위생에 관한 풍습 및 미신요법」(171호, 1929.8), 강원도 위생과 「위생에 관한 풍습 및 미신요법」(172호, 1929.9), 평안북도·함경북도 위생과 「위생에 관한 풍습 및 미신요법」(175호, 1929.12)

46) 平安南道衛生課, 「朝鮮の衛生に関する迷信(1)」, 『朝鮮』, 조선총독부, 149, 1927, 108쪽.

미개함, 그리고 미신적 행위와 결부된 것으로 규정하고 위생시설의 정비와 계몽의 필요성을 강조하고 있다. 하지만 조사된 내용은 대부분 조선의 미개함과 비위생을 지적하는 채록 자료일 뿐 위생 설비나 의료시설의 정비에 대한 구체적인 계획이나 실행 등에 관한 내용은 전무하다. 즉 이 조사는 조선인의 위생에 대한 계몽과 교화, 단속과 통제 등의 필요성을 부각시키는 근거 자료로서의 기능을 한 것이다. 그리고 총독부를 비롯한 식민통치 권력은 물론 재조일본인과 본국의 일본인에게까지 식민통치의 정당성과 당위성을 공유하고 선전·확산하는데 일조한 것이다.

VI. 맺음말

식민지 초기 조선의 위생풍속에 대한 조사는 빈번하게 진행되었으며, 그에 따른 담론도 다양하게 형성되었다. 특히 그 가운데서도 미신과 관련한 담론은 식민통치 권력의 정치적 필요와 조선에 대한 정보를 요구하는 본국 혹은 조선 내의 수요에 부응하며 활발하게 구축되었다. 무엇보다 미신에 관한 담론은 조선에 대한 식민지지배의 당위성과 정당성을 조장하고 확산하는데 유용한 소재로 활용되었으며, 식민지 조선의 근대화와 위생화의 필요성을 자극하는 중요한 역할을 하였다.

이 과정에서 미신담론은 조선인을 계몽과 교화의 대상으로 규정하였으며, 문명적으로 열악하고 열등한 민족으로 치부하였다. 경찰이라는 국가권력은 국민의 건강과 안전이라는 명분으로 미신에 대한 관리와 통제를 강화하였으며 단속과 처벌을 중대한 직무과제로 삼았다. 또 위생풍속조사에서는 조선의 위생풍습과 민간치료를 미신에서 비롯된 것으로 규정하고 이에 대한 경계와 감시, 통제와 단속의 필요성을 강조하였으며 동시에 조선인의 민족적 열등감과 내부적 분열을 자극하는 작용도 하였다. 또 교육을 통한 미신타파가 강조되는 가운데 교과서에서는 조선인의 어리석음과 미개함을 미신의 폐해와 결부시켜 학교 교육의 교재로 활용하였다. 그리고 식민통치 권력의 기관지에서는 이러한 내용을 발산하고 선전하였으며, 지속적으로 재생산하였다.

그러나 식민지 초기에 식민통치 권력은 미신과 관련한 사건과 범죄를 단속하고 처벌하는데 치중한 반면 일상생활 속 미신을 타파하기 위한 근본적인 대책은 수립하지 않았다. 다시 말해서 질병으로 인한 미신 행위를 근절하기 위한 의료시설의 마련이나 의료혜택의 확충은 미미한 수준이었다. 그럼에도 불구하고 문화주의를 표방하는 식민통치 권력은 미신과 관련한 위생풍속은 물론 조선의 전통 의학이나 민간 의료까지도 부정하거나 무시하였으며, 그와 함께 식민지 조선인의 사회적 경제적 고충은 더욱 가중되었다.

그런데 이러한 식민통치 권력의 미신에 대한 경계와 부정은 당시로써는 아주 심각한 자기모순을 표출하는 아이러니를 연출하기도 하였다.

우리 모국인은 식민지에서 물질상의 개량을 도모할 뿐만 아니라 또한 정신적으로 새롭게 얻어진 국민을 계발하지 않으면 안 된다는 것은 논할 필요가 없다. (중략) 적극적으로 선인(鮮人)의 양지양능(良智良能)을 계발함과 동시에 소극적으로는 예부터 유래한 조선국민이 피폐의 일대 원인인 미신의 배척에 진력함에 있다. 반대로 지도의 책임이 있는 모국인 측을 보면 그 미신의 정도는 오히려 선민(鮮民) 보다도 맹렬함이 있다는 점에서는 실로 경탄하지 않을 수 없다. (중략) 경성에서 일본인의 미신은 미신국민이라 칭해지는 조선인 이상으로 맹렬한 감이 있다. (중략) 이런 열등한 미신을 섬기는 하등동물을 행정, 사법의 관리로 사용하는 것은 메이지천황께서 내려주신 교육칙어에 아주 위배되는 처사이다. (중략) 나는 거듭 말한다. 모국인사(母国人士)가 스스로 미신을

없애고 양지양능을 계발하는 것은 선인(鮮人) 계발에 대한 가장 중요한
일이라는 것을.[47]

　이 기사는 당시의 일본어 종합잡지『조선급만주(朝鮮及滿洲)』에 기고
된 미신 관련 기사이다.[48] 인용에서도 알 수 있듯이 일본인은 조선인을
계몽하는 주체로서 조선의 미신을 타파하고 조선인의 양지양능(良智良
能)을 계발할 필요가 있다고 주장하고 있다. 그러나 한편에서 '모국인'으
로 지칭된 재조일본인을 향해 강한 어조의 비난도 함께 기술하고 있다.
예컨대 재조일본인의 미신의 정도가 조선인보다 맹렬하다든가, 재조일
본인을 '열등한 미신을 섬기는 하등동물'로 칭하며 식민지 조선의 관리
로서 부적합하다고 규탄하고 있다. 다시 말해서 이러한 지적은 당시의
식민통치 권력이 내세운 조선의 미신타파가 실상은 식민통치 권력의 내
부에도 내재하는 심각한 문제라는 점을 비판한 것이며 동시에 자기모순
을 노정한 것이다.
　식민통치 권력의 미신에 대한 자기모순은 1922년 10월호『조선급만
주』에 실린 기사에서도 확인할 수 있다.[49] 기사의 주요 내용은 다음과
같다. 만주철도주식회사 사장(하야카와 센키치로(早川千吉郎))이 1922년
9월 30일에 평톈(奉天)의 소학교에서 훈시 중에 뇌익혈로 졸도하였는데
마침 그 무렵 민주에 와 있던 미우라 긴노스케(三浦謹之助) 박사[50]를 비

---

47) 工藤忠輔,「在鮮母国人の迷信を排斥す」,『朝鮮及満洲』7月号, 1914, 29~31쪽.
48) 『조선급만주(朝鮮及滿洲)』는 1908년 3월에 잡지『조선(朝鮮)』으로 창간되었다가
　　1912년 1월(통권47호)에『조선급만주(朝鮮及滿洲)』로 개칭되어 1941년 1월(통권398호)
　　까지 34년간 발행된 일본어 종합잡지이다(임성모 편,『조선과 만주 총목차·색인 및
　　해제』, 어문학사, 2007, 6~12쪽 참조).
49) 一記者,「医者か易者か」,『朝鮮及満洲』179, 朝鮮及満洲社, 1922, 33쪽.
50) 미우라 긴노스케(三浦謹之助, 1864~1950)는 1888년에 도쿄제국대학 의학 본과를 졸
　　업하였으며, 동 대학 교수를 역임했다. 일본의 내과학, 생화학, 기생충학, 신경학 등
　　다양한 분야의 연구를 진행한 의학박사이다. 또한 메이지천황을 비롯한 천황가의
　　진료도 담당한 의사로 유명하다.

롯한 여러 의학박사들에게 진찰을 받았지만 경과를 지켜보는 것 외에는 별달리 방법이 없었다. 그러던 중 어느 중역이 주술박사(易博士)라고 불려지는 고다마 논슈(児玉呑舟)에게 전보를 발신하여 회복 여하를 문의하였더니 회복한다는 점괘가 나왔다고 한다. 그리고 실제로 하야카와는 점차 의식을 회복하고 말을 하기 시작했다는 것이다. 그래서 주변 사람들이 고다마의 주술력에 놀랐다는 내용을 평톈(奉天)에서 경성으로 돌아온 경성철도관리국장 구보 요조(久保要藏)를 통해 전달한 내용이다.

기사는 주술의 신비스러움을 맹신하면 미신에 빠진다고 경계를 나타내면서도 과학을 전능이라고 말할 수 없다는 구보 요조 경성관리국장의 전언을 소개하며 마무리되었다. 내용에서도 알 수 있듯이 이 기사는 당시 천황가(天皇家)를 진료할 만큼 최고의 의학박사로 알려진 미우라 긴노스케의 의술과 비과학적이고 비합리적인 주술을 내세운 주술박사 고다마 논슈를 상대화함으로써 근대와 전근대, 과학과 미신, 문명과 미개가 착종하는 당시 식민통치 권력의 실태를 묘출하고 있다. 즉 문명과 과학, 위생과 근대를 지향하는 식민통치 권력이 실상은 미개와 주술, 미신과 전근대를 상호의존적인 관점에서 수용한 일종의 자기모순이 아닐 수 없다. 이점은 조선의 미신과 위생풍속에 대한 당시 식민통치 권력의 통제와 규제가 태생적으로 굴절된 위생 논리에 의한 것이라는 반증이라고 할 수 있다.

참고문헌

1. 자료

吳正圭, 「지방에 유행하는 전설 및 미신」, 『조선문 조선』, 조선총독부, 7월호, 1930.

吳正圭, 「조선인 체육에 대한 미신」, 『조선문 조선』, 조선총독부, 1월호, 1929.

平安南道衛生課, 「朝鮮の衛生に関する迷信(1)」, 『朝鮮』, 조선총독부, 149호, 1927.

裵相哲, 「迷信根絶論」, 『조선문 조선』, 조선총독부, 1월호, 1926.

吳正圭, 「朝鮮副業に関한 迷信並傳說」, 『조선문 조선』, 조선총독부, 9월호, 1926.

崔鼎錫, 「朝鮮人의 迷信」, 『조선문 조선』, 조선총독부, 10월호, 1926.

吉浦禮三, 「病気に関する奇抜な朝鮮の迷信」, 『朝鮮及満州』 218, 朝鮮及満州社, 1925.

綿引朝光, 「疾病と迷信」, 『朝鮮及満州』 255, 朝鮮及満州社, 1925.

警務局池内生, 「迷信打破と警察官」, 『警務彙報』 229, 1925.

朝鮮総督府, 『普通学校修身書 児童用』, 巻四, 1924.

濱口良光, 「朝鮮の迷信について」, 『朝鮮及満州』 204, 朝鮮及満州社, 1924.

京畿道警察部, 「赤痢と迷信」, 『警務彙報』 210, 1922.

一記者, 「医者か易者か」, 『朝鮮及満州』 179, 朝鮮及満州社, 1922.

全南警察部, 「疾病と迷信」, 『警務彙報』 195-198号, 1921.

朝鮮総督府警務局, 「朝鮮における迷信犯罪」, 『警務彙報』 179, 1920.

今村鞆, 『朝鮮風俗集』, (訂正 3版)ウツボヤ書籍店, 広告, 1919.

朝鮮総督府編纂, 『普通学校修身書 教師用』 巻三, 1916.

朝鮮総督府警務総監部, 『朝鮮衛生風習録』, 日韓印刷株式会社, 1915.

朝鮮総督府, 『朝鮮彙報』 (9), 1915.

亥角仲藏, 「一萬四千方哩の治安を保持する警察機関」, 『朝鮮公論』 10月号, 1915.

工藤忠輔, 「在鮮母国人の迷信を排斥す」, 『朝鮮及満州』 7月号, 1914.

今村鞆, 『朝鮮風俗集』, 斯道館, 1914.

平安南道警務部編纂, 『衛生警察講義一班』, 平安南道警務部, 1913.

楢木末實, 『朝鮮の迷信と俗傳』, 新文社, 1913.

朝鮮総督府,『普通学校学徒用 国語読本』, 巻八, 1913.

「朝鮮総督府警務總監部事務分掌規程中改正」(1912.3.28)朝鮮総督府訓令 第18号, 『朝鮮総督府官報』号外.

山道襄一,『朝鮮半島』, 日韓書房, 1911.

韓國内部警務局,『韓國警察一斑』, 日韓印刷株式会社, 1910.

「朝鮮総督府事務分掌規程」(1910.10.1) 朝鮮総督府訓令 第2号,『朝鮮総督府官報』第 29号.

学部編纂,『普通学校学徒用 日語読本』巻八, 大倉書店, 1908.

山口謙二郎,『衛生警察学』, 明治大学出版部, 1901.

「공진회와 미신」,『每日申報』, 1915.3.25.

「淸潔과 人의 價値」,『每日申報』, 1911.1.8.

「衛生과 修身」,『每日申報』, 1910.10.7.

국사편찬위원회 한국사데이터베이스 한국근대사기초자료집5」,「조선총독부령 제 40호 1912.3.25. 관보 제470호」(http://db.history.go.kr/item/, 2020.4.20. 검 색)

2. 단행본

大日方純夫,『日本近代国家の成立と警察』, 校倉書房, 1992.

연세대국학연구원,『일제의 식민지지배와 일상 생활』, 혜안, 2004.

임성모편,『조선과 만주 총목차·색인 및 해제』, 어문학사, 2007.

주영하·임경택·남근우,『제국일본이 그린 조선민속』, 한국학중앙연구원출판부, 2017.

한지원,『조선총독부 의료민속지를 통해 본 위생풍습 연구』, 민속원, 2013.

3. 연구논문

宮内彩希,「韓国併合前後における「迷信」概念の形成と統治権力の対応」,『日本植 民地研究』24, 2012.

김혜숙,「이마무라 도모의 조선풍속 연구와 재조일본인」,『한국민족운동사연구』 48, 한국민족운동사학회, 2006.

박윤재,「한말·일제 초 근대적 의학체계의 형성과 식민 지배」, 연세대학교대학원 박사학위논문, 2002.

이방원,「일제하 미신에 대한 통제와 일상생활의 변화」,『동양고전연구』24, 동양고전학회, 2006.

이충호,「식민지 일본어잡지 속의 〈미신〉-『경무휘보』의 〈미신〉 관련 기사를 중심으로」,『외국학연구』제29집, 2014.

이형식,「1910년대 조선총독부의 위생정책과 조선사회」,『한림일본학』20, 한림대학교 일본학연구소, 2012.

정근식,「식민지 위생경찰의 형성과 변화, 그리고 유산-식민지 통치성의 시각에서」,『사회와 역사』제90집, 한국사회사학회, 2011.

최길성,「미신타파에 대한 일고찰」,『한국민속학』, 민속학회, 1974.

한지원,「1920년대 경무국 위생과 조사보고서를 통해 본 의료민속 연구」,『역사민속학』제42호, 한국역사민속학회, 2013.

조선총독부 발행 1910·20년대
교과서의 보건·위생론

최 재 성

Ⅰ. 머리말

근대국가는 국민 개인의 보건·위생에 지대한 관심을 갖고 이를 규율하려고 했다. 그것이 부국강병을 위한 토대가 된다고 보았기 때문이다. 대한제국기 애국계몽운동을 벌인 사립학교의 교과서에서는 "若 攝養에 주의치 못하여 건강을 방해하면 능히 立身 興家하여 국가에 유용의 인물을 作하기 不得하고 혹 요절하거나 혹 불완전한 폐인이 되면 此는 但 자기의 행복을 포기한 人일 뿐 아니라 실로 불충불효의 徒이라 謂할지니라."[1]라고 하여 건강하지 못하면 국가에 유용한 인물이 될 수 없고, 요절하거나 폐인이 되면 불충(불효)한 무리가 된다고 경고했다. 또 조선총독부 편찬 교과서의 "국민이 건강한 것은 국가가 왕성해지는 근본이다."라는 서술도 이와 같은 인식을 극명하게 보여주는 사례이다.

---

[1] 휘문의숙 편집부 편찬, 『중등 수신교과서』 권1, 휘문관, 1908, 8~9쪽.

권력이 국민의 신체를 규율하는 데 가장 동원하기 가깝고 쉬우며 기초적인 도구는 교과서이다. '교육은 백년지대계'라는 말과 같이, 교과서의 내용을 배우고 그것을 몸에 익힌 아동은 일생을 통해 교육 내용을 유지하게 된다. 그러므로 교과서는 '최소의 비용으로 최대의 효과를 거둔다'는 경제학의 법칙에도 들어맞는 수단인 것이다. 그리하여 대한제국기부터 '신민'의 신체를 규율하기 위해 학교에서 '교과서'를 통해 그 규율을 관철하려고 했다.[2] 대한제국을 멸망시키고 대체 권력으로서 등장한 조선총독부 역시 마찬가지였다. 조선총독부가 발행한 교과서에는 식민 권력이 지향하고, 달성하고자 한 교육 목표가 반영되어 있다. 이는 1930년 조선총독부 시학관(高橋濱吉)의 "교과서는 국가 의지가 존재하는 바를 개괄적·보편적·형식적으로 보여주는 것"[3]이라는 언급에서 여실히 확인할 수 있다. 그렇기 때문에 조선총독부 발행 교과서에도 일제(총독부)의 '의지'가 투영되어 있다. 그리고 그 의지가 직접적이고 노골적으로 관철된 과목은 수신, 조선어독본, 국어(일본어-필자)독본이다. 이에 이 글에서는 이들 세 과목에 대한 조선총독부 발행 교과서의 보건·위생 기술을 살펴보고 식민 권력이 목표로 했던 규율 내용을 찾아보고자 한다.

그러면, 조선총독부 발행 교과서를 대상으로 한 선행 연구 성과를 다음과 같이 추려보기로 한다. 먼저 총독부의 교과서 정책과 교과서 편찬 실태에 관한 것이다.[4] 이 글에서는, 일제강점기 교과서 정책의 변화를 시기 구분하여 '교육령 이전의 임시방편', '구교육령(1911)시대', '신교육령(1922)시대', '실업교육 강화(1929)시대', '개정교육령(1938)시대', '전시

---

2) 이에 대해서는 최재성의 「개화기 교과서에 투영된 신체 규율」,『한국독립운동사연구』 67, 독립기념관 한국독립운동사연구소, 2019 참조.

3) 高橋濱吉,「序」, 塩飽訓治·中尾淸,『初等國語讀本敎授書 권1 改訂版』, 합자회사 日韓書房, 1938, 1쪽. 이는 1930년 4월 25일자 서문에 나오는 표현이다.

4) 허재영,「일제강점기 조선총독부의 교과서 정책과 교과서 편찬 실태」,『동양학』제46집, 단국대학교 동양학연구소, 2009.

동원체제(국민학교령, 1940) 이후'로 나누어 살펴보고 있다. 이와 같은 시기 구분은 다음에 소개하는 조선어독본, 수신, 국어독본 과목을 대상으로 한 연구자들도 대체로 따랐다.

다음으로 개별과목 연구를 살펴보면, 먼저 수신교과서에 대한 집중 연구 성과이다.5) 서강식은 일련의 연구에서 1기(1913), 2기(1922), 3기(1928), 4기(1939), 5기(1942)로 구분하였다. 이어 조선어독본에 대한 연구6)와 국어(일본어)독본 연구이다.7) 조선어독본과 국어독본 교과서를

---

5) 서강식, 「일제강점기 하의 보통학교 수신 교과서 내용 분석 연구」, 『교육논총』 제48집 1호, 2011; 서강식, 「1923~24년을 중심으로 한 일제강점기 하의 초등학교 수신 교과서 내용 분석 연구」, 『초등도덕교육』 29집, 2009; 서강식, 「조선총독부 발간 제Ⅳ기 수신 교과서 분석 연구」, 『도덕윤리과교육』(38), 2013; 서강식, 「조선총독부 발간 제Ⅴ기 수신 교과서 분석 연구」, 『도덕윤리과교육』(40), 2013; 서강식, 「일제강점기 하의 보통학교 수신서 변천 연구-덕목 변천을 중심으로-」, 『초등도덕교육』 제48집, 2015; 서강식, 「일제 강점기 수신교과서의 도덕적 모범인물 창출에 관한 연구-니노미야 긴지로를 중심으로-」, 『초등도덕교육』 제52집, 2016; 서강식, 「수신교과서에 나타난 근대 여성상 연구」, 『교육논총』 제57집 1호, 2016; 張味京, 「일제강점기 조선총독부 편찬 초등교과서에 제시된 男性像과 女性像-〈修身書〉와 〈唱歌書〉를 중심으로」, 『한국일본어문학회 학술발표대회논문집』, 2013.4.

6) 대표적으로 다음과 같은 것들이 있다. 강진호, 「조선어독본과 일제의 문화정치-제4차 교육령기 보통학교 조선어독본의 경우-」, 『상허학보』 29, 상허학회, 2010; 김성기, 「1910년대 보통학교용 '조선어 교과서'의 내용과 성격에 대한 연구」, 국민대 대학원 박사학위논문, 2016; 박수빈, 「일제의 황국신민화 정책과 『조선어독본』-4차, 7차 교육령기 『조선어독본』을 통해 본 일제의 식민지배 정책변화-」, 『어문연구』 제39권 제1호, 2011; 하야시야마 가오리, 「일제강점기 언어정책에 따른 초등 조선어 교과서 내용 연구」, 충남대 대학원 박사학위논문, 2014.

7) 유철, 「일제강점기 皇國臣民 敎化를 위한 '身體'論-國語讀本, 體操, 唱歌, 戰時歌謠를 중심으로-」, 전남대 대학원 박사학위논문, 2015; 김광식, 「제1차 조선교육령기 『국어독본』 보충교본의 활용과 식민지 교육」, 『일본어문학』 77, 한국일본어문학회, 2018; 박제홍, 「일제의 차별 교육을 통한 식민지 아동 만들기-제3기 『보통학교국어독본(普通學校國語讀本)』을 중심으로-」, 『일본어교육』 58, 한국일본어교육학회, 2011; 강진호, 「일제강점기 『국어독본(國語讀本)』과 차별적 위계 교육」, 『문학교육학』 49, 한국문학교육학회, 2015; 김윤주, 「일제강점기 『조선어독본』과 『국어독본』의 비교-제1차 교육령기 보통학교 1, 2학년 교과서를 중심으로-」, 『우리어문연구』 41, 우리어문학회, 2011; 사희영 · 김순전, 「國語로서의 近代 日本語敎育 考察-조선총독부 제Ⅰ기 『普通學校國語讀本』을 중심으로-」, 『일본어교육』 52, 한국일본어문학회, 2012; 송숙정, 「일제강점기 조선총독부 발행 국어(일본어)독본에 관한 서지학적 고찰」,

대상으로 수행한 연구들은 제목에서 보는 대로 대체로 어학, 문학, 교육의 관점에서 고찰하고 있다. 유철은 음악·체조 과목과 함께 국어(일본어)독본 과목을 중심으로 연구했다. 그는 특히 국어독본을 5시기로 구분하여 살펴보았다.8)

위 연구 성과 가운데 이 글의 주제인 보건·위생을 중점으로 하여 다룬 글은 없다. 유철의 글과 서강식의 일련의 연구 가운데 부분적으로 소개되어 있을 뿐이다. 유철은, 식민지 조선에서의 교육의 중요성과 문명론의 중요성을 인식하기는 하지만 조선인에게는 근본적으로 다른 신체론을 부각했다고 하면서, 일본에게 반기를 들지 못하도록 일본에게는 '강건한 신체'를 교육하고, 조선인에게는 '위생적이고 건강한 신체'라는 이론으로 근본적으로 서양식 신체론을 적용시키지 않았다고 강조했다.9) 또 서강식의 글에서는 보통학교 수신교과서의 단원 제목 분석을 통해 각 학년별 교과서에서 각 단원이 차지하는 비중을 분석하였는데, 건강과 위생 단원의 비율도 파악할 수 있다.10) 그러나 그 비중은 그다지 크지 않다.

이 글에서는 조선총독부 발행 교과서의 서술을 시기별로 추적하여 식민 권력의 보건·위생의 논리를 파악해보고자 한다. 또 교과서 내용 중 핵심어를 추출하고, 과목별, 시기별 비교를 해보려 한다. 아울러 다른 매체(신문, 잡지 등)의 기사와도 비교하여 공통점과 차이점 등을 드러내어

『일본어학연구』 58, 한국일본어학회, 2018.

8) 1912년부터 편찬된 제1기 『보통학교국어독본』 8권, 1923년부터 편찬된 제2기 『보통학교국어독본』 8권, 문부성 편찬 『심상소학국어독본』 4권, 1930년부터 출판된 제3기 『보통학교국어독본』 12권, 1939년부터 편찬된 제4기 『초등국어독본』 6권과 문부성 편찬 『심상소학국어독본』 6권, 1942년부터 편찬된 제5기 『초등국어』 12권 등 총 56권이다.

9) 유철, 「일제강점기 皇國臣民 教化를 위한 '身體'論-國語讀本, 體操, 唱歌, 戰時歌謠를 중심으로-」, 298쪽.

10) 서강식의 글 중 2009년, 2013년, 2015년의 논문이 그러하다.

입체성도 확보하려고 한다. 다만 대상 시기에 발행된 세 과목의 교과서를 빠짐없이 고찰대상으로 하지는 못했다. 국립중앙도서관 원문 서비스에는 누락된 교과서도 있다. 그래서 1910년대 중후반 출판된『국어독본』은 교과서 자료집으로 대체했다. 그 결과 약 30종 교과서를 대상으로 했다. 또 지면의 제약으로 일제 식민지기 전체를 시간적 범위에 넣지 못하고, 부득이 1910~1920년대에 한정하였다. 1930~1940년대 교과서는 다른 지면을 통해 소개하고자 한다.

한편 보건(保健)과 위생(衛生)은 자의(字意)로 보면 각각 '건강을 지킴', '삶(생)을 지킴'이란 말이다. 국어사전에서 뜻을 찾아보면, 보건은 '건강을 지키고 유지하는 일'이고, 위생은 '건강에 유익하도록 조건을 갖추거나 대책을 세움'이다.[11] 따라서 이 글에서도 두 단어를 엄밀히 구분하지 않고 사료에 나오는 그대로 인용하여 사용하겠다.

II. 1910년대 초 대한제국 교과서를 '정정'한 교과서의 보건·위생론

1. 수신교과서

1911년 8월 23일, 칙령 제229호로 〈조선교육령〉이 공포되었다.[12] 조선에서 조선인의 교육은 이 조선교육령에 의한다는 것(제1조), 교육은 '교

---

11) 영어사전에서는 전자는 '1. health 2. sanitation'이고, 후자는 '1. hygiene 2. sanitation 3. health 4. cleanliness'이다. 결국 글자 뜻, 국어사전, 영어사전 셋 다 두 단어 사이의 차이는 거의 없고, 대체로 동의어라 할 수 있다.
12) 칙령 제229호,『조선총독부관보』제304호, 1911년 9월 1일.

육에 관한 칙어'의 취지에 기하여 '충량한 국민을 육성'하는 것을 본의로 한다는 것(제2조), 교육은 보통교육, 실업교육, 전문교육으로 대별한다는 것(제4조), 보통교육은 "보통의 지식 기능을 주어 특히 국민된 성격을 함양하고 국어를 보급하는 것을 목적으로 한다"는 것(제5조) 등을 강령으로 하는 것이었다.

또 "보통학교는 아동에게 국민교육의 기초인 보통교육을 하는 바로서 신체의 발달에 유의하여 국어를 가르치고 덕육을 시하며 국민된 성격을 양성하고 그의 생활에 필수한 보통의 지식 기능을 주"며(제8조), 보통학교의 수업연한은 4년(제9조)으로 했다. 〈조선교육령〉은 1911년 11월 1일부터 시행되었다.[13] 보통학교 수업연한 4년은 대한제국기의 학령과 같았다.

아울러 1911년 10월 20일, 조선총독부령 제110호로 〈보통학교규칙〉이 제정, 공포되었다.[14] 이 규칙에서는 "보통학교의 교과목은 수신, 국어, 조선어 및 한문, 산술, 이과, 창가, 체조, 도화, 수공, 재봉 및 수예, 농업초보, 상업초보로 함."(제6조)이라 하여 보통학교의 교과목을 규정했다. 그 가운데 특히 수신은 조선총독부에서 중시한 과목이다. 여러 과목 중 가장 먼저 열거한 것이 그 중요성을 보여준다.

수신과목의 역할에 대해 "수신은 '교육에 관한 칙어'의 旨趣에 기하여 도덕상의 사상 및 정도를 양성하여 구래의 양풍미속을 잃지 않을 것에 주의하고 실천궁행을 장려할 것을 요지로 함. 수신은 近易 적절한 사항으로부터 비롯하여 인륜도덕의 요지를 주고 점차 나아가서는 국가 및 사회에 대한 책무를 알게 하고 국법에 따라 공덕을 높이고 공익에 진력할 기풍을 조성하며 겸하여 보통의 예의 작법의 일반을 줄 것. 여아를

---

13) 조선총독부령 제109호, 『조선총독부관보』호외, 1911년 10월 20일.
14) 조선총독부령 제110호, 위의 자료.

위해서는 특히 정숙의 덕을 기를 것을 힘쓸 것" 등을 기대했다.

조선교육령이 실시되었지만, 조선총독부는 교과서를 새로운 내용으로 즉시 발행할 수 없었다. 그래서 우선 대한제국의 학부 편찬 교과서를 활용했는데, 그것이 가능했던 이유는 대한제국의 교과서를 발행할 때 이미 일제의 개입이 있었기 때문이다. 1905년 일본인 학부 참여관(幣原坦) 주도의 위원회를 조직하여 학부 교과용 도서 편찬에 착수하였으며, 1906년부터 보통학교용 교과서를 발행하여 사용하였다.[15]

조선총독부 내무부 학무국에서는 먼저 구 학부 편찬 보통학교용 교과서와 구 학부 검정 및 인가의 교과용 도서에 관한 교수상의 주의 및 자구정정표를 제정 반포하였다.[16] 이어서 학부에서 편찬한 보통학교 교과서를 정정하여 각 관공립학교에서 교수하고, 일반 사립보통학교 또는 書房 등에 보급하기 위하여 총독부 학무국에서 정정한 각 교과서 전부를 1부씩을 각 부·군에 비치하여 사립학교 및 서방에 회람케 했다.[17] 그것이 1911년부터 발행된 정정 교과서이다.

대한제국의 학부 편찬 수신 교과서는 전체 4권 4책이었다.[18] 학년당 1권의 교과서인 것이다. 정정 수신 교과서에서 보건·위생 단원이 수록된 교과서는 3권으로 각각 1단원씩, 모두 3개 단원이다. 교과서와 단원(괄호 안은 해당 쪽)별로 나열하면 다음과 같다.

① 조선총독부, 『정정 보통학교 학도용 수신서 권1』, 조선총독부,
　1911년 발행 1912년 4판, 제11과 신체(29~33)

15) 변승웅, 「대한제국기의 자강·구국교육정책」, 『한국사 42』, 국사편찬위원회, 1999, 129~130쪽; 백순재, 「해제」, 한국학문헌연구소 편, 『한국개화기교과서총서9』, 아세아문화사 간행, 1977, vi~vii.
16) 『매일신보』, 1911.2.22.
17) 『매일신보』, 1911.9.13.
18) 백순재, 「해제」, 『한국개화기교과서총서9』, xi.

② 조선총독부, 『정정 보통학교 학도용 수신서 권2』, 조선총독부, 1911년 발행 1913년 5판, 제11과 청결(43~46)
③ 조선총독부, 『정정 보통학교 학도용 수신서 권4』, 조선총독부, 1911년 발행 1912년 5판, 제5과 위생(14~18)

①의 요지는 다음과 같다. 아이가 배가 아픈 것은 몸에 이롭지 않은 것을 먹었거나 그렇지 않으면 과식한 까닭이다. **병이 들어 부모께 근심을 시키면 가장 불효가 되니 항상 조심하여 신체를 보중해야 한다**(강조-인용자, 이하 동일). 물을 너무 많이 먹거나 미숙한 과실과 상한 음식을 먹는 것은 가장 조심할 바이다. 또 신체를 청결하게 하지 않아 병이 나는 일도 많으니 항상 얼굴과 머리와 손과 발을 깨끗하게 해야 한다. 또 운동을 잘하는 사람은 병이 적다.[19] 음식, 신체 청결, 운동이 핵심어이다.

다음으로 ②의 요지는 다음과 같다. **신체의 때를 씻지 않으며 더러운 의복을 입고 여러 사람 앞에 나오는 것은 무례한 일이다.** 무례가 아니라 하더라도 남이 싫어하며 누추하게 아느니라. 또 신체를 불결히 하여 더러운 의복을 입으면 신체를 위함에도 불리하다. 병은 신체와 의복을 불결히 함으로부터 많이 난다. 사람이 목욕을 잘하며 의복을 세탁하며 두 발을 깨끗하게 하여 항상 신체를 정결히 함이 옳다. 우리나라 사람들은 의복을 자주 세탁하나 목욕을 희소하게 한다. 가내·정원·도로 등도 청결케 함이 옳다. **도로에 대소변을 누며 집 밖으로 대소변을 유출케 하는 일은 문명국에서는 결코 없는 일이다.**[20] 이 단원의 핵심은 목욕, 의복

---

19) 이는 학부 편찬, 『보통학교 학도용 수신서 권1』, 三省堂書店 인쇄, 1910년(6판)과 동일 내용이다.
20) 학부 편찬, 『보통학교 학도용 수신서 권2』, 三省堂書店 인쇄, 1909년(5판)과 같은 내용이다. 다만 제7과 형제 단원이 삭제된 것이 차이점이다. 삭제된 단원은 아버지가 다섯 아들들에게 화살 다섯 개를 나눠주고 하나씩 꺾을 때는 쉽게 꺾이지만 묶어서 꺾으려 하면 쉽지 않다는 것을 보여준 후 화합의 중요성을 강조한 내용이다. 조선인의 단합을 꺼려했기 때문에 이 단원을 삭제한 것으로 보인다.

세탁, 집안·정원·도로 청결이다.

③의 주요 내용은 다음과 같다. 신체의 건전함을 위하여 위생이 가장 필요하다. **위생은 개인과 공중을 위하여 주의해야 한다.** 불결한 물건을 도랑에 투기하면 하류의 사람이 마시고 악질에 걸리는 일이 있다. 한 여자가 페스트에 걸려 문병 온 사람들까지 전염시켜 수십명이 사망했다. 그 외 전염병으로 콜레라, 溫疫, 痘疫 등이 있다. **전염병이 들면 즉시 경무서에 알려 전염을 방어하게 해야 한다.** 은폐하였다가 여러 사람에게 전염케 하면 칼로써 살인한 것과 다르지 않다.[21] 이 단원에서는 위생, 전염병이 핵심어이고, 특히 전염병을 경무서에 알려야 한다는 서술은 당시 경찰 업무 중 하나가 '위생'이었음을 보여주는 것이다.

2. 조선어독본

조선어독본 교과서는 대한제국기 보통학교 국어독본의 제목을 변경해서 발행한 교과서이다. 대한제국의 보통학교 국어독본 교과서가 모두 8권이었다. 보통학교가 4년제였으므로 1년 2권씩, 1학기에 1권씩 이수한 것이다.[22] 조선총독부가 정정하여 새로 발행한 교과서도 마찬가지로 8권이었다. 그 가운데 보건·위생 단원이 있는 교과서는 다음과 같다.

> ④ 조선총독부, 『정정 보통학교 학도용 조선어독본 권4』, 조선총독
>   부, 1911년 발행 1912년 5판, 제15과 신선한 공기(45~48)
> ⑤ 조선총독부, 『정정 보통학교 학도용 조선어독본 권5』, 조선총독

---

21) 이것은 학부 편찬, 『보통학교 학도용 수신서 권4』, 三省堂書店 인쇄, 1910년(4판)과 동일 내용이다.
22) 백순재, 「해제」, 『한국개화기교과서총서 6』, 1977, ⅴ.

부, 1913년 6판, 제3과 피부의 양생(7~10)

⑥ 조선총독부,『정정 보통학교 학도용 조선어독본 권7』, 조선총독
부, 1913년 7판, 제13과 종두(30~33), 제14과 제너1(33~35), 제15과
제너2(35~37)

⑦ 조선총독부,『정정 보통학교 학도용 조선어독본 권8』, 조선총독
부, 1913년 7판, 제7과 박테리아(19~23)

먼저 ④의 주요 내용은 다음과 같다. 공기가 없으면 우리는 잠깐이라
도 생활하기 어렵다. 사람이 공기를 떠나면 호흡 동작을 할 수 없다. 공
기에도 청결한 공기와 더러운 공기가 있어서 청결한 것은 위생상에 유
익하고 더러운 것은 유해하다.[23] 공기가 없으면 호흡을 하지 못해 죽는
다는 것, 청결한 공기가 위생에 유익하다는 것이 핵심이다.

⑤의 요지는 다음과 같다. 우리 신체의 피부에는 많은 작은 구멍이 있
는데, 이 작은 구멍을 통해 체내의 폐물을 배출한다. 피부를 오래 세척
하지 않으면 더러운 때가 피부의 작은 구멍을 막아 폐물이 체외로 나가
지 못하게 한다. 또 이들 작은 구멍은 체외로부터 각종 물질을 흡수하는
데, 오물이 피부를 덮으면 그 오물이 다시 체내로 흡수하여 혈액 순환을
불순케 하고 질병에 걸리기 쉽다. **피부를 불결하게 하면 신체에 유해하
고, 타인이 보기에 추태를 드러내어 자기의 품위를 비천하게 한다.** 그러
므로 때때로 목욕하고, 세탁한 의복을 입어 신체를 청결케 해야 한다.
조선인은 목욕을 드물게 한다. 목욕에는 온욕과 냉욕이 있다. 온욕은 피
부를 청결케 하고 피곤함을 위안한다. 냉욕은 피부를 강건케 하며 혈액

---

23) 학부 편찬,『보통학교 학도용 국어독본 권4』, 학부, 1907년 발행, 1909년 5판, 제17과
와 같은 내용이다. 17과에 있던 것이 15과로 옮겨진 것은 앞의 2개 과가 삭제되었기
때문인데, 삭제된 2개 단원은 제13과 문덕 대승, 제16과 건원절이다. 문덕 대승은
고구려의 을지문덕이 수나라 대군을 물리친 일을 기술한 내용이고, 건원절은 대한
제국 황제(순종)가 태어난 날을 설명한 대목이다. 한국 역사상 외적의 침입을 물리
친 사건을 교육하는 것은 민족주의를 고취하는 일이기 때문에 삭제한 것으로 보이
고, 건원절은 망한 왕조의 기념일이기 때문에 뺀 것이다.

순환을 좋게 한다. 매일 첫 새벽에 냉욕하는 사람은 감기에 걸리는 일이 아주 적고 또 정신이 항상 쾌활하다. 그래서 **근래 문명국에는 냉욕이 성행한다.**[24] 불결한 몸으로 다른 사람 앞에 나서는 것은 추하다는 것과 조선인이 목욕을 드물게 한다는 내용은 앞에서 본 수신서 권2의 내용과 유사하다. 조선어독본 권5는 3학년 1학기 교재이고, 수신서 권2는 2학년 교재이다. 따라서 2학년 때 배운 수신서 내용을 복습하는 효과가 있었을 것이다.

⑥은 종두에 관한 내용인데, 모두 3개 단원으로 이루어져 있다. 종두가 발명된 이후 두역이 사라졌다는 것, 종두를 발명한 사람은 제너이고,[25] 그가 종두를 발명하게 된 과정을 설명한 것들이다.[26]

⑦의 요지는 다음과 같다. 박테리아는 자체의 분열로 인해 번식한다. 장티푸스, 콜레라, 이질 등은 다 박테리아 기생으로 인해서 생기는 것이다. 그러므로 **주의하여 박테리아의 발생을 예방해야 한다. 집 안팎을 항상 청결히 청소하여 불결한 물건이 쌓이지 않게 하고, 신체와 의복을 청정하게 하며 음식물은 반드시 끓여야 한다. 또 박테리아는 건전한 신체에는 설혹 침입할지라도 즉시 말라죽으니 평소에 신체를 건전하게 해야 한다.** 박테리아 중에는 발효음식을 만드는 유익한 것도 있다. 또 박테리아가 있어서 고사한 무용물을 부패하게 한다.[27]

---

24) 학부 편찬,『보통학교 학도용 국어독본 권5』, 학부, 1908년 발행, 1909년 3판, 9~12쪽의 제4과와 동일 내용이다. 제4과에서 제3과로 된 것은, 단군·기자·위만 조선을 소개한 내용의 제1과 '고대 조선' 단원이 삭제되었기 때문이다.

25) 제너(JENNER, Edward; 1749~1823)는 영국의 의사로, 1775년 우두와 두창의 길항작용에 주목하여 종두법을 발명, 예방접종의 창시자가 되었다(아카데미서적 편집부,『생명과학사전』, 아카데미서적).

26) 이 역시 학부 편찬 국어독본 권7의 내용과 동일할 것으로 생각된다. 다만 대한제국 학부 편찬 보통학교 국어독본 교과서 전체 8권 가운데 제7권만은 원문을 확인할 수 없다.

27) 학부 편찬,『보통학교 학도용 국어독본 권8』, 학부, 1908년 발행, 1909년 재판발행,

여기서 주목할 점 하나는, "박테리아는 가장 細微한 植物이니"라는 대목인데, 대한제국 학부 편찬 교과서에서는 식물 대신 '동물'로 표기했다가 이때 '식물'로 정정했다. 지금은 '미생물'로 구분한다.

이상에서 살펴본 바와 같이 4권의 조선어독본 내용의 핵심은 각각 공기, 목욕, 종두, 박테리아와 전염병이다.

3. 국어독본

다음으로 국어독본 교과서 내용을 보겠다. 이 역시 대한제국의 보통학교 일어교과서를 제목을 바꿔서 새로 발행한 것이다. 모두 8권인데, 보건 · 위생 단원이 있는 것은 다음과 같다.

⑧ 조선총독부, 『정정 보통학교 학도용 국어독본 권2』, 조선총독부, 1911년 발행 1912년 4판, 제3과(6~7), 제4과(7~9), 제20과(52~54), 제21과(54~58)
⑨ 조선총독부, 『정정 보통학교 학도용 국어독본 권3』, 조선총독부, 1911년 발행 1912년 5판, 제22과(69~72)
⑩ 조선총독부, 『정정 보통학교 학도용 국어독본 권4』, 조선총독부 인쇄국, 1911년 발행 1912년 4판, 제14과(40~44), 제21과(66~69)
⑪ 조선총독부, 『정정 보통학교 학도용 국어독본 권6』, 조선총독부 인쇄국, 1911년 발행 1913년 6판, 제9과 문명국의 어린이(25~28)

1909년 3판, 제9과 박테리아와 같은 내용이다. 역시 단원 삭제가 있어서 제9과였던 것이 제7과가 되었다. 23개 단원 중 4개 단원이 삭제되어 19개 단원이 되었다. 삭제된 4개 단원은 제1과 미술공예의 발달, 제7과 학술의 성쇠, 제13과 고려가 망함, 제17과 통감부이다. 미술공예의 발달은 고려시대의 그림, 서법 등을 소개한 내용이고, 학술의 성쇠 역시 고려시대 학문의 융성과 쇠퇴를 설명한 것이다. 또 고려가 망함은 고려말 왜구의 침입과 이성계의 대두를 서술한 단원이다. 이렇게 고려의 역사를 소개한 3단원과 '한일합병'에 따라 조선총독부로 변경된 통감부를 삭제했다.

⑫ 조선총독부, 『정정 보통학교 학도용 국어독본 권8』, 조선총독부인
쇄국, 1911년 발행 1913년 6판 제11과 기도와 약(1)(43~47) 제12과
기도와 약(2)(48~52)

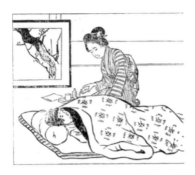 

<그림 1> ⑧-21과, ①-11과의 삽화

⑧의 내용은 운동과 아침 일찍 일어나기, 제4과는 세안, 제20과는 일
찍 자고 일찍 일어나기, 제21과는 물을 많이 마시면 병이 나고, **병에 걸
리면 부모가 걱정한다는 내용**이다.[28]

여기서 부모가 걱정한다는 서술은 수신교과서(①)와 같은 취지의 내
용이 다. 또 〈그림 1〉처럼 모티브가 같은 삽화도 있다. 다만 방안 모습,
인물 생김새, 입은 옷을 통해 민족 구분을 할 수 있을 뿐이다.

⑨의 주요 내용은 물과 뜨거운 것을 많이 마시는 것, 가슴 위에 손을
얹고 잠드는 것은 잘 때 무서운 꿈을 꾼다는 것이다.[29]

⑩의 제14과 내용은 다음과 같다. 자주 탕에 들어가면 신체가 청결하

---

28) 이는 학부 편찬, 『보통학교 학도용 일어독본 권2』, 大倉書店 인쇄, 1907년 발행, 1909년
5판과 같은 내용이다.
29) 학부 편찬, 『보통학교 학도용 일어독본 권3』, 大倉書店 인쇄, 1907년 발행, 1909년
5판과 같은 내용이다.

다. 오래 탕에 들어가지 않으면 때가 붙어 신체가 더러워져 기분이 나쁘다. **신체를 더럽게 하면 다른 사람이 싫어한다. 더러운 신체로 사람들에게 나가면 실례이다.** 또 신체를 더럽게 하는 것은 신체를 위해 나쁘다. 자주 탕에 들어가서 신체를 청결하게 해야 한다. 다음 제21과의 내용은 다음과 같다. 자주 탕에 들어가서 신체를 청결히 했다. 또 비가 내려도 바람이 불어도 매일 반드시 산책에 나섰다. 그렇게 신체에 주의하여 병이 들지 않았다.[30] 이 2개 단원의 핵심어는 목욕과 산책(운동)이다.

⑪의 내용은 다음과 같다. 어느 나라의 어린이가 공원에서 놀다가 바람이 불어 모자가 잔디밭에 들어갔는데, 잔디에 들어가지 못하고 울고 있었다. **잔디밭에 들어가면 안 되기 때문이다.** 그러나 조선에서는 길에 대변을 보는 사람도 있다는 내용이다.[31] 비문명국인 조선의 위생 상태가 나쁘다는 것을 문명국의 어린이와 대비하여 서술했다. 강조하는 말은 도로 청결이다.

⑫의 내용은, 농부가 눈병이 들어 근처 절에 가서 기도를 하고 스님의 말에 따라 눈에 물을 묻혀도 낫지 않고 결국 안구의 통증만 있었다. 그래서 안과 의사에게 가서 치료를 받고 나았다는 것이다. **병이 들면 미신에 기대지 말고 치료를 받아야 한다는 내용이다.** 강조어는 미신이다.

이상을 요약하면 다음과 같다. 먼저 교과서 발행 경위에 관한 것이다. 1911년 조선교육령이 실시되었지만, 조선총독부는 교과서를 새로운 내용으로 즉시 발행할 수 없어서 우선 대한제국의 학부 편찬 교과서를 활용했다. 그리하여 1911년부터 '정정' 교과서가 발행되었다.

---

30) 학부 편찬, 『보통학교 학도용 일어독본 권4』, 大倉書店 인쇄, 1907년 발행, 1909년 5판과 같은 내용이다.

31) 학부 편찬, 『보통학교 학도용 일어독본 권6』, 大倉書店 인쇄, 1908년 발행, 1910년 4판, 제9과 독일의 어린이(ドイツの子供)와 같은 내용이다. 대한제국기 교과서의 '독일의 어린이'가 조선총독부 교과서에서는 '문명국의 어린이'로 바뀌었을 뿐이다.

다음으로 이 시기 교과서에 반영되어 있는 보건·위생론이다. 대한제국 학부 교과서에서 제시되고, 조선총독부 교과서에서 답습한 보건·위생론에는 효, 공중도덕, 무례, 문명국이라는 핵심어가 관통하고 있다. 병이 들면 부모에게 불효가 된다는 것, 위생은 공중을 위해 필수적이라는 것, 불청결은 무례라는 것, 그리고 조선은 문명국과 다르다는 것이다.

다음으로 이 시기 교과서의 단원별 핵심어를 정리하면 다음 표와 같다. 개인의 몸과 그 몸의 건강을 유지하기 위해 필요한 항목은 개인 위생으로 분류했고, 개인의 주위를 둘러싼 환경에 대한 사항과 전염병류에 속하는 항목은 공중 위생에 포함시켰다. 다만 개인 위생 또는 공중 위생으로 명쾌하게 분류되지 않는 항목도 있음을 밝혀둔다.

대한제국 학부 편찬 교과서 내용을 그대로 전재(轉載)한 정정 교과서의 핵심어를 보면, 보다 하급 과정에서는 개인의 신체와 직접 관련있는 주제의 단원들이고, 보다 고급과정에서는 공중 위생과 관련된 주제의 단원들이다.

Ⅲ. 1910년대 중후반의 조선총독부 첫 편찬 교과서

1. 수신교과서

조선총독부 학무국의 편집과장 小田省吾에 따르면, 조선총독부의 교과서 편찬사업은 1911년 8월의 조선교육령의 발포와 같은 해 10월 보통학교, 고등보통학교, 여자고등보통학교 규칙의 제정에 따라 학제 및 각 학교 교과과정의 확정에 맞춰 착수하여 1917년도에 보통학교 교과용 도

<표 1> 1910년대 초 정정 교과서의 핵심어

과목	교과서	핵심어	
		개인 위생	공중 위생
수신	①	음식, 신체(얼굴과 머리와 손과 발) 청결, 운동	
	②	목욕, 의복 세탁	집안 · 정원 · 도로 청결
	③		위생, 전염병
조선어	④	청결한 공기	
	⑤	목욕(온욕, 냉욕), 세탁	
	⑥		종두, 제너
	⑦		박테리아, 전염병
국어	⑧	운동, 아침 일찍 일어나기, 세안, 일찍 자고 일찍 일어나기, 물, 병	
	⑨	흉몽(물, 뜨거운 것, 가슴 위에 손을 얹고 자는 것)	
	⑩	목욕과 산책(운동)	
	⑪		도로 청결
	⑫	미신	

서의 거의 전부를 출판하였다.[32]

새로 편찬되어 발행된 수신 교과서는 역시 전과 같이 4권 4책이다. 그 가운데 보건 · 위생 단원이 있는 것은 다음과 같다. 이전 교과서에서는 교과서 1권에 1단원씩이었는데, 여기서는 권1과 권2에 2단원씩으로 늘었다. 그 가운데 보건 · 위생 단원이 수록된 교과서는 다음과 같다.

⑬ 조선총독부 편찬, 『보통학교 수신서 생도용 권1』, 조선총독부, 1913년 발행 1918년 정정 재판, 8. 몸을 소중히 하자(8), 9. 청결(9)

⑭ 조선총독부 편찬, 『보통학교 수신서 생도용 권2』, 조선총독부, 1913년 발행 1918년 정정 재판, 제6 세탁(6), 제7 음식에 주의하자(7)

⑮ 조선총독부 편찬, 『보통학교 수신서 생도용 권4』, 조선총독부, 1915년 발행 1918년 정정 재판, 제15과 위생(35~38)

---

32) 『매일신보』, 1917.6.21.

<그림 2> ⑬의 8과, 9과 삽화

　⑬의 2개 단원은 다음에서 보는 것과 같이 모두 그림이다. 글자는 없다. 권1은 입학하자마자 처음 접하는 교과서인데, 등교 전에 일본어를 배우지 않은 학생들에게 일본어로 쓰인 교과서를 읽게 할 수는 없었을 것이다. 첫 번째 그림은 한 아이가 아파서 방에 누워있다. 다른 아이들이 등굣길에 데리러 왔으나 아파서 갈 수 없다고 어머니가 말하는 장면이다. 이를 통해 평소에 건강을 돌보지 않으면 병이 나고, 몸이 아프면 친구들과 어울릴 수도, 학교에 갈 수도 없음을 보여준다. 두 번째 그림은 수건 혹은 걸레를 들고 마루에 서 있는 그림이다. 세수하려는 것인지, 청소하려는 것인지 불분명하다. 그런데 뒤에 보듯이 1922년에 발행된 교과서를 보면, 청소 장면으로 해석하는 것이 타당하다.

　⑭의 제6(세탁)의 내용은 이렇다. 옷은 자주 세탁을 하지 않으면 안된다. 여름은 세탁이 큰일이다. 세탁을 하지 않으면 옷에 붙은 때가 없어지지 않는다. 때가 붙은 옷을 입는 것은 몸에 좋지 않다. 제7('음식에 주의하자')에서는, 한 어린이가 아직 익지 않은 과일을 먹으려 하자 그

어머니가 "익지 않은 것이랑 썩은 것을 먹으면 병에 걸린다."고 주의를 주며 말린다. 또 "병은 입으로부터 들어간다."라는 속담이 있다.

⑮의 요지는 다음과 같다. **사람은 신체를 건강하게 하여 몸을 세우고, 집을 일으키고, 나아가 공익을 꾀하고 나라에 다하지 않으면 안 된다. 국민이 건강한 것은 국가가 왕성해지는 근본이다.** 나면서 강한 사람도 위생에 주의하지 않으면 약해진다. 또 나면서 약한 사람도 위생에 주의하면 강해진다. 그러므로 위생은 극히 중요하다. 음식물은 사람의 신체를 기르는 것이지만 이를 지나치게 하면 도리어 해가 된다. 또 술과 담배는 신체를 기르는 것이 아니고, 이를 지나치게 하면 크게 신체를 해친다. 특히 젊은 사람은 음주, 끽연의 습관을 붙이지 않는 것이 중요하다. 늘 신선한 공기를 마시고, 알맞게 햇빛을 쬐고, 그리고 운동을 게을리 하지 않는 것은 위생상 중요한 것이다. 신체·의복·가옥 등은 늘 청결히 할 것이다. **불결은 병의 근본이 될 뿐만 아니라 그 사람의 품위를 떨어뜨린다.** 사람은 보다 주의하여 병에 걸리지 않게 하고, 만약 병에 걸리면 빨리 치료하고 또 의사에게도 치료하도록 하는 것이 중요하다. 특히 **전염병은 두려운 것이므로 만약 이에 걸렸다고 생각하면 빨리 의사의 치료를 받아야 한다. 결코 미신 등을 믿어 치료를 소홀히 하는 것은 안 된다. 자신의 부주의로 전염병에 걸려 마침내 다른 사람에게도 미혹하게 하는 것은 심히 나쁜 것이다.**

이상 각 권의 핵심어는 순서대로 각각 권1은 건강과 청소, 권2는 세탁과 음식이다. 권4에서는 위생 항목 전반에 걸친 광범위한 내용이다. 또한 사람의 건강이 국가 왕성의 근본이라 하여 국가가 국민의 신체에 규율을 가하는 이유를 명확히 규정하고 있다.

2. 조선어 및 한문독본

1911년 10월 20일 제정된 〈보통학교규칙〉에서 규정한 보통학교의 교과목 중 하나는 '조선어 및 한문'이었는데, 이 시기에 와서 비로소 교과목 이름에 맞는 교과서 편찬이 이루어졌다. 김성기에 따르면, 1~2권은 1915년 3월, 3권은 1917년 3월, 4권은 1918년 3월에 간행되었고, 5권, 6권은 1920년 〈조선교육령〉이 개정된 이후 보통학교 학제가 4년제에서 6년제로 바뀌면서 5권은 1920년 8월에, 6권은 1921년 3월에 발행되었다.[33] 그중 '위생' 관련 단원은, 2권 19과 하절위생, 3권 12과 청결, 4권 3과 종두, 4권 14과 박테리아, 6권 11과 신선한 공기, 6권 22과 水와 인체이다.[34] 그러나 이 글에서 참고한 교과서는 권4 하나일 뿐이다. 나머지는 머리말에서 밝힌 이유로 확인하지 못했다.

1913년의 조선어독본 단원 가운데 권7, 권8의 내용이 이 시기의 권4에 함께 수록되었다. 둘 다 4학년에서 배우는 내용이었는데, 한 학년에 교과서 두 권에서 1권으로 줄었기 때문이다. 조선어 및 한문독본 교과서 가운데 보건·위생 단원은 다음과 같다.

⑯ 조선총독부 편찬,『보통학교 조선어及한문독본 권4』, 조선총독부, 1918년 발행, 제3과 종두(7~10), 제14과 박테리아(36~41)

⑯의 '종두' 단원은 조선어독본 권7의 3개 단원이 하나의 단원으로 통합되고 내용도 축약되었다.

또 '박테리아' 단원도 이전과 거의 같으나 마지막 부분(혹시 何物이든지 부패함이 없으면 太古로부터 今日까지 발생하여 枯死한 동식물이 지

---

33) 김성기, 앞의 논문, 35쪽.
34) 위의 논문, 135~136쪽.

구상에 퇴적하여 우리들의 주거할 處所가 없을지로다. 그렇지만 박테리아가 있어서 고사한 無用物을 부패하게 하야 항상 세계를 空濶하게 하느니라.[35])은 다음과 같이 변경되었다. "우리들이 藁와 草 등을 부패케 하여 비료를 得하는 것도 역시 박테리아의 작용에 인함이니 한편으로 보면 부패라 하는 것도 심히 유익한 것이니라." 위 두 가지 서술의 공통점은 박테리아가 끼치는 해가 크지만, 이로운 점도 있다는 것이다. 차이점은 쓸모없는 것들을 부패시켜 세상에서 없앰으로써 세상을 넓히는 작용을 한다는 추상적 서술에서 농사에 필요한 비료를 만든다는 실용적, 구체적 내용으로 바뀐 것이다. 이상의 핵심어는 단원명과 같이 종두와 박테리아이다.

3. 국어독본

1910년대 후반의 국어독본 교과서 중 보건·위생 내용은 『보통학교국어독본해설』을 통해 파악할 수 있다. 이 책에서는 보통학교 국어독본 권2부터 권8에 걸쳐서 각 권별로 몇 개씩의 단원을 추출하여 해설하고 있는데, 위생 관련 단원 해설이 보이는 책은 권6과 권7이다. 권6에서는 제11과와 제12과의 '사람의 몸', 제13과의 '食物'을 발췌하여 설명했다. 권7에서는 제14과 '病氣'를 해설하고 있다.[36]

그 내용을 교과서를 통해 확인해보자. 권6과 권7에서 보건·위생 내용을 추출하면 다음과 같은데, 『보통학교국어독본해설』에서 소개된 것보다 각각 1개 단원씩이 더 많다.

---

35) 조선총독부, 『정정 보통학교 학도용 조선어독본 권8』, 조선총독부, 1913년 7판, 22~23쪽.
36) 市川繁次郎 편, 『보통학교국어독본해설』, 中田普成社출판부, 1921.

⑰ 조선총독부 편찬,『보통학교 국어독본 권6』, 1914년 발행 1916년 3판, 제11과 사람의 몸(1),[37] 제12과 사람의 몸(2),[38] 제13과 食物,[39] 제14과 胃의 腑와 신체[40]

⑱ 조선총독부 편찬,『보통학교 국어독본 권7』, 1915년 발행 1915년 3판, 제14과 病氣,[41] 제15과 간병[42]

먼저 ⑰의 11과의 주요 내용은 다음과 같다. 사람 몸의 밖을 싸고 있는 것은 피부이다. 피부는 몸 안의 여러 도구를 지킨다. 피부 아래에는 근육이 뼈에 붙어 있다. 뼈는 근육을 지탱하여 몸의 기둥이 된다. 근육이 신축함으로써 몸의 여러 운동이 가능하다. 사람 몸에는 머리·몸통·손·발이 있다. 머리 안에는 뇌수가 있다. 두개골이 뇌수를 감싸고, 그 위에 머리카락이 나서 보호하고 있다. 제12과의 주요 내용은 다음과 같다. 몸통에는 가슴과 배가 있다. 가슴은 위쪽에, 배는 아래쪽에 있다. 가슴 안에는 폐장과 심장이 있다. 배 안에는 위가 있고, 그 아래에는 장이 있다. 또 손과 발이 있다. **사람 몸을 건강하게 하려면 자양물을 먹고, 신선한 공기를 마시고, 운동하는 것이 중요하다.** 이 두 과 내용에 대해『보통학교국어독본해설』에서는, 사람의 신체 즉 몸은 이를 외관상으로 頭部, 軀幹, 四肢의 세 부분으로 나눌 수 있다고 설명한다.[43]

제13과 食物 단원의 교과서 주요 내용은 다음과 같다. 사람은 체력과 뇌력을 보충하기 위해 먹을거리가 필요하다. 植物質의 먹을거리라는 것

37) 김순전 외,『조선총독부 제1기 『보통학교 국어독본』 원문 하(권5~권8)』, 제이앤씨, 2011, 171~172쪽.
38) 위의 자료, 173~174쪽.
39) 위의 자료, 176~177쪽.
40) 위의 자료, 179~181쪽.
41) 위의 자료, 284~287쪽.
42) 위의 자료, 288~289쪽.
43) 市川繁次郎 편,『보통학교국어독본해설』, 128~131쪽.

은 곡물·야채·과일 등이다. 동물질의 먹을거리라는 것은 鳥獸 魚介 등의 고기이다. **과식하면 안된다.** 속담에 '**병은 입으로부터 들어온다**'는 것은 진실로 좋은 훈계 글이다. 이에 대해『보통학교국어독본해설』에서는, "우리의 몸은 물, 단백질, 탄수화물, 지방, 염분의 5물질로 이루어져 있다. 인체를 기르는 데는 이들 물질을 취하지 않으면 안된다. 이것을 자양물질이라 하여 자양물질의 1종 또는 수종을 함유하여 인체의 영양에 적당한 것을 식품이라 하고 식품을 나눠 동물질, 식물질, 광물질의 3종으로 한다."고 설명했다.[44]

다음 제14과는『보통학교국어독본해설』에는 누락된 내용이다. 그 내용을 보면, 胃는 아무 일도 하지 않고 오로지 먹기만 하는 것을 보고, 손·발·눈·입·귀 등이 불평하여 모두 먹는 일과 관련한 일체의 행동을 하지 않는다. 그 결과 그 피해는 손·발·눈·입·귀에 돌아간다. 그 후부터는 손발 등은 모두 불평을 일으키지 않았다. 요지는 위의 소화작용과 그에 따른 건강 유지이다.

다음으로 ⑱의 제14과(病氣)의 주요 내용은 다음과 같다. 병에 걸리면 일찍 처치하는 것이 중요하다. 처치가 늦으면 병이 중해진다. 될수록 의사에게 진찰하는 것이 좋다. 장티푸스·발진티푸스·이질·두창·성홍열·디프테리아·콜레라·페스트 등은 모두 **전염병**으로 한 사람이 걸리면 끝내는 몇백 명, 몇천 명이라는 많은 사람이 걸리게 된다. 폐병과 나병도 일종의 전염병으로 주의해야 하는 병이다. 전염병에 걸렸다는 의심이 들면 바로 의사에게 진찰하여 치료를 받아야 한다. 또 잘 소독하여 다른 사람에게 옮기지 않아야 한다. 은폐하여 두는 것은 아주 나쁜 일이다. (중략; 두창·페디스토마·트라코마에 대한 설명) 조선에는 각도에 **자혜의원**이라는 병원이 있다. 그 경비 중에는 은사금의 이자가 사용되

---

44) 市川繁次郎 편, 위의 자료, 131~133쪽.

고 있다. 빈궁한 자는 무료로 치료할 수 있다. 『보통학교국어독본해설』에서는, 이 단원에 대해 病氣라는 것은 신체의 어떤 부분이 생리적 常態를 잃은 것이고, 전염병은 박테리아 혹은 기타 하등 식물, 하등 동물에 말미암아 일어나는 질병이라는 해설을 덧붙이고 있다.[45]

또 『보통학교국어독본해설』에는 누락되어 있지만, 제15과(간병)도 보건·위생 관련 단원이다. 그 주요 내용을 보면 다음과 같다. 병자가 나올 때에는 집안 사람들이 **의사의 지도에 따라 친절히 간병**해야 한다. **병자의 방은 잘 청소하고, 새로운 공기가 통하게 하고, 의복은 청결하게 하고, 더러운 것은 씻고, 또 햇빛에 말려야 한다. 그리고 작은 소리로 말해야 한다.**

역시 『보통학교국어독본해설』에는 누락되어 있지만, 국어독본 권1과 권2에도 보건·위생 관련 서술이 있다. 먼저 『보통학교 국어독본 권1』(조선총독부 편찬, 1912년 발행 1915년 7판)의 23에는 수건으로 얼굴을 닦는다는 내용이 있고, 32에서는 비로 쓸고, 걸레로 닦아 깨끗하게 되었다는 기술이 있다.[46] 『보통학교 국어독본 권2』(조선총독부 편찬, 1913년 발행 1915년 6판)에서는, '21 어머니'에서 감기에 걸려 누워있는 여자아이 옆에서 어머니가 간호하는 내용이 있고,[47] '25 수건'에서는 수건은 편리한 것으로 손과 얼굴을 씻고, 이것으로 닦을 수 있다는 내용이 소개하고, **"학교 생도는 모두 수건을 가지고 있는 것이 좋다."**고 강조했다.[48]

이상을 요약하면 먼저, 조선총독부의 교과서 편찬사업은 1911년 8월의 조선교육령의 발포 이래 학제 및 각 학교 교과과정의 확정에 맞춰 착

---

45) 市川繁次郎 편, 위의 자료, 198~199쪽.
46) 김순전 외, 『조선총독부 제1기 『보통학교 국어독본』 원문 상(권1~권4)』, 제이앤씨, 2011.
47) 위의 자료, 171쪽.
48) 위의 자료, 178~179쪽.

수하여 1917년도에 보통학교 교과용 도서의 거의 전부를 출판하였다.

또 1910년대 조선총독부가 처음으로 편찬한 교과서의 논리에는 집안, 나라, 품위 등이 관철되어 있다. 건강은 입신과 흥가, 그리고 공익과 국가를 위한 근본이라는 것, 불결은 품위를 떨어뜨린다는 것, 전염병은 공익을 해치는 일이라는 것이다.

다음으로 조선총독부가 새로 편찬한 교과서의 핵심어를 보면 다음 표와 같다. 역시 보다 하급 과정에서는 개인 위생에, 보다 고급 과정에서는 공중 위생에 초점을 맞춘 것을 알 수 있다.

<표 2> 1910년대 중후반 총독부 신편 교과서의 핵심어

과목	교과서	핵심어	
		개인 위생	공중 위생
수신	⑬	건강	청결(청소)
	⑭	세탁, 음식	
	⑮	위생(음식, 술·담배, 공기, 햇빛), 운동, 신체 청결	의복·가옥 청결, 전염병, 미신
조선어	⑯		종두, 박테리아
국어	⑰	몸(건강), 食物, 胃와 신체	
	⑱		전염병, 자혜의원

앞 장의 '정정' 교과서와 초선총독부 신편 교과서의 핵심어를 보면, '청결'이 가장 많은 빈도를 차지한다. 1910년 10월 『매일신보』 기사를 보면, 청결에 대한 당시의 인식을 엿볼 수 있다. "청결은 실로 심신을 보전하는 데 크게 관계되는 중요한 건이라. 신체, 거주, 가구, 의복, 음식 등을 모두 청결케 하여 한 점의 더러움이 없게 하되 단지 외면의 청결만 높이는 것이 아니라 일체 불결과 병독을 제거하는 것이 긴요하다 할지니 (중략) 피부, 두발은 원래로 더러움을 받기 쉬우니 늘 불결을 제거할지로다.

의복, 침구 등물을 자주 세척하되 醜鄙한 것은 보기에 불결할 뿐 아니라 건강을 해칠 것이오. 가옥의 내외와 가구 등류를 쓸고 닦아 먼지를 제거할지며 어둡고 습한 곳에는 공기가 들어오지 않아 微菌이 반드시 생겨 쌓아둔 물품도 자연히 불결하리니 햇빛에 쏘이며 말리는 것이 긴요할지니 실내가 불결하면 건강에 유해할 뿐 아니라 병독이 종종 만연할 걱정이 있을지니 크게 삼가고 살필 것이로다."49) 이 기사의 내용은 1910년대에 발행된 교과서의 내용과 크게 차이나지 않는다.

조선총독부가 설치된 직후인 1910년 10월 4일에 경무총감부에서는 평양과 황해도 재령 등지에서 콜레라가 창궐하자 '콜레라 예방규칙'을 반포했다.50) 전염병 예방에 대한 통치 당국의 관심을 알 수 있는 조치이다. 앞서 대한제국 정부도 1899년 8월에 〈호열자예방규칙〉(내부령 제20호, 8월 23일)·〈장질부사예방규칙〉(내부령 제21호, 8월 25일)·〈적리예방규칙〉(내부령 제22호, 8월 29일)·〈발진질부사예방규칙〉(내부령 제23호, 8월 29일)51) 등을 연달아 제정하여 콜레라·장티푸스·이질·발진티푸스 등을 예방하는 조치를 취한 적이 있다.

또 다른 전염병인 종두에 대한 인식을 보자. 총독부 내무부 위생과 촉탁 山根正次는 1910년 12월 1일 진주에서 위생 강화회를 열었다. 그는 "위생상 가장 필요한 건을 거론하노니 제1은 종두라. 종두 발명하기 전에는 일선인 간의 多寡의 구별이 없더니 오늘에 이르러서는 일본은 5천만, 조선은 겨우 1천 3백 3십만에 불과하는 이는 오로지 일본은 종두를 실행하되 조선인은 이를 厭惡하고 쓸데없이 천연두에 방치하여 유행병

49) 『매일신보』, 1910.10.7.

50) 『매일신보』, 1910.10.4.

51) 『관보』 제1355호, 의정부 총무국 관보과, 1899년 9월 1일; 『관보』 제1355호, 의정부 총무국 관보과, 1899년 9월 1일; 『관보』 제1356호, 의정부 총무국 관보과, 1899년 9월 2일; 『관보』 제1359호, 의정부 총무국 관보과, 1899년 9월 6일.

에 걸리기 쉬운 까닭이라."라고 말하여 조선과 일본의 인구 차이가 빚어진 이유는 '종두' 때문이라고 단언하였다. 사실에 부합되는 내용인지는 의문이지만, 총독부 위생 당국자의 종두 인식을 알 수 있다. 이상을 통해서 볼 때, Ⅱ~Ⅲ장의 1910년대 보건·위생론 핵심은 청결과 전염병이었다고 할 수 있다.

Ⅳ. 1920년대 '신 교육령' 시행 후 교과서의 보건·위생론

1. 수신교과서

1922년 2월 4일, 칙령 제19호로 조선교육령이 공포되었다. 1911년 조선교육령은 폐지되었다.[52] 1911년 교육령과 비교하여 가장 큰 변화는, 보통교육의 수업연한을 6년으로(지역 정황에 따라 5년 또는 4년으로 할 수 있음) 하는 것이었다. 새 조선교육령은 1922년 4월 1일부터 시행되었다.[53] 이어 2월 15일에 보통학교규정이 공포되었다.[54] 보통학교의 교과목은 수신, 국어, 조선어, 산술, 일본역사, 지리, 이과, 도화, 창가, 체조로 하였다. '조선어 및 한문'이 '조선어'로 바뀐 것이 가장 큰 변화이다.

이와 같은 배경에서 새로 발행된 수신 교과서의 단원을 보면 다음과 같다. 앞 시기의 교과서들과 비교할 때 권3과 권5에도 보건·위생 단원

---

52) 칙령 제19호, 『조선총독부관보』 호외, 1922년 2월 6일.
53) 조선총독부령 제5호, 『조선총독부관보』 호외, 1922년 2월 6일.
54) 조선총독부령 제8호, 『조선총독부관보』 제2850호, 1922년 2월 15일.

이 추가되었다.

　⑲ 조선총독부,『보통학교 수신서 권1(아동용)』, 1922, 8 몸을 소중하
　　게 합시다(8), 9 청결(9)
　⑳ 조선총독부,『보통학교 수신서 권2(아동용)』, 1922, 6 몸을 튼튼하
　　게 합시다(7~8), 7 청결(8~9)
　㉑ 조선총독부,『보통학교 수신서 권3(아동용)』, 1923, 제7 건강(12~13)
　㉒ 조선총독부,『보통학교 수신서 권4(아동용)』, 1924, 제5 건강(10~12)
　㉓ 조선총독부,『보통학교 수신서 권5(아동용)』, 1924, 제5과 위생(그
　　1)(13~15), 제6과 위생(그2)(15~18)

<그림 3> ⑲의 8과, 9과 삽화

　먼저 ⑲의 2개 단원은 다음에서 보는 것과 같이 모두 삽화이다. 1910년
대 신편 교과서 틀과 내용을 그대로 가져온 것이다. 첫 번째 삽화는 <그
림 2>의 첫 번째 삽화와 동일하다. 교사용 지도서에서 이 단원의 목적이,
음식물과 기타 섭생에 주의하여 신체를 소중히 할 것을 교수함이라고

밝혔다.[55]

두 번째 삽화는 청소하는 장면인데, 〈그림 2〉의 두 번째 삽화와 다른 그림이다. 물을 길어오고, 마루에 걸레질을 하는 모습이다. 교사용 지도서에서 이 단원의 목적은, 신체·의복·기구·거처 등을 청결히 할 것을 교수하여 청결을 애호하는 습관을 양성케 함이다.[56]

⑳의 '몸을 튼튼하게 합시다'의 내용은, 한 아이가 학교에서 몸이 튼튼해야 훌륭한 사람이 될 수 있다는 것을 배운 뒤 먹고 마시는 것에 주의하고, 아침 일찍 일어나며 심호흡을 하는 것이 신체에 유익하다는 말을 듣고 이를 실행하기 시작하였다. 음식과 심호흡이 핵심어이다. 교사용 지도서에서 이 단원의 목적은, 음식에 주의하여 병에 걸리지 않도록 할 뿐만 아니라 더욱 양생을 잘하여 신체를 강건케 할 것을 교수함이다.[57]

'청결' 단원에서는 순희가 매일 아침 일어나 세수하고, 집 안팎을 청소한다. 손발도 깨끗이 씻고, 어머니가 빨래할 때도 돕는다. 핵심어는 세수, 청소, 손발 씻기, 빨래이다. 교사용 지도서에서 이 단원의 목적은, 신체·의복·기구·거처 등을 청결히 할 것을 교수하여 청결을 기호하는 습관을 양성함이다.[58]

㉑의 '건강'은 일본인 貝原益軒을 소개한 내용이다.[59] 어렸을 때에는 신체가 심히 허약하여 스스로 양생에 주의했다. 여러 가지 책을 읽을 때에 양생의 기사가 있으면 베껴두고 잘 지켜 차차 튼튼해져서 85세까지 살고 많은 책을 남겼다. 끝에 '약보다 양생'이란 속담이 있다. 교사용 지

55) 조선총독부, 『보통학교 수신서 권1(교사용)』, 조선총독부, 1923, 39쪽.
56) 조선총독부, 위의 자료, 44쪽.
57) 조선총독부, 『보통학교 수신서 권2(교사용)』, 조선총독부, 1923, 29쪽.
58) 조선총독부, 위의 자료, 39쪽.
59) 가이바라 에키켄(貝原益軒, 1630-1714)은 에도 전기 유학자이자 본초가, 교육사상가이다(서강식, 「일제강점기 하의 보통학교 수신 교과서 내용 분석 연구」, 『교육논총』 제48집 1호, 2011, 108쪽).

도서에서는 이 과가 '국정교과서에 기재된 재료'라고 밝혔는데, 문부성에서 출판한 교과서에 수록된 내용이라는 뜻이다.[60]

㉒의 '건강'은 松平定信의 일화에 관한 것이다. 그도 어렸을 때 몸이 약했으나 매일 아침 일찍 일어나 활쏘기와 말타기를 하여 신체가 강해져 72세까지 장생했다. 신체를 좋게 하는 것은 늘 운동을 하고 수면과 식사 등을 규칙 바르게 하고, 음식은 정도에 맞게 주의하는 것이 크게 중요하다. 그는 "자신이 이같이 장생한 것은 건강에 주의했기 때문이다. 장생하고자 생각하는 사람은 건강에 주의해야 한다."고 말했다. 교사용 지도서에서 이 단원의 목적은, 신체의 건강에 주의케 하는 것이다.[61]

㉓의 위생은 2개 단원이 있다. 그 내용은 1910년대 신편 수신교과서 권4의 위생과 비슷한데, 더 상세하다. 그 요지를 보면 앞 단원에서는, 우리가 아프면 부모에게 걱정을 끼친다. 신체가 약하면 공부를 할 수 없어 쓸모 있는 사람이 될 수 없다. 신체가 좋은 사람은 원기가 있어 즐겁게 일할 수 있다. 세상 사람들이 모두 건강하여 원기로 일을 잘하면 국민이 행복하고 국가는 융성한다. 신체가 약해 병이 나면 자신의 불행이고 일가의 곤란이며 국가의 손실이다. 건강을 증진하는 것은 늘 위생에 주의하는 생활이 제일이다. 신체, 의복, 주거를 청결하게 하고, 음식물에 주의하여 식사와 기상 시각을 바르게 해야 한다. 음주와 끽연은 건강에 해로우므로 이 습관을 들이지 않아야 한다. 또 소풍 기타 방법으로 신체를 튼튼히 하는 것도 건강에 도움이 된다. 교사용 지도서에서 이 단원의 주의사항으로, 위생의 요령은 생활의 규율을 지키고, 신체를 단련하며 또 정신의 수양을 하는 것에 있으므로 이 점에 주의하여 교수하도록 제시하고 있다.[62]

60) 조선총독부, 『보통학교 수신서 권3(교사용)』, 조선총독부, 1923, 48쪽.
61) 조선총독부, 『보통학교 수신서 권4(교사용)』, 조선서적인쇄주식회사, 1924, 18쪽.

두 번째 단원은 전염병에 관한 내용이다. 전염병에는 급성과 만성이 있다. 전염병 외에는 기생충병이 있다. 전염병에 걸리지 않으려면 늘 신체를 강장하게 하는 것이 제일이다. 또 음식물에 주의하여 신체·의복·주거 등을 청결하게 해야 한다. 전염병이 유행할 때는 의사와 衛生係의 주의를 지키는 것이 중요하다. 만일 전염병에 걸렸을 때는 의사의 치료를 받아 다른 사람에게 전염시키지 않도록 주의해야 한다. 숨기고 신고하지 않거나 미신으로써 의사의 진찰을 받지 않거나 또는 완치되지 않은 채로 사람들에게 나가는 것은 크게 위험하다. **전염병에 걸리는 것은 자신의 화이고 공중에 크게 미혹을 끼친다.** 교사용 지도서에서 이 단원의 목적은, 공중의 이익과 손해를 고려하여 위생에 관한 심득을 지킬 것을 가르치는 것이다.[63] 위생은 경찰 사무에 속했는데 1923년 경기도의 예를 들면, 도 경찰부에 위생과가 설치되어 위생기수가 배치되었고, 산하 인천경찰서에도 위생기수가 근무하고 있었다.[64] 앞에서 언급한 위생계란 이들을 지칭하는 것으로 보인다.

위생 2개 단원에서도 국가가 국민의 신체를 규율하는 이유가 서술되어 있다. 개인의 건강 여하는 국가의 융성과 손실에 영향을 미친다는 것과 전염병에 걸리는 것은 공중에 악영향을 준다는 것이 그것이다.

2. 조선어독본

앞에서 살펴본 대로 1910년대 '조선어 및 한문'과목은 1922년 2월 15일

---

62) 조선총독부,『보통학교 수신서 권5(교사용)』, 조선서적인쇄주식회사, 1924, 56쪽.
63) 위의 자료, 64쪽.
64) 조선총독부 편찬,『대정12년 조선총독부급소속관서직원록』, 조선총독부, 1923, 226·228쪽.

공포된 〈보통학교규정〉에서 다시 '조선어'과목으로 변경되었다. 1920년대 발행된 조선어독본 교과서와 보건·위생 단원은 다음과 같다.

⑬ 조선총독부, 『보통학교 조선어독본 권4』, 1924, 제7 하절 위생(22~25)
⑭ 조선총독부, 『보통학교 조선어독본 권5』, 1924, 제7과 청결(29~33), 제18과 신선한 공기(68~71)
⑮ 조선총독부, 『보통학교 조선어독본 권6』, 1924, 제6과 종두(22~25)

⑬의 내용은 다음과 같다. 여름은 다른 때보다 더욱 위생에 주의해야 한다. 과일은 익지 않은 것이나 부패한 것을 먹으면 복통이 나며 설사도 하고 구토를 하는 일이 많고 심하면 생명에도 큰 관계가 있다. 또 덥고 목마른 것을 참지 못하여 냉수나 빙수를 많이 먹는 사람도 있으나 그것은 신체에 큰 해가 되는 것이니 잘 끓인 물을 먹어야 한다. 아침저녁 서늘한 때에 산이나 들에 나가서 운동을 하는 것은 매우 좋은 일이다. 반드시 집의 내외를 청결하게 청소하고 파리·모기·벼룩·빈대를 잡아서 항상 위생상에 해되는 일을 예방하기에 주의해야 한다. 과일, 음료수, 운동, 청소, 해충 박멸이 강조어이다.

여름철 위생을 강조한 것은 1920년대 초 지방관리의 글에서도 비슷한 내용을 확인할 수 있다.[65] "이 盛夏의 때에 즈음하여 특별히 주의에 주의를 더할 것은 즉 위생 두 자이라."라는 말로 시작되는 이 글에서는 '거실 내외는 매일 소제 청결에 不怠하며, 침구 기타 집물은 충분히 햇빛에 曝曬할 것' 등 7가지 주의사항을 열거하였다.[66]

---

65) 한준석(홍원군 주익면장), 「위생에 주의하라」, 『조선문 조선』 70호, 조선총독부, 1923.7, 82~83쪽.
66) 한준석은 같은 글에서 "生을 好하고 死를 惡하는 것은 人의 常情이며"라고 표현했는데, 이는 조선총독부, 『보통학교 조선어독본 권5』, 1924 제7과 청결 단원의 서두 부분("生을 好하고 死를 惡함은 오인의 常情이라.")과 같은 문장이다. 당대 교과서 편찬자와 지방 관리 사이 인식의 공통점을 엿볼 수 있는 대목이다.

㉕의 '청결'의 내용은 다음과 같다. 신체를 건전히 하고 정신을 쾌활히 하려면 먼저 청결에 주의해야 한다. 불결은 만병의 근본이다. 우리가 만일 **전염병에 걸리면 자기 일신의 불행뿐 아니라 부자 형제에게도 화를 미치며 심하면 일가가 전멸하며, 이웃에까지 전염시켜서 일대 소동을 일으키는 일도 있다.** 청결에는 신체·의복·음식·기구·가옥 등을 더럽게 하지 않음이 가장 중요한 일이다. 신체를 청결히 하려면 때때로 목욕을 하라. 또 매일 아침에 냉수마찰을 하면 때도 없어지고 피부도 강해져서 감기를 예방함에 제일이다. 모발도 가끔 씻고 양치질도 자주 하며 손톱도 항상 짧게 베어라. **의복이 불결하면, 자기의 품격을 손상하고 타인의 감정까지 불쾌하게 한다.** 음식은 부패한 것과 날것과 찬 것을 먹지 말며 '질병은 입으로 들어간다'는 말을 잠시라도 잊지 말아라. 기구 등도 항상 정결하게 하며 침구 등도 때때로 햇빛에 쐬어라. 집은 정결하게 청소하고 순서있게 정돈하라. '주위는 기질을 변화한다'는 말과 같이 거처가 불결하면 마음까지 게을러지기 쉽다. 청결, 전염병, 목욕, 냉수마찰, 양치질, 손톱깎기, 세탁, 음식, 햇빛, 청소 등을 핵심어로 추출할 수 있다.

여기서 날것과 찬 것, 즉 익히지 않은 채소 등 날 음식과 찬 물 마시는 것을 금하는 이유는 분뇨를 비료로 사용하는 당시 농사법 때문이다.[67] 이어 '신선한 공기' 단원은 1910년대 초 『정정 조선어독본 교과서 권4』의 제15과 내용과 대체로 비슷한 내용이다.

마지막으로 ㉖도 『보통학교 조선어 及 한문독본 권4』의 '종두' 단원 (⑯)과 유사한 내용이다.

---

67) 분뇨에 포함된 세균과 기생충 알이 채소에 부착되고, 밭에 비료로 뿌려진 분뇨가 우물물을 오염시킨다고 보아 위생 당국자는 이를 경계하였다(高野六郎, 「농촌의 위생시설」, 『조선문 조선』 123호, 조선총독부, 1928.1, 88~91쪽).

3. 국어독본

1920년대 국어독본 교과서는 이전 시기 국어독본 교과서에 비해 내용이 많이 바뀌었다. 조선총독부에서 새로 보통학교 국어독본의 편찬에 착수하여 1922년도에 권1·권3·권5를 편찬하여 이를 1923년도부터 사용하고, 계속 권2·권4·권6을 편찬 발행했으며, 1924년도에 권7·권8을 발행하여 제1기 계획으로서 국어독본 8책의 편찬을 마쳤다.[68]

그러나 1920년대 국어독본은 급하게 편찬되어 학년제 연장에 대한 조치 보완이 미흡했다. 그 결과 1~4학년까지는 조선총독부편찬 국어독본을 그대로 사용하고, 연장된 5~6학년과정은 일본인 아동에게 활용되는 '심상소학국어독본'을 사용하게 되었다.[69] 1920년대 국어독본 교과서의 보건·위생 단원은 다음과 같이 2개이다.[70]

⑳ 조선총독부, 『보통학교 국어독본 권5』, 조선서적인쇄주식회사, 1923년 빌행 1923년 번각발행 10. 病氣(32~36)
㉘ 조선총독부, 『보통학교 국어독본 권7』, 조선서적인쇄주식회사, 1924년 발행 1924년 번각발행 제19 약수와 온천(64~69)

먼저 ⑳은 병으로 오래 학교를 쉬었다는 이야기이다. 이 내용에 대해 조선총독부는 '편찬 취의서'에서 다음과 같은 부연 설명을 더했다. "어느

---

68) 조선총독부, 「緒言」, 『普通學校 國語讀本 自卷一至卷八 編纂趣意書』, 조선총독부, 1925, 1쪽.
69) 유철, 「일제강점기 皇國臣民 敎化를 위한 '身體'論-國語讀本, 體操, 唱歌, 戰時歌謠를 중심으로-」, 144쪽.
70) 유철에 따르면, 5개라고 하나 내용에서 약간 언급되는 수준이다(유철, 「일제강점기 皇國臣民 敎化를 위한 '身體'論-國語讀本, 體操, 唱歌, 戰時歌謠를 중심으로-」, 147쪽). 5개의 단원명은 'アリガタリ', '夏休', '私のきまり', '朝會', '病氣'인데, 이중 건강·보건과 직접 관련된 것은 '病氣' 하나뿐이다.

아동의 병에 대한 반성기이다. 아동이 느낀 것 1.부주의로 병이 들었다. 2.신장(腎臟)이 나쁘다. 3.엄마와 같은 병인지 걱정. 4.양생법. 5.회복과 식사. 6.밥맛. 7.염분 섭취 금지. 8.완쾌의 기쁨. 9.등교의 기쁨."[71]

㉘의 주요 내용은 다음과 같다. 약수는 바위 사이와 땅속에는 약이 되는 것이 있는데, 물이 그곳을 통하면 그것이 용해되어 약수가 되어 용출된다. 우물물도 바위 사이와 땅속을 통해 용출되지만 크게 약이 되는 것이 용해되어 있지 않다. 눈에는 깨끗한 물로 보여도 용해되어 있는 것에 따라 약이 되기도 하고 독이 되기도 한다. 온천에는 약이 되는 것이 용해되어 있는 것이 많으므로 사람은 湯治(온천 목욕으로 병을 치료함)를 행한다. 국어독본은 수신교과서나 조선어독본에 비해 내용도 적고, 지엽적인 내용이다.

1922년 2월에 새 조선교육령과 보통학교규정이 공포되어 4월 1일부터 시행되었다. 그에 따라 보통학교의 수신, 국어, 조선어 등의 교과서도 새로 발행되었다.

1910~1920년대 교과서에는 크게 효도, 공익, 충성(국가)을 위해 건강과 위생에 주의해야 한다는 것이 보건·위생론의 바탕을 이루고 있다. 효도를 위해 건강해야 한다는 내용은 "병이 들어 부모께 근심을 시키면 가장 불효가 되니 항상 조심하여 신체를 보중해야 한다.", "우리가 아프면 부모에게 걱정을 끼친다."는 서술이 대표적이다.

다음으로 공익을 위해 보건·위생에 주의해야 한다는 내용은 다음과 같다. "위생은 개인과 공중을 위하여 주의해야 한다.", "전염병이 들면 즉시 경무서에 알려 전염을 방어하게 해야 한다.", "신체의 때를 씻지 않으며 더러운 의복을 입고 여러 사람 앞에 나오는 것은 무례한 일이다.", "자

---

71) 조선총독부, 「普通學校 國語讀本 卷5 編纂趣意書」, 『普通學校 國語讀本 自卷一至卷 八 編纂趣意書』, 14~15쪽.

신의 부주의로 전염병에 걸려 마침내 다른 사람에게도 미혹하게 하는 것은 심히 나쁜 것이다.", "전염병에 걸리는 것은 자신의 화이고 공중에 크게 미혹을 끼친다.", "전염병에 걸리면 자기 일신의 불행뿐 아니라 부자 형제에게도 화를 미치며 심하면 일가가 전멸하며, 이웃에까지 전염시켜서 일대 소동을 일으키는 일도 있다."

국가(충성)을 위한 보건 · 위생론은 "세상 사람들이 모두 건강하여 원기로 일을 잘하면 국민이 행복하고 국가는 융성한다. 신체가 약해 병이 나면 자신의 불행이고 일가의 곤란이며 국가의 손실이다."라는 서술이 대표적이다.

또 건강이 개인 → 사회 → 국가로 파급되는 논리도 있다. "사람은 신체를 건강하게 하여 몸을 세우고, 집을 일으키고, 나아가 공익을 꾀하고 나라에 다하지 않으면 안 된다. 국민이 건강한 것은 국가가 왕성해지는 근본이다."가 그것이다.

1920년대 발행 교과서의 핵심어를 보면 다음 표와 같다.

<표 3> 1920년대 발행 교과서의 핵심어

과목	교과서	핵심어	
		개인 위생	공중 위생
수신	⑲	건강	청결(청소)
	⑳	음식, 심호흡, 세수, 손발 씻기, 빨래	청소
	㉑	건강(貝原益軒)	
	㉒	건강(松平定信)	
	㉓	원기(신체 · 의복 · 주거 청결, 음식물), 식사 · 기상 시각, 음주 · 끽연, 운동(소풍)	전염병, 미신
조선어	㉔	과일, 음료수, 운동,	청소, 해충 박멸
	㉕	청결, 목욕, 냉수마찰, 양치질, 손톱깎기, 세탁, 음식, 햇빛, 청소, 공기	전염병
	㉖		종두
국어	㉗	병	
	㉘	약수, 온천	

1920년대 교과서에서는 1910년대 교과서와 비교해볼 때 청결과 위생 대상이 늘어났다. 특히 개인 위생을 위해 필요한 일로 양치질과 손톱 깎기가 추가되었다.

V. 맺음말

이상을 통해 살펴본 내용을 정리하면 다음과 같다. 먼저 교과서 발행 과정을 보자. 1911년 조선교육령이 실시되었지만, 조선총독부는 교과서를 새로운 내용으로 즉시 발행할 수 없어서 우선 대한제국의 학부 편찬 교과서를 활용했다. 그리하여 1911년부터 '정정' 교과서가 발행되었다. 그와 동시에 조선총독부는 학제 및 각 학교 교과과정의 확정에 맞춰 교과서 편찬사업에 착수하여 1917년도에 보통학교 교과용 도서의 거의 전부를 출판하였다. 1922년 2월에 새 조선교육령과 보통학교규정이 공포되어 4월 1일부터 시행되었다. 그에 따라 보통학교의 수신, 국어, 조선어 등의 교과서도 새로 발행되었다.

다음으로 보건·위생론을 보자. 대한제국 학부 교과서에서 제시되고, 조선총독부가 답습한 보건·위생론에는 효, 공중도덕, 무례, 문명국이라는 핵심어가 관통하고 있다. 병이 들면 부모에게 불효가 된다는 것, 위생은 공중을 위해 필수적이라는 것, 불청결은 무례라는 것, 그리고 조선은 문명국과 다르다는 것이다. 이후 1910년대 조선총독부가 처음으로 편찬한 교과서의 논리에는 집안, 나라, 품위 등이 관철되어 있다. 건강은 입신과 흥가, 그리고 공익과 국가를 위한 근본이라는 것, 불결은 품위를 떨어뜨린다는 것, 전염병은 공익을 해치는 일이라는 것이다.

1910~1920년대 교과서에는 크게 효도, 공익, 충성(국가)을 위해 건강과 위생에 주의해야 한다는 것이 보건·위생론의 바탕을 이루고 있다. 첫째, 효도를 위해 건강해야 한다는 내용은 "병이 들어 부모께 근심을 시키면 가장 불효가 되니 항상 조심하여 신체를 보중해야 한다.", "우리가 아프면 부모에게 걱정을 끼친다."는 서술이 대표적이다.

둘째, 공익을 위해 보건·위생에 주의해야 한다는 내용은 다음과 같다. "위생은 개인과 공중을 위하여 주의해야 한다.", "전염병이 들면 즉시 경무서에 알려 전염을 방어하게 해야 한다.", "신체의 때를 씻지 않으며 더러운 의복을 입고 여러 사람 앞에 나오는 것은 무례한 일이다.", "자신의 부주의로 전염병에 걸려 마침내 다른 사람에게도 미혹하게 하는 것은 심히 나쁜 것이다.", "전염병에 걸리는 것은 자신의 화이고 공중에 크게 미혹을 끼친다.", "전염병에 걸리면 자기 일신의 불행뿐 아니라 부자 형제에게도 화를 미치며 심하면 일가가 전멸하며, 이웃에까지 전염시켜서 일대 소동을 일으키는 일도 있다."

셋째, 국가(충성)를 위한 보건·위생론으로 "세상 사람들이 모두 건강하여 원기로 일을 잘하면 국민이 행복하고 국가는 융성한다. 신체가 약해 병이 나면 자신의 불행이고 일가의 곤란이며 국가의 손실이다."라는 서술이 대표적이다.

나아가 이 세 가지를 망라하여 건강을 개인 → 사회 → 국가로 파급·확장하는 논리도 있다. "사람은 신체를 건강하게 하여 몸을 세우고, 집을 일으키고, 나아가 공익을 꾀하고 나라에 다하지 않으면 안 된다. 국민이 건강한 것은 국가가 왕성해지는 근본이다."가 그것이다.

다음으로 핵심어를 통해 특징을 살펴보자. 1910~1920년대 발행 교과서의 핵심어는 다음 표를 통해 한눈에 파악할 수 있다.

이 핵심어를 통해 알 수 있는 사실은 첫째, 대체로 보다 하급 과정에

<표 4> 1910~20년대 발행 교과서의 핵심어

과목	시기	교과서	핵심어	
			개인 위생	공중 위생
수신	1	①	음식, 신체(얼굴과 머리와 손과 발) 청결, 운동	
		②	목욕, 의복 세탁	집안 · 정원 · 도로 청결
		③		위생, 전염병
	2	⑬	건강	청결(청소)
		⑭	세탁, 음식	
		⑮	위생(음식, 술 · 담배, 공기, 햇빛), 운동, 신체 청결	의복 · 가옥 청결, 전염병, 미신
	3	⑰	건강	청결(청소)
		⑳	음식, 심호흡, 세수, 손발 씻기, 빨래	청소
		㉑	건강(貝原益軒)	
		㉒	건강(松平定信)	
		㉓	원기(신체 · 의복 · 주거 청결, 음식물), 식사 · 기상 시각, 음주 · 끽연, 운동(소풍)	전염병, 미신
조선어독본	1	④	청결한 공기	
		⑤	목욕(온욕, 냉욕), 세탁	
		⑥		종두, 제너
		⑦		박테리아, 전염병
	2	⑯		종두, 박테리아
	3	㉔	과일, 음료수, 운동,	청소, 해충 박멸
		㉕	청결, 목욕, 냉수마찰, 양치질, 손톱깎기, 세탁, 음식, 햇빛, 청소, 공기	전염병
		㉖		종두
국어 독본	1	⑧	운동, 아침 일찍 일어나기, 세안, 일찍 자고 일찍 일어나기, 물, 병	
		⑨	흉몽(물, 뜨거운 것, 가슴 위에 손을 얹고 자는 것)	
		⑩	목욕과 산책(운동)	
		⑪		도로 청결
		⑫	미신	
	2	⑰	몸(건강), 食物, 胃와 신체	
		⑱		전염병, 자혜의원
	3	㉗	병	
		㉘	약수, 온천	

주) 시기의 숫자는 본문에 소개된 교과서 발행 순서를 나타냄.

서는 개인의 신체와 직접 관련 있는 주제의 단원들이고, 보다 고급과정
에서는 공중 위생과 관련된 주제의 단원들이 배치되어 있다는 것이다.

둘째 시기별 특징으로 후기로 갈수록 새로운 내용이 추가되거나 교체
되는 것을 알 수 있다. 수신교과서를 예로 들면, 신편 교과서에서는 정
정 교과서에 비해 술·담배 조심, 공기·햇빛 쐬기, 미신 타파 등이 새로
추가되었다. 또 1920년대 교과서에서는 에도시대 일본인 두 사람의 건강
법이 새로 소개되었다.

참고문헌

1. 자료

高野六郎, 「농촌의 위생시설」, 『조선문 조선』 123호, 조선총독부, 1928.1.

김순전 외, 『조선총독부 제1기 『보통학교 국어독본』 원문 상(권1~권4)』, 제이앤씨, 2011.

김순전 외, 『조선총독부 제1기 『보통학교 국어독본』 원문 하(권5~권8)』, 제이앤씨, 2011.

대한제국, 『관보』.

매일신보사, 『매일신보』.

市川繁次郎 편, 『보통학교국어독본해설』, 中田普成社출판부, 1921.

塩飽訓治·中尾淸, 『初等國語讀本敎授書 권1 改訂版』, 합자회사 日韓書房, 1938.

조선총독부 편찬, 『보통학교 수신서 생도용 권1』, 조선총독부, 1913년 발행 1918년 정정 재판.

조선총독부 편찬, 『보통학교 수신서 생도용 권2』, 조선총독부, 1913년 발행 1918년 정정 재판.

조선총독부 편찬, 『보통학교 수신서 생도용 권4』, 조선총독부, 1915년 발행 1918년 정정 재판.

조선총독부 편찬, 『보통학교 조선어及한문독본 권4』, 조선총독부, 1918년 발행.

조선총독부 편찬, 『대정12년 조선총독부급소속관서직원록』, 조선총독부, 1923.

조선총독부, 『보통학교 국어독본 권5』, 조선서적인쇄주식회사, 1923년 발행 1923년 번각발행.

조선총독부, 『보통학교 국어독본 권7』, 조선서적인쇄주식회사, 1924년 발행 1924년 번각발행.

조선총독부, 『普通學校 國語讀本 自卷一至卷八 編纂趣意書』, 조선총독부, 1925.

조선총독부, 『보통학교 수신서 권1(교사용)』, 조선총독부, 1923.

조선총독부, 『보통학교 수신서 권1(아동용)』, 조선서적인쇄주식회사, 1922년 발행 1923년 번각발행.

조선총독부, 『보통학교 수신서 권2(교사용)』, 조선총독부, 1923.

조선총독부, 『보통학교 수신서 권2(아동용)』, 조선서적인쇄주식회사, 1922년 발행 1923년 번각발행.

조선총독부, 『보통학교 수신서 권3(교사용)』, 조선총독부, 1923.

조선총독부, 『보통학교 수신서 권3(아동용)』, 조선서적인쇄주식회사, 1923년 발행.

조선총독부, 『보통학교 수신서 권4(교사용)』, 조선서적인쇄주식회사, 1924.

조선총독부, 『보통학교 수신서 권4(아동용)』, 조선서적인쇄주식회사, 1924년 발행 1924년 번각발행.

조선총독부, 『보통학교 수신서 권5(교사용)』, 조선서적인쇄주식회사, 1924.

조선총독부, 『보통학교 수신서 권5(아동용)』, 조선서적인쇄주식회사, 1924년 번각 발행.

조선총독부, 『보통학교 조선어독본 권4』, 조선서적인쇄주식회사, 1924년 발행.

조선총독부, 『보통학교 조선어독본 권5』, 조선서적인쇄주식회사, 1924년 발행.

조선총독부, 『보통학교 조선어독본 권6』, 조선서적인쇄주식회사, 1924년 발행.

조선총독부, 『정정 보통학교 학도용 국어독본 권2』, 조선총독부, 1911년 발행 1912년 4판.

조선총독부, 『정정 보통학교 학도용 국어독본 권3』, 조선총독부, 1911년 발행 1912년 5판.

조선총독부, 『정정 보통학교 학도용 국어독본 권4』, 조선총독부인쇄국, 1911년 발행 1912년 4판.

조선총독부, 『정정 보통학교 학도용 국어독본 권6』, 조선총독부인쇄국, 1911년 발행 1913년 6판.

조선총독부, 『정정 보통학교 학도용 국어독본 권8』, 조선총독부인쇄국, 1911년 발행 1913년 6판.

조선총독부, 『정정 보통학교 학도용 수신서 권1』, 조선총독부, 1911년 발행 1912년 4판.

조선총독부, 『정정 보통학교 학도용 수신서 권2』, 조선총독부, 1911년 발행 1913년 5판.

조선총독부, 『정정 보통학교 학도용 수신서 권4』, 조선총독부, 1911년 발행 1912년

5판.

조선총독부, 『정정 보통학교 학도용 조선어독본 권4』, 조선총독부, 1911년 발행 1912년 5판.

조선총독부, 『정정 보통학교 학도용 조선어독본 권5』, 조선총독부, 1913년 6판.

조선총독부, 『정정 보통학교 학도용 조선어독본 권7』, 조선총독부, 1913년 7판.

조선총독부, 『정정 보통학교 학도용 조선어독본 권8』, 조선총독부, 1913년 7판.

조선총독부, 『조선총독부관보』.

학부 편찬, 『보통학교 학도용 수신서 권1』, 三省堂書店 인쇄, 1910년(6판).

학부 편찬, 『보통학교 학도용 수신서 권2』, 三省堂書店 인쇄, 1909년(5판).

학부 편찬, 『보통학교 학도용 수신서 권4』, 三省堂書店 인쇄, 1910년(4판).

학부 편찬, 『보통학교 학도용 일어독본 권2』, 大倉書店 인쇄, 1907년 발행, 1909년 5판.

학부 편찬, 『보통학교 학도용 일어독본 권3』, 大倉書店 인쇄, 1907년 발행, 1909년 5판.

학부 편찬, 『보통학교 학도용 일어독본 권4』, 大倉書店 인쇄, 1907년 발행, 1909년 5판.

학부 편찬, 『보통학교 학도용 일어독본 권6』, 大倉書店 인쇄, 1908년 발행, 1910년 4판.

학부 편찬, 『보통학교 학도용 국어독본 권4』, 학부, 1907년 발행, 1909년 5판.

학부 편찬, 『보통학교 학도용 국어독본 권5』, 학부, 1908년 발행, 1909년 3판.

학부 편찬, 『보통학교 학도용 국어독본 권8』, 학부, 1908년 발행, 1909년 재판발행, 1909년 3판.

한준석(홍원군 주익면장), 「위생에 주의하라」, 『조선문 조선』 70호, 조선총독부, 1923.7.

휘문의숙 편집부 편찬, 『중등 수신교과서』 권1, 휘문관, 1908.

2. 논문

강진호, 「일제강점기 『국어독본(國語讀本)』과 차별적 위계 교육」, 『문학교육학』 49, 한국문학교육학회, 2015.

강진호, 「조선어독본과 일제의 문화정치-제4차 교육령기 보통학교 조선어독본의 경우-」, 『상허학보』 29, 상허학회, 2010.

김광식, 「제1차 조선교육령기 『국어독본』 보충교본의 활용과 식민지 교육」, 『일본어문학』 77, 한국일본어문학회, 2018.

김성기, 「1910년대 보통학교용 '조선어 교과서'의 내용과 성격에 대한 연구」, 국민대 대학원 박사학위논문, 2016.

김윤주, 「일제강점기 『조선어독본』과 『국어독본』의 비교-제1차 교육령기 보통학교 1, 2학년 교과서를 중심으로-」, 『우리어문연구』 41, 우리어문학회, 2011.

박수빈, 「일제의 황국신민화 정책과 『조선어독본』-4차, 7차 교육령기 『조선어독본』을 통해 본 일제의 식민지배 정책변화-」, 『어문연구』 제39권 제1호, 2011.

박제홍, 「일제의 차별 교육을 통한 식민지 아동 만들기-제3기 『보통학교국어독본(普通學校國語讀本)』을 중심으로-」, 『일본어교육』 58, 한국일본어교육학회, 2011.

백순재, 「해제」, 한국학문헌연구소 편, 『한국개화기교과서총서9』, 아세아문화사 간행, 1977.

변승웅, 「대한제국기의 자강·구국교육정책」, 『한국사 42』, 국사편찬위원회, 1999.

사희영·김순전, 「國語로서의 近代 日本語敎育 考察-조선총독부 제Ⅰ기 『普通學校國語讀本』을 중심으로-」, 『일본어교육』 52, 한국일본어문학회, 2012.

서강식, 「1923~24년을 중심으로 한 일제강점기 하의 초등학교 수신 교과서 내용 분석 연구」, 『초등도덕교육』 29집, 2009.

서강식, 「수신교과서에 나타난 근대 여성상 연구」, 『교육논총』 제57집 1호, 2016.

서강식, 「일제 강점기 수신교과서의 도덕적 모범인물 창출에 관한 연구-니노미야 긴지로를 중심으로-」, 『초등도덕교육』 제52집, 2016.

서강식, 「일제강점기 하의 보통학교 수신 교과서 내용 분석 연구」, 『교육논총』 제48집 1호, 2011.

서강식, 「일제강점기 하의 보통학교 수신서 변천 연구-덕목 변천을 중심으로-」, 『초등도덕교육』 제48집, 2015.

서강식, 「조선총독부 발간 제Ⅳ기 수신 교과서 분석 연구」, 『도덕윤리과교육』 (38), 2013.

서강식, 「조선총독부 발간 제Ⅴ기 수신 교과서 분석 연구」, 『도덕윤리과교육』(40), 2013.

송숙정, 「일제강점기 조선총독부 발행 국어(일본어)독본에 관한 서지학적 고찰」, 『일본어학연구』 58, 한국일본어학회, 2018.

유 철, 「일제강점기 皇國臣民 敎化를 위한 '身體'論-國語讀本, 體操, 唱歌, 戰時歌 謠를 중심으로-」, 전남대 대학원 박사학위논문, 2015.

張味京, 「일제강점기 조선총독부 편찬 초등교과서에 제시된 男性像과 女性像-〈修身 書〉와 〈唱歌書〉를 중심으로」, 『한국일본어문학회 학술발표대회논문집』, 2013.4

최재성, 「개화기 교과서에 투영된 신체 규율」, 『한국독립운동사연구』 67, 독립기념 관 한국독립운동사연구소, 2019.

하야시야마 가오리, 「일제강점기 언어정책에 따른 초등 조선어 교과서 내용 연구」, 충남대 대학원 박사학위논문, 2014.

허재영, 「일제강점기 조선총독부의 교과서 정책과 교과서 편찬 실태」, 『동양학』 제46집, 단국대학교 동양학연구소, 2009.

3. 기타

아카데미서적 편집부, 『생명과학사전』, 아카데미서적
　　　　　　(https://100.daum.net/encyclopedia/view/46XXX8908182)

조선총독부 발행 1930~40년대 교과서의 보건·위생론

최 재 성

I. 머리말

이 글의 주제인 교과서의 보건·위생론을 중점으로 고찰한 선행연구는 필자의 것이 있다. 필자는 조선총독부 발행 교과서 중 1910~1920년대 초등학교 과정의 세 가지 교과서를 대상으로 하여 보건·위생론을 다뤘다.[1] 즉 이 글의 직전 시기를 대상으로 한 것인데, 그 글에서는 먼저 1910~1920년대 교과서 발행 과정을 고찰하여 1910년대부터 1920년대에 이르기까지 3차에 걸쳐 교과서가 발행되었다고 파악했다. 이어 보건·위생의 논리를 추적하여 1910~1920년대 교과서에는 크게 효도(부모), 공익(사회), 충성(국가)을 위해 건강과 위생에 주의해야 한다는 것이 보건·위생론의 바탕을 이루고 있으며, 나아가 이 세 가지를 망라하여 건강이 개인→사회→국가로 파급하도록 한다는 논리도 있다고 지적했다.

---

1) 최재성, 「조선총독부 발행 1910·20년대 교과서의 보건·위생론」, 『한일민족문제연구』 38, 한일민족문제학회, 2020.

세 번째로 핵심어를 통해 특징을 추출했는데, 보다 하급 과정에서는 개인의 신체와 직접 관련 있는 주제의 단원들이 많고, 보다 고급과정에서는 공중 위생과 관련된 주제의 단원들이 많다는 점과 시기별 특징으로 후대로 갈수록 새로운 내용이 추가되거나 교체되었다는 점을 특징으로 제시했다.

이 글에서는 그 후속 연구로서 1930~1940년대 조선총독부 발행 교과서의 시기별 서술 변화를 통해 식민 권력의 보건·위생 강조점 변화를 추적해보고자 한다. 그 방법은 수신, 조선어독본, 국어독본의 세 과목 교과서를 대상으로 하여 1930년대 초중반 발행 교과서와 1930년대 말 이후 발행 교과서로 구분하여 고찰한다. 그와 같이 하면, 시기별 서술 변화를 추적할 수 있다. 또 각 시기별로는 과목별로 구분하고, 각 과목 안에서는 학년 또는 학기에 따른 권별 내용을 검토한다. 그렇게 함으로써 저학년과 고학년 교과서 사이의 연관 관계, 즉 구체와 추상 관계, 그리고 보완 관계 등을 파악할 수 있다.

그리하여 1910~1920년대 교과서의 보건·위생론과 비교하여 특징을 파악하려 한다. 아울러 각 시기 다른 매체(신문, 잡지 등)의 기사와도 비교하여 공통점과 차이점 등을 드러내어 입체성도 확보하려고 한다. 다만 분량 문제로 초등과정의 교과서에 한정하였다는 점, 1940년대 국어 교과서 몇 권은 본문을 확인하지 못하여 조선총독부 발행 교과서를 전수 조사하지는 못했다는 점이 한계로 지적될 수 있다. 그럼에도 불구하고 총독부의 논리를 파악하는 데는 대체로 큰 무리가 없을 것으로 생각한다. 아울러 중등학교 교과서와 비교하거나 일본과 대만에서 발행된 교과서와 비교하는 연구는 추후 과제로 설정할 수 있을 것이다.

II. 1930년대 초중반 교과서의 보건 · 위생론

1. 1930년대 초 발행 수신교과서

1929년 4월 조선교육령이 개정되고 이어서 6월 20일 보통학교규정이 개정되었다.[2] 보통학교 규정은 소학교 규정과 함께 개정되었는데, 총독 야마나시 한조(山梨半造)는 도지사 앞으로 훈령을 보내 그 취지를 알렸다. "이번의 규정 개정은 혹은 교과목의 변천에, 혹은 교칙의 개정에, 혹은 교과과정표 기타의 경정 등에 걸쳐있으나 그 본지로 하는 바는 필경이 국가의 기대하는 바를 법규에 명시함으로써 금후 한층 그 목적의 관철에 다하고자 하는 것에 다름 아니다."[3] 이때 교과목의 변경은 종래 가설(加設) 과목이었던 실업을 '직업'으로 개칭하고 또 이를 필수(必修)과목으로 하여 남녀 함께 이를 이수하게 한 것이다.

그리고 수신교과서의 내용에도 변화가 생겼다. 1930년대 수신교과서와 보건 · 위생 단원은 다음과 같다.

① 조선총독부, 『보통학교 수신서 권1』, 1930년 번각발행 1937년 개정 번각발행, 7. 먹을 것에 주의하라, 8. 몸을 깨끗이 히리
② 조선총독부, 『보통학교 수신서 권2』, 1930년 번각발행 1937년 개정 번각발행, 8. 청결
③ 조선총독부, 『보통학교 수신서 권3』, 1931년 번각발행 1937년 개정 번각발행, 6. 건강(11~13)
④ 『보통학교 수신서 권4』, 제8 위생[4]
⑤ 『보통학교 수신서 권5』, 제7과 공중위생[5]

2) 조선총독부령 제58호, 『조선총독부관보』 제739호, 1929.6.20.
3) 조선총독부훈령 제26호, 위의 자료.
4) 김순전, 『조선총독부 초등학교수신서 제3기(1928년)』, 제이앤씨, 2007, 102쪽.

<그림 1> ①의 7과, 8과 삽화   <그림 2> ② 삽화

　①은 〈그림 1〉에서 보는 바와 같이 단원 제목만 있고, 내용 설명 없이 삽화가 있다. 보통학교 입학 초기 배우는 단원이기 때문에 아직 일본어를 깨우치지 못한 조선인 학생들을 고려한 문단 배치일 것이다. 핵심어는 '먹을 것'인데, 식욕은 인간의 가장 원초적 본능 중 하나이기 때문에 갓 입학한 학생들 교육에 가장 쉽게 이용할 수 있는 주제이다. 먹을 것을 학교에서의 보건·위생 교육 첫 단원으로 배치한 것은 그와 같은 고려에서였을 것으로 보인다.

　또 단원 제목과 내용이 전 시기의 그것과 달라졌다. 다만 첫 번째 삽화는 이전 교과서와는 달라졌지만, 모티브는 같다(〈그림 1〉과 〈그림 3〉 참조). 두 번째 삽화는 청소하는 모습에서 몸을 씻는 장면으로 바뀌었다. 냉수마찰, 양치질, 손톱 깎기, 머리 감기이다.

　그리고 1920년대 교과서 권1의 청결 단원은 권2(②)로 옮겨졌는데, ②의 내용은 세 사람이 청소하는 장면(〈그림 2〉)이다. 글의 줄거리는 다음과 같다. 옥순·대식과 아버지가 각각 마루를 닦고 마당을 쓸고 석회를 뿌렸

---

5) 위의 책, 128~129쪽.

130　1부: 근대의 '의료지식'과 공중위생

다. 집안과 마당 등이 더러우면 병에 걸리기 쉽고 기분도 나쁘다.

그리고 권1과 권2의 위생 내용에 대해 조선총독부는 다음과 같은 설명을 덧붙였다.

"위생적 자료는 권1 제7과·제8과, 권2 제8과에 두었다. 권1 제7과는 구제 수신서의 자료와 같지만 **제8과는 가장 아동의 일상생활에 근접하게 할 것을 기했다.** 권2 제8과에서 구제 수신서 권2 제7과가 순희 한 명이 나온 데 비해 옥순·대식 및 부친의 세 명을 나오게 한 것은 **일가의 협력 친화를 발휘하게 한 이 책의 주의(主義)**에 근거한 것이다. 권1 제15과의 후반부, 권2의 제15과도 한편에서는 위생적 자료이다."[6]

위 인용문에서 "아동의 일상생활에 근접하게 할 것을 기했다"는 총독부 관계자의 언급은 〈그림 3〉 9과(우)의 삽화를 〈그림 1〉 8과의 삽화로 교체했다는 말이다. 마루 닦기 등 청소보다는 냉수마찰, 양치질, 손톱 깎기, 머리 감기가 아동의 일상생활에 근접하다는 뜻이다. 또 〈그림 1〉의 첫 번째 삽화(①의 7과)를 보면, 1922년 발행 교과서의 삽화(〈그림 3〉의

<그림 3> 1922년 발행 교과서 삽화

8과)와 확연히 다르다. 이전 교과서의 집은 기와집으로 보였는데, 이 그림에서는 초가이다. 이 역시 초가집이 기와집에 비해 현실에 가깝기 때문에 이전과 다르게 묘사한 것으로 보인다. 그리고 위 언급처럼 권1의 15과와 권2의 15과에도 청소하

6) 朝鮮總督府 編, 『普通學校修身書卷一, 二編纂趣意書』, 朝鮮總督府, 1930, 8쪽.

는 장면 그림과 설명이 일부 포함되어 있다.

③은 가이바라 에키켄(貝原益軒)의 이야기로 앞 시기의 교과서와 내용이 같다. 그는 어렸을 때에는 신체가 심히 허약하여 스스로 양생에 주의하고 여러 가지 책을 읽을 때에 양생의 기사가 있으면 베껴두고 이것을 잘 지켰기 때문에 튼튼하여져서 85세까지 살면서 저작한 서책은 백여 종에 미쳤다.

④의 내용은 다음과 같다. 치아를 닦지 않으면 충치가 된다. 몸과 옷이 더러워지면 감기 걸리기 쉬운 법이다. 먹는 것이 지나치거나 마시는 것이 지나치면 몸을 나쁘게 한다. 술과 담배는 크게 해가 있다. 그러므로 몸은 물론 옷과 주거 등을 청결하게 하고, 먹을 것과 공기에 주의하며, 자진하여 몸을 단련해야 한다.

⑤의 줄거리는 다음과 같다. 우리들은 많은 사람들과 함께 생활하고 있기 때문에 한 사람이라도 **전염병에 걸리면 즉시 가족이나 사회의 사람들에게 폐를 끼친다.** 일반적으로 전염병은 주거 등의 불결이나 음식물에 대한 부주의에서 생긴다. 그렇기 때문에 봄가을의 대청소를 게을리 하거나 또는 종두나 그 외 여러 가지 **전염병 예방을 피하는 일이 있어서는 자신의 재앙을 부를 뿐만이 아니라 공중에 대해 폐를 끼치는 것**이 된다. 만약 전염병에 걸린 사람이 있으면 곧 의사의 치료를 받아 격리한 것이 가장 안전하다. **병을 감추고 신고를 소홀히 하거나 미신 때문에 의사의 진찰을 거부하거나 또 완쾌되지 않았는데, 사람들과 어울리는 것은** 병 그 자체를 위해서도 좋지 않을 뿐만이 아니라, 많은 사람에게 병을 옮겨 돌이킬 수 없게 된다. 조선에서는 이질·티푸스·성홍열 등의 전염병이 특히 자주 유행한다. 이것은 **일반적으로 공중위생에 대한 개념**이 보급되어 있지 않기 때문이다. 우리들은 항상 공중위생을 중요시함과 동시에 **평소부터 신체를 단련하는 일도** 잊어서는 안 된다.

이상에서 본 바와 같이 ⑤에서 1930년대 보건·위생의 논리를 발견할 수 있다. 여기서는 특히 공중과 공중위생에 대해 강조하고 있다. 이는 필자가 1910~1920년대 교과서에서 추출했던 보건·위생의 논리, 즉 효도(부모), 공익(사회), 충성(국가)을 위해 건강과 위생에 주의해야 한다는 논리와 비교할 때 차이점이다. 효도(부모)와 충성(국가)은 보이지 않고, 공익(사회)만이 남은 것이다. 또 권1~권4가 저학년을 위한 구체적 내용이라면, 권5는 고학년용 추상적 내용이라고 그 연관관계를 파악할 수 있다.

한편 이 시기 보통학교는 6년제 외에도 5년제, 4년제 등이 있었다. 그중 4년제 보통학교 수신서 권4의 보건·위생 단원을 확인할 수 있다.

⑥ 조선총독부,『4년제 보통학교 수신서 권4』, 1934 번각발행, 제7 위생

위 ⑥은 앞의 권4(④)와 권5(⑤)의 내용이 한 권에 합쳐져 있다. 4년제라는 학령에 맞춰 압축하여 집중적으로 교육하기 위한 취지일 것이다. 주요 내용은 그대로이다.

2. 조선어독본

1930년대 조선어독본 교과서의 보건·위생 단원은 다음과 같이 두 가지 서술이 있다.

⑦ 조선총독부,『조선어독본 권2』, 1931년 번각발행 1937년 개정번각 발행, 14 약물
⑧ 조선총독부,『보통학교 조선어독본 권6』, 1935년 번각발행, 제10과 음료수

⑦의 요지는 다음과 같다. 바위틈에서 맑고 찬물이 흘러나오는데, 사람들은 이 물을 약물이라고 하여 멀리서 먹으러 온다. 주전자나 병에다 넣어 가지고 가는 사람도 있다. 약물에는 좋고 좋지 않은 것이 있으니 아무쪼록 좋은 것을 가려 먹어야 한다. 또 아무리 좋은 약물이라도 너무 많이 먹으면 도리어 몸에 해가 된다.

⑧의 주요 내용은 다음과 같다. 우리들이 보통 사용하는 음료수에는 수돗물과 우물물 두 가지가 있다. 그러나 때와 곳에 따라서는 이 외에도 우수(雨水)·증류수·산수(山水) 등 여러 가지 물이 사용된다. 우수를 음료수로 사용하는 것은 다른 적당한 물을 얻지 못하는 곳이다. 증류수는 해수나 그 외 다른 물을 끓여서 김을 만들어 가지고 냉각시킨 것이다. 산수는 산에서 흘러내리는 산골물인데, 이것은 그 상류에 인가가 없으면 대개 깨끗한 물이다. 또 각지에 약수라는 것이 있어서 일부러 먹으러 가는 사람이 적지 않다. 우물물은 땅을 판 구멍에 고인 지하수로서 좋은 것도 있고 좋지 못한 것도 있다. 대체로 우물물은 지면의 오수가 스며들기 쉬우니까 여간 주의하지 않으면 안 된다. 또 흐르지 않고 고여 있는 물에는 반드시 박테리아가 생긴다. 종래로 가장 많이 사용해 오던 우물물도 박테리아가 많으므로, 최근에는 냇물을 걸러서 이것을 각 집에는 철관으로 끌어 쓰게 하는 설비를 한 데가 많게 되었다. 이것이 즉 수도다. 수돗물은 항상 유동하는 물이므로, 물론 정수보다는 좋다. 그러나 수돗물이라도 절대로 안심할 수는 없으므로 최근에는 물 나는 데까지 철관을 박아서 땅속 물을 자아올려 음료로 사용하는 곳도 있다. 이 우물물은 펌프 우물이라 하는 것이다. 이와 같이 여러 가지 물의 종류를 설명하였다.[7]

---

7) 이 시기 물에 대한 강조 배경은 백선례, 「1928년 경성의 장티푸스 유행과 상수도 수질 논쟁」, 『서울과 역사』 101, 서울역사편찬원, 2019 참조.

조선어독본 두 권은 약수와 음료수라는 마실 물에 대해서만 서술하였다는 공통점이 있다.

3. 국어독본

다음으로 1930년대 국어독본 교과서이다. 조선총독부 시학관(高橋濱吉)은 이때의 보통학교 국어독본 개정에 대해 "현재 반도(조선)의 실정(實情)에 비춰 지방의 현상(現狀)에 조응하고 그 활용 여하는 바로 반도 국어 교육 진전을 위해 큰 영향을 미치는 일이다."고 강조했다.[8] 또 이 시기 국어독본 교과서에 대해 박제홍은 아동도 노동의 대상으로서 인식하여 근로 애호와 충군 애국 교육을 강화한 교과서라고 평가했다.[9] 이 교과서의 보건·위생 단원을 보면 다음과 같다.

⑨ 소선총독부, 『보통학교 국어독본 권1』, 조선서적인쇄주식회사, 1930년 번각발행, 2쪽
⑩ 조선총독부, 『보통학교 국어독본 권3』, 조선서적인쇄주식회사, 1931년 번각발행, 13. 파리
⑪ 조선총독부, 『보통학교 국어독본 권5』, 조선서적인쇄주식회사, 1932년 번각발행 1937년 개정번각발행, 5. 대청소
⑫ 조선총독부, 『보통학교 국어독본 권6』, 조선서적인쇄주식회사, 1932년 번각발행 1937년 개정번각발행, 16. 손발톱과 이
⑬ 조선총독부, 『보통학교 국어독본 권10』, 조선서적인쇄주식회사, 1934년 번각발행 1937년 개정번각발행, 제14. 제생의 고심

---

8) 高橋濱吉, 「序」, 塩飽訓治・中尾淸, 앞의 책, 1938, 1쪽.
9) 박제홍, 「일제의 차별 교육을 통한 식민지 아동 만들기-제3기 『보통학교국어독본(普通學校國語讀本)』을 중심으로-」, 『일본어교육』 58, 한국일본어교육학회, 2011.

먼저 ⑨에는 〈그림 4〉에서 보는 바와 같이 단원 제목과 내용 설명 없이 삽화만 있다. 이에 대해 교수서(敎授書)에서는, 오빠와 여동생이 집안 청소를 하는 모습이며 **가정에서 스스로의 힘으로 가능한 일을 스스로 하는 습관을 들이는 것은 실로 좋은 것**이라고 하여 교사들로 하여금 그렇게 가르치도록 했다.[10]

〈그림 4〉 ⑨ 삽화

⑩의 내용은, 여름이 시작되면 파리가 많이 나온다. 파리는 어디에나 앉는다. 파리가 먹을 것에 앉아 우리가 그 먹을 것을 먹으면 병에 걸린다는 것이다. 이에 대해 편찬취의서에서는, 조선은 일본에 비해 도시와 시골 모두 파리가 심하게 많으며, **위생사상을 아동 때에 심어주는 것은 조선에서 특히 중시해야 한다**고 강조했다.[11] 특히 '파리'가 하나의 독립된 단원으로 나온 것은 처음이다. 아마 당시 파리 박멸이 주요 현안이었기 때문에 교과서에 반영된 것으로 보인다.

〈그림 5〉 ⑪ 삽화

⑪은 집안의 물건을 내놓고 가족이 대청소를 한다는 내용이다. 이에 대해 교수서에서는, 다음과 같이 설명을 가했다. "이 과는 대청소를 실시했던 작자의 체험을 피력한 것이다. 대청소는 보통 봄가을 두 번에 행한다. 이 과는

---

10) 塩飽訓治·中尾清, 『初等國語讀本敎授書 권1 改訂版』, 77쪽.
11) 조선총독부, 『국어독본편찬취의서 제2학년』, 조선서적인쇄주식회사, 1938년 발행, 43쪽.

청소에 대한 관념을 심고 혹은 근로정신의 함양에 힘쓰며 아울러 청결 정돈에 대한 태도를 명확하게 하여 위생사상을 조장해야 한다. 그것이 청소에 대해 또는 청결 정돈에 대해 교훈으로 끝나서는 안 된다. 어디까지나 국어의 학습이라는 것을 고려하여 표현 중에 그 사영(射影)을 구하고 또 그림자 속에서 표현을 구해야한다."[12] 또 "근로의 정신이야말로 어떠한 일에서도 대성하는 과정의 근본이념이다. 그런 의미에서 이 교재를 근로정신의 함양을 주로 하고 아울러 위생사상의 고취를 의도한 것으로 본다."[13] 그리고 '삽화설명'에서는 '요(凹)자형의 중류 가정'이라고 했다.[14]

⑫의 요지는, 손발톱은 짧게 자르고, 아침에 일어날 때, 밤에 자기 전에, 식후에 이를 닦으라는 내용이다. 그리고 교수서에서는 "이 과는 손발톱과 이의 위생에 대해 서술한 것이다. 이것은 손발톱과 이의 청결이라는 것이다. 이 과는 손발톱과 이의 존재가치를 알게 하는 것과 함께 청결히 할 것을 살펴서 알도록 하여 위생적 사상의 함양에 이바지할 것이다."[15]

⑬에서는 종두의 지석영을 다루고 있는데, 지석영을 '조선의 제너'로 호칭했다. 제너 대신에 지석영을 다룬 것이 주목된다. 1910년 12월 1일 진주에서 위생 강화회를 열었던 총독부 내무부 위생과 촉탁 야마네 마사츠구(山根正次)는, 조선과 일본의 인구 차이가 빚어진 이유는 '종두' 때문이라고 단언하였다.[16] 조선총독부 위생 당국자가 그토록 중요하게

---

12) 鹽飽訓治 · 中尾淸 · 岩島一二三, 『敎材精說 實際敎法 보통학교 신국어독본교수서 권5』, 합자회사 일한서방, 1933, 63쪽.

13) 위의 자료, 64쪽.

14) 위의 자료, 421쪽.

15) 鹽飽訓治 · 中尾淸 · 岩島一二三, 『敎材精說 實際敎法 보통학교 신국어독본교수서 권6』, 합자회사 일한서방, 1933, 236쪽.

16) 최재성, 앞의 글, 2020, 30쪽.

생각한 종두였기에, 그 발명과 보급에 각각 큰 공적이 있는 제너와 지석영을 동등하게 취급한 것이다.

다음으로는 4년제 보통학교 국어독본과 실업보습학교 국어독본이 각 1권씩 있다.

⑭ 조선총독부, 『4년제 보통학교 국어독본 권7』, 조선서적인쇄주식
회사, 1934년 번각발행, 제18. 공기
⑮ 조선총독부, 『실업보습학교 국어독본 권2』, 조선서적인쇄주식회
사, 1931년 번각발행, 13. 전염병

먼저, ⑭의 줄거리는 다음과 같다. 사람은 공기를 호흡하며 살므로 더러운 공기는 몸에 좋지 않다. 사람이 많이 모여 있는 곳에는 실내 공기가 더러워지므로 바람을 통하게 주의해야 한다.

⑮의 주요 내용은 다음과 같다. 전염병 중 가장 악성으로서 피해가 극렬한 것은 콜레라·이질(역리(疫痢)를 포함)·티푸스·파라티푸스·두창·발진티푸스·성홍열·디푸테리아·유행성 뇌척수막염 및 페스트의 10종으로 이들 병에 걸리면 법률이 규정한 바에 따라 전염병원 또는 격리병사에서 요양을 하고 거택 및 환자가 사용한 물건은 모두 당국 이원(吏員)의 지휘로 소독해야한다. (중략, 이하 10종 병의 개요 설명) 이상 10종 급성 전염병의 외에, 결핵·나병·트라코마·말라리아 등도 또한 전염하는 병이다. (후략, 이하 결핵 등 설명)

이상에서 본 바와 같이 1930년대 교과서의 보건·위생론에는 위생관념 환기가 강조되어 있다. 그 논리는 다음과 같다. 첫째, 공익을 위한 보건 위생 강조이다. 전염병에 걸리면 즉시 가족이나 사회의 사람들에게 폐를 끼친다. 전염병 예방을 피하는 일이 있어서는 자신의 재앙을 부를 뿐만이 아니라 공중에 대해 폐를 끼치는 것이 된다. 병을 감추고 신고를

소홀히 하거나 미신 때문에 의사의 진찰을 거부하거나 또 완쾌되지 않았는데, 사람들과 어울리는 것은 많은 사람에게 병을 옮겨 돌이킬 수 없게 된다. 조선에서는 이질·티푸스·성홍열 등의 전염병이 특히 자주 유행하는데, 이것은 일반적으로 공중위생에 대한 고려가 보급되어 있지 않기 때문이다. 이는 조선인의 위생관념을 강조한 것으로, '공익'을 위해 위생에 힘쓰라고 했다. 1910~1920년대에는 보건·위생이 효, 공익, 충성을 위해 필요한 것이라는 논리였으나 1930년대 이르면 효와 충은 사라지고, 교과서에서는 명시적으로 '공익'만 남은 것이다. 또 저학년용 교과서와 고학년용 교과서의 연관 관계를 구체와 추상으로 파악할 수 있다. 그리고 조선인의 위생관념이 보급되지 않았다는 서술은 여전히 조선인의 정신이 열등함을 강조한 언설이다.

둘째, 1930년대 교과서에서 주목되는 또 하나의 보건·위생론으로는 청소의 강조이다. 〈그림 2〉, 〈그림 4〉, 〈그림 5〉를 통해 그것을 알 수 있다. 물론 청소 강조는 그 이전에도 없었던 것은 아니나, 이 시기 청소에 대한 강조는 1936년 「조선오물소제령」의 제정으로 이어진 일을 배경으로 하는 것이다.[17] 즉 이 시기 교과서에서의 청소의 강조나 「조선오물소제령」의 제정은 같은 배경에서 나온 것이다.

한편 이 령의 내용은 부(府)와 일부 읍(邑) 지역에서의 오물 소제에 관해서는 일본의 「오물소제법」(1900년 법률 제11호)에 의한다는 것이다. 그리고 이 령이 제정된 배경에는, 조선총독부가 민중의 위생 사상을 고취시킴과 생활개선, 전염병 유행 방지에 오물의 소제와 처치에 관한 시설이 가장 급한 것이라고 판단했기 때문이다.[18]

셋째, 청소 단원에서는 ⑨와 ⑪에서 보는 것처럼, '근로정신'의 강조도

17) 제령 제8호, 『조선총독부관보』, 제2817호, 1936.6.5.
18) 「청결·명랑·위생적 도시건설의 오물소제령」, 『매일신보』, 1936.5.28.

포착할 수 있다. 이는 1929년 조선교육령 개정의 결과 직업 교육 강조에 따른 반영일 것이다. ⑪에서는 "근로정신의 함양을 주로 하고 아울러 위생사상의 고취를 의도한 것"이라 하여 오히려 주종과 본말이 전도된 인식도 보이고 있다. 아울러 ④~⑥에서 보듯이 평소의 신체 단련도 보건·위생론의 주요 내용이다.

Ⅲ. 1930년대 말 이후 교과서의 보건·위생론

1. 수신 교과서

1) 초등 수신서

1938년 3월 3일에 조선교육령이 개정되어 그해 4월 1일부터 시행되었다.[19] 그에 따라 조선에 있는 보통학교, 고등보통학교 및 여자고등보통학교는 각각 소학교, 중학교 및 고등여학교로 변경되었다. 조선교육령 개정을 전후하여 1938년과 1939년에 각각 '초등수신서'와 '초등수신'이 발행되었다. 그 경위는 다음과 같다. 먼저 1938년 3월에 '초등수신서'가 발행되었다. 이것은 그 이전에 '보통학교 수신서'를 문부성 최근의 '심상소학수신서'의 내용과 체재(體裁)에 따라 개정한 명칭이었다.[20] '초등수신서'의 보건·위생 단원은 다음과 같다.

---

19) 칙령 제103호, 『조선총독부관보』 호외, 1938.3.4.
20) 조선총독부, 「初等修身編纂趣意總說」, 『교사용 초등수신 권6』, 조선서적인쇄주식회사, 1939년 번각발행, 6쪽.

⑯ 조선총독부, 『초등수신서 권4』, 1938 번각발행, 제10. 위생

⑰ 조선총독부, 『초등수신서 권5(아동용)』, 1938 번각발행, 제7과 공중위생

먼저 ⑯에는 3가지 서술이 있다. 첫 번째는 눈이 아픈 할머니가 무당의 말을 듣고 치료를 하지 않다가 상황을 악화시켰다. 어느 날 친척이 위문 와서 병원에 가게 했고, 의사가 보고 결막염[21]이라고 했다. 결막염은 그 이전에도 크게 유행했던 것으로 보인다. "농촌에는 기생충과 '도라홈'이 많으며 소화기 전염병도 향촌에 많고 신체의 발육도 향촌이 열(劣)한 듯한 경향이 있나니 이는 농촌에서 일반적으로 위생시설이 불충분하여 생활이 현저히 불결하며"[22]라는 글에서 그것을 확인할 수 있다.

두 번째는 니노미야 손도쿠(二宮尊德)가 불결한 농가를 보고, 마당에 풀이 있으면 뱀이 나오고 아픈 사람이 나오고 사는 사람의 마음까지도 나빠진다고 말하는 내용이다.[23] 첫 번째와 두 번째의 핵심어는 각각 미신과 청결이다.

세 번째의 줄거리는 다음과 같다. 옛날 어떤 부자가 있었다. 매일 훌륭한 음식만을 편식하여 몸이 점차 약해져 갔다. 어느 날 명의가 있다는 소리를 들었는데, 400킬로 떨어진 곳에 있었다. 부자는 의사에게 편지를 했는데, 몸속에 나쁜 벌레가 있다는 답장을 받았다. 이사가 걸어서 오라고 해서 부자는 매일 13~14킬로를 걸었다. 기분도 좋아지고 무엇을 먹어

---

21) 원문에는 'トラコーマ'로 되어 있는데, 트라코마(trachoma)는 전염성 만성 결막염이다.

22) 高野六郎, 「농촌의 위생시설」, 『조선문 조선』 123호, 1928.1, 88쪽. 高野六郎은 1914년 10월 부산중학교 교유에 임명되었다(『조선총독부관보』 제657호, 1914.10.9.).

23) 서강식에 따르면, 니노미야 손토쿠(二宮尊德, 1787~1856)는 일제강점기 시절 내내 발간된 수신교과서에서 17회 등장하여 양심, 효, 진심, 근로, 신사참배 등 덕목의 모범 인물로 소개되고 있다(서강식, 「일제 강점기 수신교과서의 도덕적 모범인물 창출에 관한 연구-니노미야 긴지로를 중심으로-」, 『초등도덕교육』 제52집, 2016). 그만큼 조선총독부의 통치 방침에 부합한 인물이었다는 의미이다.

도 맛이 있었다. 의사의 집에 도착했을 때 의사는 부자를 보고 몸의 벌레는 운동으로 죽었다고 했다. 부자는 그 후 운동에 주의하여 일생 건강하게 살았다. 여기서 핵심어는 운동과 건강이다.

⑰의 내용은 다음과 같다. 어느 마을에 아들 5명의 농가가 있었다. 그 지방에 콜레라가 돌았다. 먼저 모친이 걸렸고, 모친의 병이 나빠져 막내아들과 가운데 아들이 걸렸다. 가장은 전염병을 마을사람들에게 숨기고 몰래 치료하려고 했으나 곧 세 사람이 죽었다. 그 사실이 경찰서에 알려졌고, 의사가 왔다. 콜레라였다. 곧 마을에 콜레라가 유행했다. 그것은 이 집사람이 병자의 물건을 가까운 개울에서 씻었기 때문이다. 콜레라 외에도 많은 전염병이 있다. 이질·티프스·성홍열 등으로 인해 고통받는 것은 조선만 해도 매년 몇 만 명이고, 그중 몇 천 명이 죽는다. **전염병의 근원은 눈으로도 보이지 않는 작은 균이다. 불결한 물과 채소 등에 붙은 균이 인간의 골수 안에 들어가면 급히 병을 일으킨다. 먼저 음식물에 주의하고, 몸의 바늘과 집의 안팎을 깨끗이 하고, 예방주사를 맞는 것이 중요하다.** 이 단원의 핵심어는 콜레라와 전염병이다.

2) 권별 초등수신

그리고 1939년에는 다시 '초등수신'이 발간되었다. 이는 1938년의 내용을 다시 새로 조선교육령의 취지에 따라 재발행한 것이다. 모두 6권이고, 제1부 소학교(종래의 소학교) 아동에게도 공용으로 하고, 그 발간 순서는 고학년 분부터 순차적으로 저학년 분을 출판할 방침을 정했다. 또 편집에서도, 개정 교육령의 3대 강령의 정신(국체명징, 내선일체, 인고단련) 발양에 주안점을 두어 단원을 특설하고 아울러 다른 단원에서도 주의 깊게 취급했으며, 조선의 실정에 비춰 '청결' '위생' 등의 단원을 거듭 배치하여 반복 철저를 기했다고 밝혔다.[24] 이때 발행된 수신교과서 중 보건·위생 단원은 다음과 같다.

⑱ 조선총독부, 『초등수신 권1』, 조선서적인쇄주식회사, 1939년 번각
　발행, 8. 먹을 것에 주의하라, 12. 몸을 깨끗이 하라
⑲ 조선총독부, 『초등수신 권2』, 조선서적인쇄주식회사, 1939년 번각
　발행, 8. 몸을 깨끗이, 9. 소제(掃除)
⑳ 조선총독부, 『초등수신 권3』, 조선서적인쇄주식회사, 1939년 번각
　발행, 7. 몸을 장부(丈夫)하게
㉑ 조선총독부, 『초등수신 권4』, 조선서적인쇄주식회사, 1941년 번각
　발행, 제12 위생(1), 제13 위생(2)
㉒ 조선총독부, 『초등수신 권5』, 조선서적인쇄주식회사, 1940년 번각
　발행, 제10과 공중위생

⑱의 '먹을 것에 주의하라'와 '몸을 깨끗이 하라' 단원은 다음과 같이 삽화로 이루어져 있다.

이전 교과서들(〈그림 1〉과 〈그림 3〉의 첫 번째 삽화)에 비해 첫 번째 삽화가 바뀌었다. 방 안에 아이가 누워있는

<그림 6> ⑱ 8, 12의 삽화

모습이었으나, 여기서는 먹을 것에 주의하라는 단원명에 비추어 어린아이가 땅바닥에 떨어진 것을 주워 먹으려 하고 그것을 만류하는 그림이다. 이에 대해 교사용 책에서는, 광국(光國)의 누이가 땅바닥에 떨어진 살구 열매(杏實)를 집으려 하자 옆에서 광국이 먹으면 안된다고 말리는

---

24) 조선총독부, 「初等修身編纂趣意總說」, 『교사용 초등수신 권6』, 6~9쪽.

모습이라고 설명한다.[25] 또 삽화에 대해, "(1938년 발행) 소학수신서의 구도에 준하여 가옥 및 아동의 복장을 바꾼 정도에 그쳤다. 단 소학수신서의 미숙한 과일은 다분히 청매실로 생각되지만 조선에서는 이에 유사한 살구로서 취급했다. 여름방학에 들어가기 전에 주의도 연관적으로 취급한다."고 했다.[26] 이에 비추어 1938년 발행 소학수신서 권1의 8과도 같은 내용이었음을 알 수 있다. 이는 1930년대 초 교과서(①)의 7과 내용이 1938년 발행 권1 발행 때부터 변경되었다는 의미이다.

두 번째 삽화는 이전 교과서와 같은 것(〈그림 1〉의 8과 삽화)으로 몸 청결에 대한 그림이다. 냉수마찰, 양치질, 손톱 깎기, 머리 감기이다. 이 삽화도 이전 교과서의 구도 그대로이다.[27] 교사용 지도서에서는 다음과 같이 설명하고 있다. 정자(貞子)는 매일 입과 이, 손과 얼굴을 깨끗이 하고, 10일에 한번 가량 머리를 감는다. 정길(正吉)도 여름에는 매일 아침 냉수마찰을 한다. 아버지로부터 여름에 냉수마찰을 하면 겨울에 감기에 걸리지 않는다고 들었기 때문이다. 또 손톱을 깎아 때가 끼지 않도록 한다.[28]

⑲의 8과의 내용은, 정길(正吉)이의 학교에서는 선생님이 가끔 생도들의 몸을 검사하는데, 손톱이 길게 자랐는지 손가락 사이에 때가 끼어 있는지 살펴보고, 또 종이나 수건을 가지고 있는지도 살펴본다. 또

<그림 7> ⑲ 8, 9의 삽화

---

25) 조선총독부, 『교사용 초등수신 권1』, 조선서적인쇄주식회사, 1939년 번각발행, 43~44쪽.
26) 조선총독부, 「初等修身第1卷編纂の趣意」, 『교사용 초등수신 권1』, 조선서적인쇄주식회사, 1939년 번각발행, 6쪽.
27) 위의 자료, 7쪽.
28) 조선총독부, 『교사용 초등수신 권1』, 63~66쪽.

이를 닦도록 하며, 이 닦는 법도 가르친다. 이는 그 이전에 없던 내용인데, 단원을 늘리면서 들어간 대목이다. 또 본문의 구상과 삽화의 구도는 모두 소학수신서의 것을 본으로 하여 근소하게 수정을 가했다고 한다.[29] 역시 1938년 소학수신서에서 처음 등장한 단원이었음을 알 수 있다. 이 단원에 대해 교사용 지도서에서는, "이 단원은 소극적 보건의 지도이지만, 적극적으로 건강 증진의 중요함도 자각시키고 그 실천 방법도 더하라"고 주문했다.[30]

9과의 내용은 다음과 같다. 정자(貞子)가 방과 마당을 청소한다. 선생님이 몸뿐만 아니라 집을 깨끗이 하면 기분도 좋고, 병에도 걸리지 않는다고 했기 때문이다. 정자는 청소를 즐거워하게 되었다. 이 단원의 목적은 신체 · 의복 · 거실 등을 청결히 하여 건강을 증진할 것을 가르치고, 또 **근로 애호의 정신을 기른다는 것**이다.[31] 구 교재 '청결'(②)의 내용을 교체했다. 삽화도 새롭게 했다.[32] 〈그림 2〉~〈그림 5〉의 청소 모습과 비교할 때 그것을 확인할 수 있다. 옷차림은 한복에서 양장으로 바뀌었고, 방 안에는 꽃병도 놓여 있다.

⑳의 주요 내용은 다음과 같다. 반 노부토모(伴信友)는 건강에 주의하여 생을 마칠 때까지 학문을 계속하여 책을 많이 지었다. 그는 자세에 주의했다. 심호흡도 했다. 아침 일찍 일어났다. 운동(아침 저녁 마당에서 활을 당겼다. 검도)도 했다. '약보다 양생'이라는 격언도 있다. 이 단원에서 주된 지도 사항은 훌륭한 황국신민이 되기 위해서는 심신이 건강하여 기력 · 체력 · 실행력의 왕성이 필요하다는 것을 자각시키는 것이

---

29) 조선총독부, 「初等修身第2卷編纂の趣意」, 『교사용 초등수신 권2』, 조선서적인쇄주식회사, 1939년 번각발행, 4쪽.
30) 조선총독부, 『교사용 초등수신 권2』, 조선서적인쇄주식회사, 1939년 번각발행, 49쪽.
31) 위의 자료, 49~50쪽.
32) 조선총독부, 「初等修身第2卷編纂の趣意」, 4쪽.

다.[33] 반 노부토모는 가이바라(貝原)와 마쓰다이라(松平) 대신 새로 소개된 인물이다.[34] 편찬취의서에 따르면, 구 교재에서는 가이바라 에키겐(貝原益軒)의 일화였지만, 그 건강법이 일반에 소극적이므로 반 노부토모의 일화로 교체했다. 그 단련법이 정신적으로 기백을 채운다는 점에 특히 일본적이다. 칼을 사용하는 것은 현재 조선에서 행해지는 황국신민체조에 관계가 깊다.[35]

㉑의 '위생' 2개 단원은 초등수신서 권4의 '위생' 단원(⑯)과 같은 내용이다. 12과는 할머니가 눈병을 치료한 것, 니노미야 손도쿠가 농가를 청결히 하도록 한 것이고, 13과는 부자가 운동을 통해 건강을 회복한 내용이다. 다른 점은 초등수신서의 1개 단원(⑯)에 소개된 3가지 이야기가 여기에서는 분리되어 12과에서는 앞의 2가지가, 13과에서는 뒤의 1가지가 서술되었다는 점이다. 그리하여 12과의 핵심어는 미신과 청결이고, 13과의 핵심어는 운동과 건강이다.

이 2개 단원에 대해 편찬취의서에서는, 아동에게 훌륭한 황국신민이 되기에는 심신의 건강한 것이 중요함을 자각케 하고 자발적으로 위생에 유의하여 각자의 건강 증진에 노력케 하는 것으로 그 취급은 첫 번째에서는 미신에 빠져 불결한 물로써 눈병을 치료하려 한 결과 한쪽 눈을 잃은 이야기를 통해 위생은 합리적으로 해야 함을 요득케 하고, 두 번째에서는 심신 환경 청결의 필요를 깨우치게 하며, 세 번째에서는 적극적으로 심신을 단련함으로써 건강 증진에 노력할 필요를 역설했다. 또 가정, 향토와도 연락하여 위생관념의 계발과 배양, 건강 향토의 건설에 노력

---

33) 조선총독부, 『교사용 초등수신 권3』, 조선서적인쇄주식회사, 1940년 번각발행, 65~66쪽.

34) 반 노부토모(伴信友, 1773-1846)는 에도 후기의 국학자로서 근세 고증학의 태두로 불린다(서강식, 「조선총독부 발간 제Ⅳ기 수신 교과서 분석 연구」, 『도덕윤리과교육』 38, 2013, 60쪽).

35) 조선총독부, 「初等修身第3卷編纂の趣意」, 『교사용 초등수신 권3』, 조선서적인쇄주식회사, 1940년 번각발행, 3쪽.

할 것이 중요하다고 부연했다.[36]

㉔의 공중위생은 콜레라에 대한 내용으로 ⑰의 내용과 같다. 이에 대해 편찬취의서에서는, "문장은 이전 교과서 권5의 공중위생의 것을 그대로 전용했다. 전염병에 걸린 자의 은닉, 오물의 부주의한 처리가 얼마나 위험한가를 강조하기에 적절한 교재이다. 후반에는 전염병의 전염경로에 대해 특히 주의를 기울여야 한다는 기사를 더했다. 조선의 현재 상황에서 볼 때 극히 필요한 것이다. 이전 교과서의 삽화 하나에서는 세 사람의 사망자가 베개를 나란히 한 경우를 그렸지만, 자극적으로 아동에게 부적절한 것으로 생각해서 이 책에서는 광경을 상상하여 묘사했다. 두 번째 삽화는 원 구도에 약간의 수정을 가했다."고 설명했다.[37] 이 설명은 다음의 삽화를 통해 확인할 수 있다. 1938년 발행 교과서의 삽화(〈그림 8〉)가 1939년 발행 교과서에서는 〈그림 9〉와 같이 변경된 것이다.

〈그림 8〉 초등수신서(⑯, ⑰)의 삽화

36) 조선총독부, 「初等修身第4卷編纂の趣意」, 『교사용 초등수신 권4』, 조선서적인쇄주식회사, 1941년 번각발행, 39쪽.
37) 조선총독부, 「初等修身第5卷編纂の趣意」, 『교사용 초등수신 권5』, 조선서적인쇄주식회사, 1940년 번각발행, 38~39쪽.

<그림 9> 초등수신(㉑, ㉒)의 삽화

또 교사용 지도서에서는, 참고자료로서 '전염병예방령'(1915년 6월 5일
제령 제2호, 개정 1924년 6월 제3호)과 '전염병예방령시행규칙'(1928년 3월
17일 부령 제21호, 개정 1932년 5월 제45호), '학교전염병예방규정'(1924년
9월 9일 문부성령 제18호)을 제시했다.[38] 이것도 아울러 가르치라는 의
미이다.

공중위생에 대한 강조는 일제 말기로 갈수록 더욱 중요시되었다. 일
제 말기에는 '생산력 증강'도 중요한 시책 가운데 하나였다. 그러나 전염
병이 유행하면 생산 현장에서의 차질과 타격이 컸다. 그리하여 '전염병
은 증산에 암(癌)'이라는 표현까지 등장할 정도였다.[39]

3) 학년별 초등수신

1941년 3월 31일 소학교규정이 국민학교규정으로 개정되었다.[40] 국민

---

38) 조선총독부, 『교사용 초등수신 권5』, 조선서적인쇄주식회사, 1940년 번각발행, 121~
135쪽.
39) 「전염병은 증산에 암 위생에 만전 □하라」, 『매일신보』, 1945.2.8.
40) 조선총독부령 제90호, 『조선총독부관보』 제4254호, 1941.3.31.

학교규정 제1조에서 국민학교의 교과는 국민과, 이수과, 체련과, 예능과 및 직업과로 하고, 국민과는 이를 나누어 수신, 국어, 국사 및 지리의 과목으로 한다고 규정했다. 서강식에 따르면, 이 시기 교과서는 1~2학년은 '요이 고토모'(착한 어린이), 3~6학년은 '초등 수신'으로 구분하고, 분량도 이전 시기 교과서에 비해 15~30쪽 정도 증가되었다고 한다.[41] 또 이 시기에 발행된 수신 교과서는 1942년에 발간된 것으로서 이전에 발간된 수신 교과서보다도 더 조선인의 일본인화와 황국신민화가 강화되고 있으며, 특이한 점은 이전 수신 교과서와 달리 일본군의 전쟁에 관한 언급이 두드러지게 눈에 띄고 있다고 지적했다.[42]

㉓ 『요이고토모 1학년』, 7과[43]
㉔ 『요이고토모 2학년』, 8과 몸을 깨끗이[44]
㉕ 조선총독부, 『초등수신 제3학년』, 조선서적인쇄주식회사, 1943 번
   각발행, 4. 신체검사, 6. 회람판

㉓의 삽화(〈그림 10〉)을 보면, 〈그림 6〉의 12과와 비교할 때 같은 내용도 있고, 새로운 내용도 있다. 냉수마찰, 양치질 모습은 그대로이고, 손톱 깎기, 머리 감기 모습이 사라졌다. 대신 새로운 삽화는 세수, 바른 자세로 식사하기, 체조하

<그림 10> 18쪽

41) 서강식, 「1923~24년을 중심으로 한 일제강점기 하의 초등학교 수신 교과서 내용 분석 연구」, 『초등도덕교육』 29, 2009, 230쪽.
42) 서강식. 「조선총독부 발간 제Ⅴ기 수신 교과서 분석 연구」. 『도덕윤리과교육』 40, 2013, 99쪽.
43) 김순전, 『조선총독부 초등학교수신서 제5기(1942년)』, 제이앤씨, 2007, 18쪽.
44) 위의 자료, 58쪽.

기가 추가되었다.

㉔의 내용은 다음과 같다. 학교에서 선생님이 손톱이 길거나 때가 끼어있는 사람이 없는가를 조사했다. 또 머리검사와 손수건 검사도 했다. 선생님은 더워지면 나쁜 병이 유행하니 몸을 깨끗이 하고, 병에 걸리지 않도록 하며, 음식물에 주의하라고 했다. 또 내일은 예방주사를 맞게 되어 있다고 했다.

㉕에 대해 보면, 이 책의 목차와 거의 유사한 문부성 발행 교과서가 있다.[45] 두 목차를 비교해보면, 〈그림 11〉에서 보는 것처럼 4과와 6과에 각각 차이가 있다. 또 여기에 제시하지는 않았지만, 10과 이후의 단원에도 두 교과서 사이에 큰 차이가 없다.

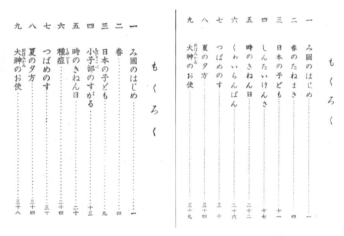

〈그림 11〉 문부성 교과서(좌)와 초등수신(우) 목차

㉕의 '신체검사'는 학교에서 차례차례 신체검사를 받는 내용인데, 교

---

45) 文部省, 『初等科修身 1』, 大阪書籍株式會社, 1942년.

의(校醫)가 매일 이를 닦는지 묻는 장면과 '훌륭한 병대(兵隊)상이 될 것이라'는 발언이 소개되어 있다. 이 신체검사 단원은 〈그림 11〉 목록에서 보듯이, 일본 교과서에는 없는 조선 특유의 단원이다. 이 단원이 수록된 배경에는 1941년 후생국 설치 전후의 총독부 인식 때문일 것이다. 이미 1938년 4월 3일부터 '육군특별지원병령'이 시행되어 지원병제도가 시행되었다.[46) 또 1940년에 총독부는 "총후 대중의 보건 위생과 체력 향상, 사회 시설의 확충 등 전시생활의 안정을 위해" 후생국을 설치하기로 재무국의 예산을 통과시켰다. 향후 체력관리를 비롯하여 새로운 부문을 전문으로 담당케 하며, 발병 이후 뒤처리에 주력하는 대신 발병을 미연에 방지하고 병마에 걸리지 않도록 적극적으로 체력 증진과 향상, 그리고 전시적인 신체의 단련 등에 힘을 쓰기 위한 것이었다.[47) 그리고 1년후인 1941년 11월 19일 후생국이 신설되고 또 그때 신설된 보건과에서 '1. 체력 향상의 기획에 관한 사항, 2. 체력의 조사 및 관리에 관란 사항' 등을 담당케 했다.[48)

또 회람판(くわいらんばん) 단원에서는 종두를 다루고 있다. 문부성 발행 수신 교과서의 '종두' 단원 주요 내용은 다음과 같다. 매년 6월에 종두를 하고, 금년에 하지 않은 사람은 내년에 한다. 종두는 두창이라는 병을 예방하기 위해 하는 것이다. 그리고 제너와 종두 발명 경위를 길게 소개한다. 제너 설명문은 1910~1920년대 총독부 발행 교과서의 서술 내용과 대동소이하다.

그런데 '회람판'에는 그 대신에 다른 내용으로 이뤄져있다. 옆집에서 넘어온 회람판에, 모레 학교에서 종두를 실시한다는 것과 토요일에 대

---

46) 칙령 제95호, 『조선총독부관보』 제3332호, 1938.2.26.
47) 「총후 보건의 참모부 후생국 위생과 강화」, 『매일신보』, 1940.11.6.
48) 조선총독부훈령 제103호, 『조선총독부관보』 호외, 1941.11.19.

청소를 실시하라는 내용이 실려 있는 것이다. 조선 사정을 반영한 내용으로 교체된 것이다. 이처럼 종두에 대한 서술이 두 교과서의 큰 차이점이다. 그렇다면 〈그림 11〉 목록에서 두 교과서의 실질적인 차이는 '4과' 내용 하나라고 할 수 있다. 이를 통해 이 시기 총독부 발행 교과서는 일본 문부성 교과서 내용을 전재한 것이 많았음을 알 수 있다.

2. 국어독본

1) 초등국어독본

1938년 교육령이 공포되어 교명의 통일이 이뤄지고 독본도 그 이름을 국어독본으로 명칭을 바꿨다.[49] 1940년과 1941년에 발행된 국어독본의 보건·위생 내용을 보자.[50]

> ㉖ 조선총독부, 『초등국어독본 권3』, 조선서적인쇄주식회사, 1940년 번각발행, 18. 이발
> ㉗ 조선총독부, 『초등국어독본 권4』, 조선서적인쇄주식회사, 1940년 번각발행, 14. 주사
> ㉘ 조선총독부, 『초등국어독본 권5』, 조선서적인쇄주식회사, 1941년 번각발행, 19. 영화

㉖은 어머니가 이발을 해준다는 내용이다. ㉗은 학교에서 차례차례

---

[49] 塩飽訓治·中尾清, 「修訂にあたりて」, 『初等國語讀本敎授書 권1 改訂版』, 합자회사 日韓書房, 1938.
[50] 현재 내용을 확인할 수 있는 교과서는 1~6권이다. 권1·권2는 1939년, 권3·권4는 1940년, 권5·권6은 1941년에 발행되었다. 고학년인 4~6학년이 사용하였을 권7~권12는 내용을 확인할 수 없다.

주사를 맞는 일을 수록하고 있다.[51] ㉘의 교과서에 위생을 다룬 단원은 없다. 다만 19과 '영화'라는 단원에서 독가스와 방독면이 언급되는 정도이다. 주요 내용은 다음과 같다. 학교에 영화를 보러 갔는데, 먼저 만화가 나오고 다음에 방공연습 사진이었다. '바께스'(bucket)를 가지고 온 사람, 담가(擔架)를 가지고 온 사람도 있었고, 길에 연기가 피었고, 방독면을 쓴 사람도 있다. 이를 보고 신길군(信吉君)이 "독가스다"라고 말했다. 이는 엄밀히 말하면 위생 관련이라기보다는 화생방 공격에 대한 방어 연습 내용이지만, '공기'와 관련지으면 위생 관련 서술로 취급할 수 있다.

이처럼 1940년과 1941년에 발행된 세 가지 국어독본 단원에서는 보건·위생 서술이 대폭 축소되고, 또 그 논리도 제시되어 있지 않다. 논리가 보이지 않는 이유는 보다 고학년용 교과서의 내용을 확인할 수 없기 때문일 것이다. 대신 전시체제라는 시대 분위기가 반영되어 있다. 1938년 이전 국어독본 교과서에 대해서는, "교재가 문학적 교재이므로 무리하게 교훈적으로 취급하면 안된다."[52]는 교수서의 내용이 있었지만, 1940년대 교과서에서는 국어독본 교과서에서도 직설적인 표현이 드러난다.

예방주사는 공습을 피해 방공호에서 집단 피난을 해야 할 때 전염병에 걸리지 않도록 필요한 것으로 강조되었다.[53] 또 1940년대에 위생 영화를 순회 상영하는 일은 자주 있었다. 예를 들면 1942년 5월과 8월에 경기도 평택경찰서와 강화경찰서가 각각 관내에서 위생 영화회를 시행했다.[54]

51) 이 시기 주사 접종과 관련해서는 백선례, 「전시체제기 전염병 예방접종의 강화-장티푸스를 중심으로-」, 『역사문제연구』 43, 역사문제연구소, 2020 참조.
52) 塩飽訓治·中尾淸, 『初等國語讀本敎授書 권3 改訂版』, 합자회사 日韓書房, 1938, 37쪽.
53) 「방공호 속의 위생」, 『매일신보』, 1944.12.30.
54) 「위생 영화 성황」, 『매일신보』, 1942.5.6; 「위생 보급 영화회」, 『매일신보』, 1942. 8.20.

2) 초등국어

　1941년 3월 31일 소학교규정이 국민학교규정으로 개정되었다.[55] 국민학교규정 제1조에서 국민학교의 교과는 국민과, 이수과, 체련과, 예능과 및 직업과로 하고, 국민과는 이를 나누어 수신, 국어, 국사 및 지리의 과목으로 한다고 규정했다. 이로써 조선어 과목은 폐지되었고, 조선어독본도 발행되지 않았다. 국어과목은 초등학교 1~2년에는『요미가타(ヨミカタ, 읽는 법)』를 배우고, 이어 3~6년에『초등국어』를 학습하는 것으로 변경되었다.[56]

　1940년대 국어 교육은 국민정신 체득을 위한 과목이었다. 조선총독부는 "황국신민의 연성은 국민정신을 체득케 함에 있다. 이 국민정신은 국어와 일체 불가분의 관계에 있다. 국어에 의해 배우기 시작하고, 국어에 의해 도야하는 것은 황국신민의 연성을 위해 가장 중요하고 효과적인 것이다. 국어교육은 국민과 국어를 중축으로 하여 행한다."라고 강조했다.[57] 이 방침에 따라 1942년부터 발행된 국어 교과서는 다음과 같이 4종이 확인된다.

<표 1> 초등학교규정 시행 후 국어 교과서

편자	교과서명	발행처	발행 연도와 형태
조선총독부	『ヨミカタ 一ネン下』	조선서적인쇄주식회사	1942년 번각발행
조선총독부	『ヨミカタ 二ネン下』	조선서적인쇄주식회사	1942년 번각발행
조선총독부	『초등국어 제3학년 상』	판권지 정보 없음	
조선총독부	『초등국어 제5학년 하』	조선서적인쇄주식회사	1944년 번각발행

---

55) 조선총독부령 제90호,『조선총독부관보』제4254호, 1941.3.31.
56) 조선총독부,『초등국어 제3학년 상 교사용』, 조선서적인쇄주식회사, 1943, 26쪽.
57) 위의 자료, 2~4쪽.

위 표를 통해서 볼 때 이 시기에 발행된 국어교과서는 모두 12종(학년 별 상·하 2종)이었을 것으로 보인다. 그중 4종만 내용 확인이 가능한데, 이 4종 교과서에는 보건·위생 단원이 수록되지 않아 보건·위생론을 찾을 수 없다.

이상 일제말 교과서의 보건·위생론을 정리하면 다음과 같다. 첫째, 전시체제기에는 평시와는 다른 보건·위생론이 등장했다. 군인과 생산 자로서 건강이 필요했던 것이다. 조선총독부는 '체력'을 전담할 후생국 보건과를 신설했다. 1943년 발행된 수신교과서 신체검사 단원에서 '훌륭 한 병사'가 될 것이라는 대목이 삽입된 것은 이를 배경으로 한 것이다. 또 전염병은 생산력 증강에 암적 존재로 인식되었고, 방공호에서 공습 을 피할 때도 큰 장애 요인이 되었다. 그리하여 전염병 예방조치로서 주 사가 시행되었는데, 이와 같은 배경에서 교과서에도 '주사'라는 단원이 포함되었다.

둘째, 1930년대 초에 발행된 교과서에서는, 그 이전 교과서에서 보였 던 충효와 공익이라는 항복 대신에 공익만을 명복상 보건·위생 논리로 내세웠다. 그런데 일제 말기에 이르면 비록 학생용 교과서가 아닌 교사 용 지도서이긴 하지만, 다시 국가를 강조하였다. "아동에게 훌륭한 황국 신민이 되기에는 심신의 건강한 것이 중요함을 자각케 하고 자발적으로 위생에 유의하여 각자의 건강 증진에 노력케 하는 것"이라는 서술이 대 표적인 사례이다. 심신의 건강이 훌륭한 황국신민의 요건임을 명시한 것이다.

같은 취지에서 1930년대 초까지 건강한 일본인의 표상으로 내세웠던 가이바라 에키켄의 일화 대신 일제 말기에는 반 노부토모의 일화로 교 체했다. 이유는, 가이바라 에키켄의 건강법은 소극적이고, 반 노부토모 의 단련법이 정신적으로 기백을 채운다는 점에 특히 일본적이며, 칼을 사용하는 것은 당시 조선에서 행해지는 황국신민체조에 관계가 깊기 때문이었다.

셋째, 국어교과서에 전시체제가 반영된 방향으로 이뤄진 변화는 국어독본이 "문학적 교재이므로 무리하게 교훈적으로 취급하면 안된다."는 이전 시기 교수서의 방침에서도 벗어난 것이며, 1940년대 국어독본 교과서가 '문학적 교재'에서 시국을 반영한 직설적 교재가 되는 사례이기도 하다.

IV. 맺음말

이상을 통해 살펴본 내용을 정리하면 다음과 같다. 먼저 교과서 발행과정을 보자. 1929년 4월 조선교육령이 개정되고 이어서 6월 20일 보통학교규정이 개정되었다. 그리고 수신, 국어, 조선어 교과서의 내용에도 변화가 생겼다. 1938년 3월 3일에 조선교육령이 개정되어 그해 4월 1일부터 시행되었다. 1938년 3월에 '초등수신서'가 발행되었다. 이것은 그 이전에 '보통학교 수신서'를 문부성 최근의 '심상소학수신서'의 내용과 체재에 따라 개정한 명칭이었다. 그리고 1939년에는 다시 '초등수신'이 발간되었다. 이는 1938년의 내용을 다시 새로 '조선교육령'의 취지에 따라 재발행한 것이다. 보통학교 국어독본도 1938년 교육령 공포 이후 '초등국어독본'으로 명칭을 바꿨다.

1941년 3월 31일 소학교규정이 국민학교규정으로 개정되었다. 국민학교규정에서 국민학교의 교과는 국민과, 이수과, 체련과, 예능과 및 직업과로 하고, 국민과는 이를 나누어 수신, 국어, 국사 및 지리의 과목으로

한다고 규정했다. 이 시기 수신 교과서는 1~2학년은 '요이 고토모'(착한 어린이), 3~6학년은 '초등 수신'으로 구분되었다. 국어과목은 초등학교 1~2년에는 『요미가타(ヨミカタ, 읽는 법)』를 배우고, 이어 3~6년에 『초등국어』를 학습하는 것으로 변경되었다. 또 조선어 과목은 폐지되어 조선어독본도 발행되지 않았다.

다음으로 보건·위생의 논리를 보자. 첫째 1930년대 교과서의 보건·위생론에는 위생관념 환기가 강조되어 있다. 그 논리는 다음과 같다. 전염병에 걸리면 즉시 가족이나 사회의 사람들에게 폐를 끼친다. 전염병 예방을 피하는 일이 있어서는 자신의 재앙을 부를 뿐만이 아니라 공중에 대해 폐를 끼치는 것이 된다. 병을 감추고 신고를 소홀히 하거나 미신 때문에 의사의 진찰을 거부하거나 또 완쾌되지 않았는데, 사람들과 어울리는 것은 많은 사람에게 병을 옮겨 돌이킬 수 없게 된다. 조선에서는 이질·티푸스·성홍열 등의 전염병이 특히 자주 유행하는데, 이것은 일반적으로 공중위생에 대한 고려가 보급되어 있지 않기 때문이다. 이는 조선인의 위생관념을 강조한 것으로, '공익'을 위해 위생에 힘쓰라고 했다. 1910~1920년대에는 보건·위생이 효, 공익, 충성을 위해 필요한 것이라는 논리였으나 1930년대 이르면 효와 충은 사라지고, 교과서에서는 명시적으로 '공익'만 남은 것이다. 또 저학년용 교과서와 고학년용 교과서의 연관 관계를 구체와 추상으로 파악할 수 있다. 그리고 조선인의 위생관념이 보급되지 않았다는 내용은 여전히 조선인의 정신이 열등함을 강조한 언설이다.

둘째, 1930년대 교과서에서 주목되는 또 하나의 보건·위생론으로는 청소의 강조이다. 물론 청소 강조는 그 이전에도 없었던 것은 아니나, 이 시기 청소에 대한 강조는 1936년 「조선오물소제령」의 제정으로 이어진 일을 배경으로 하는 것이다. 즉 이 시기 교과서에서의 청소의 강조나

「조선오물소제령」의 제정은 같은 배경에서 나온 것이다.

셋째, 청소 단원에서는, '근로정신'의 강조도 포착할 수 있다. 이는 1929년 조선교육령 개정의 결과 직업 교육 강조에 따른 반영일 것이다. 또 "근로정신의 함양을 주로 하고 아울러 위생사상의 고취를 의도한 것"이라는 서술에서는 오히려 주종과 본말이 전도된 인식도 보이고 있다. 그리고 평소의 신체 단련도 보건·위생론의 주요 내용이다.

넷째, 1930년대 말 이후 전시체제기에는 평시와는 다른 보건·위생론이 등장했다. 군인과 생산자로서 건강이 필요했던 것이다. 조선총독부는 '체력'을 전담할 후생국 보건과를 신설했다. 1943년 발행된 수신교과서 신체검사 단원에서 '훌륭한 병사'가 될 것이라는 대목이 삽입된 것은 이를 배경으로 한 것이다. 또 전염병은 생산력 증강에 암적 존재로 인식되었고, 방공호에서 공습을 피할 때도 큰 장애 요인이 되었다. 그리하여 전염병 예방조치로서 주사가 시행되었는데, 이와 같은 배경에서 교과서에도 '주사'라는 단원이 포함되었다.

넷째, 1930년대 초에 발행된 교과서에서는, 그 이전 교과서에서 보였던 충효와 공익이라는 항목 대신에 공익만을 명목상 보건·위생 논리로 내세웠다. 그런데 일제 말기에 이르면 비록 학생용 교과서가 아닌 교사용 지도서이긴 하지만, 다시 국가를 강조하였다. "아동에게 훌륭한 황국신민이 되기에는 심신의 건강한 것이 중요함을 자각케 하고 자발적으로 위생에 유의하여 각자의 건강 증진에 노력케 하는 것"이라는 서술이 대표적인 사례이다. 심신의 건강이 훌륭한 황국신민의 요건임을 명시한 것이다.

같은 취지에서 1930년대 초까지 건강한 일본인의 표상으로 내세웠던 가이바라 엣켄의 일화 대신 일제말기에는 반 노부토모의 일화로 교체했다. 이유는, 가이바라 엣켄의 건강법은 소극적이고, 반 노부토모의 단련

법이 정신적으로 기백을 채운다는 점에 특히 일본적이며, 칼을 사용하는 것은 당시 조선에서 행해지는 황국신민체조에 관계가 깊기 때문이었다.

다섯째, 1930년대 초, 1938년, 1940년에 각각 발행된 수신교과서에는 '공중위생'이란 단원이 계속 자리했다. 이는 전염병 예방을 위해 개인위생 외에 공중위생이 필요함을 강조하기 위한 것이었다. 공중위생 관념을 제고하는 방법으로 영화회가 열렸고, 그것은 교과서에 '영화'라는 단원으로도 반영되었다.

여섯째, 국어교과서에 전시체제가 반영된 방향으로 이뤄진 변화는 국어독본이 "문학적 교재이므로 무리하게 교훈적으로 취급하면 안된다."는 이전 시기 교수서의 방침에서도 벗어난 것이며, 1940년대 국어독본 교과서가 '문학적 교재'에서 시국을 반영한 직설적 교재가 되는 사례이기도 하다.

덧붙여 보건·위생론과 직접 관련은 없지만, 교과서에 등장하는 인물의 이름이 시대에 따라 달라지는 점도 주목된다. 수신 교과서에서 청소하는 소녀의 이름이, 1920년대에는 순희였는데, 1930년대에는 옥순으로 바뀌고, 일제 말기에는 정자로 다시 바뀐다. 남자아이 이름도 1930년대 대식이었는데, 1940년대에는 신길, 정길 등으로 바뀌고, 이름 뒤에 '君'을 붙여 표기했다.

참고문헌

1. 자료

1) 국문

『매일신보』.

高野六郎, 「농촌의 위생시설」, 『조선문 조선』 123, 조선총독부, 1928.1.

김순전, 『조선총독부 초등학교수신서 제3기(1928년)』, 제이앤씨, 2007.

김순전, 『조선총독부 초등학교수신서 제5기(1942년)』, 제이앤씨, 2007.

조선총독부, 『보통학교 조선어독본 권6』, 1935년 번각발행.

조선총독부, 『조선어독본 권2』, 1931년 번각발행, 1937년 개정번각발행.

휘문의숙 편집부 편찬, 『중등 수신교과서 권1』, 휘문관, 1908.

2) 일본어문

『조선총독부관보』.

文部省, 『初等科修身 1』, 大阪書籍株式會社, 1942.

塩飽訓治・中尾淸, 『初等國語讀本敎授書 권1 改訂版』, 합자회사 日韓書房, 1938.

塩飽訓治・中尾淸, 『初等國語讀本敎授書 권3 改訂版』, 합자회사 日韓書房, 1938.

鹽飽訓治・中尾淸・岩島一二三, 『敎材精說 實際敎法 보통학교 신국어독본교수서
　　　권5』, 합자회사 일한서방, 1933.

鹽飽訓治・中尾淸・岩島一二三, 『敎材精說 實際敎法 보통학교 신국어독본교수서
　　　권6』, 합자회사 일한서방, 1933.

朝鮮總督府 編, 『普通學校修身書卷一, 二編纂趣意書』, 朝鮮總督府, 1930.

조선총독부, 『4년제 보통학교 국어독본 권7』, 조선서적인쇄주식회사, 1934년 번각
　　　발행.

조선총독부, 『4년제 보통학교 수신서 권4』, 1934 번각발행.

조선총독부, 『ヨミカタ 二ネン下』, 조선서적인쇄주식회사, 1942년 번각발행.

조선총독부, 『ヨミカタ 一ネン下』, 조선서적인쇄주식회사, 1942년 번각발행.

조선총독부, 『교사용 초등수신 권1』, 조선서적인쇄주식회사, 1939년 번각발행.

조선총독부, 『교사용 초등수신 권2』, 조선서적인쇄주식회사, 1939년 번각발행.

조선총독부, 『교사용 초등수신 권3』, 조선서적인쇄주식회사, 1940년 번각발행.

조선총독부, 『교사용 초등수신 권4』, 조선서적인쇄주식회사, 1941년 번각발행.

조선총독부, 『교사용 초등수신 권5』, 조선서적인쇄주식회사, 1940년 번각발행.

조선총독부, 『교사용 초등수신 권6』, 조선서적인쇄주식회사, 1939년 번각발행.

조선총독부, 『국어독본편찬취의서 제2학년』, 조선서적인쇄주식회사, 1938년 발행.

조선총독부, 『보통학교 국어독본 권1』, 조선서적인쇄주식회사, 1930년 번각발행.

조선총독부, 『보통학교 국어독본 권3』, 조선서적인쇄주식회사, 1931년 번각발행.

조선총독부, 『보통학교 국어독본 권5』, 조선서적인쇄주식회사, 1932년 번각발행
1937년 개정번각발행.

조선총독부, 『보통학교 국어독본 권6』, 조선서적인쇄주식회사, 1932년 번각발행
1937년 개정번각발행

조선총독부, 『보통학교 국어독본 권10』, 조선서적인쇄주식회사, 1934년 번각발행
1937년 개정번각발행.

조선총독부, 『보통학교 수신서 권1』, 1930년 번각발행 1937년 개정번각발행.

조선총독부, 『보통학교 수신서 권2』, 1930년 번각발행 1937년 개정번각발행.

조선총독부, 『보통학교 수신서 권3』, 1931년 번각발행 1937년 개정번각발행.

조선총독부, 『실업보습학교 국어독본 권2』, 조선서적인쇄주식회사, 1931년 번각발행.

조선총독부, 『초등국어 제3학년 상 교사용』, 조선서적인쇄주식회사, 1943.

조선총독부, 『초등국어 제3학년 상』, 판권지 정보 없음.

조선총독부, 『초등국어 제5학년 하』, 조선서적인쇄주식회사, 1944년 번각발행.

조선총독부, 『초등국어독본 권3』, 조선서적인쇄주식회사, 1940년 번각발행.

조선총독부, 『초등국어독본 권4』, 조선서적인쇄주식회사, 1940년 번각발행.

조선총독부, 『초등국어독본 권5』, 조선서적인쇄주식회사, 1941년 번각발행.

조선총독부, 『초등수신 권1』, 조선서적인쇄주식회사, 1939년 번각발행.

조선총독부, 『초등수신 권2』, 조선서적인쇄주식회사, 1939년 번각발행.

조선총독부, 『초등수신 권3』, 조선서적인쇄주식회사, 1939년 번각발행.

조선총독부, 『초등수신 권4』, 조선서적인쇄주식회사, 1941년 번각발행.

조선총독부, 『초등수신 권5』, 조선서적인쇄주식회사, 1940년 번각발행.

조선총독부, 『초등수신 제3학년』, 조선서적인쇄주식회사, 1943년 번각발행.

조선총독부, 『초등수신서 권4』, 1938년 번각발행.

조선총독부, 『초등수신서 권5(아동용)』, 1938년 번각발행.

2. 논저

강진호, 「일제강점기 『국어독본(國語讀本)』과 차별적 위계 교육」, 『문학교육학』
    49, 한국문학교육학회, 2015.

강진호, 「조선어독본과 일제의 문화정치-제4차 교육령기 보통학교 조선어독본의
    경우-」, 『상허학보』 29, 상허학회, 2010.

김광식, 「제1차 조선교육령기 『국어독본』 보충교본의 활용과 식민지 교육」, 『일본
    어문학』 77, 한국일본어문학회, 2018.

김성기, 「1910년대 보통학교용 '조선어 교과서'의 내용과 성격에 대한 연구」, 국민
    대 박사학위논문, 2016.

김윤주, 「일제강점기 『조선어독본』과 『국어독본』의 비교-제1차 교육령기 보통학교
    1, 2학년 교과서를 중심으로-」, 『우리어문연구』 41, 우리어문학회, 2011.

박수빈, 「일제의 황국신민화 정책과 『조선어독본』-4차, 7차 교육령기 『조선어독본』
    을 통해 본 일제의 식민지배 정책변화-」, 『어문연구』 제39권 제1호, 2011.

박제홍, 「일제의 차별 교육을 통한 식민지 아동 만들기-제3기 『보통학교국어독본
    (普通學校國語讀本)』을 중심으로-」, 『일본어교육』 58, 한국일본어교육학
    회, 2011.

백선례, 「1919·20년 식민지 조선의 콜레라 방역활동-방역당국과 조선인의 대응을
    중심으로-」, 『사학연구』 101, 한국사학회, 2011.

백선례, 「1928년 경성의 장티푸스 유행과 상수도 수질 논쟁」, 『서울과 역사』 101,
    서울역사편찬원, 2019.

백선례, 「전시체제기 전염병 예방접종의 강화-장티푸스를 중심으로-」, 『역사문제
    연구』 43, 역사문제연구소, 2020.

사희영·김순전, 「國語로서의 近代 日本語敎育 考察-조선총독부 제 I 기 『普通學校
    國語讀本』을 중심으로-」, 『일본어교육』 52, 한국일본어문학회, 2012.

서강식, 「1923~24년을 중심으로 한 일제강점기 하의 초등학교 수신 교과서 내용

분석 연구」, 『초등도덕교육』 29, 2009.

서강식, 「일제강점기 하의 보통학교 수신 교과서 내용 분석 연구」, 『교육논총』 제
　　48집 1호, 2011.

서강식, 「조선총독부 발간 제Ⅳ기 수신 교과서 분석 연구」, 『도덕윤리과교육』 38,
　　2013.

서강식, 「조선총독부 발간 제Ⅴ기 수신 교과서 분석 연구」, 『도덕윤리과교육』 40,
　　2013.

서강식, 「일제강점기 하의 보통학교 수신서 변천 연구-덕목 변천을 중심으로-」, 『초
　　등도덕교육』 48, 2015.

서강식, 「수신교과서에 나타난 근대 여성상 연구」, 『교육논총』 제57집 1호, 2016.

서강식, 「일제 강점기 수신교과서의 도덕적 모범인물 창출에 관한 연구-니노미야
　　긴지로를 중심으로-」, 『초등도덕교육』 52, 2016.

손준종, 「근대교육에서 국가의 몸 관리와 통제 양식 연구」, 『한국교육학연구』 제16권
　　제1호, 안암교육학회, 2010.

송숙정, 「일제강점기 조선총독부 발행 국어(일본어)독본에 관한 서지학적 고찰」,
　　『일본어학연구』 58, 한국일본어학회, 2018.

유　철, 『일세강점기 皇國臣民 敎化를 위한 '身體'論-國語讀本, 體操, 唱歌, 戰時歌
　　謠를 중심으로-』, 전남대 박사학위논문, 2015.

張味京, 「일제강점기 조선총독부 편찬 초등교과서에 제시된 男性像과 女性像-〈修身
　　書〉와 〈唱歌書〉를 중심으로」, 『한국일본어문학회 학술발표대회논문집』,
　　2013.4.

최재성, 「개화기 교과서에 투영된 신체 규율」, 『한국독립운동사연구』 67, 독립기념
　　관 한국독립운동사연구소, 2019.

최재성, 「조선총독부 발행 1910·20년대 교과서의 보건·위생론」, 『한일민족문제
　　연구』 38, 한일민족문제학회, 2020.

하야시야마 가오리, 「일제강점기 언어정책에 따른 초등 조선어 교과서 내용 연구」,
　　충남대 대학원 박사학위논문, 2014.

허재영, 「일제강점기 조선총독부의 교과서 정책과 교과서 편찬 실태」, 『동양학』
　　제46집, 단국대학교 동양학연구소, 2009.

1930, 40년대 대중잡지에 나타난 의학상식

『家庭之友』·『半島の光』을 중심으로

이 병 례

I. 머리말

한국 근대 잡지는 매체의 종류가 다양하지 않은 시기에 대중들에게 지식과 정보의 보고 역할을 했다. 이들 잡지 속에는 당대 필요로 하는 여러 지식이 소개되었다. 의학지식 또한 그 중의 하나이다. 잡지에는 의학에 관련된 지식이나 정보가 격월로 혹은 분기별로 항상 배치되었다. 의학지식은 개인의 건강과 관련된 사안뿐만 아니라 일상생활 속 돌발사고에 대한 응급처치, 공중위생, 영양과 관련된 정보에 스며들어 합리성과 과학성을 더하였다. 잡지에서 다루는 질병의 종류는 점차 다양해졌고 여러 증상에 대한 원인과 그에 따른 처방이 실렸다.

의학지식은 인류 역사 진행과정과 더불어 진화 발전해 왔다. 각종 질병의 원인이 밝혀졌고 치료법과 약품이 개발되었다. 그러나 의학 지식의 발전에 따라 지식의 사회적 수용이 곧바로 일어나지는 않는다. 지식의 발전상과 별개로 지식의 전파, 유통 경로를 통하여 사회적 확산이 진척된다. 많은 경우 대중들은 매체를 통해 의학지식을 친숙하게 여기고 상식으로 수용하게 된다. 대중들은 매체 속에 실린 의학 정보를 통하여 인지하지 못했거나 중요하게 여기지 않았던 질병들을 치료와 관리의 대상으로 인식할 수 있게 되었다. 대중들의 관심에 부응하여 여러 잡지들은 다투어 의학정보를 게재했다.

식민지 시기 잡지 속에 배치된 의학지식은 근대 계몽기획의 연장선 속에 있으면서 생활과 의식 개조를 통한 실력양성의 근간이 되었다. 식민권력은 매체를 통하여 건강상식을 전파하면서 의료 헤게모니를 장악하고자 했다. 대중들 또한 변화하는 시대 속에서 "지식은 힘이며 무기이다"[1]라는 믿음 속에 새로운 지식을 습득하려는 욕망을 표출하였다. 근대 대중매체에 실린 의학지식은 식민권력의 지배담론과 계몽지식인의 계몽적 사고, 대중의 과학지식에 대한 열망을 기반으로 하여 확산되었다. 잡지에 실린 의학지식은 당대 지배권력이 대중들에게 주입하고자 하는 지식과 대중이 알고자 하는 지식이 혼재되어 있다. 이는 잡지의 성격이나 지향점에 따라 다루는 질병의 상식과 수위가 조절되어 진다. 의학지식은 질환과 질병을 단순히 기술하거나 치료하는 것만이 아니고, 현존하는 사회구조와 사회적 가치를 재생, 강화하는데 이용될 수 있다.[2]

이 글에서는 잡지 『가정지우』를 중심으로 의학지식의 유통 전파를 살펴볼 것이다. 더불어 동시기에 발행된 『신가정』, 『여성』에 게재된 기사와 비교해 보고자 한다.[3] 『가정지우』는 농촌 여성을 대상으로 발행된

---

1) 보통학교 훈도인 김병운의 발언이다. 그는 "나(我)라는 자아(自我)는 자아가 교육해 가야지요. 지식에 호흡이 그치면 정신적으로 사멸한 것이라고 생각합니다."라고 하여 지식의 중요성을 강조한다. 그는 생활비 항목에 일정한 금액을 책정해서 매달 한두 권의 서적을 구입하였다(『동아일보』, 1931.1.11. "예산 세운 교원의 60원 생활"). 이와 같이 대중들은 서적이나 잡지 등 근대 인쇄매체를 통하여 지식을 습득하는데 열심이었다.
2) 사라 네틀턴, 조효제 역, 『건강과 질병의 사회학』, 한울, 1997, 55쪽.

잡지이고『신가정』과『여성』은 도시 중산층 여성을 대상으로 발행된 잡지이다. 두 가지 유형의 잡지에 실린 의학지식의 비교를 통하여 매체에 따라 다른 유형의 의학상식이 전파됨을 보여줄 것이다.

농촌지역은 도시에 비해서 상대적으로 정보가 제한적이었기 때문에 『가정지우』가 전파하는 의학상식은 상당히 영향력이 있었다.『가정지우』를 대상으로 삼은 이유는, 이 잡지가 대중적 전파력이 강하고 의학지식을 둘러싼 수사의 변화 과정을 잘 보여주기 때문이다. 1930년대 중반경부터 전시까지 아우르고 있는 이 잡지는 1930년대 의학담론과 전시 총동원체제의 의학담론 변화과정을 잘 보여준다.『가정지우』는 다른 잡지에 비해 양적으로 많은 의학정보를 게재하고 있지만, 질병의 종류가 그다지 다양한 것은 아니다. 오히려 매우 편중된 편이다. 개인 질병 보다는 전염병 등 사회적, 공공위생과 관련된 질병이 주로 다루어졌다. 이것은 잡지의 성격을 보여줌과 동시에 당대 질병을 바라보는 시선 혹은 제국의 질병시선을 잘 드러낸다.

의학상식이 '건강'을 목적으로 생산 유통되는 것이라고 할 때, 식민권력이 건강문제를 어떻게 바라보고 대처했는지에 관해 많은 연구가 축적되었다. 기존 연구는 주로 근대적 의학지식의 도입과 그 성격의 문제,

---

3) 본고에서 다루고 있는 잡지에 대해서는 여성담론을 중심으로 연구가 이루어졌다. 『가정지우』는 문영주(2007)의 연구가 있다. 이 연구는 잡지가 근대지식의 전파로 창출하려고 했던 여성상에 대해 주목하였다. 잡지가 주목하는 여성은 근대사회를 구성하는 합리적 개인이 아니라 권리 행사는 유보된 채 의무만을 수행하는 식민지 '국민'에 불과했음을 강조했다.
잡지『여성』을 분석한 연구로 김양선, 「식민주의 담론과 여성 주체의 구성-『여성』지를 중심으로」,『여성문학연구』3, 2000; 심진경, 「여성과 전쟁: 잡지『여성』을 중심으로」,『현대문학의 연구』34, 2008; 곽은희, 「전시체제기 노동·소비담론에 나타난 젠더정치-잡지『여성』을 중심으로-」,『인문연구』59, 2010이 있다. 이 중 심진경은 기존『여성』지 분석이 총후개념으로 단일하게 제시한 것을 비판하며 전시 여성담론 단일한 것이 아니며 이질적이면서 상호 모순되는 양상이 중첩되어 있음을 규명하였다.

의료 시스템의 식민지성과 더불어 근대 신체 규율화의 문제 등을 다루었다.[4] 근대 의료 시스템의 도입이라는 측면에서 시기적으로는 개항기와 일제 초기에 연구가 집중되었고 1930, 1940년대 연구는 비교적 소략한 편이다.

전시체제를 대상으로 한 연구 중 정근식은 전시 건강 담론에 주목하였다. 건강은 국력이라고 하는 목표를 달성하기 위한 여러 제도적 장치들, 체력검사를 통한 체위나 체력의 표준화 등을 제시하였다. 건강이 국가 통제의 주요 기제가 됨을 밝히면서 규율화된 인간형이 주조되었고 그러한 파시즘적 기제가 근대사회를 규정하는 주요 장치였다는 것을 규명하고 있다.[5]

신동원은 건강을 국력으로 사고하는 역사적 과정을 검토하였다. 그 과정에서 식민지 시기 보건의료를 민족주의적 관점에서 논하였다. 보건의료는 식민모국의 건강과 직결되는 부분에 집중되었고 식민지인의 건강은 소외되었다. 식민지인을 아우르는 건강관리는 1937년 중일전쟁기에 비롯되었지만 전쟁에 활용하기 위해 마지못해 나온 것이고 한국인의 건강 도모는 독립국으로서 조선 또는 한국의 국력을 키우기 위한 것으로 이어지지 않고 식민모국인 일본의 이익에 봉사한 것에 불과했다고 한다.[6]

박윤재는 1930년대 결핵이 만성 전염병으로 국가 시책의 주요 현안으

---

4) 황상익,『한말 서양의학의 도입과 민중의 반응』, 역사비평사, 1998; 신동원,『한국 근현대 보건의료사』, 한울, 1997; 조형근,「식민지 체제와 의료적 규율화」,『근대주체와 식민지 규율권력』, 문화과학사, 1997; 신동원,「세균설과 식민지 근대성 비판」,『역사비평』58, 2002; 이승원,「근대적 신체의 발견과 위생의 정치학」,『국민국가의 정치적 상상력』, 소명출판, 2003; 이종찬,『동아시아 의학의 전통과 근대』, 문학과지성사, 2004; 박윤재,『한국 근대의학의 기원』, 혜안, 2005 등.
5) 정근식,「식민지 지배, 신체규율, '건강'」,『생활속의 식민지주의』, 산처럼, 2007.
6) 신동원,「"건강은 국력" 개념의 등장과 전개」,『보건학회논집』37권 1호, 2000.

로 대두된 배경에 주목하였다. 전쟁 동원을 위해 건강한 청년인력 확보 차원으로 결핵 대책에 본격화 되었으나 재정이 투입되는 예방과 치료의 기초시설인 요양소 건설 보다는 개인위생에 집중되었음을 논하였다.[7]

류수연은 가정주부에게 요구된 의학상식이 일제의 식민주의와 맞닿는 과정을 논하였다. 이 연구는 가정상비약이 제국과 자본의 욕망과 결합하여 상식과 교양으로 격상하는 과정에 주목하였다. 전쟁 수행의 생산 주체로 식민지 조선의 모체에 주목하였으나 국가적 책임은 비용의 이유로 방기되었고 보건의 문제는 각 가정 그 중에서도 가정주부에 전담하는 결과가 초래되었다. 여성에게 요구되는 가내 의료에 대한 요구는 가정상비약에 대한 인식이 하나의 교양으로 승격되는 계기가 되었다고 한다.[8]

이들 연구는 제국의 이익에 부응하는 식민권력의 보건의료 정책들, 가정부인에게 요구된 의학상식이 무엇을 겨냥하고 있었는지 등 주로 제국의 의도에 초점이 두어졌다. 반면 대중 주체의 관점에서 1920, 1930년내 잡지를 대상으로 분석한 권채린의 연구가 주목된다. 권채린은 의학지식을 중심으로 한 건강담론이 통제와 훈육의 대상이라는 관점 보다는 식민지 대중의 주체적 인지, 일상 속 인식을 중심으로 고찰하였다. 식민지 시기 내내 조선인의 건강과 체력은 실제적으로 주목받거나 관리 받지 못했다. 즉 근대적 의학 담론은 넘쳐났지만 현실적 의료 시스템은 매우 빈약했다. 여성들은 신문 잡지 등 매체를 통하여 제도적으로 미흡한 의료체계 속에서 스스로 능동적으로 의학정보를 습득하고 자기화했다.[9] 의학상식에 대한 여성들의 능동적 대응에 주목한 연구이다.

---

7) 박윤재, 「조선총독부의 결핵 인식과 대책」, 『한국근현대사연구』 47, 2008.
8) 류수연, 「가정상비약, 총후보국과 사적간호의 확대」, 『비교한국학』 26권 1호, 2018.
9) 권채린, 「1920-30년대 '건강'과 '질병'을 둘러싼 대중담화의 양상」, 『어문논총』 64호, 2015.

기존 연구는 의료정책이나 의학담론 등 다양한 주제를 다루었고 신문 잡지 등 매체도 폭넓게 활용하였다. 그러나 특정 잡지를 구체적으로 분석한 경우는 없었다. 이 글에서는 기존 연구 성과를 시야에 넣고 두 가지 부분을 탐구하고자 한다. 하나는 『가정지우』(『半島の光』)에서 주로 다루고 있는 질병과 그에 대한 지식이 어떻게 구성되는지를 검토한다. 이는 당대 농촌 여성에게 전달하려는 의학지식의 유형을 살펴볼 수 있으며, 더 나아가 당대 여성 신체를 둘러싼 의학지식의 전파와 어떻게 결부되는지를 확인하기 위한 것이다.

　　다른 하나는 식민권력의 지배 이데올로기와 의학지식이 조응하는 지점을 탐색할 것이다. 의학지식 그 자체는 식민지 시기 기간 동안 큰 변화는 없는 것으로 보여진다. 의학지식은 일정한 과학의 발전을 토대로 진전된다는 측면에서 단기간에 어떤 큰 변화가 나타나는 것은 아니다. 중요한 것은 의학지식에 대하여 어떠한 사회적 가치를 투영하는지, 의학지식을 둘러싼 담론 즉 지식을 전달하는 수사가 어떠한 내용을 담고 있는지 부분이다. 이러한 측면에서 『가정지우』는 식민 권력의 의도, 시기적 변화에 따라 의학지식을 전달하는 수사의 변화를 전형적으로 보여준다.

II. 가정건강과 여성의 신체 사이에서

1. 『家庭之友』(『半島の光』)의 유통망과 게재기사

　　『家庭之友』는 조선총독부 관변단체인 조선금융조합연합회가 1936년

12월 창간한 대중잡지로 2개월에 한번 발행되었다. 1938년 8월 제13호부터 '국어(國語)' 보급을 이유로『家庭の友』(가데이노도모)로 제호 변경되어 1941년 3월 제41호까지 매월 발행되고, 1941년 4월부터는『半島の光』으로 제호 변경되어 1944년까지 발행되었다.

잡지 발행 겸 편집자는 창간 당시 오구치 히로무(小口弘)였다가, 1940년 11월부터는 시미즈 세이치(淸水精一)가 담당했다. 이들 두 사람은 조선금융조합연합회 보급과장이었다. 제1호부터 제8호까지 실제 편집을 맡았던 인물은 리기용이었다. 잡지는 조선금융조합연합회 출판보급사업의 일환으로 창간되었으며, 금융조합의 존재감을 일깨우고 조합원의 정신적 각성을 위하여 발간되었다.[10] 편집진은 잡지의 성격에 대해 "시시각각으로 변하는 세상물정을 농촌부인들께 알려주는 재미있고 유익한 잡지"라고 선전했다. 농촌 지역 조합원 부인에게 유익함을 주면서 조합정신과 일본정신을 이끌어내기 위한 잡지였다.

잡지 발행부수는 1936년 19,500부(조합원수 1,491,937), 1937년 40,000부, 1938년 64,000부, 1939년 65,000부, 1940년 64,000부였다. 이후『半島の光』으로 개제된 이후 1941년에는 10만 부(조합원수 2,366,184)로 증가한다. 잡지 가격은 10부에 50전이고 구매는 각 금융조합에 신청하도록 되어 있다. 잡지는 개인판매보다는 단위 금융조합에서 일괄적으로 구입신청을 받아 판매하는 방식으로 유통되었다.『신가정』의 경우 1936년 잡지가격이 1권에 20전, 3개월에 55전, 6개월 1원50전, 1년 구독료는 2원이었다. 여기다가 우송료가 1권에 2전이었다.『가정지우』가 1권으로 치면 5전인데『신가정』은 우송료까지 22전이다. 구독을 한다면『가정지우』쪽이 훨씬 저렴하게 이용할 수 있었다.『가정지우』(『半島の光』)는 수익을 염두

---

10) 이하 잡지의 발행현황, 성격 등에 관해서는 문영주, 「일제 말기 관변잡지 『家庭の友』 (1936.12~1941.3)와 '새로운 婦人'」(『역사문제연구』 17, 2007)을 참조함.

에 둔 판매용이라기보다 금융조합원을 대상으로 한 선전지에 가까웠다.

잡지의 일차적 독자는 금융조합 부인회에서 활동하는 한글을 읽을 수 있는 농촌 부인들이었다. 일반 대중 잡지보다는 저렴하지만 다소간의 구독료를 지불할 수 있을 정도의 경제적 여력이 있고 한글을 읽을 수 있는 농촌부인, 적어도 보통학교 정도를 나와서 부인회를 이끌어 나갈 만한 정도의 소위 농촌 여성 사회에서 '중심인물'에 해당했다. 그러나 잡지 독자층은 여기에서 그치지 않는다. 금융조합 부인회는, 모든 부인회가 다 그렇지는 않지만, 독서회를 운영하고 있었다. 독서회는 부인회 간부가 중심이 되어 일반 회원들이 모여서 기관지 『가정지우』를 강독했다. 독서회는 한글을 읽지 못하는 농촌부인들에게 잡지 내용을 전달하는 통로였던 것이다.

이러한 방식을 통해 잡지는 부인회 간부가 부인회나 마을 부녀모임에서 농촌 부인들에게 근대지식의 계몽적 교육과 일상생활의 지도를 수행하는 매개체로 기능하였다. 이러한 통로를 통하여 잡지에 실린 의학지식은 상당히 광범위하게 전파되어졌다고 볼 수 있다. 이는 일반 대중잡지와 비교해서 상당한 차이가 있는 부분이다. 일반 대중잡지는 전적으로 개인의 취향과 지식, 경제 여력에 의존하여 유통된다. 반면 『가정지우』는 금융조합이라는 조직적 기반을 통하여 유통되므로 독자층이 일정하게 확보되어졌고 그와 연동된 여성들의 인적 관계망을 통하여 가시적 판매부수 외에 추가적 독자층이 존재할 수 있었다. 더구나 당대 산업구조상 농업인구가 전체의 70~80%에 달하였다는 측면에서 『가정지우』를 통해 전파되는 지식은 보다 더 대중적이라고 볼 수 있다.

『가정지우』와 『半島の光』에서 주로 다루어진 의학관련 지식이나 정보는 크게 질병과 건강 일반으로 나눌 수 있다. 『가정지우』는 '가정위생', '보건수첩' 등의 고정 코너 『半島の光』은 '위생', '위생지식' 코너를 두

어 일상생활에서 필요한 의학지식을 소개하였다. 빈도수가 아주 많은 것은 아니지만, 의학지식은 격월이나 계절이 바뀌는 환절기에 한두 편씩 항상 배치되었다.

<표 1> 『가정지우』에 게재된 의학지식의 유형

전염병	전염병 일반
	호열자/적리(이질)/장질부사/파라디푸스/두창(천연두)/발진디푸스/유행성뇌척수염/페스트/마진(홍역)/결핵
겨울철질병	감기, 기관지염과 폐렴
환절기전염병	유행성 감기, 백일해, 디푸테리아, 마진, 성홍열, 유행성이하선염 등
건강	냉수욕과 냉수마찰
	새해의 건강설계: 신선한 공기와 일광/규칙적 생활
	계절위생/추위와 의복
	치아위생/발치시 주의점
응급처치	미친개에 물렸을 때
	독사에 물렸을 때
	벌, 송충이 등 해충에 물렸을 때
	사고로 인한 출혈/뇌빈혈 졸도 시/토할 때/호흡을 못할 때
	동상
영양	약이 되는 채소와 과일
	육식과 채식의 장단점
	아침 과일의 이점
	동물의 간은 훌륭한 보혈제
인체표준	

『가정지우』에서는 당시 법정전염병11)으로 분류된 질병과 감기, 백일

---

11) 일제 강점기 동안 방역을 위한 기본 법규로 작용할 전염병예방령이 1915년 6월 공포되었다. 예방령의 공포로 법정 전염병이 확정되었는데, 콜레라, 이질, 장티푸스, 파라디푸스, 두창, 발진티푸스, 성홍열, 디프테리아, 페스트가 해당한다.

해, 화류병, 결핵, 학질(말라리아) 등이 다루어졌고 이들 질병의 원인, 증상, 예방법 등의 의학적 정보가 실려있다. 또한 여러 가지 형태의 응급처치에 관한 내용도 게재되었다.

응급처치는 실생활에서 벌어지는 위급 상황에 대한 의학적 대처라는 면에서 유용한 정보를 담고 있다. 사고로 다량 출혈이 발생했을 때의 처치 방법, 또 사람의 신체에서 혈액의 중요성 등의 의학지식이 제공되었다. 코피가 날 때 간장이나 소금물을 먹이라던가 졸도했을 때 눕혀두었다가 의식이 돌아오면 포도주 한두 잔을 먹게 하라는 것 등의 처치법이 제시된다. 소금물은 지혈작용 차원이고 포도주는 혈액순환의 의미가 있다. 이 밖에 구토시 주의점이나 급성 중독이 발생했을 때, 갑작스런 호흡곤란이 일어났을 때처럼 일상생활에서 부딪힐 수 있는 응급 상황에 대한 처치법을 소개하였다.[12]

독사나 독충에 물렸을 때 생활 속에서 할 수 있는 처치 방법이나 개에게 물렸을 때의 처치도 매우 유용한 정보이다. 독충에 물렸을 때는 물린 부위 상부를 졸라매어 독이 전신에 퍼지지 않게 하고 될 수 있는 한 피를 많이 뽑아낸다. 입으로 뽑아내는 것도 좋은데 그럴 때는 술로 양치질을 하고 상처를 세수비누로 잘 씻어내면 독을 제거하는데 도움이 된다. 설탕물 등을 상처에 바르거나 꿀을 먹으면 좋다는 방법도 제시한다. 의약품 구입이 어려운 대중들이 일상생활 용품을 활용하여 할 수 있는 응급처치법이었다.[13]

건강 일반에 대해서는 저항력을 기르기 위해 겨울철 냉수마찰을 권하

---

12) 張起呂(경성의전부속병원),「구급처치에 대하여」,『가정지우』32호, 1940.

13) 설탕은 나폴레옹 전쟁과 같은 옛날 전쟁 때 항생제로 사용했으며 삼투압 원리로 작용한다. 살균제로서 설탕을 사용한 것은 고대 이집트 때부터로 알려져 있다. 항생제가 발견되기 이전 상처에 필수적으로 동반되는 세균 감염을 방지하기 위해 전쟁 부상으로 감염된 사람들에게 설탕이나 꿀을 이용하여 효과를 본 이후 오래 동안 항생제 역할을 해왔던 것이다.

는데, 혈액순환과 위장과 폐를 튼튼히 하고 피부병이나 감기 등에 유익하다는 의학지식이 가미된다. 저항력을 위한 영양 부분에도 의학적 지식이 첨부되었다. 아침 과일의 이점에 대해서 강조한다던가 각 과일과 채소가 갖고 있는 영양소가 특정 질병에 효과가 있다는 정보도 제공된다. 예컨대 마늘은 폐병과 간장병에, 양파는 신경쇠약이나 불면증에 좋고 토마토 같은 것은 자양분이 많아 전염병에 대한 저항력을 길러주고 생선의 간은 훌륭한 보혈제로 허약한 사람이나 결핵성 질병에 걸린 사람, 산후에 많이 먹을 것을 권한다.

<표 2> 『반도의 광』에 게재된 의학상식

영양	질병 예방을 위한 비타민A · B
	식품의 영양상식
	만성위장병에 좋은 양생법
	영양 확보는 건위강장
건강일반	변비에 좋은 운동법
	면역력을 기르기 위한 것
	여름철 단련법
	임신 중 건강
의학지식	약의 상식 1, 2
	위생지식; 회충
	사망률이 높은 아동과 노인의 폐렴
질병	역리와 그 치료법
	학질과 그 치료
	이질과 그 치료

『半島の光』으로 제호 변경된 이후 의학에 관련된 기사는 상당히 줄어들었다. 잡지 자체가 전적으로 전시 정책선전용으로 전환되면서 일상생활과 관련된 기사는 대폭 축소되었다. 질병에 대해서는 역리, 학질, 이질

등 이전에 다루었던 전염병이 마찬가지로 중요하게 취급되고 있으며 영양과 생활 속에서 실천하기 좋은 건강법 등이 다루어졌다.

『가정지우』에서 소개하는 의학정보는 당대 대중잡지와 마찬가지로 일상생활에서 실천할 수 있는 의학정보가 상당 부분 배치되었다. 이 잡지에서 다룬 정보나 처치법은 현재까지 일반적 상식으로 알려져 있는 내용이 상당하다. 『가정지우』에서 전달하는 정보는 정밀한 사실 근거와 논리적 정합성을 가지고 구성되었고 건강과 신체와 관련된 의학지식을 대체로 과학적으로 전달하고 있었다.

그러나 농촌여성을 대상으로 한 잡지임에도 불구하고, 농촌여성에 특화된 의학정보는 실려있지는 않다. 이를테면 농촌과 도시를 대비하여 농촌에서 주로 유통되는 상식 같은 것을 지적한다던가 하는 글은 발견되지 않는다. 『가정지우』에서 전달하려는 의학지식은 상당히 표준화된, 일반 상식선에서 전달되고 있다. 잡지에서 다룬 의학정보는 개별성과 특수성 보다는 보편성을 담보하는 방향으로 구성되었던 것이다. 이는 의학지식 전달의 주체와도 관련이 있다. 『가정지우』는 잡지 편집진의 글과 세브란스 의전의 李鶴松과 李輔英, 경성의전의 張起呂, 金晟鎭, 기타 朴扶榮, 李聖鳳, 金大鳳, 龐德興 등이 있다. 이들은 이른 시기에 의학 수업을 받고 한국 의료사의 중요한 역살을 담당한 권위 있는 의료진이었다. 반도의 광에서는 金大鳳이 총 5회에 걸쳐 글을 게재하였고 나머지 기사는 鄭奉變, 張祥洪, 金晟鎭[14] 등이 참여하였다.

---

14) 『半島の光』에 가장 많은 의학지식을 게재한 인물은 김대봉(1908~1943)이다. 그는 평양의학전문학교를 졸업하고 경성제국대학 세균학교실에서 연구하고 의원을 개업하면서 문학 활동을 하기도 하였다. 의학의 대중화를 위한 『대중의학』이라는 잡지를 주재하기도 하였다. 1943년 3월 환자로부터 발진티푸스가 전염되어 사망하였다. 그 밖에 김성진(金晟鎭, 1905~1991)은 1930년 경성제국대학 의학부(제1회)를 졸업하고 곧바로 모교 외과학교실에 남아 우리나라 의사로서는 가장 초창기에 외과 의사가 되었으며, 광복이 될 때까지는 김성진외과를 운영하여 도규계(刀圭界)의 상

2. '총후부인'과 여성신체

잡지가 여성지를 표방했다고 하더라도 그 시각이 진정한 여성주의적 관점에서 구성되는 경우는 많지 않다. 『가정지우』역시 여성을 대상으로 한 잡지였지만 의학상식과 관련한 기사에서 여성의 사적인 영역은 매우 소홀하였다. 의학기사는 대개 여성의 가정내에서 역할과 사회적 파급력을 갖는 부분에 주안점이 두어졌다. 특히 영양문제나 아동 질병에 관한 내용, 청결의 문제 등이 그러하다.

『가정지우』는 전체적으로 전염병 관련 기사가 많이 게재되었는데, 전염병의 관리 그 중심에는 여성의 역할이 놓여 있다. 전염병의 예방과 관련된 내용을 보면, 전염병은 병자의 대소변을 간수하는 손을 통해 음식 조리 시 전파될 수 있으므로 손의 청결이 중요하다. 병자가 덮는 이불이나 옷 밥그릇 등속도 주의해야 하는데 이 모든 것은 집안에서 가정 주부가 주로 하는 일이다. 특히 위생부분에 있어서 여성의 역할이 강조된다. 전염병 전파 요인 중 파리는 균을 옮기는 주요 매개체이다. 이 파리의 온상인 부엌이나 하수도 등을 청결히 해야한다. 이 역시 주부의 역할이다.

어린아이가 걸리기 쉬운 전염병에 대한 지식은 아이 돌봄의 주체가 여성이라는 점에서 주부를 염두에 둔 것이었다. 이를테면 아이가 디프테리아에 걸리면 병원에 격리시키고 가지고 놀던 장난감은 태워버리며 의복은 삶고 그릇은 소독한다. 병에 걸리지 않게 예방주사를 맞춘다. 마진(홍역)도 소아에 자주 보이는 전염병인데 되도록 바람을 쏘이지 않도록 한다. 예방은 어려우니 발병하면 바로 격리시킨다. 집안에 전염병에 걸린 아이가 있으면 병원에 격리시킬 것이나 할 수 없으면 집에라도 격

징으로 널리 알려졌다. 정봉섭(鄭奉燮, 1902~1977)은 의학박사로 세브란스병원장과 대한의학협의회 이사장을 지냈다. 해방 이후 자유당 당무위원과 초대 대통령 이승만 주치의로 일했다.

리시키고 교통을 차단할 것 등을 제안한다.

또한 어린이 전염병의 증세를 상세히 묘사하여 주부들이 자녀의 질환을 판단할 수 있도록 돕는다. 예컨대 역리(이질)의 증상으로는 아이가 갑자기 피곤해하거나 기력이 없고 창백하며 구역질을 하고 토하고 고열과 설사가 시작된다. 이 경우 역리를 의심해볼 수 있고 가정에서는 즉시 관장하고 피마자 기름을 먹이며 머리에 찬 찜질을 하고 복부를 따뜻한 후 보리차 외 음식을 금할 것을 권한다.[15]

어린이의 겨울철 건강도 여러 차례 게재되었다. 겨울철 어린이들이 잘 걸리는 기관지염, 성홍열, 백일해 등에 대한 의학정보를 제공하고 일상생활에서 할 수 있는 방법을 제시한다. 환기를 자주 시켜야하고 무작정 옷을 두껍게 입히면 안되며 외출하고 돌아오면 양치질을 시켜야 한다는 등의 내용이다. 이 모든 내용은 여성이 가정의 관리자로, 가정주부로써 알아두어야 할 지식에 해당한다.

매체의 의학상식은 동일하지 않다. 『신가정』과 『여성』지는 『가정지우』와 상당히 다른 결을 보여준다. 『신가정』은 1933년 1월부터 1936년 9월까지 동아일보사에서 발행된 전형적인 여성 대상의 대중잡지이다. "여성들에게 교양과 지식을 주입시켜 새 가정을 만들어나갈 자질을 함양시키고자 간행"한다고 밝히고 있다. 여성을 대상으로 한 계몽지 성격을 띤다.

『신가정』의 의학지식은 여성건강, 일상생활 속 위생문제, 질병의 원인과 예방 등으로 이루어져 있다. 『신가정』에서도 『가정지우』와 마찬가지로 전염병 등 일반 질병이 다루어지고 있고 가정주부로써 담당해야할 지식이 포함되어 있다. 「주부의 의학상식」이라는 글에서 소독에 대한

---

15) 관장은 현재의 의학지식에도 변비증의 대변 배출이나 이질·식중독에 걸렸을 때 장내를 청소하기 위해서 행하는 것으로 되어있다. 피마자유 역시 오랫동안 이질이나 변비와 같은 소화기 장애 치료를 위해 사용되어 왔고 현재까지도 활용된다.

<표 3> 『신가정』에 실린 의학지식

영양	이상적 음식. 채식인가 육식인가
건강	의학상으로 본 성(性) 문제. 성에 대한 이론과 그 위생상 주의점
	여학생의 월경과 스포츠
	불임치료는 어떻게
	임신에서 출산까지
	치아건강. 충치 원인 치료법
	감기예방
	겨울철 온돌방 적정 온도
	생활건강 방법. 냉수마찰, 젖은 수건 걸어놓기 등
	건강 일반. 건강한 생활을 위해 등산, 수영, 일광욕 등과 봉사
위생	가정의 환기, 채광 등
	가정 청결을 위한 구충법
	가정위생. 빈대, 벼룩, 모기 등 퇴치법
	여름철 위생. 의복, 음식물, 주거 청결 등
의학지식	수혈
	유방에 대한 지식
전염병	장질부사
	트라홈(전염성 결막염)
질병	폐렴
	이비인후
	유방암
	두드러기

중요성을 환기시키거나 가정상비약 구비의 필요성 등에 대한 기사가 있고, 「가정위생과 해충구제」, 「가정청결을 위한 일절 구충법」에서는 의복, 음식, 주택의 청결과 파리, 모기, 쥐 등 각종 해충 퇴치법 등이 실렸다. 「장질부사에 대한 주의」에서는 장질부사의 전염성, 병균, 증상 등을 설명하고 『가정지우』와 마찬가지로 가정주부로써의 역할이 배경에 깔려있다.

그러나 『신가정』은 여성 자신의 건강과 관련된 기사가 많은 비중을 차지한다. 의학의 상당 부분이 여성 자신의 신체에 관한 지식으로 채워져 있다. 임신에서 출산까지 태아의 성장과정과 산모의 신체 변화를 다룬 글이나 월경, 불임문제, 유방의 구조와 관리 등에 관한 의학지식이 제공되었다. 「유방에 대한 지식과 위생」에서는 유방의 구조와 기능, 주의점 등이 다루어졌고, 「성위생에 대한 주의」에서는 월경이 무엇이고 월경시 주의점이나 불임증이 무엇인지 등 여성 신체에 대한 글이 게재되었다. 질병 관련 기사에도 여성들이 잘 걸리는 유방암을 다루는 등 여성 신체에서 일어나는 여러 증상들이 실렸다.

필자로는 길정희, 오천석, 구영숙, 이용설, 이영준, 김동익, 이선근, 고영목, 정기섭, 유상규, 적십자 병원, 부민병원 등 의사를 비롯하여 의전을 졸업하고 개인병원을 개업하여 의료업에 종사하는 의사들이 참여하였다.[16] 또한 이화전문, 경성여고 학생, 교육가이자 사회운동가인 송금선, 사회운동가 정자영 등이 필자로 참여했다.

『여성』지는 1936년 4월 1일부터 1940년 12월까지 발행된 월간지로 『가정지우』와 발행기간이 동일하다. 편집 겸 발행인은 방응모, 편집진에는 윤석중, 노천명, 백석 등이 참여하였다. 전체적으로 『여성』은 의학상식 기사가 매우 소략하다. 『여성』은 중산층 여성을 대상으로 한 대중잡지

---

16) 『신가정』의 필자 중 길정희는 경성의학 강습소 부소장을 역임하였고, 오천석은 일본 아오야마학원(靑山學院) 중등부를 졸업하고 도미하여 코넬대학 등에서 교육학 석사와 철학박사 학위를 받았다. 1932년부터 4년간 보성전문학교 교수로 재직하였다. 구영숙, 이용설, 이영준 등은 세브란스 의전 교수였다. 김동익은 경성의전을 졸업하고 게이오(慶應)대학에서 의학박사 학위를 받은 후 내과의원을 개업한 인물이다.

17) 이 글에서 대상으로 한 『여성』지는 1권 3호, 1권 4호, 2권 4호, 3권 3호, 3권 5호, 3권 6호, 3권 8호, 4권 2호, 4권 3호, 4권 4호, 4권 6호이다. 필자로는 산부인과 전문의 장문경(張文卿), 의학박사 허신(許信), 의사 정윤용(鄭潤鎔), 경성제대 의학부 김석환(金錫煥) 등이 있다.

<표 4> 『여성』에 실린 의학상식[17]

건강일반	가정부인과 체육	필자
	여름철 가정위생은 이렇게(말라리아, 적리 등)	장문경
	건강 제일의 조건은 치아	
	위생수첩	
	가정생활개선 좌담회-가정위생	
여성건강	초임부의 주의	
	성병에 대하여	장문경
	봄철 부인 위생(폐결핵, 화류병 등)	장문경
	임산부의 안정, 섭생	
	부인병을 자택에서 치료한 체험	
	부인병의 지식	許信(의학박사)
기타	의학상으로 본 남녀의 차이	
	의학상으로 본 시어머니와 며느리	鄭潤鎔
	사춘기의 의학적 지식	金錫煥
	여성싸롱(문답)	

로 문학작품이나 미용, 패션 등 흥미를 지극하는 기사가 주로 실렸고 의학기사는 기사의 건수도 적고 분량도 많지 않다.

『여성』지에도 다른 여성잡지와 마찬가지로 주부의 역할을 염두에 둔 의학상식이 실렸다. 「여름철 가정위생」이라는 글에서는 전염병을 일으킬 수 있는 환경 즉 하수노 변소 능의 정결이나 부패한 음식을 주의할 것과 아동의 원기를 좋게 하는 방법 등의 포함되어 있다.

특히 『여성』지에는 사회심리학적인 글이 게재되어 눈길을 끈다. 「의학상으로 본 시어머니와 며느리」, 「사춘기의 의학지식」 같은 글은 심리적 상태에 따른 신체변화를 의학적으로 접근하고 있다. 이 잡지가 여체나, 화장법 등 상당히 자극적인 이미지와 글로 이루어진 상업적 대중지였기 때문에 의학상식 또한 흥미를 유발하기 위한 소재가 여러 건 취급되었다.

『신가정』에 비해 소략하지만 『여성』 역시 여성 자신의 건강과 직결된 의학상식이 주로 게재되었다. 「초임부의 주의점」이나 「성병에 대하여」 등의 글이 실렸고 질병 일반을 다룰 때도 여성의 건강에 초점이 두어졌다. 「봄철 부인 위생」에서는 여성들이 봄철에 걸릴 수 있는 질병으로 폐결핵이나 성병, 위장병 등을 언급하였고, 봄철에 성생활을 자제하고 생리적으로 긴장된 생활과 규칙적인 위생생활이 필요함을 지적한다. 「부인병의 지식」에서도 역시 월경이나 월경개시와 동시에 발현되는 부인병, 월경개시 후 갱년기 부인병, 대하병, 출혈, 자궁근종, 자궁암 등을 다루었다. 「청춘미 영구보존법」에서는 젊음을 유지하는 정신적, 신체적 주의점 등 의학적으로 젊음을 유지하는 방법을 제시한다.

『가정지우』는 중일전쟁 이후 각종 질병에 전쟁 담론을 투영하는 방식으로 전환되었다. 그러나 같은 시기에 발행된 잡지 『여성』은 그러한 변화는 전혀 보이지 않는다. 『여성』지에 「전시 가정경제」나 「전장을 생각하며」 등의 글이 게재되어 있지만, 전쟁이 투영된 의학상식은 게재되지 않았다. 『가정지우』가 철저하게 '총후부인' 관점에서 의학상식이 구성되었다면 『신가정』이나 『여성』은 상당부분 여성 개인 건강에 시선이 가 있다고 볼 수 있다.

'총후부인' 담론은 전시 총동원 체제가 가동되면서 본격적으로 대두되었다. 전시 총동원체제는 일상적 층위까지 아우르는 것이었고 가정은 동원의 기초단위로 설정되었다. 물질적인 전력(戰力)에서 열세인 일본 제국이 강대한 미국과 영국에 맞서 장기전을 수행하기 위해서는 정신력과 후방의 치안 및 질서 유지가 중대한 의미를 차지하게 된다. 이때 후방 동원과 질서 유지 및 재생산을 위한 최후의 보루로 가정이 새롭게 호출되었다. 총후 부인은 가정의 '주체'로 설정됨으로써 최후의 보루로서 가정에 부여된 이념들이 '부인'의 역할로서 자연스럽게 동화된다.[18]

『가정지우』에 실린 의학상식은 가정에 부여된 역할을 실현하는 중요한 지식 기반이었다. 가족 구성원을 건강하게 관리하고 위생적 환경을 만들어 인구 감소를 방지하는 것이야말로 '총후부인'에게 부여된 가장 중요한 임무이다. 가족 구성원의 건강을 담당하는 관리자로써 여성에게 주어지는 역할 속에서 의학상식이 구현되는 것은 여성지의 일반적인 모습이다. 물론『여성』지에 실린 의학상식도 가정주부가 실천 주체인 것은 동일하지만, 상대적으로『가정지우』에서 선택된 의학지식은 여성 자신보다는 사회적 역할에 초점이 가 있다.『신가정』이 여성 자신의 몸에 대한 지식, 이를테면 생리나 유방에 대한 지식 등을 전달하여 여성들이 여성 자신의 몸에 대한 관심을 환기시키는 역할을 했다면,『가정지우』는 여성의 몸에 대한 의학정보는 미래의 병사와 노동자를 길러낼 '모체'에 대한 지식에 집중되었으며, 전시 '총후부인' 담론을 충실히 구현하였다.『신가정』과『여성』지를 통해서 유통되는 의학상식은 가정건강과 여성의 신체에 대한 관심이 공간을 달리하여 양립하고 있지만, 1940년대 들어서『여성』지의 폐간과 더불어 가정과 사회라는 큰 틀 속에 여성의 신체는 관심의 시야에서 사라지고 있었다.

III. 전쟁담론의 재생·강화

1. 제국을 위협하는 급성전염병

의학지식은 사회적으로 구성되어 있다.19) 질병 그 자체의 정보에 그

---

18) 권명아,「총력전과 젠더; 총동원 체제하 부인 담론과『군국의 어머니』를 중심으로」,
   『성평등연구』8, 2004.
19) 사라 네틀턴, 조효제 역,『건강과 질병의 사회학』, 한울, 1997, 41쪽.

치지 않고 사회적 필요성을 담보한다. 『가정지우』와 『半島の光』에서 주목한 대부분의 질병은 전염병이었다. 『신가정』이나 『여성』이 한 두건의 기사에 불과했던 것과 아주 대조적이다. 『가정지우』 편집부는 '가정위생' 코너에서 「전염병이야기」라는 제목으로 각종 전염병의 원인, 증상, 예방 혹은 처치를 다루었다. 발병 즉시 경찰에 보고하여 전염을 차단하도록 의무화되어 있는 법정전염병을 소개하고 이 중에서 호열자, 적리, 장질부사와 파라디푸스, 두창, 발진디푸스, 유행성뇌척수막염, 페스트에 대해서는 전파경로나 병원체, 세균명 등 보다 상세한 의학정보를 제공하였다.

『가정지우』와 『半島の光』에서 가장 많이 다룬 전염병은 적리(이질)와 마진(홍역)이다. 이 두 전염병은 각각 3회 게재되었다. 적리는 전염병 일반에서 한번, 환절기 전염병을 다루면서 다시 한번, 반도의 광에서 또 다시 게재된다. 마진 역시 자주 다루어진 질병이다. 다음 순으로는 장질부사, 두창, 역리, 결핵이 각각 2회씩 게재되었다. 급성전염병은 한번 발병하면 사회적 손실이 크기 때문에 신문 등 다른 매체에서도 전염병 기사를 자주 게재하여 예방과 치료를 위한 정보를 제공했다. 따라서 『가정지우』나 『半島の光』에서 전염병을 자주 다루는 것이 사실 특별한 일은 아니다. 그러나 동시대 같은 여성잡지인 『신가정』과 『여성』의 경우 전염병을 아주 드물게 다루고 있다는 점에서 비교가 된다. 『가정지우』는 거의 대부분의 지면을 할애하여 전염병에 대한 의학정보를 제공하였다. 이는 이 잡지가 사회적 질병에 시선이 가 있음을 보여줌과 동시에 전염병 발병이 그만큼 심각했다는 것을 말해준다. 서양에서도 위생과 의술의 개념이 생기기 이전 전염병은 전쟁보다 더 많은 희생자를 내는 무서운 사건이었고 우리 역사에서도 괴질(怪疾), 이름도 모르는 병, 돌림병 등의 이름으로 불린 것에서 알 수 있듯이 개인과 공동체가 파괴되는 일종의 '재난'이었다.

식민지 시기에도 역시 여러 차례 대규모 전염병이 발생했는데, 특히 급성 전염병의 발병 가능성은 더욱 높아졌다. 도로의 정비, 철도의 부설 등 교통이 발달했고, 물류 유통이 증가했기 때문이다. 교통의 발달, 무역의 증대 등은 전염병이 급속히 확산되는 주원인이 되었다. 식민지 시기 가장 무서운 병으로 인식되어 격리 조치되었던 대표적인 전염병은 나병, 콜레라, 결핵 등이었다. 전염력이 강하고 치사율이 매우 높았다. 콜레라 같은 경우[20] 1919년 창궐 당시 환자 약 1만7천여 명 중 1만1천여 명이 사망하여 치사율 65.4%에 달했다. 그러나 전체적으로 급성전염병 중 두창, 콜레라는 점차 검역 및 예방접종으로 발생회수와 사망자수가 감소되어 갔다. 그러나 이질이나 장티푸스 같은 전염병은 빈도수가 더 증가한다. 그 이유는 도시화로 상하수도의 문제, 주택환경의 악화 등이 주요인으로 꼽힌다. 1930년대 조선인 사망의 주요 전염병은 이질이나 장티푸스였다.

1933년 한 해 동안 전염병 환자수는 조선인 약 1만 1천여 명이고 일본인 약 5천 6백여 명이다. 숫자로는 조선인이 많지만, 인구 대비로 보면 일본인들이 상당히 많은 편이다. 일본인들은 주로 도시부의 집단 밀집지에 거주하고 이동이 많기 때문인 것으로 보인다. 사망률은 조선인이 약 21%이고 일본인은 13%이다. 1935년 순화원에 입원해 있던 장티푸스 환자의 치사율은 한국인 22%, 일본인 18%였고 이질은 각각 26.6%와 10.1% 정도였다. 다음 〈표 4〉 1933년의 비율과 유사하다. 1930년대에는 대개 이 정도의 발병률과 치사율이었던 것으로 보인다. 한국인 치사율이 일본인 보다 월등 높았던 것은 병에 걸려도 늦게 입원하는 경우가 많

20) 우리나라에 콜레라가 처음 침입했을 때는 정체를 알 수 없는 낯선 질병이라는 뜻으로 괴질이라 불렀다. 그러다 차차 호랑이가 살점을 찢어내는 것과 같은 고통을 준다는 뜻으로 호열자라고 불렀다.

<표 4> 전염병 발병률(1933)

	조선인	일본인	외국인
전염병환자	11,120명	5,646명	30명
사망자수	2,341	757	7
전염병발병			
장질부사	6,306		
두창	2,787		
적리	2,339		
성홍열	2,222		
지푸테리아	1,276		
호열자	10		
전염병사망자			
장질부사	992		
두창	544		
적리	561		
파라지푸스	35		
환자연령			
장질부사	15세-20세미만	1할7분으로 최고	
두창	5세미만	2할9분으로 최고	
적리	5세미만	2할7분으로 최고	
성홍열	5세-10세미만	4할2분으로 최고	

출처 :『동아일보』, 1933.8.31.「전염병균에 희생된 생명 작년 중에만 3천 백여명」

고, 영양상태도 불량한 빈민층이 많았기 때문이었다.[21] 다음 〈표 4〉에 의하면, 발병은 장질부사 - 두창 - 적리 - 성홍열 순이고, 사망자 역시 장질부사 두창 적리가 가장 많다. 장티푸스(장질부사)는 열병의 대명사격

---

[21] 서울대병원역사문화센터 편,『사진과 함께보는 한국 근현대 의료문화사: 1879-1960』, 웅진지식하우스, 221쪽. 민간에서는 장티푸스나 발진티푸스를 열병, 염병, 온역 등으로 불러 같은 병으로 취급했으며, 흔히 '땀 내는 병', '날 수 차는 병'이라고 불렀다. 이들 병이 자연적으로 치유되려면 앓는 날수가 차야 했다. 즉 앓을 만큼 앓아야 낫는 병이었다.

으로 취급되고 전국적으로 많은 환자를 냈다. 일제강점기 동안 거의 매년 유행하여 '常在病과 같다[22]고 했고 실로 "한국 전염병의 왕좌를 차지하는 전염병"으로 불렸다.[23]

연령대별로 보면, 두창과 적리는 5세 미만 유아에 가장 많고 장질부사는 15세에서 20세 사이의 연령대가 가장 많다. 시기에 따라 차이가 있을 수 있으나 1930년대 전염병 발병률이 가장 높은 질병은 장질부사이다. 『가정지우』에서 전염병 중에 장질부사를 가장 많이 다루는 이유가 여기에 있다. 사회의 기간인력으로 성장해가야 할 연령대 사망률이 높았던 것이다. 이 연령대에서 발병률이 높은 것은 학교나 공장 등 집단생활을 하는 경우가 많기 때문인 것으로 보인다.

『가정지우』에서는 전염병의 의학적 지식을 상세히 제공하고 있다.「열병, 이질 등 전염병의 예방법」이라는 기사에서 적리(이질)의 발병 원인으로 환자의 대소변에 섞이어 나온 적리균에 대해 설명하고 발병자의 격리 필요성과 일상생활 속 주의점 등 상세한 정보를 제공하고 있다. 장질부사 역시 발병 원인이 되는 지부스균에 대한 정보와 특히 장질부사(장티푸스)는 보균자가 있어서 건강한 사람과 별로 다름이 없는데, 대소변에서 지부스균이 배설되는 사람이 있으니 대소변은 엄중이 소독할 필요가 있다고 강조한다. 두 질병은 보균자 균이 대소변에 섞여 나오며 전파되는 전염병으로 현재 설명되고 있는 의학상식과 동일하다.

장티푸스가 빈번하게 발생하는 이유는 여러 가지가 있었다. 발병 초 다른 열성 질병과 혼동되기 쉽고 경증 환자도 많아 방역에 어려움이 있

---

22) 朝鮮總督府務察局 編, 『조선경찰개요』, 1928.
23) 전종휘, 『한국급성전염병개관』, 의약계사, 1965. 특히 많이 발생한 해는 1922년 9월 평양에서 있었고 1925년 수해 지역에 발병이 많았다. 1925년은 1924년 3,273명에 비해 1,732명이 증가했다. 또 28년에 많이 발생했다. 환자가 많을 때는 하루 6백여 명에 달했다. 1912년과 1941년 사이 총 환자는 109,437명이고 그 중 사망자가 16,080명으로 치명율은 14.7%였다.

었다. 또 장티푸스로 확정되기까지 일정한 시간이 필요했기 때문에 병독이 전파될 위험성이 많았다. 『가정지우』편집진이 설명하고 있는 것처럼 보균자가 있어서 건강한 사람과 다름이 없다는 점이 바로 그것이다. 특히 대중이 매일 음용하는 물 중 많은 것이 불량했기 때문에 방어에 곤란한 점이 많았다. 장티푸스의 근본적인 예방을 위해서는 상하수도 설비 개선이 필수적이었다. 주로 물을 통해 전파되기 때문이었다. 일제는 많은 설비 투자가 필요한 부분 보다는 더불어 각종 매체를 동원하여 개인 위생을 강조하였다. 『가정지우』도 그 매체 중 하나이다.[24]

급성전염병은 전시에 더 왕성하게 발병하였는데, 1940년과 1941년 사이에 1만2천여 명의 환자가 발생했다.[25] 급성 전염병의 높은 발병률은 전시 인력 동원의 근간이 흔들리는 문제였다. 『가정지우』에서는 전시 급성전염병을 전쟁 상황에 빗대어 그 예방의 중요성을 환기하는데 주력하곤했다. 전시 이전『가정지우』에서 전염병을 다룰 때는 질병 그 자체의 의학정보를 제공하는 것에 머물렀다. 다만 국가의 발전 정도나 국민의 의식 수준 정도를 언급하고 있을 뿐이다. 1936년 1호에 실린「전염병 예방법」(편집부)에서는 '세계에서 일등 국민인 일본도 이질 같은 전염병

---

24) 대한감염학회 편, 『한국전염병사』, 2009, 436쪽. 이질이나 장질부사 같은 전염병이 감소하지 않은 것은 일제가 선전한 공중보건 정책이 그다지 실효성이 없었음을 보여준다. 이들 전염병의 예방을 위해서는 상하수도 설비의 개선이 필수적이었으나 많은 재정투자가 필요한 일이었다. 식민권력이 주력한 분야는 상하수도 설비와 같은 기본 시설보다는 검병적 호구조사와 같은 경찰의 강압적인 단속이었다. 현재 의학정보는 장질부사에 대해 '살모넬라 타이피균에 감염된 환자나 보균자의 소변이나 대변에 오염된 음식이나 물을 섭취했을 때 감염된다.'고 설명하고 있다. 이어 발병 초기에 항생제 치료를 시작하면 사망률은 1% 이하이지만 치료하지 않을 경우에는 10~20%의 환자가 사망에 이른다. 예방방법으로는 상하수도 정비 등의 공중위생 정책과 더불어 개인적 차원의 위생관리가 필요한 것으로 설명되고 있다. 식민지 시기 의학정보와 큰 차이가 없다.
25) 위의 책, 435쪽. 이 시기 특별히 급성전염병이 많이 발생한 이유는 정확히 밝혀져 있지 않다. 다각도의 연구가 필요한 부분이다.

환자수로는 일등국민이 못된다.', '서울 1년 동안 환자가 독일 전체 1년 동안 환자수와 같다'라고 하여 조선의 전염병 발병의 심각성을 환기시키고 있다.

중일전쟁 이후 『가정지우』에서 의학지식을 전달하는 논조는 질병 그 자체의 정보를 전달하는 것과 동시에 자주 전쟁 상황에 빗대어 설명되었다. 이를테면 '국민에게 병역의무가 있는 것과 같이 종두는 반드시 받아야할 의무라고 생각해야 한다. 홍역도 누구나 한번은 앓게 되는 의무이다. 이런 것은 굳이 피할 필요가 없다고 설명한다.[26] 또한 전염병을 예방하기 위해서는 평소 꾸준히 단련하여 저항력을 길러서 '대동아건설'에 매진할 것을 당부하는 식이다.[27]

이와 같이 『가정지우』에서 보여주는 의학상식은 사회적으로 문제가 되는 질병, 즉 공공위생과 관련된 질병에 초점이 두어졌고 개인 위생을 환기시키는데 철저히 복무하였다. 특히 전시에 병력이나 노동력 동원 필요성으로 청년층의 건강 유지 보전이 현안으로 취급되면서 그에 대한 예방 의학지식에 집중되었으며, 전염병에 대한 정보에 전쟁 상황을 가미하여 전시 상황을 각인시키는 역할을 했다.

2. '국력'을 약화시키는 만성전염병

『가정지우』에 실린 의학지식은 수사적 변화가 뚜렷하다. 1930년 말부터 의학지식은 전쟁과 전쟁을 뒷받침하는 국력 즉 인적자원 확보와 깊게 연루되었다. 처음 의학상식에 전쟁을 언급한 글은 1939년 5월호에 실

---

26) 金晟鎭(의학박사), 「인생과 질병전선」, 『가정지우』, 1940.5.
27) 金晟鎭(의학박사), 「여름단련」, 『반도의광』, 1942.7.

린 의학박사 장기려의 글이다. 그는 「봄철 위생에 대하여」라는 글에서 "위생이란 어떻게 하면 각 개인의 건강 보존과 더불어 각 국가 사회가 건전할 수 있을까 하는데 있으며, 인류의 행복을 가져올 문화의 발전과 노동능력을 충분히 발휘하는 데에 있다"고 하여 건강에 관한 일반적인 의의를 제시한다. 이어 "국민의 건강 여부는 국운을 좌우한다"[28]고 덧붙인다. 건강이 개인의 행복을 넘어 '국가'의 운명을 좌우한다는 국가적 성격을 언급하였다. '국민'의 건강은 노동능력을 발휘하여 소위 '국가'를 지탱하게끔 하는 것이었다.

건강과 국력을 연결해서 사고하는 것은 전시에 새롭게 나온 것은 아니며 역사적 산물이다. 근대 민족국가 형성 이후 각국은 상품을 생산하고 소비할 수 있는 인구 집단, 국가를 지키기 위한 강병의 전제로서 인구 집단을 중시했고 국민의 복지나 보건문제를 국가적 관심사로 취급했다. 특히 전쟁을 치루는 과정에서 국민 건강은 보다 중시되었다. 현대전은 그 전의 전쟁보다 훨씬 격렬해졌기 때문에 국가는 전체 국민의 인구 수와 건강상태에 대해 전보다 더욱 많은 관심을 기울이게 되었다. 징병 대상자인 성인 남성의 신체 확보는 필수적이었다.[29] 국민의 건강은 국력의 필수 요소로 인식한 것이다. 그 속에서 국가는 국민의 신체를 보호하기 위해 전염병 예방을 비롯하여 개인의 건강을 증진시키는 방안을 다각도로 고려하게 되었고 그것이 각국의 보건 의료 정책 발전의 배경이 되었다.

우리나라 역시 개항 이후 열강과 경쟁관계에 놓이면서 국력을 위해 인구의 관리가 더욱 중요한 사안으로 취급되었다. 이에 우두법을 도입하여 두창을 예방하고, 환경의 개선을 통한 콜레라 등 수인성 전염병 예

---

28) 張起呂(경성의전부속병원), 「春節衛生에 對하야」, 『가정지우』, 1939.5.
29) 신동원, 「"건강은 국력" 개념의 등장과 전개」, 『보건학논집』 37권 1호, 2000, 38쪽.

방, 전염병 원인의 분명한 인식에 바탕을 둔 각종 전파 차단방법 등의 정책을 시행했다. 일제 강점 이후 계몽 지식인들은 위생과 건강한 신체의 보존을 국권 회복운동의 한 형태로 인식했다. 국권의 회복과 국가의 자강이라는 목표아래 단체와 학교를 설립하고, 개인의 건강이 곧 자강이라는 인식에 입각하여 의학 위생에 관한 지식의 계몽과 체력 단련 운동이 활발히 전개되었다.

중일전쟁 이후 전쟁의 기반으로 모든 개인은 인격을 가진 인간으로서가 아니라 노동력 및 군사력으로 파악된다. 인적 자원으로 파악된 '국민'은 전시 물자 생산 확대를 위해 노동력의 질과 양이 보존되어야 했고 건강과 체력증진의 방안이 모색된다. 건강은 국가에 보답하는 것이라는 캠페인성 구호가 외쳐졌고 국가를 위해 신체가 있다는 선전이 이루어졌다.[30] 인적 자원을 실제로 사용하기 위해서는 최소한의 지식과 언어능력 그리고 단련된 신체가 필요하며, 또 장기적으로 사용되어야 했기 때문에 건강과 위생이 강조된다. 건강한 자원에 피해가 가지 않도록 '악의 전염'을 방지하기 위한 장치로서 '청결'이 위생정책의 중심을 차지하게 된다. 일본에서나 조선에서나 신체규율과 건강, 체위 향상은 개인의 선택이 아니라 '국민'의 의무였다.[31] 건강한 신체는 '국력'이라는 언설은 『가정지우』에 실린 기사에도 그대로 반영되었다.

> 때는 **흥아의 봄**이다. 국가는 총력을 기울여 **동아의 신질서 건설**을 위하여 진력하고 있는 중이다. 이러한 봄을 맞이하여 우리는 마땅히 합리적 위생을 시행하여 개인의 행복을 위할 뿐 아니라 **국가를 위하여** 진력하지 않으면 아니될 것이다. …지금과 같이 비상시에 금전을 많이 사용하는 위생은 불합리한 것이다. …필요이상의 영양소, 주택, 피복을

---

30) 남상호, 「일본 1940년대 총력전하의 농경생활과 시간·건강」, 『일본학보』 73집, 361쪽.
31) 정근식, 「식민지지배, 신체규율, '건강'」, 『생활속의 식민지주의』, 산처럼, 2007, 95쪽.

일 개인이 갖는 것은 위생적 가치가 풍족하다해도 불합리한 것이 이 즈
음 비상시국에 처한 우리로서는 충분히 고려할 필요가 있다고 생각하
는 동시에 앞으로는 공존공영의 정신에서 벗어난 위생은 불합리한 것
으로써 단연히 배척을 받을 것으로 생각한다.[32]

동아 신질서 건설에 진력한다는 것은 대동아전쟁을 정당화하는 논리
이다. '흥아의 봄'이나 '동아 신질서 건설'은 아시아-태평양전쟁을 지탱하
는 침략전쟁의 논리였다. 동아 신질서가 구축되는 시점에 개인은 국가
사업에 뒷받침되어야 한다는 것이고 개인의 실천은 '합리적 위생'에 힘
써야 한다. 시국을 인식하고 비용이 투입되는 위생보다 일상 속에서 실
천할 수 있는 건강에 힘을 기울여야 한다는 내용이다. 이는 일본 제국이
요구하는 전시에 임하는 자세이다. 중대한 시국에 절약과 개인적 실천
행위를 통하여 건강을 유지하고 '국가'의 '성전'에 부응해야 한다는 것이
다. 당대 일부 의학 지식인들은 의학지식을 통하여 제국의 전쟁을 강화
하고 지탱하는데 일조하고 있었다. 이러한 배경하에 각종 질병에 대한
지식은 전쟁과 긴밀히 결부되었다.

먼저 신체의 저항력 부분이다. 인간이 이 세상에 태어날 때는 균일한
건강체를 가지고 태어나지만 여러 내적 외적 자극에 대해 저항력이 떨
어지면 똑 같은 원인이나 자극으로도 어떤 사람은 병에 잘 걸리고 어떤
사람은 병에 걸리지 않는다. 이와 같은 신체의 저항력은 적의 침입과 그
에 대한 대응에 비유된다. 예컨대 일본은 외침을 당하지 않아 사람에 비
유하면 불로장생하는 셈이고 이웃 중국은 내란 외우가 끊이지 않아 사
람에 비유하면 속병에 부스럼에 종기에 일평생 병이 떠날 사이 없어서
골골하게 간신히 연명하는 것과 같다. 더구나 이웃이 친절하게 섭생법
을 알려 줘도 고집만 피우다가 필경 파멸에 이르는 사람과 같다. 이는

---

32) 張起呂(경성의전부속병원), 「春節衛生에 對하야」, 『가정지우』, 1939.5, 44쪽.

'적대세력'인 중국에 대한 부정적 인식을 저항력이라는 인체 현상을 설명하는 부분에 투영하고 있다.

세균이 원인이 되는 질병은 신체의 저항력 정도에 따라 균이 침투하여 발병하기도 하고 발병하지 않기도 한다. 전염병 발병의 원인인 세균에 대해서는 그 형태와 전염경로에 대해 과학적 설명이 기본이다. 여기에 사람이 세균 침입을 막기위해 저항력을 기르는 것과 같이 국가는 외적의 방비를 위해 군비를 완전히 해야한다.[33] 세균이라는 의학지식이 전쟁 담론과 결합되어 질병에 대한 이해를 제공하는 동시에 전쟁을 환기시키는 장치가 된다.

사람의 몸을 해치는 기생충은 비적에 비유된다. 국법에 용납지 못하는 위험사상과 같다. 기생충은 경계선을 파괴하고 침입하여 번식하므로 위험사상이 내부를 약화시키는 것처럼 사람의 몸을 서서히 약하게 만든다. 따라서 한번쯤은 비적토벌하는 것처럼 대변검사를 해서 기생충을 한 마리도 남기지 말고 박멸할 것을 권한다.

감기는 국방에 비유된다. 감기는 누구나 걸리기 쉬운병으로 감기 자체는 무서울 게 없으나 이로 인하여 폐렴과 같은 위험한 병을 일으킬 수 있으니 주의해야한다. 감기는 만주 국경으로 자주 월경하는 소련군에 빗대어서 설명한다. 소련군은 감기이고 소련군과의 충돌로 벌어진 '장고봉사건'이나 '노몬한사건'이 벌어진 것은 감기 후유증으로 생긴 폐렴에 비유된다. 감기는 단지 추위를 피할 것이 아니라 적극 추위를 정복해하는 질병이다. 국가가 평소에 국방이 필요한 것 같이 운동에 힘쓰고 냉수마찰 같은 것을 실행하여 체력을 향상시키고 피부 저항력을 높여야 하는 것으로 설명한다. 감기 자체에 대한 이해를 높일 뿐 아니라 국경 지역의 충돌 상황을 전하면서 소련군은 몸에 큰 손상을 주는 폐렴으로 치

33) 金晟鎭(의학박사), 「인생과 질병전선」, 『가정지우』, 1940.5, 20쪽.

환된다.

　영양에 대한 관심은 조선인의 체질 저하문제와 결부되었다. '성전'이 이루어지고 있는 이때 조선인의 체질 저하가 문제라는 것이다. 건강의 일부분을 차지하는 영양 또한 전쟁 담론 속에 설명된다. 전쟁은 전투로 사망하는 수보다 영양부족이나 위생환경으로 사망하는 경우가 더 많다는 것이다. 예를 들면, 크림전쟁 때는 전사(戰死) 1명에 대하여 병사(病死) 4명, 미국 남북전쟁 때는 전사 1명에 병사 2명, 러일전쟁 때는 전사 1명에 병사 1명의 비율로 사망자가 나왔다고 한다. 전쟁시 위생시설이나 인식이 발달할수록 병사가 적어진다는 것이다. 전쟁시 사망률을 줄이기 위해서는 건강과 체력을 증진시키는 시설과 운동과 질병에 대한 예방에 노력해야 한다는 것이 강조되었다.[34]

　성병은 전투시 화학전에 비유된다. 성병은 한번 발병하면 상당기간 정신적 육체적 손실이 크기 때문에 주의할 질병이다. 특히 매독은 중추기능을 침범하는 일이 많기 때문에 매우 위험한 질병이었다. 성병은 만성 전염병 중 하나로, 1936~1937년 사이에 건강상담소를 이용한 사람 2만 2천여 명 중에 10~13%가 감염자일 정도로 발병률이 높았다. 1937년 경기도 위생과의 통계에 의하면 전체 인구 1천명당 평균 2명 정도가 성병 환자로 나타났다.[35] 성병 또한 전시 군사력과 노동력을 약화시키는 질병이었던 것이다. 성병에 걸리면 즉시 기계화 부대를 출동시켜 화학전으로 대항해야 한다고 강조한다. 즉시 치료약을 써서 매독이나 임질을 무력화시켜야 한다는 것이다.

　결핵 역시 전쟁 상황에 빗대어서 질병 정보가 가미되었다. 결핵은 한번 걸리면 오랜 기간 몸을 상하게 되는 것이 마치 장개석의 게릴라 장기

---

34) 張起呂(경성의전부속병원), 「春節衛生에 對하야」, 『가정지우』, 1939.5, 42쪽.
35) 대한감염학회 편, 앞의 책, 458쪽.

전술에 비유된다. 결핵에 대처하는 자세는 근대전이 무력보다 사상전에 좌우되는 것에 비유한다.[36] '국력'과 결합하여 중요하게 다루어진 대표적인 질병은 결핵이다.

『가정지우』에서 소개하는 결핵의 의학 정보는 결핵균을 가지고 있는 보균자가 이동하면서 균을 전파한다는 것, 영양이 좋지 못하던가 과로하거나 중한 병을 치른 후 등 저항력이 약해질 때 발병할 수 있다는 것을 환기시킨다. 결핵은 무서운 병이지만 불치병이 아니므로 적당한 치료를 적시에 해야하며 병을 예방하기 위해 환기, 일광, 과로를 피할 것을 권한다. 또한 국민 전체에 대해 저항력을 기를 수 있도록 영양에 관한 지식과 위생사상을 보급시키고 체력을 향상시키는 것이 필요함을 강조한다.[37] 1941년 가정지우에 실린 의학박사 이학송의 글은 결핵에 대해 다음과 같이 말한다.

> 우리는 해마다 15만의 동포를 결핵병으로 인하여 잃어 버립니다. 그
> 대부분은 2,30세 청년입니다. 결핵을 완전히 예방할 수 있다면 해마다
> 15만명의 유위한 인재를 더 얻을 수 있습니다. 어떻게 하여서라도 국력
> 을 부지불식간에 침식하여 가는 결핵병을 단연 격멸하여야 되겠습니
> 다. 이를 위해 연구기관의 연구, 치료기관의 연구가 필요합니다. 그것
> 보다도 국민 한사람 한사람의 철저한 각오가 더 중요할 줄로 생각합니
> 다. 결핵병이 개인 내지 국가에 어떤 해독을 주는가를 구체적으로 알어
> 야 하겠고 그 다음은 단연 결핵을 근절시키려하겠다는 각오와 근절 방
> 법의 실행을 철저히 하여야 하겠습니다.[38]

'청년', '국력', 개인의 '각오' 등이 핵심어로 들어가 있다. 결핵병은 청년층 손실이 크고 그것은 국력을 약화시키는 요인이며 결핵을 근절하겠

---

36) 金晟鎭(의학박사), 「인생과 질병전선」, 『가정지우』 31호, 1940.5.
37) 張祥淇, 「영양강좌: 주부가 알아야 할 영양의 기초지식」, 『가정지우』 39호, 1941.1.
38) 李鶴松(세브란스의전병원), 「國力을 浸蝕하는 結核」, 『가정지우』 40호, 1941.2.

다는 각오를 당부하는 글이다.

1937년 7월부터 12월까지 조선 전지역 449개 건강상담소에서 진행된 23,630건의 상담에서 폐결핵환자는 3,068명, 기타 결핵환자는 1,464명으로 판명되었다. 상담인원수 대비 폐결핵환자가 13%, 기타 결핵환자가 6.2%로 합계 19.2%에 해당한다. 이 중에서도 의사 이학송이 지적한 바와 같이 청년층의 숫자가 매우 많았다. 1936년 조선총독부 학무국에서 진행한 조사에 의하면 1930년부터 1935년 사이에 사망한 관공립 중등학교 이상 졸업자 중 40%가 결핵에 의한 것이었다.[39]

그러나 해마다 15만 명이 사망한다는 것은 정확한 것은 아니다. 조선총독부에서 발행한 방역통계 자료는 1920년대까지 6천 명 미만에 머물던 결핵 사망자수가 1931년을 기점으로 증가하여 1930년 중반에 이르러 1만 명을 넘게 되었다. 1930년대 결핵이 급증하게 된 이유는 도시화와 산업화의 진척에 따른 인구 집중과 생활환경의 악화 등이 있을 수 있다. 통계상 가장 사망자가 많았던 1940년의 경우 11,100명이었다.[40] 물론 대단히 많은 숫자이기는 하나 15만 명은 정확한 숫자는 아니다. 아마도 결핵으로 인한 손실이 크다는 것을 강조하기 위한 것으로 보인다. 결핵병이 사회적 질병으로 전염성도 강하고 발병률도 높았지만 국가권력 차원으로 그 방비책은 그다지 적극적으로 실행되지 않았다.

일제가 정책적으로 결핵이라는 질병의 중요성과 관리 필요성을 인식한 것은 1930년대 들어서였다.[41] 1935년 '조선결핵예방협회'가 조직되고

---

39) 박윤재, 「조선총독부의 결핵 인식과 대책」, 『한국근현대사연구』 47, 2008, 222쪽.
40) 조선총독부경무국 편, 『朝鮮防疫統計』, 1943, 263쪽.
41) 기존 연구에서 결핵에 대한 대책을 세우기 시작한 것이 1930년대부터라는 것은 일치된 의견이다. 결핵 대책에 대해 비용이 드는 요양소 건설 보다 개인적 해결에 집중했다는 점에서 보건정책의 식민지적 성격을 보여준다는 견해가 있고(박윤재) 그것을 인정하면서도 일제시기에 완전한 치료약이 개발되지 못하였고 일제의 위생체계로는 방역에 내재적 한계가 있었다고 지적하는 견해도 있다(최은경).

집단생활이 많은 학교 공장 등에서 결핵 검사가 시행되었다. 물론 이러한 조치도 재정이 투입되는 적극적 방책이 아니라 위생에 대한 환기, 집단 검진 정도에 그치고 있지만 1930년대 결핵병에 대한 중요성을 갖게 된 것은 분명하다. 이렇게 식민권력이 결핵 예방과 대책방안을 고심한 것은 전체적으로 결핵 사망률이 높아가는 것도 있었지만, 보다 더 중요한 것은 청년층 감염률이 높다는 것에 있었다. 결핵은 전쟁에 동원될 건강한 청년의 확보를 가로막는 가장 큰 방해물이었다. 전쟁에 동원할 인적자원 확보를 위해 일제는 결핵예방과 치료를 위한 조치를 취하지 않을 수 없었던 것이다. 그 전쟁을 원활히 수행하기 위해 무엇보다 먼저 필요한 것은 국민전체가 체력을 증강하여 언제든지 국가를 위하여 활동할 수 있도록 준비해두는 일이었다. 결핵은 이 체력을 해치는 가장 큰 원인이자 그 해가 가장 심한 질병이었다.[42] 전시에 국력은 병사나 군수물자 생산에 동원될 건강한 신체로 제시된다. 결핵은 국력을 해치는 가장 해로운 질병이었고 결핵에 대한 의학정보는 전쟁에 임하는 자세와 결부되어 궁극적으로 전쟁 동원의 한 축으로 이용되었다.

『가정지우』(『半島の光』)에서 전달하려는 의학상식은 사회성, 공공성, 국가적 성격을 강하게 띄고 있다. 중일전쟁을 시발로 하여 전시 총동원 체제가 가동되면서 『가정지우』의 의학상식은 전쟁의 수사학을 장착하고 대중에 전달되었다. 여타의 지식과 달리 질병에 대한 의학상식은 대중의 심리에 크게 작용하기 마련이다. 질병이 전쟁과 등치되면서 그 효과는 건강보다는 전쟁의 환기에 더 가까웠다.

---

42) 박윤재, 「조선총독부의 결핵 인식과 대책」, 『한국근현대사연구』 47, 2008, 221쪽.

IV. 맺음말

이상 전시 전후 발간된 『가정지우』를 검토하여 의학상식의 유통 양상을 살펴보았다. 『가정지우』(『半島の光』)는 농촌여성을 대상으로 한 관변잡지이면서 대중지이다. 이 잡지 속에 게재된 의학상식은 1930년대 말 농촌여성에게 전파된 의학상식의 일단을 보여준다.

『가정지우』(『半島の光』)는 여러 유형의 질병에 대한 의학정보와 일상생활에서 필요로 의학상식이 다양하게 실려있다. 여러 질병에 관해서는 명칭의 차이가 있고 병원체명 등이 거론되지 않을 뿐 전염경로, 증상, 예방 등의 정보는 현재에도 유통되어 일반적 상식으로 알려져 있는 내용과 대동소이하다. 응급처치법이나 건강과 관련된 지식은 의약품 접근이 쉽지 않은 대중들이 일상생활 속에서 활용할 수 있는 대체법을 제공해준다는 측면에서 유익한 기능을 했다. 『가정지우』(『半島の光』)에 게재된 의학상식을 검토한 결과 다음 두 가지 특징적인 사실에 접근하였다.

첫째는 『가정지우』가 여성지를 표방했음에도 불구하고 여성 자신의 질병, 건강에 대해서는 무관심하다는 점이다. 이러한 점은 비슷한 시기에 발행된 『신가정』과 『여성』지와 비교해 보면 분명해진다. 『신가정』이나 여성은 여성들이 자신의 신체구조와 신체 현상을 의학적으로 사고할 수 있도록 의학지식이 제공되었다. 잡지 속 의학지식을 통하여 여성들은 자신의 신체를 과학적으로 알게 되고 그럼으로 인해서 여성이라는 사회적 존재감까지 인식해가는 단초가 될 수 있었다.

그러나 『가정지우』에 실린 의학상식은 '총후부인' 담론에 충실히 부응하는 것이었다. 여성 자신 보다는 장병과 노동자를 길러낼 주부로써 가정의 위생과 건강을 관리하는 역할이다. 『가정지우』의 의학상식은 여성

의 신체를 조망하지 못하게 하고 사회적인 혹은 '국가'의 이익에 복무하는 지식으로 구성되었다. 『신가정』과 『여성』, 『가정지우』, 『半島の光』을 통해 볼 때 1930년 중반경까지 여성의 몸에 대한 환기가 의학상식을 통해 유통되었다면, 1940년 전후로 하여 다시 전쟁과 국가라는 공적인 상식으로 회귀하였다. 또한 『가정지우』가 농촌 여성을 대상으로 하고 『여성』지가 도시 중산층을 대상으로 한 매체라는 점에서 농촌 여성들에게 제공되는 지식은 도시여성에 비해 상대적으로 개인 보다는 사회적 혹은 공공적 상식에 더 노출되었다.

둘째는 의학지식이 식민권력의 지배 이데올로기에 충실히 부응해갔다는 점이다. 『가정지우』에 나타난 의학지식은 식민권력의 의도와 가치를 충실히 전달하는 통로로 활용되고 있다. 이는 잡지의 성격에 기인하는 것이기는 하지만, 의학지식이 독립적이고 객관적인 것이 아니라 지배권력을 유지 지탱하는데 이용되고 있음을 보여준다. 『가정지우』에서는 개인 질병 보다는 전염병 등 사회적 질병을 주로 다룸으로써 공적 가치에 충실히 복무하였고 특히 전쟁 담론을 의학지식에 투영하여 전쟁 동원체제를 선전하는 역할로 기능했다.

지배권력의 이데올로기는 일방적이고 규정적으로, 또는 어떤 일정한 틀 속에서 움직이는 것이 아니라 상호작용 속에서 만들어지고 유포된다. 같은 상식이라도 상식이 효과를 발휘하는 것은 어떠한 수사가 동원되는가에 따라 달라진다. '건강'이나 '질병'의 문제는 인간의 가장 약한 고리에 해당한다. 의학지식은 언제나 독자의 관심 대상이었고 대개의 잡지는 의학지식을 한 코너씩 항상 배치했다. 의학지식에 지배권력의 수사가 결합될 때 그 영향력은 캠페인성 프로파간다보다 훨씬 영향력이 클 수 있었다. 일부 의학지식인들은 식민권력의 이데올로기를, 특히 '대동아전쟁'의 담론을 스스로 체화하고 자신들의 의학지식 속에 투영하였다.

이 글은 식민지 시기 의학상식의 유통에 대한 기초연구에 해당한다. 몇가지 대표적인 잡지를 표본으로 삼아 의학상식이 어떻게 전파되는지를 살펴보았으나 많은 것을 담지는 못하였다. 특히 농촌여성들에게 전파된 의학상식이 질병에 대한 태도와 어떻게 연결되는지 등은 차후 연구가 진행되어야 할 부분이다.

참고문헌

1. 자료

『家庭之友』, 1936.12~1941.3.

『半島の光』, 1941.4~1944

『신가정』, 1933.1~1936.9

『여성』 1권 3호, 1권 4호, 2권 4호, 3권 3호, 3권 5호, 3권 6호, 3권 8호, 4권 2호,
　　　4권 3호, 4권 4호, 4권 6호.

『동아일보』, 『매일신보』

朝鮮總督府務務局 編, 『朝鮮警察槪要』, 1928.

朝鮮總督府警務局 編, 『朝鮮防疫統計』, 1941.

2. 연구논문 및 저서

권명아, 「총력전과 젠더; 총동원 체제하 부인 담론과 『군국의 어머니』를 중심으로」,
　　　『성평등연구』 8, 2004.

권채린, 「1920-30년대 '건강'과 '질병'을 둘러싼 대중담화의 양상」, 『어문론총』 제64호,
　　　2015.

남상호, 「일본 1940년대 총력전하의 농경생활과 시간ㆍ건강」, 『일본학보』 73집,
　　　2007.

내한삼념학회 편, 『한국전염병사』, 2009.

류수연, 「가정상비약, 총후보국과 사적간호의 확대」, 『비교한국학』 26권 1호, 2018.

문영주, 「일제 말기 관변잡지 『家庭之友』(1936.12~1941.03)와 '새로운 婦人'」, 『역사
　　　문제연구』 17, 2007.

박윤재, 「조선총독부의 결핵 인식과 대책」, 『한국근현대사연구』 47, 2008.

사라 네틀턴, 조효제 역, 『건강과 질병의 사회학』, 한울, 1997.

서울대병원역사문화센터 편, 『사진과 함께보는 한국 근현대 의료문화사: 1879-1960』,
　　　웅진지식하우스, 2009.

신동원, 「"건강은 국력" 개념의 등장과 전개」, 『보건학논집』 37권 1호, 2000.

전종휘, 『한국급성전염병개관』, 의약계사, 1965.

정근식, 「식민지 지배, 신체규율, '건강'」, 『생활속의 식민지주의』, 산처럼, 2007.

최은경, 「일제강점기 조선총독부의 결핵 정책(1910-1945)- 소극적 규제로 시작된 대응과 한계」, 『의사학』 22(3), 2013.

김욱영, 「1920~30년대 한국 여성잡지의 모성담론에 관한 연구: '신여성', '신가정', '여성'을 중심으로」, 『스피치와 커뮤니케이션』 2, 2003.

심진경, 「여성과 전쟁; 잡지 여성을 중심으로」, 『현대문학의 연구』 34, 2008.

곽은희, 「전시체제기 노동, 소비 담론에 나타난 젠더 정치 -잡지 『여성』을 중심으로」, 『人文硏究』 59, 2010.

1935-36년 자이니치(在日)의 의료 일상

『民衆時報』의 의료 광고를 통해

김 인 덕

I. 서론

현재 오사카(大阪)는 재일조선인의 공간으로 현존하는 최고의 재일(在日)의 공간이다. 이곳은 다양한 삶의 방식이 구현되고 있다. 그곳의 일상은 곧바로 생사의 문제라고 할 수 있다.

일제강점기 이주민으로 재일조선인의 삶은 투쟁적인 모습과 동시에 다양한 양태를 보였다. 그러면 재일조선인이 직면한 생활상의 문제들이라는 것은 어떠한 것이었을까? 첫째, 노동현장에서 생기는 임금, 노동조건, 고용의 존속·확보 등을 둘러싼 문제, 둘째, 임대주택의 확보, 임차인의 권리를 둘러싼 문제, 셋째, 소비생활상의 문제, 넷째, 의료혜택을 받을 수 있는 환경의 확립과 위생 개선의 문제, 다섯째, 아동교육 및 성인에 대한 계몽의 필요 등이 존재했다. 이런 문제들은 재일조선인이 하층 민중이기 때문에 생기는 문제였고, 동시에 민족적인 문제이기도 했다.[1]

다양한 삶의 모습을 보이는 재일조선인에게 일제강점기 오사카 재일조선인 사회의 경우는 의료 문제²⁾의 대응에서도 특별함이 있었다. 조합원의 출자로 진료소를 설립하여 운영하는 활동이 이루어졌다. 우선 조선인의 독자적인 조직으로서는 1931년 2월에 창설된 오사카시 북구(北区) 소재의 오사카조선무산자진료소가 있었다.³⁾ 이 진료소는 의사 2명과 간호사, 약제사 모두가 조선인인 체제로 의료비도 저렴했기 때문에 멀리에서 기차나 전철을 타고 오는 조선인도 포함해서 매일 80명의 환자가 찾는 성황을 이루었지만, 탄압 기타 여러 문제로 이 진료소는 1년도 존속되지 못하고 폐쇄되었다.⁴⁾ 그렇지만 이후에도 조선인들 사이에서 진료소 설치 등의 노력이 이어졌다. 오사카시 히가시나리구(東成区), 코난지구(港南地区), 나고야시 등에서의 무산자진료소 설치운동에 조선인도 참여하였고, 한신(阪神)소비조합에서도 의료부 설치의 움직임이 있었다.⁵⁾

특히 히가시나리(東成)진료소의 경우 이카이노에 있었는데, 1935년 12월 14일 개축 기념으로 무료 진료를 하기도 했다.⁶⁾ 아울러 한신소비조합 의료부 설치의 움직임이 있었다. 당시 실제로 설립되었는지는 정확하지는 않다고 한다.⁷⁾

재일조선인의 오사카지역의 역사 속 일상의 의료 모습은 선행 연구가

---

1) 도노무라 마사루, 신유원 외 역, 『재일조선인 사회의 역사학적 연구』, 논형, 2010, 118쪽.
2) 관련 주목되는 선행 연구는 다음과 같다.(外村大, 「大阪朝鮮無産者診療所の闘い」, 『在日朝鮮人史研究』 20, 1990).
3) 「오사카재류조선인무산자진료소」, 『조선일보』, 1931.2.21.
4) 위의 글.
5) 도노무라 마사루, 신유원 외 역, 앞의 책, 2010, 122쪽.
6) 『民衆時報』, 1935.12.15.
7) 『無産者同盟ニュース』 1931.11.26(法政大学大原社会問題研究所 소장).

있다.[8] 특히 무산진료 문제 등에 대해서도 논의가 진행되었다.[9]

일제강점기인 1930년대 중반 오사카 재일사회를 잘 보여주는 자료로
『民衆時報』는 잘 알려져 있다. 이 신문은 1935년 6월에 창간되어, 1936년
9월 21일 폐간되었다. 당시 대표적인 오사카의 재일조선인 지역 활동가
였던 김문준이 주도한 것은 잘 알려져 있다. 『民衆時報』는 『朝鮮研究資
料叢書』(5)(朴慶植 編, 三一書房, 1983)에 실려 있다.[10] 1935-1936년 동
안 오사카에서 재일조선인의 권리옹호와 생활개선을 주장하는 한글신
문으로, 논지는 민족주의적인 입장을 견지했다고 평가할 수 있다.[11] 여
기에서는 1935-1936년 일상을 보여준다. 기존의 재일조선인사 연구에서
『民衆時報』 연구는 일상을 대상으로 하여 광고를 통한 이미지를 구체적
으로 서술하지 못했다. 실제로 일제강점기 광고와 의료, 의약품 광고가
많다고 생각한다. 동시에 지역의 한 시기를 다루지는 못하고 있다고 판
단한다.

본 연구는 여기에 주목한다. 따라서 재일조선인의 한 시기인 1935-
1936년 시기 의료의 일상을 『民衆時報』의 광고를 통해 살펴보겠다. 구
체적으로 광고의 지면을 정리하여 의료 광고의 내용을 통해 재일조선인

---

8) 김인덕, 「공간 이동과 재일코리안의 정주와 건강」, 『인문과학』 73, 2019 참조.
9) 外村大, 「大阪朝鮮無産者診療所の闘い」, 『在日朝鮮人史研究』 20, 1990.
10) 제13호는 현재 재일동포역사자료관이 별도로 소장하고 있다. 주요한 선행 연구로는
   도노무라 마사루(外村大), 양영후(梁永厚), 김찬정(金賛汀), 김인덕, 황익구 등의 연
   구가 있다(外村大, 「一九三〇年代中期の在日朝鮮人運動－京阪神地域 『民衆時報』
   を中心に－」, 『朝鮮史研究会論文集』 28, 1991; 梁永厚, 「1930年代の在阪朝鮮人の
   ジャーナリズム(1)(2), -『民衆時報』を中心に-」, 『戦争と平和』(9), (10), 2002; 金賛汀,
   『検証・幻の新聞「民衆時報」~ファシズムの台頭と報道の原点~』, 三五館, 2001; 김
   인덕, 「1930년대 중반 오사카 재일조선인의 삶과 상호부조-『민중시보』의 기사를 중
   심으로-」, 하용삼 외, 『자율과 연대의 로컬리티』, 소명출판사, 2016; 황익구, 「1930년
   대 재일조선인의 주택문제와 생활권투쟁의 고찰-『민중시보』를 중심으로-」, 『한일민
   족문제연구』 36, 2019).
11) 김인덕, 위의 글.

의 의료 일상을 파악하겠다. 이를 위해 먼저 일제강점기 의약 광고, 『民衆時報』의 매체적 특성 그리고 일반 광고의 내용을 정리해 보겠다.

II. 일제강점기 신문 광고와 『民衆時報』의 광고

1. 일제강점기 신문의 의약 광고

이른바 광고라는 말이 한국에 등장한 것은 1876년 개항이 되고 서양 문물이 들어 온 이후라고 한다.[12] 1910년 이후 광고는 조선총독부의 통제 아래 강제되었고, 광고의 중요한 매체였던 신문 광고는 일본식이었다. 이후 여러 광고가 새로 등장하는데 변형 광고, 미인 사진 이용 광고, 티저 광고, 신년 축하 광고, 기사 중 광고 등이 보인다.[13]

일제강점기 신문 광고는 약품, 화장품, 비누, 서적, 담배, 치약, 맥주, 구두, 양복 등이 주류였다.[14]

예를 들어 용각산의 광고의 경우, 환경과 기침 간의 관계를 보여주고 있다. 흑점이 발견되면 그해 겨울은 춥고, 날씨가 추우면 기침에 걸리기 쉬우니 용각산을 꼭 복용하라는 식의 광고이다.[15] 특히 어린이를 대상으로 하는 약으로는 영아환이라는 약을 광고하기도 했다.[16] 이런 약 광

---

12) 신인섭 · 서범석, 『한국광고의 역사』, 커뮤니케이션북스, 2015, 1쪽.
13) 위의 책, 26쪽.
14) 특히 『동아일보』의 경우 의약품 광고가 1923년 30.2%, 1938년 50.2%로 증가하고 있다(신인섭 · 서범석, 앞의 책, 32쪽).
15) 『조선일보』, 1928.12.25.
16) 『조선일보』, 1929.9.15.

고에는 권력과 통제의 시선이 보인다고도 한다.[17] 당시에는 소화불량, 복통, 토사 등에 만병통치약처럼 불렸던 '령신환'이 존재했다.

유한양행과 유한의원의 개업 광고는 세간의 주목을 끌고자 한 광고로 유명하다.[18] 당시 제약과 관련하여 평화당주식회사와 경쟁자인 유한양행의 대립구도는 유명하다.[19]

당시 평화당은 "백보환" 등의 각종 강장제를 생산해 판매했는데, 백보환은 한약재 백출(白朮)을 주성분으로 하는 둥근 알약으로 정력 쇠약, 기억력 쇠퇴, 식용감퇴 등에 널리 사용된 대표적인 자양강장제였다. 본래 인쇄주식회사였던 평화당이 제약회사들의 선전물을 찍어내다가 약품부를 신설하여 백보환 제조기계를 이용해 백보환을 만들어 내기 시작하였다. 평화당은 광고문구에 "천하명약 백보환을 쓰시요"라고 한 문구를 비롯하여 손기정이 백보환을 복용하고 베를린올림픽에서 우승했다는 광고까지 하여 크게 성공하였다고 한다. 여성만을 위한 부인백보환도 존재했다.

유일한[20]의 회사인 유한양행은 허위광고를 하지 않은 것으로 알려져

---

17) 이병주, 「의약품 광고로 읽는 근대적 신체의 탄생」, 『연세대학원신문』, 2013.6.20.
18) 『동아일보』, 1927.12.9; 『동아일보』, 1927.12.10.
19) 백부환 광고를 허위광고의 끝판왕이라고 한다(천정환, 『끝나지 않는 신드롬』, 푸른역사, 2005, 참조).
20) 유일한(1895-1971): 평양 출생이다. 아버지는 상인이었던 유기연(柳基淵)이며, 어머니는 김확실(金確實, 개명 후 김기복)로 9남매 중 맏아들이다. 주식회사 유한양행(柳韓洋行) 창업자이다. 1904년 9세 때 외부 참서관을 지낸 박장현(朴章鉉)과 그의 조카 박용만(朴容萬)을 따라 미국에 건너갔다. 고학으로 미시간대학교에서 학사학위를 캘리포니아대학에서 상학석사학위를 받은 뒤 다시 스탠포드대학원에서 3년간 법학을 전공하였다. 학업을 마친 뒤 전자회사 사원으로 잠시 근무하다가, 1922년 자립하여 숙주나물을 취급하는 라초이식품주식회사를 설립하여 1925년까지 50여만 달러의 거금을 벌었다. 1926년 3월에 결혼한 뒤 얼마 되지 않아 귀국하였다. 1926년 12월 유한양행을 설립하였다. 1934년에는 독일의 도마크(Domagk, G.)박사에 의하여 개발된 '프론토실(Prontosil)'을 동양에서 제일 먼저 도입하였다. 1939년 우리나라 최초로 종업원지주제를 실시하였고, 이 무렵에 사세도 확장되어 만주·다렌[大連]·

있다. 그러나 은근한 비하는 하고 있다고 판단된다.

일제강점기 가장 많은 약 광고는 영양제, 정력제, 은단 등으로 성병약, 부인병치료제 등도 확인된다. 특히 일제강점기 의학에서 임상의학과 광고와 관련해서 보면, 개인의 신체에서 각 사회영역의 관심을 매개로 인구 전체를 대상으로 논의하기도 했다.[21]

여러 광고 가운데 흥미로운 것은 맥주가 건강식품으로 소개되는 사실이다. 아울러 의연금, 만년필, 이발 기구 광고도 보인다.

2. 『民衆時報』의 광고

1) 『民衆時報』 개관

김문준이 주도한 『民衆時報』는 오사카에 기반하고 있었다.[22] 따라서

톈진[天津] 등 동북아 일원에 걸치는 방대한 시장을 확보하였다. 1939년 사업상의 이유로 도미하였으나, 1941년 12월 태평양전쟁의 발발로 귀국하지 못한 채 8·15광복을 맞이하였다. 광복 후 미국에서 돌아와 유한양행을 재정비하였다. 유한양행은 1953년 휴전 이후 계속 성장하여 성실한 우수약품생산업체로서 안정된 지위를 구축하였다. 1969년 기업의 제일선에서 은퇴하여 혈연관계가 전혀 없는 조권순에게 사장직을 물려주었다. 이로써 전문경영인 등장의 길을 여는 데 선구자적 역할을 하였다. 산업동탑훈장을 받았으며, 1965년 연세대학교에서 명예법학박사학위를 받았다(『한국민족문화대백과사전』 참조).

21) 이병주, 「약품광고로 읽는 근대적 신체의 탄생」, 『연세대학원신문』, 2013.6.20. 일제 강점기 신문 광고는 『독립신문』의 역할이 컸다(고병철, 「구원론: 매일신보 약 광고 분석」, 『종교연구』 30, 2003). 이 신문은 창간호 1896년 4월 7일에 나왔는데, 영문 4건, 한글 5건으로 한글은 영문 번역도 있었다. 가메야회사와 주지회사는 영어를 한글로 번역했고 "사민필지", "안창회사", "한영자전", "한영문법" 광고가 보이고 있는데 『독립신문』의 영문 광고는 비판 받기도 한다. 『독립신문』 이전에는 1886년 2월 22일 『한성주보』 4에 "세창양행" 광고가 있다.

22) 이하의 내용은 김인덕의 다음의 선행 연구를 참조한다(김인덕, 「1930년대 중반 오사카 재일조선인의 삶과 상호부조-『민중시보』의 기사를 중심으로-」, 하용삼 외, 『자

사무실은 오사카에 있었다. 김필원23)의 동서의약합자회사 내에 있었다. 발간 당시 주소는 오사카시 히가시나리구(大阪市 東成區 東小橋南之町 3-85)였다. 발간 동인은 대표간사로 김문준(金文準)이었다.24) 그리고 김경중(金敬中),25) 김광수(金光洙), 김달환(金達桓), 김정국(金廷國), 정태중(鄭泰重), 정재영(鄭在英), 이호태(李鎬泰), 박윤석(朴尹錫), 박봉주(朴鳳柱), 홍순일(洪淳日)이 함께 했다.26) 월 2회 발간되었고, 4×6판 8면으로 가격은 10전이었다.27) 그러나 7월부터 발간 횟수는 월 3회로 늘어났다.

〈8면〉으로 간행될 때는 1면 사설, 2면 국제정세, 3면 국내 상황, 4, 5, 6면 재일조선인 상황, 7면 법률상담, 한담, 8면 소설, 문답으로 구성되었다. 그리고 〈4면〉으로 간행될 때는 1면 사설, 2면 국제정세, 3면 재일조선인 상황, 4면 재일조선인 상황, 면담으로 구성되었다.

율과 연대의 로컬리티』, 소명출판사, 2016).

23) 김필원(1900~1954)은 1919년 3월 21일 조천리에서 만세운동을 주도했다. 동지 13명과 함께 조천리 미밋동산에서 결의를 다짐하고 만세운동 계획에 참가했다. 미밋동산으로 가서 5백여 명의 시위대를 이끌어 제4차 시위를 주도하여, 독립만세의 당위성을 설명했다. 조천에 이어 신촌, 함덕 등지에서도 만세운동의 계획을 알리면서 서당 생도와 함께 보통학교 학생들까지 동원하는 데 힘썼다. 일본경찰에 체포되어 1919년 4월 광주지방법원 제주지청에서 소위 보안법 위반으로 징역 8월을 받아 공소했으나 당해 5월 29일 대구복심법원에서 기각, 형이 확정돼 옥고를 치렀다. 1995년 광복절 기념일에 독립유공 대통령표창을 추서했다(『제주일보』, 2008.9.2).

24) 중심 인물은 김문준이다. 오사카지역에서 조선인노동자들과 함께 쟁의를 주도하고 노동조합운동을 전개한 김문준은 히가시나리구(東成區) 지역의 고무공총파업을 주도하다가 검거되어 투옥생활을 한 이후 합법운동의 한계를 절감하고 민족운동의 방법으로 언론활동을 택했다(정혜경, 「일제하 재일한국인 민족운동 연구-大阪을 중심으로-」, 한국정신문화연구원 한국학대학원 박사논문, 2000, 198쪽, 참조).

25) 김경중(1985-?)은 1930년 2월 오사카조선노동조합 서부지부에서 활동했고, 분파주의자로 제명되었던 인물이다. 이후 아마가사키(尼崎)에서 니시무라코세이(西村好成)와 조선인소비조합의 조직화를 도모했다. 1931년 3월 한신소비조합을 조직, 1936년 2월 제6회 대회 이후 이사장으로 활동했다(近代日本社會運動史人物大事典編纂委員會 編, 『近代日本社會運動史人物大事典』(2), 日外アソシエーツ, 1996, 337쪽).

26) 朴慶植 編, 『朝鮮問題資料叢書』 第5卷, アジア問題研究所, 1983, 531쪽.

27) 『民衆時報』, 1935.6.15.

배포 부수는 약 2,500부이며, 게이한신(京阪神) 일대에 지국과 판매소가 설치되었다.[28] 배포처는 본사가 있던 오사카시 이외에 사카이(堺)시, 교토(京都)시, 고베(神戸)시, 와카야마(和歌山) 등이었다.[29]

『民衆時報』의 「발행취지 및 강령」에는 "현재 일본 내에 거주하는 조선인은 게이한신 지방만으로도 30만 명을 헤아리고 있다. 언어·습속의 차이와 무지, 문맹, 빈곤, 분산, 무권리(無權利)의 특수성이 가져온 생활 문제로부터 조선인 자신들의 언론기관을 요구하는 절실함은 누구나 다 긍정할 것이다. 그러나 그 출현은 항상 자력(資力)의 결핍으로 제약되고 있다. (중략) 1. 우리는 일본 내에 거주하는 조선인 민중의 생활 진상과 여론을 보도하는 불편부당적(不偏不黨的) 언론기관으로서 존립과 성장 발전을 기한다. 1. 우리는 일본 내에 거주하는 조선인 민중의 생활 개선과 문화적 향상의 촉진을 기한다. 1. 우리는 일본 내에 거주하는 조선인 민중의 생활권 확립과 그 옹호·신장에 이바지할 것을 기한다.(강조: 필자)"[30]

『民衆時報』는 재일조선인의 생활, 생활권의 확립과 옹호 그리고 문화적 향상을 촉진하고자 그 강령에서 피력하고 있다.

1936년 5월 22일 김문준이 사망하자 이후에는 『民衆時報』 기자였던 이신형(李信珩)이 운영을 맡았다. 그 뒤 4개월 이후 1936년 9월 25일 일본의 특고경찰은 '좌익조선인의 지원 아래 운영되며, 민족운동의 지도적 역할을 담당하고, 민족운동의 주체를 결성하는데 광분'한다는 이유를 들어 『民衆時報』의 주간인 이신형과 한진섭(韓辰燮), 이면호(李眠鎬)를 비롯한 기자들을 체포하고 9월 21일자, 제27호로 폐간 처분했다.[31] 『民衆

---

28) 국제고려학회 일본지부 '재일코리안사전' 편집위원회 편, 정희선 외 역, 『재일코리안사전』, 선인, 2012, 168쪽.
29) 内務省 警保局, 『社会運動の状況』, 1935.1, 598쪽.
30) 朴慶植 編, 『朝鮮問題資料叢書』 第5卷, アジア問題研究所, 1983, 531쪽.

時報』의 폐간 이후, 재일조선인의 단합과 이익을 도모하는 여러 단체에 대한 탄압도 이어졌다.

  선행 연구에서 보면, 『民衆時報』는 도항문제, 차가문제, 기타 내선교 풍회의 동화정책의 폭로, 민족주의단체를 결성함과 동시에 한신소비조합, 노농구원회 등을 통해 대중을 획득을 하고, 이를 반일운동에 결집하고자 했다.[32] 기사를 통해 보면, 『民衆時報』는 근저에 민족의식을 깔고 있었다.[33]

---

31) 『民衆時報』의 폐간 이후, 한국인의 단합과 이익을 도모하는 여러 단체에 대한 탄압도 이어져 이후부터 한국인의 자주적 활동은 불가능하였다.(外村 大, 「1930年代 中期の在日朝鮮人運動」, 『朝鮮史研究會論文集』 28, 1991, 108쪽).

32) 『特高月報』, 1936년 11월, 553쪽.

33) 구체적으로 주요 기사를 보면, 첫째, 일상과 관련해 각종 기사가 보이고, 특히 정주 재일조선인의 생활권을 옹호하기 위한 내용이 확인된다. 도일 후 일자리와 주택을 구하는 문제부터 공동구매 요령, 소비조합 이용법, 법률문제, 건강 상식 등 일본에서 생활하는데 필요한 여러 사항을 문답식이나 기고의 형식을 통해 상세히 보도했다. 특히 주택분쟁에 대해서는 상세한 보도기사를 통해 일본당국과 일본인에게 반성을 촉구했다. 둘째, 고국소식과 재일조선인에 대한 일본당국의 탄압을 고발하는 내용도 빠지지 않았다. 『민중시보』에서는 물론 재일조선인사회 내부의 여러 단체들의 움직임과 그에 관한 논설이 지면의 많은 부분을 차지했는데, 한편으로는 일반적인 사회 정세에 관한 기사노 게재하고 있었다. 그중 사회 정세에 관한 기사는 역시 한반도의 동향을 전하는 것이 많았다. 그 내용은 실업, 저임금, 농촌경제의 악화, 이민의 증가 등과 농민운동, 공산당사건 관계의 재판 등에 대한 보도가 확인된다. 셋째, 한국인의 대동단결을 도모하는데 큰 비중을 두었고, 국제난도 한국인에게 사회인식을 심어주는 데 역할을 했다. 나아가 반봉건적 유습 철폐 등과 관련한 미신타파와 조혼 금지 등에 관한 글도 실려 있다. 당시 『민중시보』의 활동으로 인해 재일조선인의 단결이 공고화되는 결과를 낳았으므로 일본당국의 탄압을 피하기 어려웠다. 또한 한글신문인 『민중시보』가 재일조선인 어린이에게 한국어를 가르치는 효과를 가져왔다. 결국 『민중시보』의 발간은 내선융화를 지향하는 일본당국에게는 제거의 대상이 되었던 것이다. 여기에는 일제의 동화정책을 주도하는 융화단체의 비리를 고발하고 강조하는 동화정책에 직접적으로 위배되는 기사를 실었던 것도 작용했을 것으로 추측한다(정혜경, 「일제하 재일한국인 민족운동 연구-大阪을 중심으로-」, 한국정신문화연구원 한국학대학원 박사논문, 2000, 223~224쪽).

2) 광고 일반

『民衆時報』에는 다양한 기사와 함께 광고도 여러 모습을 보이고 있다. 민중신문사는 사고를 비롯해 각종 광고를 수주하여 신문의 내용을 풍부하게 만들었다.

대체로 광고의 내용을 정리해 보면, 창간축하 광고, 신년축하 광고, 사고, 일반 광고, 인쇄, 서적, 음악회 광고, 모집공고 그리고 의료 관련 광고 등이 보인다.

첫째, 창간축하 광고의 내용을 보면, 동서의약합자회사를 비롯하여 조선일보사, 동아일보사, 소비조합, 개인 등의 기사가 확인된다. 개인광고에는 고물상, 이발관, 여관, 약방, 식당, 불교포교소 등을 하는 사람의 광고가 보인다.

아울러 주간 기성을 축하하는 광고도 확인된다. 그 내용은 다음과 같은 사고의 형태로 확인된다.

> 친애하는 만천하 동포형제 제군! 차호부터는 순간(旬刊)을 단행한다. 〈본보의 주간기성운동이 1차 전개되자 만천하 동포 형제 제군의 끓흐는듯한 열정으로 절대한 지지원조가 집중되면서 잇는바 본보는 이에 힘을 어더 위선 차호부터 순간을 단행하야 제군의 기대에 보응코저 한다. 그리고 주간 단행도 머지 안엇다. 바라건대 만천하 동포 형제제군! 본보의 주간기성운동에 적극 참가하기를[34]〉(원문그대로: 필자)

이와 함께 개인적 차원의 축하도 이어져서 백병기(중앙의원 의사), 김종영상점(해륙물상, 청초주류, 식품류 등), 강준임(소형자동차운전업), 강규석(홍제당, 약종상), 문장하(교우동심회 회장), 山田상점(양달례, 주

---

34) 『民衆時報』, 1935.11.15.

<표 1> 창간축하 주요 광고

주체	주요 내용	신문일자(면)
동서의약합자회사	동서의약합자회사 대표사원 김필원 오사카약사 村上文雄	1935.6.15. 제1호(2)
조선일보사	조선일보 주최 일본산업시찰단	1935.6.15. 제1호(3)
노동조합	한신소비조합, 대동소비조합, 신용준공장	1935.6.15. 제1호(4)
조선일보사 오사카지국	조선일보사 오사카지국 지국장 김광수 등	1935.6.15. 제1호(5)
동아일보사	동아일보 사장 송진우, 오사카지국장 김정국 등	1935.6.15. 제1호(5)
조선중앙일보사	조선언론계의 급선봉 조석간 4판 발행 주식회사 조선중앙일보사 사장 여운형, 사장 강위정, 오사카지국장 박윤석 등	1935.6.15. 제1호(6)
개인	김덕순(고물상), 신현태, 박응모(구물상), 김태원(이발관), 김기호(여관), 이재호(태창상회 한약방), 안갑형(보성당약방), 손순복(조선불포교소 지주), 정봉유(조선, 일본, 서양요리 동양관 주인)	1935.6.15. 제1호(7, 8)
	신흥종(선당한약국), 김예옥(金子이발관), 정문사인쇄소	1935.7.15. 제2호(8)
	동아부인상회 오사카 사업부	1935.8.1 제3호(7)
	배만준, 김지해, 河合상점 하청양, 김종묵, 최병원, 공성상회 손성동, 김진태	1935.8.15. 제4호(2)
	축 민중시보 발전 장경호	1935.9.15. 제6호(3)

장류 도매상) 등의 광고가 보인다. 조선일보사와 동아일보사의 축하도 이어졌다.

또한 순간 발행을 축하하는 조선중앙일보사의 축하광고도 실려 있다.

둘째, 신년축하 광고가 실려 있다. 1936년 1월 1일 제13호에 신년 광고가 실렸다. 거의 대부분의 광고가 신년 축하의 내용으로 채워졌다. 주요한 광고주는 개인과 식당업자, 약방업자 등이었다. 이와 함께 신년특집호로 '그1', '그2'가 있다. 특히 '그2'에는 사카이(堺)시, 한신(阪神)지방의 신년인사 광고가 실려 있다. 전당포업자(本井質店), 양복점(금강양복점)의 신년인사도 보인다.

<표 2> 신년축하 주요 광고

주체	주요 내용	신문일자(면)
민중시보사	근하신년: 민중시보 동인 일동	1936.1.1.제13호(1)
오사카광신회	오사카광신회본부 회장 김덕수	1936.1.1.제13호(2)
광신식산조합	광신식산조합 조하장 공돈	
木村상점	木村상점 주인 김덕수	
마산관	마산관(조선요리, 미녀서비스) 임의도	
대동친목회	대동친목회	
동래정	동래정	
신기선	신기선(木村一郎)	
개인	김후교, 정기화, 최금공, 이청리, 정점암, 장달용, 진삼수, 박태화, 김원용	
경화관	경화관(조선요리)	
개성인삼내지선 전배급소	개성인삼내지선전배급소	1936.1.1.제13호(3)
문화이발관	문화이발관(김용화)	
현풍관	현풍관(조선요리)	
개인	박갑술(교정회 지도원), 이학록(동오사카소비조합), 박동호(동오사카소비조합장), 박재원(동오사카소비조합), 김광옥(조선음식점), 김재권, 정석기, 한성보, 원공열	
영신상회	영신상회(오영근, 각종 잡화)	
도리원	도리원(조선요리, 미인서비스, 오명근)	
금성관	금성관(박생기)	
고봉옥	고봉옥(도칠업)	1936.1.1.제13호(4)
영신당약국	영신당약국(박창희)	
축항식당	축항식당(강승권, 조선음식)	
丸京오사카지점	丸京오사카지점(양창준, 조선식품 등)	
평화당약방	평화당약방(부기선)	
개인	한계봉(섬유인견상), 김달권, 김병윤, 강영학, 박문찬(약종상), 강경화, 송남규, 홍순엽, 신현덕, 한원윤	

또한 1주년을 축하하는 광고도 1936년 6월 21일자 제23호『民衆時報』
에도 다수 실리게 된다.

셋째, 사고에 다양한 내용이 확인된다. 주된 사고의 내용은 신문 관련
내용으로 가격, 발행주기, 지국 개소, 간친회 소개, 사무실 이전 등에 대
해 적극적으로 소개하고 있다.

<표 3> 민중시보사 사고

주체	주요 내용	신문일자(면)
민중시보사	본지 강매분(24회분) 가격 1원/오늘(8월 1일)부터 판매까지	1935.8.1. 제3호(1)
민중시보사	기자 이신형, 김시중, 채용함. 김시중 북오사카 판매소 주재	1935.8.15. 제4호(1)
민중시보사	법률 고문 환영: 법률관계의 문제에 있어서 문의코 저 하는 분은 엽서로 요건을 명기하고 법률 문의 라 주서하여 보내여 주시옵(원문그대로: 필자)	1935.8.15. 제4호(7)
민중시보사	친애하는 만천하 동포형제 제군! 차호부터는 순간 을 단행한다.	1935.11.15. 제11호(1)
민중시보사	내외 각 지방 지분국 설치 환영 금일 본지 6면	1935.11.15. 제11호(1)
민중시보사	謹謝: 금번 11일호는 수속미제와 인쇄능력의 불급 으로 인하와 신년호의 증항관계도 유하옵고, 부득 이 본월 15일부로 발행하오니 독자제군은 서량하 시며 신년호에 만흔 기대를 가지시옵(원문그대로: 필자)	1935.12.15. 제12호(1)
민중시보사	근하신년: 민중시보 동인 일동	1936.1.1. 제13호(1)
민중시보사	사고: 본보 제13호는 당국의 기위에 촉하야 압수되 엿기 자이 근고함. 민중시보사(원문그대로: 필자)	1936.1.11. 제14호(1)
민중시보사	재류동포교환 신년대간친회 일시: 1936년 1월 19일 오후 1시 장소: 大阪市 浪速區 榮町2丁目23 金光園 회비: 1만원 주최: 민중시보사	1936.1.11. 제14호(1)
민중시보사	사고: 본사 총판매부 한진섭, 동오사카판매소 강원 범 설치함. 민중시보사	1936.1.21. 제15호(3)
민중시보사	사고 사무소를 大阪市 東成區 東小橋 北之町3丁目7番地 로 이전	1936.6.21. 제23호(1)

그리고 각종 일반 광고, 법률사무소, 식당, 여객선, 축음기, 인쇄,[35] 서적, 음악회 광고, 모집광고[36] 등이 보인다.

법률사무소 광고는 豊田秀雄법률사무소[37]에 대한 내용으로 민사, 형사 기타 법률 문제를 다룬다고 한다.[38]

일제강점기 오사카의 한국 식당으로 금광원(金光園)이 소개되고 있다. 그 내용을 보면 다음과 같다.

> "금광원(金光園)이 출현
> 　주인: 윤형진
> 　내용: 신시대의 요구와 보조를 가치하는 조선요리 진순한 조선요리,
> 　　　　상식을 초월한 염가, 여급의 단정한 접대 이 삼자는 폐원의
> 　　　　자랑거립니다.
> 　주소: 大阪市 浪速區 榮町2丁目23 [39] "

여객선 광고로는 서봉환의 광고가 보인다.

> "동포제위께 급고: 신장 쾌속 우수선 서봉환(瑞鳳丸)
> 　항로: 매월 6, 16, 26일 오후 4시 오사카 출발 직행, 목포 기항
> 　총톤수: 1,250톤, 시속: 12리
> 　회사: 丸辰해운주식회사 오사카선객취급 이시형 해운조[40]"

음악회 광고로는 재류동포위안음악대회 관련 광고가 실려 있다. 오케

---

35) 정문사인쇄소, 수영사인쇄소(『民衆時報』, 1936.9.21. 제27호 2, 3면).
36) 일청생명 오사카지점의 경우(『民衆時報』, 1936.1.11. 제14호, 3면) 교토 향상관(向上館)보육원의 보모채용 광고도 보인다(『民衆時報』, 1936.2.21. 제17호, 2면).
37) 1면에 오랜 시간 실려 있다.
38) 『民衆時報』, 1935.9.15, 4면.
39) 『民衆時報』, 1935.12.15, 제12호 3면.
40) 『民衆時報』, 1935.12.15, 제12호 4면.

216　1부: 근대의 '의료지식'과 공중위생

이레코드사와 함께 하고 후원을 동아일보, 조선일보, 조선중앙일보사 지국과 민중시보사가 함께 했다.

> "재류동포위안음악대회
> 오사카일시: 2월 8일(오후 6시), 2월 9일(오후 1시, 오후 6시)
> 장소: 大阪國民館
> 임장무료(단, 오케이레코드 1원 할인권 지참자)
> 주최: 오케이축음기회사
> 후원: 동아일보, 조선일보, 중알일보 3사지국 민중시보사
> 기타공연: 교토: 2월 1일 오후 1시, 6시, 京都朝日會館
> 고베: 2월 13일 오후1시, 6시 神戶昭和館"[41]

이렇게 다양한 광고주를 통한 신문 광고를 하고 있다. 주요한 수입원으로 광고가 작용했음은 물론일 것이다. 서적광고로는 잡지와 신문으로 고려시보,[42] 조광, 동경조선민보, 삼천리, 중앙 등의 광고가 보인다.[43]

Ⅲ. 『民衆時報』의 의료 광고

1. 일반 의료 광고

『民衆時報』는 창간 이후 각종 의료 광고가 시종일관 게재되어 있다. 이를 통해 재일조선인은 의료와 관련된 정보를 적극적으로 획득할 수

---

41) 『民衆時報』, 1936.2.1, 제16호 2면.
42) 『民衆時報』, 1936.1.21, 제15호 1면.
43) 『民衆時報』, 1936.2.21, 제17호 4면.

있었다. 이를 통해 질병의 치료와 일상의 생활에 많은 도움을 받았을 것으로 추정하는 것은 그리 어렵지 않다고 생각된다.

<표 4> 의료 관련 주요 광고

주체	주요 내용	신문일자(면)
동서의약합자회사	동서의약합자회사[44] 대표사원 김필원 오사카약사 村上文雄	1935.6.15. 제1호(2)
	장마철 수재를 맞아 고객의 건강을 축하드리며, 본 회사는 민우당약방을 대규모로 확장하여 누대의 각종 유명 한약과 최신 정제한약을 구비하여 영업하는 바 칭찬을 받고 있어 감격 하는 일이다(의역: 필자)	1935.7.15. 제2호(2)
우리약제소	우리약은 조선사람의 장기에 맞게 고궁약학사가 조선의 유명 방가들을 방문하고, 일본의 유명 의학박사와 약학박사들의 연구 모아, 창작하여 10여년간 연구하고 경험하여 고귀한 약재를 정선제조하고 효력이 확실하다는 궁허된 약이다. 동포들은 시험하여 보면 알 것이다. 교토, 오사카, 고베 노동시장에서 바쁜 형제들이여! 야바위 약장사들의 속지마라. 병에 따라 약이 다 있다. 약을 서보고 병이 의심되면 약봉지에 있는 무료진찰권을 갖고 병원으로 가라. 의술도 독일과 겨누는 오사카에서 굿하거나 서툰 한의사의 진맥오진으로 주먹치리 치료를 받으면 병 고칠시간만 노친다. 현대인인 우리의 실수이고, 자멸하는 근본이다.(의역: 필자)	1935.7.15. 제2호(5)
주순익의원	이전확장 광고: 주순익의원, 원장 경성의학사 주순익, 전문과목: 내과, 소아과, 외과[45] 주소: 大阪市 東成區 猪飼野 大通1의36[46]	1935.9.15. 제6호(5)
제일의원	입원실 특설: 진료친절, 설비완전 제일의원 진료시간: 오전 9시-오후 10시 원장 큐슈의학사 이규홍 전문과목: 내외과, 소아과, 화류병과, 산부인과, 이비인후과[47] 주소: 大阪市 東成區 猪飼野 東2의13[48]	1935.9.15. 제6호(8)

---

44) 여러 차례 광고가 실려 있다.
45) 지도가 첨부되어 있다.

주체	주요 내용	신문일자(면)
용천당치료원	용천당치료원(고아배, 물리치료)	1936.1.1. 제13호(신년특집그1)(3)
약방, 약국, 한약국 등	조선한약방(정택주)	1935.6.15. 제1호(4)
	이재호(태창상회 한약방), 안갑형(보성당약방), 신홍종(선당한약국)	1935.6.15. 제1호(7)
	태창상회(각종 약재, 환, 가루 등)	1935.8.1제3호(3)
	박창희(영신당), 부기선(평화당약방)	1936.1.1. 제13호(1)
	신홍국(남선당한약국, 대동생명보험주식회사 대리점)	1936.1.1. 제13호(시년특집그1)1면
	춘헌당약방(이익상, 이임선, 조선고려인삼, 녹용, 중국건재약 등)	1936.1.1. 제13호(시년특집그1)(1)
	안효만(금성당약방), 안갑형(보성당약방), 문효진(한수당약방), 이수영(재생당약국), 김상기(일광당대약방)	1936.1.1. 제13호(시년특집그1)(4)
	김창호(남산당약방)	1936.1.1. 제13호(시년특집그2)(3)
	최화봉(대동약방)	1936.1.1. 제13호(시년특집그2)(3)
	박승진(조일당약방)	1936.1.1. 제13호(시년특집그2)(4)
	전경원(선제당)	1936.1.11. 제14호(1)
	정계준(삼산당한약국)	1936.1.21. 제15호(4)
	신홍종(남선당한약국)	1936.4.11. 제20호(3)
약종상	강규석(홍제당, 약종상)	1935.11.15. 제11호(4, 5)
	개성인삼내지선전배급소 김언기(한약종상)	1936.1.1. 제13호(1)

동서의약합자회사는 대표사원이 김필원이고 약사는 村上文雄이다. 한약, 양약 일체를 판매하는데 경옥고, 쌍보고, 삼이불로정, 청경포대경, 동서비아정(소아강장약), 우황청심원, 동서기응환, 우황포룡환, 우황

---

46) 여러 차례 광고가 실려 있다.
47) 지도가 첨부되어 있다.
48) 여러 차례 광고가 실려 있다.

소청심환, 동서백효산, 동서우황산, 동서청해산 12종이다.

우리약제소는 우리약을 판매하는 곳으로 고문은 竹內의학박사, 伊藤의학박사, 山中의학박사, 浦野의학박사, 연구원은 井上嘉代治, 中江正文, 井上實, 福島悅郎이다. 촉탁의원으로 동오사카촉탁의원 주익순, 북오사카촉탁의원 중앙의원 백병기가 활약했다. 약의 발매는 우리상점실 비약품부였다.

제일의원은 원장 큐슈의학사 이규홍으로 전문과목: 내외과, 소아과, 화류병과, 산부인과, 이비인후과였다.

약방이나 약국 등은 각종 약을 판매하는데, 한약방은 주로 조선고려인삼, 녹용, 중국건재약 등을 판매했다. 남선당한약국은 신홍국이 주인으로 그는 대동생명보험주식회사 대리점도 겸한 것으로 보인다.

1936년 4월 1일 제19호 제2면에 민중시보가 한글로 되어 있는데, 여기에 일본어로 의료와 사회의 관계에 대한 책 소개가 실려 있다.

> "『醫療と社會』[49]
> 정가 1부 25전
> 광고내용: 의과학에서의 계급성, 의료제도개선에 관한 의료계의 총의,
>   의료 사회화에의 행정으로 건강보험, 인산과정에서의 모순
> 발행소: 청년의사그룹(大阪市 東成區 大今里町 大今里園37)[50]"

민중시보사의 진보성이 그대로 『의료와 사회』와 같은 신문 광고로 이어지는 것으로 판단된다.

---

49) 『醫療と社會』는 1936년 3월호로, 『醫療と社會』 復刻版刊行委員會에서 편하여 機關紙共同出版에서 1990년 출판되었다. 復刻版 『醫療と社會』에는 1집(1936.3.) - 4집(1936.12.), 그리고 1948년 10월 간행 2호가 실려 있다(상명대 이한정 교수의 교시에 감사드린다).

50) 『民衆時報』, 1936.4.1, 제19호 2면.

2. 전문 의료 광고

1) 약품 판매와 광고

『民衆時報』의 오사카 재일코리안의 의료, 광고의 내용을 통해 확인해 보면, 창간호부터 다수의 한약방, 약방 그리고 병원 광고가 보인다. '약은 우리 약이 잘 듯습니다'(『民衆時報』, 1935.8.1.)라는 광고를 통해 우리 민족의 약을 적극 홍보하는데 주목하고 있다.

전술했듯이 중요한 약방, 약국으로는 태창상회, 보성당약국 그리고 선당한약국 등의 광고가 보인다.[51]

이런 광고 가운데 동서의약합자회사가 주목된다. 대표가 김필원으로 민우당약방이 확장한 것이라고 한다. 김필원은 창간호[52]에 발행을 축하하는 광고를 실었다. 이후 동서의약합자회사는 지속적으로 광고를 『民衆時報』에 실었다. 태창상회는 약재상으로 이재호가 대표였다. 보성당약방은 고베에 있었고 안갑형이 주인이었다. 남선당한약국은 신홍종이, 춘헌당은 이익상이 각각 주인이었다. 특히 우리상점실비약품부는 발매원이 이카이노에 있었고, 촉탁의원으로 주익순의원과 중앙의원을 두었다.[53] 화한약방은 박창희가 주인으로 침술도 겸해서 진료했던 기록이 확인된다.[54]

이렇게 약방, 약국, 의약회사로는 동서의약합자회사, 태창상회 한약방, 보성당약방, 남선당한약국, 우리상점실비약품부, 춘헌당약방, 화한약방, 남삼당약국, 대동약방, 홍제당, 개성인삼내지선전배급소, 평화당

---

51) 『民衆時報』, 1935.6.15.
52) 『民衆時報』, 1935.6.15.
53) 『民衆時報』, 1935.7.15.
54) 『民衆時報』, 1936.4.11.

약방, 영신당, 조일당약방, 일광당대약방, 제생당, 금성약국, 보성당약국, 한수당약방, 선제당, 삼산당한약국 등이 확인된다(〈표 4〉 참조).

2) 병·의원과 의료인 광고

『民衆時報』에는 병·의원 등에 대한 광고가 보인다. 주익순의원(『民衆時報』, 1935.9.15.), 제일의원(『民衆時報』, 1935.9.15.), 용천당치료원(『民衆時報』(新年特輯1), 1936.1.1.), 중앙의원 등의 광고가 그것이다.

주익순의원은 원장이 주익순으로 경성의학사로 내과, 소아과, 외과를 보고 있다고 한다. 주익순은 1933년 경성의학전문학교를 졸업했다.[55] 제일의원은 원장이 이규홍으로 그는 큐슈의학사로 내외과, 소아과, 화류병[56]과, 산부인과, 이비인후과를 두었고 입원실이 있었다.

의료인으로 의사는 주익순, 이규홍, 백병기(중앙의원 의학사)와 고아배(물리치료사), 박창희 등을 들 수 있다. 이 가운데 박창희는 침술사 겸 약사의 일을 함께 한 것으로 보인다.

약사는 전경원, 이재호, 안간형, 김언기, 신홍종, 이익상, 강규석, 부기선, 신홍국 등을 들 수 있다. 이 가운데 전경원은 한약사였고 나머지는 약재상, 약사 등으로 보인다.

---

55) 「한국의학사」, 『프레시안』, 2009.7.29.
56) 성병을 칭한다.

IV. 결론

본고는 재일조선인의 의료 일상을 『民衆時報』의 의료 광고를 통해 확인했다.

일제강점기 광고는 신문이 중심이었다. 당시 신문 광고에는 약품, 화장품, 비누, 서적, 담배, 치약, 맥주, 구두, 양복 등이 주류였다. 약품 광고로는 영양제, 정력제, 은단 등으로 성병약, 부인병치료제 등이 보인다. 특히 임상의학과 광고와 관련한 내용으로 개인의 신체에서 각 사회영역의 관심을 매개로 인구 전체를 대상으로 논의가 전개되었다.

재일조선인 민중의 실상과 여론을 주로 보도하고자 했던 『民衆時報』에는 다양한 기사와 함께 광고도 다수 실려 있다. 이 가운데 『民衆時報』를 간행했던 민중신문사는 사고와 여러 광고를 싣고 있다. 광고의 일반 내용으로는 창간축하 광고, 신년축하 광고, 사고, 일반 광고, 인쇄, 서적, 음악회 광고, 모집공고 그리고 의료 관련 광고 등이 보인다.

『民衆時報』는 창간 이후 각종 의료 광고가 지속적으로 게재되어 있다. 이를 통해 재일조선인은 의료와 관련된 정보를 적극 획득할 수 있었던 것은 당연하다. 동시에 질병의 치료와 일상의 생활에 많은 도움을 받았던 것도 사실이다. 『民衆時報』의 오사카를 비롯한 간사이(關西)지역 재일조선인의 의료 광고는 창간호부터 약방, 약국 그리고 병원 광고가 주류였다. 여기에서는 민족적 내용도 확인되어 '약은 우리 약이 잘 듣습니다'고 하기도 했다. 신문의 규모로 많은 지면을 내주지 않았다고 해도, 『民衆時報』에는 4곳의 병·의원과 20여 개 소의 약방, 약국의 존재가 보인다. 병·의원 등에 대한 광고로는 주익순의원, 제일의원, 용천당치료원, 중앙의원 등의 광고가 주목된다. 제약사와 약방, 약국 광고로는 동서의약합자회사, 태창상회, 보성당약국, 선당한약국 등의 광고가 실려 있는데, 특히 동서의약합자회사는 대표가 김필원으로 그는 민중시보사의 최고의 광고주이자 후원자였다.

『民衆時報』는 1935-1936년 시기 재일조선인 오사카 사회를 보여주면서 일상의 의료생활의 내용을 확인하게 한다. 오사카 재일조선인의『民衆時報』1935.12.15 - 1936.4.11 시기 삶의 단면을 의료 광고는 확인하게 만드는 한 포인트이다.[57]

---

57) 추후 다른 일본의 신문 광고 지면과 재일조선인이 발간했던 각종 신문과 잡지와의 비교를 과제로 남겨둔다.

참고문헌

『民衆時報』 1, 2, 3, 4, 6, 11, 12, 13, 14, 15, 20, 23(1935.12.15 - 1936.4.11)

『조선일보』, 『동아일보』

『제주일보』, 2008.9.2.

『프레시안』, 2009.7.29.

『無産者同盟ニュース』, 1931년 11월 26일(法政大学大原社会問題研究所 소장).

内務省 警保局(1935), 『社会運動の状況』, 598쪽.

『特高月報』, 1936年 11月, 553쪽.

천정환, 『끝나지 않는 신드롬』, 푸른 역사, 2005.

도노무라 마사루, 신유원 외 역, 『재일조선인 사회의 역사학적 연구』, 논형, 2010.

국제고려학회 일본지부 '재일코리안사전' 편집위원회 편찬, 정희선 외 역, 『재일코
리안사전』, 선인, 2012.

신인섭·서범석, 『한국광고의 역사』, 커뮤니케이션북스, 2015.

정혜경, 「일제하 재일한국인 민족운동 연구-大阪을 중심으로-」, 한국정신문화연구
원 한국학대학원 박사논문, 2000.

고병철, 「구원론: 매일신보 약 광고 분석」, 『종교연구』 30, 2003.

이병주, 「의약품 광고로 읽는 근대적 신체의 탄생」, 『연세대학원신문』 2013.6.20.

김인덕, 「1930년대 중반 오사카 재일조선인의 삶과 상호부조-『민중시보』의 기사를
중심으로-」, 하용삼 외, 『자율과 연대의 로컬리티』, 소명출판사, 2016.

김인덕, 「공간 이동과 재일코리안의 정주와 건강」, 『인문과학』 73, 2019.

황익구, 「1930년대 재일조선인의 주택문제와 생활권투쟁의 고찰-『민중시보』를 중
심으로-」, 『한일민족문제연구』 36, 2019.

朴慶植 編, 『朝鮮問題資料叢書』 第5卷, アジア問題研究所, 1983.

『醫療と社會』 復刻版刊行委員會, 『醫療と社會』, 機關紙共同出版, 1990.

近代日本社會運動史人物大事典編纂委員會 編, 『近代日本社會運動史人物大事典』
(2), 日外アソシエーツ, 1996.

金賛汀, 『検証·幻の新聞「民衆時報」~ファシズムの台頭と報道の原点~』, 三五館, 2001.

外村大,「大阪朝鮮無産者診療所の闘い」,『在日朝鮮人史研究』20, 1990.

外村大,「一九三〇年代中期の在日朝鮮人運動－京阪神地域『民衆時報』を中心に－」,
　　　『朝鮮史研究会論文集』28, 1991.

梁永厚,「1930年代の在阪朝鮮人のジャーナリズム(1)(2) -『民衆時報』を中心に-」,『戰
　　　爭と平和』(9) (10), 2002.

2부

전염병과 사회관리

근대전환기 호열자의 유행과 천도교의 대응

성 주 현

I. 머리말

호열자[1]는 1800년 이전에는 인도 벵갈 지역의 풍토병이었지만 1817년 인도에서 전국적으로 유행하기 시작하면서 세계적으로 확산되었다. 1820년 중국 광동을 거쳐 중국 전역으로 확산되었으며, 이듬해 1821년 중국을 통해 평안도로 유입되어 1822년까지 유행하였는데, 1821년에만 10만여 명이 사망할 정도로 희생이 컸다. 당시 호열지에 대해 알려지지 않았기 때문에 '괴질'이라고 불렀다. 이후 1835 호열자로 의심되는 전염병이 유행하였고, 1859년부터 1862년까지 호열자가 대유행하였다. 이로 인해 일반 사회는 적지 않은 혼란을 야기시켰는데, 동학을 청도한 수운 최제우는 당시 사회를 '괴질이 만연하다'고 하였다.[2] 호열자는 개항 이

---

1) 호열자는 호역(虎疫)이라고도 하는데, '콜레라'의 한역이다. 호열자로 불리게 된 것은 콜레라의 증상이 호랑이에게 물려 살이 찢어지는 것 같은 고통을 겪는다는 뜻에서 붙여졌다. 본고에서는 당시 불렸던 호열자로 표기하고자 한다.

후 1879년 부산으로 유입되어 전국으로 퍼졌으며, 1895년에 이어 1902년, 1907년, 1909년, 1912년, 1916년, 1919년, 1920년 등 1910년대까지 대유행이 되었다.[3] 이처럼 호열자 등 전염병이 유행함에 따라 위생에 대한 인식도 적극적으로 수용하였다.[4]

'위생'이란 근대적 개념이 한국사회에 등장한 것은 1876년 개항 이후로 알려져 있다. 조선은 개항과 함께 부국강병을 위한 수단의 하나로 위생에 대해서도 관심을 가지면서 의료체계로 새롭게 인식하였다. 동학농민혁명을 겪으면서 갑오개혁을 적극 추진한 조선 정부는 근대의료체계를 점차 갖추어 나갔다. 그럼에도 불구하고 외부로터 수입된 호열자 등 전염병은 여전히 유행되었고, 일반 사회에서는 민간요법을 활용하여 대처하였다. 이러한 가운데 종교계에서도 나름대로 호열자 등 전염병을 극복하기 위한 방안들을 마련하고 이를 교세 확장의 일환으로 활용하고자 하였다. 천도교의 전신은 동학 시절 위생규칙을 마련하여 교인들로 하여금 이를 실천하도록 하였다.[5] 기독교 역시 선교사들의 서양의 의술을 활용하여 전염병을 이겨내면서 위생에 대한 계몽시키는 한편 교세를 확장하였다.[6]

이처럼 전염병이 유행함에 따라 종교계에서도 이에 대해 적극적으로

---

2) 수운 최제우는 "우리 나라는 악질이 세상에 가득 차서 백성이 언제나 편안일 때가 없으니 이 또한 상해의 운수(我國惡疾滿世 民無四時之安 是亦傷害之數也)"라고 지적하였다(『동경대전』, 「포덕문」).

3) 정태화 외, 「지구촌 콜레라 유행의 역사와 우리나라의 현황」, 『임상병리검사화학회지』 27-1, 국립보건원, 1995, 13~14쪽.

4) 물론 호열자 등 전염병에 대한 전통적인 대응 방법들이 있었지만, 이른바 민간요법 등이었기 때문에 큰 효과가 없었다.

5) 동학 천도교의 위생 인식과 전염병에 대한 대응에 대해서는 성주현, 「근대전환기 동학·천도교의 위생인식」, 청암대학교 재일코리안연구소 편, 『계몽의 기획과 신체』, 도서출판 선인, 2020을 참조할 것.

6) 기독교에 대해서는 전석원, 「1884~1910년의 급성전염병에 대한 개신교의 의료선교사업」, 『한국기독교와 역사』 36, 한국기독교역사연구소, 2012를 참조할 것.

대응하였다. 본고에서는 동학농민혁명 이후부터 1910년대를 중심으로 천도교의 호열자에 대한 천도교의 위생 인식과 대응을 살펴보고자 한다. 이를 위해 먼저 호열자의 유행과 이에 대한 정부와 일반 사회의 예방에 대해 살펴본 후 천도교의 근대 위생인식의 수용과 종교적으로 어떻게 대응하였는지를 분석하고자 한다.

II. 호열자의 유행과 예방

호열자는 앞서 언급한 바와 같이, 일찍이 인도 벵골 지역의 풍토병이었지만 1817년 이후 전 세계로 확산되면서 가장 인간을 위협하는 전염병이 되었다.[7] 1820년 중국 광동에서 유행한 호열자는 중국 전역으로 확산되었으며, 이어 국경을 마주한 우리나라에도 영향을 주었다. 1년 후인 1821년 8월 중국과 인접한 평안도에서 시작된 호열자는 전국으로 확산되어 수많은 사람이 목숨을 잃었다. 이듬해 1822년에도 호열자가 전국에서 창궐하였으며, 1858년에도 다시 호열자가 유행하여 수십만 명이 희생되었다. 호열자는 그동안 전혀 느껴보지 못한 증상으로 종잡을 수 없어 '괴질'이라고 불렸다. 호열자가 처음으로 유입되었을 때 평안도 감사 김이교는 다음과 같이 보고한 바 있다.

평양부(平壤府)의 성 안팎에 지난달 그믐 사이에 갑자기 '괴질(怪疾)'
이 유행하여 토사(吐瀉)[8]와 관격(關格)[9]을 앓아 잠깐 사이에 사망한 사

---

7) 호열자가 세계적으로 확산된 것은 영국의 인도 식민지 경영과 세계로의 교통망 확충이라고 할 수 있다.

8) 토사(吐瀉)는 '상토하사(上吐下瀉)'의 준말로 위로는 토하고 아래로는 설사를 한다

람이 10일 동안에 자그마치 1천여 명이나 되었습니다. 의약도 소용없고
구제할 방법도 없으니, 목전의 광경이 매우 참담합니다. (중략) 그 사망
자의 숫자와 돌림병의 상황은 앞으로 잇달아 아뢸 생각입니다.[10]

보고에 의하면, 호열자는 당시 병명을 알 수 없는 '토사'와 '관격'의 증
상을 보였기 때문에 '괴질'이라고 하였다. 그리고 이 괴질 즉 호열자로
인해 평양에서만 10일 동안 1천여 명이 죽었을 정도로 무서운 전염병이
었다. 호열자는 1822년 제주도까지 유행하였는데, "뜻밖에 유행의 괴질
(怪疾)이 천리의 바다 밖에까지 넘어가 마을에서 마을로 전염되어 마치
불이 들판을 태우듯이 한 바람에 3읍(三邑)의 사망자가 거의 수천 명에
이르렀다"[11]고 하여 전국적인 돌림병이 되었다. 1822년에만 전국적으로
수십만 명이 호열자로 죽어 공포의 대상이었다. 한동안 잠잠하던 호열
자는 1855년 다시 전국으로 대유행을 하였으며 이 해에만 무려 50만 명
이 죽었을 정도로 인명 피해가 컸다.[12] 이후에도 1860년대 초까지 호열
자는 조선에서 한동안 유행하였다.

초기 중국을 통해 수입된 호열자는 1876년 개항 이후에는 주로 일본
을 통해 유입되었다. 일본에 호열자가 처음으로 유행한 것은 1877년이었
으며 1986년에는 10만여 명이 사망자가 발생할 정도로 대유행하였다.[13]

는 것으로 호열자의 증상을 말한다.
9) 관격(關格)은 한의학에서 사용하는 말로 먹은 음식이 갑작스럽게 체하여 가슴이 꽉
막히고 정신을 잃는 위급한 병으로 역시 호열자의 증상을 말한다.
10) 『순조실록』 24권, 1821년 8월 13일.
11) 『순조실록』 25권, 1822년 10월 19일.
12) 서용태, 「마마'와 '호열자'로 보는 개항기 보건의료-부산지역의 두창 및 콜레라 방역
을 중심으로」, 『한국문학논총』 82, 한국문학회, 2019.8, 61쪽.
13) 류교열, 「고베(神戸)의 문명도시구상과 국제전염병-콜레라 유행에 따른 고통의 '근
대화' 체험」, 『역사문화학회 학술대회 발표자료집』, 역사문화학회, 2004, 16쪽. 일본
에서도 처음 유입된 호열자에 대해 "토사와 복통을 수반하며 온몸이 차가워지고,
갑자기 얼굴색이 변하며 맥박이 약해진다. 그리고 심하면 인사불성이 되며 아침에

이처럼 일본에서 유행한 호열자가 우리나라에 유입된 것은 개항 3년 후인 1879년이었다. 이해 6월 20일 "호열자가 일본국으로부터 부산에 전파되었다"라고 기록한 바 있으며,[14] 일본『도쿄니치니치신문(東京日日新聞)』에서도 부산항에 호열자의 발생 현황과 예방법을 보도하기도 하였다.[15] 또한『아사히신문(朝日新聞)』에서도 "조선 부산으로부터 지난 달 29일에 어떤 이에게 온 편지에, 그 나라도 콜레라[虎列刺]가 크게 만연하여 최근 콜레라에 걸린 조선인이 매우 많기 때문에 상인들의 거래는 금지되었고, 일본에서 입항하는 배는 엄격히 검역을 시행한다고 한다"라는 내용의 기사를 게재한 바 있다.[16]

일본에서 유입된 호열자는 쓰시마를 거쳐 부산으로, 다시 경상도 일원으로 확산되면서 당시 심각한 피해를 입었다. 이후에도 호열자는 1885년, 1886년, 1888년, 1890년, 1891년 등 거의 해마다 유행하였다. 특히 동학농민혁명이 일어난 다음해인 1895년에도 호열자가 급증하였다. 특별한 치료약이 없었던 호열자는 1910년대까지도 여전히 위중한 전염병으로서 맹위를 떨쳤다. 당시 신문에 보도된 호열자 관련 기사를 정리하면 다음 〈표 1〉과 같다.

발병해서 저녁에 사망한다."라고 하였으며, 이로 인해 '三日亡'이라고 불렸다.(앞의 자료, 17쪽)

14)『고종시대사』2, 고종 16년 6월 20일; 국사편찬위원회 한국사데이터베이스 (http://db.history.go.kr/item/level.do?setId=6&itemId=gj&synonym=off&chinessChar=on&page=1&pre_page=1&brokerPagingInfo=&position=0&levelId=gj_002_a16_070_100_010).

15)『東京日日新聞』, 1879.7.31.

16)『朝日新聞』, 1879.9.4.

<표 1> 한말·1910년대 신문에 보도된 호열자 관련 기사 현황[17]

기사 제목	신문
호열자 예방규칙	독립신문 1899.9.4
전염병	독립신문 1899.9.19
노국 유행병	대한매일신보 1904.10.13
괴질예방	대한매일신보 1907.8.30
괴질예방	대한매일신보 1907.9.15
검역위원	대한매일신보 1907.9.19
검역부 설치	대한매일신보 1907.9.29
괴질 악착	대한매일신보 1907.9.29
괴질예방비	대한매일신보 1907.10.3
검역소 설치	대한매일신보 1908.7.19
호열자 발생	대한매일신보 1908.8.14
일본 유행병	대한매일신보 1908.8.21
양자강에 호열자	대한매일신보 1908.8.22
노국에 호열자	대한매일신보 1908.9.27
청국지방의 호열자	대한매일신보 1908.10.10
로국에 호열자	대한매일신보 1909.1.28
鳳凰城의 虎疫, 봉황성의 호열자 창궐	매일신보 1912.8.15
虎列剌 豫防(1), 호열자 예방하는 법	매일신보 1912.8.20
虎列剌 豫防(2), 호열자 예방법	매일신보 1912.8.21
上海의 호熱剌, 상해에 호열자 만연	매일신보 1912.9.6
虎疫의 主意書, 호열자에 대한 주의서	매일신보 1912.9.12
南大門 外 疑似虎列剌, 남대문 밖에 호열자	매일신보 1912.9.22
虎疫來虎疫來, 호열자가 왔소 호열자가 왔소	매일신보 1912.9.22
仁川의 擬似虎列剌, 호열자와 방불한 병	매일신보 1912.10.2
仁川 虎疫 豫防, 인천에 호열자 예방	매일신보 1912.10.5
의사 호열자 40명	매일신보 1912.10.27
羅老島에 虎列剌, 나로도에 호열자 소식	매일신보 1912.10.29

17) 본 신문기사는 '한국언론재단 고신문(https://www.bigkinds.or.kr/v2/news/oldNews.do)'에서 발췌한 것이다.

기사 제목	신문
호열자인듯	매일신보 1912.11.1
방역 당국의 경계 益嚴, 조선 관계지에 호열자가 점점 발생	매일신보 1916.8.19
長崎의 호열자	매일신보 1916.8.24
虎疫 연락선을 襲함, 관부 연락선 고려환 승객 중에 의사호열자 환자가 생겨, 大田에 虎疫, 天安驛의 警戒, 水原驛의 大檢疫, 南大門驛의 혼잡	매일신보 1916.9.2
虎疫의 침입과 예방, 호열자 예방에는 음식 조심이 제일	매일신보 1916.9.3
연락선 不來, 호열자 소동으로	매일신보 1916.9.3
又又 의사 호역 발생, 夜半 대구역의 대소동	매일신보 1916.9.7
호열자의 귀신도 지독한 사람은 어찌 못한다	매일신보 1916.9.8
吐瀉로 대소동, 체증을 호열자라고	매일신보 1916.9.14
호열자 포균	부산일보 1916.9.23
此際에 操心이 필요	매일신보 1916.10.1
설마가 即 虎列剌菌	매일신보 1916.10.3
사망자 신고는 경찰서에 먼저하라	매일신보 1916.10.3
검역위원회의	매일신보 1916.10.3
電擊性 토사 없는 괴질은 그중에도 두려워	매일신보 1916.10.3
虎疫消息: 東門內에 발생, 임시로 대청결, 대구 각교 휴업, 정류 사천 사백 명	매일신보 1916.10.3
海水中에 虎菌, 바닷물에 호열자	매일신보 1916.10.3
대구의 의사 호열자, 개통을 조사하고 병균을 기르는 중	매일신보 1917.6.24
蠅類구제가 초미의 急, 대구에 의사 호열자가 발생되었다.	매일신보 1917.6.24
토사병으로 소동, 호열자인가 의심하여	매일신보 1917.8.15
해항검역을 일층 엄중히, 내지에 호열자 유행과 조선의 예방	매일신보 1917.9.13
東侵西襲의 虎疫, 나날이 늘어가는 호열자	매일신보 1919.9.3
猛烈한 開城의 虎疫	매일신보 1919.9.3
虎列剌를 豫防함에는 注射가 第一 必要	매일신보 1919.9.3

기사 제목	신문
開城은 休校, 호열자로 인하여	매일신보 1919.9.6
平壤高普 休校, 호열자로 인하여	매일신보 1919.9.13
漣川에서도 檢疫, 호열자를 예방코자	매일신보 1919.9.24
競馬大會 中止, 호열자 때문에	매일신보 1919.9.29
남선의 호열자, 강경의 참상	매일신보 1919.10.2
전주 호열자표	매일신보 1919.10.8
可畏한 惡感이 오기 전에 경계하라	매일신보 1919.10.28
인천에 虎疫이 재발	매일신보 1919.10.28
강경 호역 소식	매일신보 1919.10.28
死者가 8千名, 호열자 때문에	매일신보 1919.11.9
死者가 近 萬名, 호열자 때문에	매일신보 1919.11.14
京城에 眞正 虎疫, 추위가는 이 때에 호열자가 뒤를 이어 생김이 이상하다	매일신보 1919.11.26

〈표 1〉의 기사에 의하면 1899년, 1907년, 1908년, 1912년, 1916년, 1917년, 1919년에 호열자가 유행하였음을 알 수 있다. 이들 기사는 대체적으로 호열자의 발생과 예방, 피해 그리고 해외의 호열자 유행 상황 등 호열자에 대해 폭넓게 다루고 있다. 위의 기사 중 1916년과 3·1운동이 있었던 1919년의 호열자의 확산과 이로 인한 피해 상황을 소개하면 다음과 같다.

> 호열자가 더욱 창궐하여 1일 오전 10시까지 겸이포에 발생한 환자는 총계 17명 중 사망자가 11명이요, 내지인 환자가 5명이 있는데, 소학교는 5일간 휴교하였고, 재령 서흥의 헌병분대로부터 응원 헌병이 20명이 겸이포로 갔다더라.[18]

---

18) 『매일신보』, 1916.9.3.

조선 내 호역도 작금 대체에 종식이 된 모양인데, 10월 이후 경무국
조사를 보면 초발 이래의 환자 누계가 23,675명에 달하고 그중 8,040명
의 사망자를 내었더라.[19]

위의 기사 중 전자는 1916년 호열자가 전국적으로 유행한 바 있었는
데 황해도 겸이포에서 17명의 환자 중 11명이 사망하였다는 것이고, 후
자는 1919년 역시 호열자가 대창궐하였는데 8천여 명이 사망하였다는
내용이다. 이는 호열자의 전염성과 치사율이 그만큼 컸음을 의미한다.
호열자는 1821년 중국을 통해 유입되어 1910년대까지 치명적인 전염병
으로 자리 잡았다. 이는 〈표 2〉의 호열자 환자와 사망의 통계에서도 확
인할 수 있다.

<표 2> 호열자 환자 및 사망의 통계

1908		1909		1910		1911		1912		1913	
환자	사망	환자	사망	환자	사망	환자	사망	환자	사망	환자	사망
110	81	1,775	1,371	486	382	4	2	122	78	1	1

1914		1915		1916		1917		1918		1919	
환자	사망	환자	사망	환자	사망	환자	사망	환자	사망	환자	사망
0	0	1	1	2,066	1,253	1	0	0	0	16,991	11,000

그렇다면 이와 같이 전국적으로 유행하고 공포의 대상이 된 호열자에
대한 당시의 대응은 어떠하였는가 하는 점이다. 먼저 관과 정부의 대응
을 살펴보자.

처음으로 1821년 평양에 호열자가 유행할 때 많은 사람들이 죽게 되
자, "의약도 소용없고 구제할 방법도 없어서 매우 참담하다"고 하였는

19) 『매일신보』, 1919.11.9.

바, 그나마 예방의 방법으로 평양의 주산에서 정성껏 기도를 올리는 것이 최선의 선택이었다.

이러한 대응은 조선 정부에서도 마찬가지였다. 순조는 "백성을 위하는 일이라면 사례의 유무에 구애받지 말고 아경(亞卿)을 보내 날을 받지말고 산천(山川)의 양재제(禳災祭)를 정성껏 거행"할 것을 시달할 정도였다.[20] 통치자의 입장에서 백성들을 위무하고 예방을 위해 여제(厲祭), 별여제(別厲祭), 위안제(慰安祭), 양재제 등을 시행하였다.[21] 이는 조선정부에서도 호열자에 대한 의학적 인식을 제대로 파악하지 못하였을 뿐만 아니라 의학적 대응을 제대로 할 수 없었음을 알 수 있다.

다음으로 일반 사회에서는 호열자에 대해 어떻게 인식하였을까 하는점이다. 이와 관련하여 한 선교사는 다음과 같이 기록한 바 있다.

> 조선 사람들은 그(콜레라) 이야기를 할 때면 지금도 벌벌 떤다. 어디를 가나 죽음이요 약은 하나도 없었다. 어떤 가정이든지 초상이 나고어떤 집에서든지 시체가 있고, 또 가끔 한길에 송장이 즐비한 경우도있었다. (중략) 이 시기에 콜레라가 이 나라에 뿌리를 박다시피 하여 여러 차례에 걸쳐 막대한 희생을 내게 했는데, 특히 1821년과 그 후 4~5년간이 더욱 심하였다.[22]

즉 당시 일반 사회에서는 호열자는 '벌벌 떨 정도'로 공포의 대상이었다. 또한 앞서 언급한 바와 같이 치료의 약도 구제의 방법도 없어서 집집마다 거리마다 쌓이는 시체로 때문에 호열자에 대한 공포가 더욱 극심하였다. 이 공포심을 벗어나기 위해 부적을 사용하거나 한의학을 통

---

20) 『순조실록』 24권, 1821년 8월 22일.
21) 이에 대해서는 김신희, 앞의 논문, 16~25쪽을 참조할 것.
22) 샤를 달레, 안응렬·최석우 역주, 『한국천주교회사』, 교회사연구소, 2000, 102쪽; 박인규, 「수운 최제우와 증산 강일순의 괴질론」, 『종교학연구』 34, 한국종교학연구회, 2016, 119쪽 재인용.

한 의술, 기도를 올리는 무속, 민간의 관습 등을 활용하였다. 특히 일반 사회에서는 호열자는 '쥐 귀신'에 의해 일어난다고 여겨, 쥐를 잡는 고양이 그림을 도성 곳곳 또는 집 대문에 붙이거나 종이 고양이를 만들어 부적처럼 매달아 놓았고, 고양이 소리를 이용하여 호열자 귀신을 쫓기도 하였다.[23] 이외에도 민간에서는 호열자를 예방하기 위해 서학에 의탁하기도 하였다.[24]

이처럼 호열자의 창궐로 많은 사람들이 죽음에 이르자, 정부에서도 예방과 관련된 조치로 점차 서구의 의학과 위생 개념을 수용하여 이를 확산시켜 나갔다.[25] 1894년 갑오개혁으로 위생국을 설치하여 전염병 예방 사무를 관장하도록 하였으며, 이듬해 1895년에는 호열자를 예방하고 관리하는 법규를 발포하였다.[26] 이어 1899년에는 호열자예방규칙을, 1909년에는 콜레라의 예방에 관한 건과 콜레라 예방책으로 청결법을 실시하는 건 등 관련 법류를 제정하여 호열자에 대한 예방을 강화해나갔다.

이러한 가운데 호열자 예방을 위해 호열자가 유행하는 지역에는 검역소를 설치하고 검역위원을 파견하였으며,[27] 피병원 운영, 위생사업 등 여러 가지 사업을 전개하였다. 1910년 8월 제국일본의 강점 이후에는 근대적 방역사업을 통한 공권력을 통해 환경위생사업, 검역사업, 소독사업, 생활개선사업 등으로 호열자 관리를 적극 추진하였다.

---

23) 김신회, 「1821년 콜레라 창궐과 조선 정부 및 민간의 대응 양상」, 서울대학교 대학원 석사학위논문, 2014, 35 · 47쪽; 올리버 에비슨, 박형우 역, 『근대 한국 42년(상)』, 242~244쪽.

24) 새를 달레, 안응렬 · 최석우 역, 앞의 책, 101쪽.

25) 개화파 인물인 박영효와 유길준 등은 인민의 건강을 힘써 국가를 부강케 하자는 주장하는 한편 호열자 등 전염병 예방법을 적극 소개하였다.

26) 당시 발포한 호열자 관련 법규는 일반인을 대상으로 하는 '호열자 소독규칙', 관리자를 위한 '호열자 예방과 소독집행규칙'이다.

27) 1907년 9월 신의주에서 호열자가 발생하자 검역부를 설치하고 검역위원을 파견한 바 있다(『대한매일신보』, 1907.9.29).

Ⅲ. 동학 시기 호열자에 대한 인식과 대응

천도교는 1860년 4월 5일(음) 경주에서 수운 최제우가 창명하였으며, 해월 최시형과 의암 손병희가 이를 계승하였다. 천도교의 시기 구분은 동학 시기와 천도교 시기로 구분할 수 있다. 본절에서는 동학 시기는 창도주인 수운 최제우와 해월 최시형, 그리고 손병희가 1905년 12월 1일 동학을 천도교로 전환되기 이전의 시기를 중심으로 호열자에 대한 인식과 예방을 포함한 대응에 대해 살펴보고자 한다.

동학이 창명된 해인 1860년을 전후로 호열자가 전국적으로 유행하였다. 1859년 서울을 중심으로 호열자가 유행하였으며, 창명 이후인 1862년과 1863년에도 호열자가 전국에 창궐하였다. 1859년 조정에서는 여역(癘疫) 즉 호열자가 치성하여 사망하는 사람이 많아 날을 받지 말고 여제를 설행할 것을 지시하는[28] 등 호열자가 유행하였다. 더욱이 호열자가 서울에까지 유행하자 많은 사람들이 서학에 귀의할 정도로 종교적으로 위안을 삼고자 하였다.[29] 이러한 서학의 귀의는 전염병이 창궐할 때 기도와 제의가 중요한 치료 내지 예방의 방법 외에는 특별한 대안이 없었기 때문이기도 하였다. 이와 같이 호열자의 유행은 종교에 귀의하고자 하는 사례가 적지 않았다. 이러한 사회적 현상은 서학뿐만 아니라 동학에 귀의하는 사례도 적지 않았다.

수운 최제우는 동학을 창명하는 1860년을 전후하여 호열자가 유행하자 "우리 나라는 악질이 세상에 가득하여 백성들이 한시도 편안할 날이 없으니, 이 또한 상해의 운수이다"[30]라고 하였다. 수운 최제우는 호열자

---

28) 『철종실록』 11권, 1859년 9월 18일.
29) 샤를 달레, 안응렬·최석우 역, 앞의 책, 301쪽.

를 '악질(惡疾)'로 표현하였으며, 악질이 유행하는 것을 '상해(傷害)의 운수(運數)'라고 보았다. 이러한 인식은 그가 저술한 『동경대전』과 『용담유사』에 나타나고 있는데, 그 내용은 다음과 같다.

가련하다. 가련하다. 아국운수 가련하다. 전세임진 몇해런고 이백사십 아닐런가. 십이제국 괴질운수 다시개벽 아닐런가.[31]

근심말고 돌아가서 윤회시운 구경하소. 십이제국 괴질운수 다시개벽 아닐런가.[32]

그말저말 다던지고 한울님을 공경하면 아동방 삼년괴질 죽을염려 있을소냐.[33]

아동방 삼년괴질 인물상해 아닐런가.[34]

즉 수운은 호열자가 창궐한 당시의 사회모습을 '괴질 운수', '삼년 괴질'이라고 하였다. 이는 괴질 즉 호열자로 인한 사회의 처참한 현실을 '전세임진' 즉 임진왜란에 비유할 정도였다. 더욱이 호열자는 국내뿐만 아니라 '십이제국 괴질'이라고 하여 세계적 현상인 것으로 이미 인지하였음을 알 수 있다.

이와 같은 호열자로 인한 참상에 대해 수운 최제우는 다음과 같이 대응할 것을 제시하였다.

---

30) 「포덕문」, 『동경대전』. "是故 我國惡疾滿世 民無四時之安 是亦 傷害之數也"
31) 「안심가」, 『용담유사』.
32) 「몽중노소문답가」, 『용담유사』.
33) 「용담가」, 『용담유사』.
34) 「권학가」, 『용담유사』.

내역시 사십평생 해음없이 지내나니 이제야 이세상의 홀연히 생각하니 시운이 둘렀던가. 만고없는 무극대도 이세상에 창건하니 이도역시 시운이라. 일일시시 먹는음식 성경이자 지켜내어 한울님을 공경하면 자아시 있던신병 물약자효 아닐런가.[35]

수운은 당시 창궐한 호열자를 예방하기 위해서는 '먹는 음식'의 중요성을 강조하였다. 호열자는 수인성 질병으로 오염된 물이나 음식물이 전염의 매개체였다. 청결하지 않은 물이나 음식은 호열자가 발생하는데 중요한 요인이었다. 당시 조선의 식습관은 채소를 흐르는 물에 씻었으며 상추나 배추 등은 말로 먹는 것이 일상이었다. 호열자에 오염된 물에 채소를 씻거나 이를 날로 먹으면 바로 호열자에 전염될 수밖에 없었다. 또 하나 호열자가 확산하는데 중요한 요인의 하는 우물이었다. 장마 등으로 호열자 균에 의해 오염된 우물은 호열자 전염에서 벗어나기 어려웠다. 때문에 수운 최제우는 호열자를 예방하기 위해서 무엇보다도 매일매일 먹는 음식을 공경하면 즉 청결하게 하면 스스로 치병을 할 수 있다고 한 것이다. 음식을 '성경 이자' 즉 정성과 공경으로 한울님 대하듯이 청결하게 할 것을 강조하였다. 뿐만 아니라 수운 최제우는 "한울님을 공경하면 아동방 삼년괴질 죽을염려 있을소냐"라고 하여, 동학을 통한 새로운 구원의 메시지를 전하고자 하였다. 이는 호열자뿐만 아니라 여러 가지 요인으로 인한 죽음에 대한 위안이 담겨져 있기도 하였다. 이러한 모습은 단순히 음식의 청결과 공경에서 더 나아가 새로운 세상을 열고자 하는 염원이 담겨져 있다.

1863년 8월 14일 동학을 승통한 해월 최시형은 수운 최제우보다 실용적 위생으로 호열자를 예방하고자 하였다. 해월 최시형이 동학을 승통한 이후에도 호열자는 여전히 유행하여 공포의 대상이었다. 수운 최제

---

35) 「권학가」, 『용담유사』.

우는 '일일시시 먹는 음식'의 청결을 강조하였지만, 해월 최시형은 1886년 호열자가 창궐하였을 때 "금년에는 반드시 惡疫이 유행할 것이므로 특별히 치성을 하라. 집안을 청결하게 하고 음식을 청담케 하고 코와 침을 함부로 뱉지 말라"[36]고 당부하였다. 이는 수운 최제우의 위생인식을 보다 구체적인 실천으로 확장시켜 나갔다고 할 수 있다. 그 결과 6월에 호열자가 창궐하였으며, 해월 최시형의 당부를 실행한 동학교인들은 대부분 호열자로부터 무사할 수 있었다.[37]

또한 해월 최시형은 1888년 3월 음식을 주로 만드는 여성의 가르침을 담은 「내수도문」을 반포하였는데, 여기에서도 무엇보다도 위생을 강조하였다. 이는 앞서 강조하였던 위생 인식의 연장이었다. 「내수도문」의 내용은 다음과 같다.

一. 모든 사람을 한울같이 恭敬하라. 며느리를 사랑하라. 奴隷를 子息 같이 사랑하라. 牛馬六畜을 학대하지 말라. 만일 그렇지 못하면 한울임이 怒하시나니라.

二. 朝夕 飯米를 낼 때 한울님에 心告하라. 淸潔한 물을 길러 飮食을 淸潔케 하라.

三. 묵은 밥을 새 밥에 섞지 말라. 흘인 물을 함부로 버리지 말라. 痰이나 鼻汗을 아무데나 吐하지 마라. 萬一 길이어든 반드시 묻으라. 그러면 한울님이 감응하시나니라.

四. 一切 모든 사람을 한울로 認定하라. 손이 오거든 한울님이 오셨다 하고, 어린 아해를 때리지 말라. 이는 한울님을 치는 것이니라.

五. 孕胎 있거든 몸을 더욱 操心하되 아무 것이나 함부로 먹지 말라. 모든 일에 胎兒를 爲하여 操心하라.

六. 다른 사람을 是非하지 말라. 이는 한울을 是非하는 것이라. 무엇이든지 貪하지 말라. 다만 勤勉하라.[38]

---

36) 오지영, 『동학사』, 영창서관, 1934, 65쪽.
37) 이돈화, 『천도교창건사』 제2편, 천도교중앙종리원, 1937, 38쪽.
38) 위의 책, 40~41쪽.

근대전환기 호열자의 유행과 천도교의 대응 **243**

위의 내수도문은 동학교단의 여성에 대한 지침서이었는데, 6개의 항목 중 위생과 관련된 것은 두 개의 항목으로 청결을 강조하였다. 즉 오염되지 않은 깨끗한 물로 음식을 만들 것, 먹던 밥을 새 밥과 섞지 말 것, 흐린 물을 함부로 버리지 말 것, 가래나 침을 아무데나 뱉지 말고 땅에 묻을 것 등 구체적으로 실천 사항을 나열하였다. 이는 수운 최제우보다 한 걸음 더 나아간 '위생준칙'이라고 할 수 있다.[39] 해월 최시형의 위생준칙은 오늘날과 같은 의학적 위생이기보다는 일상생활에서 반드시 지켜야 할 '생활위생'이라고 할 수 있다.

이러한 위생준칙은 1893년 3월 10일 충북 보은군 장내리에서 개최한 척왜양창의운동[40]에서도 동학교인들의 실천적 사례로 남아 있다. 당시 동학교인들은 서구 제국과 일본을 침략 세력으로 인식하였고, 이를 배척하기 위해 보은에 3만여 명[41]이 모였다. 당시 상황에 대한 기록을 살펴보면 다음과 같다.

> 道人은 一定한 隊伍를 定하여 少許도 幕下에 있게 하되 出入心告를 하며, 誦呪 論理를 하는데 萬人의 行動이 一人과 같아서 紊亂함이 없고, 特히 淸潔을 爲主하되 慣例대로 大便이나 唾液과 같은 排泄物은 地下에 묻는 것이 原則이며, 衣冠을 整齊하고 行動을 嚴肅히 하며 商賣의 飮食價는 一文一里도 틀림없이 自手로 計算하여 萬一 遺漏가 없게 하니, 보는 者-다-威儀와 德風을 稱讚치 않는 者-없고 道를 誹謗하는 者도 "東學은 하지마는 行爲는 바르다"는 말이 遠近에 藉藉하였다.[42]

---

39) 이에 대해서는 성주현, 「근대전환기 동학·천도교의 위생인식」, 『계몽의 기획과 신체』, 도서출판 선인, 97~119쪽을 참조할 것.
40) 척왜양창의운동은 1893년 3월 10일 충북 보은에서 전개된 동학교단의 사회운동으로, 1892년 12월부터 전개된 교조신원운동의 연장선에 있다.
41) 당시 모인 동학교인의 수에 대해서는 '수만 명'으로 기록하고 있지만, 여러 연구 성과에 의해 본고에서는 '3만여 명'으로 수용하고자 한다.
42) 이돈화, 앞의 책, 55쪽.

해월 최시형은 보은에 3만여 명이라는 대규모의 동학교인들이 집결함에 따라 철저한 위생을 강조하였다. 즉 대변이나 침 등 배설물을 반드시 땅에 묻었는데, 이는 관례로 동학교인들의 위생준칙을 그대로 보여준 것이라 할 수 있다. 이외에도 많은 교인들이 물건을 사는 과정에서도 상인들의 금전이 일호도 틀림이 없을 정도로 문란함이 없었다. 이와 같은 동학교인이 위생준칙과 여타 활동은 그동안 동학을 비방 또는 배척하였던 일반 사회에서도 '동학은 행위가 바르다'라고 새롭게 평가하였음을 알 수 있다.

해월 최시형은 일상생활에서의 위생을 교인들에게 강조하였으며, 이를 제례와도 연관을 지었다. 성리학 이데올로기의 당시 조선 사회에서는 무엇보다도 제례를 강조하였다. 제례는 일반적으로 조상에 대한 숭배이지만, 여기에는 제수를 마련해야 하는 경제적 요인 뒷받침되어야 했다. 조선 정부로부터 생명과 재산을 빼앗기는 등 탄압을 받는 동학교인의 입장에서는 제례는 경제적으로 부담이 될 수밖에 없었다. 더욱이 제수를 마련하는 식재료는 청결과 직간접적으로 크게 영향을 받았다. 그렇지 않아도 호열자 등 전염병이 유행하는 상황에서 해월 최시형은 동학의 제례도 "祭라는 것은 精誠과 淸潔을 主하는 것이니, 너희는 이 두 가지를 잊지 말라"[43]고 강조하였다.

> 묻기를 "제물을 차리는 것과 상복은 어떻게 하는 것이 옳습니까"
> 신사 대답하시기를 "만 가지를 차리어 버려 놓는 것이 정성이 되는 것이 아니요, 다만 청수 한 그릇이라도 지극한 정성을 다하는 것이 옳으니라. 제물을 차릴 때에 값이 비싸고 싼 것을 말하지 말고 물품이 많고 적은 것을 말하지 말라.[44]

---

43) 위의 책, 76쪽.
44) 「향아설위」, 『천도교경전』, 350쪽.

해월 최시형은 만 가지 차리는 음식, 값 비싼 제수보다도 정성이 담겨져 있는 청결한 물 한 그릇을 보다 의미 있다고 판단하였다. 이에 따라 '정성'과 '청결'을 그대로 반영하여 동학의 제례를 '청수 한 그릇'으로 하도록 하였다. '청수 한 그릇'은 위생과 제례를 결합한 동학의 새로운 제례법이라 할 수 있다.

IV. 천도교 시기 근대위생의 수용과 호열자에 대한 대응

해월 최시형으로부터 동학을 계승한 의암 손병희는 생활위생을 근대의학적 위생으로 전환시켰다. 의암 손병희는 동학농민혁명 이후 정부의 탄압을 피하기 위해 1901년 일본으로 망명하였다. 일본에서 망명생활을 하는 동안[45] 일본의 근대문명을 체험하고 위생에 대한 중요성을 새롭게 인식하였다.

일본은 호열자가 1877년 처음으로 유행하여 메이지(明治) 시대 35년간 37만 3천여 명의 사망자를 낼 정도로 심각한 사회적 문제였다. 의암 손병희가 망명한 곳은 고베였는데, 고베는 1900년 호열자가 대유행하여 1,500여 명의 환자가 발생하여 1천여 명이 사망하였다. 이와 같은 상황에서 고베는 무엇보다도 청결한 환경 정비를 위한 조치를 행정력을 통해 예방 및 대응하였다.[46] 이 과정에서 의암 손병희는 호열자에 대한 예

---

45) 의암 손병희의 일본 망명생활은 1901년부터 1906년 초까지 5년간 고베, 오사카, 교토를 거쳐 도쿄에서 생활하였다.
46) 류교열, 「고베(神戸)의 문명도시구상과 국제전염병-콜레라 유행에 따른 고통의 '근

방을 중요하게 받아들인 것으로 보여 진다. 이에 의암 손병희는 1902년 12월 '위생'에 대한 글을 작성하여 본국에 보냈다. 내용은 길지만 전문을 소개하면 다음과 같다.

物에 始있고 終이 있나니, 始終이 또한 理氣變化를 隨하여 自爲하는 바라. 故로 春夏에 生成하고 秋冬에 黃落하나니, 어찌 疑端이 有하리오. 方今 世界에 衛生이 甚要하나 人이 모두 定命을 充치 못한 바 多함은 無他라. 生의 根本을 모름이오. 或 知하는 者- 有하더라도 그대로 能守치 못하는 까닭이라. 能知能行한다면 어찌 命을 充치 못하리오. 대저 生의 根本은 陰陽動靜 造化의 理라. 어찌 易斷하리오마는 大綱이라도 말할진대, 天生萬物은 人皆言之요 胞胎化生도 또한 目見하는 바나, 實理를 知치 못함으로 定命을 充치 못하나니라. 人이 最初 化生할 때로 말하면 純然한 陰陽理氣로 交應이 되어 生하거니와 形을 成하여 生하자 氣가 接하고 氣가 接하자 비로소 四肢가 動하고 耳目이 開하며 能히 動作하게 되나니, 이것은 心性精 三端이 있음으로 써이다. 三端을 分言하면 心은 氣也요, 性은 質也요, 精은 腦骨肺腑 箇箇節節을 應하여 在한 것이라. 動作으로 말하면 心이 先發하여 精을 動케 하고, 精이 動하므로 體가 隨動하는지라. 그러므로 人이 動作할 때 心을 先發하여 百體에 血脈精神이 通한 後에 動作하여야 相違가 되지 않을 것이오. 言을 發할 때에도 心을 先發하여 靜脈이 相通한 後에 言을 發하면 氣血이 可이 耗損치 아니하려니와, 無心中 言을 猝地에 發하면 氣血이 大傷하고 飮食에도 無心中 暴飮暴食하면 害가 有하며 起居에도 無心中 猝地에 動하면 害가 有하시니, 愼之愼之하라.
一. 守心이니, 마음을 잠시라도 靜脈에 떠나지 말게 할지라. 떠나지 않는바는 日用行事間 이것을 念念不忘하여 三端에 相違케 말 것이며
二. 正氣이니, 喜怒哀樂 間에 過度히 말라. 怒가 過하면 驚脈이 不通하고 哀가 過하면 靜脈이 不化하고 喜樂이 過하면 散脈이 不調하나니, 必是 大害가 有할지라. 愼之愼之하라.
三. 飮食調節이니, 飮食이 過하면 胃에 溢하고 胃에 溢하면 經絡이 不調하여 消食치 못하는 故로 害가 多하나니라. 人이 食하는 物이 多하

대화' 체험」, 『역사문화학회 학술대회 발표자료집』, 16~18 · 23쪽.

되 其中 五穀은 純然한 精氣라 利가 有하고 餘外之物은 利害가 相伴하나 제일 肉類는 害 가 多하며 酒類로 또한 多害하니라.

　四. 居處淸淨이니, 비록 土屋이라도 內外를 朝夕洒掃하고 居處를 精潔히 하며, 또는 近處에 水를 棄하지 말라. 腐敗하여 惡臭가 나면 有害하며 또는 몸을 자주 沐浴하라. 몸에 汗塵이 많으면 有害하니라.[47]

　의암 손병희의 위생에 관한 글은 전문과 시행사항 두 부분으로 되었다. 전문에는 지금 세계는 위생을 중요하게 인식하고 있음을 밝히고 있으며, 마음(心)·성품(性)·몸(精/身) 3단[48]을 잘 다스릴 것을 강조하고 있다. 이를 잘 다스리지 못하면 건강상 유해할 수 있다고 하였다. 그리고 이를 위해 수심(守心), 정기(正氣), 음식조절(飮食調節), 거처청정(居處淸淨) 등 네 가지의 실천할 항목을 설정하고 있는데, 전자 두 개 항목은 정신적 위생을, 후자 두 개 항목은 신체적 위생을 의미한다. 이는 마음과 몸을 함께 다스리는 종교적 위생을 내포하고 있다고 할 수 있다. 그러나 무엇보다도 위생에서 가장 중요한 요소인 '음식'과 '청결'을 강조하였는데 이는 국내에서도 유행하는 호열자에 대한 예방이라고 할 수 있다.

　이와 더불어 의암 손병희는 1905년 『준비시대』[49]를 통해 다시 한 번 위생의 중요성을 언급하였다. 『준비시대』는 의암 손병희가 근대국가를 위한 방책을 서술한 것으로 '위생 사무'의 필요성을 제시하고 있다. 또한 위생에 대해 보다 의학적으로 접근하고 있다. 손병희는 사람이 불행해

---

47) 이돈화, 앞의 책, 제3편, 29~31쪽.
48) 의암 손병희는 위생에 관한 글에서는 '성심정삼단'이라고 하였지만, 그의 법설 「무체법경」에는 '성심신삼단'으로 되어 있다. 정(精)에 대한 설명으로 '腦骨肺腑箇箇節節'이라고 한 것은 몸(身)을 의미한다.
49) 『준비시대』에 대해서는 성주현, 「(자료해제)『北接大道主』: 의암 손병희의 근대국가 정치론」, 『한국독립운동사연구』 38, 독립기념관 한국독립운동사연구소, 2011; 손병희, 손윤 역, 『준비시대』, 오늘Korea, 2015를 참조할 것.

지는 것은 질병에서 벗어나지 못하였기 때문이었다고 전제하고 질병은 썩은 물과 더러운 것, 오염되고 습한 기운 등 '불결'한 것에서 시작된다고 지적하였다.[50] 그리고 평상시 '청결법'과 전염병 유행할 때 '예방법'을 다음과 같이 제시하면서 힘써 시행할 것을 권장하였다.

平時에는 家諭戶說하여써 淸潔法을 務行할 세, 厠溷之戶를 密閉하여 其 穢臭之洩을 防하며, 惡水[51]之道를 疏通하여 鬱濕之蒸을 袪하고 閨房과 庭階의 灑掃를 恒勤하며, 塵芥는 必消하고 草菜는 必除하여 若怠惰者-有하면 督迫할지며, 且 市售之物은 腐魚敗肉과 時果의 不熟者는 其 販賣함을 禁하며, 飮用水에 至하여는 其 用意를 尤愼할지니, 不潔之水는 萬病之源이 됨이라.

傳染病이 流行하는 時에 至하여는 豫防之法을 敎行할지니, 豫防法者는 病家 附近之地에 警戒線을 劃定하여써 行人의 交通함을 遮斷하고, 且 其 家에 臨檢하여 石炭 灰酸 等 物로써 病人의 衣袗과 排泄器 大小便에 消毒法을 行하여 黴菌을 殺하여 傳染하는 媒介를 絕除하나니, 黴菌者는 虫之極小者인 故로 現微鏡이 아니면 見之를 不能하는 바이라.[52]

평소 지켜야 할 청결법은 화장실을 밀폐하여 악취가 나는 것을 막을 것, 더러운 물은 잘 흐르게 하여 습기를 제거할 것, 문과 방 및 마당의 계단을 깨끗하게 할 것, 먼지와 쓰레기는 반드시 비울 것, 잡초를 제거할 것 등을 부지런히 할 것을 당부하였다. 뿐만 아니라 시장에서는 부패한 생산과 육류 및 덜 익은 과일의 판매를 금할 것과 특히 불결한 물은 만병의 근원이 되기 때문에 식수로 사용할 것을 금지케 하였다.

---

50) 손병희, 『준비시대』, 보문관, 1906, 59쪽. "人의 不幸함은 疾病에서 莫過하니, 疾病의 來함은 不潔함으로부터 始함이 多하니, 不潔者는 家宅 附近에 腐水와 穢物과 汚濕之氣가 最大하므로 以함이라."
51) '惡水者는 澣衣와 滌器의 水也.'
52) 손병희, 앞의 책, 59~61쪽.

그리고 호열자 등 전염병이 유행할 때 예방법으로는 전염병을 앓는 집이 있으면 경계선을 정하여 행인이 오가는 것을 차단할 것, 환자의 옷과 배설물 등을 소독하여 세균을 죽일 것 등을 제시하였다. 그러면서 호열자, 여역, 천연두 등은 전염병은 세균에 의해 유행된다는 점에서 다음과 같이 주의할 것도 아울러 밝히고 있다.

凡 恠疾과 癘疫과 天然痘 等의 一切 傳染病이 是等虫이 皆有하여 或 飮食之時를 因하며, 或 呼吸之氣를 因하여써 人之口腹에 入하면 頃刻에 繁滋하여 其 病을 傳하는 故로 撲滅을 不爲하면 其 蔓延한 禍를 遏치 못할지오. 若 少少遲緩하여 其 流布가 己廣이면 全 消함을 不得하여 甚하면 天下에 橫行하여 無數한 生靈을 殺害함에 竟至하나니, 小小히 勿之함은 切切히 不可한 바이니라.53)

즉 음식 섭취와 호흡 등을 통해 전염병이 감염됨으로 사전에 세균을 없앨 것을 밝히고 있다. 뿐만 아니라 전염병을 전쟁과 비교하여 얼마나 그 피해가 큰지를 설명하고 있다.

盖 傳染病의 毒은 兵禍之慘에서 甚하니, 戰爭은 對手의 壯丁을 只殺할 뿐이며 其 圈城도 有限이어니와 傳染病은 老少와 婦孺를 勿論하고 當한 者는 必殺이며 媒介之物을 隨하여 歐洲之虫이 亞洲에 飛入者도 有하고 美洲의 菌이 濠州의 流傳者도 有하여 人의 夢想不到하는 處에 出하며 意慮不及한 地에 至하니 可히 大懼深懼치 아님을 不能함이라.54)

전염병과 전쟁의 참상을 비교하였는데, 전쟁은 적의 젊은이를 죽이지만 전염병은 젊은이뿐만 아니라 남녀노소 등 누구나 전염되면 죽음에

---

53) 위의 책, 60~61쪽.
54) 위의 책, 61쪽.

이른다면서 청결한 위생인식을 강조하였다.

일본에서 근대 위생의 중요성을 수용한 의암 손병희는 1906년 귀국 후 천도교중앙총부를 설치하고 기관지 『만세보』를 발행하였는데, 지면을 통해 「위생개론」과 「위생학」 등을 꾸준히 연재하여 위생의 중요성을 인식케 하였다.[55]

이처럼 『준비시대』와 『만세보』 등을 통해 근대 위생인식을 꾸준히 강조하였던 천도교는 1907년 국내에서 호열자가 유행함에 따라 천도교는 호열자를 예방하고 그 대응 방안으로 종령[56]을 반포하는데, 그 내용은 다음과 같다.

> 교를 독실히 믿는 것이 원래 마음이 주장이나 몸을 행하는 절차가 낱낱이 규모를 맞추면 한울은 맘을 감응하사 명명 중에 복을 나리 실뿐 아니라 질병과 재액을 다 면케 할 것이오. 사람은 규모를 칭찬하여 명예가 세상에 현차하리니, 마음으로 지키는 정성과 몸으로 지키는 절차를 부디 정한 규칙대로 행할 지어다. (중략) 험난한 시절을 당하여 분명히 질병과 재액이 있을 줄 알고야 어찌 말씀을 아니 하리오.[57]

이는 앞서 언급한 동학 시기부터 천도교에 이르기까지 교인들의 실천 사항인 위생준칙을 잘 지키면 호열자로부터 벗어날 수 있다는 종교적 의지였다. 이러한 인식은 1907년 4월 천도교 중진 오상준[58]이 간행한

---

55) 『만세보』의 위생인식에 대해서는 손동호, 「『만세보』를 통해 본 한말 위생담론」, 『한국민족문화』 49, 부산대학교 한국민족문화연구소, 2013; 성주현, 「근대전환기 동학·천도교의 위생인식」, 『계몽의 기획과 신체』, 도서출판 선인, 2018을 참조할 것.
56) 종령(宗令)은 천도교에서 교인들에게 반포하는 공식적인 문서이다.
57) 「종령 제71호」, 포덕 48(1907)년 6월 2일; 『천도교회공문존안』.
58) 오상준은 1882년 11월 30일 평안북도 평원군에서 출생하였으며 1902년 동학에 입도하였다. 1905년 손병희에 의해 일본 유학생으로 파견되었다. 귀국 후 1908년 4월 천도교중앙총부의 전제관 서계원을 시작으로 현기사의 진리원, 학무원, 편집원을 거쳐 현기사장, 성도관정, 상주선도사 등 주요 직책을 역임하였다. 사회적으로는 조선

『초등교서』에도 그대로 반영되었다.[59] 『초등교서』는 천도교의 근대문명론에 대한 인식이 잘 드러나고 있는데, '위생'에 대해 다음과 같이 언급하고 있다.

> 衛生은 個人衛生과 家族衛生과 宗敎衛生 國家衛生이 有하니, 衛生은
> 生理的 問題에 가장 重要하도다.[60]

이는 일반적인 개인에 관한 위생을 포함하여 가족위생,[61] 종교위생[62] 뿐만 아니라 국가위생[63]까지 언급하고 있다. 개인위생은 육신위생(肉身衛生)과 성령위생(性靈衛生)[64]으로 구분하고 있는데, 일반적 위생과 관련된 육신위생에 대해서는 다음과 같이 언급하였다.

> 衣服과 飮食과 居處를 항상 淨潔히 하여 塵埃 中 流行하는 徽菌의
> 害를 不受함이 可하도다. 徽菌은 毒質이 有한 者이라. 飮食이나 人의
> 呼吸氣를 隨하여 體內에 渾入하면 瘴氣와 惡疾이 傳染하기 易하니, 人

노동공제회 집행위원, 신간회 경성지회 설립위원 등으로 활동한 바 있다(이동초, 『동학·천도교인명사전』, 모시는사람들, 2019, 1256쪽).

59) 『초등교서』에 대해서는 송준석, 「(자료소개)초등교서」, 『한국민족운동사연구』 28, 한국민족운동사학회, 2001; 정혜정, 『동학문명론의 주체적 근대성(오상준, 『초등교서』 다시 읽기)』, 모시는사람들, 2019를 참조할 것.

60) 오상준, 『초등교서』, 보문관, 1907(광무11년), 48쪽.

61) '가족위생'은 가족은 국가의 기초이므로, 가족이 부패하면 국가도 부패하기 때문에 건강한 가족을 유지하는 것으로 설명하고 있다.

62) '종교위생'은 외국 종교에 복종하지 말고 우리나라의 종교로 독립정신을 발양하자는 의미를 담고 있다.

63) '국가위생'은 "자국의 생존을 위하여 나의 건강을 지키고 나의 열혈로서 국가의 혈맥에 주입하여 그 기운을 지켜 우리 종교의 정신으로 소독법을 만들어야 하며, 이를 위해서는 내 몸의 청쾌(淸快)하고 우리 땅을 청결하게 하는 것이라'고 하였다.

64) '성령위생'은 탐음(貪淫), 폭여(暴戾), 교긍(驕矜), 질투(嫉妬), 방일(放佚), 나태(懶怠), 비패(鄙悖), 위사(僞詐)를 예방하는 것으로 염결(廉潔), 충서(忠恕), 겸퇴(謙退), 자혜(慈惠), 검속(檢束), 근면(勤勉), 정대(正大), 신의(信義)로써 건강한 정신을 갖지 못하면 육신위생이 무효로 돌아간다고 하였다.

이 만일 氣血이 充實할 時에는 오히려 其 害가 小하거니와 氣血 衰弱할 時에는 其 害가 極甚하도다.

飲料와 食品은 通常 百度 以上을 沸하되, 飲水는 石灰分이 含有한 硬水를 飲치 勿하며 不得已한 境遇에는 또한 百度 以上을 沸하여 沉澱을 待한 後에 此를 飲하며, 生草와 生果와 生鮮과 生肉은 微小한 寄生虫이 有하기 易하니 生食함이 不可한 者오. 小麥과 大豆는 米보다 滋養分이 多한 者오. 菜蔬는 消化하기 易하나 滋養分이 殆無한 者오. 酒는 알콜(酒精의 毒한 性分)이 米보다 百分에 十四分이 더하며, 煙草는 니코틴이라 稱하는 劇藥의 性分이 有하니 酒草를 過分하기 甚히 不可한 者오. 室內에 薪炭을 多燃하여 炭素로 하여금 人의 滋養分되는 酸素(空氣 中養輕氣)를 減하던지 狹小한 室內에 多人이 共寢하여 人의 噓氣 中 炭素를 相換함이 甚히 不可하도다. 頭部는 常히 淸凉이 適宜하며, 腹部는 常히 溫暖히 適宜하며, 身體는 常히 運動이 適宜하나 過度하면 反히 有害하도다. 肉身衛生을 大端히 主意할 者이니, 西洋人의 格言 曰 健身이 健智를 得한다 하니라.[65]

즉 의복과 음식, 거처를 항상 청결히 할 것을 강조하는 한편 전염병을 유행케 하는 세균이 음식이나 호흡기를 통해 전염이 되기 때문에 유의할 필요가 있다고 하였다. 물은 반드시 1백도로 끓여서 먹을 것, 생선과 육류는 생식을 하지 말 것, 자양분이 있는 보리나 콩을 먹을 것 외에도 술과 담배가 몸에 해로움으로 절제할 것, 그리고 신선한 공기를 마실 것 등도 강조하고 있다.

1909년과 1910년에도 호열자가 유행하였는데, 천도교는 역시 종령을 발표하여 보다 구체적인 실행조항으로 대응하도록 하였다. 그 내용은 다음과 같다.

一. 주문과 청수를 지극히 염천염사하여 일분간이라도 한울과 신사의 간섭하시는 영험이 몸에 떠나지 않게 하며

---

65) 오상준, 앞의 책, 49~51쪽.

一. 마음을 난동하여 천성의 감동력이 혼암치 않게 하며

一. 집안에 큰 소리와 분노한 빛을 내어 도의화기를 감상치 말며

一. 조석반 고할 때에 지성으로 생각하여 감화하는 기운이 일신에
화탕하거든 비로소 음식을 먹으며

一. 음식을 잘 간수하여 부정한 물건이 들지 않게 하며, 어린이가 먹
다가 남은 음식은 다시 먹지 말며

一. 생물이나 익지 않은 실과나 부정한 육종이나 상한 음식물을 부
디 먹지 말며

一. 거처를 습하게 하지 말며

一. 집안을 때때로 소쇄하여 매우 정결하게 하며, 물을 문밖에 버려
서 썩은 냄새가 나지 않게 하며

一. 목욕을 자주하여 몸에 땀 냄새가 없게 하며

一. 집안과 뜰에 코와 침을 뱉지 말며

一. 의복을 자주 빨아 입어 악취가 없게 하며

一. 어린아이의 의복을 자주 빨아 입히며

一. 땀 젖은 의복을 시각이라도 두지 말고 곧 씻어서 악취가 있지 않
게 함[66]

위의 실행조항은 크게 두 가지 영역으로 분석할 수 있는데, 전자는 앞
에서 언급한 성령위생이고 후자는 육신위생이다. 성령위생은 천도교 신
앙과 관련된 것이라면 육신위생은 호열자 등 전염병을 예방하는 위생준
칙이라고 할 수 있다. 음식을 잘 보관할 것, 먹다 남은 음식 먹지 말 것,
익히지 않거나 익지 않은 것을 먹지 말 것, 집안은 청결하게 할 것, 더러

---

66) 「종령 제54호」, 포덕 51(1910)년 6월 23일; 『천도교회종령존안』. 전문 내용의 일부는
다음과 같다.
"(전략) 육신의 질병은 매양 혈기 불순함으로 말미암아 생기고 혈기가 불순한 것은
마음 기관이 불평함으로 말미암아 생기는 것이니, 마음 기관이 쇠패한 것을 완순케
하기는 지극한 정성으로 한울의 감화를 받는 게서 더 선량한 방법이 이 없는지라.
오늘날 이 말씀은 여러 교인의 생명이 되는 성령질병과 육신질병을 낫게 하고 또
방비하기 위하여 선량한 방편으로 실행할 조건을 아래 기록하여 공포하니 일호라도
심상히 알지 말고 극진히 시행하여 의외의 침해를 방비할 지어다. 성령한울과 육신
세상을 사랑하는 우리 교인이여."

운 물 함부로 버리지 말 것, 목욕을 자주 할 것, 거처를 습하지 않게 할 것, 코와 침을 뱉지 말 것, 의복을 자주 빨아 입을 것 등 일상생활에서 지켜야 할 위생규칙이었다.

이러한 위생규칙은 무엇보다도 수인성이 강한 호열자에 대한 적극적 대응이라는 점에서 의미가 있다. 동학 시기에도 괴질 즉 호열자의 예방에 대해 강조하였듯이 천도교 시기에도 그대로 계승된 것이라고 할 수 있다. 또한 근대위생을 적극적으로 수용한 천도교가 교인을 위한 계몽활동의 하나이기도 하였다.

천도교는 나아가 기관지를 통해서도 근대 위생인식을 계몽하였다. 천도교는 1910년 8월 기관지『천도교회월보』를 창간하면서 근대학문을 게재하였는데, 위생에 관한 내용의 글도 다수 게재하여 교인들로 하여금 이를 인식케 하였다. 1910년대『천도교회월보』에 게재된 위생 관련 글은 다음 〈표 3〉과 같다.

〈표 3〉은 천도교단이 일반 교인들에게 근대 위생인식을 적극적으로 계몽하려는 목적이기도 하였지만, 호열자가 유행하던 시기에는 예방을 강조하기도 하였다. 1912년 9월~12월까지 경남과 전남 등 남부지역과 황해도에서 호열자가 유행하였는데, 이때 물을 끓여 먹을 것과 부패한 고기 등을 먹지 말 것을 인지케 하였다.[67] 호열자의 전염 요인으로 '음식 조심이 제일'이라고 할 때[68] 그 원인을 예방하는 것이 중요하다는 점에서 무엇보다도 끓인 물과 상한 음식을 멀리할 것은 권유한 것이었다.

유홍종의「위생의 강화」라는 글을 1919년 호열자가 유행할 때 연재하였다는 점에서도 호열자에 대응하고자 하였다고 할 수 있다. 유홍종은 경성의학전문학교 출신 의사로 공제의원을 운영하고 있었는데, 위생학

---

67) 「위생(전호 속)」,『천도교회월보』, 1912.9, 60~63쪽.
68) 『매일신보』, 1916.9.3.

<표 3> 1910년대 『천도교회월보』에 게재된 위생 관련 글

제목	내용	출처
공기의 이치	산소라는 것은 청결하고 상활한 이군, 사람에게 제일 유익한 기운	19호, 언문부
음식이 소화되는 시간	밥, 제육, 계란, 소고기와 양고기, 오리고기, 굴, 무, 백채, 면보떡 등의 소화 시간	19호, 언문부
장생불사하는 약	성령병과 육신병의 구분, 청수와 성심신으로 정신없는 병, 허욕 많은 병, 음란한 병, 간악한 병, 습관병 등 치유	20호, 언문부
공기의 작용	위생에 주의하려면 먼저 수목을 많이 심어 기른 것이 제일 좋은 일	20호, 언문부
공기의 작용(속)	사람의 위생에 가장 좋은 공기는 산소 기운이 많은 곳을 택해야 살 것, 집안에서도 때때로 창문을 열어 밖에서 새로운 공기를 받아들일 것	21호, 언문부
아해 기르는 법	아해의 신체를 강건케 함, 신체를 건강케 하기로	23호, 학술부
미균론란	사람이 일생 두려워하는 전염병도 이 미균의 소위요, 우리가 날로 먹는 초나 술 같은 것도 미균이 조화	23호, 학술부
급히 죽는 사람 살리는 법	숨 막혀 죽은 자, 물에 빠져 죽은 자, 얼어 죽은 자, 목메어 죽은 자 등 급히 죽은 자 살리는 방법	23호, 학술부
아해 기르는 법	아해를 데리고 운동을 시킬 것	24호, 학술부
미균론란(속)	전염병의 근원은 미균(세균)	24호, 학술부
위생에 힘쓰는 일	위생에 크게 주의하여 나의 신체로부터 건강케 하고 집안 식구로부터 전국 동포의 행복을 온전히 하는 것이 가하다	25호, 언문부
내 병은 내가 고쳐야 할 일		25호, 언문부
위생(속)	물은 끓여 먹을 일, 부패한 고기는 먹지 말 일	26호, 언문부
위생(속)	신선한 공기를 많이 마실 일	27호, 언문부
위생(장수법 연구)	오래 살 방법 19조	28호, 언문부
아해 기르는 이야기 (가정교육)	신체 건강한 상등인 되기 힘쓸 것	29호 언문부
성령위생을 먼저	성령위생과 몸위생, 균형 있게 다스려야	68호, 언문부
오래 사는 법	성령위생와 육신위생, 서로 분리할 수 없는 관계	80호, 언문부
전염병의 성질을 논함(유홍종)	전염병의 정의, 전염병의 유행, 전염병 침입 경로, 전염병 균의 독성, 전염병의 종류, 사망 수, 전염병 예방	100호
위생의 강화(유홍종)	위생의 필요와 유래, 공기와 위생	107호
위생 강화(속, 유홍종)	환기법, 실내환기법	108호

은 "건강을 보존하며 나아가 건강의 증진을 주지"로 하는 예방학이라고 하고, 위생의 보급은 전염병의 사망률을 줄일 수 있다고 하였다.[69] 이에 앞서 유홍종은 1918년 12월 호열자 등 전염병이 유행할 때는 환자 격리, 가택 소독, 교통 차단 등 세 가지의 비상 위생 시행방법을 제시하였으며, 평상시에는 도로의 소제(掃除), 요분(尿糞) 제거, 변소 청결, 하구(河溝) 청결 등 공중위생을 잘 지킬 것을 당부하였다.[70] 이는 당시 전염병의 대표적이라 할 수 있는 호열자에 대한 대응법이라 할 수 있다.[71]

이처럼 천도교는 호열자에 유행에 대한 철저한 예방 및 대응은 단순히 교인의 생명을 보호한다는 차원을 넘어서 교세를 확장하는 방안의 하나이기도 하였다. 호열자가 유행하였던 1886년 이후, 그리고 1910년대를 전후하여 교세가 크게 신장하였다는 점이 이를 증명하고 있다. 1910년 6월경 88만 5천 5백 명에서 1백만 명으로 교인을 확장하려고 하였던 것[72]과 1916년 천도교 내부에서는 3백만 교단으로 불렸던 점은 근대적 위생과 밀접한 관련이 있다고 할 수 있다.

근대적 위생 인식의 수용과 종교적 실천은 당시 가장 두려움을 주었던 호열자에 대한 적극적 대응이었을 뿐만 아니라 동학, 천도교에 대한 사회적 인식을 좀 더 우호적으로 전환시키는 데도 적지 않은 요인이었다고 할 수 있다. 이와 같은 동학, 천도교의 근대적 위생인식과 호열자에 대한 대응은 종교적인 혁신의 한 형태로서 위생 상태를 개선하는데 기여하였다고 평가하기도 하였다.[73]

---

69) 유홍종, 「위생의 강화」, 『천도교회월보』 107, 1919.7, 35~36쪽.
70) 유홍종, 「전염병의 성질을 논함」, 『천도교회월보』 100, 1918.11, 60쪽.
71) 유홍종은 이 글에서 전염병의 사망률은 호열자가 40~50%, 장질부사는 5~20%, 두창은 8~30%, 흑사병이 70~80%로 소개하였다. 당시 국내에서는 호열자의 사망률이 가장 높았다.
72) 『황성신문』, 1910.7.7; 『대한매일신보』, 1910.7.7.
73) 신동원, 「1910년 전후 천도교의 위생론」, 『갑진개화혁신운동 100주년 기념학술발표

V. 맺음말

이상으로 근대전환기 호열자의 유행과 천도교의 대응에 대해 살펴보았다. 이를 정리하면서 맺음말을 대신하고자 한다.

호열자는 인도의 벵갈 지역의 풍토병이었지만 중국을 거쳐 1821년 우리나라에 유입되었다. 당시 호열자는 그동안 알려지지 않은 질병이었기 때문에 '괴질'이라 불렸다. 당시 보고 첫 보고에 의하면 10일 동안 1천여 명이 사망할 정도로 공포의 질병이었다. 호열자는 초기에는 중국을 통해 유입되었지만 1876년 개항 이후에는 일본을 통해 전염되었다. 1821년 첫 유입된 호열자는 1910년대까지 유행하였으며 수십만 명의 희생자가 발생하였다.

호열자가 유행함에 따라 한말부터 1910년대까지 언론에서는 상당히 관심을 가졌다. 중국과 일본, 그리고 러시아 등 외국의 호열자 유행 사례를 그때그때 전달하였으며, 국내의 호열자 동향에 대해서도 각별하게 취급하였다. 이들 기사에는 대체적으로 호열자의 발생과 예방, 피해 그리고 해외의 호열자 유행 상황 등 호열자에 대해 폭넓게 다루고 있다.

호열자가 유행함에 따라 이에 대한 인식과 대응도 일반 사회와 정부에서 다양하게 나타났다. 일반 사회는 호열자는 치료의 약도 구제의 방법도 없었기 때문에 '벌벌 떨 정도'로 공포의 대상이었다. 이 공포심을 벗어나기 위해 부적을 사용하거나 한의학을 통한 의술, 기도를 올리는 무속, 민간의 관습 등을 활용하였다. 특히 호열자는 가 쥐 귀신에 의해 일어난다고 여겨 쥐를 잡는 고양이 그림을 도성 곳곳 또는 집 대문에 붙이거나 종이 고양이를 만들어 부적처럼 매달아 놓았고, 소리를 이용하

회 발표집』, 천도교중앙총부, 2004, 73쪽.

여 호열자 귀신을 쫓기도 하였다. 이외에도 호열자를 예방하기 위해 서학에 의탁하기도 하였다.

정부의 입장에서는 백성들을 위무하고 예방을 위해 여제(厲祭), 별여제(別厲祭), 위안제(慰安祭), 양재제 등을 시행하였다. 개항 이후에는 점차 서구의 의학과 위생 개념을 수용하여 이를 확산시켜 나갔다. 1895년에는 호열자를 예방하고 관리하는 법규를 발포하였다. 이어 1899년에는 호열자예방규칙을, 1909년에는 콜레라의 예방에 관한 건과 콜레라 예방책으로 청결법을 실시하는 건 등 관련 법류를 제정하여 호열자에 대한 예방을 강화해나갔다. 이러한 가운데 호열자 예방을 위해 호열자가 유행하는 지역에는 검역소를 설치하고 검역위원을 파견하였으며, 피병원 운영, 위생사업 등 여러 가지 사업을 전개하였다. 1910년 8월 제국일본의 강점 이후에는 근대적 방역사업을 통한 공권력을 통해 환경위생사업, 검역사업, 소독사업, 생활개선사업 등으로 호열자 관리를 적극 추진하였다.

천도교는 1860년부터 1905년까지의 동학 시기와 1905년 12월 이후 천도교 시기로 구분할 수 있다. 수운 최제우는 동학을 창도할 당시 사회를 호열자가 만연하였기 때문에 '악질이 가득한 상해의 운수', '삼년괴질'이라고 보았다. 호열자는 음식에 의한 전염이 강되었기 때문에 수운 최제우는 이를 예방 및 대응을 위해 '먹는 음식'을 정성과 공경을 다하여 한울님 대하듯이 할 것을 제시하였다. 이는 무엇보다도 청결을 강조하는 것으로, 해월 최시형에서 보다 구체적으로 위생준칙을 마련하는 토대가 되었다. 해월 최시형은 1886년 호열자의 유행을 예방하기 위해 집안을 청결하게 하고 음식을 청담케 하고 코와 침을 함부로 뱉지 말 것을 당부하였고, 그 결과 호열자로부터 교인의 안전을 도모하였다. 나아가 음식을 만드는 여성들에게도 위생을 강조하는「내수도문」을 발표하기에 이르렀다. 해월 최시형의 위생준칙은 오늘날과 같은 의학적 위생이기보다는 일상생활에서 반드시 지켜야 할 '생활위생'이라고 할 수 있다. 뿐만 아니라 동학의 제례에까지 위생관념을 확대하여 '향아설위'라는 제례법을 제정하였다.

동학농민혁명 이후 일본에 망명한 의암 손병희는 근대위생을 적극적으로 수용하였다. 이를 토대로 하여 '위생에 관한 글'과 『준비시대』 등을 반포 및 간행하여 교인들로 하여금 위생을 보다 적극적으로 인식케 할 뿐만 아니라 위생준칙으로 호열자에 대해서 적극 대응토록 하였다. 귀국 후에는 『만세보』에 근대 위생학의 개념을 연재하였으며, 1907년과 1909년, 1910년 등 호열자가 유행할 때는 호열자 예방 실행 조항을 종령을 반포하였다. 호열자 예방을 육신위생뿐만 아니라 성령위생도 쌍전하여 잘 극복할 것을 지시하기도 하였다. 천도교는 1910년 8월 기관지 『천도교회월보』를 발행하여 위생과 관련된 글을 꾸준히 게재하였는데, 이는 위생의 중요함과 당시 치명률이 높았던 대표적인 전염병 호열자를 예방하고 대응케 하였다. 이러한 천도교의 위생인식과 호열자의 대응은 교세 확장에도 중요한 요인의 하나로 작용하였으며, 종교를 통해 위생인식을 확장해 나가는 중요한 역할을 하였다.

참고문헌

1. 자료

『동경대전』, 『용담유사』, 『고종시대사』, 『순조실록』, 『철종실록』, 『東京日日新聞』
    (일본), 『朝日新聞』(일본), 『대한매일신보』, 『독립신문』, 『황성신문』, 『만
    세보』, 『매일신보』, 『천도교회월보』, 『천도교회공문존안』, 『천도교경전』.

2. 단행본

손병희, 『준비시대』, 보문관, 1906.

오상준, 『초등교서』, 보문관, 1907.

오지영, 『동학사』, 영창서관, 1934.

이돈화, 『천도교창건사』, 천도교중앙종리원, 1937.

손병희, 손윤 역, 『준비시대』, 오늘Korea, 2015.

이동초, 『동학·천도교인명사전』, 모시는사람들, 2019.

정혜정, 『동학문명론의 주체적 근대성(오상준 『초등교서』 다시 읽기)』, 모시는사
    람들, 2019.

3. 논문

김신회, 「1821년 콜레라 창궐과 조선 정부 및 민간의 대응 양상」, 서울대학교 대학
    원 석사학위논문, 2014.

김정순, 「역사적 고찰을 통해 본 우리나라 콜레라유행과 특성」, 『한국역학회지』
    13-2, 한국역학회, 1991.

류교열, 「고베(神戸)의 문명도시구상과 국제전염병-콜레라 유행에 따른 고통의 '근
    대' 체험」, 『역사문화학회 학술대회 발표자료집』, 역사문화학회, 2004.

박인규, 「수운 최제우와증산 강일순의 괴질론」, 『종교학연구』 34, 한국종교학연구
    회, 2016.

샤를 달레, 안응렬·최석우 역주, 『한국천주교회사』, 교회사연구소, 2000.

서용태, 「'마마'와 '호열자'로 보는 개항기 보건의료-부산지역의 두창 및 콜레라 방역을 중심으로」, 『한국문학논총』 82, 한국문학회, 2019.

성주현, 「(자료해제)『北接大道主』: 의암 손병희의 근대국가정치론」, 『한국독립운동사연구』 38, 독립기념관 한국독립운동사연구소, 2011.

성주현, 「근대전환기 동학·천도교의 위생인식」, 『계몽의 기획과 신체』, 청암대학교 재일코리안연구소 편, 도서출판 선인, 2020.

손동호, 「『만세보』를 통해 본 한말 위생담론」, 『한국민족문화』 49, 부산대학교 한국민족문화연구소, 2013.

송준석, 「(자료소개)초등교서」, 『한국민족운동사연구』 28, 한국민족운동사학회, 2001.

신동원, 「1910년 전후 천도교의 위생론」, 『갑진개화혁신운동 100주년 기념학술발표회 발표집』, 천도교중앙총부, 2004.

전석원, 「1884~1910년의 급성전염병에 대한 개신교의 의료선교사업」, 『한국기독교와 역사』 36, 한국기독교역사연구소, 2012.

정태화 외, 「지구촌 콜레라 유행의 역사와 우리나라의 현황」, 『임상병리검사화학회지』 27-1, 국립보건원, 1995.

근대(1876-1945) 한국사회의 전염병 인식과 간호사의 융합적 역할

정 은 영

Ⅰ. 서론

인류는 오랜 역사 속에서 수많은 변화를 경험해 왔으며 그 가운데 직접적으로 인류 문명에 부정적인 영향을 미친 사건 중 하나는 전염병이다.[1] 이러한 부정적 영향력은 현재에도 존재하고 있고 그 대표적인 예로 COVID-19로 인해 기존에 경험하지 못했던 새로운 공포에 떨고 있는 것이다. 즉 전염병은 과거에도 그리고 현재에도 국가 경쟁력과 안보를 흔들고 있으며 그 결과 전염병이 인간의 삶에 얼마나 큰 영향력을 미치고 있는지 확인 할 수 있기 때문에 전염병과 사회적 변화는 서로 분리될 수 없는 관계에 놓여 있다.[2]

이러한 전염병에 의한 피해는 현대 사회로 진입하면서 규모는 점점

---

[1] 정혜영, 「한국의 감염관리 간호역사」, 부산가톨릭대학교 박사학위논문, 2020.
[2] 최충익, 「서울의 전염병 발생 특성에 관한 연구사적 고찰」, 『Crisisonomy』 11(9), 2015, 119~134쪽.

더 커지고 있고 그로 인한 피해도 기하급수적으로 증가하고 있다. 전염병에 의한 피해를 해결하기 위한 방법에 시대적 차이가 있을 수 있으나 전염병으로 인한 변화와 여기에 적응하려는 인간의 노력이 지속되고 있는 것은 공통적으로 나타나는 사회 반응이다.[3] 이러한 변화와 적응하려고 노력하는 과정 중심에 간호사의 역할이 절대적인 영향력을 발휘하였다는 것 역시 공통적으로 나타나는 현상이다.[4]

역사에 기록되어지는 있는 과거의 사건에 대한 기술은 단순히 시간적 의미만을 나타내는 것이 아니라 현재와 과거를 통합하면서 지식을 확장하고 미래에 일어날 수 있는 사건들에 대한 잠재적 문제해결 방법으로 작용한다.[5] 즉 과거와 현재는 서로 공존하면서 과거는 문화와 제도를 기억하고 있는 또 다른 현재로 존재하게 된다는 것을 의미한다.

인간의 생존과 사회 변화에 위협적인 요소인 전염병은 반드시 극복해야 할 문제이다. 인류의 행복을 위해서는 건강한 생활이 기본적인 요소로 전염병 관리의 중요성은 현재 뿐만 아니라 근대 간호 100년의 역사 속에서 그 의미가 중요하다.[6] 왜냐하면 근대 시대부터 현재까지 전염병 관리의 중심에 간호사가 있었고 역사에 존재하는 간호사의 역할에 대한 재조명을 통해 간호사의 역할에 대한 숨겨진 의미를 찾을 뿐 아니라 미래의 새로운 역할에 대한 또 다른 가능성을 제시해줄 수 있기 때문이다. 하지만 인간애를 바탕으로 전염병을 해결하기 위해 봉사 정신에 입각하여 주된 활동을 해왔던 간호사의 역할에 대한 역사 연구는 활발히 이루

3) 최충익, 「현대 서울의 재난 재해 발생 특성에 관한 역사적 연구」, 『한국지역개발학회』 25(1), 2013, 159~181쪽.
4) 정혜영, 앞의 글.
5) 강미애, 「한국의 한센병 간호역사: 국립소록도병원을 중심으로」, 부산카톨릭대학교 박사학위논문, 2017.
6) 이희진 외, 「개화기(1876-1910) 의료복지활동에 관한 연구사적 분석」, 『사회복지 실천과 연구』 9, 2012, 91~126쪽.

어지지 않았다.[7] 왜냐하면, 간호와 관련된 연구는 대부분 실무와 연결된 연구들이 많기 때문에 상대적으로 간호의 역사에 대한 연구는 크게 부각되지 않았기 때문이다.

본 연구는 COVID-19가 창궐하는 현 시대에서 전염병에 대한 의미를 파악하고 이를 위한 간호사의 새로운 역할을 규명하기 위해 전염병과 관련하여 근대(1876-1945년) 한국 사회 속 간호사가 어떤 역할을 수행했는지 재고하였다. 이를 위해 전염병의 시대적 의미와 전염병 관리의 역사, 그 가운데 간호사의 존재적 의미를 고찰하였다. 특히 역동의 시기에 조성된 간호의 본질적 의미를 간호역사를 통해 규명하면서 현재 간호사에게 주어진 새로운 융합적 역할에 대하여 규명하고자 한다. 본 연구의 구체적인 목표는 다음과 같다.

첫째, 근대(1876-1945년) 한국사회의 전염병의 의미를 파악한다.

둘째, 근대(1876-1945년) 한국사회의 전염병에 대처하는 간호사의 역할에 대해서 파악한다.

셋째, 미래 시대에 전염병과 관련된 간호사의 융합적 역할과 전문성 구축 기반을 위한 해결과제와 발전방향을 파악한다.

II. 본론

1. 근대 한국사회의 전염병: 시대적 의미

과거와 현재에 공통적으로 존재하는 전염병은 다양한 사회적 문제점

---

7) 정혜영, 앞의 글.

을 야기 시키면서 늘 위험한 존재로 부각되고 있다.[8] 이러한 전염병의 심각성에 대해서 한 때는 충분히 치료가 가능한 질환이며 더 이상 인류에 위협적인 요소가 아니라고 선언한 적도 있었다.[9] 하지만 현대 사회로 넘어 오면서 다양한 원인으로 인해 전염병의 피해는 심각해졌으며 결과적으로 예방과 관리에 대한 필요성과 중요성은 더 강조되고 있다. 한국에 비해 의학이 앞섰던 선진 국가에서도 전염병은 전쟁보다 더 무서운 사건이었으며 발생과 확산이 불가항력적이었고, 나아가 사회적 재난으로 받아들여졌다.[10] 결국 과거와 현재를 통틀어 전염병처럼 사람들에게 혼란을 야기 시키는 것은 없었고 그로 인해 전염병과 사회적 변화의 관계에 대한 연구들이 시작되었다.[11] 즉, 전염병은 단순한 질병이 아니라 사회와 문화적 측면에서 새로운 변화를 초래하는 하나의 현상이었는데, 현재는 과거의 역사 속에서 새로운 관점을 파악하고 좀 더 구체적인 대책이 필요하다.

일제강점기 일본은 식민지 조선을 통치하는데 있어 조선인을 미개하고 불결한 민족으로 규정하며, 스스로 문명지국임을 내세워 조선인을 지도 개발시켜 나가야 한다고 주장하였다.[12] 일제는 자원 수탈뿐만 아니라 억압적인 식민통치 체제를 구축하기 위해 각종 제도를 마련했고, 특히 이민보호법을 개정하여 일본인 자영업자를 비롯하여 다양한 직업군을 조선으로 대거 이주시켰다. 일제의 적극적인 이주 정책으로 조선

---

8) 최충익, 앞의 글, 159~181쪽.

9) 천병철, 「우리나라 감염병 관련 법률 및 정책의 변천과 전망」, 『대한간염학회』 43(6), 2011, 474~484쪽.

10) 이주영, 「19세기 疫病체험의 문학적 형상」, 『동악어문학회』 55(8), 2010, 39~68쪽.

11) Rosenberg, C. E. (1966), *Cholera in Nineteenth-century Europe: A tool for social and economic analysis, Comparative studies in Society and History*, 8, pp.452~463.

12) 정일균, 「일제의 식민통치와 식민주의적 근대지식의 형성」, 『사회와 역사』 0(91), 2011, 165~216쪽.

에 거주하기 시작한 일본인은 조선인과의 대립구조를 지배자와 피지배자라는 모습으로 조성하였다. 일본인과 조선인들의 사이에서 다른 생활습관과 풍속의 차이에서 생기는 갈등들이 조선사회의 심각한 사회문제로 대두되었다.[13] 이런 가운데 질병의 발생과 확산은 일본 내지인은 물론 피식민지민의 생명과 인구관리에 직결되는 중요한 문제로 발생했다.[14] 일제 식민 통치자들은 생활 전반에 미치는 위생의 중요성에 주목하여, 조선의 저급한 위생 상태를 교화시켜 나가야 한다고 주장하였다. 근본적인 문제는 메이지 유신을 통해 근대화를 먼저 진행했던 일본이 민족적 우월성에 근거하여, 조선의 문화를 '미개', '야만', '불결', '미신'의 개념으로 간주하고, 이를 계몽 시킬 지도국으로서 제국주의 일본, 즉 자신들의 위치를 강조하고, 계몽의 대상국으로 식민지 조선을 두는 논리를 정당화하고 합리화하는데 있었다. 이러한 논리에는 문명화의 개념이 내포되어 일본도 자신을 최고의 문명국의 위치로 설정하려고 했던 것이다.[15]

일제는 이러한 논리 하에 조선인의 신체 문제와 일상생활에 적극 개입하고 통제 하면서, 의료 및 위생 풍습과 밀접한 관련이 있는 조선의 민간신앙과 유사종교를 일방적으로 단속하는 위생 헌병 정치를 자행했다.[16] 특히 일제강점기 위생 관련 풍습조사는 식민지 조선인의 생활 관습을 파악하여, 식민지배 합리화, 압제적인 식민통치 기구화, 사회통합 등을 목적으로 하는 식민지 정책으로 활용했던 사실이 분명하다.[17] 즉

---

13) 권태억, 「1910년대 일제의 '문명화' 통치와 한국인들의 인식: 3·1운동의 '거족성' 원인 규명을 위한 하나의 시론」, 『한국문화』 61, 2013, 327~360쪽.
14) 정일균, 앞의 글, 165~216쪽.
15) 권태억, 앞의 글, 327~360쪽.
16) 장근식, 「식민지 위생경찰의 형성과 변화, 그리고 유산」, 『사회와 역사』 0(90), 2011, 221~270쪽.
17) 한지원, 「1910년대 『朝鮮衛生風習錄』에 나타난 식민지 위생조사와 의료민속 실태」,

근대 한국 사회에서의 전염병은 치료의 대상이였다기 보다는 관리와 통제를 위한 하나의 수단으로 활용되었다.

역사적으로 살펴보았을 때 전염병은 국가의 흥망성쇠를 결정하는 중요한 요소일 뿐 아니라 가장 먼저 해결해야 할 중요한 문제들 중의 하나이다. 특히 우리나라에서 전염병은 개화기 시대에 기승을 부린 콜레라(당시 '괴질'로 불렸음)로 인해 조선을 움츠러들게 했을 뿐 아니라 일제시대에는 근대화에 대한 명분과 경찰위생의 빌미를 제공하기도 하였다.[18] 전염병으로 인한 사회적 변화 과정을 극복한 과정을 단순하게 요약하기는 쉽지 않으나 지속적으로 관심을 갖고 현재에 맞는 답을 찾는 것은 중요하다.

2. 근대 한국사회의 전염병 관리의 역사: 현황과 양태

개화기 시대에 가장 큰 보건의료 문제가 전염병이었던 사실은 누구도 부인할 수 없다. 특히 여름과 가을이 되면 전염병으로 인해 사람들이 많이 사망하였다. 이러한 전염병은 단순히 의료적 문제 뿐 아니라 사회적 문제까지 영향을 미쳤다.[19] 가장 두드러진 사회적 문제는 전염병이 유행하게 되면 그 해 많은 사람들이 생업인 농업에 종사할 수 없게 되면서 자연스럽게 기근 문제가 함께 발생했다는 것이고 이러한 모습은 19세기 초까지 이어졌다.[20] 개화기 시대에 한국에서 설립된 최초의 서양식 병원인 제중원에서 발견된 자료에는 말라리아와 매독 등의 발생률이 높았

『역사민속학』0(90), 2012, 134~174쪽.

18) 천병철, 앞의 글, 474~484쪽.

19) 이희진 외, 앞의 글, 91~126쪽.

20) 신동원, 「조선말의 콜레라 유행, 1821-1910」, 『한국과학사학회지』11(1), 1989, 53~88쪽.

다. 또한 전염병은 발생률 뿐 아니라 사망률도 높아서 그 당시 사망률 1위가 전염병, 2위가 소화기 질환, 3위가 호흡기 질환으로 나타났다.

일제강점기 전염병 관련된 자료는 많지 않아 통계수치 파악이 쉽지는 않은데, 당시 발생률이 높은 질환은 천연두, 홍역, 장티푸스, 콜레라 등으로 기록되어 있다.[21]

근대 한국사회에서 전염병은 두려움의 존재였기 때문에 반드시 극복해야 할 대상이다. 따라서 전염병에 대한 직접적인 관리가 필요하고, 그 변화의 중심에는 근대적인 의료지식과 간호의 보급이 절대적으로 필요하였다.[22]

외국에서 먼저 이루어진 전염병 관리의 대표적인 사례는 손 위생과 위생 관리이다.[23] 1840년대 오스트리아 의사 세멜와이즈가 손 위생을 통해 산후 패혈증을 급감시켰던 획기적인 위생 방안을 마련함으로써 감염관리의 기원을 열었다. 동시에 나이팅게일은 1854년 크리미아전쟁 때 적극적으로 감염 환자를 찾아내고 구분하여 철저한 위생관리와 격리를 실시함으로써 군인들의 사망률을 42%에서 2%로 감소시키는 성과를 거두었다. 이를 정리하여 영국의회에 보고함으로써 감염관리에서 감염감시의 중요성을 널리 알리게 되었다.

전염병의 심각성을 파악하고 문제점 확산을 막기 위한 연구를 일찍 시작한 외국에 비해 한국의 경우에는 전염병 관리에 대한 연구가 본격적으로 시작된 것은 1970년대 이후이다.[24] 연구가 늦어진 첫 번째 이유는 1930년대 이전에는 전염병에 대한 확실한 치료제가 없었기 때문으로

---

21) 정민재, 「전염병, 안전, 국가: 전염병 방역의 역사와 메르스 사태」, 『역사문제연구』 19(2), 2015, 475~504쪽.
22) 강선우, 「개항기 조선에서 근대적 위생문화의 수용」, 『한일관계사학회』 52(0), 2015, 307~340쪽.
23) 정혜영, 앞의 글.
24) 강미애, 앞의 글.

판단된다. 그 당시에는 치료의 개념보다 격리수용에 중점을 두어 확산을 막기 위해 노력했고 대표적인 예는 1885년 제중원에 격리병실을 구비하였던 것이다.[25] 전염병 관리에 있어서 치료나 간호의 개념보다는 격리에 중점을 두면서 본질적인 문제를 해결하기 위한 시간을 놓친 것이 근대 한국사회에서 전염병에 대한 관리가 늦어진 것으로 사료된다. 두 번째 이유는 전염병 관리를 위한 노력의 시간이 충분히 확보되지 못한 상태에서 적절한 시기를 놓친 것이다. 우리나라는 1899년에 전염병 예방 규칙을 만들고 최초로 전염병 6종을 지정하는 등의 활동을 하였지만 애석하게도 민주적이고 독립적인 전염병 관리 정책의 수립의 기회를 갖지 못하고 바로 일제 강점기 시대로 도입 되었던 것이다.[26] 자주 독립적인 안정적 국가 체계가 아닌 일제 강점기 시대로 도입되면서 자국민의 건강 안전보다는 정책적 통제 수단의 확립이 우선되었기 때문에 전염병 관리가 자연스럽게 늦어질 수밖에 없었을 것이다. 마지막 이유는, 보건위생 정책이 일제 강점기 시대에 치료의 목적이 아닌 식민권력에 의한 노골적이면서 억압적인 방식으로 강제되었기 때문이다.[27] 그 대표적인 예로 전염병을 관리하는 주체가 의사나 간호사 등의 의료진이 아닌 위생경찰이 주체가 되어 방역 활동한 사실이다.[28] 위생경찰은 소위 '청결검사' 라는 이유로 개인의 집에 마음대로 출입할 수 있을 뿐만 아니라 즉각적인 처벌도 가능하였고, 혹시 순찰 중 전염병 환자가 발견되면 격리병실로 바로 이송도 가능하였다.[29] 또한 방역증을 발급하여 사람들의 이동을 간섭하였고, 식량배급까지도 관리하는 폭력적인 수단으로 이용

---

25) 위의 글.
26) 천병철, 앞의 글, 474~484쪽.
27) 정일균, 앞의 글, 165~216쪽.
28) 장근식, 앞의 글, 221~270쪽.
29) 정민재, 앞의 글, 475~504쪽.

하였다.30) 즉 근대 한국사회에서의 전염병관리를 위한 대부분의 내용이 일본총독부의 식민지 조선에서의 관리법과 실시되었던 정책에 근거한 것이라는 점이다.31) 일제강점기 시대에 전염병 관리를 위한 사업 중 파리 사업소를 설립한 웃지 못할 사업도 있었다. 그 당시 항생제와 치료약이 제대로 구비되지 않았던 상황에서 관리에 대한 지식 부족으로 인해 매개체인 파리를 사 모으는 사업을 실시한 것이다. 하지만 이러한 사업은 주먹구구식 대책으로 예산 부담만 늘리면서 4일 만에 매입을 중단하게 되었다.32)

한편 근대 한국사회의 경우 서양과 일본의 문화를 받아들이기 시작하면서 전염병에 대한 인식과 관리가 변화되었다. 이에 대한 근거자료로 위생문화의 수용 과정을 '위생', '예방', '박테리아(균)', '검역', '방역'과 같은 근대성과 실증의학에 근거를 둔 전문 용어가 자료집에 자주 등장하였다.33) 이러한 변화를 토대로 대중의 일반적인 삶 속에서도 위생의 중요성이 인식되기 시작하였다는 것을 짐작할 수 있다. 위생의 중요성이 인식되면서 근대사회에서 전염병에 대처하는 인간의 모습은 수동적인 입장에서 미흡하지만 조금씩 적극적으로 대처하는 주체적인 근대성을 가진 입장을 보여주기 시작하였다.34) 이러한 변화 중심에는 인간애를 기반한 간호사가 큰 역할을 하였다.35) 특히 위생과 전염병 관리에 대한

---

30) 이임하, 「한국전쟁기 유엔민간원조사령부(UNCACK)의 보건, 위생 정책」, 『사회와 역사』 0(100), 2013, 325~359쪽.
31) 김재형, 「한센병 치료제의 발전과 한센인 강제격리정책의 변화」, 『의료사회사연구』 3(1), 2019, 5~40쪽.
32) 최충익, 앞의 글.
33) 강성우, 「개항기 조선에서 근대적 위생문화의 수용」, 『한일관계사연구』 52, 2015, 307~340쪽.
34) 정은영, 「개화기 신소설을 통한 건강표상-위생과 질병, 의료인에 대한 인식, 자가간호의 개념을 통해-」, 『역사학연구소』 36, 2019, 99~122쪽.
35) 정혜영, 앞의 글.

간호사의 지속적인 노력을 통해 예방접종과 방역이 몸을 지키는 중요한 관리 방식이라고 인식하기 시작했다.[36]

근대 한국사회에서 전염병은 사망률과 발생률이 높아 반드시 관리 되어야 하는 질환이었지만 관리 방식은 상대적으로 미흡했다. 하지만 점차적으로 시간이 지나면서 간호사를 중심으로 위생에 대한 개념의 변화를 강조하면서 관리의 방식이 적극적으로 변화되기 시작하였다. 이러한 변화를 통해 간호사 역할의 중요성은 대중의 삶 속에서 조금씩 강조되기 시작하였다.[37]

3. 근대 한국사회의 전염병과 간호사: 간호사의 역할을 중심으로

근대 한국사회는 전염병 관리를 위한 직접적인 치료약이 개발되기 전이기 때문에 의사가 실질적으로 할 수 있는 처방은 양질의 음식과 충분한 휴식뿐이었다. 그 결과 19세기에 전염병 관리에 가장 중요한 개념은 위생이었으며 이 위생 관리에 가장 필요한 인력은 간호사였다.[38]

김서형의[39] 연구결과에 의하면, 1918년 미국에서 인플루엔자가 발생했을 때 전염력이나 독력은 역사상 전례가 없었던 가장 피해가 큰 전염병이었다. 당시 미국에서는 하루 사이에 수백 명 이상의 환자가 발생하였지만 치료적 접근이 어려웠다. 이러한 과거의 사회적으로 부정적 영향을 미쳤던 전염병 관련 사건 속에서 인간이 할 수 있는 한계를 느끼는

---

36) 이임하, 앞의 글, 325~359쪽.
37) 옥성득, 「초기 개신교 간호와 간호교육의 정체성-1930년에 설립된 보구여관 간호원 양성학교와 에드먼즈를 중심으로-」, 『한국기독교와 역사』 36, 2012, 185~127쪽.
38) 김서형, 「1918년 인플루엔자와 여성: 새로운 권력주체와 권력관계의 재구성」, 『미국사연구』 33(0), 2011, 115~147쪽.
39) 김서형, 「생체권력과 1918년 인플루엔자」, 『美國學論集』 42(2), 2010, 75~105쪽.

순간에 간호사라는 새로운 주체가 등장하게 되었다. 그 결과 전염병 관련 사건 중심에서 핵심적인 역할을 했던 간호사의 역할로 인해 이후 미국 사회 내 여성에 대한 인식의 변화를 갖게 해준 결정적 계기가 되었다.

하지만 근대 한국사회에서 간호사의 이미지는 여성의 존재 특히 직업 여성에 대한 전문적 이미지가 확립되지 않은 시대적 영향 때문에 전문적이고 독립적 주체의 의미보다는 보조적 역할이 강하였다. 이러한 사실을 입증할 수 있는 첫 번째 이유는 위생의 개념을 통제의 수단으로 이용했던 시대적 배경을 무시할 수 없다. 한국 근대사회에서 서양 의학은 개항과 함께 도입되면서 자연스럽게 위생이라는 개념이 부각 되었다. 이런 과정 속에서 간호사의 역할이 강조될 수 있지만 시대적 상황에 의하여 위생의 개념이 통제의 수단으로 이용되었기 때문에 여전히 간호사의 역할은 미흡하였다.[40] 또다른 시대적 이유는 외국과 달리 한국 근대사회에서의 간호사는 선교의 의미가 강했기 때문이다. 한국 근대사회에서 간호는 먼저 선교사의 의료사업을 통해서 시작되었고 그 결과 간호의 본질적 의미보다는 신에 대한 선교 활동에 중점을 두면서 간호의 이미지는 부차적으로 떨어질 수밖에 없는 현실이었다.[41] 한국 근대사회에서 선교에 의한 간호 사업이 활발하게 이루어진 것은 다양한 자료를 통해 찾을 수 있다. 미국 의료선교사 알렌은 1884년에 내한하여 병원 설립을 청원하였고, 그의 의견이 받아들여 1885년 광혜원이 설립되었다. 이후에도 선교사에 의하여 많은 병원이 설립되었고, 여성을 위한 보구여관도 설립되었고, 추후 이곳이 한국 근대 간호의 시점이 되었다.[42] 이방원의[43] 연구에서 에드먼즈는 보구여관에서 전문적인 간호환경을 만들

---

40) 이꽃메 · 황상익, 「우리나라 근대 병원에서의 간호: 1885-1910」, 『의사학』 6(1), 1997, 55~72쪽.
41) 정은영, 앞의 글, 99~122쪽.
42) 이방원, 「보구여관의 설립과 활동」, 『의사학』 17(1), 2008, 37~56쪽.

고 간호원 양성소를 설립하여 학생들을 가르쳤다고 기록하였다. 그 당시 보구여관의 간호양성소는 병든 여인들을 잘 돌보아주기 위하여 만들었으며 일을 가르침에 있어서 의원과 선생의 보조의 역할을 수행하기 위함이 목적이라고 서술하였다.[44] 뿐만 아니라 제중원 설립 당시 알렌은 본인 외 필요한 인력에 관하여 조선 정부에 제출할 때 일할 사람으로 보조원, 간호인, 잡부의 3부류의 사람이 필요하다고 말하면서 간호사를 전문인력보다 보조 인력으로 요구하였다.[45] 이런 내용에서 보면, 서양 문물에 의하여 다양한 의료기관이 설립되면서 전염병의 예방과 방역에 큰 영향을 미쳤지만 이러한 사업의 주체는 외국 선교사들이었다는 사실이 확인된다. 그 가운데 간호사의 역할은 하나의 전문직 이미지보다는 선교사와 의료진의 보조의 이미지가 더 강조되었을 것이다.[46] 동시대에 전염병으로 인해 간호사의 역할이 확고해지고 전문성이 강조된 외국에 비해 우리나라는 여전히 간호사에 대한 역할이 강조되지 않았던 마지막 이유는 치료 방법의 차이점이다. 한국 근대사회에서 전염병 환자에 대한 주된 치료는 약물 치료보다는 격리를 선택하였다. 격리 장소에서 환자의 보호자의 역할로 간호사를 채용하면서 간호사의 이미지는 전문성보다는 보조자의 역할이 더 각인되었을 것이다.[47]

전염병 문제가 갈수록 심각해지고, 개항으로 인한 열강의 압력에 의하여 인구 관리 문제가 더 부각되면서 인구 문제를 해결하기 위해 노력해야 했다.[48] 이러한 시대적 요구에 따라 서구 의학이 도입되면서 조금

43) 이방원, 「보구여관 간호원양성소(1903~1933)의 설립과 운영」, 『의사학』 20(2), 2011, 355~393쪽.
44) 위의 글, 37~56쪽.
45) 이꽃메·황상익, 앞의 글, 55~72쪽.
46) 이방원, 「박 에스더(1877-1910)의 생애와 의료선교활동」, 『의사학』 16(2), 2007, 193~213쪽.
47) 이꽃메·황상익, 앞의 글, 55~72쪽.

씩 간호의 의미는 새롭게 부각되기 시작하였다.[49] 이러한 변화에 가장 크게 기여를 하게 된 것은 서양 간호학의 도입이다. 서양 간호학 교육이 도입되기 전에 간호는 누구나 할 수 있는 일반적 돌봄(care)의 의미 또는 여자로써 당연하다고 생각하는 모정의 의미가 강하였다. 하지만 서양 간호학이 도입되면서 자연스럽게 전문적인 교육을 토대로 근대적 간호 체계가 형성되기 시작하였다.[50] 근대적 간호 교육을 통해 간호사에 대한 이미지가 지속적으로 개선되면서 윤매옥의[51] 연구에서는 간호사를 행복한 전문인 직종이라고 표현하기도 하였다.

전문교육을 통해 성장한 간호사의 위상은 한성의 피병원(避病院: 전염병 환자를 격리수용하는 병원) 환자 관련 기록에 구체적으로 남아 있는데, 그 당시 한성의 피병원에 수용된 환자의 치명률은 75%로 높았으며 담당했던 인력은 서양인 의사 23명에 서양인 간호사 4명에 불과하였다. 부족한 인력을 충족하기 위해 간호사를 교육하기 시작하였고, 서양 간호를 교육받은 간호사들은 헌신적으로 일했다. 그 결과 언더우드는 당시 환자 회복률이 높은 가장 큰 이유는 한국의 간호사가 있었기 때문이라고 기록하였다.[52]

기존의 전통적 의술을 벗어나 근대 의료 체계를 확립함에 있어서 교육기관은 중요한 역할을 담당하였고 이 교육의 대부분은 의학교육 중심으로 이루어졌기 때문에 간호사 교육은 상대적으로 부족하였다.[53] 하지

---

48) 최충익, 앞의 글, 119~134쪽.
49) 이꽃메, 「한신광: 한국 근대의 산파이자 간호부로서의 삶」, 『의사학』 15(2), 2006, 107~119쪽.
50) 이꽃메, 위의 글, 107~119쪽.
51) 윤매옥, 「일제강점기 서서평 간호선교사의 삶과 간호」, 『The Journal of the Convergence on Culture Technology』 2(1), 2016, 71~78쪽.
52) 황상익·기창덕, 「朝鮮末과 日帝强占期동안 來韓한 西洋 宣敎醫療人의 활동 분석」, 『의사학』 3(1), 1994, 56~72쪽.
53) 이방원, 앞의 글, 355~393쪽.

만 많은 시간이 흐른 뒤 간호사 역할의 중요성에 대해서 점점 인식하게 되면서 간호 교육이 전문적으로 이루어지기 시작하였다.[54] 전문적 간호 교육은 서양 근대 의료 지식을 기반으로 하여 의료 선교사들에 의해 설립되었고 그 중심에는 북감리교의 여성해외선교회가 1887년에 설립한 전술했던 보구여관이었다. 보구여관에서 양성된 간호학생들에 기록들을 살펴보면, 졸업생들은 근대 간호에 대한 이해가 부족한 사회적 억압이나 한계를 극복하면서 여성 전문인으로 새롭게 성장하였음을 알 수 있다.[55]

Ⅲ. 고찰

본 연구는 근대 한국사회의 전염병에 대한 사회적 의미와 관리 변화 과정을 규명하고 시대적으로 간호사의 역할 및 기여도를 탐색함으로써 한국 간호역사를 이해하고 앞으로의 간호 역사의 발전 방향을 제시하기 위해 시도되었다.

현재 지구촌은 COVID-19로 팬데믹(pandemic) 상황이다. 인간의 삶에 영향을 미치는 여러 사건 중 전염병만큼 사회적으로 악영향을 미치고 있는 것은 없다는 것에 많은 사람들이 동의하고 있다. 국가 단위의 문제가 아닌 전 세계의 공동된 문제가 바로 전염병이다. 전염병은 역사로 기록된 과거에서도, 직면하고 있는 현재 순간에도, 막연하게 느껴지는 미래에서도 사회를 위협하고 있는 존재이며 이를 관리하기 위해서는 꾸준

---

54) 이꽃메·황상익, 앞의 글, 55~72쪽.
55) 이꽃메, 앞의 글, 107~119쪽.

한 인식과 노력이 필요하다. 전염병 관리에 대하여 시대적 차이는 존재할 수 있으며 이를 해결하기 위한 방법론적은 차이가 있을 수 있다. 하지만 공통적인 사항은 전염병 관련 문제를 해결하기 위한 노력을 지속적으로 해왔다는 것이다. 그리고 그 중심에 돌봄과 인간애가 기본이 되어져 있는 간호사의 역할이 존재 한다는 것이다.

옥성득의[56] 연구에서 살펴보면, 근대 한국사회는 의사, 선교사 등에 비해 간호사를 보조적인 존재로 거론했다. 많은 역사 기록에서 간호사의 역할을 거론하기는 하나 대부분이 독립적인 존재 자체로 표현하지 않아 왔다. 이러한 이유는 대부분의 간호사가 여성이면서 성별 차이, 병원의 위계질서에서의 의사를 보조하는 역할로써의 인식이 강하기 때문이다. 이러한 시대적 배경에서 간호사의 존재 의미는 제한적이었다. 지난 역사 속에서 간호사는 본연의 역할에 충실하였음에도 불구하고 존재적 의미나 중요성 보다는 보조자로서의 역할로 기록되어지는 부분이 많다.[57]

하지만 전염병 관리 체계를 위한 구축의 중심에 간호사를 빼고 논의할 수는 없을 것이다. 왜냐하면 간호사는 과거의 역사 속에서 그리고 현재 사회에서도 전염병 관리 및 정책 변화에 가장 큰 영향을 미치고 있기 때문이다.[58] 간호사는 전문가로서 긍지를 가지고 본인의 업무에 최선을 다하고 있으며 이러한 사실은 역사 속에서 변함없이 나타나고 있다. 미래 사회에서도 전염병은 관리기술의 발달, 환경의 변화, 사회경제 요소 변화 등에 따라 다양한 모습으로 지속적으로 나타날 것이다.[59] 격변하는 근대 한국사회에서도 간호사는 전염병 관리를 위해 처음에는 보조자

56) 옥성득, 앞의 글, 185~127쪽.
57) 이꽃메 · 황상익, 앞의 글, 55~72쪽.
58) 정혜영, 앞의 글.
59) 천병철, 앞의 글, 474~484쪽.

의 역할에서 점차 교육을 통해 전문가로 활동의 영역을 넓혀 갔다.[60] 전염병은 미래 사회에서도 또 다른 의미로 사회에 영향을 미치게 될 것이다. 이러한 시대적 흐름에 맞추어 간호사도 본연의 역할을 이루어내기 위해 또 다른 준비를 해야 할 것이다. 전염병이 인류에 미치는 영향은 점점 규모가 커지고 있고 그에 따른 간호의 측면에서 최근에는 단순한 신체적 돌봄을 넘어 심리적 돌봄까지 관리해야 한다는 목소리가 높아지고 있다.[61] 간호사는 시대적 흐름에 따라 사회가 원하는 간호사의 역할을 수행하기 위한 지속적인 노력을 해야 할 것이다.

IV. 결론 및 제언

전염병은 과거와 현재 속에서 여전히 두려움의 대상이며, 종교적, 정치적 수단 등 다양한 모습으로 사회에 영향을 미쳤다. 과학 기술의 발달과 사회적 관리의 발전으로 한때는 전염병이 인간에 의해 충분히 관리될 수 있다고 한 적도 있다. 하지만 최근 다양한 이유로 인해 전염병의 발생 및 피해가 점점 심각해지면서 전염병 관리의 중요성은 시대를 막론하고 아무리 강조해도 지나치지 않는다. 시대적 흐름에 따른 전염병에 대하여 올바르게 인지하고 관리를 위한 간호사의 지속적인 연구가 절대적으로 필요한 시기이다. 또한, 전염병에 대한 과거와 현재에 나타나는 다양한 문제점을 올바르게 인지하고 미래를 예측하여 간호사의 전

---

60) 이꽃메, 앞의 글, 107~119쪽.
61) 황종원, 「재난피해자의 외상후 스트레스 중재효과에 대한 메타분석」, 인제대학교 박사학위 논문, 2019.

문성을 향상시킬 수 있는 새로운 영역의 도전에 대한 연구가 필요한 시기이다.

본 연구의 의의는 다음과 같이 정리할 수 있다. 첫째, 전염병이 시사하는 사회적 문제나 방향성은 그 시기에만 국한된 것이 아니라 지금까지 이어지는 연속성이 존재한다는 사실이다. 이러한 의미에서 전염병과 간호에 관한 역사적 고리를 재탐색하고 재정리하였다는 것에 본 연구의 의의가 있다. 둘째, 전염병 관리에 대한 사회적 요구와 시대적 필요성을 확인함으로써 간호의 새로운 역할과 사명감을 재차 강조하였다. 마지막으로, 본 연구는 시대적 변화와 함께 전염병 관리에 대한 간호의 역할에 대해 처음 문제 제기를 하여 추후 연구를 위한 초석을 마련했다는 점이다.

이러한 연구의 의의에도 불구하고 본 연구는 한계를 갖고 있다. 가장 큰 한계는 관련된 1차 사료를 더 폭넓게 찾지 못해 심도 있는 고찰이 이루어지지 못한 점이다. 개항 이후 근대 한국사회의 의료 문제의 한 요소였던 전염병과 이에 대한 간호의 역할에 대해 좀 더 심도 있게 연구하기 위해서는 많은 1차 사료의 검토가 필요할 것이다. 이와 함께 간호 영역뿐 아니라 사학, 의학, 종교학 등 타학문에 의해 이루어진 연구도 함께 검토되어야 할 것이다.

참고문헌

강미애, 「한국의 한센병 간호역사: 국립소록도병원을 중심으로」, 부산카톨릭대학
    교 박사학위논문, 2017.

강선우, 「개항기 조선에서 근대적 위생문화의 수용」, 『한일관계사학회』 52(0),
    2015.

권태억, 「1910년대 일제의 '문명화' 통치와 한국인들의 인식: 3·1운동의 '거족성'
    원인 규명을 위한 하나의 시론」, 『한국문화』 61, 2013.

김서형, 「1918년 인플루엔자와 여성: 새로운 권력주체와 권력관계의 재구성」, 『미
    국사연구』 33(0), 2011.

김서형, 「생체권력과 1918년 인플루엔자」, 『美國學論集』 42(2), 2010.

김재형, 「한센병 치료제의 발전과 한센인 강제격리정책의 변화」, 『의료사회사연구』
    3(1), 2019.

신동원, 「조선말의 콜레라 유행, 1821-1910」, 『한국과학사학회지』 11(1), 1989.

옥성득, 「초기 개신교 간호와 간호교육의 정체성-1930년에 설립된 보구여관 간호
    원양성학교와 에드먼즈를 중심으로-」, 『한국기독교와 역사』 36, 2012.

윤매옥, 「일제강점기 서서평 간호선교사의 삶과 간호」, 『The Journal of the Convergence
    on Culture Technology』 2(1), 2016.

이꽃메·황상익, 「우리나라 근대 병원에서의 간호: 1885-1910」, 『의사학』 6(1),
    1997.

이꽃메, 「한신광: 한국 근대의 산파이자 간호부로서의 삶」, 『의사학』 15(2), 2006.

이방원, 「보구여관의 설립과 활동」, 『의사학』 17(1), 2008.

이방원, 「보구여관 간호원양성소(1903~1933)의 설립과 운영」, 『의사학』 20(2),
    2011.

이방원, 「박 에스더(1877-1910)의 생애와 의료선교활동」, 『의사학』 16(2), 2007.

이임하, 「한국전쟁기 유엔민간원조사령부(UNCACK)의 보건, 위생 정책」, 『사회와
    역사』 0(100), 2013.

이주영, 「19세기 疫病체험의 문학적 형상」, 『동악어문학회』 55(8), 2010.

이희진 외, 「개화기(1876-1910) 의료복지활동에 관한 연구사적 분석」, 『사회복지실천과 연구』 9, 2012.

정민재, 「전염병, 안전, 국가: 전염병 방역의 역사와 메르스 사태」, 『역사문제연구』 19(2), 2015.

정은영, 「개화기 신소설을 통한 건강표상-위생과 질병, 의료인에 대한 인식, 자가간호의 개념을 통해-」, 『역사학연구소』 36, 2019.

정일균, 「일제의 식민통치와 식민주의적 근대지식의 형성」, 『사회와 역사』 0(91), 2011.

정혜영, 「한국의 감염관리 간호역사」, 부산카톨릭대학교 박사학위논문, 2020.

장근식, 「식민지 위생경찰의 형성과 변화, 그리고 유산」, 『사회와 역사』 0(90), 2011.

천병철, 「우리나라 감염병 관련 법률 및 정책의 변천과 전망」, 『대한간염학회』 43(6), 2011.

최충익, 「서울의 전염병 발생 특성에 관한 연구사적 고찰」, 『Crisisonomy』 11(9), 2015, 119~134쪽.

최충익, 「현대 서울의 재난 재해 발생 특성에 관한 역사적 연구」, 『한국지역개발학회』 25(1), 2013.

한지원, 「1910년대 『朝鮮衛生風習錄』에 나타난 식민지 위생조사와 의료민속 실태」, 『역사민속학』 0(90), 2012.

황상익·기창덕, 「朝鮮末과 日帝强占期동안 來韓한 西洋 宣敎醫療人의 활동 분석」, 『의사학』 3(1), 1994.

황종원, 「재난피해자의 외상후 스트레스 중재효과에 대한 메타분석」, 인제대학교 박사학위 논문, 2019.

Rosenberg, C. E. (1966), *Cholera in Nineteenth-century Europe: A tool for social and economic analysis. Comparative studies in Society and History*, 8.

1946년 경기 지역의 콜레라 사태와 종전/해방 직후 국제 · 일국 · 지역 정치

임 종 명

Ⅰ. 머리말: 1946년 콜레라 만연과 미군정의 정당성 위기

1946년 5월 초 부산에서 시작된 콜레라 대유행은 그것이 종식되는 11월까지 당대 남한 사람들과 그들의 사회에 적지 않은 영향을 끼쳤다. 콜레라 감염으로 인해 38선 이남 지역에서 누계 1만 5천여 명의 환자가 발생하고 1만여 명이 사망하였다.[1] 콜레라 발병 사태 앞에서, 미(未)감염자들은 콜레라 발병으로 말미암은 "사(死)l의공포"에 사로잡혔다.[2] 이에 더하여, 당대인들은 콜레라 춘궁기에 교통 차단으로 인한 식량 부족과

---

1) 여인석, 「미군정기와 정부수립기: 1945-1949」, 대한감염학회, 『한국전염병사』 Ⅱ, 군자출판사, 2018(2019), 13쪽.

2) 「三千名 · 死의恐怖: 海上에서陸地同胞에嘆願: 虎疫發生으로歸還船接陸禁止」, 『釜山新聞』, 1946.5.5; 「近海漁獲을禁止: 釜山沿岸서잡은生鮮먹지말라; 『虎疫船』서十一名死亡」, 『釜山新聞』, 1946.5.8.

그에 따른 아사(餓死)의 위기에 마주하였다. 실제로 콜레라 발병세와 식량 부족 문제가 심각했던 부산과 대구에서는 7월 초 지역민들이 부청(府廳)에 쇄도하여 '식량을 달라'고 요구하는 '쌀 소동'까지 발생했고, '쌀 소동'은 3개월 후의 '대구 10월 인민 항쟁'의 전조(前兆)라 할 수 있는 것이었다.[3] 이처럼 콜레라 대유행은 '쌀 소동'까지 낳을 정도로 당시 한국인들의 삶과 그들 사회에 영향을 끼쳤다.

또한 콜레라 대유행은 미군의 남한 점령·통치를 뒷받침하는 정당성의 근거를 무효화하는 것이기도 했다. 기본적으로 '이민족'인 미국 점령군에 의한 남한 통치는 2차 대전 종전/한국 해방 이후 한국에서만이 아니라 베트남 등 구(舊)식민지에서도 고조된 민족주의에 정면으로 배치되는 것이었다.[4] 이러한 상황에서 미군정은 '한국인의 국가적 독립'과 '그들의 복리'를 명분으로 삼아 자신의 통치를 한국인들에게 정당화하였다. 이와 관련해서 시사적인 것은 미군정 법령 19호, 특히 제1조의 '국가적 비상시의 선언'이다. 그 '선언'은 모두(冒頭)에서 "美國軍隊"를 "朝鮮民衆의親友及保護者"로 정체화한 후, '일본으로부터 조선을 분리'하고, "[조선의] 自由獨立"과 "朝鮮民衆의福祉를爲"한 "努力"을 미군정의 임무로 제시하였다.[5] 이처럼 미군의 군사 지배와 통치 정당화에 '조선인의 국가 독립과 민중 복지'가 동원되고 있었다.[6]

---

3) 「쌀을다오交通을解禁하라: 數千市民府廳에殺到」, 『大邱時報』, 1946.7.2; 「釜山에서食糧騷動」, 『東光新聞』, 1946.7.13; 「釜山에食糧騷動」, 『서울신문』, 1946.7.9; 「쌀달라는群衆 軍政廳廣場압헤서示威行列」, 『自由新聞』, 1946.10.4; 김상숙, 『10월항쟁: 1946.10.대구 봉인된 시간 속으로』, 돌베개, 2016, 55~59쪽·70쪽.

4) 임종명, 「해방 직후 남한 신문과 베트남 전쟁 재현·표상」, 『현대문학의 연구』 168, 2014.

5) '재조선미국육군사령부군정청 법령 제19호'(1945.10.30), 한국법제연구회 편, 『미군정법령총람(국문판)』, 한국법제연구회, 1971, 136쪽.

6) 심지어, 재조선 미군 육군사령관 하지(John R. Hodge)는 "美國은 朝鮮에 領土的野心도업고 朝鮮을 將來에統治할려는 생각도업습니다"라고 하여 자신의 진정성을 강조

    그리고 미군정은 '조선 민중의 복지'라는 관점에서 한국(인)과 미국 (인)의 관계를 규정한다. 먼저, 앞의 '선언'은 "朝鮮民衆"을 "營養, 疾病"의 문제로 "苦難"에 처한 존재로 감정(鑑定)한다. 반면에 그것은 미국인을 "他民族을逆境에서保護코자하는意圖로붙어[*로부터]生한眞實한溫和性" 을 가져 "親友인朝鮮民衆이冬期中에飢寒의威脅을受하게되는것을念慮" 하는 "國民"으로 정체화(identification)하였다.[7] 나아가 재조선미육군사령 관 하지(John R. Hodge)는 한국, 한국인을 "特殊한飮食과看護와援助"를 "要"하는 "患者", "病者", 즉 보살핌과 치료의 대상으로 비정하는 한편 미 국인을 "病者가튼튼해지기까지" 그에게 필요한 '음식과 간호, 원조'를 제 공하는 "醫師와看護人", 즉 환자 보호와 치료의 주체로 비정해, 양자를 결연(結緣)하였다.[8] 양자의 관계를 구체화하려는 듯이, 미군 군정장관 아돌드(Archibald V. Arnold)는 1945년 11월 『中央新聞』 등 한국 신문에 게재된 「美軍政의現在와將來」라는 제하의 글에서 "朝鮮民族의利益을爲" 함을 '조선 군정의 일반원칙과 정책'의 방향으로 제시한 다음 미군정의 역할과 임무가 "人民에게奉仕하는 政府의機能을 繼續"해 '인민에게 식량 과 의복 등 긴급한 필수품을 공급하고 또 교육과 보건을 제공하는 것'이 라고 설명하였다.[9] 이처럼 미군정은 군정의 방향이 '조선 인민'에게 '생 명 유지의 자료', 나아가 '생명'을 주는 것이라고 규정하였다.[10]

하면서, 한국인의 반(反)제 민족주의 관점에서 미군 지배를 '변명'하기도 하였다 (「"朝鮮國民에게告함": 하-지中將重大發表」, 『朝鮮日報』, 1946.1.30).

7) '재조선미국육군사령부군정청 법령 제19호'(1945.10.30.), 한국법제연구회 편, 앞의 책, 136쪽.

8) 「朝鮮國民에게告함」, 『朝鮮日報』, 1946.1.30.

9) 「美軍政의現在와將來: 駐屯軍司令部 軍政長官府 發表: 朝鮮政府의計劃과政策」(상), 『中央新聞』, 1945.11.17.

10) '통치 대상의 생명 보호 · 유지 · 관리'는 '사목적(司牧的) 권력'(pastoral power)이라 칭해지는 근대 권력, 또 '생체 정치'(bio politics)와 '통치성'(governmentality)의 핵심 적 관심사이자, 그것의 지표이다. (Foucault, Michell, "Governmentality," Graham

자신이 규정한 미군정의 역할과 임무를 실천하려는 듯이, 미군정은 '조선인들 환자' 앞에서 '의사와 간호인'의 모습을 다양한 방면에서 보여 주었다. 예컨대, 미군정은 구(舊)식민지 총독부의 재조직과정에서 1945년 9월 24일부의 첫 번째 법률, 즉 '법령 제1호'로 위생 관련 조직과 업무를 경무국(警務局)의 그것으로부터 분리하고, 위생국, 보건후생국, 보건후 생부로 이어지는 위생 관련 기관의 위상 · 위계를 '격상'해, "朝鮮의民衆 衛生을爲하여" "朝鮮國民의 康健問題"와 "보건문제"를 "매우 중요시"하는 군정의 모습을 보여주었다.[11] 또한 미군정은 각종 보건 · 위생, 의료 관 련 사업을 추진 · 실행하면서, "전쟁후 많흔사람의 왕래"로 말미암아 발 생하고 있던 천연두 등의 전염병을 예방하고자 하는 각종 조치를 취하 고, 또 "『페스트』(黑死病)가발생하야 인심을불안케 하"자, "적극방역에노 력"하고, 심지어 앞으로 한국에 나타날 전염병에 대비해 그것을 퇴치할 사전 준비를 하기도 하였다.[12] 이처럼 미군정은 생명 유지와 관련된 보

Burchell, Colin Gordon, and Peter Miller eds., The Foucault Effect: Studieis in Governmentality, Chicago: University of Chicago Press, 1991) 이 점에서 볼 때, 하지의 '의사와 병자'의 비유가 미군정 권력과 통치를 '새롭게' 이해할 수 있는 실마리를 제 공한다는 점에서 그것은 주목된다.

11) '재조선미국육군사령부군정청 법령 제1호, 위생국 설치에 관한 건'(1945.9.24), 한국 법제연구회 편, 앞의 책, 120쪽; '재조선미국육군사령부군정청 법령 제18호'(후생국 의 보건후생국 개칭과 그 직무), (1945.10.27), 한국법제연구회 편, 앞의 책, 135쪽; '재조선미국육군군정청 법령 제25호'('각 도(道)의 보건후생부 설치와 그 직무, 그리 고 보건후생부 수의과 설치 및 수의 사무의 보건후생국 이전') (1945.11.7), 한국법제 연구회 편, 앞의 책, 143쪽; 「衛生事務, 市에 移管」, 『朝鮮日報』, 1946.2.12; 「警察行政 의脫殼: 今後, 一部를市廳서管轄」, 『서울신문』, 1946.4.12; 「營業許可事務移管: 卅餘 種을市廳서取扱」, 『서울신문』, 1946.4.21; 「衛生局設置」, 『民衆日報』, 1945.9.29; 「法令 第一號(衛生局 設置에 關한 件)가 공포되다」, 『매일신보』, 1945.9.27, 국사 편찬위원회, 『자료대한민국사』 1권, 1970, 145쪽 참고. 미군정의 '위생국 등의 설치 와 위생 경찰제의 폐지 등 위생행정' 실시의 문제의식과 실제상(相)은 신좌섭, 「군 정기의 보건의료정책」, 『醫史學』 9(2), 2000, 218~220쪽 참고.

12) 예컨대 「美國藥은―週內配給: 藥品의市價는統制; 全朝鮮無醫村을根絕시킬方針; 厚 生局長闡明」, 『朝鮮日報』, 1946.2.16; 「民需用의醫療藥品: 米國에서多量入荷」, 『東亞 日報』, 1946.4.16; 「馬山療養院長: 郭仁星氏就任」, 『朝鮮日報』, 1946.5.5; 「天然痘發

건·위생 사업을 매개·계기로 하여 한국인들에게 이민족의 군사 점령·통치를 정당화하고 나아가 한국인들의 군정 수용을 촉진하고자 하였다.[13] 바로 이러한 상황에서, '1946년 여름에는 학질(瘧疾)이 돌 것이다'라고 한 예상과는 달리, 콜레라가 많은 사람들에게 급발병해 그들이 죽어가고 있었던 것이다.[14]

당시 환자 중 반(半) 이상이 죽을 정도로 높은 치명률을 보여주었던 콜레라의 남한 확산은 미군정 통치의 정당성을 위협하는 것이었다.[15] 콜레라가 전국적으로 만연하던 7월 초, 생명 유지의 문제는 현실적인 것으로 된다. 앞에서 우리는 7월 초 대구와 부산에서 있었던 '쌀 소동'을 보았다. 그런데 '식량 소동'까지는 아니라 할지라도 도시 지역, 심지어 서울에서조차도 식량 문제가 심각해졌다. 즉, '수해와 콜레라 만연으로 원활하지 못한 서울과 지방 간 교통의 문제로 미가(米價)가 고등(高騰)함'에 따라, 8월 초 서울 거리 "어데를가나" 그곳에는 "못살겠다"는 "소리"로 "꽉찼"다.[16] 이것은 콜레라 자체에 의한 생명 위협뿐만 아니라 콜레라 방역 조치의 일환으로 취해지고 있던 교통 차단 등으로 의해서도 "못살겠다"고 하는, 다시 말해 생명에의 위기 상황에 당대인이 처해 있음과 함께 한국인들이 자기의 위기 상황을 의식하고 있었음을 보여준다. 한

生은百五倍나增加: 厚生局서撲滅에豫防週間實施」, 『東亞日報』, 1946.3.5; 「春川에黑死病이發生」, 『서울신문』, 1946.4.20 참고.

13) '보건·위생 사업을 매개·계기로 한 한국인의 군정 수용'의 편모(片貌)는, 예컨대, 「衛生局設置」, 『民衆日報』, 1945.9.29; 「法令 第一號(衛生局 設置에 關한 件)가 공포되다」, 『매일신보』, 1945.9.27 참고.

14) 「美國藥은一週內配給」, 『朝鮮日報』, 1946.2.16.

15) 그해 콜레라 사태는 그것이 거의 종식된 10월 8일 현재 누계 "一만四천九백九명의 환자" 중에 "九천六백三十二명이 사망"해 "六할四부六리", 즉 64.6%의 치명률을 보여주었다(「호열자: 死亡者는 九千六百三十二名; 患者는萬四千九百九名; 慶尙道一部地域은要旅行證; 十月現在」, 『東亞日報』, 1946.10.12).

16) 「闇의米價粉碎에 日·每人二合配給: 十六日부터實施決定」, 『朝鮮日報』, 1946.8.4.

국인들의 위기의식은 한국인들의 생명 유지와 관련된 보건·위생 사업을 통해 뒷받침되었던 미군 지배·통치의 정당성을 근저에서부터 위협하는 것이었다.

미군의 위기의식은 콜레라 사태의 와중에서 제기되는 한국인의 식량 배급 요구에 대한 '예민한 반응'에서 간취된다. 이와 관련해서 7월 2일 대구에서 있었던 '쌀 소동'에 대한 다음 날 경북도 당국의 반응은 시사적이다. 2일 아침 대구부청에 쇄도한 "群中과 警察隊가衝突"했을 때 "美軍公安官[(public safety officer)]게네인大尉[*판독 불능]와警察廳金永達情報主任"이 "群衆몇사람에게毆打를當한事實"과 관련해 3일 기자단과 회견을 하던 권영석 5관구 경찰청장은 다음과 같이 이야기한다. 즉, 그는 "一般民家[*衆]속에는虎列剌 방역 食糧問題 夏穀收集에對해서充分이理解치못하고 內部的으로騷動或은비방하는모양이보이는데 이点은 大端히좃치못한것"이어서 "비[*誹]謗이라든가事態가有할시에는當局은容恕치아니할것"과, 나아가 "當局의施策法令에 批判反對는處罰"할 것이라고 "言明"하였다.[17] 여기에서처럼 군정 당국은 '당국의 시책' 등에 대한 '일반 민중'의 '비판과 반대'를 의식하고 그에 대해서 '엄벌 처치'를 공언(公言)하고 있었다.

물론 그 공언은 공언(空言)이 아니라 실제 '엄벌 조치'로 연결되었다. 7월 6일과 8일에 『自由新聞』과 『現代日報』 등은 '콜레라로 인해 교통이 차단된 마포 지역에 대해 서울시 당국이 식량 배급을 않는 것은 물론이고 환자를 그대로 방치하고 있다'고 지적하고 '그에 대한 대책을 요망'하는 기사를 게재했다.[18] 며칠도 되지 않아, 서울 시장 윌슨 중령이 "麻浦

---

17) 「警察廳發表: 當局의施策法令에 批判反對는處罰」, 『大邱時報』, 1946.7.4; 「當面의 諸事態에協力하라: 誹謗과騷動等에는斷乎處罰; 權警察廳長記者團에言明」, 『嶺南日報』, 1946.7.4.

18) 「麻浦區에虎疫蔓延!: 至急防疫對策要望」, 『現代日報』, 1946.7.6; 「遮斷地에食糧도안

區孔德町內에서發生한 虎疫문제에X[對?]하여 虛위[*僞]보도를하였다"고 "告訴"해, 9일 자유신문사 사장, 조선인민보사 사장과 발행인, 대한독립신문사 편집국장 등이 "被檢"되는 등 "突然新聞界에檢擧旋風"이 일었다.[19] 이것은 콜레라로 인한 사망 외에도 교통 차단이라는 방역 조치로 인해 식량 문제로 발전되고 있던 콜레라 문제가 미군정 당국에게 적지 않이 민감한 문제였음을 보여준다. 이처럼 군정 당국이 민감하게 반응했던 것은 미군이 콜레라 발병 앞에서 가진 위기의식의 소산이었다고 판단된다. 콜레라 발병과 이것에 간접적으로든, 직접적으로든 이어지는 사망 사태는 미군의 통치성(governmentality)을 위기에 처하게 하였다. 또한, 그것은 미군의 군사적인 남한 점령과 지배를 정당화하는 헤게모니 이념인 휴머니즘(humanism), 즉 인본·인도주의를 부인하는, 그리하여 미군의 지배와 통치에 정당성 위기를 초래하는 것이었다.[20]

1946년 콜레라 만연 사태의 당대 정치적 함의에 유의하여, 본 논문은 당시 콜레라의 전국적 만연 과정과 양상 및 그 특징을 이해하고자 하는 작업의 일환으로 준비되었다. 기본적으로 1946년 콜레라 사태에 관한 연구는 한국에서의 전염병의 역사, 그리고 방역 등 관련 분야 역사에 관한 이해를 확대·심화할 기회를 제공할 수 있다. 동시에, 1946년의 콜레라 만연 사태가 당대 한국인들의 삶과 그들 사회에, 또 미군의 남한 지배·통치에 적지 않은 영향을 끼쳤다는 점에서, 그것에 관한 연구는 종전/해방 직후 한국인들의 삶과 그들의 역사를 이해하는 데 적지 않은 시사점을 제공할 수 있

주고 罹病者를그대로放置」, 『自由新聞』, 1946.7.8.

19) 「新聞界에黑旋風: 自由·人民·大韓等幹部被檢; 理由는虎疫記事關係」, 『現代日報』, 1946.7.10.

20) 종전/해방 직후 휴머니즘의 헤게모니적 효과와 그를 둘러싼 경쟁은 임종명, 「종전/해방 직후 남한 담론 공간과 미국의 인종적 국가·사회상」, 『역사연구』 37, 2019, 275~280쪽; 임종명, 「종전/해방 직후 남한, 인종 중심적 미국상과 反패권적 약소민족 인민 연대의 상상」, 『한국사학보』 78, 2020b, 295~296쪽 참고.

다. 하지만, 예상되는 연구의 효과와는 달리, 1946년 콜레라 사태를 본격적으로 검토한 독립된 연구는 없다. 대신, 그 주제는 해방 직후 한국 전염병, 내지는 해방 이후 콜레라 발병사 연구의 일부로, 또는 남한에서 미군정의 의료정책이나 북조선에서 북조선 당국의 콜레라 방역 작업이 갖는 정치성을 검토하는 연구의 일부로, 아니면 1946년 콜레라 방역 작업에 참가하였던 인물에 관한 연구의 일부로 검토되었다.[21] 이러한 사정은 1946년 전국적 콜레라 만연 사태에 관한 본격적 연구를 통해 그해 콜레라 사태를 전체적·전면적으로 재구성할 것을 연구자들에게 요청한다.

이에 유의하여, 본 논문에서는 당시 발간·생산된 한국 신문과 미군정 문서를 이용하여 서울 지역을 제외한 경기 지역의 콜레라 발병과 확산 과정을 재구성하고, 그에 기초해서 발병·확산·만연 양상과 그 특징을 이해하고, 나아가 그것의 종전/해방 직후 정치성을 파악한다. 1946년 9월 "서울特別市로 新發足"해 행정적으로 경기도로부터 "분리"된 서울 지역의 발병세는 승격 이전에도 대도시이자 "首府"로서 여타 경기 지역의 그것과는 여러 면에서 상이한 모습을 보여주고 있었다.[22] 이에 유의하여, 본 논문에서는 당시 생산된 한국 신문과 미군정 문서 등을 자료로 이용해 서울을 제외한 경기 지역의 콜레라 발병 상황을 살펴본다. 끝으로, 당대 자료의 이용과 관련해 덧붙이면, 당시 생산된 자료에서는 통계 작성 원

---

21) 여인석, 앞의 논문; Kim, Yang Soo, "Cholera Outbreaks in Korea after the Liberation in 1945: Clinical and Epidemiological Characteristics," *Infection & Chemotherapy* 51(4), The Korean Society of Infectious Diseases, Korean Society for Antimicrobial Therapy, and The Korean Society for AIDS, 2019; 신좌섭, 앞의 논문; 김진혁, 「북한의 위생방역제도 구축과 인민의식의 형성의 형성(1946~1950)」, 『한국사연구』 167, 2014; 이규식, 「기용숙의 연구와 생애-콜레라 연구를 중심으로」, 『醫史學』 30, 2007.

22) 「서울特別市로 新發足: 府廳은 서울市廳으로」, 『東亞日報』, 1946.9.21; 「虎列刺防疫에必死的: 緊急會議열고對策講究」, 『中外新聞』, 1946.5.24. 서울의 발병 상황은 임종명, 「1946년 서울 지역 콜레라 발병세와 일국적·지역적 중심부/주변부성(性)」, 『사학연구』 140호, 한국사학회, 2020a 참고.

리나 관련 언어가 '통일'되어 있지 않았다. 이점에 유의하여, 자료가 제공하는 환자·사망자 통계는 발병의 대략적 규모와 경향적 추세를 이해하는 자료로 이용된다.[23] 그럼, 당시 경기 지역의 주요 콜레라 '병원지' (病源地, the center of epidemic)였던 항구 도시 인천 지역에서의 발병 사례를 먼저 살펴보도록 하자.

II. 인천 지역의 콜레라 발병·확산과 국제정치

인천 지역의 초기 콜레라 발병사는 중국발(發) 송환민(repatriate)의 콜레라 발병으로부터 시작된다. 첫 번째 환자는 중국 중부 지역발(發) 송환선으로 한국에 온 송환민으로서 5월 중순 부산에 상륙하여 서울과 개성 등지를 여행하다 5월 19일 인천에서 발병한 황해도 옹진 출생의 청년이었다.[24] 1번 환자에 이어지는 발병 사례 역시 중국발 송환민들에게서 발견된다. 5월 하순 광복군 참모장 이범석과 그 일행 480명, 또 "일반戰災民" 모두 합해 1,900명은 다섯 척의 배를 나눠 타고, 부산을 거쳐 6월 3일 오후 인천항에 착항(着港)하였다.[25] 그런데 다음다음 날, 하선 중이던 충북 보은 본적의 청년 송환민에게서 콜레라가 발병하였다.[26] 또한, 그날 "섬라(暹羅)[Thai] 마래(馬來)[Malay] 불인(佛印)[French Indochina]등

---

23) 당시 콜레라 발병 관련 자료의 특성은 임종명, 앞의 논문, 2020a, 참고.
24) 「仁川에侵入한 虎列刺의徑路」, 『中外申報』, 1946.5.25.
25) 「李範錫將軍과갓치 光復軍五百歸國」, 『朝鮮日報』, 1946.6.5; 「光復軍은五日上陸: 一般同胞檢疫으로遲延」, 『漢城日報』, 1946.6.7; 「上海同胞歸還船: 今明間仁川入港」, 『서울신문』, 1946.6.5; 「回航歸還船에 眞性虎疫患者」, 『서울신문』, 1946.6.7.
26) 「光復軍은五日上陸」, 『漢城日報』, 1946.6.7; 「戰災民船에虎疫患者가發生」, 『工業新聞』, 1946.6.8.

지로부터 귀국한 동포 一千九백三명"이 상륙하다 "화중[(華中, 중국 중부지역)]동포중 의사[(疑似, unconfirmed)]호열자환자가 발생"해 그들은 "상륙을 중지" 당하였다.[27] 이외에도, 예컨대, 부산을 거쳐 각각 6월 1일과 4일에 인천항에 도착한 송환선들에 승선했던 "상해귀환 동포" 중에서 "호열자환자五명이 판명"되었다.[28] 이것이 5월 하순 6월 초순 인천 지역의 초기 콜레라 발병사이다.

그런데, 초기 발병사에서 주목되는 것은 인천항 콜레라 발병·발견자들 모두 중국발 송환자였다는 점이다. 1946년 한반도 지역 최초의 콜레라 확진자(confirmed case)는 상하이발(發) 송환민이었다.[29] 이것은 우리에게 중국, 특히 상하이(上海)에서의 콜레라 발병 상황에 대한 이해를 요청한다. 당시 상하이에서는 '4월에는 천연두, 그다음 달에는 티푸스, 다시 다음다음 달에는 콜레라가 연이어 발생'하였다.[30] 뿐만 아니라 당시 '상하이나 광저우(廣東) 등 중국 화남(華南), 화중(華中) 지역에서는 콜레라와 장티푸스 등이 발출(發出)'하고 있었다.[31] 이러한 상황에서, 1946년 상반기에 재개된 중국 내전에서 중국 국민당군이 중국 화북(華北)과 동북(東北) 지역에 진주하면서, 콜레라 등 전염병은 중국 남부와

---

27) 「光復軍은五日上陸」, 『漢城日報』, 1946.6.7.

28) 「仁川歸還船에 虎疫五名發生」, 『漢城日報』, 1946.6.7; 「仁川에五名發生: 虎疫에注意하자!」, 『現代日報』, 1946.6.7.

29) 「虎疫菌은發見안됏다: 美軍醫가方今歸還船調査中」, 『釜山新聞』, 1946.5.17; USAFIK, ⅩⅩⅣ Corps, G-2, Historical Section, "The Cholera Epidemic of 1946," 1947, p.30, http://archive.history.go.kr/catalog/view.do?arrangement_cd=ARRANGEMENT-0-A&arrangement_subcode=HOLD_NATION-0-US&provenanace_ids=000000000034&displaySort=&displaySize=50&currentNumber=1&system_id=000000102402&catalog_level=&catalog_position=-1&search_position=0&lowYn=.) (검색일: 2020.10.14.)

30) General Headquarters/Supreme Commander for Allied Powers(GHQ/SCAP) G-Ⅲ, "Report on Mass Repatriation in the Western Pacific,"[이하 "Report on Mass Repatriation in the Western Pacific"], 1947, p.48. https://dl.ndl.go.jp/infor:ndljp/pid/11223003 (검색일: 2020.12.14.)

31) 「釜山에虎列刺: 病菌은廣東서」, 『光州民報』, 1946.5.10; 여인석, 앞의 논문, 11쪽.

중부 지역으로부터 톈진(天津) 등의 북중국 지역, 나아가 장춘(長春)과 지린(吉林) 등 동북 지역으로 확산하였다.[32] 이에 따라 당시 중국은 동아시아 권역(region)의 '병원지'(病源地, the center of epidemic)이자 주요 콜레라 발병지가 되었다. 바로 이러한 상황이 중국발 송환민에게서 콜레라가 발병하였던 동아시아적 맥락이었다.

또한, 중국발 송환민 환자 발생은 아시아-태평양 전쟁의 종결 직후 동아시아 권역에서 있었던 송환(repatriation)에 대한 이해를 요한다. "기본적으로 미ㆍ일의 동아시아 헤게모니(hegemony) 전쟁"이었던 태평양 전쟁의 종결 직후 송환은 동아시아 권역에서 일본 제국 해체와 자신의 동아시아 패권 구축을 추구하였던 전쟁 승리자 미국에 의해 추진되었다.[33] 미국의 제국 해체 의사는 1943년 11월 연합국이 대일전쟁의 목적과 전후 대일(對日) 정책 방향을 밝히는 카이로 선언(Cairo Declaration)에서 나타난다. 선언은 '1차 대전 이후 일본이 탈취ㆍ점령한 태평양 도서 일체의 박탈, 일본이 중국으로부터 훔친 모든 영토의 중국 반환, 그리고 일본이 폭력과 탐욕으로부터 탈취한 여타 모든 영토로부터의 일본 구축, 또 한국의 장래 자유 독립'을 밝히었다.[34] 이것은 전후 일본 제국을 자신의 식민지로부터 구축해 식민지/제국 일본을 해체하고, 이를 통해 자신의 동아시아 패권을 구축하겠다는 미국의 패권주의를 표현한 것이었다.

일본 제국의 해체라는 자신의 정책에 따라, 미국은 종전 직후 동아시

---

32) 황선익, 「동북아정세와 중국지역 한인의 귀환」, 『한국독립운동사연구』 46, 2013, 299쪽; 김춘선, 「중국 연변지역 전염병 확산과 한인의 미귀환」, 『한국근현대사연구』 43, 2007, 특히 105 · 119~120쪽 참고.

33) 임종명, 「탈(脫)식민 초기(1945.8~1950.5), 남한국가 엘리트의 아시아기행기(紀行記) 와 아시아표상(表象)」, 『민족문화연구』 51, 2010, 149쪽 각주 14. 덧붙이면, 태평양 전쟁은 동시에 '인종전쟁적 성격'을 띠고 있었는데, 이것에 관해서는 임종명, 「아시아-태평양 전쟁기, 식민지 조선의 인종 전쟁 담론」, 『史叢』 94, 2018, 특히 83쪽 참고.

34) https://en.wikipedia.org/wiki/1943_Cairo_Declaration(검색일: 2020.12.15)

아 권역에서 일본인, 한국인, 중국인 등 '공통 언어·문화 집단'(ethnic)별로 대규모 송환 정책을 추진하였다. 물론 미국의 송환 정책 추진이 1945년 8월 이후 소련의 중국 동북지방 점령과 1946년 중반부터 재개된 중국 내전 등 전후 동아시아 상황으로 말미암아 '교란'되기는 했다. 하지만, 그러한 교란 요인이 발생하기 전이나, 미군의 점령 등으로 미국의 직접 지배하에 있었던 일본이나 남한 등지에서는, 송환 정책이 미국에 의해 주도적으로 추진되었다.

먼저, 미국은 중국 등 동아시아와 태평양 지역에서 일본 제국의 지배 네트워크 가동 자원이었던 일본인의 대규모 송환 정책을 추진하였다. 예컨대, 1945년 10월 하순 상하이에서 개최된 연합군총사령부(Supreme Commander of the Allied Powers), 중국 지역 미군사령관, 미 7함대 및 중국 국민정부 대표 회의에서 "[중국 재류 일본인 등의 일본] 귀환의 추진은 [미국 맥아더 사령관 지휘 하의] 연합군총사령부"가 "지휘"하는 것으로 "합의"되었다. 미국 주도의 일본인 등의 송환이 결정되고 그것이 실행되었다.[35] 여기에서 보이는 미국 주도의 송환 추진은 당연히도 한국인 송환과 관련해서도 마찬가지였다.

미국은 일본인의 일본 열도 송환에 이어, 일본 제국의 신민으로서 종전 당시 중국과 일본 열도에 있었던 한국인과 타이완인의 각각 한반도와 타이완에로의 송환을 추진하였다. 종전 직후 중국 국민당 정부는 "한인의 장기적 거류를 인정하는 듯한 모습을 보였"으나, 미·중간 협의 과정에서 한국인의 일괄 송환을 주장하던 미국의 정책에 따라 자신의 초기 정책을 변경하였다.[36] 이에 따라 1946년 2월부터 중국 재류(在留) 일

---

35) 황선익, 앞의 논문, 298쪽. 재조(在朝) 일본인의 일본 열도 송환 사례는 이연식, 「해방 후 한반도 거주 일본인 귀환에 관한 연구」, 서울시립대 박사학위 논문, 2009 참고.
36) 황선익, 위의 논문, 315·320쪽.

반 한국인들이 송환되기 시작해, 그해 6월까지 그들은 일괄적으로 송환되게 되었다.[37]

한국인 송환 과정에서, 1946년 초 미군의 연합군 총사령부는 중국 거류(居留) 한국인들을 한반도로 송환하는 배의 도착항으로 부산항과 인천항을 지정하였다.[38] 이에 따라 부산항은 1946년 상반기에 상하이 등 중국 남부 지역이나 동남아 등지 송환자의 한반도 도착항으로 기능하였고, 인천항은 중국 칭타오(靑島) 등 "華中, 華北의[조선인]同胞"가 탄 송환선의 착항(着港)으로 기능하였다.[39]

그런데 5월 초순 콜레라의 부산 지역 발병은 미국의 송환 정책에 차질을 초래한다. 부산 지역 콜레라 발병은 미국의 송환 정책 추진을 일시 중단시켰다. 또한, 송환 사업이 재개된 이후에도 1946년 9월 '콜레라 발병이 감소'하고 나서도, '송환선 승선 정원에 맞추어' 송환 작업은 수행될 수 있었다.[40] 이러한 속에서 일본 주둔 연합군사령부가 계획했던 재일조선인의 송환 완료 시점은 9월 30일에서 11월 15일로 연기되었다.[41] 뿐

---

37) 첫 번째 공식적인 중국 거주 한국인들의 송환 작업이 1946년 2월 1일에 시작되었는데, 그때, 중국 화북의 칭타오발 미해군 LST함 2척은 북(北)중국에 있던 1,838명의 한국인들을 인천으로 송환하였다("Report on Mass Repatriation in the Western Pacific," p.50). 그리고 "인천에입항한재중국(中國)동포의 최종편(最終便)"은 6월 24일에 배가 입항해 7월 4일 여객들이 상륙하였던 송환선이었다(「在中歸同船 七月四日仁川에」, 『釜山新聞』, 1946.7.2).

38) "Report on Mass Repatriation in the Western Pacific," p.50.

39) 예컨대, 「華中, 華北의同胞: 一千二百名歸還」, 『現代日報』, 1946.4.20; 「故國山川아, 잘잇서느냐: 學兵을비롯한華北千五百同胞, 꽃*꽃핀은仁川港에落淚하며 上陸」, 『서울신문』, 1946.4.22; 「夢寐에 그리든 祖國: 北中國서一, 四七二.名仁川上陸」, 『朝鮮日報』, 1946.4.30 참고.

40) General Headquarters(GHQ), US Armed Forces, Pacific(USAFPAC), Summation of U.S. Military Government Activities in Korea, 『미군정활동보고서』, 원주문화사 영인본, No 12 (1946.09.), p.7[이하 GHQ, USAFPAC, Summation 번호(연월), 쪽수].

41) 「在日同胞全部에送還令: 每日四千名式釜山에輸送」, 『朝鮮日報』, 1946.8.17; 「在日同胞들 十一月까지送還」, 『自由新聞』, 1946.8.17; 「在日同胞五十萬: 十一月까지歸還完了」, 『서울신문』, 1946.9.4.

만 아니라 한국 내 일본 민간인의 일본 열도 송환 일정도 순연되었다. 송환 일정의 순연은 전체적으로 미국의 한국·일본인 송환 정책과 동아시아 재편 정책의 수행에 차질을 초래하는 것이었다.

또한, 부산항에서의 콜레라 발생은 송환선의 남한 내 착항(着港) 변경을 초래하였다. 먼저, 연합군 총사령부는 5월 28일 '콜레라 전염에 따라 폐쇄된 부산항을 대신해 인천과 군산의 항구를 이용'할 것을 지시하였다.[42] 이에 따라 부산항에 상륙했었던 남(南)중국이나 동남아, 멀리는 남태평양 등지에서 오는 한국인 송환자들 역시 인천항에 상륙하게 되었다.[43] 또한, 주한미군정은 6월 초 부산항을 폐쇄하고 인천항과 군산항을 이용해 일본인 송환 작업을 수행하였다.[44] 나아가, 미군정은 비슷한 시기에 부산과 일본 하카타(博多) 간 항로를 "금지"하고 "대신" 인천과 하카타 간 항로를 "신설"하였다.[45] 이와 같은 송환선 착항 변경은 중국과 일본 거류 한국인의 한반도 송환 일정뿐만 아니라 한국 내 일본 민간인의

---

42) GHQ, USAFPAC, Summation No 9(1946.06.), p.11; US Armed Forces in Korea(USAFIK), ⅩⅩⅣ Corps, G-2, Historical Section, "Repatriation of Japanese Civilians and Other Foreign Nationals," pp.44~47, History of US Armed Forces in Korea(HUSAFIK) PART Ⅰ (복각판)[이하 "Repatriation of Japanese Civilians and Other Foreign Nationals"]. 부산항이 1개월여 동안 폐쇄되었다가, "경남도방역본부의주야의노력으로 방역의완벽을 기"할 수 있게 되면서 그 항구는 6월 23일부터 송환선의 착항으로 다시 운영되었다 (「歸還同胞船 卄˙二十三日부터入港」, 『釜山新聞』, 1946.6.19).

43) 예컨대 「그리운祖國에돌아온同胞: 上海에서또三千名不遠仁川上陸」, 『東亞日報』, 1946.5.26; 「新嘉坡(Singapore)〕 馬來等地서 一千九百名이仁川上陸」, 『朝鮮日報』, 1946.6.4; "보로네오"同胞九八四名歸還 一九0三名 上陸」, 『漢城日報』, 1946.6.13; 「新嘉坡戰災同胞 一九0三名上陸」, 『漢城日報』, 1946.6.13; 「暹羅·新嘉坡同胞: 十三日仁川上陸」, 『서울신문』, 1946.6.13; "보르네오"서四四七名歸還: 檢疫關係로上陸은遲延」, 『朝鮮日報』, 1946.6.15; 「南洋서同胞歸還」, 『朝鮮日報』, 1946.6.17; 「布哇(Hawaii)捕虜同胞 百五名仁川에」, 『朝鮮日報』, 1946.8.10 참고.

44) GHQ, USAFPAC, Summation No 9(1946.06.), p.11; "Repatriation of Japanese Civilians and Other Foreign Nationals," pp.46~47.

45) 「仁川博多間 航路를新設」, 『家政新聞』, 1946.6.4; 「仁川博多間 航路를新設」, 『東亞日報』, 1946.6.4.

일본 열도 송환 일정을 순연시켰다.[46]

착항 변경은 인천항의 역할을 증대시키는 것이었다. 앞에서 보았던 발병 사례에서 환자들이 승선했던 배들의 착항은 부산이었다. 하지만 부산 지역에서의 콜레라 발병으로 인해 그 송환선들이 인천항으로 회항(回航)하면서, 그곳에서 송환민들의 콜레라가 발병·발견된 것이다. 이처럼 인천항의 역할 증대는 인천항에서의 실제 콜레라 발병을 낳았다. 이 점에서, 미국이 자신의 전후 동아시아 패권을 구축하고자 추진한 송환 정책이 인천 지역 콜레라 발병의 전후 국제정치적 맥락이라 할 수 있다. (송환민 콜레라 발생사는 일본(인)의 경우에도 목격되는데, '그해 3월 중국 광저우를 출발해 4월에 일본 가나가와현(神奈川県) 우라가항(浦賀港)에 입항했던 송환선들에 승선했던 일본 송환자들에게서도 연속해서 콜레라가 발병'하였다.[47])

지금까지 이야기한 동아시아 발병도(圖)와 국제정치 상황을 맥락으로 하여 송환민에게 발병한 콜레라는 군정 당국의 방역 조치를 강화하면서 인천 지역 내 발병을 '지연'시켰다. 예컨대 송환선에서의 콜레라 발생 직후부터 방역 당국은 10일 내외의 송환선 선상 검역을 시행하였다.[48] 나

---

46) GHQ, USAFPAC, Summation No 9(1946.06.), p.11; 「在日同胞全部에送還令: 每口四丁 名式釜山에輸送」, 『朝鮮日報』, 1946.8.17; 「在日同胞들 十一月까지送還」, 『自由新聞』, 1946.8.17; 「在日同胞五十萬: 十一月까지歸還完了」, 『서울신문』, 1946.9.4.

47) 日本厚生省, 「引揚船中ニ多発セル「コレラ」流行ニ関スル状況報告」(1946.4.18), (일본) 國立公文書館 アジア歴史資料センター(https://www.digital.archives.go.jp/das/image/M200604121 6402937316, 검색일: 2020.12.29.); 여인석, 앞의 논문, 11쪽. 물론, 남한에서 일본으로 송환되던 일본인들 사이에서도 콜레라 환자가 송환선 선상(船上)에서 발생해 사망하기도 하였는데, 이는 1946년의 콜레라가 '송환을 매개로 해서 발생했던 동아시아적 사태'였음을 예증(例證)하는 것이라 할 수 있다. 久野益三, 「京城における急性傳染病治療成績」, 森田芳夫·長田かな子 編, 『朝鮮終戦の記録: 資料編』第二卷, 巖南堂書店, 1980, 368~369頁.

48) 10일 내외 선상 검역은 「在中歸同船 七月四日仁川에」(『釜山新聞』, 1946.7.2)에서 추론된 것이다.

아가 6월 초 인천시 위생과에서는 "남조선 각지로부터 [인천항에] 입항하
는 전선박에 대하여 엄중한 검역을 실시"하였다.[49] 이를 배경으로 하여,
6월 한 달 동안, 심지어 7월 초까지 "철통같은방역으로 아즉것시민자체
내에서는 [콜레라]환자발생을보지못"하고, "그[환자]전부가 해외로부터
귀환한동포로부터 발생"했다.[50] 이처럼 군정 당국의 방역 노력으로 적
어도 7월초까지 인천 지역 내 콜레라 발병은 억제되고 있었다.

하지만 한국에 송환된 이들 중 일부는, 당시 가장 우려되고 "경계"되
고 있음에도 불구하고, 검역 과정을 '무사통과'해 상륙하여 발병(發病)·
사망하는 사례가 나타났다.[51] 예컨대 인천에 파견된 경성의전의 기용숙
교수는 6월 7일자 신문에서 "부산으로부터 인천에 회항한 VO十七호속에
서 보균자二명을 발견하고 상륙한 사람중에서 一명의 의사[상태]의 사망
이 있었다"고 보고한다.[52] 이러한 상황은 1946년 당시 동아시아 권역의
콜레라 병원지였던 중국에서 온 송환자에 의한 인천 지역 내 감염의 가
능성을 높이는 것이라 할 수 있다.[53]

그러한 가능성은 '밀항자'들에 의해서도 야기되었다. 이와 관련해서
15세에 만주에 가서 20년 동안 그곳에서 살다 1946년 4월 초 중국 화북

---

49) 「仁川入港船舶: 嚴重檢疫」, 『家政新聞』, 1946.6.4.

50) 「虎列剌猖獗: 患者二百五十六名; 六日發表」『朝鮮日報』, 1946.6.7; 「仁川의虎疫은
外來者뿐: 眞性一名(死亡)中間形二名治療中」, 『大衆日報』, 1946.6.12; 「虎疫에百七
十死亡: 防疫에市民은힘쓰자」, 『東亞日報』, 1946.6.15; 「仁川에도虎疫侵入」, 『水産
經濟新聞』, 1946.7.11. 인천시 위생과의 '철통같은방역'의 모습은 「江華行船路를遮
斷」, 『漢城日報』, 1946.5.24; 「江華에虎疫再發: 三名死亡, 仁川과의交通遮斷」, 『大衆
日報』, 1946.6.22; 「江華虎疫은眞性」, 『大衆日報』, 1946.6.25.

51) 「歸還同胞船에虎疫侵入: 今後各地로波及의危險: 釜山, 大田, 仁川서 四十四名發見」,
『自由新聞』, 1946.5.23.

52) 「仁川에도眞性二名」, 『서울신문』, 1946.6.7.

53) 하지만, 방역 전문가 기용숙의 보고에는 유감스럽게도 '의사 사망자'-이것은 사인(死
因)이 콜레라 발병의 결과라고 확정되지 않은 사망자를 의미한다-의 동선과 그의
인천 지역 내 접촉·감염 사례가 제공되고 있지는 않다.

지방의 다롄(大連)으로부터 인천항을 거쳐 한국에 왔던 승왈범(承日範)의 회고는 시사적이다. 그것에 따르면, 당시 "인천, 군산, 목포 등지에서는 어선과 화물선들이 중국의 靑島와 大連港을 드나들면서 고국으로 돌아오는 피난민들을 실어날라 한동안 재미를 보기도 하였다"고 한다.[54] 실제로 그 역시 그해 3월 초 "50여명의 귀국피난민"들과 함께 '마침 전남 목포로부터 다롄항에 들어와' 있던 "180마력짜리 엔진을 장착한 저인망어선"을 타고 한국에 왔다. 더군다나 그가 다롄항에서 승선할 때 "수명의 [(중국공산당)] 8로군(八路軍)]"이 "휴대품 통관 검사"를 하였지만 출국 심사나 세관 검사는 물론이고 방역 검사 또한 없었다. 또한 그와 그의 일행들이 인천항에 도착한 4월 5일 만석동(萬石洞) 부두에서는 그 어떤 입국 심사나 방역 검사도 없어-이러한 의미에서 '밀항'이다- "일행과 함께 트럭을 한대 얻어" 서울로 들어왔다.[55] 이것은 그가 '밀무역' 목적으로 5월 중순 경 다롄에 갔다 다시 인천에 돌아왔던 7월 중순 무렵-이때는 인천에서도 콜레라가 발생하고 있던 시기였다-에도 마찬가지였다. 그때 그가 "인천항에 닿게되면 세관원과 그밖의 기관원들의 조사가 있으리라고 생각했는데, 배를 부두에 댔는대도 검사는 커녕 누구하나 물어보는 사람도 없"었다.[56] 이처럼 당시 '콜레라의 동아시아 병원지였던 중국 화북 지역'으로부터 왔음에도 불구하고 승왈범과 그의 일행들은 입국 심사는 물론이고 방역 검사조차 받지 않고 심지어 서울 시내로 가 그곳에서 거주하였다.[57] 이것은 중국발 콜레라의 인천 지역, 나아가 서울

54) 승왈범,『無休八十年』, 유진문화사, 1991, 299 · 307쪽, 박민영,「해방 후 滿洲國軍 출신 한인의 귀환」,『한국독립운동사연구』22, 2004, 147쪽 각주 23번 재인용.
55) 승왈범, 위의 책, 307~318쪽.
56) 위의 책, 330쪽.
57) 덧붙이면, 승왈범의 회고록에 따르면, 그가 밀무역 목적으로 두 번째 다롄에 갔다 돌아왔던 1947년 4월 중순에는 그와 그의 일행들이 인천항 대신 "전남 목포근방 자그마한 어촌의 포구"에 상륙해야 할 정도로 "점차 법질서가 잡히고 주요 항구마다

등 경기 지역 내 발병 가능성을 실제화할 수 있는 것이었다.

'외래적 요소'에 의한 콜레라 발병 가능성은 당시 중국과 인천 사이에 이루어지고 있었던 무역 관계에 의해서도 야기되는 것이기도 했다. 이와 관련해서 배석만이 작성한 다음의 '1946년 부산항과 인천항의 국적별 선박 입항 표'는 시사적이다.

<표 1> 1946년도 부산항과 인천항의 입항 선박 국적

	부산		인천	
	척	톤	척	톤
중국	5	265	140	3,250
미국	177	387,675	1	4,549
영국	2	3,088	3	6,698
일본	523	381,209	-	-
기타	4	2,813	1	363
합계	711	775,050	145	14,860

출전: 배석만, 「미군정기 부산항과 도시민 생활」, 『지역과 역사』 5, 1999, 271쪽.

이 표는 1946년 부산항과 인천항 입항 선박의 선적(船籍)이 대조적이었음을 보여준다. 당시 부산항에는 주로 미국과 일본 선적의 선박이 입항하였지만 인천항에는 주로 중국 선적의 선박이 입항하고 있었다. 표에서처럼, 입항 선박의 척수와 톤수에 있어 압도적 1위 항구였던 부산항과는 대조적으로 당시 2위의 인천항에 입항한 외국 선박 중 중국 선박의 비중은 적지 않았고, 특히 중국 선적 선박 입항의 톤수와 척수 모두에서 인천항은 부산항을 압도하고 있다. 이처럼 서해의 인천항은 해상 교통의 측면에서 당시 콜레라 전염병의 동아시아 권역 병원지였던 중국과 긴밀한 관계를 가지고 있었다.

관과 관계 기관원들이 배치되어 있었다"고 한다(승왈범, 위의 책, 348~349쪽).

더군다나, "최대의 소비지인 서울을 배후로 가지고 있"었던 인천은 "수입물자"가, 그것도 중국으로부터의 물자가 "집중"되는 "수입항"이었다. 또 인천항 입항선 대부분은, 앞의 표 중 중국 선적의 인천항 입항 척수가 암시하듯이, '중국 화북과 화중 지역 중국 상인들'의 "소형 정크선[(junk; 戎克船)]"들이었다. 중국에서 물품을 적재한 다수의 정크선들이 입항하면서, 1946년 인천항의 "민간무역량"은 1억9천6백7십1만3천 원으로 1천3백5십1만9천 원의 민간 수·출입 무역액을 기록한 부산의 그것을 압도하였다. 그 정도로 인천항에 입항한 다수의 소형 범선들은 "원조물자를 실은 미국과 일본 국적의 대형기선들이 입항"했던 부산항과는 다른 인천항의 모습을 보이게 할 정도였다.[58] 다수의 중국발 소형 범선과 그 선원에 대한 체계적 검역 관리가 쉽지 않다는 점에서, 주로 소형 범선이 들고 났던 인천항은 콜레라의 인천 지역 전염의 잠재력을 높였다.

나아가 인천의 중국발 콜레라 전염 가능성은 인천과 그 인근 지역에서의 밀무역과 관련해서도 제고되었다. 인천과 밀무역의 관계와 관련해서『朝鮮日報』의 1946.10.30일자 기사「孤島서物物交換: 痛嘆할密貿易內幕」중 다음 구절은 시사적이다.

> 지난[1946년]여름부터대련(大連) 천진(天津) 청도(靑島) 연대(煙台)등지의상인들과조선상인들까지도 이장사길에모여들게 한것이다 …(중략)… 그중국 상인는 인천부근에있는 여러섬에서 조선사람들하고 결탁하야 물물교환을하는것이다 이렇게 교환물자를실은 조선사람장사꾼 혹은 경성 마포(麻浦)로 혹은남조선[*남부 지방]목포(木浦) 군산(群山)으로가서 짐을풀기때문에 세관의눈을속여내는 것이다.[59]

58) 배석만, 「미군정기 부산항과 도시민 생활」, 『지역과 역사』 5, 1999, 272~274쪽.
59) 「孤島서物物交換: 痛嘆할密貿易內幕」, 『朝鮮日報』, 1946.10.30.

이 기사는 콜레라가 만연하던 1946년 여름부터 중국 다롄과 톈진, 또 칭다오와 옌타이, 그리고 한국의 서울 마포와, '남조선'-오늘날 용례에서 남부 지방을 의미하는-의 목포, 군산에서 이루어지는 '통탄할 밀무역'에서 '물물 교환지'가 '인천 부근의 여러 고도(孤島)'였음을 말해준다.[60]

당시 톈진 등의 화북 지역 또한 콜레라 발병지였다면, 또 밀무역에는 국가의 검역 통제가 작동하지 않는다면, 그래서 전염병의 국가·국민 간의 이동 또는 국경을 넘는 전염·감염이 통제되지 않는다면, 앞의 밀무역 통로는 중국 발병의 콜레라가 한국 서해안과 내륙 마포 지역으로 전해지는 통로일 수 있다.[61] 밀무역과 콜레라 전염의 상관성이 단지 잠재적인 가능성의 것만은 아니었다. 밀무역과 콜레라 전염의 실제적 상관성은 미군이 "호역창궐과 경제교란을 방지"하고자 1946년 7월과, 특히 8월에 "미해군 제칠함대소속의 구축함대를동원하야 조선근해전[(全)]수역 순라(巡邏)"토록 한 것에 확인된다.[62]

---

60) "남조선"은 당시 용례에서 '남선', '중선', '북선'이라는 한반도 3지대 구분틀에 입각해 사용되는 지역명으로 오늘 날 용례 상에서는 '남부 지방'에 해당된다. 해방 직후에는 '남한·남조선'(South Korea)이 '북위 38도선 이남 지역'을 의미하는 호명으로 전용되어 독점적으로 사용되고 있지는 않았다.

61) 본문에서 지적된 사정으로 말미암아, 1946년 7월 인천에는 검역소가 설치되었다. 「生鮮上陸禁止令穩和: 仁川, 麻浦에檢疫所를實施; 生鮮은虎列刺의媒介物이안이다」, 『水産經濟新聞』, 1946.7.7.

62) 「虎疫防止次船舶出入嚴禁」, 『水産經濟新聞』, 1946.7.26; 「海上不法通商嚴禁: 虎列刺防疫」, 『漢城日報』, 1946.8.4. '미국 군함의 한국 전(全)수역 순라'는 1946년 6월 하순 일본에서 해항(海港)검역법 시행규칙에 따라 "콜레라(コレラ) 유행지로 지정"된 "조선"으로부터 미군이 일본을 지키기 위한 것이기도 했다(「厚生省告示第四十七號」, 日本大蔵省印刷局 編, 『官報』 No. 5831(1946.6.24.), https://dl.ndl.go.jp/info:ndljp/pid/2962341, 검색일: 2020.12.29). 즉, 미육군태평양사령부는 동아시아 권역, 직접적으로는 한국과 일본에서의 콜레라의 상호 감염과 전염 및 발병을 초래할 수 있는, 밀항과 밀수라는 형태의 인적·물적 교류를 차단하고자 남한 수역만이 아니라 남한 지역과 일본을 차단하는 '남해 순찰'도 실시하고 있었는데, 여기에는 일본 주둔 영국군 사령부 휘하의 "英國艦隊"도 참여하였다. '남해 순찰'은 HQ, 6th Infantry Division, "G-2 Periodic Report" #292(1946.8.6), 경남대극동문제연구소, 『지방미군정자료집: 주한 미 제6사단 정보참모부 일일보고서(1946.1~1946.12)』 2권, 경인문화사 영인본,

밀무역과 콜레라 전염의 실제적 가능성을 전제한다면, 한국과 중국 상인들이 직접 만나 물물교환 작업을 하고 있었던 인천 근해 고도는 중국발 콜레라의 중계지라고 할 수 있다. 그런데 그 중계지가 단지 인천 근해의 고도만은 아니었다.[63] 인천항 역시 그 '중계지'였다. 이는 『東光新聞』 1946년 7월 기사에서 확인된다. 그 기사는 "中國에서 中國煙草, 落花生等 現在朝鮮에不必要한物資를仁川港에싣고와 南朝鮮의生活必需品의緊要한物資를密輸出하여[중국으로]가"고 있다고 비판하고, 이어서 미군정 장관 러취(Archer Lerch) 소장이 '인천항에서 이루어지는 한·중 밀수의 감시를 천명'하는 모습을 보여준다.[64] 이는 인천 근해 도서만이 아니라 인천항 자체가 중국과의 밀수 통로임을 보여준다.[65]

인천항과 근해 도서가 해방 직후 밀수 통로로 기능하던 모습은 당시 '밀무역'을 통해 '일확천금'을 하였던 인사의 회고록에서 구상적(具象的)으로 재현되어 있다. 앞에서 보았던 승왈범은 5월 중순 "만주에서 귀국할때 타고온 그배를 얻"어 "건해삼을 [사모아] 싣고 대련을 향해 출항"해 다롄에서 한국 물건을 팔아 "큰 재미"를 보았다. 그는 다시 그곳에서 한약재와 서적, 학용품 등을 사서 그것들을 가지고 그해 7월 중순 무렵 "무사히 인천항으로 돌아"와, 그것을 팔아 "그야 말로 한탕에 일확천금(一攫

1993 [이하 HQ, 6th Inf Div, "G-2 P" 문서 번호 (연. 월.), 권쉬 p.479; 「民族的쉬(羞)恥을 알나내*를알라: 日本에密輸出入말고 우리의經濟安定을期하자」, 『東光新聞』, 1946.7.26 참고.

63) 인천 근해 고도에서의 '작업'은 해방 직후 인천항의 항만 시설 이용 상황과 관련된 것이기도 했다. 당시 일반 '합법적인' 물자 수송 역시 "해안에서 2~3마일 떨어진 먼 바다에서 소형선박을 통해 일일이 짐을 실어낼"르는 방식으로 이루어졌는데, 이는 "인천항의 경우 유일한 대형선 접안시설인 제1도크(dock)는 미군이 전용으로 사용" 하고 있었기 때문이었다(배석만, 앞의 논문, 274쪽).

64) 「仁川港에 密輸監視」, 『東光新聞』, 1946.7.11.

65) 실제로 중국과 일본과의 밀무역항으로서 기능하는 인천항과 그 근해의 모습은, 예컨대, 「겨레를 좀먹는자 누구냐: 仁川海上서 "쌀"密輸船拿捕」, 『東亞日報』, 1946.10.19; 「密貿易하는仁川港: 埠頭에는中國物品이山積」, 『東亞日報』, 1946.10.26 참고.

千金)을 손에 쥐"었다.[66]

그의 "한탕 대련행[(大連行)]장사로 일확천금(一攫千金)을 획득"하는 이야기는 지금 우리의 논의에 시사적인 정보를 제공한다. 먼저, 그의 회고록은 그가 다롄으로 출발했던 1946년 5월 무렵에는 "아직까지는 한국에서 대련내왕 장사가 활발하게 이루어지고 있"어 "건해삼(乾海蔘)과 같은 한국 물건]을 가지고 대련으로 가는게 어려운 일은 아니었"음을 전한다. 또한 그의 배가 다롄항으로 항해 중 "[황해도 옹진군 백령도 앞] 대청도에 이르러 날씨 때문에 2박"하였는데, 그때 섬에는 "중국 산동성(山東省) 청도(靑島)에서 인천으로 오는 무역선인듯"한 "중국 장크선 몇척이 우리와 같이 높은 파도를 피해와" 있었다고 하여 앞에서 본 「孤島서物物交換: 痛嘆할密貿易內幕」의 내용을 '실증'한다. 또한, 당시 다롄에는 "한국에서 많은 장사꾼들이 드나들었"다고 증언한다. 현재 논의에서 주목되는 것은 그가 인천항에 도착했을 때 그와 그의 일행들이 그 어떤 입국 심사나, 세관 검사, 또 방역 검사도 받지 않았다는 점이다.[67] 이것은 중국발 콜레라가 남한에서 확산되는 시기에도 아무런 방역 조치 없이 진행되는 '밀무역'이 인천과 그 인근 도서를 중심으로 성행하고 있음을 보여준다.

승왈범의 '일확천금' 이야기는 종전/해방 직후 동아시아의 풍경과 함께 인천 지역, 나아가 인천 연근해 도서 지역의 콜레라 발병의 당대적 맥락을 보여주는 것이다. 승왈범의 회고가 보여주듯이, 당시 남한과 중국 간(間)에는 '국경 경비대에 의해 경계 되며, 또 방역 관리에 의해 검역 조치가 이루어지는 근대 국경선'이 작동하고 있지 않아, 최남선의 표현을 빌리면, "海上에잇서서는 國境이 明白하지아니"하였던 상황이었다.[68]

---

66) 승왈범, 앞의 책, 326~333쪽.
67) 위의 책, 327 · 328 · 330~331쪽.

대신, 당시 서해상에는, 심심치 않게 해적이 출몰하고 있었다.[69] 이것은 '국경선에 의해 구획된 공간에 대해 배타적·절대적 주권을 행사하는 영토 국가'의 성격을 가진 근대 국가들의 국제적 체제가 일본 제국 해체 이후 동아시아 권역에서 '아직' 가동되지 않고 있음을 보여준다.[70]

근대 국가 체제, 보다 직접적으로는 '국경선'의 미(未)가동은 밀무역 번성과 콜레라 발병의 맥락이었다.[71] 종전 직후 국가 주권이 전일적으로 행사되지 않던 종전/해방 직후 국제·일국 정치의 상황에서 인천 등 남한 서해 연안 지역과 산둥(山東) 등 중국 화북, 동북 지역 간(間)의 해상 교통과 무역이 활발히 이루어지고 있었다.[72] 이는 '황해 연안의 지역 네트워크'가 일본 제국 해체 이후 활발하게 작동하고 있었음을 보여주는 것이다. 이를 배경으로 하여, '국가의 법적 절차 내지는 수속 바깥에서 이루어지는 다국적인(multi-ethnic) 상거래'-이러한 의미에서의 '밀무역'-가 "활발"하였음을 보여준다. 당시 동아시아 콜레라 병원지였던 중국과 '합법적·불법적' 인적·물적 교류의 활성화는 인천 지역과 그 인근 도서 지역에서 콜레라 발병 가능성을 높이는 것이었다. 바로 이것이 서해 연안과 도서 지역에서 발병한 콜레라의 맥락이었다.

---

68) 최남선, 『朝鮮의山水』, 동명사, 1947, 92쪽. 근대 국경선의 모습은 Mitchell, Timothy, "Economy, and the State Effect," George Steinmetz ed., *State/Culture: State-formation after the Cultural Turn*, Ithaca: Cornell University Press, 1996, p.90 참고.

69) 예컨대, 「巡威島[황해도 옹진]近海에海賊: 商船襲擊掠奪; 靑年一名까지拉致」, 『大東新聞』, 1946.8.22;「漢江岸海賊團一網打盡」, 『自由新聞』, 1946.9.2.;「江岸海賊團續々[*續綻露被害甚大」, 『自由新聞』, 1946.9.5 참고.

70) 근대 국가의 영토국가성은 임종명, 「脫식민지 시기(1945~1950년) 남한의 국토민족주의와 그 내재적 모순」, 『역사학보』 193, 2006, 77·88~89쪽; 임종명, 「여순사건의 재현과 공간(空間)」, 『한국사학보』 19, 2006, 153~154쪽 참고.

71) 국경선, 당시에는 38선이 가진 방역 상 효과는 좌승범, 앞의 논문, 220쪽 참고.

72) 황해 연안의 지역 네트워크 가동 사례는 예컨대, 「木浦海岸警備隊에서 쌀密輸船逮捕: 白米三千俵실은海賊船 統營에서滿洲로密航中; 쌀의行方」, 『東光新聞』, 1947.3.21;「黃海에海賊船: 九死一生의中國商人談」, 『釜山日報』, 1947.10.28 참고.

더군다나 연안의 항구 도시인 인천 지역에서의 수인성(水因性) 전염병인 콜레라 발병은 그것의 전국적 확산 초기부터 우려되고 있었던 것이었다. 그 우려는 인천시 위생과의 6월 7일 포고문에서 확인된다. 그 포고문은 '콜레라 환자가 발생해 격리된 상하이발 귀환선의 선객(船客)들이 배설한 대·소변이 인천 전(全)해면을 오염시키고, 다시 조수(潮水)와 어패류를 매개로 그곳 주민들을 감염시킬 것'이라고 예상하였다.[73] 이와 같은 당대 역학(疫學, epidemiology)의 우려는 "[격리된 상하이발 귀환선] 선객들의 대소변배설로인천연안의조수(潮水)에 호열자균이 발견되었"다는 보도에 의해 공명(共鳴)되었다.[74] 이처럼, 연안의 인천 지역민들이 조수나 해산물, 아니 그 어떤 계기에 의해서든 수인성 콜레라에 전염될 것이 일찍부터 우려되고 있었다.

그러한 우려가 7월 들어 현실화되면서, 송환민 등 외래(外來) 발병자가 아닌 인천 지역 주민 중 감염자가 나타나기 시작했다. 즉 "인천에도 드디어 호역이 침입"하여, 7월 7일 "시민자체내에서는 환자가발생"해 "진성으로판명"되는 일이 나타났다.[75] 지역 내 환자 발생의 원인과 관련된 역학적 조사 결과는 현재 확인되고 있지 않다. 그렇지만 지역 내 발

---

73) 「仁川海水에虎疫菌: 生鮮販賣等嚴禁을布告」, 『서울신문』, 1946.6.7.
74) 「仁川海水에 虎疫菌發見」, 『大東新聞』, 1946.6.7; 「仁川海水에虎疫菌: 生鮮販賣等嚴禁을布告」, 『서울신문』, 1946.6.7; 「仁川海水에서汚染菌發見: 生鮮賣買禁止緊急押收」, 『朝鮮日報』, 1946.6.7; 「仁川海水에 虎疫菌發見, 生魚販賣等嚴禁을 布告」, 『獨立新報』, 1956.6.7; 「海水에虎疫菌: 生鮮販賣等嚴禁을布告; 仁川」, 『工業新聞』, 1946.6.8. 선상 격리된 환자의 배설물과 토사물의 해상 처리는 콜레라 전염과 관련해서 계속해서 문제화된다. 예컨대, 「黃海에虎疫菌侵入으로 仁川, 木浦地區出漁禁止; 조기, 고등어잡이도一時中斷」, 『獨立新報』, 1946.6.8 참고. 심지어 '환자 의복 빨래 중에 씻겨진 토사물과 대변 중(中)의 콜레라균이 길에 다니는 자동차와 기차에 묻어 각지로 퍼진다'는 인천 지역 이야기까지 '버젓하게' 신문에 기사화될 정도로 콜레라 환자의 배설물과 토사물은 계속 문제화되고 있었다(「虎疫去益猖獗: 仁川京城에또 發生」, 『中央新聞』, 1946.7.13).
75) 「仁川에도虎疫侵入」, 『水産經濟新聞』, 1946.7.11.

병이 앞에서 이야기했던 송환민이나, '밀수업자', '밀항자' 중에서 "각처에 잇슬 것"이지만 "아즉 발견되지안흔환자"의 전염에 의한 것일 수도 있고, 아니면 '오염된 담수이나 해수, 또는 오물'에 의한 것일 수도 있다.[76] 이와 함께, 인천 지역 내 발병자가 철도 수인선(水仁線)으로 연결된 수원 등지와의 관계, 내지는 그 지역 발병자로부터 감염된 것일 수 있다. 당시 수원 등지는, 아래에서 보듯이, 경기도 지역에서 제일의 강수량으로 홍수 피해가 심각했을 뿐만 아니라, 서해에 접한 수인선 지역들 역시 홍수 이후 7월 중순 전후로, 이전과는 달리, 콜레라가 빈발하였다. 이에 유념할 때, 우리는 인천 지역 내 발병 사례가 수인선으로 연결된 지역들로부터 철도나 해수 등에 의해 감염된 결과라고 이해할 수도 있다.

어쨌거나 지역 내 1번 환자의 발생 이후 인천 지역에서는 콜레라 발병이 계속해서 이어졌다. 1번 환자가 발생하고 나서 일주일 후인 7월 14일 현재 인천 지역에서는 누계 환자 21명에 사망 12명이 기록되었다. 그러한 발병세는, 22명의 환자와 16명의 사망자가 나온 평택 지역의 발병세과 함께, 서해 연안·도서 지역인 연백과 옹진 지역을 제외(除外)한 경기 지역에서 으뜸가는 발병세였다.[77] 이러한 상황에서, 15일과 16일, 하루 걸러 18일과 19일 콜레라 환자가 "연일 발생"하면서, 콜레라는 "漸次都心地帶", 예컨대 내동(內洞)이나 신포동(新浦洞), 금곡동(金谷洞) 등지에서 발병하면서 "仁川市內에虎疫이延蔓"하였다. 이로써 중부 지역의 항구 도시인 인천에도 7월 중순에는 호열자가 만연하게 되었다.

그리고 7월 하순에는 그 전염 속도가 빨라져 콜레라는 인천에 일층 만연하였다. 그달 하순에 "시내각처에서환자十명이발생하여 그중五명은 사망"하고, 또 숭의동과 같은 시내 외곽이나 도화동(道禾洞)과 같은 시

---

76) 「歸還同胞船에虎疫侵入」, 『自由新聞』, 1946.5.23.
77) 「死者만二百六十六名: 창궐하는경[*京畿道호역患[者數」, 『水産經濟新聞』, 1946.7.19.

외곽으로 확산되면서 "一반시민에게충격"을 주었다.[78] 이러한 속에서, "虎列刺가더욱창궐蔓延"한 "炎暑期"인 7월 한 달 동안 인천 지역에서는 40명의 환자가 발생해 "漸々[*漸憂려[*慮]할狀態에드러"갔다.[79] 이와 같은 발병 상황을 거치면서, '1번 환자'가 발생했던 5월 19일 이래 인천 지역에서는 205명의 누적 환자와 총 144명의 사망자가 발생하였다.[80] 하지만 가을 들어 인천 지역의 콜레라 발병세도 약화하여, 10월 15일에는 콜레라가 "종식"되었다고 인천 지역 신문에 의해 선언되었다.[81]

III. 연안·도서 지역의 콜레라 만연과 일국·지역 정치

인천 지역에서의 발병 상황을 염두에 두면서, 지금부터는 경기도 내 인천 인접 지역의 콜레라 발병 상황을 검토하도록 하자. 먼저 인천과 연접한, 서해 연안의 시흥 지역에서는 6월 초순 콜레라 환자 1명 발생 사례

---

78) 「仁川에虎역[*疫]患者」, 『水産經濟新聞』, 1946.7.16; 「市內에虎疫患者: 昌樂洞에서發生卽死」, 『大衆日報』, 1946.7.17; 「仁川市內에虎疫延蔓!: 金谷洞에서도一名發生未久死亡」, 『大衆日報』, 1946.7.19; 「虎疫은漸次都心地帶로: 昨日內洞서眞性患者二名新發生」, 『大衆日報』, 1946.7.20; 「仁川에 虎疫蔓延: 四日間에十名이나發生」, 『大衆日報』, 1946.7.24; 「蔓延하는仁川의虎疫: 新浦洞에又一名; 累計卄二名中十五名이死亡中」, 『大衆日報』, 1946.7.26; 「市內道禾洞에虎疫창궐: 全部落에感染形勢濃厚; 五戶에서벌서四名死亡」, 『大衆日報』, 1946.7.28; 「회*虎疫患者도[*逃走: 德生院에受容中이던患者」, 『大衆日報』, 1946.7.28.

79) 「甕津延白이尤甚」, 『水産經濟新聞』, 1946.8.2.

80) 「仁川虎疫被害: 總患者數는二百五名; 死亡者一百四十四名」, 『大衆日報』, 1946.10.17.

81) 「仁川虎疫被害」, 『大衆日報』, 1946.10.17. 인천 지역에서의 콜레라 종식은 10월 10일에 인천 방역대가 "解散"되는 것에서도 확인된다(「虎疫과敢鬪六萬名檢疫: 큰成果엇고仁川疫防隊解散」, 『自由新聞』, 1946.10.11).

가 보고되었다.[82] 그런데, 다수의 콜레라 환자가 발생한 곳은 철도 수인선(水仁鮮)을 통해 인천과 연결된 수원이었다. 이와 관련해서 유의해야 할 것은 6월 하순의 경기 지역 홍수이다. "[6월] 20일부터 내리기 시작"한 "폭우"로 인해 26일 현재 경기 지역에서는 "침수가옥이 약二천一백七십一호", "인명사망이七十五명"에 달하였다.[83] 이때 서울과 인천의 강우량이 각각 174, 282 밀리미터(mm)였던 반면에 강우량이 426 밀리미터였던 수원과 그곳과 인접한 안성, 평택은 전국적으로 당시 "가장 우량이 만"은 지역이었다.[84] 이러한 홍수 상황을 배경으로 하여, 7월 7일 현재 보고에 따르면, "수원(水原)의호역환자는 十五명이든바 그중九명이죽고남어지 六명도 생명이위독"한 상태에 있었다.[85] 뿐만 아니라, 7월 중순 무렵, "수인선(水仁線) 오목(梧木) 야목(野牧) 군자(君子) 소래(蘇來) 등 각역 부근에 호렬자가 발생"하였다.[86] 또 7월 18일에는 수원군 마도면(麻道面)에서 콜레라 발병으로 "두명이사망"하였다.[87] 이들 발병 사례들에서 유의할 것은 콜레라가 발병한 소래역과 군자역이 경기만의 소금밭이 있는 연안 지역인 소래와 군자였고, 또 마도면 역시 해안 지역이라는 점이다. 이처럼 홍수가 있었던 6월 하순 이후 수인선 연선 지역 중 바다에 근접한 연안 지역에서 콜레라 발병세는 악화되었다.

서해 연안 지역에서의 콜레라 발병세 강화라는 특징은 '43년래(年來)

---

82) 「虎列刺猖獗」, 『朝鮮日報』, 1946.6.7; 「各地에死亡者續出」, 『東亞日報』, 1946.6.11.
83) 「各地方雨量」, 『서울신문』, 1946.6.27; 「南朝鮮一帶‧豪雨로水害甚大: 浸水家屋三千戸; 人命被害는七十五名; 廿六日正午; 京畿의水害」, 『서울신문』, 1946.6.27.
84) 「各地方雨量」, 『서울신문』, 1946.6.27; 「南朝鮮一帶‧豪雨로水害甚大」, 『서울신문』, 1946.6.27.
85) 「水原虎疫 去益猖獗」, 『獨立新報』, 1946.7.8.
86) 「水仁線에도虎疫: 四個驛旅客貨物取扱中止」, 『大東新聞』, 1946.7.20; 「水仁線에도虎疫: 四個驛取扱中止」, 『自由新聞』, 1946.7.20; 「水仁線에도虎疫」, 『水産經濟新聞』, 1946.7.20.
87) 「水原에도虎疫發生: 二名死亡‧當局防疫에全力」, 『獨立新報』, 1946.7.21.

의 호우(豪雨)로 말미암은 수마(水魔)가 엄습'했던 6월 중·하순 이후 평택 지역의 경우도 마찬가지였다.[88] 당시 평택 지역은 '경기 지역 일대에서 가장 큰 홍수 피해'를 입어 "전읍이 물바다속에 잠기"는 등의 "수해를 격근뒤" "호역만연이 극히염려되고있든" 상황이었다. 당시 '염려'를 실제화하려는 듯이, 7월 5일 평택 지역에서는 콜레라 발병 환자 14명에 사망 4명, 그리고 다음날인 6일 "九명의사망과 六명의위독재(危篤者)", 그리고 다시 일주일여(餘) 지난 14일에는 환자 총 22명에 사망 16명이라는, 급속히 악화하는 발병세가 나타났다. 14일의 평택 지역 발병세는 환자 21명에 사망 12명이 나온 인천 지역의 그것을 근소하게 앞서면서 서해 연안·도서 지역인 연백과 옹진을 제외하고 경기 지역에서 으뜸가는 발병세가 되었다.[89] 이러한 발병세는 7월 23일 현재 "진성환자 十一명 보균자(保菌者)二十一명으로 합계三十二명의환자발생중 사망자가十八명"이라는 통계에서 보이듯 7월 내내 지속되는 것이었다.[90]

평택의 발병 상황은, 물론, 기본적으로 홍수가 악화시킨 것이라 할 수 있다. 즉 홍수로 가옥이 침수되고 "문허진" 상황에서 평택 주민들은 병원 또한 침수되고 무너져 "소독약이한방울도업"이 비위생적인 수용소에서 대규모로 집단생활을 해야 했는데, 이것이 평택 지역 발병세를 악화시켰다.[91] 동시에 서해 바다도 접하여 있는 평택 지역의 콜레라 발병은 "바닷물에호역균이만이퍼저" "해안지대와 도서(島嶼)를 중심으로 새로

88) 「四十三年來豪雨: 水魔 全國을掩襲」, 『서울신문』, 1946.6.28; 「平澤에도病魔襲來」, 『現代日報』, 1946.7.6.
89) 「死者만二百六十六名」, 『水産經濟新聞』, 1946.7.19.
90) 「平澤에도病魔襲來」, 『現代日報』, 1946.7.6; 「虎疫과싸우는平澤水災民: 醫療應援隊를 보내자; 六日에는九名死亡 危篤六名」, 『中外新報』, 1946.7.8; 「平澤만도 三十一名」, 『漢城日報』, 1946.7.25; 「平澤에虎疫十名」, 『水産經濟新聞』, 1946.7.25.
91) 「水災地平澤을차저서: 가장急한食糧問題; 醫療施行도危急, 復舊作業은活潑」, 『서울신문』, 1946.7.4.

운환자가 계속발생되고있"던 당시 콜레라 발병 상황을 표현하는 것이기도 했다.[92]

다음으로 인천 이북의 경기 지역을 살펴보자. 먼저 한강 수계(水系) 지역 지역의 하나인 양주 지역에서는 5월 24일 현재 콜레라 환자와 사망자 각 1명이 보고되었다.[93] 이는 양주 지역이 인천과 강화와 함께 경기 지역 발병 초기 발병 지역 중 하나였음을 보여준다. 그와 같은 특성을 가진 양주 지역에서 5월 말에 환자 1명이라는 기록이 유지되었지만, 6월 중·하순 홍수 이후 콜레라가 "나날이만연"하고 있었던 6월 27일 현재 그 지역에서는 발병자 2명, 다시 7월 17일 현재 환자 4명이라는 발병 규모 확대가 있었다.[94] 그렇지만 그 규모의 확대가 미소(微小)한 것이라는 점에서 양주 지역의 콜레라 발병세는 비교적 '안정적'이었다고 할 수 있다. 이를 전제로 현재 논의에서 유의하여야 할 것은, 예컨대, 6월 27일 양주 지역 발병지가 한강 유역이라 할 수 있는 진접면 금곡리(金谷里)였다는 점이다.[95] 이것은 한강변 경기 지역에서 콜레라가 지속적으로 발병하고 있음을 보여주는 것이라 할 수 있다.

한강변 지역에서의 콜레라 발병 현상은 여타의 발병 사례에서도 확인된다. 양주에 이어서 김포(金浦)에서는 "[6월]四일하로[*하루]"에 환자 3명이 발생하는 등 그달 초순에 6명의 환자가 발생해 1명이 사망하였다.[96] 김포는 한편으로는 인천과는 바닷길을 따라 선박으로 왕래하였고, 다른 한편

---

92) 「伏中에虎烈[*列刺는蠢動: 벌서死亡四千六百餘」, 『漢城日報』, 1946.7.25.

93) 「各地로蔓延하는『虎列刺』!: 現在卄名死亡, 48名이發生」, 『東亞日報』, 1946.5.25.

94) 「各地에死亡者續出」, 『東亞日報』, 1946.6.11; 「虎列刺猛威또兩地侵入: 木浦와淸道에 도患者發生騷動」, 『自由新聞』, 1946.5.30; 「京畿道內虎疫患者發生地名」, 『서울신문』, 1946.6.27; 「死者만二百六十六名」, 『水産經濟新聞』, 1946.7.19.

95) 「京畿道內虎疫患者發生地名」, 『서울신문』, 1946.6.27.

96) 「四日새患者24名: 各地의死亡者는九名」, 『서울신문』, 1946.6.5; 「虎列刺猖獗」, 『朝鮮日報』, 1946.6.7; 「各地에死亡者續出」, 『東亞日報』, 1946.6.11.

으로는 서울 마포 등지와는 한강 뱃길을 통해 연결되어 그곳과 교통·왕래가 빈번하였다.[97] 그렇다고 한다면, 김포 역시 내륙 방향으로는 한강과 연결된 강변 지역이라 할 수 있다. 뿐만 아니라 6월 하순에는 고양에 속한, 또 "서울에서 유명한『웅어』의생산지"인 행주내리(幸州內里)에서 콜레라가 "만연"하였다.[98] 그리고 7월 하순 고양에서는 행주리에서뿐만 아니라, 행주외리(外里), 덕양리(德陽里)에서도, 또 독도(纛島, 뚝섬) 광장리(廣壯里)에서도 콜레라가 발병하였다.[99] 이것이 한강변의 고양 지역 발병 사례라 한다면, 또 다른 한강변 지역인 가평 지역에서도 발병 사례, 즉 7월 5일에 콜레라 환자가 발생해서 다음 날 사망하는 사례가 보고되었다.[100] 이들 지역 모두가 한강에 접한 지역이라면, 인천 이북의 경기 지역에서 콜레라 주요 발병 지역은 한강변 지역이었다고 할 수 있다.

이와 함께 임진강 수계 지역에서도 콜레라가 발병하였다. 즉, 고양과 접하고 있으면서 한편으로는 한강에 접하고 다른 한편에서는 임진강이 흘러 임진강 수계 지역이라고도 할 수 있는 파주 지역에서도 7월 14일 현재 1명의 콜레라 환자 발생이 보도되고 있다.[101] 이들 가평과 파주 지역에서는 이후에도, 작은 규모이긴 하지만, 계속해서 발병자가 발생해, 예컨대 7월 17일 현재 각각 환자 1명에 사망 1명, 그리고 환자 1명이라는 '경미한' 발병세를 기록하였다.[102] 그렇다 하더라도, 그 지역들의 발병 사례는, 김포나 고양 지역의 그것들과 함께, 인천 이북의 경기 지역에서

---

97) 6월 하순 콜레라 전염 방지를 위해 강화도와 인천 간 교통이 차단될 정도로 두 지역은 상호 긴밀히 연결된 지역이었다. 「仁川·江華·金浦間交通遮斷: 豫防注射證所持者는通行」, 『朝鮮日報』, 1946.6.24.

98) 「漢江下流도交通을遮斷」, 『東亞日報』, 1946.6.25.

99) 「京畿道內虎疫患者發生地名」, 『서울신문』, 1946.6.27.

100) 「加平에 虎疫」, 『家政新聞』, 1946.7.16; 「加平에虎疫: 防疫에大活動; 一般*般의주의(注意)요망」, 『大東新聞』, 1946.7.17.

101) 「死者만二百六十六名」, 『水産經濟新聞』, 1946.7.19.

102) 「死者만二百六十六名」, 『水産經濟新聞』, 1946.7.19.

주요 발병지가 한강에 연한 지역이었음을 보여주는 것이라 할 수 있다. 그렇다 하더라도, 그들 지역의 발병 규모가 경기 서해 연안 지역의 그것과는 비교될 수는 없었다.

　서해 연안 지역의 발병과 관련해 살펴볼 것은 식민지 시기 황해도에 속해 있었던 연백(延白) 지역의 발병 사례다. 먼저 6월 하순 초 연백의 연안(延安) 온천에서 콜레라가 발병하여 23명의 환자 중에서 8명이 사망하는 일이 발생하였다.[103] 이런 상황에서 장마를 겪고 난 7월 초 "延白군[*郡]일대에서호열자가창궐하여 한꺼번에 7월 2일 현재 百명의 환자를 내" "其中七十名死亡이라는 驚異的 數字를 보"였다.[104] 이때 연백 지역 중심이자 그 지역의 '발병 중심지'였던 연안읍(延安邑)에서의 콜레라 발병은 7월 2일 현재 146명의 환자가 발생해 그중 110명이 사망하여 "七十%"라는 "高率의死亡率"을 기록하였다.[105] 이러한 상황에서 2주도 못되어 7월 14일 현재 '누계 환자 321명에 총 200명 사망자 발생'이라는 기록을 통해 연백 지역의 발병 및 사망 규모가 7월 전반기에 급팽창했음을 보여주었다.[106] 연백 지역에서의 급팽창 기세는 당시 미군정 당국의 방역 노력을 무색하게 할 정도였다. 즉, 방역 당국이 7월 초 예성강을 '방역 저지선'으로 하여 "악역[(惡疫)]호열자"의 동진(東進)을 저지하고자 했지만, 7월 24일 개성시에서 1명의 "신환자가 판명"되면서 그 노력은 무위

） 「延安溫泉에 虎疫」, 『大東新聞』, 1946.6.24.

104） 「恐怖의延白郡: 虎疫患者百名發生?」, 『自由新聞』, 1946.7.3; 「延白虎疫蔓延: 現患者 一八0」, 『水産經濟新聞』, 1946.7.2. 7월 2일 현재 환자의 규모와 관련해서 『自由新聞』 1946년 7월 3일자는 그것이 164명이라고 보도한 반면에 같은 신문 5일자 기사에서는 그것이 124명이라고 보도한다(「危險하다! 江물과生鮮!: 龍煤,延坪兩島의慘狀; 虎列剌로全住民거의罹病, 七十餘名死亡」, 『自由新聞』, 1946.7.5). 이러한 사정으로 본문에서 최소치로 '100명'을 인용하였다.

105） 「鐵桶같은防疫도無効: 延白地方死者百數十名; 蔓延되는虎역[*疫]患」, 『水産經濟新聞』, 1946.7.4; 「延安에도虎疫」, 『大邱時報』, 1946.7.5.

106） 「死者만二百六十六名」, 『水産經濟新聞』, 1946.7.19.

로 돌아가고 말았다.[107] 이처럼, 연백군, 그중 연안읍 지역에서 대홍수 이후 콜레라가 만연하면서, 연백 지역은 경기 지역에서 가장 심각한 발병세를 보여주어 당시 "우려되고잇는곳"이 되었다.[108]

그런데 연백 발병세와 관련해서 유의해야 할 것은 지역 군정 당국의 방역 능력이다. 원래 "延白郡" 지역은, 강화도 등과 함께, 경기도 후생부가 "호열자만연을 방지하기위하야" 7월 6일에 발표한 교통 차단 조치의 주요 대상 지역이었다.[109] 그렇지만, 아래에서 확인하게 될 강화도 지역이나 "江華島와 金浦郡사이의해[*海]峽"에서의 경우와는 달리, 6월 6일 조치의 표적이었던 연백이나 "京畿道관활"의 "西海岸에있는諸島"에 대한 방역 조치는, 이들 지역의 '악질적인 발병세가 증명'하듯이, 그리 성공적이지 않았다. 다시 말해서 앞의 교통 차단 조치에서 '연백군과 강화도, 그리고 강화도와 김포군 사이의 해협, 또 경기도 관할의 서해안 제도(諸島)'가 군정 방역 당국에서 동일한 범주로 의식되어 교통 차단이라는 동일한 방역 조치가 실행되었음에도 불구하고, 연백군과 연백·옹진 지역 도서들에 대한 조치는 강화도와 김포군 및 그 주변 지역에 대한 것과 비교할 때 성공적이지 못했다.

성공적이지 못한 것의 단적인 사례는 앞의 '방역 저지선 돌파' 건이다. 경기도 경찰부 보안과장 윤명운에 따르면, 7월 초 "延安邑以西"의 연백군 지역에서 다수 환자·사망자 발생에 따라 "同邑[연안읍]을中心으로

---

107) 「虎疫蔓延으로 延白에 交通遮斷」, 『中央新聞』, 1946.7.5; 「虎列刺死亡率高調: 서울 市內新患者二名發生卽日死亡; 힘쓰자!防疫은우리의힘」, 『漢城日報』, 1946.7.26.

108) 「全北地方의虎疫患者: 豫防으로減少되는中」, 『自由新聞』, 1946.7.9. 덧붙이면, 연백 지역에서의 콜레라 발병 중심지와 관련해서, 앞의 『自由新聞』 5일자 기사는 연백 지역 "환자 대부분"이 연백 지역 용매도 "주민"이라고 보도한다(「危險하다! 江물과生鮮!」, 『自由新聞』, 1946.7.5). 하지만 관련 기사들의 맥락에 유의하여 본문에서처럼 '연백 지역의 콜레라 발병 중심지가 연안'이라는 정보가 인용된다.

109) 「延白江華等地 交通遮斷을斷行」, 『中外日報』, 1946.7.8; 「江華一帶交通遮斷」, 『漢城日報』, 1946.7.8; 「虎疫地域에 交通을遮斷」, 『東亞日報』, 1946.7.7.

徹底한交通遮斷을實施"하고, 또 "開城駐屯軍政官命令으로 許可없이禮成江以西를旅行하지못하게"하는 등 "어떠한犧牲을 무릅쓰고라도 禮成江沿邊에서 막을計劃을하고待機中"이었음에도 불구하고 7월 말 "鐵桶같은防疫도無効"가 되고 개성에서도 환자가 발생하는 등 연백 지역에서는 "惡質的虎疫"이 만연하였다.[110) 연백 지역의 발병세는 바로 임진강 대안 (對岸)의 강화나 파주의 '미약한' 발병세와는 대조적인 것이었다. 이것은 당시 경기도 후생부와 경찰부, 확대해서 미군정 당국의 방역 능력이 지역적으로 상이하게 발휘되고 있음을 보여주는 단적인 사례라 할 수 있다. 그렇다 한다면, 지역적인 발병세 차이는 군정 당국의 차별적인 방역 자원 동원과도 기인하는 것이라 할 수 있다.

지역적 발병세 차이와 관련해서, 끝으로, 도서 지역의 발병세를 살펴보도록 하자. 먼저 살펴볼 곳은 '해마다 콜레라가 발생했던 상하이와 홍콩(香港)과 황해(黃海)를 사이에 두고' 있을 뿐 아니라 "인천시와일대위수(一帶위[(衛)]水)를격[(隔)]"해 있는 강화도이다. 그곳에서는 5월 19일 1명의 콜레라 환자가 발생하고 다음 날 사망하는 사례가 보고되었다.[111) 다시 한 달 후인 6월 하순 19일과 20일 그 섬에서는 일가족 감염으로 "3명이 진성[(眞性)]호역으로 사망"하고 '나머지 가족 역시 감염'되어 "명재경각(命在頃刻)]의위경[(危境)]"의 중태였다. 이에 따라, 인천시 위생과에서 "강화·인천 사이와 인천·김포 사이는 각각 교통을 차단"하였다.[112) 이어서 인천 앞 바다 섬으로 강화도에 인접한 영종도에서도 6월

110) 「虎疫蔓延으로 延白에交通遮斷」, 『中央新聞』, 1946.7.5; 「鐵桶같은防疫도無効」, 『水産經濟新聞』, 1946.7.4.
111) 「江華에도發生: 道에서調査團急派」, 『自由新聞』, 1946.5.23; 「江華에虎疫再發」, 『大衆日報』, 1946.6.22; 「江華行船路를遮斷」, 『漢城日報』, 1946.5.24; 「江華虎疫은眞性」, 『大衆日報』, 1946.6.25; 「各地로蔓延하는『虎列刺』!」, 『東亞日報』, 1946.5.25; 「十七名은絶命: 虎列刺各地서더蔓延」, 『自由新聞』, 1946.5.25.
112) 「江華에虎疫再發」, 『大衆日報』, 1946.6.22; 「仁川과江華, 金浦間 "호열자"로交通을

27일 "아이들이해안에서주서온"저린죠긔[*조기]"(塩石魚)로 반찬을만드러 난우어먹"고 다음 날 콜레라가 발병해 반나절 만에 사망하는 사례가 보고되었다.[113] 이처럼 인천에 근접한 도서인 강화도와 영종도에서도 콜레라가 발병하였다.

하지만 보다 심각한 콜레라 발병은 "黃海의 고기잡이중심지"인 연백군의 용매도(龍煤島)와 옹진군의 연평도(延坪島)에서 보고되었다.[114] 먼저, 용매도에서는 6월 11일과 15일에 발병한 콜레라는 23, 4일에 "수十명"에게 발병하였고, 다시 콜레라 발병 사태는 "장마를타서" 2개 부락을 "모다 휩쓰러남여노소 할것업시 백三명의 환자를내고 그중 六十명의 사망자를내는 참변을 이르"컸다.[115] 이어서 연평도에서는 "六月二十六日 仁川으로부터온 사람들" 중에 있던 "환자"가 있었는데, 이웃한 사람들이 "환자와가치한군 대[*한군데]우물을 사용"하면서 "삽시간"에 지역을 전염시켜 7월 1일 현재 "모다 고기잡이생활을하는어부의가족"이었던 "환자四〇명가운데十六명이죽"고, 다시 7월 5일 신문 지상에서 " 三十三명사망이란 비극을 비저"내었다.[116]

이들 도서 지역의 사례는 여러 측면에서 시사적이다. 먼저, 평택 지역에서와 마찬가지로 용매도 지역에서도 콜레라가 빚어낸 "참변"이 '장마'

遮斷」,『東亞日報』, 1946.6.24;「江下流도交通을遮斷」,『東亞日報』, 1946.6.25. 7월 초에도 강화도는 교통통제 대상 지역으로 지정되는데, 이에 대해서는 「江華一帶交通遮斷」,『漢城日報』, 1946.7.8;「虎疫地域에 交通을遮斷」,『東亞日報』, 1946.7.7 참고.

113) 「仁川永宗島에虎疫」,『自由新聞』, 1946.7.2;「仁川永宗島에도 호역發生」,『水産經濟新聞』, 1946.7.2;「病源은塩石魚: 永宗島虎疫群報倒着」,『大衆日報』, 1946.7.2;「仁川永宗島에 虎疫發生」,『大韓獨立新聞』, 1946.7.3.

114) 「危險하다! 江물과生鮮!」,『自由新聞』, 1946.7.5.

115) 「危險하다! 江물과生鮮!」,『自由新聞』, 1946.7.5.

116) 「延坪島에도虎役[*疫]: 原因은우물冷水」,『水産經濟新聞』, 1946.7.6;「危險하다! 江물과生鮮!」,『自由新聞』, 1946.7.5.

와 연결되어 있다는 점이다. 여인석이 지적하듯이, 당시 홍수와 수해는 '식수원을 오염시켜 콜레라 창궐의 조건을 조성'하였는데, 특히 "당시에는 식수원으로 대부분 우물이 사용되었는데 홍수로 인해 많은 우물이 오염되어 피해가 컸"다.[117] 이에 유의할 때, 용매도 지역의 '참변' 사례는 상수도 시설이 빈약한 도서 지역을 덮친 홍수의 재앙적 효과를 시사한다. 그리고 "仁川으로부터온 사람"으로부터 시작된 연평도의 '비극'은 인천 지역이 그 인근 도서 지역의 병원지였음을 보여주는 사례라 할 수 있다. 또한, 그 섬의 '비극'은 기본적으로 "위생시설이불충분"하고 상수도 시설이 갖추어지지 않은 지역에서 "환자"와 같이 공동 우물을 사용하는, 더군다나, 홍수 직후 감염되어 있을 수도 있는 우물을 공동 사용하는 정도의 "위생관념"의 재앙적 효과를 실사(實射)하는 것이라 할 수 있다.[118]

6월에 이어 7월에도 계속해서, 연백과 옹진 지역에서는 콜레라가 발병하면서 만연하였다. 즉, 7월 6일자 신문 기사에 따르면, "호열자발생수는 一六四명이고 그중 사망자가 一一〇" 그리고, 그달 19일 현재 연백 지역에 환자 321명에 사망자 200명, 그리고 옹진 지역에 36명의 환자에 사망자 16명, 그리고 다시 4일 후인 23일에는 연백 지역에 환자 430명에 사망자 282명, 그리고 옹진 지역에 환자 134명에 환자 51명이 누계되어 나흘 만에 각각 연백 지역에 109명의 환자와 82명의 사망자, 그리고 옹진 지역에 환자 98명과 사망자 35명이 증가하는 "놀라운수준"의 발병세 악화를 보여주었다.[119] 이러한 속에서 7월 한 달 동안 연백 지역에서는

---

117) 여인석, 앞의 논문, 13쪽.
118) 「延坪島에도虎역」, 『水産經濟新聞』, 1946.7.6. 덧붙이면, 앞의 기사가 '비극'의 원인으로 '불충분한 위생 시설'과 함께 도서 주민의 '위생관념'을 제시하면서 '구문'(構文) 상 후자의 문제성을 강조하고 있는데, 이는 계몽주의의 관점에서 '비극'을 '관념'의 문제로 관념화하면서 도서 지역민을 '문제적 존재'로 재현·표상하는 것이다.
119) 「延白, 甕津에도 虎列剌가猖獗」, 『서울신문』, 1946.7.6; 「死者만二百六十六名」, 『水産經濟新聞』, 1946.7.19; 「甕津延白에虎列剌」, 『漢城日報』, 1946.7.26.

347명과 옹진 지역에서는 194명의 환자가 발생해 그달 경기 지역 발생 총수인 680명의 각각 약 51%와 28%, 합계 79%라는 절대적인 부분을 점하였다.[120] 이것은 경기 지역의 주요 발병지가 "三八선부근"인 옹진과 연백이었음을 보여준다.[121] 이처럼 경기 지역에서의 콜레라 발병은 대홍수 직후인 6월 말 전후 이후부터 서해 연안 지대와 함께 도서 지역에서 집중적으로 나타났다.

서해 연안 지대와 도서 지역에서의 집중적 발병 상황은 경기 지역 전체 통계에서도 쉽게 확인된다. 이와 관련해서 경기 시·군 단위 지역들의 발병 상황을 보여주는 다음의 7월 14일 현재 통계는 시사적이다. 즉,

<표 2> 경기 지역 콜레라 환자 및 사망자(1946년 7월 14일 현재)

	연백	옹진	평택	인천	강화	양주	안양	여주	파주	가평	합계
환자	321	36	22	21	5	4	2	1	1	1	414
사망자	200	16	16	12	3	0	1	1	0	0	249

출전: 「死者만二百六十六名: 창궐하는경『京畿道호역患者數』, 『水産經濟新聞』 1946.7.19.

아래의 표는 경기도 시·도 단위 지역별 콜레라 환자와 사망자가 해안 및 도서 지역에서 집중적으로 발생하였음을, 나아가 콜레라 발병 규모가 서해로부터의 이격(離隔) 정도에 반(反)비례하고 있음을 보여준다. 여기에서 보이는 서해 연안 및 도서 지역 중심의 발병은 콜레라 만연기에 시행된 경기도의 교통 차단 지역에서도 간접적으로 확인된다. 경기도에서는 7월 5일부터 9월 같은 날까지 '지사 포고령'에 의해 인천항, 연

120) 「甕津延白이尤甚」, 『水産經濟新聞』, 1946.8.2.
121) 연백과 옹진과 같은 "三八선부근" 지역에서의 콜레라 발병세 악화는 "황해"를 콜레라의 "발원지" 중 하나로 만들면서, '6월 중순 이후 이북으로 확산'된 콜레라가 황해도 지역에서 '창궐'하게 하였다고 판단된다(「甕津延白에虎列刺」, 『漢城日報』, 1946. 7.26; 김진혁, 앞의 논문, 258~259·262쪽).

백군 일원, 김포군, 강화군의 수로(水路), 강화군 양사면(兩寺面), 교동면(喬桐面), 연백군과 개풍군에 둘러싸인 하면(河面), 그리고 경기도 관내 제(諸)도서 등 8개 지역의 교통을 차단하였다.[122] 이러한 조치는 경기 지역의 인천과 강화, 김포, 그리고 이와 연결된 황해도 연백과 개풍 등지의 서해 연안과 도서 지역이 경기 도내 주요 콜레라 발병지였음을 간접적으로 보여주는 것이라 할 수 있다. 이와 같이, 수인성 전염병인 콜레라는 6월 이래 계속해서 경기 지역 내 서해 연안과 도서 지역을 중심으로 하여 발병하고 있었다.

그렇지만 서해 연안, 특히 도서 지역의 악성(惡性) 발병세가 자연 지리적 효과만은 물론 아니다. 그것은 간접적으로 상수도 등 사회 기반 시설 부실 문제등과도 연관된 것이자, 보다 직접적으로는 방역 상의 문제와도 연결된 것이다. 이와 관련해서 전남의 다도(多島) 지역인 완도와 진도 지역 발병세는 현재 논의의 참고가 될 수 있다. 8월 3일 현재 완도와 진도 지역은 누계 환자 각각 55명과 33명의 기록으로, 통계 처리된 21개 전남 시·군 단위 지역에서 각각 10위와 15위라는 상대적 발병세를 보여준다. 또한, 같은 통계에서 완도, 진도 두 지역은 사망자 규모에서도 각각 23명과 17명의 기록으로 각각 13위와 17위를 점하였다.[123] 이와 같은 상대적 발병·사망세는 열흘 후의 13일 현재 통계에서도 그대로 유지되었다.[124] 완도·진도 지역의 발병·사망세는 7월 중순 이후 전남도 방역과가 "海岸地帶와島等에徹底한防疫을實施"를 계획하고 그를 실행해거든, "大端良好"한 [방역]成績"의 표현이었다.[125] 완도·진도 지역의 발병세는 경기 연백과 옹진 도서 지역의 '악질'적 콜레라 발병세가 도서 지

---

122) 「虎疫地域에 交通을遮斷」, 『東亞日報』, 1946.7.7.
123) 「戰慄의虎疫患者: 全南에一千三百餘名」, 『東光新聞』, 1946.8.7.
124) 「防疫陣猛活動으로 魔病虎疫漸減退步」, 『東光新聞』, 1946.8.18.
125) 「道防疫陣猛活動: 虎列刺不遠에終熄」, 『東光新聞』, 1946.7.16.

역이라는 자연 지리적 소산만이 아님을, 나아가 그 지역의 발병세가 경기도 방역 당국의 정책 소산이기도 했음을 반증하는 것이라 할 수 있다.

도서 지역의 악질적인 발병세는 미군정 경기도 당국의 방역 정책 내지는 전략이 선택과 집중에 기초한 것, 달리 표현하면, 지역 차별적이었음을 암시한다. 이와 관련해서 인천 지역의 발병세는 시사적이다. 그 지역은 경기도 지역 최초의 콜레라 발병지이자 여러 가지 측면에서 콜레라 발병·만연의 잠재성을 갖은 곳이었다. 하지만 '수도 서울의 관문'인 인천의 발병·확산을 막기 위한 군정 당국의 다양한 방역 조치- 교통 차단과 함께 서울 지역 보건·의료 인력 파견, '검변'(檢便) 방식의 병원균 검사, 그리고 일반 시민 대상의 예방주사 처치 등으로 이루어진-말미암아 8월 25일 현재 215,784명의 인구를 가진 인천의 발병세는 그보다 '훨씬' 적은 인구를 가진 옹진의 그것보다 양호한 것이 되었다.[126] 이것은 서울이라는 국가적 중심지나 인천과 같은 지역 중심지 등을 집중적 방역 지역으로 선택하고 그것에 집중에 기초한 방역 전략이 결국 옹진과 연백의 도서 지역에 대한 차별적인 방역 정책-서울, 인천 지역에서의 다양한 방역 조치와는 달리 교통 차단에 기초한 지역 봉쇄를 주로 하는-을 결과하면서 그 지역의 치명적인 발병세를 낳았다.

지역적으로 상이한 발병세를 보여준 경기 지역 전체의 발병세는 남한

---

[126] 조선상공회의소, 『朝鮮經濟統計要覽』, 1949, 여강출판사 복각판, 1986, 9쪽. '서울 방어'라는 관점에서의 방역 노력은 임종명, 앞의 논문(2020a) 참고. 그리고 인천과 옹진의 인구는 1944년 5월 1일 현재 각각 215,853명과 128,954명이다(조선총독부 편, 『1944년 5월 인구조사결과보고』, 선인 복각판, 2000, 3, 12쪽). 물론 앞의 통계에는 해방 후 송환되는 일본인과 타이완인, 그리고 남양인(南洋人) 등이 포함되어 있고, 또 해방 직후 38선 분할로 옹진군의 일부 인구가 38선 이북에 편입되었다. 그렇기 때문에, 앞의 인구가 두 지역의 해방 직후 인구 상황을 정확하게 표현한 것은 아니라고 생각된다. 하지만, 38선 이북에 편입된 옹진 인구 대신 마찬가지로 분할된 장연군과 벽성군의 이남 인구가 옹진에 편입되었다. 이를 고려할 때, 해방 후 1946년의 인천과 옹진의 인구 비례는 식민지 시기의 그것과 유사할 것이라고 판단된다.

여타 도(道) 단위 지역들과 비교하면 약세의 것이었다. 부산 지역에서 송환민에게서 발병된 콜레라의 전국적 확산의 초기였던 5월 말 6월 초, 경기 지역의 발병 규모는 문자 그대로 '근소'했다. 예컨대, 6월 3일 현재 남한 전체 환자 201명 중 4명만이, 또 전체 61명의 의사 환자 중 2명만이, 그리고 총 64명의 사망자 중 7명만이 경기도 주민이었는데, 이러한 경기 지역의 발병 규모는 발병 사례가 보고된 6개 도(道) 지역 중에서 '꼴찌'였다.127) 이처럼 콜레라가 남한 지역에서 확산하기 시작했던 5월 말 6월 초 경기 지역에서의 발병세는 약세를 유지하였다. 경기 지역 발병세의 상대적 약세는 6월 중·하순의 홍수 이후에도 이어졌다. 예컨대 경기 지역에서는 7월 9일 현재 남한 전체 환자 2,916명 중 101명, 사망자 총 1,699명 중 124명이라는 경기 지역의 상대적 발병세가 보고되었다. 그와 같은 발병 규모는 인구수에 있어 '훨씬' 적은, 27만여 명의 인구를 가진 제주 지역의 사망자 79명보다 많은 것이었지만 그 섬의 환자 144명보다는 적은 것이었다.128)

하지만 '최(最)약세'의 경기 지역 발병세는 통계 체계 '혼란'에 의한 '착시'였다. 연백군과 옹진군은 식민지 시기 황해도에 속했지만, 해방 직후 38선으로 말미암아 두 군 지역들 역시 '분단'되었다. 이러한 상황에서 미군정은 "行政及管理目的을 爲하야" 1945년 11월 3일부(附) 재조선미국육군사령부군정청 법령 제22호를 통해 38선 이남의 옹진·연백군 지역을 경기도로 "臨時移轉"하였다.129) 이러한 상황에서 일부 통계는 이미 관할권이 이전된 옹진·연백군 지역에서 발생한 콜레라 발병 사례를 행정적으로는 존재하지 않는 황해도 지역의 것으로 분류하였다. 그럴 경우, 앞

---

127) 「虎疫이猛威! 全國에波及: 64名死亡 患者二百名; 三日現在」, 『東亞日報』, 1946.6.4.
128) 「忠南一帶交通遮斷」, 『東光新聞』, 1946.7.13.
129) '재조선미국육군사령부군정청 법령제22호'(1946.11.3.부), 한국법제연구회편, 앞의 책, 140쪽.

에서 본 바와 같이, 경기도 지역의 발병세는 통계에서 미약한 것으로 나타났다. 하지만 그 두 지역의 발병 사례가 경기도 지역의 그것으로 통계 처리되는 경우, 예컨대 7월 14일 현재 경기 지역의 발병 규모는, 앞의 〈표 2〉에서 보듯이, 환자 414명에 사망 249명이 된다. 이것은 앞의 7월 9일 현재의 통계와는 판이한 결과이다.

항목 구성에 따라 판이한 결과는 경기도와 황해도가 별개 항목으로 처리된 7월 24일 현재 각도의 콜레라 발병세에서도 나타났다. 남한 지역 전체에서 10일간 환자가 "실로四천여명이나 증가"하였던 7월 24일 현재 경기 지역에서는 누계 환자 120명에 사망자 40명의 발병·사망 규모를 보여주었다. 이러한 규모는 강원도의 그것, 즉 환자 95명에 사망 49명을 제하고서는 전국 최하위의 것이었다.[130] 그러나 환자 354명에 198명 사망이라는 황해도의 발병 규모와 경기도의 그것을 합계할 경우, 경기 지역의 발병 규모는 환자 474명에 238명 사망으로 9개 도 단위 지역 중에서 6위 정도의 발병세가 된다. 이것은 옹진과 연백 지역의 발병세가 심각했음을 보여주는 것이자. 당시 통계 작성 원리의 불안정성 내지는 미(未)통일 상태를 확인시켜주는 것이다.

하지만 8월 이후 '통계 항목 구성 원리의 불일치'가 해소되면서, 경기 지역의 발병세는 중위적(中位的)인 것으로 나타난다. 8월 이후 통계에서 황해도가 소거(消去)되고, 옹진·연백 지역의 발병 사례는 경기도 지역의 사례로 분류·처리되었다. '통계 작성 원리의 불일치'가 '해소'되는 8월에 발표된 7월 한 달 발병 통계는 누계 환자 938명에 567명 사망이

---

130) 「患者八千名을돌[*突破: 十日間에勿驚四千名이增加; 박*撲滅하자·魔病虎疫을」, 『水産經濟新聞』, 1946.7.26. 경기도와 황해도가 별개 항목화되어 통계 처리되는 경우 경기 지역의 저조한 발병세는 7월 27일 현재 통계에서도 확인되는데, 그때도 경기 지역의 환자와 사망자는 각각 120명과 40명으로, 환자 135명과 사망자 61명을 기록한 제주도 지역에도 뒤졌다. 「去益尤甚한虎疫: 十日間에四千名增加」, 『釜山新聞』, 1946.7.27.

라는 기록으로 그 지역의 상대적 발병세가 중위(中位) 수준의 것이었음을 보여주었다.[131] 중위 수준의 경기 지역 콜레라 발병세는 이후에도 계속해서 유지된다. 이것은 가을 들어 경기 지역에서 콜레라가 종식된 '10월 28일 현재 도(道)별 환자·사망자 누계 및 발병·치명률'〈표 3〉에서 나타난다.

<표 3> 10월 28일 현재 도(道)별 환자·사망자 누계 및 발병·치명률

시·도	경북	경남	전북	충남	경기	전남	제주	강원	충북	서울	합계
인구	3,178,750	3,185,832	2,016,428	1,909,405	2,486,369	2,944,842	276,148	1,116,836	1,112,894	1,141,766	19,369,270
환자	5,153	3,060	2,432	1,438	1,232	777	741	354	296	258	15,451
발병률	0.16	0.10	0.12	0.08	0.05	0.03	0.27	0.032	0.027	0.022	0.08*
사망자	4,173	1,535	1,645	651	775	442	390	186	134	87	10,019
치명률	81.0	50.2	67.6	45.3	62.9	56.9	52.6	52.9	45.3	33.7	54.8*

1. 출전: 「虎疫死亡者累計萬名」, 『自由新聞』 1946.11.1; 조선상공회의소, 『朝鮮經濟統計要覽』, 1949, 여강출판사 복각판, 1986, 2쪽.
2. 통계상 환자 "총계"(15,451명)는 10개 시·도 지역 환자 합계(15,741명)와 상이함
3. 발병·치명률 및 그 평균: 통계상 수치에 의거해 필자 작성(단위, 백분율)
4. *: 발병·치명률 평균

〈표 3〉은 경기 지역의 발병 규모가 환자 1,232명에 775명 사망의 경기 지역 빌병 규모가 전체 10개 시·군에서 모두 중위적인 5위를 차지하고 있음을 보여준다. 발병세의 중위성(中位性)은 발병률에서도 나타나, 경기 지역의 발병률 0.05% 역시 0.08%이었던 발병률 평균 아래의 수치로 전체 10개 시·군에서 5위의 상대적 위치를 점하였다.

5위라는 경기 지역 발병세의 의미는 그 지역의 인구 규모를 고려하면 보다 분명해진다. 그 지역은 인구 규모에 있어 248만6천여 명으로 남한

131) 「甕津延白이尤甚」, 『水産經濟新聞』, 1946.8.2.

10개 시·군에서 4위를 점하였다. 그런데 그 지역의 발병 규모 순위가 인구 규모 순위에 비해 낮았던 것은 그 지역의 발병세가 상대적으로 덜 심각했음을 의미한다. 더군다나, 그 지역 발병자의 다수는 10여 개 시·군 지역 중(中) 옹진과 연백 지역에서 발생한 것이었다. 예컨대 7월 23일 현재 앞의 두 지역은 모두 누계 564명의 환자와 333명의 사망자라는 발병세를 보였는데, 그것은 당시 경기도 전체의 총 환자 726명의 77.7%, 또 사망자 411명의 81%를 점하는 것이다.[132] 또 확대해서, 7월 14일자 통계 〈표 2〉가 보여주듯이, 경기 지역의 발병자 대부분은 서해 연안과 도서 지역인 연백, 옹진과 인천, 평택 지역에서 발병하였다. 이와는 달리, 대부분의 경기 지역의 발병세는 최약세의 것이었다. 이처럼 경기 지역의 발병세는 지역적 특성을 띤 것이었다.

하지만 치명률을 기준으로 했을 때 경기 지역 발병세는 상대적으로 '악성(惡性)의' 것이었다. 이와 관련해서 주목되는 것은 경기 지역의 치명률이다. 그것은, 중위(中位)급인 5위의 발병 규모와 발병률과는 달리, 평균 55.1% 이상인 62.9%로, 10개 시·도 전체에서 상중하(上中下)라 할 수 있는 3위의 것이었다. 이것은 경기 지역에서 콜레라가 발병했을 경우 환자의 사망 비율이 여타 지표의 등급에 비해서 높았음을, 따라서 경기 지역 발병세가 상대적 악성이었음을 시사한다. 이와 같은 발병 특성을 보여준 경기 지역의 콜레라 발병세 역시 가을이 되면서 약화된다. 즉, 경기 지역의 발병 중심지로서 "호역발생관계로 七月一일부터 교통차단이되었든 경기도내서해안(西海岸)지대는 [9월] 二十일정오부터 [교통 차단이] 해제"되었다.[133] 이처럼 경기 지역 전체의 발병세 역시 가을 들어 약화되면서, 그 지역에서의 콜레라 발생은 종식되었다.

---

132) 「甕津延白에虎列刺」, 『漢城日報』, 1946.7.26.
133) 「交通遮斷됐든 西海岸은解除」, 『朝鮮日報』, 1946.9.24.

IV. 맺음말: 경기 지역 콜레라 사태의
종전/해방 직후 정치성

　지금까지 우리는 1946년 경기 지역의 콜레라 발병과 확산, 그리고 만연 과정과 그 과정에서 보이는 양상을 살펴보았다. 지금까지 검토한 바에 따르면, 5월 하순부터 콜레라가 발병했던 인천 지역이 경기 지역의 주요 발병 지역이었다. 그렇지만 6월 중·하순 장마가 있고 나서인 7월 이후, 식민지 시기 황해도에 속해 있었던 연백과 옹진, 그리고 그 부속 도서들이 경기 지역의 주요 발병지가 되었다. 그 지역에서는 그 한 달 동안 콜레라 발병세가 악화하면서, 경기 지역 전체 환자의 약 80%가 발생했을 뿐 아니라 경기 지역 내에서만이 아니라 전국적 차원에서도 치명률 또한 높았다. 이는 '본래'의 경기 서해 연안 지역이나 내륙의 한강 강변 지역 등의 발병세가 상대적으로 약세였음을 의미한다. 이처럼 지역적으로 발병세가 상이했던 경기 지역의 전체적 발병세는 남한 전체 10개 시·도 단위 지역 대비 중위적 수준의 발병세를 유지하였다. 하지만 인구 규모를 고려할 때, 경기 지역의 상대적 발병세는 '덜' 심각한 것이었다. 이와 같은 모습을 보여준 경기 지역의 1946년 콜레라 사태도 여타 지역에서와 마찬가지로 가을 들어 종식되었다.

　1946년 경기 지역의 콜레라 사태는 종전/해방 직후 동아시아 권역의 국제정치를 맥락으로 한 것이었다. 경기 지역 내 콜레라 발병 초기였던 6월 한 달여 동안 인천 지역의 발병 사례는 아시아-태평양 전쟁 종전 직후 동아시아 권역에서 콜레라 등 전염병의 병원지(病源地)였던 중국 거류(居留) 한국인의 송환과 연결된 것이었다. 한국인의 송환은 아시아-태평양 전쟁 직후 미국이 자신의 전쟁기 교전 상대국이었던 일본의 식민지/제국 체제를 해체하고 자신의 동아시아 패권을 확립하고자 추진한 송환 정책으로 말미암은 것이다. 그렇다 한다면, 종전 직후 미국의 동아시아 패권 구축 노력이 인천 지역 콜레라 발병의 국제정치적 맥락이었다.

콜레라 발병·만연의 국제정치성은 인천과 인근 도서 지역 사례에서도 목격된다. 그들 지역의 콜레라 만연은 전후 동아시아에서 일본 제국/식민지 체제 해체 이후 중국 내전의 진행과 미·소의 한반도 분할 점령 상황 속에서 영토적 주권 국가가 '아직' 건설되지 않으면서 근대 국경선이 작동하지 않고 있던 모습을 보여주는 것이다. 그렇다면, 1946년 경기 지역의 콜레라 사태는 종전/해방 직후 동아시아 권역의 국제정치와 일국 정치상(相)을 표현했던 것이라 할 수 있다.

마찬가지로 1946년 경기 지역 콜레라 사태에는 일국적·지역적 차원의 정치 또한 작동하고 있었다. 이와 관련해서 '근대 국민 국가 체제(nation-states system)에서 폐쇄적이자 개방적 공간성으로 인해 문제적인 변경 지역'이었던 연백·옹진과 그 소속 도서 지역의 사례는 시사적이다.[134] 그 지역은, 앞에서 보았던 바와 같이, 사회 기반 시설이나 의료 기관 등이 부실했던 구(舊)황해도 지역으로서 7월 이후 인천 지역을 대신해 경기 지역 내 주요 발병지가 되었다. 그 지역의 악성(惡性) 발병지화는 서울이라는 국가적 중심지와 인천이라는 지역 중심지 위주의 차별적인 방역 정책의 소산이기도 했다. 이 점에서 그 지역의 발병 중심지화에는 공간을 위계적으로 편성하는 일국·지역 정치가 작동하고 있었다

---

134) 근대 국민 국가 체제에서 "국가 수호라는 점에서는 닫힌 공간이지만 타국과의 교통이라는 점에서는 열린 공간"이라는, 요컨대 "폐쇄적인 동시에 개방적이라는 변경의 모순성"으로 말미암아 "국가와 그 엘리트들"은 변경을 "국가적으로, 또 민족적으로 '위험스런 문제적 공간'으로 상상"하였다(임종명, 「종전/해방 직후(1945.8~1950.5) 남한 담론 공간과 변경의 미학적 재현」, 『역사연구』 33, 2017, 13쪽). 근대 시기 '변경'의 문제성과 그 문제성으로 말미암아 가지게 된 '변경 연구'의 잠재력은 임종명, 앞의 논문, 2017, 13~1713쪽.

고 할 수 있다.[135) 바로 이것이 연백·옹진과 그 소속 도서 지역의 악성(惡性) 콜레라 만연의 일국적·지역적인 정치성이었다.

이러한 점에서 1946년 경기 지역의 콜레라 발병·만연과 그 양상은 세균학적 또는 미생물학적인, 자연적 발생사이자, 종전/해방 직후 국제정치와 일국·지역 정치적인 맥락과 함의를 가진 역사적 사건이었다.

---

135) 세계와 국가, 또 지역이 '중심부와 주변부로 중첩(重疊)되면서 위계적으로 편성'된 근대 공간의 모습과 1946년 콜레라 사태에서 보이는 '일국적·지역적 중심부/주변부'성(性)은 임종명, 「해방 공간의 소설과 '서울/비(非)서울'의 표상 체제」, 임종명 외, 『역사 속의 중앙과 지방』, 엔터, 2011, 특히 224~237쪽; 임종명, 앞의 논문, 2020a 참고.

참고문헌

1. 자료

General Headquarters(GHQ), *US Armed Forces, Pacific(USAFPAC), Summation of U.S. Military Government Activities in Korea*, 『미군정활동보고서』, 원주문화사 영인본.

HQ, 6th Infantry Division, *"G-2 Periodic Report,"* 경남대극동문제연구소, 『지방미군 정자료집: 주한 미 제6사단 정보참모부 일일보고서(1946.1~1946.12)』, 경 인문화사 영인본, 1993.

US Armed Forces in Korea(USAFIK), ⅩⅩⅣ Corps, G-2, Historical Section, *"Repatriation of Japanese Civilians and Other Foreign Nationals,"* History of US Armed Forces in Korea(HUSAFIK) PART Ⅰ(복각판).

USAFIK, ⅩⅩⅣ Corps, G-2, Historical Section, *"The Cholera Epidemic of 1946,"* 1947.

General Headquarters/Supreme Commander for Allied Powers G-Ⅲ, *"Report on Mass Repatriation in the Western Pacific,"* 1947.

日本厚生省, 「引揚船中ニ多発セル「コレラ」流行ニ関スル状況報告」(1946.04.18.).

日本大蔵省印刷局 編, 『官報』.

『家政新聞』, 『工業新聞』, 『光州民報』, 『大邱時報』, 『大東新聞』, 『大衆日報』, 『大韓 獨立新聞』, 『獨立新報』, 『東光新聞』, 『東亞日報』, 『民衆日報』, 『釜山新聞』, 『서울신문』, 『水産經濟新聞』, 『嶺南日報』, 『自由新聞』, 『朝鮮日報』, 『中央 新聞』, 『中外申報』, 『漢城日報』, 『現代日報』.

국사편찬위원회, 『자료대한민국사』 1권, 1970.

조선상공회의소, 『朝鮮經濟統計要覽』, 1949, 여강출판사 복각판, 1986.

조선총독부 편, 『1944년 5월 인구조사결과보고』, 선인 복각판, 2000.

최남선, 『朝鮮의山水』, 동명사, 1947.

한국법제연구회 편, 『미군정법령총람(국문판)』, 한국법제연구회, 1971.

久野益三, 「京城における急性傳染病治療成績」, 森田芳夫・長田かな子 編, 『朝鮮
　　終戰の記錄: 資料編』 第二卷, 巖南堂書店, 1980.

국사편찬위원회 전자사료관(http://archive.history.go.kr)
위키피디아(https://en.wikipedia.org/)
일본 국회 도서관 디지털 컬렉션(https://dl.ndl.go.jp)
일본 국립공문서관 아시아역사자료센터(https://www.jacar.go.jp/)

2. 논저
김상숙, 『10월항쟁: 1946.10. 대구 봉인된 시간 속으로』, 돌베개, 2016.

3. 연구 논문
김진혁, 「북한의 위생방역제도 구축과 인민의식의 형성의 형성(1946~1950)」, 『한국
　　사연구』 167, 2014.
김춘선, 「중국 연변지역 전염병 확산과 한인의 미귀환」, 『한국근현대사연구』 43,
　　2007.
박민영, 「해방 후 滿洲國軍 출신 한인의 귀환」, 『한국독립운동사연구』 22, 2004.
배석만, 「미군정기 부산항과 도시민 생활」, 『지역과 역사』 5, 1999.
승왈범, 『無休八十年』, 유진문화사, 1991.
신좌섭, 「군정기의 보건의료정책」, 『醫史學』 9(2), 2000.
여인석, 「미군정기와 정부수립기: 1945-1949」, 대한감염학회, 『한국전염병사』 Ⅱ,
　　군자출판사, 2018(2019).
이규식, 「기용숙의 연구와 생애-콜레라 연구를 중심으로」, 『醫史學』 30, 2007.
이연식, 「해방 후 한반도 거주 일본인 귀환에 관한 연구」, 서울시립대 박사학위 논
　　문, 2009.
임종명, 「1946년 서울 지역 콜레라 발병세와 일국적・지역적 중심부/주변부성(性)」,
　　『사학연구』 140, 2020a.

임종명, 「종전/해방 직후 남한, 인종 중심적 미국상과 反패권적 약소민족 인민 연대의 상상」, 『한국사학보』 78, 2020b.

임종명, 「종전/해방 직후 남한 담론 공간과 미국의 인종적 국가 · 사회상」, 『역사연구』 37, 2019.

임종명, 「아시아-태평양 전쟁기, 식민지 조선의 인종 전쟁 담론」, 『史叢』 94, 2018.

임종명, 「종전/해방 직후(1945.8~1950.5) 남한 담론 공간과 변경의 미학적 재현」, 『역사연구』 33, 2017.

임종명, 「해방 직후 남한 신문과 베트남 전쟁 재현 · 표상」, 『현대문학의 연구』 168, 2014.

임종명, 「해방 공간의 소설과 '서울/비(非)서울'의 표상 체제」, 임종명 외, 『역사 속의 중앙과 지방』, 엔터, 2011.

임종명, 「탈(脫)식민 초기(1945.8~1950.5), 남한국가 엘리트의 아시아기행기(紀行記)와 아시아표상(表象)」, 『민족문화연구』 51, 2010.

임종명, 「脫식민지 시기(1945~1950년) 남한의 국토민족주의와 그 내재적 모순」, 『역사학보』 193, 2006.

임종명, 「여순사건의 재현과 공간(空間)」, 『한국사학보』 19, 2006.

황선익, 「동북아정세와 중국지역 한인의 귀환」, 『한국독립운동사연구』 46, 2013.

Foucault, Michell, "Governmentality," Graham Burchell, Colin Gordon, and Peter Miller eds., *The Foucault Effect: Studieis in Governmentality*, Chicago: University of Chicago Press, 1991.

Kim, Yang Soo, "Cholera Outbreaks in Korea after the Liberation in 1945: Clinical and Epidemiological Characteristics," *Infection & Chemotherapy* 51(4), The Korean Society of Infectious Diseases, Korean Society for Antimicrobial Therapy, and The Korean Society for AIDS, 2019.

Mitchell, Timothy, "Economy, and the State Effect," George Steinmetz ed., *State/Culture: State-formation after the Cultural Turn*, Ithaca: Cornell University Press, 1996.

'질병으로부터 안전한 공간' 관리와 공간권의 사회사

19세기 독일 전염병 확산 시기 사회적 관계를 중심으로

나 혜 심

Ⅰ. 머리말

코비드(Covid)-19라는, 눈에 보이지도 않는 작은 바이러스가 세상을 공포에 몰아넣고 있다. 2019년 말부터 시작된 이 바이러스의 확산은 2020년 중반에 이르도록 제어되기는 커녕 경제력, 의료수준, 공공의료정책 면에서 세계 우위에 선 국가들조차 당황하게 만들고 있다. 세계가 경험하는 당황의 이유는 바이러스 퇴치를 위한 치료제나 백신이 없다는 점 때문만이 아니다. 시장의 개방으로 인해 바이러스 확산의 경제, 사회적 결과가 개별 국가의 범주를 넘어 세계적으로 영향을 미치고 있고 그런 이유에서 국가들이 세울 대책 역시 일국적 수준을 넘어서야하기 때문이다. 이런 의미에서 코로나는 신자유주의 이후 형성된 세계 '사회'의 전염병이 된 셈이다. 국제적 차원의 공동대응은 불가피하며 거의 유일한 해결책인 듯 보이는 백신 역시 비단 그것을 확보해 국민에게 보급할 수 있는 국가의 경제적 수준을 과시할 대상이 되지 못한다. 서로 연결되어 있는 세계 속에서 이는 공공재여야 하며 그런 이유에서 저개발국에 대한 백신 공급의 문제도 국제적 연대에서 같이 고민할 사안이 되었다. 그 확산과정에서 드러났듯이 국제 '사회' 전체 차원에서의 통제가 되지 않을 경우, 확산은 대신 재현되기 때문이다.

하지만 백신은 아직 출현 전이며 거의 일 년 여 시간 동안 세계에서 이 바이러스의 통제를 위해 할 수 있는 수단으로 유일했던 것은 바이러스 이동 저지를 위한 사회적 '거리' 확보였다. 불가피한 밀집도가 있는 곳에서 마스크 역시 사회적 거리의 보조수단으로 작용이 권고되거나 명령되고 있다. 한국에서도 2020년 1월 20일 첫 환자 발생 후 '거리' 확보 요구는 정책적으로 계도와 강제사이를 오고가고 있다. 바이러스 이동 '거리'에 해당하는 공간을 확보함으로써 질병 감염을 방지하는 이 일은 개인이나 집단 간 접촉을 최소화하여 바이러스에 의한 감염병 전파를 감소시키는 공중보건학적 감염병 통제 전략이다.[1] 사람 사이의 '거리' 유지는 현실 세계에서는 직장인의 재택근무, 학생들의 온라인 수업, 장보기를 배달로 대체하기 등으로 일상의 모습을 변화시키고 있다.

'사회적 거리두기(Social Distancing)'의 정확한 의미는 다른 사람과 가능한 많은 거리를 유지하기(the practice of keeping away from other people as much as possible)이다. 다른 사람과의 사이에 안전 공간을 확보하는 일이기 때문에 결국 사람 사이의 사회적 관계 형태를 변화시킨다. 개인적으로 보면 건강유지를 위해 일정한 공간을 확보함으로써 병의 이전 가능성을 줄이는 것이며 건강 유지를 통해 인간다운 삶을 영위하기 위해 사회 내 타인들에게 요구할 수 있는 일종의 사회적 권리의 의미를 갖는다고 해석할 수 있다. 아직은 공간의 확보라는 것이 갖는 의미

---

1) 고광욱, 「코로나19 사회적 거리두기 신체활동수칙」, 『보건교육건강증진학회지』 39(1), 2020, 109쪽.

에 대한 사회적 논의가 없었지만, 이 공간을 확보함으로써 시민화 된 존재로서의 삶을 영위할 권리를 국가와 다른 사회적 존재들로부터 보장받는다는 의미에서 이는 마샬(Marshall)이 언급했던 일종의 사회적 시민권의 범주에 넣을 수 있을 것으로 보이며 그런 의미에서 이 논문에서 다루는 공간은 일종의 권리의 대상으로 다루게 된다.[2] 사회적 거리두기는 결국 나와 타인의 공간에 대한 권리를 보장하는 일이 되는 것이다.

이 국면에서 우리는 국제 '사회'의 취약한 존재들을 발견한다. 2020년 5월 8일 현재 스웨덴에서 발생한 약 46,000여 명의 확진자 중 약 80%에 이르는 이주자, 난민이 그들이다. 이와 비슷하게 같은 시기, 싱가포르 확진자의 60% 이상은 이주노동자였다.[3] 그 외 그리스의 난민촌, 미얀마의 로힝냐족 거주지에는 이 새로운 취약한 이들이 존재하는데 그 원인 중 상당 부분은 필요한 공간을 확보하지 못하기 때문이다. 현실적으로는 그들의 공간적 시민권을 보장하는 국가를 상실했기 때문이거나 완전한 시민권적 상황에 놓이지 않았기 때문에 그 결과가 발생한다.

이 국면의 주목할만한 또 하나의 현상은 미국 시카고에서 코로나로 사망한 이들의 72%가 흑인이라는 정보에서 발견된다.[4] 기본적으로 다양한 뉴스들 속에서 세계 대부분의 대도시 노숙자들의 집합 구역은 다른 어떤 곳보다 높은 코로나 발병률을 보인다는 점도 눈에 뜨인다.[5] 2020년 5월 6일 『Time』잡지 기사에 의하면 영국에서 흑인, 아시아인, 그 이외에 인종적 소수 그룹은 영국의 일반적 국민들과 비교해 2~3 배가량

---

2) 마샬의 사회적 시민권 개념에 대해서는 서정희, 「시민권 담론의 두 얼굴-Marshall의 사회적 시민권에 대한 재해석을 중심으로-」, 『사회복지연구』 39, 2008, 149쪽.

3) 「싱가포르, 이주노동자 기숙사 코로나 집단감염. 전체 확진자 60% 육박」, 『다음 쿠키뉴스』, 2020.4.18.

4) 「미 코로나 19 흑인에 더 타격(…) 시카고 사망자의 72%」, 『연합뉴스』, 2020.4.8.

5) 로힝야의 문제에 대해서는 「우려가 현실로… 100만 명 밀집 '로힝야 난민촌' 첫 확진자 발생」, 『한국일보』, 2020.5.15.

높은 코로나 발병률을 보인다. 런던대학이 영국의 국립건강서비스(The National Health Service)의 데이터를 분석한 결과이다. 이는 사회적, 경제적 요소들이 불공평한 죽음을 이끄는 경향이 있다는 점을 보여준다.

　미국의 민영화된 의료보험 체계 하에서 사회적 빈곤층이 질병의 검진은 물론 치료의 기회로부터 제외된다는 사실 속에서 다수 흑인들이 그 대상이 될 것이라는 점은 충분히 예상 가능하다. 하지만 영국 유색인종의 경우에까지 동일한 양상의 데이터가 나타난다면, 사회적 소수자와 빈곤층의 "사회적 거리"의 확보는 순수하게 개인이 선택할 문제가 아니라는 것이 분명해 보인다. 위 두 가지 사례에서 우리는 자본주의의 원칙이 여전히 중요하게 작동하는 신자유주의 세계에서 새로운 사회적 불평등을 목격한다. 첫 번째의 사례에서 불평등이 건강한 사회적 거리 확보라는 공간권을 보장해주지 못하는 국가의 역할 부재 때문에 발생한다고 이해될 수도 있지만 후자의 경우를 살펴보았을 때, 이는 단지 이들의 시민권적 권리의 부재만으로 설명될 수는 없는 요소가 작동하고 있음을 알 수 있다. 글로벌한 규모의 자본주의 세계가 만들어내는 새로운 불평등처럼 보일 수도 있지만 어쩌면 이는 이제까지 관찰할 기회를 갖지 못했던 불평등일 수도 있다. 자본주의 체제 속에서 개인이 건강을 유지할 수 있는 공간을 확보하는 문제는 어떤 방식으로 사회 내에 불평등한 상항이 만들어지는 것일까? 이 의문을 해결하기 위해서 본고는 19세기 독일의 전염병이 확산되던 시기의 사회로 눈을 돌려보고자 한다.

　19세기 내내 다른 유럽 내 국가들과 마찬가지로 독일인들도 다양한 질병으로 인해 고통받았다. 전염 질환, 특히 콜레라의 영향은 컸다. 영국의 스노우(Snow)가 그 질병의 확산이 물과 연관되어 있다는 점을 밝혀내고, 1854년 이탈리아의 파치니(Pacini)가 그 질병이 세균에 의한 것이었음을 알아내고 나서도 독일의 코흐(Koch)에 의한 콜레라균 발견, 그리고 그 균을 없애는데 필요한 의료적 조치가 취해주고 나서야 비로소 그 고통으로부터 벗어나게 되었다.[6] 하지만 그 이전까지 독일은 마치 오늘날의 코로나 정국처럼 질병 치료제나 또는 질병 자체를 예방할 수 단을 갖지 못했다. 이에 대한 대처는 주로 사회라는 공간에서 질병과 연 관된 요인들을 찾고 발병 가능성을 막는 행위를 통해 시도되었는데 질 병을 오염된 공기로 인한 것으로 인식하던 당시의 사회적 관념과 함께 그것을 정화하는 노력이 진행되었다. 또한 일종의 사회적 문제로 발병 상황을 인식함으로써 사회의학의 활약이 진행되었다. 공기의 정화와 사 회적 공간의 변화가 요청되었기 때문이다. 19세기 말에 가서야 세균을 없애기 위한 의료적 행위가 진행되었기에 적어도 그 이전까지는 오늘날 의 상황과 크게 다르지 않게, 사회 내의 공간을 관리하는 문제가 당대인 들에게도 건강권과 관련하여 긴밀하게 연관지어지고 있었다. 또한 질병 은 이미 사회적 불평등의 표현으로 인식되고 있었다.[7] 그런 이유에서 질병의 해결은 정치적 차원의 일이 되었다.

오늘날 세계자본주의의 세계 '사회' 안에서 공간권 확보의 불평등에 처한 사회적 구성원들의 존재를 인지하게 된 것을 계기로 19세기의 독 일 사회에는 어떤 유형의 공간적 권리 불평등이 존재했는지를 살펴보고 자 한다. 역사 이래로 공간은 질환자 관리와 사회의 건강 유지를 위해

---

6) 1854년 영국을 휩쓴 콜레라로 23,000명의 사망자가 발생했고 이 과정에서 의사인 스노우는 발병지에 대한 지도를 그림으로써 발병자가 주로 거리에 있는 펌프를 기 준으로 약 450미터 정도의 반경 안에서 발생했다는 것을 알게 되었다. 그리고 이를 관청에 알려서 사람들이 펌프로부터 멀어지게 했고 그 후 며칠 내에 콜레라가 그 지역에서 사라졌다. 이를 계기로 콜레라와 물과의 연관성에 대해 사람들이 확신하 게 되었다.

7) 독일에서 위생학을 사회의학으로 불렀던 페텐코퍼(Max Joseph von Pettenkofer)는 건강과, 사회경제적 연관성에 대하여 강조했다. 특히 오랜 동안 콜레라가 프롤레타 리아트의 질병이라고 불리웠다는 점을 강조함으로써 사회적 문제로 질병을 인식하 고 있었음을 알 수 있다. 이에 대해서는 이종찬, 「19세기 독일 사회의학의 역사적 발전」, 『의사학』 3(1), 1994, 7쪽.

관리되어왔다. 독일의 사회의학은 사회라는 공간의 변화과정 자체를 질병의 근원으로 이해했고 실제로 질병에 대한 정책이 공간 관리에 집중되기도 했다. 그런 상황 속에서 개인들의 건강을 유지하기 위한 사회적 '거리'는 어떻게 작동하고 있었는지, 사회 구성원들 내에서 이것의 권한 행사에서 차이는 없었는지 등이 관심의 대상이다. 19세기 독일사회에 대한 사회사 연구 내에서 이 주제는 사실상 관심의 대상이 아니었고 사회구성원들이 어떻게 "사회적 거리"를 확보했었는지에 대한 데이터를 찾는 일은 매우 어렵다. 따라서 기존의 사회사적 연구성과들을 활용해 공간적 불평등 상황을 상황적으로 재해석하는 방식에 만족할 수밖에 없다. 그러나 사회적 불평등의 또 한 차원을 발견하는 데에 적지 않은 의미가 있을 것으로 보인다.

II. 전염병 확산과 '공간' 관리의 역사

1. 전염병 차단을 위한 공간 통제

2020년 3월, 미국 백악관의 한 회의에 코로나 19 백신 개발 중인 제약회사 대표 10명이 초청된 후, 이 자리에 초대된 독일 기업을 미국 정부가 인수하려 한다는 소문이 돌았다. 이에 독일 정부는 공적 자금을 들여 이 기업 주식을 사수했다. 5월에는 프랑스 한 제약회사는 자신들의 코로나 백신이 완성되면 가장 먼저 자금을 지원한 미국에 공급하겠다고 밝혔다. 다른 한 편, 국제보건기구(WHO)는 백신에 대한 글로벌 할당구상 (Global Allocation Framework)을 발표해서 세계를 대상으로 하는 접종 순서를 큰 틀에서 발표했다. 팬데믹 상황 종식을 가능하게 할 유일한 방안인 백신 확보를 위한 강대국들의 힘겨루기를 목격하면서 과연 오늘날 '국가' 없이 개인이 바이러스 질환 한 가지로부터 과연 자유로울 수 있는가 하는, 그간의 국가의 역할을 생각하면 다소 당혹스러운 질문조차 가능하게 된 상황이다.

사실상 질병은 개인의 문제이다. 인간이라는 유기체의 생명과 결부되어있기에 개인이 책임져야 하는 문제이다. 그러나 전염병 상황에서 이는 집단의 문제가 된다.[8] 그것은 질병의 확장력 때문만은 아닌데, 개인의 삶이 사회 안에서 일정한 의미와 구조적 기능을 갖게 되는 경우 더 그러하다. 그런 이유에서 근대 서구세계에서 개인의 질병이라 하더라도 사회적 문제라는 인식이 발전해왔다. 특히 인간의 신체가 경제적 생산성과 연관되면서 인간의 신체활동은 모든 즐거움의 원천이 되었고 병들거나 빈곤한 신체는 그 자체로 문제시되었다.[9] 자본주의의 발전은 비정상 신체를 관리하고 정상화하려는 제도의 출현을 가져왔고 결국 국가는 신체의 건강 유지를 위한 의료 행위를 통해 질병을 관리하게 되었다. 전염병이 유행하면서 이를 관리하기 위한 행정적 시도는 18세기 이후 시도되고 19세기에는 위생개혁운동을 통해 더 강화되었다.

1883년 5월 31일 독일 제국의회는 유럽 최초의 국가질병보험법 통과시켰다. 이는 사회보험의 하나다. 1885년까지 질병보험 기금은 인구의 약 10%에서 보장되었고 1904년 그 비율은 두 배가 된다. 사실 비스마르크에 의해 시작된 질병보호법에 대해서는 많은 자유주의자들이 계파에 관계없이 반대했었다. 『거대한 규모의 의학』의 저자 역시, 이 독일 보건

---

8) 이을상, 「몸의 생의학적 의미와 생명정치」, 『철학논총』 62(4), 2010, 3쪽.
9) 나혜심, 「서구 근대의 신체담론과 사회적 돌봄노동의 역사」, 『역사연구』 36, 2019, 165쪽.

의료 조직을 '보수주의적 국가개입주의'라고 불렀다.[10] 하지만 이 국가주의적인, 그리고 노동운동을 약화시키려는 시도 못지않게 이 시기의 변화에서 중요한 점 중 하나는 이 시기쯤 해서 콜레라 발병과 세균의 연관성, 그리고 세균을 박멸하는 각종 의약제, 그리고 백신 등의 등장으로 의료행위에서 자본이 강한 영향력을 발휘하게 되었다는 사실이다. 결국 의학 지식이 권력화하게 되는 시점이 되면서 국가의 개입은 불가피한 것처럼 보인다. 이런 이유에서 오늘날 생명관리 정책이나 생명정책의 의미에 대한 논의들이 급속도로 증가하고 있다.[11] 물론 거기에는 예방의학이나 공공의료 정책을 통해 생명을 '살리는' 목적이 작동하기도 하지만 강제수용소나 제노사이드 등의 죽음에 이르게 하는 정책 역시 포함되는, 보다 넓은 해석의 가능성이 존재한다.

전염병의 역사에서 국가는 일찍부터 각종 정책을 통해 국가 구성원들의 생명에 개입했고 질병 관리를 해왔다. 그중에서 질병 확산을 막기 위한 공간 관리는 의학의 수준과 관계없이 있어 왔던 생명 관리 방식이었다. 기원전 5세기 아테네에는 당시 유행하던 전염병 대응을 위한 수로나 운하가 만들어졌을 뿐만 아니라 위생에 대한 인식 확산 속에서 목욕시설과 화장실이 만들어졌다.

기존 의학에서 질병 치료와 관련해 중요한 논의의 대상으로 사는 공간에는 3가지 종류가 있다. 하나는 환자 치료를 위해 질병을 추출하여

---

10) 이안 F. 맥니리, 신영전·서지은 역, 『거대한 규모의 의학』, 건강미디어협동조합, 2019, 129쪽.
11) 국가권력이 국가구성원의 생명을 관리하는 문제에 대한 논의 속에서 전통적 권력이 주로 생사여탈권을 행사했다면 근대국가는 생명을 관리하는 방식으로 그 권력을 행사했다는 푸코의 정의 이후 이 주제는 대단히 많은 연구성과를 쏟아내게 하고 있다. 특히 푸코의 논의와 아감벤의 논의를 비교하는 연구들은 최근에 급격하게 증가하고 있다. 생명관리에 대한 근대국가 권력 행사에 대해서는 조주현, 「생명정치, 벌거벗은 생명, 페미니스트 윤리」, 『한국여성학』 24(4), 2008, 38쪽.

질병의 본질을 구성하고 분류한 공간이다. 다른 하나는 그 질병이 담겨 있는 환자의 몸이라는 공간이다. 질병이 같다고 하더라도 환자의 몸 상태에 따라 발현 정도가 다르기 때문에 이 공간 역시 독립적 의미를 갖는다. 그런 이유에서 공간인 몸의 특징은 각기 관찰될 필요가 있다. 세 번째는 질병 발현이 집단적일 때, 감염을 막기 위해 국가가 관리하는 공간이다.[12] 동서양을 막론하고 전염병 창궐 시 국가는 공간관리로 질병 확산을 막아왔다.

고대 이래로 전염병은 수많은 전쟁과 이동, 팽창 과정에서 전염력을 확보하고 정치적 위기를 초래하면서 인간의 삶에 함께 해왔다. 상인의 교역과 문명의 발전 속도는 전염병 확산에 더 유리한 역할을 했다.[13] 그러므로 전염병이 돌았을 때 국가는 '전염된 이들을 사회로부터 격리하는' 공간을 만들었다. 나병의 경우, 4세기에 특수 시설이 만들어졌다.[14] 나병환자를 위한 공간은 사실상 추방의 의미를 갖는 영역이었다. 한정된 주거 공간에 살며, 길에 나설 때에는 특별한 표식을 통해 자신을 알려야 했고 다른 이들과 말을 섞거나 마주치면 안됐다. 좁은 길 사용도 금지되었다.[15]

공동체 문화가 강했던 중세에서 길 위의 사람들은 위험에 처해있거나 위험을 가할 사람들이었다. 원거리 교역이나 직인들의 편력 등 상업적, 수공업적 이동도 있었지만 순례자와 기사, 십자군 원정대, 걸인은 물론 강도나 도적들이 있는 곳이었다. 그런 길 위의 병자들은 종교시설 내에

12) 이민구 외, 「푸코의 질병의 공간화와 중동 호흡기 증후군」, 『의철학연구』 20, 2015, 66~67쪽.
13) 김경현, 「안토니누스 역병의 역사적 배경과 영향」, 『서양고대사연구』 37, 2014, 145~146쪽.
14) 윌리엄 맥닐, 김우영 역, 『전염병의 세계사』, 이산, 2005, 166쪽.
15) 이성재, 「중세유럽의 나환자에 대한 사회적 인식과 수용소제도」, 『전북사학』 35, 2009, 327쪽.

서 쉼과 돌봄을 받기도 했지만 그들의 질병은 이 공간의 특징인 엄격히 종교적 일상과 규칙을 통해 관리되었다.[16]

높은 전염 가능성이 있는 질환자를 위한 공간에 격리된 나병환자들의 이미지는 죄악에 물든 자, 이단자, 그러면서도 희생자로서 였으며 그런 이유에서 특정된 공간을 활용해 그로부터 사회가 보호되는 것으로 여겨졌다.[17] 중세 말에서 근대 초 사이, 나환자의 공간은 구빈원, 감옥, 또는 폐질환자 수용시설이나 병원 등의 형태로 전환된다.[18] 하지만 이 전환에서 중요한 점은 누가 그 공간을 활용했는가가 아니라 공간의 의미가 달라졌다는 것이다. 완전한 격리가 아니라 수용자를 사회의 일부에서 관리할 수 있는 공간으로 변화되었다는 것이다. 바로 근대 자본주의적 이해관계 때문이다. 이제 그 공간 안의 수용자들의 사회, 경제적 가치가 달라졌고 노동력 활용 가능성을 엿보는 시대가 된 것이다. 노동의 가치에 대한 사회적 인식의 변화가 이를 지원했으며 병자들은 사회라는 공간 안에서 완전한 격리보다는 노동력으로 활용 가능하도록, 관리와 활용이 교차되도록 관리되는 이들이 된 것이다.[19]

이런 방식을 푸코는 18세기 이후 등장한 새로운 형식의 '생명에 대한 관리'로 명명했다. 광인이나 빈곤자, 병자 등을 수용하는 공간을 분할함으로써 그들이 격리되면서 동시에 그런 방식으로 사회와 관계를 맺을 수 있도록 관리된다는 것이다. 감옥 내의 판옵티쿰 구조를 통해서 설명

---

16) 나혜심, 「서구 근대의 신체담론과 사회적 돌봄노동의 역사」, 『역사연구』 36, 2019, 171~172쪽.
17) 이성재, 앞의 글, 320쪽.
18) 이에 대해서는 미셀 푸코, 이규현 역, 『광기의 역사』, 나남, 2003, 42~43쪽.
19) 이런 관리 방식이 인구통계학적 출현으로 이어졌다는 점을 이야기함으로써 푸코는 방식의 변화가 무엇을 향해있는가 하는 것을 잘 보여준다. 즉 인구 통계학은 자원과 주민 사이의 관계, 부와 유통, 생명과 지속기간을 분석하는 것이며 이는 생명권력이 결국 신체를 예측하고 통제함으로써 권력을 발휘하려는 분야가 정치와 경제 영역임을 보여주는 것이다. 이에 대해서는 이을상, 앞의 글, 7~8쪽.

되듯이 관찰자는 대상에 대한 자세한 근접 관찰이 가능한 공간 안에 놓이는 것이다.[20] 판옵티쿰 구조 만들기에 동원된 지식, 학문의 역할이 관리 시스템의 한 부분을 차지한다.

이런 식의 공간 활용은 사실상 16~17세기 흑사병 유행시기에 이루어졌다. 흑사병 환자를 공간에 격리하지만 완전한 봉쇄로 진행되지는 않았다. 집 안에서 하는 일과 일을 하는 시간, 외출 가능 시간 등에 대한 규제, 그리고 순찰자 방문 시 문을 열어주는 강제적 조치의 시행까지, 상황과 조건 등의 조밀한 조정을 거쳐 일종의 규율 체제로 공간이 관리되었다. 그리고 이는 근대 자본주의 사회의 시작이라는 점과 맞물려있었다.

2. 산업화 시대의 질병 통제를 위한 공간 관리

산업 사회로 진입하는 18세기 이후 공간 관리는 더 일상과 연결된다. 산업화 진행을 위해 도시는 유연하게 관리 될 수밖에 없었기 때문이다.[21] 푸코에 의하면, 도시라는 공간의 유연한 관리는 사람들의 유용성, 더 구체적으로는, 노동의 유용성을 위한 목적과 연관되어 있다. 프랑스 낭트는 이런 이유에서 더 세밀하고 구체적으로 영역화되고 정비되었다. 길 닦기, 위생과 환기 시설 정비, 그리고 교역의 원활함을 위한 도로 정비 등이 통치자에 의해 지시되었다.[22] 경제적 이유에서 도시가 다른 어떤 때부터 중요해졌기 때문이며 생산과 소비를 통해 삶의 순환 공간이

---

20) 안은희 외, 「주거에서 발생하는 공간-권력에 대한 담론연구」, 『한국실내디자인학회 논문집』 20(4호), 2011, 39쪽.
21) 미셸 푸코, 오트르만 역, 『안전, 영토, 인구』, 난장, 2011, 28~33쪽.
22) 위의 책, 43~44쪽.

되어야 했던 이곳에서 인력의 적절한 거주는 불가피했다.

물론 질병 확산 예방을 위해 도시 관리가 시작된 것은 이미 더 이른 시기부터였다. 예를 들면 14세기 이탈리아에서의 페스트 대책이 그 하나이며 구체적인 관리의 예는 검역제도 실시였다. 선박을 항구에 구류한다든지, 승객과 화물을 격리하는 방법을 통해서 도시로 병이 침입하는 것을 막는 이런 류의 역사가 자본주의와 도시화의 본격화 이전부터 시작되었다. 또한 이런 인식을 기반으로 하여 페스트를 분석한 당시 의사들은 병의 확산 방지를 위해 공간 관리의 중요성을 강조했다. 도시에서의 경제적 기능 유지를 위해서는 단순한 격리가 아닌, 경제적 효용성을 위한 관리가 필요했던 것이다.[23]

공간 관리는 다른 무엇보다 경제적 능력 발생과 연결된다는 점을 푸코는 강조했다. 즉 근대 들어, 질병은 치료비용의 요인뿐만 아니라 노동력 감소, 노동시간 저하, 에너지 저하, 경제적 부담 등 노동과 결부된 경제적 요소를 통해 이해되었고 이런 이유에서 인구 현상으로서의 질병은 18세기부터 더 중요하게 생각되었다.[24] 사실상 이 시기 이후 통치자들에게 인구 관리는 국부와 직결되는 중대사안일 수밖에 없었다. 그런 이유에서 사회라는 공간 관리는 국가정책의 대상이 되었던 것이다.

하지만 다른 한 편 산업화 되어가는 도시는 다른 이유에서도 주목할 이유가 된다. 그것은 도시 내의 구성원 간의 불평등 때문이다. 경제적 수준의 차이나 문화 향유 기회 등에서의 차이 말고도 공간적 불평등이 여기에 포함된다. 르페브르도 프랑스 수도 파리와 그 주변 간의 서열화된 공간의 존재를 언급함으로써 산업화된 도시에서의 공간적 불공평과 부자유의 공간을 설명한다.[25] 도시 사회학 분야에서는 사회적 불평등을

23) 이계수, 「메르스와 법: 전염병의 법률학」, 『민주법학』 58, 2015, 252쪽.
24) 위의 글, 252쪽.

발견하는 장소로서 도시를 인식하는데, 도시 공간 구조 자체가 사회적 불평등에 영향을 미친다는 점이 이들에게서 강조된다.[26] 산업화 되면서 도시 건축이나 도시 설계, 교통 설계 등에서 다양한 요소들에 의한 공간적 불평등이 발생된다는 것이다. 특히 성별에게 나타나는 도시 공간의 차이는 여성주의 발전의 성과 위에서 주로 1970-1980년대에 진행된 연구들에서 주목했다.[27]

역사학 내에서도 공간, 특히 도시 내 공간 불평등은 관심의 대상이었다. 영국 런던에서 18세기 이래 진행된 좁은 도심과 빈민 주거지역으로의 이분화, 19세기 중엽 이후, 중간 계급에 의한 교외 개발 역사 등도 주요 연구 관심이었다.[28] 주거공간 배치와 구분 속에서 근대 산업사회가 배태하고 있는 계급적 특성을 읽어내는 연구도 중요한 역사학 성과다. 도시 내 부르주아 주택에서의 교육, 또는 놀이와 요리를 위한 공간 구획에서 드러나는 성별 분리라는 현상이 공간에 작동하는 권력작용에 의한 것임이 연구를 통해 드러나기도 했다.[29]

도시 공간의 경제적 기능, 공간적 불평등, 그리고 그 안에 작동하는 권력의 존재에 대한 인식들은 도시 안에서의 질병 발생과 관련된 경제적 상황과의 관련성, 공간의 특수한 배치와의 연관성, 그리고 더 나아가 권력의 작동 여부에 대한 시각으로 자연스럽게 이어졌다. 19세기 유럽

---

25) 유승호, 「후기 근대와 공간적 전환: 사회적 공간으로서의 공간」, 『사회와 이론』 23, 2002, 82쪽.

26) Annette Harth, Gitta Scheller, Wulf Tessein, "Sociale Ungleichheit als Stadtssoziologisches Thema-Ein Überblick", in ders hg. *Stadt und soziale Ungleichheit*, Opladen, 2000, p.17.

27) 이에 대해서는 Maria Spitthoever, "Geschlecht und Freiraumverhalten-Geschlecht und Freiramverfügbarkeit", p.218.

28) 이에 대해서는 이영석, 「런던, 두 도시의 풍경」, 이영석·민유기 외, 『도시는 역사다』, 서해문집, 2015, 150쪽.

29) Jürgen Reulecke hg., *Geschichte des Wohnens: 1800-1918 Das bürgerliche Zeitalter*, Stuttgart, 1997, pp.69~71.

의 반복되는 질병, 특히 전염병의 발발 속에서 개인의 문제가 아닌 사회적 문제, 그리고 국가적 참여의 문제로서 질병 문제를 파악하는 이들이 있었다는 것은 이런 의미에서 매우 자연스러운 일이다. 특히 19세기 중반 독일에서의 사회적 갈등 문제와 이로 인한 혁명적 시도들이 있었다는 점에서 이런 인식은 당연한 것으로 보인다.

근대 시기의 생명을 다루는 공간의 활용 방식과 도시 내의 공간적 불평등은 생명을 다루는 방식에서의 공간적 불평등의 문제를 생각해보게 한다. 특히 자유주의의 발달 속에서 개인의 자유가 일상의 영역에서 추구되는 상황에서 질병의 원인으로부터 스스로를 지키는 공간을 확보하는 문제는 권력이 공간을 통해서 생명을 관리하는 차원의 그것과는 다른 의미를 갖는다.

III. 19세기 독일의 산업화와
도시 속 공간의 불평등 현상

1. 사회적 질병과 사회의학

19세기에도 유럽인은 고대 이래로 그들을 괴롭혔던 다양한 질병들로부터 그다지 자유로워지지 않았다. 페스트, 천연두, 티푸스, 이질, 콜레라 등 다양한 전염병은 여전히 사람들을 괴롭혔다. 산업 사회로 진전 중인 독일사회에 닥친 사회적 대량빈곤(Pauperismus)은 질병의 확산에 영향을 미쳤다. 물론 사회적 대량빈곤이 오로지 산업화로 인한 것은 아니다. 19세기 전반 독일의 대량빈곤 현상은 독일의 전근대 사회 해체 과정에서 있었던 인구증가와 그에 미치지 못하는 고용수요 부족의 영향이 컸다.[30] 산업화가 시작되면서 일부 고용 상황이 좀 나아지는 듯했지만, 대량빈곤의 문제를 충분히 해소하지는 못했다. 그러면서도 도시 내 인구밀도 증가는 사회문제를 심화시켰다. 이런 상황은 1848/49년의 혁명으로 이어졌다.

자연히 이런 환경은 유행하던 전염병으로부터 도시 내의 빈곤층을 거의 지켜주지 못했다. 인간의 수명연장이나 인구성장에 의학이 의미 있는 영향을 주기 시작한 것인 1850년대 이후였기 때문에 의료 역할은 이런 사회적 빈곤과 질병 유행 저지에 크게 도움되지 못했다.[31] 이런 시기에 위생개혁 운동을 통해 공중보건을 발전시키기 위한 의학의 개혁, 더 나아가 독일사회의 개혁을 외치는 의사출신 활동가들이 나타나는데 이들의 의학적 견해가 바로 '사회의학'이다. 1847-1848년 사이 슐레지엔 지방에서의 발진티푸스 유행 상황을 직접 방문하여 파악하고, 사회의 개혁과 함께 질병에 대한 국가의 적극적인 역할을 강조한 비르효(Rudolf Virchow)가 대표적인 사회의학자이다.

물론 국민의 곤궁함 해결에 대한 국가적 고민은 더 이른 시기부터 시작되었다. 예를 들면, 1531년 칼 5세의 구걸법(Bettelordnung)이 그 하나다. 이는 일종의 세속화된 빈민구호 제도이다.[32] 이 법을 통해 빈민은 "구호 받아" 마땅한 걸인과 "그렇지 않은" 경우로 구분되었다. 사실상 영국의 구빈법과 거의 유사한, 일종의 노동 고용 강제법의 성격도 갖는다.

---

30) 독일의 대량빈곤(Der Pauperismus)은 19세기 전반, 독일 전역에 확대되었던 빈곤과 기아현상을 이야기한다. 1815년 이후의 급속한 인구증가는 농업의 저조한 생산성, 이에 막 진행되고 산업화의 과정 속에서 충분한 생계유지방식을 찾지 못하는 상황으로 이어졌다. 게다가 감자병으로 인한 서유럽의 대량 식량 위기는 독일인들을 더 고통스럽게 만들었다. 이런 현상이 사회적 대량 빈곤을 발생시켰다.

31) 윌리엄 맥닐, 앞의 책, 260쪽.

32) Jürgen Boeckt, u.a. hg. *Sozialpolitik in Deutschland*, Springer, 2017, p.12.

그 외에 직업 집단이 환자에 대한 돌봄 기능을 하는 엘버페트 시스템 (Elberfeld System)도 지역의 대책 중 하나다.

중상주의 시기, 국가 구성원을 국부의 근원으로 판단했던 것 역시 국민의 몸에 대한 국가적 관심에 속한다. 자본주의적 이해관계 속에서 생산력의 건강한 유지가 국민에 대한 관심으로 나타났던 것이다. 공공건물의 청결함 유지, 밝은 병원 환경, 도시 내의 녹지 조성, 그리고 건강 유지를 목표로 하는 학교에서의 육체적 활동 강조 등은 의학적 의미와 함께 프랑크(Johann P. Frank) 이래로 강조되었던 바이다. 그는 1790년에 "우리를 짓누르고 있는 고통의 대부분은 사람들 그 자체로부터 온다. (...) 민중의 빈궁함은 질병을 가져오는 가장 큰 요인이다."라고 주장했었다.[33]

하지만 국민의 곤궁함, 특히 국민을 고통에 처하게 하는 질병에 대한 이러한 제도적 관심이 국민의 삶 자체에 대한 관심에서 유래되었다고 볼 수는 없을 것 같다. 왜냐하면, 프랑크에 의해 주창된 소위 의사경찰 (Medizinal polizei) 인식은 국민 건강 유지보다는 국가 부 증진을 위한 도구적 개념으로서의 국민의 건강한 육체를 고려하고 있기 때문이다.[34]

비록 이런 인식들이 빈민의 질병 자체에 대해 국가의 적극적 관심이었다고 보기는 어렵더라도 중요한 점은 이런 인식이 개인의 질병을 사회적 병으로 해석하게 만들었다는 점이다. 19세기 전염병 유행 시기에 이를 사회 문제로 보는 시각이 적지 않았고 주거와 산업시설 등 건강한 공간에 대한 위생적 관리는 일종의 도덕적 의미로까지 해석되었다.[35]

---

33) 인용은 Erna Lesky, Johann Ambrosiuns Barth Hg., Johann Peter Frank: Akademische Rede vom Volkselend als der Mutter der Krankheit(Leipzig, 1960), Peter Schneck," Die Editionsgeschichte der Wochenschrift Die Medicinische Reform(1848/49) und der Briefwechsel Rudolf Virchow mit seinem Verleger Georg Reimer" NTM N)S 15, 2007, p.181에서 재인용.

34) 이종찬, 「19세기 독일 사회의학의 역사적 발전」, 『의사학』 3(1), 1994, 2쪽.

이런 인식은 의학적인 행정관리의 유행으로 이어져 의사가 도시 공간의 정비를 위한 중요 역할을 맡게 되기도 했다.[36]

사회위생, 예방의학, 국가의학, 위생공학, 공중보건 등 여러 용어로 불리는 질병예방 행위는 사회경제적 조건과 건강, 질병, 의료행위 사이의 관계를 염두에 두고 국민의 건강을 위해 사회적 수단을 동원하고 개입할 필요를 주장하는 이들의 출현으로 이어졌다.[37] 앞서 언급된 비르효도 그 중 한 명이다. 1848/49년 독일 혁명 시기, 국민의회에서 자유주의자의 일원으로 통일을 목적으로 하는 정치활동을 하기도 했지만 이와 더불어 적절한 의료 자격을 갖춘 인력이 주도하는 국가기구 설립을 통해 질병을 국가적 대책으로 해결할 것도 그에 의해 주장된다.[38] 국가와 사회, 그리고 의료 활동의 연대가 질병 극복 및 건강 증진 목적으로 이루어지기를 그는 희망했던 것이다.[39] 19세기 사회적 질병이 예방조처 부족에서 연원한다고 여긴 그에게 19세기 중반 독일 사회는 병든 공간이며 개혁이 필요한 상태였다.

이질이나 티푸스 등이 유행으로 슐레지엔 북부에서 약 3만 명의 티푸스 희생자를 목격한 비르효가 그 원인으로 주목한 바는 굶주림이었다. 그것은 결국 그에 의하면, 정부의 책임에 속하는 것이다.[40] 1947년 이래 베를린에서 빈민치료 개원의(Armenarztpraxis)였던 그는 콜레라의 유행 속에 저지를 위한 지휘자의 역할을 하게 된다. 그 과정에서 그가 판단한

---

35) 이종찬, 「근대적 위생론과 사회적 몸, -1830년-1850년대 영국을 중심으로」, 『역사와 문화』 6, 2003, 79~80쪽.

36) 이종찬, 「19세기 독일 사회의학」, 3쪽.

37) 정현철, 「살바도르 아옌데의 사회의학 연구」, 『사림』 66, 2018, 369쪽.

38) Paul Weindling, "Bourgeois values, doctors and the state", Blackbourn & Evans ed., The German Bourgeoisie, New York, 1991, p.202.

39) Erna Lesky, Johann Ambrosius Barth, Johann Peter Frank: Akademische Rede vom Volkselend, p.183.

40) Hans Ulrich Wehler, Deutsche Gesellschaftsgeschichte, Bd.3, München, 2008, p.653.

것은 유행병 감염이 단순한 질병의 문제가 아니라 사회적 문제라는 것이다. 물론 이는 1848년 전후, 유럽 사회에 확산되고 있던 자유주의 운동 상황 속에서 영향을 받은 것으로 보인다.

병든 사회 치유라는 최종적 목적을 위해 다양한 상하수도 시설 개선 사업을 진행했고 1859년 베를린 시의회선거에 당선 후에는 병원설립, 학교 보건 교육을 위해 활동했다.[41] 이런 활동방향이나 사회의학 영역 안에 속한 이들의 문제의식에서 강조되는 바는 사회가 병적인 상태에 있다는 것이고 그런 이유에서 병든 사회가 속한 국가의 제도적 개혁이 의료 개혁의 전제라고 여긴다. 거기에 의학교육의 근대화나 병원제도의 근대화 그리고 공공의료나 의사들의 지위 향상 등도 추가적 요구사항이었다. 그런 이유에서 비르효는 오늘날 의료운동가들에 의해, 질병 발발과 확산의 책임을 자본주의에 물었던 전투적인 인물로 평가된다.[42] 비르효와 동료들이 발간하던 잡지 *Medizinische Reform*의 창간호의 다음 내용은 이 평가가 과장이 아님을 보여준다.

> (...) 현재 유럽의 사상적 풍토에 휘몰아치고 있는, 국가의 모든 요소들을 그 토대까지 뒤흔들고 있는, 모질고 강한 정치적 폭풍은 생명에 대한 기존의 개념들을 근본적으로 변화시킬 것을 요구하고 있다. 이러한 상황에서 의학 부문만이 유일하게 방치된 채 남아 있을 수는 없다.[43]

이는 건강의 유지 여부가 '관계의 사회적 결정성(Soziale Determiniertheit)'

---

41) Lesky, Erna, Johann Ambrosiuns Barth hg., *Johann Peter Frank: Akademische Rede vom Volkselend*, pp.182~183.
42) 예를 들면, 김태훈, 「의학 이데올로기에 맞선 사회의학의 도전: 질병의 책임, 자본주의에 묻다」, 『오늘보다』 16, 2016, 5월호.
43) 이종찬, 「19세기 독일의 사회의학」, 4쪽에서 재인용.

에 의한다는 인식이 사회의학에 있었음을 보여준다.

자본주의는 사회 공간의 유기적 연관성 속에서 발전되며 그런 이유에서 질병관리 대상은 사회 전체일 수밖에 없다. 사회적 변혁의 목적을 위한 활동이 의학 분야에서 나타난 것도 그런 이유이다. 사회에 대한 개혁 없이 국가의 의료 개입을 천명한 비스마르크의 사회보험 도입에 대해서는 부정적 태도를 보일 수밖에 없었다.[44]

발병이나 회복 책임은 개인이 아닌, 사회적 관계에 있는 것은 물론, 산업화로 인한 사회적 불평등, 정치적 환경과도 연관되어 있다는 시선을 통해 전염병은 사회적 문제가 된 것이며 결국 이는 사회적 개혁을 불가피하게 변화의 방법으로 만들게 한다. 하지만 이런 인식이 체제의 변혁이라는 정치적 목적을 향하는 것이었다고 판단하는 것은 다소 무리한 일이 될 수 있다. 그것은 이 시기 사회의학이 사회전체에 대한 '위생'학의 다른 이름이라는 점을 봐도 알 수 있다. 사실 이는 당시의 전염성 질환 원인에 대한 의학적 판단이 아직 가능하기 전이며 따라서 대처방식이 등장하기 이전이었던 점, 그리고 많은 질환을 사회 전체에 영향을 미치는 매개체, 즉 좋지 못한 공기에 두고 있었던 점과 관련이 있다.

19세기 대부분 기간 동안 콜레라나 결핵의 원인은 사회 전체에 퍼져 있는 어떤 요인에 의한 것으로 알려졌다. 영국 의학에 의해 1850년대에 콜레라와 물의 관련이, 1882년에 가서야 결핵균이 그리고 1883년도에 콜레라균을 발견할 정도였고 그 이전 대부분의 시기 동안 질병 확산 매개는 자연환경, 공기, 물 장소 등 '공간에 편재'되어 있는 것이었다.[45]

---

44) 비스마르크의 사회보험 도입에 반대했던 비르효의 입장에 대해서는 Paul Weindling, "Bourgeois Values, Doctors and the State", David Blackbourn & Richard J. Evans ed., *The German Bourgeoisie* (London, New York, 1991, pp.198~199.
45) 이런 생각은 영국의 채드윅, 프랑스의 비예르메에게서도 나타난다. 강신익, 「의학의 세차원: 자연의학, 사회의학 그리고 인문의학」, 『한국의철학』, 6, 2008, 70쪽.

고대 이래로 대기 감염설은 접촉 감염설과 다투며 질환의 근원으로 간주되었고 18세기 이후에는 전자가 우위를 장악하고 있었다.[46] 중세에 잠시 접촉감염설이 우위에 있었지만 시체나 부패물질에서 나오는 나쁜 공기(miasma)에 체력이 떨어진 이가 감염된다는 생각은 19세기 후반까지 강력한 우위에 있었다.[47] 거기에 산업화로 인한 비위생적인 상황과 사회적 요인 등이 결합되어 결국 비위생적 환경의 필요가 개진중이었다.[48] 1873년 뮌헨에서 발생한 콜레라 상황을 연구한 페텐코퍼(Pettenkofer)는 특히 교도소 내의 질병 양상과 공간에 대한 분석, 그리고 수감된 환자들의 직업 등을 분석하고 도시 내에서의 전염자들 사이의 관계망 등을 분석한 후, 사람 사이의 전염 보다는 지역의 오염에 더 큰 원인이 있다고 판단했다. 결국 지역 오염에 의한 개인적 발병이라는 것이 그의 생각이다.[49]

발병의 원인을 공간 특정이 어려운, 오염된 공기에서 찾았던 까닭에, 발병 이후의 치유를 위한 의료적 행위보다는 예방에 관심이 집중될 수밖에 없었다. 사회 내의 오염과 비위생 개선 노력은 그렇게 탄생했고 정치적 노력 역시 진행되었다. 물론 빈곤한 이들의 발병 빈도를 통해 가난

---

46) 민유기, 「19세기 후반 파리의 도시위생 정책을 둘러싼 사회적 갈등과 합의」, 『프랑스사 연구』 14, 2006, 79~98쪽.

47) 사실 1546년 지롤라모 프라카스토로에 의해 세균 감염설이 제기되기는 했다. 하지만 독립혁명 과정에서 프랑스군이 혁명진압을 위해 산토 도밍고 섬에 파견되었을 때 몇 달 만에 황열병으로 약 3만 3천의 군대가 거의 전멸된 이후에 황열병에 대한 세균 감염설은 더 이상 동의를 받지 못했다. 그리고 공기로 인한 전염에 대한 인식이 더 설득력을 얻고 있었다. 윌리엄 맥닐, 앞의 책, 284~285쪽.

48) 이안 F. 맥니리, 앞의 책, 42~45쪽.

49) 사회의학의 선구자였던 페텐코퍼는 1873년 7월에서 1874년 4월까지 뮌헨에서 확산된 콜레라에 대한 조사를 통해 결국 지역의 오염이라는 요인이 전염병의 근원이 됨을 주장하고 있다. 이에 대해서는 Max von Pettenkofer, Outbreak of Cholera among convicts, London, 1876, US National Library of Medicine, https://Collection.nim.nih.gov/bookreviewers, p.7.

과 질병, 그리고 사망과의 관련성이 있다는 점에 근거한 사회의학자들의 활동을 통해서 볼 때, 19세기 독일 사회의학은 노동자 계급의 계급적 이해에 가까이 다가가 있는 것으로 평가될 수 있다. 그런 의미에서 사회의학이 노동자의 삶 자체보다 자본주의 체제 재생산 능력 지속에 목적을 둔 사회보험 도입에 부정적이었던 것을 이해할 수 있다.[50] 하지만 사회 전체의 위생에 대한 관심에도 불구하고 그 전체 안에 존재하는 구체적인 질병노출에 차별적 상황이 있다는 점에 대해서는 그들은 그다지 관심을 갖지 않은 듯이 보인다. 특히 전염의 가능성과 일상적 삶을 위한 노동수행 과정이 분리될 수 없었던 이들이 있었다는 점에 대해서 그러하다. 자본주의의 작동과 그것이 만든 사회문화적 특징들은 사회 내에 일정한 사회구성원들의 공간적 안정성 포기 없이 유지되기 힘들었다. 즉 19세기에는 전염병으로부터의 안전한 사회적 '거리'권 향유에 차별이 있었던 것이다.

2. 공간권의 불평등성

19세기 독일에 유행했던 콜레라를 연구한 에반스(Richard Evans)는 자연재해와 달리 재난적 질병은 확산 정도나 영향 면에서 사회적, 정치적 요소의 영향을 받는다고 강조한다. 사회구성원이 전염병에 영향을 받은 정도는 동일하지 않았다는 것이다. 이 질병에 더 많이 노출되었던 이들

---

50) 비스마르크에 의한 사회보험 제도의 등장은 사실상 노동자의 삶 자체보다는 산업자본주의 체제의 재생산 능력을 지속시키기 위한 것이었으며 이런 의미에서 이는 산업화과정의 기능적이고 필수적인 파생품으로서의 성격을 갖는다는 평가를 받는다. 이에 대해서는 Ute Frevert, *Krankeit als politisches Problem 1770-1880*, Göttingen, 1984, p.12.

이 하층계급이었다는 점과 연관된다. 1835년 프랑스 액상 프로방스(Aix-en-Provence)에 퍼졌던 콜레라 경우, 임금노동자나 일일 고용노동자, 걸인, 장인, 작은 규모의 상업종사자, 소농 등이 다른 인구와 대비했을 때, 더 많이 전염되었다.[51] 독일의 경우도 마찬가지였는데 우선적으로 경제적 격차가 발병 양상 차이를 가져오는 주요 요인이었다. 1850년 독일 브라운슈바이크(Braunschweig)의 콜레라 감염 사례에서 75마르크 이하 소득자에서 천 명 당 5.3명인 반면, 75~100마르크 받는 이들에서는 천 명 당 3.0명, 그리고 100~200마르크인 경우 1.4명, 그리고 200마르크 이상의 경우, 0.3명이었다.[52]

노동 유형 역시 연관이 있었는데 1890년대 함부르크에서의 유행 시, 육체적 노동 종사자와 콜레라 발병률 및 사망률 사이에서 유의미한 연관 관계를 찾을 수 있었다. 경제적으로 독립적인 계층 및 화이트칼라 노동자들의 발병률과 사망률은 상대적으로 낮았다.

19세기 유럽인들이 질병의 고통을 더 강했던 이유에는 견딜 수 있는 힘을 주던 기존의 제도적 장치들의 기능이 축소되었던 점도 영향을 미쳤다. 19세기 중반, 감자병 발병에 이은 곡식 가격 급등, 실업 증가, 수입 감소 등의 상황에서 교회 공동체 지원도 줄어들었던 것이다. 이에 반해 걸인, 도적질 등이 증가했다. 이질이나 티푸스 등 질병의 유행에서 제외된 독일 지역은 거의 없었지만 특히 도시의 빈곤지역 피해가 컸다.[53]

또한 전염질환자를 완전히 격리하던 전통사회와 달리 산업화 사회에서의 완전한 공간 차단은 불가능했다. 경제적 생산성에 대한 고려 때문이다. 전염병 원인에 대한 논의가 접촉설로부터 장기설로 바뀌었던 이

---

51) Richard Evans, "Epidemics and Revolutions: Cholera in Nineteenth-Century Europe, *Past & Present*, No. 120(1988), p.129.

52) R. Evans, 앞의 글, pp.129~130.

53) Hans Ulrich Wehler, *Deutsche Gesellschaftsgeschichte*, p.288.

유 중에도 접촉설로 인한 국제 교역상의 불이익을 두려워한 부르주아들의 입김이 작용했다는 점이 이런 차원에서 의미심장하다. 장기설은 공기 오염의 부담으로 인해 활발한 도시 정비로 이어지는 계기가 되었다. 이는 특히 1840년대 급격히 증가한 위생에 대한 공적 관심 속에서 활발하게 진행되었다.[54] 독일도 예외는 아니었다. 물론 하천 정비, 하수시설 등 정비 노력이 반드시 질병 발병과 연결되었던 것은 아니라는 의견도 있기는 하지만 오염된 공기와 질병의 연관성을 이야기하는 당대의 질병에 대한 의견을 고려할 때, 그 연관성을 완전히 차단하기는 어렵다.[55]

왜냐하면 악취는 사회계급 간의 차이를 대변하고 있기 때문이다. 알랭 코르뱅에 의하면 후각은 근대 세계에서 공간이나 사회계급, 사람 자체를 파악하는 잣대로 작용했다. 산업시설 등장과 생산성 증가, 그리고 그곳으로의 인구 밀집은 냄새에 대한 관심을 증가시켰고 악취관리는 공공위생 전략 관리 대상이 되었다. 하지만 공기 정화는 비단 하천 정비 방식으로만 진행되지는 않았다. 도시빈민은 축출되었고 냄새의 근원을 정비하는 행정 관리는 꼼꼼해졌다.[56] 하지만 그곳에 살면서 냄새를 만들어 냈던 이들의 삶의 공간 개선이 이루어진 것은 아니었던 것이다.[57]

공간 정비는 콜레라와 전염병 확산 시기에 특히 활발했는데 이는 공중보건에 대한 관심 증가 시기와 맞물린다.[58] 당시 전염병 이동이 가능한 공간에 대한 관리 방식이 실행되었음은 물론이다. 공기가 질병의 매개가 된다는 의심 속에 병원의 배기구 설치, 죄수들 독방의 환기구 관리

54) Jürgen Reuleck, *Geschichte des Wohnens*, p.429.
55) 하천 정비가 반드시 질병 예방과 연관된 것은 아니라는 의견에 대해서는 한해정, 「19세기 독일의 도시환경과 하수시설」, 『서양사론』 100, 2009, 197쪽.
56) 알랭 코르뱅, 주나미 역, 『악취와 향기』, 오롯, 2016, 150쪽.
57) 민유기, 앞의 책, 106쪽.
58) 이종찬, 「근대 중국에서의 의학의 문화적 헤게모니」, 26쪽.

등이 이루어졌다. 또한 육체적, 물리적 거리 조정도 진행되었는데, 예를 들면 군대 내에서의 침상 간격 두기, 질병이 심한 공간 태우기, 그리고 악취 파괴를 위한 화학물질 활용 등이 이루어졌다.[59)

빈곤층의 공간 향유 상황에 대해서는 사회주의의 관심이 향해지기도 했다. 19세기 노동자 계급의 상황을 서술하면서 엥겔스는 『영국노동자 계급의 상태』에서 에딘버러의 한 노동자 집단 지역에 대해 관찰하고 다음과 같이 적었다.

> 여기서 노동자 계급은 전체 인구(약 30,000명)의 78% 정도를 차지하고 있으며 (…) 이런 집에는 문자 그대로 주민들이 벌떼같이 살고 있다. 보통 한 층에 3~4가구가 살고 있으며 아마 20명 정도가 살고 있을 것이다. (…) 이런 지역에서는 사회에서 가장 가난한 자, 가장 타락한 자, 가장 쓸모없는 자들이 살고 있으며 또한 이 지역은 무시무시한 전염병의 근원으로서 여기서 전염병이 시작되며 (…)[60)

산업화로 빈부 격차가 증가하고 도시는 오염되었지만 그곳으로 사람들은 몰려들었다. 전염병의 위험 노출은 자연스러운 연결이었다. 공간을 공유한 이들은 공통의 운명에 노출되었다. 17세기 후반, 런던에 출몰한 페스트에서는 성 밖의 빈민, 흑인, 아일랜드인 거주지역의 피해가 더 컸다. 특히 장기설은 공간의 협소함과 오염을 연결시켰고 도심 공간 관리는 중요해졌다. 국가의 공공위생 담당자들이 노동자 거주지역을 관찰했는데 예를 들면 프랑스의 경우 1846년 파리의 위생위원회가 구성되고 1848년 11월 20일 행정명령을 내렸으며 1850년 4월 13일 비위생적인 주거 단속법이 선포되었다.[61)

---

59) 알랭 코르뱅, 앞의 책, 161~166쪽.
60) 프리드리히 엥겔스, 앞의 책, 72쪽.
61) 알랭 코르뱅, 앞의 책, 248쪽.

독일의 경우도 예외는 아니었다. 19세기 초 중반, 산업혁명을 먼저 이룬 영국 산업의 영향 속에서 수공업 기반은 위기를 맞았고 대량빈곤 현상 속에서 생계 수단을 찾아 사람들은 도시로 향했다. 일찍 시작된 철도 건설은 국내 이주를 촉진했다. 산업시설 주변의 인구 과밀과 비위생적인 공간은 일자리를 찾아 떠도는 이들의 차지일 수밖에 없었다. 생계에 맞물려있는 이들에게 건강한 공간 선택은 사치였다.[62]

하지만 병인과의 거리에서 더 직접적 위험상황에 처하는 이들도 있었다. 그들은 바로 물과 직접 관련된 일을 하는 노동자들이다. 19세기, 수차례 있었던 콜레라 유행 와중에, 물이 병의 매개로 작용한다는 점이 독일에도 알려졌고 물과의 거리두기는 병으로부터 스스로를 보호하는 방법이 되었다. 그러나 도심의 공장지대 주변에 모인 이들은 동력이 되는 물가로부터 멀어질 수 없었다. 실제로 도시의 주요 빈민지역은 물가를 중심으로 형성되어 있었던 것이다. 1892년 콜레라가 확산되었던 함부르크의 경우, 수로를 만들고 물을 필터링하는 시스템을 갖춘 알토나(Altona) 지역의 경우만 사망률이 매우 낮았다.[63] 특히 더웠던 이 해 함부르크에는 도시 정비 과정에서 아주 좁게 형성된 주거지로 밀려났던 빈민들 사이에 콜레라가 확산되어 16,596명이 감염되고 그중 8,605명이 사망했다. 이 지역은 가난한 노동자의 주거주지였다.[64]

주거 때문만이 아니라도 노동의 유형상 물과 분리될 수 없는 이들도

---

62) 20세기 초 루르지방의 광산 노동자들 가정에서 흔히 발견되는 주거양식이 노동자들의 연대를 강화시키는 측면이 있는 것으로 해석되었지만 더 근본적인 것은 이들 사이에 병의 전염을 막을 공간이 부재하다는 점이다. 일반적인 경우에 이 공간의 유지 여부는 그리 중요하지 않지만, 전염병이 도는 위기의 시기에 이것의 의미는 적지 않다.

63) Die Cholera-Epidemie von 1982 in Hamburg/ NDR.de-Geschichte-Ort
https://www.ndr.de/Geschichte/Schauplaetz/1982-DieCholera-uwetet-in-Hamnur-.Choleraepidemie100.html

64) Jürgen Reulecke, *Geschichte des Wohnens*, p.105.

거기에 속한다. 수로를 생계 방편으로 살아가는 수로 관리 노동자나 상품 하역노동자들이다. 수송은 자본주의 작동에 필수적 요소이며 다른 어떤 분야보다 많은 노동력을 필요로 했다. 특성상 물과 분리될 수 없었기에 쉽게 구할 수 있는 직종이기도 했다. 이외 선원, 뱃사공, 어부, 강가의 빨래 노동자, 그리고 가사의 다양한 영역을 맡아하는 여성노동자 등도 그들에 속한다. 그들은 19세기 중반 독일 도시에서 가장 힘이 고되고 건강을 가장 많이 해칠 수 있는 직업으로 간주되었다.[65] 1892년 함부륵에 콜레라가 유행했을 때 당시 그 지역 의사 휴고 지몬(Hugo Simon)은 8월 14일에 한 명의 수로 노동자를 진료하고 콜레라 유행을 직감했다. 그가 진찰한 잘링(Sahling)이라는 수로 노동자는 심한 설사 끝에 병원으로 이송된 후 사망한다.[66]

물가에 근접한 노동자의 경제활동을 통해 이익을 취하는 부르주아들은 산업시설 오염과 질병의 집중 발현에 예민하게(bourgeois sensibility) 반응하면서 이에 대한 조치를 취한다.[67] 도심으로부터 상당한 거리가 있는 교외로 그들의 주거지를 옮겼고 이로 인해 도시는 공간적으로 이분된다.[68]

특히 대부르주아들의 도시 탈출은 도심의 소음과 오염으로부터 벗어나려는 행위이기도 했지만 이는 부르주아의 사생활 문화를 가능하게 했다.[69] 조용한, 가족만의 삶의 공간 속에서 마치 귀족의 그것처럼, 거대

---

65) Jürgen Reulecke, Ibid, p.100.

66) Die Cholera-Epidemie von 1982 in Hamburg/ NDR.de-Geschichte-Ort
https://www.ndr.de/Geschichte/Schauplaetz/1982-DieCholera-uwetet-in-Hamnur-.Choleraepidemie100.html

67) Richard J. Evans, "Epidemics and Revolutions: Cholera in Nineteenth-Century Europe", *Past & Present*, No.120, 1988, pp.126~127.

68) 이영석, 앞의 책, 151쪽.

69) 영국 런던으로부터의 부르주아 층 이탈 현상을 영국 부르주아의 고유한 가족적 폐쇄성, 즉 감정적 유대 유지로 인해 도시의 개방성과 병행하기 어려웠던 점을 연결

저택을 지어 도심과 거리를 유지하고 가족 문화를 발전시켰던 것이다.[70]

실제로 19세기 후반, 함부르크 지역의 부르주아는 도시외곽에 빌라를 짓고 그들만의 사회적 공동체를 형성했다. 그것은 그들 사이의 유대 강화를 통한 일종의 사회적 자본 증가 수단이기도 했다.[71] 당시 부르주아들이 유행하는 콜레라를 "위험한 계급" 즉 노동자층의 고통으로 치부함으로써 자본증식 토대인 도시 정비에 적극 나서지는 않았던 점, 통상에 불리하게 될까 싶어 전염병을 공기오염의 탓으로 돌렸던 점,[72] 그리고 오염 지역으로부터 충분한 거리에 주거지를 형성해 질병의 전염에서 멀어진 모습은 21세기 자본주의 사회에서의 소위 "사회적 거리" 확보의 방식들 속에서 드물지 않게 목격하는 장면이다.[73]

수로나 하역 노동자 이외에 전염병으로부터의 안전한 방어 공간 확보가 어려웠던 종류의 노동자들은 또 있다. 이들은 부르주아의 사생활은 물론 건강을 지키면서도 사회와의 관계로부터 완전 분리되지 않게 해준 하인 노동자층이다.

이 인력의 사회적 의미는 푸코의 다음 인용을 통해 명확하게 이해될

시키기도 한다. 이 예에 대해서는 이영석, 위의 책, 151쪽.

70) 사업 영역을 확장하며 부르주아들은 공장에서 떨어진 곳에 주거지를 마련하고 사업에 바쁜 가부장과 아들이 사업과 상업에 역량을 쏟는 시간에 정원과 다양한 작은 방들에서 가족은 행복한 시간을 보냈다. 필립 아리에스 · 조르주 뒤비 편, 전수연 역, 『사생활의 역사 4』, 새물결, 2003, 120~126쪽.

71) Richard J. Evans,"Family and Class in Hamburg", David Blackbourn and Richard Evans ed., The German Bourgeoisie, New York, 1991, p.130.

72) 콜레라 유행 가능성을 인지한 함부르크 의사들은 그 위험을 널리 알리는 것을 주저했다고 한다. 이유는 경제적 손실에 대한 염려 때문이었다. Die Cholera-Epidemie von 1982 in Hamburg/ NDR.de-Geschichte-Ort
https://www.ndr.de/Geschichte/Schauplaetz/1982-DieCholera-uwetet-in-Hamnur-.Choleraepidemie100.html

73) 인용 용어는 R. J. Evans, "Epidemics and Revolutions", p.139.

수 있다. 그는 부자가 "광기가 덮친 자신의 부모를 자신의 거처에서 정성스럽게 치료하는 것이 보통이고", 치료에 실패하면 부모를 "믿을 수 있는 하인들로 하여금 감시하도록" 한다고 했다.[74] 광기의 치료 실패는 광기와의 공존을 의미하되 격리 필요를 의미한다. 그것을 대신하는 이는 바로 하인이다. 광기, 또는 통제되지 않는 질병으로 진전된 부모와의 '거리'는 하인을 통해 안전하게 완화된다.

근대사회로 진전과정에서 농촌의 가난한 아이들이 도시의 작업장이나 귀족 혹은 부르주아의 하인층이 되곤 했다. 저택의 다락 등에 기거하며 가정 내의 다양한 일들을 하고 장을 대신 보러 나가거나 다른 가족들과의 연락 역할을 담당한다.[75] 병인을 오염으로 인식하던 시기에는 오염된 도시에, 그리고 세균에 의한 것으로 판단된 시기에 거리는 세균 접촉의 위험이 있던 곳이다. 에반스 역시 가내 노동자나 운송에 종사하는 이들이 콜레라에 가장 심각하게 영향을 받았던 이들이라고 이야기한다.[76] 오늘날의 개념으로 이야기하면, "사회적 거리" 안에서 오가며 부르주아의 거리 나서기를 대신하는 이들이다.[77] 부르주아의 아이들의 방문 유모는 전염병이 확산 시기에는 철저한 위생 규범을 요구받았다.[78] 질병 전파를 막기 위한 규제의 대상이 부르주아 여성에게가 아닌, 재생산

74) 미셸 푸코, 『광기의 역사』, 671쪽.
75) 가정에만 머무는 부르주아 여고용주의 사회적 관계 중 상당부분은 이들에 의해 해결되었다. 필립 아리에스·조르주 뒤비, 앞의 책, 303쪽.
76) Richard Evans, "Epidemics and Revolutions", p.129.
77) 계급들 사이의 상이한 냄새에 대한 사회사 연구에서 하인이나 유모, 문지기 등에게서는 혐오스러운 냄새가 나서 빈민의 냄새를 부르주아에게 전파하는 이들로 묘사되었다. 이는 다른 의미로는 부르주아의 사회적 거리의 역할이 이들에게 있고 그 거리의 오염을 이들이 냄새로서 간직한다는 의미가 된다. 알랭 코르뱅, 앞의 책, 228쪽.
78) 의사들은 유모들에게 하루에 한 번 목욕하기, 그리고 입과 가슴과 생식기는 매일 씻기를 의무로 권고했다. 이에 대해서는 알랭 코르뱅, 위의 책, 281쪽.

노동자에게 향했던 것이다.

이들 "사회적 거리" 내에서 일하는 노동자들은 직접 상품 생산자는 아니다. 다양한 사회적 서비스를 행하는 이들이며 사회적 관계들을 대행하는 이들이다. 코로나 시대의 "사회적 거리", 즉 가능한 한 타인과의 떨어지는 공간 사이의 관계를 대신하는 이들과 유사한 이들인 셈이다.

IV. 맺음말

병인으로부터 일정한 거리 유지, 또는 안전한 공간 확보는 전염병의 심각한 유행 시기에 생명 유지와 직결되어있다. 특히 전염질환에 대한 의학적 대책이 없던 시기에는 더욱 중요하다. 고대 이래의 공간 격리와 근대세계에서의 공간 관리는 그 방식은 다르지만 건강 유지의 방편으로서 의미를 갖는다. 근대 산업화 시대에 질병 확산 저지를 위해 공간을 관리하는 국가의 정책들은 경제적 이해관계를 고려하면서 추진되었고 사회계급 간에 건강 유지를 위해 필요한 '일정한 공간' 확보는 사회 계급 간의 차이를 보였다. 뿐만 아니라 종사하는 업종에 따라서도 공간 확보의 권리는 모두 동일하게 향유하지는 못했다. 특히 자본주의적 부의 근간이 되는 도시에 밀집해 살아가던 노동자들이나 사회적 서비스 노동자들의 경우 그 권리에서 배제되는 경향이 있다.

하지만 전염병의 매개체 이동을 막을 만한 사회적 공간 확보의 어려움을 실질적으로 겪었던 이들은 대개 다양한 사회문제 해결을 위한 정치운동이나 의료운동, 또는 정치적 개혁 운동 주체들의 가시권 안에 들어있지 않았다. 19세기 사회주의 운동에서 대상이었던, 하나의 집합단수가 된 임금노동자들 내에 쉽게 포함되지 않는 사회적 서비스 노동들도 거기에 속한다. 이들이 필요는 했지만 생계활동을 위해 향유할 수 없었던 '공간'에 대한 간절함은 19세기 후반, 세균의 발견으로 의학적 수단이 만들어지고 공공의료의 제도적 정착이 시작되면서 더 이상 중요하지 않게 되었다. 물론 사회적 질병으로부터 이들이 완전히 자유로워진 것은 아니지만 노동자계급의 건강 유지에 필요한 사회국가적 장치가 마련되었기 때문이다. 그러나 그때에 제대로 주목되지 않았던 공간적 권리부터 배제 상황을 경험한 이들과 상당히 유사한 또 다른 유형의 "사회적 거리" 확보 권리를 포기할 수밖에 없는 많은 노동자들을 21세기의 팬데믹 시대에 목격하고 있다. 수많은 사회적 서비스 노동력들의 존재는 전혀 예상치 못한 규모와 방식으로 우리에게 각성되고 있으며 이들의 모습은 19세기적 상황에서 사회적 거리 사이를 오가던 노동자의 모습과 자연스럽게 오버랩되고 있다. 정치적, 사회적 권리라는 측면에서는 주목되지 못했지만 생명을 위협하는 위험의 상황에 노출되었던 또 다른 사회적 불평등 하에 놓여있던 노동자들이었다. 오늘의 상황은 주목하지 못했던 시민권적 불평등을 다시 돌아보게 한다.

참고문헌

강신익, 「의학의 세차원: 자연의학, 사회의학 그리고 인문의학」, 『한국의 철학』 6, 2008.

김경현, 「안토니누스 역병의 역사적 배경과 영향」, 『서양고대사연구』 37, 2014.

김태훈, 「의학 이데올로기에 맞선 사회의학의 도전: 질병의 책임, 자본주의에 묻다」, 『오늘보다』 16, 2016.5.

나혜심, 「서구 근대의 신체담론과 사회적 돌봄노동의 역사」, 『역사연구』 36, 2019.

마이크 데이비스, 김정아 역, 『슬럼, 지구를 뒤덮다』, 돌베게, 2016.

필립 아리에스・조르주 뒤비 편, 전수연 역, 『사생활의 역사4』 새물결, 2003.

미셸 푸코, 이규현 역, 『광기의 역사』, 나남, 2010.

미셸 푸코, 오트르망 역, 『안전, 영토, 인구』, 난장, 2011.

박민철 감수, 이문필, 강선주외 편저, 『한 권으로 보는 의학콘서트』, 빅북, 2018.

로베르 플라실리에르, 심현정 역, 『고대 그리스의 일상생활』, 우물이 있는 집, 2003.

민유기, 「19세기 후반 파리의 도시위생 정책을 둘러싼 사회적 갈등과 합의」, 『프랑스사 연구』 14, 2006.

안은희 외, 「주거에서 발생하는 공간-권력에 대한 담론연구」, 『한국실내디자인학회논문집』 20(4), 2011.

알랭 코르뱅, 주나미 역, 『후각으로 보는 근대 사회의 역사』, 오롯, 2019.

윌리엄 맥닐, 김우영 역, 『전염병의 세계사』, 이산, 2020.

유승호, 「후기 근대와 공간적 전환: 사회적 공간으로서의 공간」, 『사회와 이론』, 23, 2002.

이계수, 「메르스와 법: 전염병의 법률학」, 『민주법학』 58, 2015.

이민구 외, 「푸코의 질병의 공간화와 중동 호흡기 증후군」, 『의철학연구』 20, 2015.

이상호, 「사회질서의 재생산과 상징권력」, 현택수외, 『문화와 권력』, 나남, 1998.

이성재, 「중세유럽의 나환자에 대한 사회적 인식과 수용소 제도」, 『전북사학』 35, 2009.

이안 F. 맥러니, 신영전·서지은 역, 『거대한 규모의 의학』, 건강미디어협동조합, 2019.

이영석, 「런던, 두 도시의 풍경」, 이영석·민유기 외, 『도시는 역사다』, 서해문집, 2015.

이을상, 「몸의 생의학적 의미와 생명정치」, 『철학논총』 62(4), 2010.

이종찬, 「19세기 독일 사회의학의 역사적 발전」, 『의사학』 3(1), 1994.

이종찬, 「근대적 위생론과 사회적 몸, -1830년-1850년대 영국을 중심으로」, 『역사와 문화』 6, 2003.

이종찬, 「근대 중국에서의 의학의 문화적 헤게모니」, 『의사학』 12(1), 2003.

정현철, 「살바도르 아옌데의 사회의학 연구」, 『사림』 66, 2018.

조주현, 「생명정치, 벌거벗은 생명, 페미니스트 윤리」, 『한국여성학』 4(4), 2008.

프리드리히 엥겔스, 『영국 노동자계급의 상태』, 두리, 1988.

한해정, 「19세기 독일의 도시환경과 하수시설-에쎈시를 중심으로」, 『서양사론』 100, 2009.

이계수, 「메르스와 법: 전염병의 법률학」, 『민주법학』 58, 2015.

Boeckh, Jürgen u.a .hg. Sozialpolitik in Deutschland, Springer, 2017.

Evance, Richard, "Epidemics and Revolutions: Cholera in Nineteenth-Century Europe, Past & Present No.120, 1988.

Evans, Richard J., "Family and Class in Hamburg" David Blackbourn and Richard Evans ed., The German Bourgeoisie, New York, 1991.

Frevert, Ute, Krankheit als politisches Problem 1770-1880, Göttingen, 1984.

Harth, Annette, Gitta Scheller, Wulf Tessein, "Soziale Ungleichheit als Stadtssoziologisches Thema-Ein Überblick", in ders hg. Stadt und soziale Ungleichheit, Opladen, 2000.

Lesky, Erna, Johann Ambrosiuns Barth hg., Johann Peter Frank: Akademische Rede vom Volkselend als der Mutter der Krankheit, Leipzig, 1960.

von Pettenkofer, Max, Outbreak of Cholera among convicts, London, 1876, US National Library of Medicine, https://Collection,nim,nih.gov/bookreviewers,

Reulecke, Jürgen hg., Geschichte des Wohnens: 1800-1918 Das bürgerliche Zeitalter, Stuttgart, 1997.

Schneck, Peter, Die Editionsgeschichte der Wochenschrift Die Medicinische Reform(1848/49) und der Briefwechsel Rudolf Virchow mit seinem Verleger Georg Reimer NTM N)S 15, 2007.

Spitthoever Maria, "Geschlecht und Freiraumverhalten-Geschlecht und Freiramverfuegbarkeit", Harth, Annette, Gitta Scheller, Wulf Tessein Hg., Stadt und soziale Ungleichheit, Opladen, 2000.

Weindling, Paul, Bourgeois Values, Doctors and the State, David Blackbourn & Richard J. Evans ed., The German Bourgeoisie, London, New York 1991.

3부

의료와 정치,
제국과 인종

한위건의 초기 생애와 3 · 1 독립운동 참여 과정 톺아보기
생애 초기 규명과 경성의학전문학교 특성 고찰을 중심으로

하세가와 사오리

최 규 진

Ⅰ. 머리말

3 · 1운동이 발발하는 데 있어 학생들의 기여는 절대적이었다. 일제도 3 · 1운동에 대해 "선언서의 배포와 학생들의 선동에 따라" 많은 조선인들이 독립을 믿었기에 가능했다고 분석했다.[1]

잘 알려져 있듯이 학생들의 3 · 1운동 참여 기획과 준비는 학생단(學生團)을 통해 이루어졌다. 그 결과로 실제 3 · 1운동에는 수많은 학생들이 참여했는데, 학교별로 따져보면 경성의학전문학교가 가장 적극적이었다.[2] 학생들의 3 · 1운동 참여에 중요한 역할을 한 이 학생단과 경성의학

---

1) 김정인, 「3 · 1운동 모의 · 확산불씨가 되고 불꽃이 되다」, 『대한민국정책정보지 위클리 공감』, 2019.

2) 1919년 4월 20일자 조선총독부의 보고자료를 보면 3 · 1운동 관련 구금된 학생은 경성의전이 31명으로 가장 많고, 경성고보(22명), 보성고보(15명), 경성공전(14명), 경성전수학교(12명), 배재고보(9명), 연희전문(7명), 세브란스의전(4명)이 그 뒤를 이었다

전문학교(이하 경의전)라는 교집합에 속하는 사람을 살펴보면, 한위건과 김형기가 눈에 띈다.[3] 둘 중에서도 한위건의 역할이 보다 두드러진다. 이는 "1919년 소요사건 발생 당시부터 그 주모자로서 동분서주하며 각지에서 배일사상을 고취시킬만한 연설을 하고, 항상 배일적 언동을 한 자"라는 일제의 평가를 통해서도 확인된다.[4]

한위건의 뚜렷한 활동 이력에 비해 사회적 인지도나 학계의 관심도가 높다고는 할 수 없다.[5] 물론 그렇다고 학술적 접근이 없었던 것은 아니다. 그에 대한 조명은 국외에서부터 이루어졌다. 1982년 생애 후반기 중국에서의 활동을 중심으로 요녕인민출판사(책임편집 김보민, 특약편집 김형직)에서 한위건의 삶을 선구적으로 정리했다.[6] 이어 1983년 심양·료녕인민출판사에서 나온『조선족혁명열사전』제1집과 1984년 청구문고에서 편집·발행한『조선민족운동사연구』제1집[7]을 통해 한위건의 기초적인 연보가 갖추어졌다. 국내에서는 1990년대 들어 연구가 이루어졌는데, 주로 국외 선행연구들이 정리한 생애를 재검토하며 한위건의 이론가로서의 면모를 중점적으로 다루었다.[8] 이후 한동안 한위건에 대한 접근이 이루어지지 않다가 2019년 3·1운동 100주년을 맞아 김승태가

(황상익,『근대 의료의 풍경』, 푸른역사, 2013, 810~811쪽).『매일신보』11월 8일자에 실린 검거되어 판결을 받은 학생 수를 보더라도 경성의전이 30명으로 가장 많았다.

3) 나창헌도 학생단의 3·1운동 준비모임에 결합했으나 2월 26일경이었다(한국사데이터베이스 최경하 신문조서 참조).

4) 京城覆審法院檢事局(추정),『倭政時代人物史料』2, 1928, 155쪽.

5) 한위건은 2005년에야 건국훈장 독립장에 추서되었다.

6) 이『不屈的战士-忆念李铁夫同志』의 특약편집을 맡았던 김형직은『조선혁명열사전 1』(1983)과『조선족 백년사화 2』(1985)에서 각각「리철부(1901-1937)」,「불굴의 투사 이철부」장을 집필하였다. 그러나 중국에서 나온 이 글들에는 전거가 나와 있지 않다.

7) 한위건 부분은 미즈노 나오키(水野直樹)가 집필하였다.

8) 1990년대 국내에서 이루어진 한위건 관련 대표적인 연구는 권영숙(1992), 김점숙(1994), 전명혁(1994) 등이다. 특히 김점숙의 논문은 오류가 있으나 전거를 밝힌 최초의 작업으로서 그 의미가 크다.

한위건의 생애 전반과 3·1운동에서의 활약을 자세히 정리하였다.[9]

그러나 이런 선행연구들이 있음에도 불구하고 아직 채워야 할 내용이 적지 않다. 특히 그의 생애 초기에 대해서는 아직 출신 학교는 물론 생년월일조차 정확히 밝혀내지 못하고 있다. 그의 이력 중 그나마 분명한 것은 경의전을 다녔다는 사실이다. 하지만 그 중요한 이력조차 단편적인 이해에 머물고 있다. 한위건의 경의전 시절은 3·1운동에 참여해 항일독립운동가로 거듭나는 시기인 만큼 그의 삶과 활동을 이해하기 위해 반드시 주목해야 할 부분이다. 달리 말해, 이 경의전 시절에 대한 분석을 바탕으로 그의 생애와 활동을 고찰해야 보다 입체적인 이해가 가능하다.

본 논문은 이러한 문제의식을 바탕으로, 선행연구들이 미처 주목하지 못한 사료들을 토대로 한위건의 생애 초기를 규명해보고자 한다. 또한 경의전에 대한 분석을 바탕으로 그의 3·1운동 참여를 되짚어볼 것이다.

II. 한위건의 생애 초기 규명

앞서 언급했듯이, 한위건의 초창기 생애에 대해 제대로 정리되어 있지 않은 상태다. 단적으로 그의 정확한 생년월일조차 알지 못한다. 심지어 그의 공훈을 검증한 보훈처의 독립유공자공적조서조차 "생몰년 1896-1937"으로만 기재되어 있다. 현재 확인할 수 있는 당대의 기록은 모두 일제 측에서 작성한 것으로, 대부분 1896년이라고만 기재되어 있

---

9) 김승태,「한위건의 생애와 민족독립운동」,『한국민족운동사연구』101, 2019.

다.[10] 그러나 가장 앞서 그리고 여러 차례 한위건의 생애를 정리한 김형직은 전거를 밝히지 않은 채 그의 출생을 1901년이라고 기록했다. 반면 미즈노 나오키는 1896년설을 받아들이면서도 1898년 또는 1900년이라고 적힌 자료도 있다고 덧붙였다. 국내 학자들의 의견 역시 둘로 나뉜다. 권영숙은 "그의 삶의 시간표상 1896년은 무리한 연도 추정"이라며 김형직의 1901년설을 지지한 반면, 김점숙, 전명혁, 김승태는 1896년설을 지지했다.

이처럼, 정확한 날짜는커녕 연도조차 정리되지 않고 있다. 그런데 필자가 찾은 청주(淸州) 한씨(韓氏) 족보를 보면 그의 생년은 물론 날짜까지 확인할 수 있다.[11]

---

10) 한위건의 생년이 나온 일제 측 기록은 다음과 같다. 京城覆審法院檢事局(추정), 앞의 책, 155쪽; 조선총독부 경무국「秘大正十三年五月在京朝鮮人狀況」, 『독립운동사 자료집 3』, 독립운동사 편찬위원회, 1971, 1009~1010쪽; 「대정 8년 12월 23일, 고경(高警) 제36043호 불령선인 검거의 건」, 『독립운동사 자료집 9』, 독립운동사 편찬위원회, 1975, 470쪽.

11) 韓基邦 刊編, 『關北淸州韓氏五校丙子大同譜』, 咸興: 關北淸州韓氏五校丙子大同譜所, 1936 참조. 이 족보에 관한 정보는 한위건의 외손자인 염영빈으로부터 받은 것이며, 국립중앙도서관에서 확인하였다(청구기호 한古朝58-가3-30). 족보에 나와 있듯이 한위건의 첫 번째 부인은 강윤구(姜允求, 1894년생)이며, 강윤구와의 사이에서 한숙경(韓淑敬, 1917년생)과 한영규(韓永圭, 1924년생)를 낳았다. 이 한숙경의 아들이 바로 염영빈이다. 보훈처에서도 이러한 가족관계를 검증해 염영빈에게 한위건의 독립장 서훈을 전달하였으며, 필자 역시 족보와 염영빈이 제시한 관련 증빙서류 등을 대조해 확인하였다. 참고로 현재 족보에는 한위건의 '건'이 일반적으로 알려져 있는 '健'과 달리 '鍵'으로 되어 있는데, 실제 한위건 이름은 신문 및 일제 심문조서 등 여러 문서에서 '韓偉鍵'으로 표기되기도 한다.

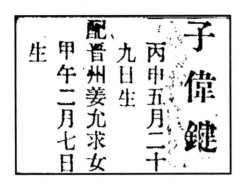

<그림 1> 관북청주한씨오교병자대동보에 나온 한위건의 생년월일과 가족관계

족보에 나온 한위건과 관련된 사항을 정리하면 한위건은 1896년 5월 29일,[12] 함경남도 홍원군(洪原郡) 용원면(龍源面) 동촌리(東村里)에서,[13] 아버지 한효순(孝淳)과 어머니 강기하(姜璣夏)의 막내아들로 태어났다.[14] 한위건은 강윤구(姜允求)와 결혼하였으며, 슬하에 한영규라는 아들과 딸 하나를 두었다. 그리고 이 딸은 염태석(廉泰奭)과 결혼했다. 물론 족보를 무조건 믿을 수는 없을 것이다. 하지만 1936년(丙子年) 함흥(한위건의 고향)에서 출간된 족보이고 외손자 염영빈(염태석의 아들)의 호적 및 구체적인 증언과도 일치하고 있어 신빙성은 높다.[15]

---

12) 시대정황상 음력으로 추정된다.

13) 한위건의 출생지의 경우 여러 문서를 통해 확인할 수 있다. 하지만 함경남도가 경상남도로 기재되어 있거나(「別紙第1號: 注意ヲ要スヘキ思想團體創立一覽表」), 동촌리(東村里)가 동산리(東山里)로 기재되어 있어(1921년 11월 5일에 작성된 조선 고등경찰 비밀 을호 제128호 「태평양회의 조선독립운동계획에 관한 건」) 주의가 필요하다.

14) 족보상 4남 중 막내인 것은 분명하나 딸과 관련된 기록이 적혀 있지 않아 정확히 몇남 몇녀인지는 알 수 없다.

15) 염영빈은 어머니 한숙경(韓淑敬, 1917년생), 즉 한위건의 장녀에게 전해들은 여러 일화를 기억하고 있었다. 그중 하나를 소개하면 어느 날 한위건의 두 번째 부인인 이덕요가 강윤구(한숙경의 친모)를 찾아와 보다 좋은 환경에서 교육시키겠다며 아

한위건의 유년 시절에 대해서도 잘 알려져 있지 않다. 다만 그가 초등교육을 용원사립학교에서 받았다고 알려져 있을 뿐이다.[16] 하지만 김승태(2019)가 잘 밝혔듯이 1910년 6월 8일자 『대한매일신보』 기사로 미루어볼 때 용원사립학교는 특정학교를 지칭하는 이름이 아니다. 정확하게는 함경남도 홍원군 용원면의 중성학교(中成學校)를 다녔다. 더불어 한위건과 같은 학년이며 같이 우등을 받은 한좌건(韓佐鍵)은 사촌형(족보상 작은 아버지의 둘째 아들, 1895년생)으로 추정된다.[17]

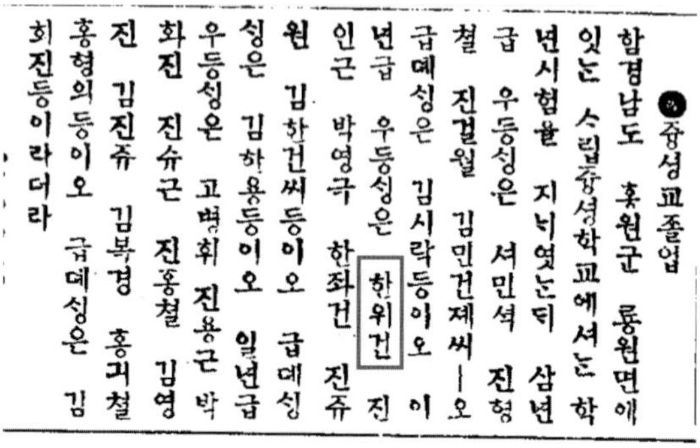
●즁셩교졸업
함경남도 홍원군 룡원면에 잇는 스립즁셩학교에셔는 학년시험을 지닉엿는딕 삼년급 우등싱은 셔민셕 진형철 진결월 김민건졔씨ㅣ오 급뎨싱은 김시락등이오 이년급 우등싱은 한위건 진인근 박영국 한좌건 진쥬원 김한건씨등이오 급뎨싱은 김하용등이오 일년급 우등싱은 고병휘 진용근 박화진 진슈근 진홍철 김영진 김진쥬 김복경 홍긔철 홍형의등이오 급뎨싱은 김회진등이라더라

<그림 2> 『대한매일신보』 6월 8일자 기사

아울러 중성학교를 설립하는 데 한위건 집안이 기여한 사실도 확인된다. 1909년 5월 30일자 대한매일신보에는 이 학교의 설립을 위해 의연금을 낸 사람들의 명단이 나오는데 다음과 같다.

이들을 자신에게 맡길 것을 제안했으나 이를 거절했다고 한다.

16) 京城覆審法院檢事局(추정), 앞의 책, 155쪽.

17) 1910년 6월 16일자 대한매일신보에도 6월 8일자 기사와 동일한 내용의 기사가 실렸다. 다만 6월 8일자 기사와 달리 한자로 이름이 기재되어 있는데 '韓偉鍵'이라고 족보에 나온 한자와 동일하게 적혀있고 한좌건(韓佐鍵) 역시 한위건 족보에 나온 을미년생 사촌형과 한자가 똑같다.

校장金翰奎 金十五圓, 贊成長高昌裕 金三圓, 校監洪允義 金五百圓, 校監前議官陳應鍾 金貳拾圓, 會計前令陳昇鐘 金壹千圓, 委員金希奎 金二圓, 前主事金蓮源 金十圓, 朴治鍊 金三圓, 陳尙岐 金二圓, 前議官洪性必 金壹圓, 金祥鎭 金貳圓, <u>韓孝淵 金五圓</u>, 金世龍 金二圓, 前令金鍾龍 金三圓, <u>韓孝淳 金三圓</u>, 陳厚鍾 金二圓(밑줄은 인용자)

여기서 3원을 낸 한효순(韓孝淳)은 한위건의 아버지로 추정된다. 5원을 낸 한효연(韓孝淵) 또한 한위건의 5촌 당숙일 가능성이 높다.[18] 이러한 점들을 미루어볼 때, 한위건의 집안은 상당한 재력을 가진 지역의 유지이며 신문물이나 교육에 관심이 많은 '개화'된 집안이었던 것으로 추정된다. 일제 역시 한위건의 부친이 재력가라는 사실을 주목한 바 있다.[19] 이처럼 한위건의 부유하고 개화된 가정환경은 뒤에서 살펴볼 한위건의 서북학생친목회와 YMCA학생모임을 주도하는 것에도 적지 않은 영향을 미쳤을 것이다.

한위건이 어디에서 중등교육을 받았는지에 대해서도 아직 정리되지 않은 상태다. 크게 정주의 오산학교(五山學校)를 다녔다는 의견과 경성의 오성학교(五星學校)를 다녔다는 의견으로 갈린다. 김형직은 "1914년 경성 오성중학교에 가서 공부를 하였다"고 제시했다. 전명혁 역시 김형직의 의견을 따른 듯 "당시 오성중학교는 반일 민족주의적 성향이 강했으므로 한위건도 그 영향을 받았을 것"이라고 주장했다. 반면, 김점숙은 "1914년 민족주의 교육의 산실이라고 할 수 있는 정주의 오산학교에 입학하였다"고 썼다. 미즈노 나오키 역시 정주의 오산학교를 졸업한 것으로 봤다. 가장 최근에 이를 정리한 김승태는 경성 오성학교 졸업설을 지지했다. 하지만 지금까지 한위건에 관한 그 어떤 연구에서도 이를 입증

---

18) 韓基邦 刊編, 앞의 책 참조.
19) 일제당국이 조사한 한위건의 '資産/生計'에 부친이 자산 2만엔을 보유하고 있다고 적고 있다(京城覆審法院檢事局, 앞의 책, 155쪽).

할 만한 근거는 제시되지 않았다. 더불어 거의 모든 글에서 경성의 오성학교든 정주의 오산학교든 졸업 연도를 별다른 근거 없이 1917년으로 단정했다.[20]

그런데, 필자가 찾은 신문기사를 통해 한위건이 정확히 어느 곳에서 중등교육을 받았는지, 그리고 언제 졸업을 했는지 확인할 수 있다.[21]

<그림 3> 『매일신보』 1916년 3월 31일자에 나온 경신학교와 오성학교 우등졸업생 사진

〈그림 3〉에서 보듯이 매일신보는 1916년 3월 31일 경신학교와 오성학교의 우등졸업생 세 명씩 선정해 사진을 게재했다. 맨 왼쪽에서 오성학교 우등졸업생인 한위건을 확인할 수 있다.[22] 즉, 한위건은 경성에 상경

---

20) 아마도 이는 3·1운동 참여 당시 한위건이 경의전 2학년생인 것을 고려해 역으로 계산한 결과일 것이다. 즉, 1917년에 중등교육을 마치고 바로 경의전에 입학했을 것으로 추정한 것이다. 뒷부분에 나오듯이 이는 틀린 사실로 한위건은 오성학교를 1916년에 졸업했다.

21) 지금까지 이 기사가 발견되지 않은 것은 아마도 검색 작업의 한계 때문으로 추정된다. 한국사데이터베이스 등 어떤 아카이브에서도 '한위건'이란 검색어로는 이 자료를 찾을 수 없다.

22) 이 자료는 사진 자체로도 그 가치가 크다. 한위건의 사진이 거의 남아있지 않은 데다, 이 사진을 통해 한위건의 젊은 시절 모습을 확인할 수 있기 때문이다. 참고로 지금까지 한위건의 모습이 나온 사진은 1933년 6월 20이라 동아일보에 나온 사진과

해 오성학교에서 중등교육을 받고 1916년 3월 우등으로 졸업한 것이다.

Ⅲ. 경성의학전문학교가 한위건에 미친 영향

한위건은 앞서 본 유상규와 달리 1916년 3월 중등교육을 마치고 바로 경의전에 입학하지 않은 것으로 보인다. 1년의 공백이 어떤 연유로 생겼는지 현재로서는 알 수 없지만, 1917년 경의전에 입학했을 가능성이 높다.[23] 한위건이 경의전에 1917년 입학했다는 것은 일제의 기록을 통해 간접적으로 확인할 수 있다.[24] 3·1운동과 관련된 공판기록과 경의전 학생들의 신문조서에서 확인되는 당시 한위건의 학년이 2학년이기 때문이다.[25] 당시는 4월에 학년이 바뀌었으므로 1917년 4월 입학생의 경우 1919년 3월에는 2학년 신분이었다.

그렇다면 한위건이 1917년 4월부터 1919년 3월 1일까지 약 2년 동안 다녔던 경의전은 어떤 곳이었을까? 아쉽게도 기존 연구들은 경의전을 주목하지 않았다. 대부분 오성학교만 언급하며, 당시 오성학교는 민족

원출처는 알 수 없으나 『不屈的战士-忆念李铁夫同志』(요녕출판사, 1982)에 실린 뿔테 안경을 쓴 사진뿐이다. 더불어 이 매일신보 기사의 사진 속에서 경신학교 우등 졸업생인 유상규(劉相奎)의 어린 시절 모습도 확인할 수 있다(왼쪽에서 네 번째). 유상규는 1916년 경의전에 입학하여 1919년 3월 1일 경의전 3학년 학생으로 3·1운동에 참가한 후 상해 임시정부에서 교통국원으로 활동한 인물이다(최규진 외, 「식민시대지식인, 유상규(劉相奎)의 삶의 궤적」, 『의사학』 18(2), 2009).

23) 1916년에 입학해 1년 휴학했을 가능성도 배제할 수는 없다.
24) 현재까지 1916년, 1917년 경의전 입학자 명단은 발견되지 않았다.
25) 3·1운동과 관련된 가장 대표적인 재판기록인 경성지방법원의 「김형기 외 209인 판결문」(판결일 1919년 8월 30일)을 보면 한위건은 당시 경의전 2학년생인 것으로 나온다.

주의 인사들이 경영하던 곳이어서 반일 민족주의 성향이 강했기 때문에 한위건도 자연스레 이에 영향을 받았을 것이라는 식의 주장을 펼쳤다. 허나, "그의 사회운동에서의 행적이 처음으로 나타난 것"은 어디까지나 경성의학전문학교 재학시절이었다.[26] 한위건은 수많은 경의전 학생들과 함께 3·1운동에 참여했고, 그중 체포된 많은 이들이 한위건의 제안에 따라 참가했노라고 증언했다. 즉, 한위건을 일제가 주목할 수밖에 없는 항일투사로 성장시킨 가장 직접적인 토대는 분명 경의전이었다. 물론 한위건 개인의 역량 또한 무시할 수 없을 것이다. 다시 말해, 당시 한위건이 어떤 역량을 가지고 있었고 그것이 경의전이라는 공간에서 어떻게 발화되는지 분석할 필요가 있다.

1. 경의전 탄생 과정에 배태된 반일 정서

경의전의 뿌리는 한국 최초의 근대식 의학 교육기관이자 "최초의 근대식 고등교육기관"이었던 의학교까지 거슬러 올라간다.[27] 자주적 근대 의학교육 및 고등교육 도입의 결정체이자 추진체였던 의학교는 일제에 의해 굴절되기 시작해 통감부 시절에는 대한의원의 일개 부서로 전락하

---

26) 김점숙, 앞의 글, 284쪽.
27) 1899년 7월 5일 공포된 학부령 제9호 '의학교 규칙'은 의학교의 입학 자격을 "중학교 졸업장이 있는 사람"으로 규정했다. 그러나 '의학교 규칙'이 공포된 것은 중학교가 설립되지도 않은 때였다. 따라서 '의학교 규칙'은 "단 당분간 중학교 졸업생이 없으므로 문산이 초유하고 재지가 총명한 사람을 특별시험을 통해 입학시킨다"는 단서 조항을 두었다. 즉, 의학교를 중학교 위의 고등교육기관으로 하되, 학생 선발은 당시 사정을 반영해 진행했다(「[황상익의 의학 파노라마](14) 최초의 근대서양식 의과대학, 의학교 ②」, 『경향신문』, 2014.6.6; 의학교에 대한 보다 자세한 내용은 황상익의 『한국 최초의 근대식 의사 교육기관 의학교와 그 사람들』(여백커뮤니케이션, 2015)을 참고할 것).

고 만다.[28] 병합 이후에는 조선총독부의원 부속의학강습소로까지 격하되었다. 학생들 입장에서는 쇠락해가는 국격을 직접 피부로 느끼는 계기이기도 했지만 경력이 하락되는 실질적인 문제이기도 했다. 때문에 학생들은 반발할 수밖에 없었다.[29] 일제도 이를 의식해 졸업증서에 차마 '의학강습소'라는 이름을 사용하지 못하고, 대신 조선총독부의원 소속 의육과(醫育課)에서 교육을 받았다는 내용을 적어 배부해야 했을 정도다.[30]

그러나 일제의 의학교 탄압은 단지 명칭 변경에서 끝나지 않았다. 의학강습소 학생이 고등교육의 상징이었던 각모(角帽)를 쓰고 있는 것이 못마땅했던 데라우치 마사타케(寺内正毅)는 "거만한 단계"라며 "속히 환모(丸帽)로 바꾸도록" 지시했다. 이는 학생들의 자존심을 건드려 종로경찰서장이 중재에 나서야 할 정도의 "대소동"으로 번졌다.[31] 그럼에도 일제는 각모를 환모로 바꾸었을 뿐 아니라, 대한의원 부속의학교 시절 사용하던 한글로 된 교재도 일체 소각시켰고, 통역을 두던 방식도 폐지하여 일본어로만 교육하도록 했다.[32] 또한 대한의원 부속의학교를 조선총독부 의학강습소로 전환하며 조선인 교수는 모두 내보냈다. 이러한 조치에 방화로 추정되는 화재사건이 여러 차례 발생하는 등 반일 정서는 극에 달했다.[33]

---

28) 처음에는 대한의원 교육부로 인계했다가 이후 대한의원 의육부(醫育部)로 칭한 후 최종 부속의학교가 되었다(佐藤剛藏, 『朝鮮醫育史』, 佐藤先生喜壽祝賀會, 1956, 31쪽).

29) 의학강습소 시절 입학한 김형익의 회고를 보더라도 학생들은 이에 대해 의학교육 체계가 "저하"된 것으로 인식하고 있었다(高尾茂 編, 『馬頭ケ丘』, 昭十二會, 643쪽).

30) 실제 서울대병원 의학역사문화원에서 소장하고 있는 1914년 박성행(朴聲行)의 졸업 증서를 보면 의학강습소라는 단어는 등장하지 않고 "조선총독부의원에서 의과(醫科)를 수료하였다"는 식으로 기술되어 있다.

31) 佐藤剛藏, 앞의 책, 56쪽.

32) 후지다 쓰구아키라는 "조선의 민도"를 고려해 학제도 2년 반이나 3년으로 줄이려고 했으나 사토 고죠의 제언으로 4년제로 유지되었다고 한다(佐藤剛藏, 앞의 책, 50쪽).

허나 조선인의 교육을 억제할 수만은 없었던 일제는 1914년 말부터 전문학교로의 승격을 추진해, 1916년 4월 1일 칙령 제80호로 〈조선총독부 전문학교 관제〉를 공표하기에 이른다.[34] 하지만 이러한 개편 속에서도 일제는 철저히 식민주의적 접근을 고수했다. 데라우치 총독은 경의전 개교를 앞두고 경의전 교장 앞으로 〈경의전의 교수상 주의 사항〉을 보내, 경의전에서 이루어지는 의학교육은 지나치게 어렵거나 학술적인 내용은 지양하고, 의학자가 아닌 임상의사를 양성하기 위한 실용적인 지식을 가르치라고 지시했다. 다시 말해, 경의전을 어디까지나 "기능인" 양성을 위한 교육기관으로 제한한 것이다.[35]

경의전 개교식은 1916년 4월 20일에 진행되었다. 이 자리에서 데라우치 총독과 조중응이 축사를 하였으며, 이완용도 함께 참석했다(『매일신보』 1916.4.21). 이와 함께 〈조선총독부령 제27호〉로 구체적인 '경성의학전문학교 규정'이 공포되었는데, 형식적으로나 내용적으로 의학강습소와의 연계성이 뚜렷했다. 즉, "신설된 경성의학전문학교는 종래 조선총독부의원 부속의학강습소를 계승"함을 공표하고, "종전의 의학강습소 의과생도는 경성의학전문학교의 해당 학년에 편입"시켰다.

그런데 한 가지 중요한 변화가 있었다. 바로 학생정원을 "내지인(일본인)을 3분의 1, 선인(조선인)을 3분의 2"로 정한 것이다.[36] 아마 이것이

---

33) 佐藤剛藏, 위의 책, 45쪽.

34) 박윤재는 이런 논의가 생긴 이유로 첫째, 조선에서 중학교를 졸업한 일본인 학생들이 증가함에 따라 이들을 받아들일 상급교육기관이 필요한 점. 둘째, 일본인과 조선인의 공학을 통해 융화에 도움이 되고 나아가서는 조선통치의 안정화를 도모할 수 있는 점. 셋째, 조선 내에서 일본인 의료인을 양성함으로써 조선의 관립병원에 근무할 일본인 의사를 쉽게 공급할 수 있을 터인데 일본인 전용 교육기관을 신설하기에는 총독부 재정이 부족했던 점을 꼽았다(박윤재, 『한국근대의학의 기원』, 혜안, 2005, 288~289쪽).

35) 弓削幸太郎, 『朝鮮の教育』, 自由討究社藏版, 1923, 173~175쪽.

36) 朝鮮総督府醫院, 『朝鮮総督府醫院二十年史』, 1928, 52쪽.

일제가 의학교를 의학강습소로 강등시켰다가 결국 의학전문학교로 승격시킨 결정적 이유였을 것이다. 이런 속내를 들킬까봐 조심스러웠는지 데라우치 총독도 개교식에서 일본인 학생 수용 방침을 언급하며 "다만, 전문학교는 어디까지나 조선의 전문학교"라고 강조했다.[37]

이처럼 경의전의 역사는 탄생부터 일제와의 긴장을 안고 있었다. 그 긴장은 결국 다시 각모 요구로 표출됐다. 의학강습소에서 편입한 당시 3학년 학생이던 이배식(李培植), 김형익(金衡翼), 양진홍(梁珍鴻) 등이 의학전문학교가 되었는데 왜 각모로 바꿔주지 않느냐며 하가 에이지로(芳賀榮次郎) 교장에게 진정서를 낸 것이다. 그러나 하가 교장은 데라우치 총독의 주지라며 이를 받아들이지 않았고 학생들은 이에 반발해 1주일간 동맹휴학을 벌였다. 주동 학생들은 사비로 각모를 제작해 조선인 학생들에게 나눠주는 등 강력한 항의행동을 펼쳤다. 그러나 일제도 강경 대응으로 맞섬으로써, 18명의 조선인 학생들이 체포되었고 주동 학생들에게 정학 명령이 내려졌다.[38]

2. 한위건 재학시절 경의전의 상황

1916년 개교 당시부터 내홍을 치렀던 경의전은 1917년 4월 2기생을 맞게 된다. 한위건이 입학했을 것으로 추정되는 1917년 경의전 상황은 어땠을까? 우선, 1917년 경의전 입학요강을 살펴보자.

의전입학지원자 심득(醫專入學志願者 心得)

---

37) 佐藤剛藏, 앞의 책, 67쪽.
38) 高尾茂 編, 『馬頭ケ丘』, 昭十二會, 1990, 653~654쪽.

경성의학전문학교에서는 4월 제1학년에 입학하게 할 생도 조선인 50명, 내지인 25명을 모집 중이다. 지원요강을 살펴보면, 입학자격은 조선인에 있어서는 16세 이상으로 고등보통학교 및 중학교를 졸업한 자 또는 이와 동등 이상의 학력을 갖춘 자로 제한한다. 내지인에 있어서는 17세 이상으로 중학교를 졸업한 자 또는 이와 동등 이상의 학력을 갖춘 자로 하되, 입학지망자수가 정원수에 이르지 못하는 때에는 입학시험을 시행하지 않고, 만일 내지인으로 정원수가 넘을 경우, 조선총독부 중학교를 졸업하지 못한 자에 있어서는 우선 조선 내에 주소를 가지고 있는 자의 자제를 먼저 채용한다. 시험과목은 국어(일본어), 한문, 수학, 물리학, 화학의 다섯 과목으로 하고, 시험장소는 조선인은 본교 및 각 도청소재지의 자혜의원(慈惠醫院)과 같은 급의 수원 자혜의원으로 하고, 내지인은 본교로 한다. 시험은 조선인은 3월 1일부터 내지인은 3월 29일부터 각 3일간 오전 9시부터 치른다 하니, 입학지망자는 입학원서, 이력서에 학업증명서, 민적등본 및 사진을 첨부하여 2월 25일까지 수험주소로 접수하길 바란다.(밑줄은 인용자)[39]

이 입학요강을 보면, 1917년 경의전은 75명의 신입생을 모집했고, 종래 발표되었던 '경성의학전문학교 규정'대로 2:1의 비율로 조선인(50명)과 일본인(25명)을 선발했다. 사실 이것은 당시 민족별 인구 구성 비율을 아무리 넉넉히 잡아도 일본인에게 훨씬 유리한 입학조건이었다. 심지어 1916년 일본인 학생 조달이 쉽지 않았는지, 정원 미달 시 일본인은 시험을 치르지 않고도 입학할 수 있다고 버젓이 홍보하고 있다. 물론 실제 일본인 학생 경쟁률이 어떠했고, 입학이 어떻게 이루어졌는지 보다 면밀한 검토가 필요하지만, 치열한 경쟁을 뚫고 입학을 해야 했던[40] 조

---

39) 1917년 1월 24일자 『매일신보』에 실린 「醫專入學志願者 心得」을 이해하기 쉽도록 필자가 약간 다듬은 것이다.

40) 이미륵의 『압록강은 흐른다』(1946)를 보더라도 조선인의 경우 1회 때부터 전국 각지에 있는 자혜의원에서 시험을 치러야 했을 만큼 경쟁률이 상당했던 것으로 보인다. 대략 경의전의 조선인 입학 경쟁률은 5대 1에서 6대 1이었던 것으로 추정된다 (「專門校生入學率」, 『동아일보』, 1925.4.12; 『官公私立高等專門学校入学試験事項一覧表』, 共昌社, 1931 참조).

선인 엘리트들에게 이러한 공고 자체가 상당한 굴욕감을 주었을 것이
다.[41)

설상가상으로 1918년부터는 조선인 학생과 일본인 학생을 구분 짓는
차별적인 정책이 본격화된다. 8월 13일, 칙령 313호로 경성의전에 특별
의학과가 설치되어, 고등보통학교를 졸업한 조선인은 본과로 편제되고,
중학교를 졸업한 일본인은 특별의학과로 편제된 것이다. 물론 이러한
조치에 대한 근거는 있었다. 경의전에 입학한 일본인은 5년제 중학교 졸
업생들이었고, 조선인은 대부분 4년제 고등보통학교 졸업생들이었기 때
문에 입학 당시 중등교육과정에 1년의 차이가 났고, 이에 대해 일본인
학생들의 불평이 많다는 것이었다. 결국 본과생 즉 조선인 학생에게는
기초가 부족하다는 이유로 수학이나 물리학과 같은 기초 교육을, 특별
의학과 즉 일본인 학생에게는 독일어나 해부학 같은 보다 의학과 관련
된 수업을 늘렸다. 그리고 이를 근거로 특별의학과를 졸업한 학생에게
는 일본 제국 어느 곳에서나 진료할 수 있는 자격을, 본과를 졸업한 학
생에게는 조선에서만 진료가 가능한 자격을 부여했다.[42)

기록으로 확인할 수 있는 이러한 차별 외에도 일본인 학생과 함께 교
육을 받는 기관이었기 때문에 학생들이 몸으로 체감하는 차별이 적지
않았을 것이다. 그리고 이는 민족의식을 더 예민하게 자각시키는 계기
가 되었을 것이다.[43) 실제 3·1운동에 참가하여 체포된 여러 경의전 학
생들의 예심신문조서를 보면 이러한 차별적 교육에 대한 불만이 얼마나

---

41) 심지어 이미륵(본명 李儀景, 경의전 1회 입학생)이 쓴 『압록강은 흐른다』를 보면
  고전 일본어와 고전 한문이 합격의 당락을 좌우했다고 한다.
42) 京城醫學專門學校, 『京城醫學專門學校一覽』, 1940, 8쪽.
43) 1919년에 경의전을 졸업한 이면재(李冕載)의 다음과 같은 증언을 통해서도 확인할
  수 있다. "일본학생들과 함께 공부해서인지 학교 다니는 동안 모두 8차례의 스트라
  이크를 했어요. 모두 사소한 사건이지만 민족감정에 휩싸여 사건이 확대되곤 했지
  요"(「한국 의학의 백년 야사」, 『의사신문』, 1972.3.27).

컸는지 확인할 수 있다.

> 문: 조선사람의 독립을 현재도 희망하는가.
> 답: 희망하고 있다.
> 문: 현재의 상태에서 무슨 불평이 있는가.
> 답: <u>교육의 점에 관하여 일본인이 받는 교육과 조선사람이 받는 교육
> 이 다르므로 같은 교육을 받을 수 있도록</u> 하여 주기 바란다.(백인제 신
> 문조서, 밑줄은 인용자)[44]

여기서 답한 이는 훗날 의사로서 크게 명성을 날리는 백인제다. 일제
교육당국으로부터 인정받는 모범생이었던 백인제조차 위와 같이 답했
다는 것이 시사하는 바는 크다.[45] 사실 백인제는 1916년 1기 입학생으로
서 조선총독의학강습소에서 경성의학전문학교로 승격된 것 자체가 주
는 위무감이 2기보다 훨씬 컸을 것이고, 위 학년 모두 의학강습소에서
편입된 조선인들이었기 때문에 일본인 선배와의 마찰도 없었다. 즉, 한
위건이 직접 남긴 기록은 없지만 경의전 2기생이었던 그가 느낀 문제의
식은 백인제보다 결코 작지 않았을 것이다.

---

44) 「3·1독립시위 관련자 신문조서」(『한민족독립운동사자료집』 15, 1992) 참고. 이글
에 나온 3·1 관련 신문조서 및 공판시말서 등의 국역본은 대부분 국사편찬위원회
한국사데이터베이스에 온라인으로 실려있는 것을 참고한 것임을 밝힌다.
45) 백인제의 성적이 최상위였으며 일본인들로부터도 인정받았다는 것은 장기려 등 여
러 사람의 증언을 통해 확인할 수 있다(학교법인 인제학원 편, 『선각자 백인제』, 창
비, 1999 참고).

Ⅳ. 한위건의 3·1운동 참여 과정

1. 학생단 활동

서두에 언급했듯이, 3·1운동에는 종교계와 더불어 학생단(學生團)이 독자적인 세력으로 함께했다. 이 학생단의 탄생에는 YMCA학생운동이 산파 역할을 했다. 중앙YMCA 회우부 간사 박희도가 YMCA 회우부 위원이었던 연희전문학교의 김원벽과 경의전의 한위건, 김형기 등을 통해 모임을 꾸린 것이다. 학생단 첫 회합은 1월 27일 저녁 관수동에 있던 중식집 대관원(大關園)에서 이루어졌는데, 한위건은 김원벽, 김형기와 함께 박희도를 도와 1월 23-24일경부터 학생들을 섭외하여 이 초동모임을 성사시켰다.[46]

이 대관원 모임에 참석한 사람은 박희도, 경의전 한위건·김형기, 연희전문학교 김원벽, 보성법률상업전문학교 강기덕, 경성공업전문학교 주종의, 경성전수학교 이공후, 윤자영, 보성전문 졸업생 주익, 연희전문 중퇴생 윤화정 등 10인이었다. 그런데 이 중요한 모임에 잘 알지 못하는 사람을 설득해 참석하게 만드는 것은 사실상 불가능했다. 따라서 이들의 관계를 보다 면밀히 살펴보아야 하는데, 이들의 신문조서를 통해서도 확인할 수 있듯이 지연(地緣)이 적지 않게 작용했다. 즉, 이들의 출신지를 살펴보면 서북지방 출신으로 절대다수를 차지하고 있다. 그리고 이들 중 한위건, 강기덕, 주종의, 이공후 네 명은 서울에 있던 서북지역 출신 학생들의 모임인 '서북학생친목회'에 속해 있었다.[47]

---

46) 장규식, 「YMCA학생운동과 3·1운동의 초기 조직화」, 『한국근현대사연구』 20, 2002, 124쪽.

다시 말해, 대관원 모임의 양대 축은 YMCA학생모임과 서북학생친목회라고 할 수 있다. 그리고 이 YMCA학생모임과 서북학생친목회 모두에서 중심에 있었던 인물이 바로 한위건이었다. 아울러 한위건은 김형기와 같은 경의전을 다니고 있었고, 윤자영과는 함께 정구를 치며 친분을 쌓고 있었다. 사실상 "대관원 모임이 한위건을 연결고리로 해서 이루어졌다고 보아야" 설명이 가능해지는 것이다[48]

실제 한위건은 대관원에 모인 사람들을 설득하여 거사를 도모하는 구심점 역할을 했다.[49] 처음에는 의견을 하나로 모으는 것이 쉽지 않았다. 한위건의 독립운동 제안을 두고 실행론과 시기상조론으로 의견이 갈린 것이다. 특히 연희전문 학생YMCA 회장 출신으로 영향력이 컸던 김원벽은 "독립에는 찬성이나 시기상조"라며 일주일간 고려할 시간을 달라고 요청했다. 대관원 모임 1주일 뒤인 2월 3-4일경 강기덕과 김형기는 김원벽을 찾아 설득했다. 마침내 김원벽이 2월 6일경 독립운동 실행에 결심을 굳힘에 따라 본격적인 학생단의 3·1운동 준비작업이 시작됐다(김원벽 신문조서 제1회).

한편, 이즈음 이갑성도 기독교계 학생들과 연계하여 독립운동을 추진

---

47) 구체적으로 박희도[황해도 해주], 김원벽[황해도 안악], 한위건[함경남도 홍원], 강기덕[함경남도 덕원], 주종의[함경남도 함흥], 이공휘[평안북도 태천], 윤화정[평안남도 강서], 주익[함경남도 북청], 김형기[경상남도 양산], 윤자영[경상북도 청송]이었다(장규식, 2002, 126쪽).

48) 장규식, 앞의 글, 126쪽.

49) 대관원 모임에서의 보인 한위건의 리더십은 윤자영의 신문조서를 통해 잘 드러난다. "답: … 그 모임 석상에서 朴熙道가 우리들에게 지금까지 각 전문학교의 학생은 서로 모인 일이 없고, 자연 소원하게 지내왔으나 앞으로 친하고 때때로 모이도록 하자. 그래서 청년회관의 청년회원이 되면 자연히 모일 기회도 많아질 것이니 장래에는 서로 친하도록 하자는 취지의 말을 하고, 그래서 오늘 이렇게 모이도록 했다고 했다. 문: 조선독립에 대하여 무엇인가 말이 없었는가. 답: 韓偉鍵은 유럽전쟁 뒤에 강화회의의 결과 윌슨은 민족자결주의를 주창하고 있다는 것이 신문, 잡지 등에 게재되어 있는데, 오늘날 조선민족이 자결하여 독립할 시기인지 아닌지에 대한 의견을 물었다."(윤자영 신문조서)

하려고 했다. 그는 2월 12일 세브란스병원 예배실에서 음악회를 열고 학생들을 초대하여 독립운동 계획을 물었다. 이 자리에는 김원벽, 김형기, 한위건, 윤자영 등 대관원에 모인 학생들 외에 세브란스의전 김문진(세브란스의전 학생YMCA회장), 김문진의 동급생 배동석, 전임(前任) 세브란스의전 학생YMCA회장이었던 이용설이 참석했다(장규식 2002: 129-130). 이로서 학생YMCA 계열의 확대가 이루어졌다. 서북학생친목회 역시 2월 2일 망년회 명목으로 모임을 갖고 논의를 거듭해 나갔다(강기덕, 김원벽 신문조서).

2월 중순경 학생단은 김원벽, 강기덕, 한위건, 김형기, 윤자영, 주익 등 기존 멤버들 외에 세브란스의전의 이용설과 전수학교의 전성득(全性得), 보성법률상업의 한창환(韓昌桓) 등을 추가하여 새롭게 모임을 꾸렸는데, 새로 결합한 인물 모두 서북지방 출신이었다.[50]

허나 학생단 모임의 확대도 중요했지만, 하루빨리 각 학교 학생대표자를 인선하고 이들을 통해 조직적인 참가를 독려하는 것이 급선무였다. 이 학생대표자 인선에는 역시 학생YMCA와 서북학생친목회 모두에 관여하고 있었던 한위건이 나섰다.

> 답: … 韓偉鍵이 나를 찾아 왔었다. 그때 동인과 각 학교의 대표자를 먼저 정하지 않으면 안 된다는 것을 상의하고 각각 선정했던 것이다.
> 문: 각 대표자에게 누가 권유했는가.
> 답: 金元璧, 金大羽, 全性得, 金炯璣의 4명에 대해서는 韓偉鍵이 직접 교섭했었다. 金文珍에게는 金元璧이 교섭하여 대표자로 정했던 것이다 (강기덕 신문조서 제3회).

이렇게 해서 뽑힌 각 학교의 학생대표자는 경의전 김형기, 경성전수

---

50) 장규식, 앞의 글, 130쪽.

학교 전성득, 세브란스의전 김문진, 경성공업전문학교 김대우, 연희전문학교 김원벽, 보성전문학교 강기덕 6인이었다(강기덕 신문조서 제3회). 한위건은 "표면의 책임자가 되지 않겠다"고 의사를 밝히기도 했지만, 사실 학생대표자들을 관리해야 하는 위치에 있었기 때문에 경의전의 대표자는 김형기에게 맡겨야 했을 것이다. 학생단은 이렇게 학생대표자를 선정한 후 한위건의 제안에 따라 2월 20일 김원벽이 다니던 숭동교회에 모여 제1차 간부회를 열었다.[51]

그러나 이때까지만 해도 학생단의 독립운동이 종교계가 기일로 삼은 3월 1일에 함께 참가할지는 정해지지 않은 상태였다. 제1차 학생단 간부회 회의에서도 "천도교, 예수교의 운동에 참가하는 것이 좋을지, 또는 학생은 뒤에 제2의 운동을 하여 독립선언을 하는 것이 좋을지" 상의하였으나 결론에 이르지 못했고, "결국 동지를 더 모집하기로" 하고 끝을 맺었다(강기덕 신문조서 제4회). 그러나 2월 22일경 박희도는 학생단의 독자적인 독립운동은 3월 1일 이후 "임의로" 하고, 일단 종교계가 추진하고 있는 3월 1일에 결합해줄 것을 제안하였고, 학생단의 주축이었던 김원벽, 강기덕, 한위건은 상의 끝에 이를 받아들였다(김원벽 신문조서 제1회).

열흘을 채 남기지도 않은 상황에서 3월 1일 참가가 결정되었기 때문에 학생단은 빠르게 움직여야 했다. 학생단은 2월 25일 제2차 간부회를 개최하고 위의 결정에 대해 논의했다. 이 회의를 통해 학생단은 "3월 1일에는 가급적 중등학생들을 참가시키도록 하고, 다음에는 각 전문학교의 대표자가 주최하여 독립운동을 한다. 그리고 그 일시는 3월 1일의 독립운동 상황을 보아서 정하기로 한다"고 결의했다(김원벽 신문조서 제2회). 이어 2월 28일 오후 8시경 열린 제3차 학생단 간부회에서는 "각 전문학교

51) 김승태, 앞의 글, 265쪽.

의 대표자 및 주목을 받고 있는 사람은 3월 1일의 독립운동에 참가하지 않도록 할 것과 중등학교 학생 등이 폭력으로 나오지 않도록 주의할 것, 선언서를 될 수 있는대로 다수의 사람들에게 배포하도록 할 것, 그리고 선언서는 강기덕 김문진 등이 중등학교의 학생으로 하여금 배포하는 준비를 하는 것 등"을 결정했다. 그리고 같은 날 밤 10시경 강기덕과 한위건, 김문진 등은 정동교회 구내에 있는 이필주 목사 사택으로 시내 중등학교 대표자들을 모이도록 하고 인쇄된 독립선언서를 나누어주었다.[52]

2. 3·1운동을 위한 경의전 학생들 규합

살펴본 바와 같이 한위건은 3·1운동의 주축 중 하나였던 학생단을 이끈 핵심 인물이었다. 하지만 그는 학생단을 이끌면서도 자신의 실질적 소속이라고 할 수 있는 경의전 학생들을 규합해 나갔다. 정식 경의전 대표자는 김형기였지만, 경의전 내에서도 실질적 리더는 한위건이었다. 수많은 신문조서가 이를 뒷받침 한다. 다음은 경의전 학생들의 신문조서에 나온 한위건과 관련된 주요 증언만 추린 것이다.

학교에서 서로들 물어본 결과 대부분의 사람들은 韓偉鍵으로부터 통지를 받았다는 사람이 많았는데…(나창헌 신문조서 제1회)

2월 25·6일 경이라고 생각된다. 학교에서 변소를 갈 때에 韓偉鍵이 나에 대하여 조선독립운동에 관한 계획이 있다고 하는데 너는 그에 찬성하겠는가 어찌하겠는가 하고 물었으므로 나는 그 말이 끝도 나기 전에 수업이 있어서 교실로 들어갔었는데, 동 수업시간의 쉬는 시간에 韓

52) 김승태, 앞의 글, 269쪽.

偉鍵이 나에 대하여 3월 3일인가 3월 1일에는 천도교도와 야소교도가 합동하여 조선의 독립을 선언하는데 너는 찬성을 하는가 어찌하는가를 물었다. 그리하여 나는 찬성한다는 뜻을 말하였다(채정흠 신문조서).

학교의 강당에서 여러 학생들이 있는 곳에서 韓偉鍵이 3월 1일 오후 2시에 파고다공원에서 독립을 선언한다고 말하였다. 日本人 학생들은 없었다. 우리 학교에서는 일본인 학생이 조선어를 배우고 있는데 그 수업시간에는 우리들은 日本語를 배우고 있으므로 日本人의 수업시간에 그와 같은 이야기를 하였으므로 그때 日本人은 없었다(채정흠 신문조서).

날짜는 확실히 기억하지 못하겠으나 금년 2월 20일경이라고 생각한다. 학교 2학년생의 강당에서 난로 옆에서 2학년생이 대부분 있는 곳에서 韓偉鍵이 지금 강화회의의 결과 민족자결주의에 의하여 각국에서는 독립의 선언을 하고 있다. 현재는 일본에서 조선유학생들도 독립을 선언하였다는 것이다. 또 조선 내에서도 모 방면의 사람들이 독립의 계획을 하고 있다는 이야기도 있다. 만약 조선에서도 독립의 운동이 있다면 우리들 학생도 그에 참가하지 않으면 안 된다고 말하였는데 어떤 사람은 찬성한다고 말하고, 어떤 사람은 찬부를 말하지 않는 사람도 있었다. 나는 그 말을 듣고 처음으로 조선에서도 독립운동의 계획이 있는 것을 알았다(함태홍 신문조서).

2월 말로 생각한다. 학교의 강당에서 여러 사람들이 있는 곳에서 韓偉鍵은 한사람 한사람에 대하여 물어보고 있었는데, 나에 대하여도 3월 1일 오후 2시 파고다 공원에서 독립의 선언이 있는데 너는 찬성을 하느냐 안하느냐고 물었다. 그리하여 나는 찬성을 한다는 대답을 하였던 바 韓은 만약 찬성을 한다면 징역이라도 가지 않으면 안된다. 그 각오가 되어 있느냐고 하며 물으므로 나는 그런 각오로 찬성을 한다는 대답을 하였다. 그랬더니 동인은 그렇다면 동일 파고다공원에 가서 참가하라고 말하므로 나는 가겠다고 대답하였다(이강 신문조서).

韓偉鍵은 제3강당에서 점심시간에 2학년생의 조선사람만을 모아놓고 이번의 독립운동에 관한 일에 여러분들로부터 찬성을 받은 것은 대단히 감사한다. 3월 1일 파고다공원에서 마침내 독립선언을 하니 참가하여 주기 바란다고 말하였다(이강 신문조서).

2월 28일 밤에 韓偉鍵이 나의 하숙집으로 와서 말하기를 전날에 학교의 난로 옆에서 이야기한 일에 관하여 드디어 모 방면에서 독립선언을 하기로 되어 있다고 말하였으므로 그 장소와 시간 등을 물어보았던 바 다만 내일 오후라고만 말하고 장소나 시간이나 또 그 독립의 선언을 하는 주동자까지도 모른다. 하여튼 내일 오후에 외출을 하여보면 어차피 알게 될 것이므로 외출을 하라는 것이었다(함태홍 신문조서).

이처럼 한위건은 2학년 동급생들을 중심으로 2월 중하순경 틈만 나면 한 명 한 명 붙잡고 3·1운동에 참가할 것을 설득했다. 심지어 화장실과 하숙집까지 쫓아다녔고, 일본인과 조선인이 분반 수업을 할 때면 동급생 전체에게 일장 연설을 했다. 그런 지난한 과정 끝에 한위건은 조선인 동급생 대다수의 "찬성을 받"아내, 3월 1일 학생들을 파고다 공원으로 이끌었다(김영철 신문조서).[53]

살펴본 바와 같이 경의전 학생들의 3·1운동 참여는 단지 우발적인 것이 아니었다. 한위건을 필두로[54] 사전모의와 끈질긴 설득과정을 통해 이루어졌다. 아울러 이러한 작업이 주로 특별과·본과 분반수업을 틈타 이루어진 점을 주목할 필요가 있다.[55] 경의전 학생들이 일상적으로 겪

---

53) 박찬승은 3월 5일 학생시위를 위해 한위건이 3월 1일 파고다 공원에는 나타나지 않았을 것이라고 추론했다(박찬승, 「3·1운동기 서울의 독립선언과 만세시위의 재구성-3월 1일과 5일을 중심으로-」, 『한국독립운동사연구』 65, 2019, 81쪽).
54) 신문조서를 보면, 한위건 외에도 김형기, 나창헌, 길영희, 유상규 등이 학생들을 설득하는 데 기여했다.
55) 학생들의 예심신문조서를 보면, 한위건이나 나창헌 등이 주로 본과 특별과 분반 수업을 진행할 때, 다시 말해 주로 조선인 학생들만 모여 있을 때 3·1운동 참가를 독려했음을 알 수 있다.

어야 했던 차별적 구조, 그것을 역이용한 한위건의 외침은 분명 더 큰 울림을 만들었을 것이다.

3. 3월 1일 이후의 학생시위

3·1운동은 3월 1일만의 시위로 끝나지 않았다. 박희도의 제안을 받아들일 때 한위건, 김원벽, 강기덕 세 명의 학생단 주축들은 3월 1일 이후 "각 전문학교의 대표자가 주최"하는 별도의 학생시위를 실행하기로 결정했었다. 그리고 "상황을 보아서 정하기로 한", 학생주도의 2차 시위 거사일은 3월 5일이었다.

3월 5일 학생주도의 독립시위운동을 성사시키기 위해 "한위건 등 주모자는 각 전문학교 학생과 각 중등학교의 대표자"를 3월 4일 오전 배재고등보통학교 기숙사에 불러 3월 5일 오전 9시를 기해 남대문 역 앞 광장에서 시위를 벌이기로 결의하였다. 구체적으로 강기덕과 김원벽은 시위의 선두에 서서 지휘를 맡고 다른 사람들은 자신의 학교 학생들이나 지인들을 규합하여 참가하기로 하였다. 4일 밤 한위건, 강기덕, 한창환 등은 세브란스병원 기숙사에 머물며 집회에서 뿌릴 "독립신문"을 배포하는 등 학생시위를 성공적으로 이끌기 위한 준비를 했다(공판시말서 (2)).

이러한 준비 끝에, 3월 5일 아침 남대문 역 앞에는 "무려 수만 명을 헤아리"는 사람들이 모였다. 계획대로 강기덕과 김원벽은 인력거를 타고 조선독립이라고 크게 쓴 깃대를 펄럭이면서 시위대를 이끌었고, 군중들은 "일제히 독립만세를 높이 부르며" 앞장선 강기덕과 김원벽의 지휘에 따라 남대문으로 향했다. 그러나 남대문에 이르러 출동한 일제 경찰들에 의해 강기덕과 김원벽을 비롯해 많은 사람이 붙잡히며 제지당했다. 하지만 곧 경찰들의 검속을 피한 이들이 대열을 정비하고 "남대문시장에서 조선은행 앞을 지나 종로 보신각으로 향하여" 시위행진을 이어나갔다(의견서). 결국 출동한 경찰관들에 의해 해산당했지만, 3월 1일에 이어 학생들이 주도한 남대문 시위는 3·1운동을 확산시키는 촉매제가 됐다.[56]

한위건은 "한 번의 시위만으로는 성공이 어려우므로 우리들 학생은 2회·3회로 계속해서 그 운동을 해나가지 않으면 안 된다"고 생각했다(윤자영 신문조서). 때문에 한위건은 3월 1일과 3월 5일 시위를 성공적으로 이끈 이후에도 격문이나 전단을 만들어 배포하는 등 3·1운동의 확산을 위해 계속 노력했다(박노영 신문조서).[57]

한위건이 3·1운동에서 얼마나 중요한 역할을 했는지는 일제에 체포돼 재판을 받은 학생들의 구성을 통해서도 간접적으로 확인할 수 있다. 당시 경성에서 3월 1일과 5일 그리고 이후의 시위, 아울러 각종 격문과 전단의 제작 및 배포로 구속돼 재판에 회부된 학생들은 모두 231명에 이른다. 재판에 회부된 학생들을 학교별로 보면 전체 학교 중에서도 경의전 학생이 가장 많았지만 전문학교 중에서는 압도적이었다.[58]

그런데 이를 다시 출신지역별로 분석해보면, 함경남도 44명, 경성 40명, 함경북도 25명, 평안남도 25명, 평안북도 20명 순이다. 경성에서 벌어진 시위임에도 함경남도 출신이 가장 많음을 알 수 있다. 함경남북도를 합

---

56) 서울시시사편찬위원회 편, 『서울항일독립운동사』, 서울시시사편찬위원회, 2009 참조.
57) 박노영은 해당 격문을 자신이 작성하였다고 진술을 번복하기도 했으나 기억나는대로 써보라는 조사관의 추궁에 결국 거짓이라고 실토했다(공판시말서).
58) 『독립운동사자료집』 5의 111~254쪽에 실린 재판기록에 나오는 학생들을 분석한 박찬승의 결과를 보면, 경의전 32명, 경성고보 31명, 중앙학교 26명, 보성고보 18명, 경성전수학교 14명, 조선약학교 14명, 배재고보 14명, 경성공업전문학교 12명, 연희전문 11명 순이었다(박찬승, 앞의 글, 101쪽).

하면 69명으로 전체의 재판에 회부된 학생의 30%에 육박한다. 여기에 평안남북도 45명까지 더하면 거의 절반에 이른다. 이는 "'서북친목회'의 인맥을 통해 학생들을 동원하였기 때문에 나타난 결과"였다.[59]

경의전과 서북친목회의 중심에 있었던 한위건이 이러한 결과에 미친 영향은 분명 적지 않을 것이다.

V. 맺음말

지금까지 한위건의 초기 생애와 3·1운동 참여과정을 살펴보았다. 본 연구의 의의는 크게 두 가지다. 우선 한위건의 생년월일, 집안배경, 초중 등교육을 받은 곳과 정확한 수학연도 등 아직까지 알려지지 않았거나 잘못 알려져 있는 내용을 바로 잡아 그의 초기 생애를 보다 정확히 정리 하였다. 두 번째는 경의전의 역사와 특성을 파악하여 경의전 학생이었 던 한위건이 3·1운동에 참여하는 과정을 보다 입체적으로 제시하였다.

구체적으로 보면, 한위건은 1896년 5월 29일(양력 7월 9일) 함경남도 홍원군 용원면 동촌리에서 아버지 한효순 어머니 강기하의 4남 중 막내 아들로 태어났다. 청주 한씨인 한위건의 집안은 함흥에서 상당한 재력 을 가진 지역의 유지이며 신문물에 관심이 많은 '개화'된 집안이었다. 이 러한 가정환경 덕분에 한위건은 1900년대 말 함경남도 홍원군 용원면의 중성학교에 입학해 초등교육을 받았으며, 이후 경성의 오성학교에 입학 해 1916년 우등으로 졸업하였다.

중등교육을 마친 한위건은 1917년 경의전에 입학했다. 1916년 탄생한

59) 위의 글, 101쪽.

경의전은 조선의 자주적 근대 의학교육의 상징이었던 의학교의 후신으로 일제에 의해 의학강습소로 전락하는 등 굴곡진 역사를 안고 있었다. 또한 경의전은 당대 조선 최고의 고등교육기관이자 고등교육기관 중 유일한 한일공학이었다.[60] 이러한 역사와 특수한 학업환경은 경의전 학생들의 반일 정서를 고취시키는 배경이 되었다. 특히 한위건이 입학과정(1917년)과 교육과정(특히 1918년의 차등교육 실시)에서 겪은 차별적인 요소들은 그의 항일의식을 자극하기 충분했다.

이와 같은 한위건의 집안배경과 경의전의 특수성을 함께 본다면, 한위건이 3·1운동 준비과정에서 어떻게 그토록 열정적인 활동을 펼치고, 수많은 경의전 학생들을 3·1운동에 결합시킬 수 있었는지 보다 잘 이해할 수 있다. 다시 말해, 부유하고 개화된 집안배경은 그가 서북학생친목회와 YMCA학생모임에 결합하는 바탕이 되었을 것이다. 또한 경의전의 특수성에 기인한 경험은 그의 항일의식을 더욱 자극했을 것이다. 3·1운동의 학생 참여에 가장 중요한 배경이 되었던 이 YMCA학생모임, 서북학생친목회, 경의전 모두에 속해 있던 한위건이 3·1운동의 학생 참여에서 선두에 선 것은 어쩌면 자연스러운 일이었다.

한위건은 사회주의 계열 독립운동가 중에서도 중요도가 큰 인물이다. 그럼에도 그의 이력조차 제대로 고증하지 못한 상태였다. 비록 생애 전체는 아니어도 본 연구를 통해 한위건의 초기 생애는 고증해낼 수 있었다. 더불어 한위건의 3·1운동 참여 배경 중 주목받지 못했던 경성의학전문학교에 대해 분석한 것도 본 연구의 중요한 의미라고 할 수 있다. 이러한 성과는 한위건 개인의 3·1운동 참여 과정을 보다 입체적으로 이

---

60) 일본인들에게 조선을 홍보하기 위해 만들어진 것으로 추정되는『朝鮮寫眞帖』(1921) 부록 14번 '(A) 內地人敎育' 표를 보면 일본인 남학생이 1920년 기준 입학할 수 있었던 고등교육기관은 "경성의학전문학교특별의학과(京城醫學專門學校特別醫學科)"밖에 없음을 알 수 있다.

해하는 데 보탬이 되는 것은 물론 다른 경의전 출신 항일독립운동가들을 조명하는 데에도 도움이 될 것이다.

본 연구에서 진행한 작업을 3·1 운동 이후의 한위건 행적 그리고 경의전 출신 다른 항일독립운동가들까지 넓히는 것은 향후 과제로 남긴다.

참고문헌

『경향신문』, 『대한매일신보』, 『동아일보』, 『매일신보』, 『의사신문』

국사편찬위원회 편, 『대한민국임시정부자료집 2, 임시의정원 I』, 국사편찬위원회, 2005.

국사편찬위원회 편, 『韓民族獨立運動史資料集: 三一運動』, 국사편찬위원회, 1989-1996(한국사데이터베이스에 수록된 자료이용).

권영숙, 「일제하 사회주의운동 최고 이론가 한위건」, 『발굴한 현대사인물 2』, 한겨레신문사, 1992.

김승태, 「한위건의 생애와 민족독립운동」, 『한국민족운동사연구』 101, 2019.

김점숙, 「한위건의 생애와 민족해방운동론」, 『이론』, 진보평론, 1994.

김정인, 「3·1운동 모의·확산불씨가 되고 불꽃이 되다」, 『대한민국정책정보지 위클리 공감』, 2019.

김형직, 「리철부(1901~1937)」, 『조선혁명렬사전 1』, 료녕인민출판사, 1983.

박윤재, 『한국근대의학의 기원』, 혜안, 2005.

박찬승, 「3·1운동기 서울의 독립선언과 만세시위의 재구성-3월 1일과 5일을 중심으로-」, 『한국독립운동사연구』 65, 2019.

서울시시사편찬위원회 편, 『서울항일독립운동사』, 서울시시사편찬위원회, 2009.

장규식, 「YMCA학생운동과 3·1운동의 초기 조직화」, 『한국근현대사연구』 20, 2002.

선병혁, 「절부(鐵夫)노선의 주창자, 한위건과 사회주의운동」, 『내일을 여는 역사』 22, 1994.

최규진 외 「식민시대지식인, 유상규(劉相奎)의 삶의 궤적」, 『의사학』 18(2), 2009.

학교법인 인제학원 편, 『선각자 백인제』, 창비, 1999.

황상익, 『근대 의료의 풍경』, 푸른역사, 2013.

황상익, 『한국 최초의 근대식 의사 교육기관 의학교와 그 사람들』, 여백커뮤니케이션, 2015.

高尾茂 編,『馬頭ケ丘』, 昭十二會, 1990.

弓削幸太郎,『朝鮮の教育』, 自由討究社藏版, 1923.

京城覆審法院檢事局(추정),『倭政時代人物史料 2』, 1928.

京城醫學專門學校,『京城醫學專門學校一覽』, 1940.

京城地方法院,「김형기 외 209인 판결문」, 1919.8.30.

水野直樹,「韓偉健(追補)」,『朝鮮民族運動研究』 3, 靑丘文庫, 1986.

水野直樹,「韓偉健」,『朝鮮民族運動研究』 1, 靑丘文庫, 1984.

朝鮮總督府藏版,『朝鮮寫眞帖』, 市田オフセット印刷株式會社, 1921.

朝鮮総督府醫院,『朝鮮総督府醫院二十年史』, 1928.

朝鮮總督府,「在京朝鮮人狀況」,『朝鮮人ニ対スル施政関係雑件 一般ノ部 第二巻』, 1924.

佐藤剛藏,『朝鮮醫育史』, 佐藤先生喜壽祝賀會, 1956.

韓基邦 刊編,『關北淸州韓氏五校丙子大同譜』, 咸興: 關北淸州韓氏五校丙子大同譜所, 1936.

공훈전자사료관 http://e-gonghun.mpva.go.kr/user/ContribuReportList.do?goTocode=20001 (검색일: 2020.5.15.)

독립기념관 https://www.i815.or.kr/(검색일: 2020.5.15.)

한국사데이터베이스 http://db.history.go.kr/(검색일: 2020.5.15.)

한위건 외손자 염영빈, 2019년 9월 20일 인터뷰(최규진, 하세가와 사오리, 황상익 진행)

'인종개량'과 '역선택' 사이에서

근대일본의 '우생결혼' 담론을 중심으로

서 동 주

Ⅰ. 머리말

일반적으로 우생학하면 '한센병', '단종' 등의 말이 뒤따른다. 신체적, 정신적으로 '우수한' 인간을 보호하기 위해 생물학적 '열성자'를 '배제'할 것을 주장하는 우생학에서 '한센병환자'는 대표적인 '열성자' 내지 '열악자(劣惡者)'로 간주되었고, 따라서 '단종시술'의 대상으로 분류되었다. 그리고 이것은 주장이나 제안에 그치지 않고 실제로 실시되어 다수의 '피해자'를 낳았다.[1] 이런 사정으로 인해 우생학은 대체로 한 사회의 의학적·생물학적 '건강'을 위협한다고 지목되는 내부의 '열성자'를 배제 혹은 제거할 것을 주장하는 이념이자 운동으로 인식되고 있다.

우생학의 역사는 그것이 이 내부의 부정적 타자를 배제하려는 일종의

---

1) 김호연,『우생학, 유전자 정치의 역사』, 아침이슬, 2009, 169~177·238~244쪽; 米本昌平外, 米本昌平他,『優生学と人間社会－生命科学の世紀はどこへ向かうのか』, 講談社, 2000, 107~140쪽.

'지식권력'으로 작용해 왔음을 보여준다. 하지만 서구의 '우생학'을 '수입'한 일본의 경우, 그것은 '한센병환자', '정신병자'와 같은 내부의 타자만이 아니라 동시에 외부에 존재하는 타자와의 관계 속에서 정당화되었다. 물론 여기서 말하는 근대일본의 '외부적 타자'란 무엇보다 '서구 열강'을 가리킨다. 19세기 말 일본에 상륙한 우생학은 그 초기부터 '서구 열강'과의 소위 '인종경쟁'에서 일본이 살아남기 위한 과학적 지식으로 간주되었다. 뒤에서 자세히 다루겠지만, 근대일본에서 우생학은 서구 열강과의 경쟁에서 뒤처지지 않고, 궁극적으로 '승리'할 수 있도록 일본인(일본민족)의 집단적 체질을 '개선'시키는 것, 즉 '인종개량'의 이념과 함께 받아들여졌다. 그런 이유로 근대일본에서 'Egenics'는 '우생학'이 아니라 '민족위생(Rassenhygiene)'이라는 말로 불렸다.

우생학은 유전적 우성자를 늘리고 열성자를 줄인다는 두 가지 계기를 포함한다. 그러나 현실에서 두 벡터가 동등한 힘으로 나타나지는 않았다. 생물학적으로 '우수한' 인간들 간의 결혼을 통해 '우성'의 인간이 자연스럽게 늘어나는 것을 기대하기란 쉽지 않기 때문이다. 그래서 현실에서 작용하는 우생학적 실천은 '우수한' 인간 간의 결합보다는 '열악한' 인간을 '배제'하는 쪽에 힘이 실렸다. 그것은 '단종법' 제정이 우생운동의 중요한 과제였다는 역사적 사실에서 알 수 있다. 하지만 이렇게 말하고 나면, 우생론자들에게 왜 '단종법' 제정이 우생운동의 중요한 목표였는지를 알 수는 있어도, 왜 그들이 '단종'과 같은 강제적인 배제의 기술에 집착했는가에 관한 '심리적' 이유를 이해할 수는 없다. 여기서 말하는 '심리적' 이유는 사회의 진화를 '자연선택'에 맡겨둬서는 안 된다는 강박관념과 관련되어 있다. 즉 우생론자의 '심리'란, 사회 내부의 유전적 열성자를 방치하면 결국 사회가 '열악자'로 가득차 결국 붕괴할지도 모른다는 '불안'에 다름 아니다. 근대일본의 우생론자들이 '단종'에 집착하면서 동시에 식민지 출신자의 '국내유입'과 그들과의 '혼혈'에 반대했던 것도 바로 이런 '불안'에 따른 것이다.

이글은 이상과 같은 문제의식 위에서 근대일본의 우생사상을 '인종개량'과 '우생결혼'에 초점을 맞춰 통시적으로 조감하려 한다. '인종개량'이 타자와의 관계 속에서 도출된 우생사상의 목적이라면, '우수한' 인간 간의 결혼을 가리키는 '우생결혼'은 '인종개량'의 목적을 실현하기 위한 중요한 수단으로 간주되었다. 그리고 당시 '화류병'으로 불렸던 매독과 같은 '성병'은 '우생결혼'의 최대 장애물로 지목받았다. 따라서 '단종'의 대상에 '성병환자=화류병자'는 예외 없이 포함되었다. 이글은 근대일본에서 우생사상의 강조점이 1920년대 이후 '인종개량'에서 '우생결혼'으로 옮겨가는 과정을 기술하고, 그 위에서 '우생결혼'에 관한 논의가 지식인의 담론에 그치지 않고 법률(화류병예방법)과 같은 제도적 장치나 '우생상담소', '위생전람회'와 같은 문화적 장치를 통해 대중의 일상으로 파고들어 갔던 광경도 묘사하고자 한다. 그리고 최종적으로 우생론자들의 적극적인 대중계몽과 지속적인 '단종술'의 법제화 시도의 배후에는 앞서 언급했던 사회에 대한 '파국적 상상력'이 관련되어 있음을 논증하고자 한다. 이런 작업을 통해 특히 '단종'을 초점화하여 우생학을 사회의 '내적 타자'를 배제하는 지식권력으로 기술하는 데 치중했던 기존 연구[2]에 시

---

2) 일본과 한국의 선행연구로는 다음과 같은 것이 있다. 鈴木善次, 『日本の優生學: その思想と運動の軌跡』, 三共出版, 1983; 藤野豊, 『日本ファシズムと優生思想』, かもがわ出版, 1998; 오구마 에이지, 『일본 단일민족신화의 기원』, 소명출판, 2003; 가토 슈이치, 『'연애결혼'은 무엇을 가져왔는가―성도덕과 우생결혼의 100년간』, 小花, 2013. 이글은 '인종개량' 논의 및 '성병' 담론에 관해서 藤野豊의 연구를 참고했으며, '우생결혼'에 관해서는 가토의 연구로부터 많은 시사를 받았다. 다만 이들 연구는 우생사상과 제국화하는 현실 간의 긴장을 내포한 관계에 대해 충분한 주의를 기울이고 있지 않다. 한편 한국의 선행연구로는 다음과 같은 것이 있다. 강태웅, 「우생학과 일본인의 표상―1920~40년대 일본 우생학의 전개와 특성」, 『일본학연구』 38, 2012; 이헬렌, 「우생학 담론에서 '배제'의 논리: 생명관리 권력(Biopower) 이론을 통해 본 이케다 시게노리(池田林儀)의 우생운동」, 『일본역사연구』 36, 2012; 김경옥

각적 '균형'을 제공하고, 근대일본의 우생사상이 제국화하는 현실과 맺고 있었던 '착종적 관계'가 드러날 수 있을 것이다.

II. '우생학', '인종개량'을 위한 '학지(学知)'

1921년 '연애'를 주제로 한 평론이 인기를 끌었다. 영문학자 구리야가와 하쿠손의 『근대의 연애관』이 그것이다. 『아사히신문』에 연재될 당시부터 화제를 모았던 이 평론은 단행본으로 출판되자 한 달 만에 40쇄를 넘겼다. 책머리에 인용된 영국 시인 로버트 브라우닝(1812~1889)의 "Love is best"라는 시구는 유행어가 되었다. 이 책의 핵심을 이루는 것은 '자기희생으로서의 연애'라는 관념이다. 이것은 연인을 위해 모든 것을 포기한다는 낭만적 연애관과는 관계가 없다. 그에게 따르면 여성(부인)에게 참다운 연애란 '생식'에 기초를 두며, 개인을 벗어나 가족과 민족 나아가 인류의 '진화'에 부응하는 것으로 정의된다.

> 이어서 결혼 관계에 들어서면 이 사랑은 물적 기초 위에서 더욱더
> 굳건해지고 강해지고 심화된다. …최초의 연애는 드디어 부부간의 상
> 호부조의 정신이 되고 더없이 높고 커다란 정의(情誼)로 변하며, 나아

「총력전체제기 일본의 인구정책—여성의 역할과 차세대상을 중심으로」, 『일본역사연구』 37, 2013. 이글은 이러한 선행연구의 성과를 적극적으로 수용해 근대일본 우생사상의 흐름을 '통시적'으로 조감하는 한편 우생사상이 타자의 배제를 지향하면서 동시에 타자에 대한 깊은 '불안'에 사로잡혀 있었다는 점을 논증하고 있다는 점에서 차별성을 갖는다. 그밖에 일본의 한센병작가인 호조 다미오의 문학과 우생학 관련 잡지미디어를 분석하고 있는 이지형의 다음과 같은 연구도 우생사상과 문학의 접점이라는 측면에서 주목할 만한 연구이다. 이지형, 『과잉과 결핍의 신체-일본문학 속 젠더, 한센병, 그로테스크』, 보고사, 2019.

가 자식에 대한 부모의 애정으로 전화된다. 특히 부인이 갖는 가장 고귀한 모성애를, 성욕에 기반한 성적 연애의 연장이자 변형 그 자체로 보는 것은 지당한 견해일 것이다. 그것은 이윽고 부모에 대한 자신의 애정이 되어 돌아온다. 더 나아가 진화와 함께 이 같은 사랑의 정신이 확대되기에 이르러 가족에서 더 나아가 이웃에 이르고, 자신의 민족 전부 그리고 사회에 이르러 세계 인류에 미칠 때, 우리 인간의 완전한 도덕 생활은 여기에 성립한다. 사랑이 없는 곳에 도덕은 없다.[3]

여기에 표명되고 있는 것은 '종족 향상을 위한 연애'라고 할 수 있다. 즉, '자기희생으로서의 연애'란 '사랑'의 감정을 개인의 차원을 넘어 민족과 사회로까지 확장하는 것에 연애의 목적이 있다는 말에 다름 아니다. 그래서 '종족의 향상'에 복무할 때 연애는 도덕적인 것이 된다고 구리야가와는 말한 것이다. 연애보다 결혼이 그리고 그것보다 모성과 생식이 더 높은 가치가 있는 것으로 간주되고 있음을 볼 수 있다. 그리고 여기서 짚어둘 사실은 구리야가와처럼 연애를 개인이 아닌 공동체의 '발전'으로 환원시키는 발상은 결코 예외적인 것이 아니었다는 점이다. 가토 슈이치가 『'연애결혼'은 무엇을 가져왔는가』라는 책에서 지적하고 있는 것처럼 1920년대 연애관의 주류는 '자유연애'라기보다 민족과 국가를 위한 연애, 즉 '우생연애'였다.[4]

근대일본에서 연애·결혼·출산의 우생학적 개혁을 국가적 과제로 논하는 담론이 등장한 것은 1910년대의 일이다. 이런 논의의 출발을 알린 것은 우생학자 운노 유키노리(海野幸德, 1879~1954)였다. 운노는 그의 첫 번째 저서 『일본인종개조론(日本人種改造論)』(1910)에서 러일전쟁의 승리가 보여주는 바와 같이 일본인은 '사회적 경쟁'에서 서양에 밀리지 않지만, '신체적·정신적'으로는 열세에 있으므로 개조가 필요하다고 주

---

3) 구리야가와 하쿠손, 『근대일본의 연애관』, 도서출판 문, 2010, 29~30쪽.
4) 가토 슈이치, 앞의 책, 148~166쪽.

장했다. 그리고 '결혼'을 일본인의 '개조'를 위한 유력한 수단으로 제안하고 있다. 물론 이때 그가 생각하는 결혼의 이상은 '우량한 개체의 산출'에 있었다. 그리고 1911년에 나온『흥국책으로서의 인종개조(興国策としての人種改造)』에서는 '우생결혼'을 위한 배제의 논리를 분명하게 드러냈다. 그는 독일의 위생학자 플뢰츠(Alfred Ploetz)의 '두개계측학'의 통계를 인용하며 "가난한 자의 두뇌는 확실히 부유한 자의 두뇌보다 뒤떨어져 있다"고 말하며 "가난한 자는 형질상 열악자"라고 단정하고 있다.[5] 따라서 그는 '인종개량'을 위해 유전적 '열악자'를 배제하는 것은 불가피하다고 보았다.

결국『흥국책으로서의 인종개조』에서 그의 결론은 다음과 같다. 즉, "개인적 연애와 개인적 결혼"은 "사회적 연대와 사회적 결혼이 되고, 생산은 중대한 국가 문제가 되는 것이다." 따라서 새로운 시대의 연애는 어디까지나 '인종개조'라는 '도덕'에 근거하여 "국가를 기점으로 해서 […] 정신 형질과 사회 형질을 고려"하면서 행해져야 한다는 것이다. 여기에는 일찍이 기타무라 도코쿠가 '현실 세계'의 도피처로 동경했던 낭만적 '연애'는 사라지고 '결혼=생식'과 융합함으로써 국가를 지탱하는 도덕 규범으로 변질되어 버렸음을 볼 수 있다.[6]

운노 유키노리에 의해 개화한 '인종개량을 위한 결혼'이라는 발상은 제1차 세계대전을 거치면서 만개한다. 제1차 세계대전은 근대일본 우생학의 역사에서 중대한 변곡점으로 간주된다. 무엇보다 세계대전이 유럽에 몰고온 청년남성인구의 격감은 일본이 유럽에 대해 '인종'적으로 우위에 설 수 있는 절호의 기회처럼 보였다. 그에 따라 대전이 진행되던 때부터 일본인의 '인종개량'을 구체화하려는 논의가 활발해졌다. 위생행

---

5) 海野幸徳,『興国策としての人種改造』, 大空社, 1911, 119~121쪽.
6) 가토 슈이치, 앞의 책, 114쪽.

정의 측면에서도 이 시기는 전환기에 위치한다. 왜냐하면 이때에 이르러 콜레라와 페스트 등 급성전염병에 대한 예방대책에 일정한 전망이 열리면서, 결핵, 성병 등의 만성감염증과 정신병에 대한 대책에 본격적으로 착수할 여유가 생겼기 때문이다. 즉 급성전염병에 대한 대처에 쫓기던 단계에서 국민의 영양상태, 위생상태를 개선하고 질병을 미연에 막는 단계로 이행했다.[7]

이런 시기에 '인종개량'을 주장한 대표적인 지식인으로 당시 도쿄제국대학 의과대학 생리학교실 주임이었던 나가이 히소무(永井潛)를 빼놓을 수 없다. 나가이 히소무는 학자이면서도 1916년 보건위생조사회, 1927년 인구식량문제조사회의 위원을 역임하는 등 정부 관련 조사회에 빠짐없이 이름을 올리며 우생학의 정책화에 주력한 인물이었다. 또한 1930년에 설립된 일본민족위생학회의 이사장에 취임해 이후 '단종법' 제정 운동을 이끈 이력을 갖고 있다. 1910년대 '인종개량'에 관한 그의 생각은 「인종개선학의 논리와 실제」(1915)라는 글에 잘 나타나 있다.

> 과거부터 오늘날까지 의술의 진보에 의해 인간을 강장(强壯)케 하고 병을 박멸하려 노력했던 것도, 교육을 행하면 인간을 현명하게 만들 수 있다고 생각했던 것도, 종교와 법률의 힘으로 악인을 변화시켜 선인으로 만들 수 있고 믿었던 것도, 모두 예로부터 이어지는 작못된 사상에 사로잡혀 있었기 때문이다. 아무리 갈고 닦아도 기와는 어쩔 수 없이 기와다. …(중략)… 갈고 닦는다는 것은 물론 대단히 중요하다. 그러나 그것보다도 훨씬 중요한 것은 갈고 닦을 재료의 선택이다.[8]

그는 과학, 교육, 종교, 법률의 힘으로 인간을 '강하고, 현명하고, 선하게' 변화시킬 수 있다는 믿음이야말로 오래된 '오류'라고 잘라 말한다. 인

---

7) 藤野豊, 앞의 책, 56~57쪽.
8) 永井潛, 「人種改善学の論理と実際」, 『日本及日本人』 2, 1915, 59쪽.

간의 변화는 그런 '외적 영향'으로는 기대할 수 없는 것이다. 인간의 변화는 오직 '인간 자체'를 바꿈으로써만 가능하다는 것이 나가이의 주장이다. 그리고 그것을 연구하는 학문이 다름 아닌 '인종개선학', 즉 '우생학'이다.

나가이는 학자이면서 동시에 우생학의 대중화를 위해 수 십 편에 달하는 계몽적 성격의 글을 각종 잡지에 기고한 정력적인 저술가이기도 했다. 특히 『부인공론』과 같은 잡지에 여성독자를 의식한 글을 다수 발표했는데, 거기에서도 '인종개량'의 필요성을 역설하는 내용을 어렵지 않게 찾아볼 수 있다. 예를 들어 『부인공론』에 게재되었던 「좋은 자녀를 낳기 위해 - 인종개선학(우생학) 이야기」라는 글이 있다. 여기서 나가이는 "우수한 자손을 낳기 위해서는 여성에게도 책임이 있다는 점을 호소"하며, 그것을 위해서는 국가의 관여가 불가피하다고 말하고 있다. 즉 그는 국가가 적극적으로 "예를 들면 백치자나 상습적 범죄자나 기피해야 할 병이나 모든 인간의 행복을 방해할 수 있는 나쁜 유전을 행하는 종성(種性)이 번식되지 않도록 하는" 것과 "교육에 의해 유전 및 인종개선에 관한 지식이 얼마나 인류의 행복에 있어서 중요한가"를 널리 알려서 "사람들 각자가 결혼을 함에 있어서 종성의 선택을 가장 우선하도록" 해야 한다고 말했다.9) 그리고 '나쁜 유전'을 막기 위한 방법의 하나로 "외과수술을 실시해 악질자로 하여금 생식불능에 빠뜨리는 것"을 거론하며 '단종법' 주창자로서의 면모를 드러냈다.

같은 시기 나가이 히소무와 함께 우생사상에 관해 활발히 발언한 자로서 당시 내무성 위생국 기사였던 우지하라 사조(氏原佐蔵)를 들 수 있다. 그는 "나는 불초하지만 민족위생학에 관해서는 우리 국민에게 소개한 최초의 한 사람이라고 자임하고 있다'고 자부할 정도로 '우생학=민족

---

9) 永井潜, 「良い子を生むために―人種改善学(優生学)の話」, 『婦人公論』 5, 1916, 8~9쪽.

위생학'을 위생정책에 반영시키기 위해 노력했다. 그는 관료이면서 동시에「민족위생학의 발흥을 촉구한다(民族衛生学の勃興を促がす)」,「민족위생학 발달의 역사(民族衛生学発達の歴史)」,「민족위생학의 직책(民族衛生学の職責)」과 같은 글을 발표한 우생사상가였다. 참고로 당시 일본에서 '민족위생학'이란 '우생학'과 거의 같은 의미였는데, 일반적으로는 '민족위생학'이 사용되었다. 나가이 히소무도 다수의 글에서 자신의 입장을 '민족위생학'이라는 용어로 표현했다.

우지하라의 '인종개량'론은 '구미인종'의 위협을 직접 거론하고 있다는 점에 특징이 있다. 그는 일본의 우생정책이 서구 열강의 뒤를 쫓고 있다는 상황 자체를 심각하게 받아들였다. 예컨대 1914년에 그는 다음과 같이 쓰고 있다.

> 구미인종의 '인종개량'이 진척되면 일본에게 큰 압박이 된다. ···(중략)··· 우리들은 충실한 일본제국의 신민으로서 온 힘을 모아 민족의 퇴행변성을 자연의 흐름에 맡겨 묵시함에 머물지 말아야 하며, 당연히 가해질 것으로 보이는 우량백인종의 압박을 생각하면 오늘날에 있어서 물 건너 불구경으로 대할 수 없기에, 우리들은 조야의 유식자 및 모든 일반 국민에게 호소해 민족위생학의 연구심과 흥미가 환기될 것을 희망하고, 절실히 우리나라에서 민족위생학의 발흥을 재촉해야···[10]

우지하라의 결론은 '우량백인종'의 압박에 맞서 '민족위생학'을 고취해 일본이 '황색인종의 맹주'가 되는 것이다. 우지하라의 의도는 '인종개량'의 필요성을 역설하는 것에서 한 발 더 나아가 그것의 시급성을 강조하는 데 있다. '인종개량'의 후발 주장인 일본은 언제 '우량백인종'의 압박에 직면할지 모르기 때문이다. 그때를 대비해 '민족위생학'의 발흥을 서

---

10) 氏原佐蔵,「民族衛生学の勃興を促がす」,『大日本私立衛生会雑誌』372, 1914, 7~8쪽.

둘러야 한다는 논리이다. 그는 이 글을 비롯해 1914년『대일본사립위생
회잡지』에 발표한 우생학에 관한 논고를 대폭 가필해『민족위생학』이라
는 제목의 저서로 출판했다. 책 속에서 우지하라는 '후예번식의 가치를
인정받지 못하는 자에게는 인위적 방법에 호소해 생식불능에 처하도록'
해야 한다며, 미국의 '단종법'에 관해 상세히 소개하고 있기도 하다.[11]

제1차 세계대전이 종결되자 일본의 우생담론에도 약간의 변화가 일어
난다. 즉, '인종개량'의 필요성보다 그것을 위한 방법인 '우생결혼'이 중
요한 관심사항으로 부상했다. 또한 연애와 결혼의 '국가(사회) 관리'를
주장하고 있다는 점에서 이전과 다르지 않지만, '우생결혼'을 '보통선거',
'부인해방'과 같은 시대적 이슈와 결부시켜 논하고 있다는 점에서 특징
적이다. 예를 들어 나가이는 「질(質)'과 '수(數)'와 보통선거」(1925)라는
글에서 보통선거에 찬성한다는 견해를 피력하면서 정치적 평등이 실현
되면 그만큼 우생학이 필요해질 것이라는 전망을 제시했고, 또한 「부인
해방과 유전학」(1922)에서는 다음에 보는 것처럼 '유전적'으로 볼 때 '남
녀는 평등하다'고 주장했다.

> 남존여비, 남자 중심의 가족제도는 '가계에 특유의 피'가 남자에게만
> 이어짐으로써 정당화되지만, 최근 유전학의 견해는 이와 일치하지 않
> 고 나는 유전적으로 남녀가 평등하다고 생각한다. 따라서 부인해방은
> '생물학적 기초'에 입각해야만 한다.[12]

그런데 여기서 주의할 사항은 부인해방을 생물학적 기초 위에 세워야
한다는 나가이의 주장이 실은 가족제도에서의 남녀평등을 의미할 뿐,

---

11) 氏原佐蔵,『民族衛生学』, 南光堂書店, 1914, 74~80쪽.
12) 요코야마 다카시,『일본이 우생사회가 될 때까지—과학계몽, 미디어, 생식의 정치』,
　　한울아카데미, 2019, 138쪽.

여성의 사회진출까지를 지지하는 것은 아니었다는 점이다. 1917년에 발표한 「민족위생으로 본 결혼의 개량」에서 '부인의 각성이나 부인 해방'에 대해 "천직이어야 할 '어머니'를 이 때문에 버리고, 반성하지 않고, 결혼을 피하고, 육아를 부끄러워하는 것은 실로 성숙된 문화의 중독에 걸린 자"이며 "민족위생의 관점에서 단호히 이 같은 악습을 일소"해야 한다고 말한 것처럼 나가이는 여성의 특징을 생식에 특화해 가정에 붙박아 두려는 발상을 포기하지 않았다.[13]

한편 다이쇼시기 '우생학'과 '부인해방'의 접합은 '모성보호논쟁'(1918~19)에서 히라쓰카 라이초가 펼쳤던 주장에서 그 전형적인 모습을 확인할 수 있다. 잘 알려진 것처럼 모성보호논쟁은 요사노 아키코(与謝野晶子)와 히라쓰카 라이초(平塚らいてう) 사이에서 시작되어 야마카와 기쿠(山川菊栄)에 등이 합류하며 논단의 이목을 집중시켰다. 논쟁은 요사노 아키코가 임신과 분만의 시기에 여성이 국가에 대해 경제적으로 특수한 보호를 요구하는 서양 여성운동의 주장을 국가에 대한 기식(寄食)이자 의존이라고 비판한 것에 대해 히라쓰카가 "국가에 모성보호를 바라는 것은 당연한 요구"라고 반론하며 시작되었다.[14] 요사노는 여성의 직업적 독립이 있어야만 정신적 독립도 있다는 신념의 소유자였다. 모성에 대한 국가의 개입을 완강히 부정하는 요사노 아키코의 주장에 이른바 '다이쇼 데모크라시'의 분위기를 읽어내기란 그다지 어렵지 않다. 반면 여성은 모성을 통해 '국가적 존재'가 된다는 히라쓰카 라이초의 주장은 '부인해방'이라는 시대적 과제가 왠지 낡은 논리 안에 담겨져 있다는 인상을 준다. 이런 히라쓰카의 '이중성'은 가토 슈이치가 예리하게 지적한 것

---

13) 위의 책, 139쪽.
14) '모성보호논쟁'에 관해서는 다음 연구를 참조할 것. 김용덕 엮음, 『일본사의 변혁기를 본다─사회인식과 사상』, 지식산업사, 2011, 299~310쪽.

처럼 그녀가 모성보호를 '우생결혼'의 이념 속에 담아냈기 때문이다.

히라쓰카는 국가가 사생아를 보호할 것을 호소했는데, 그것은 사생아 자신을 위해서라기보다 '사회생활의 안녕·행복'과 '국가의 진보·발전'을 저해하지 않기 위해서였다. 그리고 모성보호도 최종적으로 같은 논거에 의해 뒷받침되고 있다. 즉 "자녀의 완전한 보호는 그 어머니를 보호하는 데 있다"는 것이다. 히라쓰카 라이초의 우생론자로서의 면모는 다음과 같은 글에 잘 나타나 있다.

> 자녀란 자기가 낳은 자기 아이라도 자신의 사유물이 아니라 그 사회의, 그 국가의 것입니다. 자녀의 수와 질은 국가·사회의 진보·발전에, 그 장래의 운명에 지대한 관계가 있으므로, 자녀를 낳고 또 키우는 어머니의 일은 이미 개인적인 일이 아니라 사회적인, 국가적인 일입니다. … 그리고 이 일은 여성에게만 지워져 있는 사회적 의무로, 이것은 단지 자녀를 낳고 또 키우는 것뿐 아니라 좋은 자녀를 낳아서 잘 키운다는 이중의 의무가 있습니다.15)

히라쓰카의 주장은 구리야가와의 말한 '종족 향상을 위한 결혼'과 다르지 않다. 히라쓰카는 출산이라는 행위를 통해 여성은 '국가적인 존재'가 된다고 말하고 있는데, 실제로 그녀는 여러 글에서 여성은 '어머니'가 됨으로써 개인적 존재의 영역을 벗어나 사회적·국가적 존재가 된다고 적고 있다. 이렇게 '모성의 국가관리'를 주장했지만 히라쓰카는 맹목적인 '국가주의자'는 아니었다. 왜냐하면 히라쓰카는 '좋은 자녀'를 낳아서 잘 키우는 것이 여성의 '국가적 의무'라고 규정하면서 동시에 여성이 그 의무를 이행할 수 있도록 국가는 모성을 '보호'해야 하는 의무를 지닌다고 말하고 있기 때문이다. 즉, 히라쓰카는 의무를 둘러싼 국가와 개인

---

15) 가토 슈이치, 앞의 책, 147쪽.

(여성)의 관계를 일방적인 것이 아니라 상호적인 것으로 인식하고 있었다. 그리고 이런 논법은 비단 히라쓰카만의 것이 아니었다. 근대일본의 여성의학자 와다 도미코(和田富子)는『여성』'연애특집호'에 실린「인격 없는 곳에 연애는 없다」에서 "민족 안에 숭고한 여성과 연애를 만들어 내"려면 사회가 "병독(病毒)이나…저뇌아의 도덕을 몰아내야" 한다며 '우생연애'를 위한 '사회의 의무'를 환기시킨 바 있다.16)

그런데 여기서 주목하고 싶은 것은 히라쓰카가 말하는 '국가'가 현실의 국가라기보다는 개인과의 관계 속에서 정의되는 '보편적' 성격을 띠고 있다는 점이다. 여기서 말하는 '보편성'이란 가라타니 고진이 '다이쇼의 담론공간'이라는 개념으로 표현했던 다이쇼시기(1912-26)에 일어난 서양과 일본의 관계에 도입된 새로운 관점을 가리킨다. 그에 따르면 다이쇼시기에 일어난 담론상의 변용이란 일본과 서양의 차이가 '질적 차이'가 아니라 '동일한 보편성' 안에 존재하는 '시간적 내지 단계적 차이'로 인식되기 시작했다는 것을 의미한다.17) 이런 가라타니의 주장에 따른다면, 히라쓰카의 우생학이 보여주는 '다이쇼적 성격'은 그것이 '부인해방'과 연결되어 있다는 점이 아니라 개인(모성)과 국가의 관계를 우생학적 관점에서 상정되는 '보편적' 발전 과정 안에서 사고했다는 점에 있다고 할 수 있다. 그리고 그런 변용 위에서 1920년대에는 '우생결혼'이 우생담론이 중심을 차지해 간다.

---

16) 위의 책, 163쪽.
17) 柄谷行人,「近代日本における歷史と反復」,『定本 柄谷行人集5』, 岩波書店, 2004, 77~83쪽.

III. '우생결혼'과 '화류병'이라는 '적'

근대일본에서 '인종개량'은 일본이 서구 열강과의 경쟁에서 살아남기 위한 방법으로 주목을 받았다. '인종개량'은 '우수한' 인간을 늘리고, '열등한' 인간의 수를 줄임으로써 달성되는 것인데, 이를 위해서는 '우수한' 인간들끼리 알아서 '결혼'하는 일이 필요하다. 그런데 문제는 이것이 쉽지 않다는 점이다. 상대방이 '우수한' 인간인지 아닌지를 판단할 방법이 마땅치 않다는 판별의 곤란함도 문제지만, 소위 '유전적 우성자'들이 알아서 '우생결혼'을 실현해 주리라고 기대할 수 없는 현실적 난점도 크게 작용했다. '우생결혼'의 이러한 난점을 의식한 운노 유키노리는 "양미(良美)한 형질을 가진 개체가 어떻게 해서 연애를 하기에 이르는가 하는 것은 사회 및 국가의 일대 문제"이기 때문에 "우리는 인위로써 어느 정도까지 우연의 기회를 제한하고, 우량한 남녀끼리 연애에 이르도록 돕지 않으면 안 된다"[18]고 연애의 '국가 개입'을 주장하기도 했다. 뿐만 아니라 '연애지상주의자', '유녀', '색남' 등을 '우생결혼'의 '적'이라 부르며 철저한 배격을 주장했다.

운노처럼 '성'의 자유를 국가의 '적'으로 보았던 사람들은 '악질자', '저열자'를 사회적으로 '배제'해 '우생결혼'에 우호적인 환경을 만드는 방식을 제안했다. 이때 '악질자', '저열자'란 대체로 정신병, 알코올중독, 나병, 성병, 결핵 등의 질환을 갖고 있는 사람을 가리켰다. 그 가운데 당시 '화류병'으로 불리 성병은 '우생결혼'의 최대 장애물로 간주되었다. 거기에는 나병이나 정신병 등과 달리 성병환자를 외관만으로 알아보기 어렵고, '생식'에 직접적으로 악영향을 미치는 점이 크게 영향을 미쳤다. 여기에

---

18) 海野幸德, 『日本人種改造論』, 富山房, 1910, 2~3쪽.

서는 우생학과 우생운동이 활발히 전개되었던 1920~1930년대의 '우생결혼' 담론에 초점을 두고 거기서 '성병'이 배제의 논리가 어떤 방식으로 전개됐는지 살펴보고자 한다.

일찍이 1905년 우생학 잡지 『인성』을 창간했던 후지카와 유(富士川游)는 '사회위생학'의 필요성을 언급하면서 '화류병 박멸'을 주장한 바 있다. 그는 '위생학'이 '세균학 일변도'가 아니라 '위생에 관한 사회사상과 인류학적 사상'에 관심을 가져야 하는 필요로부터 '사회위생'의 개념이 생겨났다고 설명한다. 그는 '사회위생'을 "인류의 사회 생활과 더불어 식품, 주거, 의복, 직업, 교통 등의 여러 사항"이 건강에 미치는 영향을 연구하는 학문으로 정의하면서 동시에 알코올중독, 신경쇠약, 정신병 발생의 사회적 원인 및 '결핵과 화류병 박멸'을 사회위생의 주된 관심으로 규정하고 있다. 또한 후지카와는 다른 글에서 매독을 비롯해 결핵, 당뇨병, 정신병, 알코올중독은 아이에게 유전되기에 '수의적 피임법'을 실시해야 한다고 말했다.[19]

후지카와는 성병(매독)을 따로 강조하고 있지는 않지만, 나가이 히소무는 '민족'을 위한 '화류병자'의 결혼을 금지해야 한다고 주장했다. 그는 "결혼은 물론 개인과 개인, 일가와 일가와의 문제이지만, 동시에 또한 국가의 성쇠흥망에 관한 대문제"이기 때문에 국가가 결혼에 간섭할 이유는 충분하다고 보았다. 나가이는 결혼하려는 자가 서로 건강한 심신을 갖고 있다는 점을 인정받지 못할 경우 국가는 그것을 허가하지 말아야 한다고 주장하면서 "화류병자의 결혼을 금하는 정도로도 막대한 이익을 민족 모두에게 가져올 수 있다"고 강조하면서 화류병의 유무를 강제적으로 진단하는 기관을 설치할 것도 주장했다.[20] 또한 제1차 세계대전 이

19) 요코야마 다카시, 앞의 책, 85~86쪽.
20) 永井潜, 「花柳病者の結婚を禁止せよ」, 『婦人公論』 7, 1919, 33~34쪽.

후에 발표한 「세계의 노처녀」(1921)라는 글에서는 "양성의 비대칭은 결혼난, 출생의 감퇴를 초래할 뿐만 아니라, 매음, 화류병, 사생아 문제 등 '성도덕의 퇴폐'를 가져온다"며 '인종위생'의 견지에서 양성 비대칭의 교정과 성병에 대한 관리의 필요성을 언급하기도 했다.

1920년대 이후의 우생담론 속에서 '성병=화류병'은 '우생결혼'을 위협하는 사회적 '질병'으로 집중적인 비판과 제거의 대상이었다. "연애와 매독을 잡거시키려는 민족의 뇌수는 이미 썩었다"는 와다 도미코의 말에서 성병에 대한 우생론자들의 인식을 엿볼 수 있다. 후지노 유타카가 지적한 것처럼 여기에는 1920년대에 들어서면서 당시의 위생행정이 배제되어야할 질병의 하나로 '성병'을 지목하고, 그것을 배경으로 여성운동에서도 관심을 가졌던 것이 영향을 주었다. 후지노에 따르면 1920년 신부인협회가 성병에 걸린 남자에 대한 결혼금지법 제정청원운동을 일으켰고, 1922년 미국 산아제한회의 회장 마가렛 생어의 방일을 계기로 고양된 산아조절운동도 우생사상과 성병배격에 영향을 미쳤다.[21]

그렇다면 구체적으로 '우생결혼'과 '성병'의 관계는 어떻게 다루어졌을까? 1920년대 대표적인 우생사상가이자 우생운동가인 이케다 시게노리(池田林儀 1892~1966)의 '성병'에 관한 발언을 살펴보자. 이케다 시게노리는 나가이 히소무, 그리고 1924년 잡지 『우생학』을 창간한 고토 류키치(後藤龍吉)와 함께 1920년대 후반 일본 우생운동을 이끌었던 인물이다. 그는 1926년 일본우생운동협회를 창설했고, 같은 해 11월 기관지 『우생운동』을 창간했다. 그의 우생사상은 『응용우생학과 임신조절』(1926)에 나와있는 "좋은 종자, 좋은 밭, 좋은 손질(手入)"이라는 표어에 집약되어 있다. '좋은 종자'란 '좋은 부모'이며, 이를 위해서는 '좋은 결혼(가능하면 심신에 유전적 결합이 없는 사람의 결혼)', '건강진단', '혈통의

---

21) 藤野豊, 앞의 책, 62쪽.

조사', '임신조절', '制産수술'이 필요하다고 보았다. 또한 그는 '좋은 밭'이
란 '좋은 사회'라 말하며 그것을 위해서는 '애국정신의 고취', '의회의 개
혁', '자치성의 쇄신', '보건위생'일 필요하다고 말하고 있다. '좋은 손질
(手入)'이란 '좋은 교육'을 가리키는데, 그는 이렇게 세 가지가 실현됐을
때 우생사상은 완성된다고 생각했다.[22]

이케다의 '성병'에 대한 인식은 「통속우생학강좌(通俗優生学講座)」
(1927)에서 확인할 수 있다. 이글에는 '우생결혼'에 대한 이케다의 생각
이 자세하게 나타나 있다. 이글의 논점은 어떤 장애나 질병을 결혼금지
내지 '단종'의 삼을 수 있는가이다. 이에 관해 이케다는 "열생자로서 가
능한 한 결혼을 피해야 할 자는 나병과 같은 유전적 소질의 결함을 갖고
있는 자"이며, "매독이나 결핵과 같은 것은 엄밀히 말해 유전적인 것이
아니다. 하지만 (…) 하지만 이른바 군자는 위험한 곳에 가지 않는다는
의미에서 그런 위험성이 많은 자와의 결혼을 피하는 것은 결코 나쁜 것
이 아니다"[23]라고 적고 있다.

한편 아쿠타가와 류노스케의 소설 『갓파』에 등장하는 '유전적 의용대'
는 가토가 언급한 것처럼 1920년대 후반에 '우생결혼'의 관념이 널리 퍼
져있음을 짐작케 한다. '유전적 의용대'는 갓파의 세계에 들어온 화자
'나'가 우연히 길에서 발견한 포스터 속에 있는 문구였다. 포스터의 내용
은 다음과 같다.

> 유전적 의용대를 모집한다!!!
> 건전한 남녀 갓파들이여!!!
> 악(惡)의 유전을 박멸하기 위해서
> 불건전한 남녀 갓파와 결혼하라!!![24]

22) 위의 책, 94~95쪽.
23) 池田林儀, 「通俗優生学講座」, 『優生運動』 4, 1927, 25쪽.

위의 인용에서 갓파의 세계에서도 우생운동이 일어나고 있음을 알 수 있다. 하지만 그 양상은 인간 세계의 그것과 다르다. 인간세계에서는 '건전한' 인간들 간의 결혼이 장려되지만, 갓파의 세계에서는 '건전한' 갓파가 '불건전한' 갓파와 결혼함으로써 '나쁜 유전'을 없앨 수 있다고 되어 있다. 소설 안에서 '나쁜 유전'이 구체적으로 어떤 것을 의미하는지는 나타나 있지 않다. 부모의 '정신병'이 유전되는 것을 두려워해 태어나기를 거부하는 태아 갓파의 에피소드를 참고하면 '정신병'으로 볼 수도 있을 것이다. 하지만 당시 '열성자'의 질환으로 정신병만이 아니라 성병, 결핵, 알코올중독 등도 거론된 사정을 생각할 때 정신병으로 특정할 필요는 없을 것 같다. 중요한 것은 이 시기 '우생결혼'과 '성병'의 해악과의 연상관계가 대중적인 수준에서 존재했다는 것을 확인하는 것이다.

당시 '성병'에 대한 사회적 경계심의 수준을 보여주는 사례로서 1927년 '화류병예방법'이 제정된 사실을 간과할 수 없다.[25] 법안의 골자는 화류병자의 '매음'을 처벌하는 것이다. 법안에 따르면, "예방의 대상은 '업태(業態)상 화류병전파의 우려가 있는 자"로 하고 "전염의 우려가 있는 화류병에 걸렸음을 알고서 매음을 행한 자는 3개월 이상의 징역에 처한다. 전염의 우려가 있는 화류병에 걸렸음을 알거나 혹은 알 수 있음에도 매음의 매합 또는 용지(容止)를 행한 자는 6개월 이하의 징역 또는 오백엔 이하의 벌금에 처한다"고 되어 있다.

일본에서 '화류병예방법'의 제정시도는 1921년부터 있었다. 1922년 '화류병예방법초안'이 마련되었으나 논의 과정에서 결국 '좌초'되었다. 이어서 1923년 6월 다시 '화류병예방법안'이 마련되었지만, 이번에는 그해 9월에 발생한 '관동대지진'의 여파로 관련 자료가 소실되어 법안 확정이 무

---

24) 아쿠타가와 류노스케, 『아쿠타가와 작품선』, 범우사, 2004, 106쪽.
25) '화류법예방법'의 제정 과정에 관해서 다음을 참조할 것. 藤野豊, 앞의 책, 145~153쪽.

기한 연기되었다. 그러다가 1927년에 이르러 '화류병예방법'으로 결실을 맺은 것이다. 1922년의 '화류병예방법초안'에는 '화류병' 예방을 위해 '예기(芸妓)와 사창(私娼)'에 대한 성병진단을 의무로 정하는 조항만이 아니라, '화류병환자전염의 우려가 있음을 알고 성교를 행했을 때', '화류병환자전염 우려가 있음을 알고 그 사실을 상대방에게 알리지 않고 결혼했을 때'는 벌금 내지 금고형에 처한다는 규정이 포함되어 있었다. 1927년 '화류병예방법'에 비해 적용 대상은 넓고 처벌 수위는 더 강하다. 이렇게 된 배경에는 1920년 신부인협회가 '화류병남자결혼금지법'의 제정을 요구하는 운동을 펼친 것이 일정하게 영향을 미쳤는데, 1922년 '화류병예방법초안'을 보면 남녀를 불문하고 성병환자의 결혼을 제한하고 있다는 점에서 '우생결혼'의 이념을 거의 그대로 담은 법안이라고 할 수 있다.

다시 1927년 '화류법예방법'으로 돌아오면, 이 법안은 1922년의 '초안'과 달리 부부 간 성교에 의한 감염 등은 예방과 처벌의 대상에서 제외하고 있지만, 처벌 조항은 기존의 '금고'에서 '징역'으로 강화된 특징을 보여주고 있다. 이렇게 처벌 조항에 '실형'이 규정된 이유에 관해 당시 내무정무차관 다와라 마고이치(俵孫一)는 다음과 같이 밝히고 있다. 그는 성병이 "소위 자손후예까지 해독을 전한다고 알려진 무서운 병독"이라는 인식 아래 "오늘날 현재의 사람만이 아니라 자손까지 해독을 전하고, 자손의 번영을 가로막을 우려가 있는 병독에 대해서는 국가는 무거운 체형으로 억지한다는 것은 피할 수 없는 것이라고 생각합니다"라고 밝혔다.[26] '자손후예까지 해독을 전하'기 때문에 성병에 걸렸음을 알고서도 매춘에 종사한 자는 보호를 받는 것이 아니라 징역형에 처해야 한다는 판단에서 우생의 논지를 명확히 읽어낼 수 있다.

---

26) 다와라 마고이치의 제국의회에서의 발언은 다음에서 재인용한 것임. 위의 책, 149~150쪽.

'화류병예방법'이 성립되었던 1920년대 후반에는 또한 '단종법' 제정 운동이 활발히 전개된 시기이기도 하다. '인구식량문제조사회', '일본의 사회', '보건위생조사회'가 각각 우생정책(민족위생정책)의 실시를 위한 방침을 모색하고 있었다. 예를 들어 '인구식량문제조사회'에서는 일부 사회정책학자들이 강력하게 신중론을 펼친 까닭에 '단종법'의 제정에 대한 합의에 이르지는 못했지만, 의학자가 중심인 일본의사회와 보건위생 조사회는 '단종법'에 대해 적극적이었다. 어쨌든 이 시기에 산아조절 문제를 둘러싸고 '단종'을 둘러싼 주장이 분출했다. 그런데 이런 논의는 인구식량문제조사회, 일본의사회, 보건위생조사회에 국한된 것이 아니었다. '전람회'와 같은 대중적인 이벤트로서도 이런 논의가 전개되었다. 대표적인 것이 1930년 8월 도쿄 니혼바시(日本橋)의 미쓰코시백화점에서 개최된 '건강전람회'이다. 이 전람회 안에는 '유전과 민족위생'이라는 코너가 설치되어 큰 인기를 모았는데, 이처럼 우생학의 보급에서 당시 이런 전람회가 수행한 역할을 결코 적지 않았다.[27]

우생학의 대중화와 관련하여 이 시기 주목할 만한 이벤트는 일본적십자사가 주최한 '민족위생전람회'이다. 일본적십자사는 1926년 도쿄본사 경내에 참고관(参考館, 1932년부터 적십자박물관으로 개칭)을 세우고 1927년부터 매년 1회 내지 2회 위생전람회를 개최했다.[28] 그리고 1928년 5월에는 세 번째 위생전람회인 '민족위생전람회'를 참고관에서 개최했다. 주최 측이 밝힌 개최의 취지는 다음과 같다.

---

27) 위의 책, 139~140쪽.
28) '위생전람회'에 관해서는 다음을 참조할 것. 田中聡, 『衛生展覧会の欲望』, 青弓社, 1994, 32~36쪽.

근래 산업의 발달. 사회의 진보에 따라 우리나라에서 결핵, 성병, 신경쇠약, 알코올중독과 같은 소위 문명병은 그 위력을 더해하고, 특히 영유아 및 출산기 부인의 사망수는 열강 중에 찾아보기 어려운 정도의 높은 비율을 보이고 있다. 나아가 저능, 불구, 악질자는 지덕이 우수한 유식계급에 비해 번식이 왕성하여 열악무능 분자는 증가가 멈추지 않는다. 이렇게 우리 민족의 소질이 점차 저하되고 열악화(劣惡化)하는 것은 국가의 장래를 위해 근심을 금할 수 없다.…(중략)…(따라서-필자 삽입) 그 천부에 따라 각각 우량한 배우 및 자손을 얻어 가계의 개선, 민족의 우화(優化)에 기여케 하고…악질자에 대해서는 사려를 결여한 결혼번식을 억제시키고 국가사회에 누가 미치지 않도록 노력해야….[29]

이런 취지로 열린 전람회에서는 다음과 같은 6개의 테마를 중심으로 전시가 구성되었다. 6개의 테마란, '민족의 열화와 인구통계', '부모의 형질은 어떻게 자손에 유전되는가', '반성유전에 관한 자료', '유전과 결혼에 관한 자료', '민중전염병에 의한 민족 악화에 관한 자료', '알코올과 민족의 악화 및 산업의 발달과 민족의 건강에 관한 자료'이다.

예를 들어 '유전과 결혼에 관한 자료'라는 테마의 전시에서는 '무분별한 결혼, 신혼의 꿈에 빠지지 못한 이유'라는 설명문과 함께 병약한 처와 결혼해 고민하는 남편의 그림을 비롯해 이른바 '우생결혼 훈(訓)'을 여신으로부터 부여받는 젊은 여성의 그림 등이 전시되는 등 극히 통속적으로 구성을 보였다. 참고로 전시장에 소개되고 있는 '우생결혼 훈'의 내용은 '남자의 가계에 결함은 없는가', '남자의 건강에 문제는 없는가', '연령의 차이가 심하지 않은가', '남자의 인격능력에 부족은 없는가', '남자에게 당신의 단점결점을 보완하기에 충분한 미덕장점이 보이는가', '남자와 혈족관계는 아닌가'와 같은 것이었다. 여기에 전시에서는 '혼약은 상호 신용할 수 있는 의사의 건강진단서를 교환한 다음에'라는 표어가 건강진단서

29) 藤野豊, 앞의 책, 140쪽.

를 주고받는 모습의 그림과 함께 제시되고 있기도 하다. 한편 '민중전염병에 의한 민족의 악화에 관한 자료'라는 테마의 전시는 성병, 결핵, 한센병, 그리고 정신장해 등을 다루고 있었다. 특히 지적장애자, 정신장애자, 한센병환자 등의 모습을 추악하게 묘사하여 관람자에게 이들에 대한 혐오감을 환기시키려는 방식을 취했다. 즉 성병, 결핵, 한센병에 걸린 환자와 '정신장애자'에 대한 혐오감을 불러일으켜 이런 질병에 대한 경고와 함께 결혼에 앞서 유전병 등에 주의를 기울일 것을 촉구하고 있다.[30]

이상과 같이 1920년대부터 1930년대 초반에 걸쳐 일본 사회에서 '성병=화류병'은 단순한 질병이 아니었다. 성병은 우생학적 견지에서 중대한 사회적 '해악'으로 간주되었고, 그것을 경고·비판하는 담론이 넘쳐났다. 특히 그런 담론은 비단 우생론자와 위생행정에 관련된 관료들만의 주장에 그치지 않았다. 그것은 법률(화류병예방법)과 같은 '법적 규제'의 형태로 일상에 강제력을 가했을 뿐만 아니라 '건강전람회'나 '위생전람회'와 같은 '문화장치'를 매개로 사람들을 '우생결혼'의 담론 속으로 끌어들였다. 이렇게 법적 '강제'와 문화적 '유혹'이 교차하는 가운데 '우생결혼'의 담론과 사회와 국가의 '적'으로서의 '성병=화류병'이라는 인식은 사람들의 의식 속으로 파고들었다.

IV. 우생론자의 '불안'과 '파국의 상상력'

그렇다면 무엇이 우생론자들의 적극적인 계몽활동을 추동했던 것일까? 이 문제에 관해서는 대외적 요인과 대내적 요인으로 나누어 생각해

---

30) 위의 책, 141~142쪽.

볼 수 있다. 대외적 요인으로는 제1차 세계대전이 '서구 열강'에게 안겨
준 인구학적 변동을 들 수 있다. 앞서도 언급했듯이 제1차 세계대전은
유럽의 남성인구를 감소시켰는데, 일본의 우생론자들은 이것을 서구 열
강과의 '인종경쟁'에서 일본이 감수해야 했던 불리함을 극복할 수 있는
기회로 받아들였다. 예를들어 나가이 히소무는 「인류의 재생과 민족의
성쇠」라는 글에서 "천오백육십칠일 간 세계를 뒤흔든 미증유의 대선풍
(大旋風)은 모든 유형, 무형의 것에 대파괴(大破壞)가 더해져 서서히 사
라지려 하고 있다"고 말하며 유럽이 '몰락'하고 있는 이때야말로 '민족위
생'을 국가적 과제로 삼아야 한다고 주장했다.[31]

한편 대내적 요인으로는 노동자, 빈민, 외국인노동자 등 사회적 저변
을 구성하는 사람들에 대한 '위생학적' 관심의 부상을 들 수 있다. 실제
로 1920년대를 통해 일본에서는 도시의 저변에 대한 일종의 '사회조사'
가 광범위하게 이루어졌다. 역사학자 아리마 마나부(有馬学)는 당시 중
앙관청, 지방기관 등에 의해 경이적인 수의 사회조사가 이루어진 이 시
기를 '조사의 시대'로 명명했다.[32] 그리고 이때 다수의 위생학자들은 정
부의 '위탁'을 받아 빈민가의 주민, 공장 노동자(특히 여공)에 대한 실태
조사를 실시했다. 나가이 히소무의 제자로서 근대일본의 대표적인 위생
학자의 한 사람인 데루오카 기토(輝峻義等)의 '노동과학'도 여공의 건강
에 대한 실태조사를 통해 탄생했다.[33] 뒤에서 언급하는 것처럼 우생론
자들이 알코올중독, 정신병, 화류병, 결핵 등에 주목한 것은 이들 질병이
주로 사회적 하층의 사람들에게 자주 관찰되었다는 점과 무관하지 않

---

31) 永井潜, 「人類の再生と民族の盛衰」, 『婦人衛生雑誌』 7, 1919, 36~37쪽.

32) 有馬学, 『「国際化」の中の帝国日本 1905~1924』, 中央公論新社, 1999, 293~295쪽.

33) 데루오카 기토의 '노동과학'에 관해서는 다음을 참조할 것. 서동주, 「노동을 위한
〈의학〉·국가를 위한 〈위생〉-근대일본의 위생학자 데루오카 기토의 과학적 위생론
을 중심으로」, 『역사연구』 36, 2019.

다. 그들에게 '하층'은 대체로 생물학적 '열성자'를 의미했다. 바꿔 말하면 그들이 말하는 '우성/열성'의 경계는 대체로 계급적(계층적) 분단선과 중첩되고 있었다.

　이런 요인들은 우생론자들이 왜 '인종개량'과 '민족위생'의 필요성을 강하게 주장했는가에 대한 설명으로는 의미가 있다. 하지만 그것의 실천 방법으로 '단종'과 같은 배제의 조치에 그들이 왜 그렇게 집착했는가에 대해서는 충분한 설명을 제공하지 못한다. 결론적으로 말해 우생론자들이 '단종'에 보였던 일종의 '강박관념'은 그들이 사회에 대해 품었던 '파국적 상상력'과 관련되어 있다. 여기서 말하는 '파국적 상상력'은 다음과 같이 정의된다. 즉, 한 사회 내부에 존재하는 의학적·생물학적 '열등자(열악자)'의 결혼과 출산을 통제하지 않으면, 그들의 상대적으로 높은 출산율로 인해 결국 '열성자'가 사회의 다수를 차지하게 되고, 급기야 인종적·민족적 '질'의 하락으로 사회가 붕괴해 버린다는 비관적 전망을 의미한다. 바꿔 말하면 소위 '역선택'[34]이 초래하는 파국에 대한 '불안'이라고도 할 수 있다. 다음에 보는 것처럼 우생론자들은 '인종개량'이나 '우생결혼'과 같은 체계적인 용어로 서술되고 있지는 않지만, '역선택'이 초래할 사회의 파괴와 파국적 상황에 대한 우려를 직설적으로 표현하고 있다.

　'파국적 상상력'은 일찍이 '인종개량'의 필요성을 주장했던 운노 유키노리의 글에서 볼 수 있다. 다음에서 보는 것처럼 운노는 『일본인종개조론』의 서문에서 이 책의 집필동기가 우생학적 조치가 방기된 사회는 '쇠

---

34) '역선택'은 '역도태'라고도 불렸는데, 다윈의 자연선택설을 참고해 골턴이 창안한 개념이다. 즉 골턴에 따르면 자연선택설은 동식물물에는 적용될 수 있어도 문명을 가진 인간에게는 적용되지 않으며, 오히려 부적격자가 살아남아 집단으로서 바람직하지 않은 방향으로 나아가는 것이다. 이에 관해서는 다음을 참조할 것. 鈴木善次, 「進化思想と優生学」, 柴谷篤弘外編, 『講座進化② 進化思想と社会』, 東京大学出版会, 1991, 110쪽.

패(衰敗)'한다는 비관적 전망에 있었음을 밝히고 있다.

> 악질자의 생산력이 왕성한 것은 움직일 수 없는 정론이어서 국민의 척추골인 중류 인사는 자신 집안의 품위를 유지하고 사치를 누리기 위해 생산을 억압하며 그 번식 수를 감소시킨다. 이러한 결과는 뻔히 알 수 있는 일이며 결국에는 사회의 쇠패와 국가의 궤멸을 초래할 것이다.[35]

국가의 우생학적 개입이 없을 때 도래할 파국에 대한 불안은 나가이 히소무의 글에서도 찾아볼 수 있다. 예를 들어 1917년에 발표한 「민족위생에서 본 결혼의 개량」이라는 글에서 그는 다음과 같이 말하고 있다. 그는 "근래 부인이 지식의 향상에 따라 소위 부인의 각성이나 부인해방(開放)"의 영향으로 "결혼을 회피하고 육아를 부끄러워하는" "난숙된 문화의 중독에 빠진" 모습을 보이고 있다고 지적하면서, "만약 국가에 이런 부인 한 사람이 더해진다면 그 나라는 오래지 않아 멸망할 것이다. 우리들은 민족위생의 입장에서 단호하게 그런 악풍을 일소해야"하고 말하고 있다.[36] 즉, '만혼' 여성이 늘어나면 국가의 멸망을 피할 수 없다는 말이다.

히라쓰카 라이초도 '모성모호논쟁'의 와중에 발표한 글에서 '열등한' 인간이 국가에 미지는 '해독'을 당시 해로운 균을 의미하는 '바실루스(bacillus)'라는 말을 빌려 묘사한 적이 있다. 히라쓰카는 "어머니를 보호하지 않으면 갖가지 원인으로 대개 경제적 곤궁에 처한 어머니를 둔 사생아의 다수가 육체적으로 열등한데다가 비사회적인 인간이나 범죄자·부랑아·매춘부 같은 자가 되는 것에서도 알 수 있듯이, 이런 사회적 바

---

35) 海野幸德, 『日本人種改造論』, 富山房, 1910, 2~3쪽.
36) 永井潜, 「民族衛生より觀たる結婚の改良」, 『婦人公論』 10, 1917, 56쪽.

실루스를 사회에 많이 내보내면 국가는 중대한 해독을 입을 수밖에 없다"고 말하고 있다.[37] 즉 '바실루스'가 결핵을 일으켜 생명에 위협을 초래하는 것에 빗대어 국가를 파국으로 몰아넣는 '열등자'를 '사회적 바실루스'라고 비난하고 있는 것이다.

또한 앞서 잠깐 소개한 와다 도미코의 「인격 없는 곳에 연애 없다」에는 '매독'을 방치한 민족의 비극이 자극적인 비유와 함께 다음과 같이 표현되고 있다.

> 민족 안에서 숭고한 여성과 연애를 만들어 내기 위해 사회는 병독(病毒)이나 노예제도, 폭력, 저뇌아의 도덕을 몰아내지 않으면 안 된다. 순혈 없는 곳에 참연애는 한순간도 머물지 않는다. 연애와 매독을 잡거시키려는 민족의 뇌수는 이미 썩었다.[38]

우생론자들이 드러내고 있는 이러한 '파국적 상상력'은 감정적 호소를 위한 레토릭이 아니라는 점에 주의할 필요가 있다. 앞서 소개한 사례에서 볼 수 있는 것처럼 그들의 주장은 정신적·신체적 '저열자'는 주로 '하층'에 속하며, 사회적 지위가 낮을수록 출생률이 높다는 '지식'에 근거하고 있다. 파국적 상상력이 '과학'의 외피를 입고 나타나고 있는 전형적인 사례는 위생학자 데루오카 기토의 주장에서 확인할 수 있다. 예컨대 그는 『사회위생학』(1935)의 '제4편 국민의 자질구성과 생존능력'에서 이러한 '공유된 지식'을 '사회위생학'이라는 '과학'의 이름을 빌려 마치 '검증된 학설'처럼 다루고 있다. 그에 따르면 "사회에 직접 해를 미치는 유전적 악질을 갖고 있는 일군의 인간"이 있는데, 이들처럼 "정신적, 신체적 능력이 저열한 사람들은 주로 하층에 존재"한다. 이어서 그는 "이들은

---

37) 가토 슈이치, 앞의 책, 148쪽.
38) 위의 책, 163쪽.

혈족집단을 이루며 상대적으로 높은 출산율을 보이고 있"어 만약 이런 추세가 지속된다면 사회를 이루는 '국민의 소질'은 점차 '저열한' 쪽이 위세해지는 것을 피할 수 없다고 말하고 있다.[39]

물론 이런 주장이 '사실'에 근거하지 않은 전적으로 '하층'에 대한 편견의 산물은 아니다. 실제로 교육과 직업에 따른 출산율의 차이에 관한 당시의 조사결과를 보면 교육의 정도가 낮을수록, 즉 수입이 낮을수록 출산율이 낮음을 볼 수 있다.[40] 그럼에도 불구하고 이런 주장은 빈곤과 질병의 관계에 관한 '도착적' 논리에 의존하고 있음을 지적하지 않을 수 없다. 바꿔 말하면 이런 주장은 하층민의 경우 열악한 위생환경으로 인해 각종 질병에 노출될 위험이 높다는 '사회적 요인'을 무시하고, 마치 '열성자'이기 때문에 빈곤 상태에 빠지게 되었다는 '생물학적 결정론'을 채용하고 있다는 점에서 '인종주의'라는 비판을 피할 수 없다.

나아가 데루오카의 논의는 '저열자' 방치가 초래할 수 있는 파국으로의 과정이 시각적 이미지와 함께 제시되고 있다는 점에서 주목을 요한다. 여기서 데루오카는 파국에 이르는 과정을 '시뮬레이션'하듯이 보여주고 있는데, 그 내용은 다음과 같다. 그에 따르면 한 사회 내에 생활능력과 정신능력을

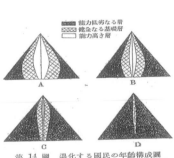

　能力低劣なる層
　健全なる基礎層
　能力高き層

第 14 圖　退化する國民の年齡構成圖
A　健全なる基礎層及び能力高き層の增殖の減少によつての退化の始まり　B　30年後の退化の進行狀態　C　60年後の退化の進行狀態　D　90年後の退化の進行狀態
（ウィンクレルによる）

〈그림 1〉 퇴화하는 국민의 연령구성도

---

39) 輝峻義等, 『社會衛生學』, 岩波書店, 1935, 281쪽.

40) 예를 들어 1934년 도쿄시의 조사결과에 따르면 '남편의 교육정도'가 '고등'인 경우 4.41이고, '무학'인 경우 '5.26'으로 되어 있고, '부인의 교육정도'에서도 '고등'이 4.27인 반면 '무학'은 5.28로 되어 있다. 또한 1939년 후생성이 공개한 통계에 따르면 농촌에 거주자의 출산율이 '교원', '은행원' 등의 직업을 갖고 있는 도시거주자에 비해 높게 나타나 있다. 이상의 내용은 다음을 참조할 것. 김경옥, 「총력전체제기 일본의 인구 정책—여성의 역할과 차세대상을 중심으로」, 『일본역사연구』 37, 2013, 38~39쪽.

기준으로 '능력이 높은 계층', '건전한 기초 계층', '능력이 저열한 계층'이 균등한 비율로 있다고 가정할 때, 능력이 저열한 계층일수록 출생률이 높기 때문에 시간이 지날수록 능력이 높은 계층의 '퇴화'가 불가피하게 일어난다는 것이다. 즉, '저열자'의 증가라는 외부 압력에 의해 "국민의 기초를 이루는 건전 분자가 감소하고, 능력이 높은 집단은 멸망"하게 된다는 것이다.[41] 데루오카는 30년 단위로 변화하는 계층 간 인구 비율을 나타내는 그림을 이용해 이 과정을 보여주고 있다. 〈그림 1〉에 따르면 저열한 계층을 가리키는 '검은 색'이 90년 후 사회를 뒤덮고 있는 'D'의 모습은 실로 우생론자들이 품고 있었던 파국에 대한 시각적 재현이라고 할 수 있다.

데루오카가 상정하는 '신체적, 정신적 능력이 저열한 집단'에는 하층민만이 아니라 외국인, 특히 '식민지 출신자'도 포함되어 있었다. 예를 들어 그는 『사회위생학』에서 다음과 같이 쓰고 있다.

> 다음으로 고려해야 할 사항은 이주의 증가와 국민 건강과의 문제, 나아가 국민의 생존능력과의 문제이다. 대체로 말해 이출자는 비교적 청장년 연령계급의 유능자로 이루어져 있다. 하지만 이입자는 일반적으로 저열자가 많고, 주로 노역에 종사하거나 가장 간단한 작업에 종시한다. 오늘날 우리나라에서 남미, 만주국 그밖에 우리의 식민지로 이주하는 자는 모두 비교적 교양 있고, 큰 뜻을 품고 있으며, 계획을 세워 이주하는 자가 많지만, 이입된 많은 조선인들의 다수는 토공(土工) 내지 다른 노역자 많은 것을 보아도 어느 정도 알 수 있다.[42]

1920~1930년대 일본 내 조선인 노동자에 대한 실태조사 결과를 보면, '조선인'은 '내지인(일본인)'에 비해 정신적 능력이 부족해 '공장노동'보다

---

41) 輝峻義等, 앞의 책, 285~286쪽.
42) 위의 책, 283쪽.

'토목노동'에 적합하다는 기술[43]을 쉽게 볼 수 있는데, 데루오카도 이런 인종적 편견을 그대로 답습하고 있는 것이다. 데루오카의 사례는 피식민자가 '저열자'의 범주에 들어가는 순간, 우생학이 주장하는 '배제'의 대상이 될 수 있음을 보여준다. 당시 다수의 우생론자가 식민지 출신자와의 '혼혈'에 부정적이었다는 사실도 이런 맥락에서 이해할 수 있다. 그런 의미에서 우생론자들 사로잡았던 '파국의 상상력'은 인종주의에 빠져있던 제국의 지식인들이 몰려드는 '피식민자'에 대해 품었을 '불안감'을 상기시킨다. 어쩌면 그들의 본심은 식민지에 대한 인종적 '우월감'보다 늘어가는 식민지적 타자가 자극하는 제국 붕괴에 관한 '불안감'에 있었던 것은 아닐까?

V. 맺음말

근대 일본에서 우생학은 일본인의 유전적 체질을 '개선'하고, 나아가 인종적 우수성을 확인하는 것을 목적으로 삼았다. 이렇게 일본의 우생학은 서양이라는 '타자'와의 관계 속에서 '자기=일본인=일본민족'을 사상운동의 주체로서 설정했다. 물론 서구의 우생사상도 '인종'이나 '민족'을 중요한 개념으로 간주했지만, 엘렌 케이처럼 인류전체를 대상으로 사고하는 경우도 적지 않았다. 근대일본에서 우생학은 일본이라는 '국가'의 틀 안에서 '민족위생'이라는 개념을 통해 발화되고 사고되었다는 점에 특징이 있다.[44] 일본의 우생학은 사회 내부의 유전적 '열성자'를 '배제'하

---

43) 이에 관해서는 다음을 참조할 것. 朴慶植編,『朝鮮問題資料叢書 第一二卷 日本植民地下の在日朝鮮人の狀況』, アジア問題研究所, 1990, 22~23쪽.

는 것만이 아니라 '서구열강'과 '피식민자'라는 타자의 위협으로부터 '일본인'의 '인종적 우수성'을 지키는 것을 자신의 존재근거로 하는 '지식권력'으로 작용했다.

일본의 우생학, 즉 '민족위생'의 이념은 '우생결혼'을 중요한 수단으로 간주했다. 그리고 '우생결혼'은 슬로건의 수준에 그치지 않고 대중의 일상으로 침투해갔다. 예를 들어 '우생결혼'을 장려하기 위해 '결혼상담소'가 설치되었을 뿐만 아니라 전시회 형식의 이벤트에서는 '우생결혼'의 이상적 부부상(像)과 함께 회피되어야 할 배우자상(像)이 제시되었다. 하지만 실제로 '우생결혼'을 위한 구체적인 방법으로 중시된 것은 이러한 대중계몽이 아니라 '열성자'를 결혼과 출산으로부터 배제시키는 것이었다. 이때 '화류병자=성병환자'는 주된 배제의 대상으로 간주되었다. 뿐만 아니라 다수의 우생론자들은 학술잡지와 여성잡지 등의 지면을 빌려 '성병'이 '우생결혼'의 최대 장애물임을 역설했다. 일상의 영역에서 작용하는 우생학의 배제적 논리는 '한센병환자'보다 '성병환자'를 향하고 있었다.

이와 같이 근대일본의 우생학은 내부의 타자를 배제하는 지식이자 운동이었다. 하지만 여기에 그치지 않고 '서구 열강'과의 경쟁에서 살아남고 '피식민자'의 유전적 '리스크'를 관리하기 위한 제국의 '학지'라는 성격도 띠고 있었다. 특히 제국의 '학지'로서 우생사상은 제국화하는 일본에 대한 우월의식보다 오히려 유전적 '열성자'의 유입과 방치가 초래할 수 있는 제국의 붕괴에 대한 '묵시록적 불안'에 이끌리고 있었다. 실제로 1940년대 우생학 담론과 총력전체제의 관계는 복잡한 양상을 띠고 있었다. 1940년에 제정된 '국민우생법'을 통해 우생론자들이 염원하던 '우생시술=단종술'이 합법화되었다. 그러나 이것으로 우생론자들의 '불안'이

44) 가토 슈이치, 앞의 책, 159쪽.

종식되지는 않았다. 소위 '대동아공영권' 내에서 점증하는 민족 간 접촉은 그들에게 또 다른 '불안'의 요인이 되었다. 그래서 그들 대부분은 민족 간 결혼(혼혈)과 식민지 출신자의 일본 내 유입을 반대했다. 바꿔 말하면 제국일본의 총력전 이념은 인구의 '질적' 향상을 위한 우생학의 정책적 개입을 허용했지만, 다른 한편 그것은 '열성자' 집단인 식민지의 인구까지를 포함하는 말 그대로 '총동원'의 방식이던 까닭에 '타자'에 대한 우생론자들의 '불안'을 자극했다.

참고문헌

이지형, 『과잉과 결핍의 신체-일본문학 속 젠더, 한센병, 그로테스크』, 보고사, 2019.

서동주, 「노동을 위한 〈의학〉·국가를 위한 〈위생〉-근대일본의 위생학자 데루오카 기토의 과학적 위생론을 중심으로」, 『역사연구』 36, 2019.

요코야마 다카시(横山尊), 『일본이 우생사회가 될 때까지—과학계몽, 미디어, 생식의 정치』, 한울아카데미, 2019.

김경옥, 「총력전체제기 일본의 인구정책—여성의 역할과 차세대상을 중심으로」, 『일본역사연구』 37, 2013.

가토 슈이치, 『'연애결혼'은 무엇을 가져왔는가—성도덕과 우생결혼의 100년간』, 小花, 2013.

강태웅, 「우생학과 일본인의 표상—1920~40년대 일본 우생학의 전개와 특성」, 『일본학연구』 38, 2012.

이헬렌, 「우생학 담론에서 '배제'의 논리: 생명관리 권력(Biopower) 이론을 통해 본 이케다 시게노리(池田林儀)의 우생운동」, 『일본역사연구』 36, 2012.

김용덕 엮음, 『일본사의 변혁기를 본다—사회인식과 사상』, 지식산업사, 2011.

구리야가와 하쿠손, 『근대일본의 연애관』, 도서출판 문, 2010.

김호연, 『우생학, 유전자 정치의 역사』, 아침이슬, 2009.

아쿠타가와 류노스케, 『아쿠타가와 작품선』, 범우사, 2004.

오구마 에이지, 『일본 단일민족신화의 기원』, 소명출판, 2003.

柄谷行人, 「近代日本における歴史と反復」, 『定本 柄谷行人集5』, 岩波書店, 2004.

米本昌平他, 『優生学と人間社会—生命科学の世紀はどこへ向かうのか』, 講談社, 2000.

有馬学, 『「国際化」の中の帝国日本1905~1924』, 中央公論新社, 1999.

藤野豊, 『日本ファシズムと優生思想』, かもがわ出版, 1998.

田中聡, 『衛生展覧会の欲望』, 青弓社, 1994.

鈴木善次, 「進化思想と優生学」, 柴谷篤弘外編, 『講座進化② 進化思想と社会』, 東京大学出版会, 1991.

鈴木善次, 『日本の優生學: その思想と運動の軌跡』, 三共出版, 1983.

朴慶植編, 『朝鮮問題資料叢書 第一二巻 日本植民地下の在日朝鮮人の状況』, アジア問題研究所, 1990.

輝峻義等, 『社会衛生学』, 岩波書店, 1935.

池田林儀, 「通俗優生学講座」, 『優生運動』4, 1927.

永井潜, 「花柳病者の結婚を禁止せよ」, 『婦人公論』7, 1919.

永井潜, 「人類の再生と民族の盛衰」, 『婦人衛生雑誌』7, 1919.

永井潜, 「民族衛生より観たる結婚の改良」, 『婦人公論』10, 1917.

永井潜, 「良い子を生むためにー人種改善学(優生学)の話」, 『婦人公論』5, 1916.

永井潜, 「人種改善学の論理と実際」, 『日本及日本人』2, 1915.

海野幸徳, 『興国策としての人種改造』, 大空社, 1911.

海野幸徳, 『日本人種改造論』, 富山房, 1910.

氏原佐蔵, 「民族衛生学の勃興を促がす」, 『大日本私立衛生会雑誌』372, 1914.

氏原佐蔵, 『民族衛生学』, 南光堂書店, 1914.

일본 미군 점령기의 혼혈 담론

박 이 진

Ⅰ. 머리말

일본 패전 이후 미군 점령기(1945.9.2~1952.4.27)에 일본 사회는 혼혈아의 폭발적인 증가로 그야말로 대혼란의 소용돌이에 휩싸이게 된다. 어떻게 보면 전전의 '대동아공영권'과 함께 초미의 화두가 되었던 혼혈 문제가 점령기 때 오히려 그 절정을 초래했다고 볼 수 있다. 이는 국민우생법이 1940년(5월)에 제정, 1941년(7월)부터 시행되면서 진행되었던 우생수술(단종수술)이 실제 그 시행 건수를 비교해 볼 때, 전시기보다 전후에 오히려 급증했던 사실을 통해서도 알 수 있다.[1] 그러나 점령기

---

1) 전전에 454명이었던 수치가 전후가 되면 10,017건으로 2배 이상 증가하는 것을 볼 수 있다(市野川容孝, 『生殖技術とジェンダー』, 勁草書房, 379~386쪽; 강태웅, 「우생학과 일본인의 표상: 1920-40년대 일본 우생학의 전개와 특성」, 『日本學研究』 제38집, 단국대학교일본연구소, 2013, 37쪽에서 참조). 강태웅의 앞의 논문 제3장, 각주15번에도 이와 같은 문제의식을 이후의 과제로 피력하고 있다. 전후 일본에서 왜 우생학적인 시각이 반성 없이 그대로 받아들여졌고 오히려 강화된 우생보호법이 20세기 말엽까지 지속되어 시행되었는지, 그리고 수술의 대상이 왜 여성이 많았는

혼혈아에 대한 문제의식은 지금까지 일본의 '패전의식'과 관련해서만 설명되어 왔다. 본론에서 더 구체적으로 살펴보겠지만, '점령의 아이(占領の子)'라고도 불리던 혼혈아를 역사적 '수치'로 받아들이던 일본인들은 '전쟁이 나쁘다, 그 전쟁에서 지지 않았더라면'이라는 말처럼, 모든 원인이 전쟁에서 기인했다고 인식하는 것을 확인할 수 있다. 또한 여기에 승자(점령군)와 패자(일본)의 논리가 적용되어 승자를 질투하는 패자의 콤플렉스가 승자 점령군과의 사이에 낳은 혼혈아들에게 폭력적으로 되돌아가는,[2] 이른바 미군 점령의 구도 속으로만 모든 문제를 수렴해 가는 양상을 볼 수 있다.

일본 내 혼혈에 관한 연구는 이렇게 '점령기 연구사'와 관련해 진행되었다. '점령사연구회'와 같은 조직의 등장으로 1970년대부터 본격화되기 시작한 점령연구는 1980년대에 들어 관련 자료가 대거 발굴, 공개되면서 전성기를 맞이한다. 이때 일본 점령정책에 대한 일종의 정사(正史)가 형성되면서 1990년대 이후 국제비교연구 등으로 그 연구 범위나 내용이 심화되어 왔다. 그러다가 2000년대는 존 다우어의 대표적인 업적을 통해 알 수 있듯이 GHQ/SCAP의 문서가 복각되는 등, 점령기에 대한 재평가가 이루어지기 시작, 그 시각이 변하기 시작한다. 한 마디로 정책적인 연구에서 점차 대중적인 차원으로 확대되고 있다고 할 수 있는데, 혼혈문제도 이를 계기로 다루어지기 시작한다.[3] 하지만 주로 점령기 복지·교육 정책의 측면에서 다루어지거나, 혼혈아들을 보호소에서 직접 돌보

지 등, 앞으로 해명되어야 할 과제가 많이 남아있다고 지적하고 있다.
 2) 岩渕功一 編著, 『〈ハーフ〉とは誰か: 人種混淆・メディア表象・交渉実践』, 青弓社, 2014, 114~142쪽.
 3) エリザベス飯塚幹子의「澤田美喜の「国際児」教育−「統合」・「分離」教育論争をめぐって−」(2009)를 비롯해 加納実紀代의 『占領と性』(2007), 嶺山敦子의「戦後の「混血児問題」をめぐって: 久布白落実の論稿を中心に」(2012), 그리고 上田誠二의「占領・復興期の「混血児」教育: 人格主義と平等主義の裂け目」(2014) 등이 대표적이다.

앗던 사와다 미키(澤田美喜, 엘리자베스 샌더스 홈 대표)에 대한 전기적
연구에 머물고 있어 그 전체상을 파악하는 데에 부족함이 있다. 무엇보
다 근래 일본의 헤이트스피치를 포함한 레이시즘에는 점령기를 포함한
전전(戰前)의 '근대 일본' 형성기부터 이어져 온 '일본인종론'의 베리에이
션(variation) 구조가 반영되어 있어 더욱 연구의 필요성이 요구되는 바이
다.4)

　이러한 문제의식 속에서 본고에서는 대동아공영권 주창과 함께 불거
졌던 일본의 잡혼·혼혈 담론이 패전 이후 미군 점령기로 이어지면서 갖
는 연속과 비연속적 인식의 층위를 비교 검토해 보겠다. 이를 통해 일본
인종론에 작용하는 근본적인 메커니즘이 갖는 특징을 보다 심층적으로
살피고, 향후 점령기 이후의 일본의 인종주의적 시각의 변화를 분석하
는 데 활용해 보고자 한다.

II. '대동아공영권'과 혼혈론

　1880년 중반 이후 일본인의 기원 문제에 대한 일본인들의 자체적인
탐구가 시작된다. 이는 서구의 학지(學知)를 선택적으로 흡수, 재구성하
며 진행되었고,5) 일본이 도달하려는 '보편' 곧 서구에 대한 저항 혹은 동

---

4) 최근 일본의 미디어 등의 혐한담론에 나타나는 인종차별적 특징에 대해서는 広谷
　真実, 朴容九, 「日本における嫌韓言説に見られるレイシズムの特徴とその背景」,
　『일어일문학연구』 98권 2호, 한국일어일문학회, 2016, 303~327쪽을 참고할 수 있
　다. 그러나 이 논문도 일본인종론의 역사적인 맥락을 다루고 있지는 못하다.
5) 中見立夫, 「日本的 '東洋学' の形成と構図」, 『「帝国」日本の学知』 第3巻, 岩波書店,
　2006, 17~18쪽.

등함을 찾기 위한 자기개발(계몽)의 논리가 구축되었다.[6] 이 과정에서 다양한 '일본인종론'이 경합[7]을 벌이기 시작하고 '일본민족 백인종론'이 대두되며 타자인 서구를 의식하며 자기동일성을 찾으려는 근대 일본의 상상된 공동체(베네딕트 앤더슨)가 창출된다.[8] 여러 인종의 혼합으로 이루어진 일본민족이 오랜 시간에 걸쳐 그 열등성이 사라지고 우수하게 새롭게 재형성되었다는 논리였다.

　새로 완성된 일본인종론은 조선의 강제병합에서는 일선동조론으로, 나아가 아시아의 식민화에서 '문화적 인종주의'로 둔갑해 기능하게 된다.[9] 그리고 이때 일본인의 특질이 '열성에서 우성으로' 전도되는데, 우생학은 여기에 크게 기여하게 된다. 서구인보다 진화한, 서구인보다 우성의 특질을 찾아 일본민족의 우수성을 과학적으로 '발견'해내기 시작하는 것이다. 이는 서구 중심의 인간의 특질을 연구해 온 학지에 대한 반발이자 일본의 서구와의 동등함을 지향하는 것이기도 했다. 최근 '대동아전쟁'이 발발했을 때 일반의 일본인들 대부분이 전쟁에 '적극 지지'했고, 그 이유가 일본이 '유달리' 호전적이어서가 아니라 '인종평등' 사상이 전쟁 이념에 포함되어 있었기 때문이라는 주장이 등장하는 것은 이러한 이유에 근거하는 것이기도 하다.[10] 하지만 이러한 일본인종론의 '위상 전환'은 제국 일본의 자기동일성(identity)을 '발명'해내는 과정에서 새롭

---

6) 永原慶二, 『20世紀日本の歷史学』, 吉川弘文館, 2003, 21~23쪽.
7) 이때의 '남종' 기원설을 비롯한 일본의 계통론에 대해서는 전성곤, 「일본의 '인종' 경합 논리와 제국주의」, 『日本思想』 제14호, 한국일본사상사학회, 2008, 113~138쪽, 그리고 세키네 히데유키, 「한일합병 전에 제창된 일본인종의 한발도 도래설」, 『일본문화연구』 제19집, 동아시아일본학회, 2006, 166~179쪽을 참조.
8) 오구마 에이지, 조현설 역, 『일본 단일민족신화의 기원』, 소명출판, 1995, 230~239쪽 참조.
9) 이정은, 「일본의 강제병합과 문화적 인종주의」, 『日本研究』 제46호, 한국외국어대학교일본연구소, 2010, 87~102쪽.
10) 岩田温, 『人種差別から読み解く大東亜戦争』, 彩図社, 2015, 2~11쪽.

게 호출된, 일본을 대신할 '열등한 타자'로서의 아시아 제민족에 대한 군림이라는 이중적 의미를 띠는 것을 잊어서는 안 된다.

그러다가 1940년대에 들어 일본인종론은 국내적으로는 국민우생법이 제정되면서 우생학의 '교양화'[11]를 통해 확산되고, 국외적으로는 '대동아공영권'의 주창과 함께 이데올로기화[12]된다. 이때 주의할 점은 우생학이나 대동아공영의 논리적 근거로 혼혈 담론이 등장한다는 것이다. 당시 인류학자이자 의학계, 병리학계에서 세계적인 권위자로 활동하던 교노 겐지(淸野謙次)의 말이 이를 잘 보여준다. 그는 대동아공영권 결성의 인종학적 설명의 근원을 이렇게 설명한다. "완전무결한 인종은 세계에 존재하지 않는다. 세계에 수많은 인종이 존재하는 이유는 이 여러 인종이 나름의 특장점을 가지고 다른 인종의 단점, 부족한 점을 보충하기 위한 것이라고 생각된다. 그리고 그것은 대동아공영권 결성의 이념과 합치한다." 대동아공영권에는 일본인 외에 지나, 인도지나, 적도제도, 호주, 남태평양에 걸쳐 수백 종 혹은 그 이상의 다수 인종이 존재하고 그들 각 인종에는 제각기 장점이 있는데, 이 인종들이 서로 협력, 즉 혼혈을 통해 그 장점으로 타 인종의 부족한 단점을 보충해야 한다는 뜻이다.[13] 그런

---

11) 강태웅, 「우생학과 일본인의 표상: 1920-40년대 일본 우생학의 전개와 특성」, 『日本學研究』 제38집, 단국대학교일본연구소, 2013, 37쪽. 여기서 저자는 "우생법 제정으로 우생학은 더 이상 지도층과 지식인 사이에서 논의되던 차원에서 벗어나, 당시 일본인들이 일상적으로 갖추어야 할 '교양'으로 받아들여졌다."며 1940년 발간된 『교양으로서의 가정의학(教養としての家庭医学)』에 우생학이 소개되면서 일반의 교양으로 확산되었다고 한다.

12) 1940년(8월1일) 松岡洋右 일본 외상의 담화 이후, 아시아 민족이 서양 세력의 식민 지배로부터 해방되려면 일본을 중심으로 대동아공영권을 결성하여 아시아에서 서양 세력을 몰아내야 한다는 일명 '대동아공영권'이 주창되었다. '대동아' 즉 일본·중국·만주를 주축으로 하여 프랑스령 인도차이나·타이·말레이시아·보르네오·네덜란드령 동인도·미얀마·오스트레일리아·뉴질랜드·인도를 포함하는 광대한 지역의 정치적·경제적인 신질서 건설을 통해 공존·공영을 도모하자는 것이었다.

13) 淸野謙次, 『日本人種論変遷史』, 小山書店, 1944, 59~71쪽.

데 그러기 위해서 내부적으로는 일본인들이 스스로 '우량' 민족인 자신들을 보호하기 위해 우생학을 내재화(교양화)하고 인구를 증가시켜 개발을 촉진하는 것도 중요했다.

그러나 이러한 혼혈을 통한 대외확장은 오구마 에이지(小熊英二)가 지적하듯이 일부 우생학자들에 의해 반대여론에 부딪힌다. 일본민족의 '오염'을 우려해 혼혈을 적극적으로 반대하는 것이다. 한편 오구마 에이지의 주장과는 반대로 당시 우생학자들이 일본민족의 우수함을 혼혈의 특징에서 찾기도 했는데,[14] 이러한 '경합' 속에서 1940년대에 들어 실질적인 혼혈 실태조사가 착수됨은 흥미롭다. 일본 내 중국인, 조선인을 비롯한 아시아계 및 서양인과의 혼혈아들을 대상으로 병리학적, 유전적, 해부학적, 인류학적 등의 관점이 총동원되어 혼혈아의 '우열(優劣)'과 그 '적부(適否)'를 가리기 시작하는 것이다.[15] 그 결과 열등의 표식으로만 전유되던 혼혈아 인식에 혼혈이든 순혈이든 우수한 상대를 만나는 게 중요하다는 '우생결혼'의 시각이 가미된다. 혼혈이 반드시 열성으로서의 퇴화를 의미하지는 않음이 증명되는 것이다. 하지만 이러한 객관적이고 과학적인 혼혈론은 오히려 혼혈의 문제가 신체상의 특질이나 사회문화적 측면에서 판단할 문제가 아니라 '애국심'이라는 정신적 문제, 즉 국가정신의 차원에서 판단해야 하는 사안으로 귀결되어 버린다. 일본민족만의 '야마토(大和) 정신'에 근거한 정신주의가 혼혈 인식에 개입하는 것이다.

이렇게 '대동아공영권'과 함께 대두된 대표적인 혼혈론을 좀 더 구체

---

14) 谷本富, 「混血児に就いて―日本民族「優秀性」の人類学的一考察」, 『優生学』 第8年 第10號, 日本優生学会, 1931, 1~5쪽; 강태웅, 앞의 논문, 40쪽 참조.

15) 심지어 민종군과 인종군의 구성을 밝히고 분류하는 것은 일본인의 '사명'이라고 천명하기도 한다. 中村良之助, 「大東亜民種人群」, 『経国と地理』, 帝国書院, 1944, 125~139쪽.

적으로 살펴보자. 먼저 유전자개량학자인 소 마사오(宗正雄)[16]는 '혼혈의 불리함'을 생물학적 이유보다 도리어 사회학적으로 고려해야 한다며 '가정의 융화 및 육아 상의 문제'로 지적한다. 연애는 일시적 감정일뿐 평생 해결해 나갈 '일'이 많은 부부에게 가치관의 차이는 중요하기 때문에 잡혼(雜婚)은 좋지 않고 동향(同鄉)이 좋으며, 더구나 언어가 다르면 소통이 더 곤란해져 이러한 불화의 기운이 아이에게 반영(전달)된다는 것이다. 특히 정조교육에서 중대한 결함이 생기기 쉽다는 그는 혼혈아가 친구들과도 융화하기 어렵고 반감이 깊어지게 될 거라고 진단한다. 그 결과 편협하고 고집불통의 발육으로 불량성을 띠는 등의 위험도 많아진다고 한다.[17] 따라서 대동아공영권 이념 아래 타민족과의 결혼을 장려해야 한다는 주장이 대세였던 정세를 반박하며 일본 부인들을 그들에게 내어주면 순수 야마토민족의 수가 감소하면서 '야마토민족 소멸'의 위험까지 초래될 것을 우려한다.

천황의 직속 특임 의사였던 고야 요시오(古屋芳雄)[18]의 '혼혈 문제'에 대한 연구는 당시 여러 지면에서 인용되며 전문이 소개되고 있는 것을 볼 수 있다. 고야 요시오 역시 혼혈은 학자들이 생각하는 생물학적 영역이 아니라 정치문제라고 논한다. 당시 일본과 중국 간의 연애물을 다룬 영화 등이 성행하며 대동아의 융화사상을 선전하고 있었는데, 실제 그 사상은 좋지만 이러한 결합에 의한 혼혈은 불행한 결과만 낳는다는 것이다. 특히 그는 생물학적으로 혼혈은 '더 적응력이 높은 민족 쪽으로 적응된다'는 자연도태설을 예로, 이후 시간이 지날수록 피지배민족인 중국

---

16) 育種学의 대표 학자. 育種은 생물을 유전적으로 개량하는 것을 이르고, 育種学은 育種의 이론이나 기술에 관한 연구를 하는 農学의 한 분야이다.

17) 宗正雄, 「混血の不利」, 『結婚新設』, 1940(2), 錦正社, 280~289쪽. 특히 아이누인과 야마토인과의 혼혈을 예로 들어 둘 간의 혼혈이 체질은 강건하지만 지능이 저열하여 대체로 그 결과가 불량하다고 한다.

18) 당시 厚生省勅任技師 의학박사로 公衆衛生学者.

인만이 살아남을 것이고, 그 결과 일본인도 결국 중국인이 되어버린다는 논리를 편다.[19]

대표적인 인구문제연구가 고야마 에이조(小山栄三)는 '야마토민족이 지금 〈피〉를 흘려보내며 대동아공영권 확립의 세계사적 사명을 이룩하고 있다.'며 혼혈 문제를 철저히 야마토민족의 역사형성과 인구 문제와 관련해 검토할 때임을 강조한다. 정도의 차는 있지만 어느 민족, 종족이든 혼혈은 '정상적인 현상'임을 전제로 하는 그는 이러한 인종 혼효(混淆)가 반드시 신인종의 좋은 특성을 계승하지 않고, 나쁜 특성만 받아서 잡종을 산출한다고 하던 이전까지의 학자들의 태도를 비판한다.[20] 즉 혼혈이 나쁜 성질만 유전한다는 통념은 더 이상 유효하지 않고, 더 좋은 개량종도 가능하다는 주장이다.[21] 이러한 시각은 혼혈이 인종으로서가 아니라 개인으로서 환경에 의해 변화할 가능성을 인정하는 것이기도 했다. 하지만 사회학적(역사인구학)으로나 생물학의 이론적 구상으로서는 별 무리 없는 것처럼 전개되는 그의 혼혈론은 이토 히로부미와 허버트 스펜서의 서신에 관한 이야기를 예로 '혼혈이 결국 어떻게 해도 나쁜 결과를 낳는다.'고 결론짓는다. 이 서신을 통해 외국인과 일본인과의 잡혼, 혼혈 문제로 메이지기 목하 학자 및 위정자 간에 상당한 논쟁이 야기되고 있는 정황을 엿볼 수도 있는데, 이토 히로부미가 이에 대한 조언을 스펜서에게 구하자 스펜서는 이렇게 답변한다.

　　만약 순이론적으로 생각해 본다면 여기에는 어떠한 난점도 존재하지

---

19) 古屋芳雄, 「共栄圏と混血の問題」, 『結婚新体制談話集』, 朝日書房, 1941, 63~73쪽; 「混血の問題」, 『結婚新体制』, 青磁社, 1941, 364~372쪽. 그는 독일의 유대인 배척도 단순한 국제도덕이나 감정으로 비판할 문제가 아니라고 당부한다.

20) 小山栄三, 「第2章 混血問題」, 『南方建設と民族人口政策』, 大日本出版, 1944, 571~645쪽.

21) 특히 小山栄三는 Kean의 최신 연구동향 Man Past and Present(1920)을 들어 인종혼효(합성민족)의 이익을 설명한다.

않습니다. 잡혼은 나서서 금압해야 하는 것입니다. 이는 근본적으로 사회철학의 문제가 아니라 생리학상의 문제입니다. 이인종의 잡혼 및 이종 동물을 번식시켜서 풍부한 실험이 진행되고 있는데, 이에 따르면 일정 경미한 정도 이상의 차이가 결국 혼혈한 변종은 어떻게 해도 나쁜 결과를 초래함을 보여줍니다. 소생은 과거 오랜 기간 습관으로서 이 사실을 입증해야 할 증거를 찾고 있었기 때문에 소생의 신념은 각 방면에서 제출된 허다한 사실에 기초를 둔 것입니다. [중략] 체질은 환경 여하를 불문하고 어떤 것에도 적응하지 않기 때문입니다. 따라서 일본인과 외국인의 잡혼은 단호하게 금지시키고 싶습니다.[22]

스펜서는 중국인의 미국 이민을 최악의 예로 설명하기도 하는데, 어떤 경우든 대규모의 이민은 중대한 사회상의 해악을 일으킬 것임에 틀림없고 끝내 사회 붕괴를 초래한다고 그는 본다. 따라서 만약 일본인과 구미인이 상당한 정도로 혼혈할 경우에도 분명히 같은 결과가 일어난다고 결론짓고 있다. 스펜서의 이러한 답신에 근거해 고야마 에이조는 이론적으로는 혼혈아에게 양친계 인종의 장점을 공유해서 양친 인종으로부터 우수한 인종의 혼혈아를 기대할 수 있지만, 실제 잡혼은 대다수 단순한 성욕의 만족의 결과에 따른 산물이지 우생학적 고려에 의해 이루어진 것이 아니기 때문에 일반적으로 말해서 혼혈아에게는 '악화(惡化)'적인 경우가 유전될 개연성이 크다고 정리한다. 이러한 그의 결론대로라면 혼혈아는 양친 인종보다 평균적으로 열등할 수밖에 없게 된다. 앞서의 자신의 언설과 모순되는 결론인 것이다. 그렇다면 고야마 에이조가 스펜서의 시각을 통해 전달하고자 한 것은 무엇이었을까. 좋든 싫든 인종혼효는 현재 태평양에서 일어나고 있는 가장 중요한 변화 중의 하나임을 고려해 혼혈을 "일본민족 발전의 견지에서도 충분히 평가해야 한다."는 그의 다음의 말에 주의할 필요가 있다.

---

22) 小山栄三, 앞의 책, 604~605쪽에서 재인용.

순객관적으로 생물학적으로 그 결과를 판단하지 말고 일본민족 발전의 견지에서도 충분히 평가해야 한다. 대동아공영권 내의 여러 민족 중에서 유력한 민족, 즉 중국인, 조선인, 타이인, 안난인, 캄보디아인, 버마인, 말레이인, 쟈와인, 필리핀인 등의 인종계통은 상호 인종적으로 친연한 소위 몽고로이드이기 때문에 일본민족과 이들 민족의 혼혈은 백인과 니그로 사이처럼 외견상 식별할 수 있을 정도의 유전특질의 배분관계를 나타내지 않는다. 문제는 그 생물학적 변화가 아니라 정신적 구조, 특히 국가 정신의 문제이다. 그리고 그 정신문제야말로 우리 야마토민족에게 최대의 문제이다. 고대 로마인도 그리스인도 그 혼혈에 의한 민족 혼탁과 민족균성의 착란에 기초해 인구 감소로 인해 멸망했다고 한다. Ross도 혼혈 현상을 민족의 자살행위로 간파했다.[23] (밑줄은 필자, 이하 동일)

결론적으로 혼혈이 대동아공영권 확립에 있어서 일본민족의 '우위적 지도성 유지'에 적극적으로 도움이 되는 것이 아님을 주장하고 있음을 알 수 있다. 그리고 그 판단의 기준이 야마토민족이 지녀온 정신의 구조, 즉 국가 정신상의 문제라는 새로운 차원의 이데올로기로 전환되고 있다. 야마토민족이 보다 하급의 문화계급의 민족과 혼혈하는 것이 '그들을 끌어올리는 것이 아니라' 동화정책의 미명 하에 실질적으로 오히려 '야마토민족의 통일성을 파괴하고 문화수준을 그들의 위치로 저하'시켜 결과적으로 '스스로 지도자의 의식과 힘을 방기'하게 되는 것이다. 따라서 그는 민족적, 국가적 관념이 희박하고 성격적으로 의존성이 크고, 사대주의, 무책임, 의지박약 또는 허무적, 성격파탄적 경향을 가진 혼혈아가 일으킬 폐해는 일본민족을 퇴화시키는 절체절명의 위기로까지 몰고 갈 것이라고 진단한다.

이상, 일본인종론은 단순히 혼혈반대는 우생학자, 혼혈찬성은 혼합민족론자로 나누어 이해할 수 있는 문제가 아니고 앞서 살펴본 것처럼 생

---

23) 위의 책, 641쪽.

물학적인 근거, 사회학적인 인식, 또는 (정신)문화론적 인식 위에서 복합적으로 혼혈 문제를 인지, 사유하고 있었다. 일본과 중국 간의 '연애물(영화)은 융화사상을 보여주는 것으로 좋지만 잡혼으로 인한 혼혈 문제는 다른 문제'라는 고야 요시오의 경고처럼, '융화', '일체'라는 국책의 실행을 심각하게 우려하는 논의는 '야마토민족 소멸의 위험' 논의 수준까지 치달아 있었다. 특히 이러한 괴리, 균열은 인종평등과 같은 사상적, 정치적 담론보다 '잡혼', 즉 인종 간의 혼혈을 변종으로 보아 생리학적으로 그 폐해를 우려하는 과학주의 위에서 지지되고 확산되었다. 결론적으로 말해서 인종 문제에 있어 대동아를 보는 일본의 관점은 서양의 임의적인 경계짓기(몽고족, 황인종 등)에 대한 '이의제기'[24] 수준에서 이해할 문제였던 것이다. 그렇다면 '독일의 유대인 배척도 단순한 국제도덕이나 감정으로부터 비판할 수 없다.(고야 요시오)', '로마의 멸망도 로마인이 피정복 제민족의 부인을 두면서 잡혼을 한 결과이다.(소 마사오)'라며 철저히 '금압'해야 할 것으로 여겨졌던 일본의 혼혈에 대한 인식은 패전 이후 미군 점령기에 어떻게 변용되어 갈까.

III. 점령이 낳은 혼혈아: 점령기 혼혈아 문제

미군 점령기는 주지하다시피 검열로 인한 풍속이나 언론에 대한 단속 등으로 혼혈아 대책을 포함한 점령정책을 공공연히 비판할 수 없는 상황이었다. 따라서 패전 이후 혼혈에 대한 본격적인 언설은 1952년 5월, 샌프란시스코강화조약의 발효 이후에나 활발해진다. 점령기간 동안에

---

24) 中村良之助, 「大東亜民種人群」, 『経国と地理』, 帝国書院, 1944, 125~139쪽.

는 공중위생학이나 아동복지법과 관련해 혼혈아에 대한 풍속 등을 다룬 몇 가지 글만을 볼 수 있다.

일본 미군 점령기 혼혈아에 대한 기본 정책은 아이들을 일본 사회에서 분리하지 않는 것이었다. 일명 '무차별평등원칙'에 의한 GHQ의 이러한 입장은 혼혈아들을 GI-baby로 부르지 말고 일본인과 똑같이 키울 것을 강조했다. 당시 GHQ 공중위생복지국장(公衆衛生福祉局長)을 맡고 있던 크로포드 섐스(Crawford F. Sams) 국장의 이러한 노선은 겉으로는 미군 철수 후에도 일본에 잔류하게 될 혼혈아들이 사회에 최대한 적응해 살 수 있도록 하기 위한 정책처럼 보인다. 하지만 그의 발언은 실제 공식적인 통제가 미치지 못하는 영역에서 이루어지는 미군 병사와 일본 여성의 다양한 음성적인 '거래'를 묵인 또는 책임 회피하는 것이기도 했다. '버려진' 혼혈(사생)아의 가시화가 바로 그 증거였고, 따라서 그들을 사회 속으로 잘 흡수시키자는 발언은 일본 사회의 공분을 사게 된다. 정책에 대한 저항의 목소리는 주로 고아원과 같은 혼혈아보호소에서 강하게 제기되었다. '점령의 아이'는 너무나도 분명하게 백인 또는 흑인의 특징을 갖고 있기 때문에 괴롭힘이나 차별을 당할 것이 자명하니, 이 아이들을 일본인 사회에서 분리하고 영어를 가르쳐서 가능하면 장래 미국이나 영국으로 보내야 한다는 주장이었다.[25]

이러한 가운데 불법 낙태를 비롯해 역사(驛舍)나 황거(皇居) 앞 광장, 공중목욕탕에서 하루가 멀다하고 버려진 (혼혈)사생아와 영아사체가 발견되었다. 이러한 '사태'에 대해 제일 먼저 입을 연것은 다렐 베리건(Darrell Berrigan)이라는 미국 기자였다. 점령 개시 후 3년이 지난 1949년 당시까지 일본에서는 흑색, 백색, 갈색, 황색 등 여러 피부색을 가진 '점령의 아이'가 얼마나 있는지 공적 수치를 집계할 수 없었는데, 대체로 천

---

25) 青木冨貴子, 『GHQと戦った女 沢田美喜』, 新潮社, 2015, 35~59쪽.

명에서 4천 명 정도로 인지되고 있었다. 이러한 혼혈아를 베리건은 서양인도 아니고 동양인도 아닌 불행한 소수 인종으로 정의하면서, 이제 여러 공공단체가 그 불행한 '점령의 아이'들의 미래에 대해 고려할 때라고 말한다.

> (그러나)'점령의 아이'는 사생아로 피부색이 다를 뿐 아니라 새로운 편견의 눈으로 보는 운명에 있다. 혼혈아는 패전의 치욕과 피점령 국민의 치욕을 이중으로 떠안고 태어난 아이들이다. 일본인은 화가 치밀어도 직접 점령군에 대해서 마음을 달랠 수가 없다. 그러나 점령군의 내연의 처와 그 아이들에게 푸는 것은 지극히 간단하다. 죄 없는 혼혈아와 그 모친의 욕을 하는 것은 안전하고 또 훌륭한 분풀이가 된다.[26]

베리건은 과거 일본에서는 혼혈아나 사생아가 세간에서 그렇게 핍박을 당하지 않았다며 당시 혼혈아와 그 모친에 대해 손가락질하고 비난하는 세태풍속을 비평한다. 그리고 일본이 그렇게 야박해진 원인을 '패전 국민'의 심정 때문이라고 진단한다. 베리건이 어떤 자료를 바탕으로 일본의 '혼혈 문화'를 서술하는지 정확히 밝히고 있지 않지만, 여기에는 두 가지 분명해 보이는 시각이 존재한다. 하나는 GHQ의 전후 개혁과 관련한 '일본 전후민주주의'에 입각한 시선으로, 일본 여성들에 대한 동정이다. 혼혈아들이 모친을 무조건 '팡팡(パンパン)'으로 규정해 무시하던 당시 일본인들의 통념을 비판하며 '그녀들은 모두 (닳고 닳은)매춘부가 아니며 농가의 딸, 일반 여성도' 포함되어 있음을 시종일관 강조하는 베리건은 혼혈아의 탄생이 일본 남성들의 권위주의적인 태도 때문이라고 본다. 과거 자유를 모르던 시절에 태어나 속박받으며 자랐지만 '지금은 만인의 자유를 배운 사상 그대로의 순진무구한' 일본 여성들이 권위주의

---

26) Darrell Berrigan 著, 土居道夫 譯, 「占領の生んだ混血児」, 『くらやみの登場者たち』, 世界評論社, 1949, 92쪽.

적인 일본 남성과는 달리 '친절한' 미군 병사들에게 끌릴 수밖에 없다는 것이다.[27]

그리고 또 하나는 서양의 인종주의적 시각이다. 예를 들어 과학자들이 서양과 일본인의 혼혈아를 청각 테스트와 같은 신체 반응 검사를 통해 일반의 일본인보다 소리에 더 민감한 혼혈아의 능력을 미국의 유전적 성질로 설명한다든가, 외국인 부친을 가진 혼혈아는 비록 '기회가 별로 없지만', 문학, 무용, 연극 등 예술방면에서 그 특이한 재능을 펼쳐 유명해질 수 있다고 설명한다.[28] 하지만 그것도 어디까지나 백인의 혼혈아일 때의 청사진으로써, 그들은 '평탄히 일본인에 가깝게 살아갈 것이지만, 흑인 혼혈아는 그렇지 못하다.'며 '검둥이(黒ん坊)'라고 야유받으며 영원히 고통받을 흑인 혼혈아를 우려한다.[29]

어쨌든 그의 결론은 혼혈아에 대한 부친의 책임도 인정해야 할 것으로써, 일본인과 미국인 양쪽이 혼혈아들을 위해 노력해야 한다는 '중립적' 책임론으로 정리할 수 있다. 그러나 그렇다고 해서 그가 혼혈아를 교육해서 서양으로 보내야 한다는 일본 내부의 입장을 지지하는 것은 아니었다. 아동복지법(1947.12.12. 입법)을 계기로 어디까지나 혼혈아가 일본 사회에 잘 적응해 갈 수 있도록 '동화'시켜야 한다는 논의에 더 가깝다. 이러한 동화주의적인 시각은 요컨대 버려진 혼혈아도 국적법(제2조 제4호) 상 엄연한 일본인이므로 "편견을 갖지 말고 헌법 최대 이념의 하나인 평등 원칙 아래 정치적, 경제적, 사회적 관계에 있어 어떠한 차별없이 보호"[30]하자는 신헌법정신의 선전과도 맥을 같이한다. 그렇다면 무

27) 위의 책, 84쪽.
28) 크리스티앙 들라캄파뉴, 하정희 역, 『인종차별의 역사』, 예지, 2013, 184~223쪽.
29) Darrell Berrigan, 앞의 책, 91~95쪽.
30) 宮田千秋, 「混血私生児はどうなるか」, 『ファイナンス・ダイジェスト 5』16, 大蔵出版, 1951, 60~61쪽.

차별평등원칙 아래 정치적, 사회적으로 '보급'되는 혼혈아에 대한 인식은 어떠했을까. 당시 공중위생학 참고서로 제작, 배포된 이시카와 도모요시(石川知福)[31]의 『공중위생총간(公衆衛生叢刊)』 제1권[32]에서 그 일단을 짐작할 수 있다.

『공중위생총간』 제1권은 유전적으로 열악한 소질을 가진 사람들의 증가를 방지하는 정책을 소개하는, 한마디로 국민우생 방책을 설명하는 내용이다. 책에 따르면 국민우생 방책은 널리 국민에게 우생사상이나 유전학의 지식을 교육할 필요에 따라 개발된 것으로, 그 구체적인 방법에 격리, 결혼제한, 단종, 임신중절, 거세가 있다. 이것은 전전, 특히 대동아공영기의 국민우생법(1940.5제정, 1941.7시행) 정신을 계승한다고 봐도 무리가 없는데, 이 책 속에 우생학적 사상이 두드러지는 부분은 〈제3장 결혼과 우생〉이다. 우생결혼을 장려하고, 혈족결혼의 가부를 판단할 증거 등과 함께 '혼혈의 가부' 문제가 다뤄져 있다.

> 인류는 다양한 인종이 있고 서로 혈연관계가 매우 가깝다. 또 오늘날 세계의 인종에는 순수한 것이 하나도 없고 모두 옛날부터 다양한 인종이 혼혈해 왔다. 비교적 혈연관계가 먼 백인과 흑인의 혼혈에서도 특별히 나쁜 점이 발생한다는 증명은 없다. 지금까지 이루어진 많은 연구를 종합해 보건데, 혼혈아는 대체로 그 양친 종족의 중간 성질을 띤다. 체격이나 지능에서도 그러한 결과가 나왔다.
> 혼혈아에게 나쁜 소질이 있는 자가 있다고 하는 것은 결코 혼혈 그

---

31) 노동위생학자, 일본의 노동과학·산업위생학 분야의 개척자.

32) 石川知福 外, 『公衆衛生叢刊』 第1, 吐鳳堂, 1948. 이 책의 간행 취지는 종전(패전)과 동시에 해산된 야마다보건부학교(山田保健婦學校)와 깊은 인연을 갖고 있다. 세계대전 중이나 종전까지 이 학교는 일본에서 유일한 사립보건부학교로서 빛나는 존재감을 발휘했다. 이 총서는 이러한 야마다보건부학교에서 교편을 잡았던 사람들이 집성한 것으로써 보건부 공중위생학 수학을 위한 참고서라는 점에 주안이 있다. 흥미로운 점은 이시카와 도모요시의 회고처럼 '종전 이후 오히려 보건부 양성은 성행을 맞아 충실해'진다(본서의 간행사 참조).

자체가 나쁘다는 게 아니라 혼혈아를 낳은 양친이 원래 각각의 민족 중에서도 비교적 소질이 열등한 사람들이었기 때문일 경우가 많다. 양친이 훌륭한 소질을 가진다면 당연히 그 혼혈아도 훌륭한 아이가 된다. 또한 혼혈아 중에 종종 성격이 비뚤어진 자를 볼 수 있는데, 이는 유전적으로 그러한 성격을 얻은 경우는 적고 혼혈아가 키워진 사회 환경의 결과일 경우가 많다. 혼혈아는 주위 사람들로부터 백안시되고 사회에서 이단자 취급을 받는 경우가 많기 때문에 그러한 성격의 인간이 되기 쉽다.

　　요컨대, 혼혈 현상은 유전학적으로는 특히 장려할만한 것도 아니고 또 배척할 것도 아니라 오로지 사회적 견지에서 그 가부를 판단하는 것이 지당하다.[33]

혼혈아가 반드시 퇴화의 표지로서의 열성만을 갖고 태어나는 것이 아니라 '양친 종족의 중간 성질'을 띠며 성격적으로 '사회 환경'의 영향을 많이 받는다고 정의하고 있다. 따라서 그 가부는 어디까지나 '사회적 견지'에서만 판단해야 한다고 하는데, 흥미로운 점은 민족의 성쇠나 개인의 강찬도 혼혈이든 순혈이든 '진정한 건강'을 위해서는 '정신위생'이 가장 중요하다며 덧붙여지는 내용이다. 즉 혼혈의 가부를 판단할 사회적 견지는 바로 정신위생의 측면이라고 할 수 있는 것이다. 이는 1941년 발표된 일본인과 중국인 혼혈에 대한 전수조사에서 혼혈아가 일본인보다 키도 크고 학업성적도 우수하며 성질도 온순한데 유일하게 '애국심이 문제'라고 문제시하던 논의[34]와 크게 다르지 않은 맥락이다. 혼혈을 순객관적으로 생물학적으로 볼 것이 아니라 사회적, 정치적으로 판단함에 있어 혼혈아들의 '정신적 구조' 특히 '국가 정신'의 문제를 중요시해야 한다는 인식이다.

---

33) 위의 책, 68쪽.

34) 石原房雄, 佐藤一二三, 「日華混血児童の医学的調査」, 『民族衛生』 第9卷第3號, 日本民族衛生学会, 1941, 162~187쪽.

Ⅳ. 점령의 유산 혼혈아
: 강화조약 발효 직후 분출하는 혼혈아 담론

샌프란시스코강화조약의 발효로 1952년 4월 27일, GHQ 점령이 공식적으로 끝나면서 일본 사회는 전환기에 놓이게 된다. 앞서 말했듯이, 혼혈 언설이 분출하기 시작하는 시기도 이때이다. 강화조약 발효 이후 저널리즘에서는 혼혈아를 '3면 기사'로 다루기 시작했고, 1953년부터 혼혈아가 소학교에 취학하면서는 더욱 세간의 관심을 끌게 된다.[35]

특히 세간의 주목을 받게 된 것은 『부인공론(婦人公論)』 5월호에 펄벅여사와 리치웨이중령의 부인에게 보내는 공개장이 실리면서이다. 소설가 노가미 야에코(野上彌生子)와 당시 YWCA 회장이자 여성운동가 우에무라 다마키(植村環)가 집필한 편지 형식의 이 공개장은 미국에서도 반향을 일으켜 펄벅여사의 답신문이 발표되기도 했다.[36] 공개장의 내용은 한마디로 '어느 민족이나 대부분 혼혈이고, 따라서 혼혈아가 나쁜 것이 아니다. 다만 경제적으로 교육비 부담이 크니 미국에서도 관심과 원조를 가져달라'는 것이었다.

점령통치가 끝나고 처음 등장한 혼혈 담론이 혼혈아들에 대한 '금전적' 책임론으로 시작한다는 점은 흥미롭다. 물론 이때를 계기로 이전까지 4천 명 수준으로 집계되었던 혼혈아수가 갑자기 20만으로 추정된다며 대폭 증가하는 것을 볼 수 있는데, 케어해야 할 혼혈아수가 예상보다

---

35) 真嶋亜有, 「終章 近代日本の光と影」, 『「肌色」の憂鬱―近代日本の人種体験』, 中央公論新社, 2014, 361쪽.
36) 羽仁說子, 「パンパンと混血児」, 『時事通信』, 時事通信社, 1952(6), 1189~1190쪽. 羽仁說子는 당시 『婦人之友』 등에 아동 관련 글을 다수 게재한 아동/교육학자이다.

많다는 우려 속에서 경제적 원조는 중요했을 것이다. 더구나 시기적으로 혼혈아들이 학령기를 맞이하고 있었다. 그러나 혼혈아들이 학령기를 맞이한다는 것은 이전까지 가시화되지 않았던 그들의 존재가 사회적으로 대거 '노출'되는 것을 의미하기도 했다. 다시 말해 일본의 패전의식이 가시화되는 것으로 이는 여러모로 민족적 수치심의 자극이었다. 그 이유는 점령기 동안 점령군의 규제(검열)도 규제지만 일본 정부는 '단일민족신화'의 모토 아래 순혈주의에 기초한 민족주의를 고취해 갔다. 그리고 일본국민을 '전후 복원'의 논리로 몰아가는 데 있어 유효했던 동포나 단일민족의 이념이 그야말로 혼혈아들을 '민족적 수치'의 표징으로 인지할 원인을 제공하게 된다. 따라서 강화발표 후 혼혈아에 대한 세간의 관심이 민족주의적 차원이나 인종주의적 담론이 아닌 교육비 문제라는 실질적인 사안으로부터 촉발되었다는 점은 역으로 당시 일본인들의 점령에 대한 인식을 드러내는 것이기도 할 것이다.37)

경제적 책임론으로 물꼬를 튼 혼혈 문제는 차츰 '순혈주의, 민족 정조'와 같은 담론의 영역으로 확산되어 간다. 제일 먼저 확인되는 것은 1952년 8월호 『부인구락부(婦人俱楽部)』에 실린 「혼혈아를 어떻게 해야 하나(混血児をどうするか)」라는 좌담회로, 부제가 '피의 순결과 민족의 정조를 말한다(血の純潔と民族の貞操を語る)'이다. 실제로 혼혈아들을 일선에서 케어하고 있는 엘리자베스 샌더스 홈의 원장 사와다 미키(沢田美喜)를 포함해 인구문제연구소 총무부장, 문부성 아동문화심의회 회장, 문부

---

37) 앞서의 펄벅여사에게 보내는 공개장에서 그들은 점령군이 "우리에게 暴威를 휘두르고 강제적으로 전쟁에 내몰았던 군벌, 군부로부터의 해방군의 역할을 해주고", 점령통치로서도 역사적으로 전례 없이 성공했는데, 그 효과는 GHQ의 전임 수뇌자의 수완뿐만 아니라 "예를 들어 진주군 가족의 생활을 가까이서 살펴보면서 배우는 것도 상당히 유익했다. 쾌활한 GI들은 적대감 대신에 온화한 시선으로 도쿄 거리를 걷고 있다."(위의 글, 1189쪽에서 재인용)고 쓰고 있다. 점령(군)에 대한 '긍정'의 시선이 담겨 있음을 알 수 있다.

성 순결교육위원, 그리고 심리학자와 작가가 참석한 이 좌담회에서는 학령기에 들어선 혼혈아들에 대한 우려가 고조되고 있지만 보다 근원적으로 민족의 정조 문제를 생각해야 한다는 취지를 읽어낼 수 있다. 화제는 '비극의 팡팡이 낳은 아이'를 시작으로 '부친을 모르는 아이들', '20만 명의 혼혈아'와 같은 혼혈 풍속에 대한 이야기, 그리고 '민족의 혼혈은 좋은가'로 이어진다.

여기서 다른 참가자들보다 문부성 순결교육위원으로 참석한 의학박사 야마모토 스기(山本杉)의 이야기에 주목해 볼 필요가 있다. 그는 특히 다른 참석자들이 중국인과 같은 황인종 혼혈아의 문제를 논의 대상으로 포함시키려 하자, 지금 중요한 것은 백인과 흑인의 혼혈아라며 그 대상을 한정시킨다. 그리고 '민족의 혼혈은 좋은가'라는 주제에 이르러서는 "일본 남자가 여자를 더 아끼면 미국인을 동경할 이유가 없다.", "요컨대 근본은 여자의 자각이다. 아이가 생겼을 때 낳는 게 좋은지 나쁜지, 자신은 모친으로서 자각이 있는지 어떤지를 잘 생각해야 한다."며 강경한 어조를 취한다. 강경한 어조라는 것은 참석자들이 민족의 혼혈 문제를 현상적인 차원을 떠나서 그러한 결과가 초래된 원인이 무엇인지에 대한 논의로 집중해 가면서 가장 중요하게 보는 것이 바로 '일본 여성이 왜 미국 병사에게 끌리는가' 하는 점이었다. 이와 관련해 물자 부족에서 오는 경제적 문제를 혼혈아보호시설의 대표 사와다 요코는 강하게 주장한다. 또한 인구학자나 아동문화심의회 회장은 남녀문제나 전쟁을 떠나 인권에 대한 자각이나 자주성이 부족한 일본 여성의 '순진함'을 지적한다. 그런데 이러한 주장들에 대해 야마모토 스기는 모든 원인을 '전쟁의 폐해'로 수렴해 설명한다. 즉 경제적 문제 때문에 일본 여성이 미국인에게 끌린다고 하지만 그것은 일본 남성이 여성에게 더 잘 해주면 해결될 뿐더러 물자 부족은 전쟁의 폐해라고 그는 진단한다. 또 패전의 문제를 떠나 일본 여성의 순진함을 지적하는 논의에 대해서는 일본인이 원래 인정에 약하다고 반박한다. 따라서 '여자의 자각'을 얘기하며 상황 판단을 잘해 아이를 낳으라는 야마모토 스기의 결론은 전쟁에서의 패전과 점령이라는 '좋지 않은' 사회 환경, 곧 점령기에 대한 자각을 전제로 하는 것이며 무책임한 혼혈아 출산이 빚을 민족적 혼란을 경계하는 것이라 할 수 있다.

야마모토 스기가 속한 순결교육위원회라는 것이 가창(街娼)이나 불량 청소년을 대상으로 계도적인 입장에서 그들의 축소를 취지로 문부성이 추진한 정책이라는 점을 염두에 두면,[38] 그의 이러한 '노선'은 특수한 목적을 목표로 한 정책적 발언으로 이해할 수 있다. 혼혈의 문제를 점령기의 '일미' 관계 속에서 정확히 규정하는 것이다. 실제 1952년 여름부터 전국적으로 혼혈아에 대한 전수조사가 시행되면서 후생성 아동국에서도 혼혈아대책 특별위원회를 조직한다. 학령기를 맞이한 혼혈아들에 대한 대책과 방향성을 타진하기 위해서이다.[39] 그러나 여기서 생각해 볼 점은 혼혈아에게 특수교육이 좋은지, 일반교육이 좋은지와 같은 혼혈아에 대한 당시 일본에서의 제도, 정책상의 문제가 아니다. 오히려 '어떤 민족이든 혼혈'이기에 보편으로서의 '혼혈은 전혀 나쁘지 않다'고 하면서도 그렇지만 '혼혈아들은 사회로부터 차별을 받을 것이고, 스스로도 열등감을 느낄 것'이라고 단정하는, 모순되고 착종된 일본 사회의 혼혈아에 대한 관념이 어디서 기인하고 있느냐는 것이다. 그런 의미에서 야마모토 스기의 주장은 패전 이후 일본 사회의 혼혈아 담론의 특징을 반영한다고 할 수 있다. 혼혈아는 철저히 전쟁에서의 패전이라는 일본의 패전의식을

---

38) 斎藤光,「「純潔教育施策」目的の微妙な拡張: 純潔教育委員会開催以前の社会教育局官僚の発言から」,『京都精華大学紀要』41, 京都精華大学, 2012, 164~183쪽.
39) 平塚員世,「占領の "置土産" をどうするか」,『時事通信』2049号, 時事通信社, 1952(9월), 1742~1744쪽.

가장 즉물적으로 표상하는 결과물처럼 받아들여졌던 것이다. 따라서 그들은 일본 사회로부터 차별과 편견의 대상이 될 수밖에 없게 된다.

1952년 당시 교육 정책에서도 이런 인식을 엿볼 수 있다. 혼혈아 교육에 대한 기본방침을 설명하고 있는 문부과학성(文部科学省)의 문건 「우리나라의 교육 현황(わが国の教育の現状)」에는 인종적 차별에서 기인하는 '불편함'을 혼혈아들이 느끼게 해서는 안 된다고 강조한다. 이는 신헌법 제14조의 '일본인은 법 앞에 평등하고 인종 등에 의해 차별받지 않는다'는 헌법정신의 연장이기도 하다. 혼혈아도 엄연한 일본인이므로 일반의 취학아동과 똑같이 대우하고 교육해야 한다는 것이다.

패전 일본이 낳은 것의 하나로 혼혈인 문제가 있다. 후생성의 최근 조사에 따르면 약 4,000명의 혼혈아가 있다고 하고, 그 중의 약 430명(흑색계 약 80명)이 1952년(쇼와28년) 4월에 처음으로 소학교에 입학한 것이다. 혼혈아일지라도 일본에 국적이 있는 한 일본인이다. 이런 점에서 다른 일반 아동과 어떠한 구별을 해야 할 것도 아니지만, 취학 문제를 중심으로 다소 일반 아동과의 차이를 볼 수 있다. [중략] 다만 흑색계의 혼혈아들을 흰색계통에 비해서 차가운 눈으로 보는 비율이 다소 높은 것이 눈에 띈다. '무고하게 벌을 지님', 이는 혼혈아의 숙명인 것이다. 헌법 제14조에도 모든 일본인이 법 아래 평등하고 인종과 같은 요소에 의해서 차별받지 않는다고 되어있다. 혼혈아를 낳은 사회적 요인에 대한 논의는 차치하고, 태어난 혼혈아에 대한 사회 전체의 따뜻한 시선이 무엇보다 필요하다.[40]

40) 「敗戦日本の生んだものの一つとして混血児の問題がある. 厚生省の最近の調査によれば約4,000名の混血児がいるとされており, そのうちの約430名(うち黒色系約80名)が昭和28年4月に初めて小学校に入学したのである. 混血児といえども日本に国籍のある限り日本人である. こうした点からは他の一般児童と何ら区別すべきものでもないが, 就学の問題を中心として少しく一般児童との差異を眺めて行こう.(中略) ただ黒色系の混血児が白色系に比して冷い眼で見られる率がやや多いのは目立つ. 「罪なくして罰あり」これは混血児の宿命であろうか. 憲法第14条にも, すべて日本人は法のもとに平等であって人種その他によって差別されないとされている. 混血児を生んだ社会的要因に対する論議は別として, 生れてきた混血児に対する社会全体の暖い眼が何より

그러나 인용에서 볼 수 있는 것처럼, 문부과학성의 시선 역시 혼혈아를 '패전한 일본이 낳은' 문제로 일축해 설명해 놓고 있다. 또한 흑인계 혼혈아가 백인계 혼혈아에 비해 차별을 더 많이 받는 것을 '무고한 벌을 가진 혼혈아의 숙명'이라고 한다. 특히 흑인계 혼혈아에 대한 더 가혹한 차별의 시선은 당시 공공연히 묘사되기도 하는데, 흑인계이든 백인계이든 혼혈아에 대한 일본 사회의 차별과 편견은 '공적 서사'가 되어 심화되어 간다.[41] 혼혈아에게는 정신박약이나 저능아가 많아서 특수학습 설비가 고려되어야 한다거나 백인계 혼혈아는 일반교육을 해도 곤란하지 않지만 흑인계 혼혈아는 육체상으로 차이가 두드러지기 때문에 별도의 특수교육이 필요하다, 또는 이미 철이 든 혼혈아 중에는 자신이 혼혈임을 자각해서 열등감을 느끼는 아이가 많다는 설 등이 그것이다.[42]

V. 흑인계 혼혈아의
'차별구조(racism)'가 의미하는 것

'전쟁의 결과로서의 혼혈'이라는 인식은 전후 일본인에게 얼마나 익숙한 것이었을까. 『보리와 병사(麥と兵隊)』를 쓴 히노 아시헤이(火野葦平)

も必要である。」(文部科学省「わが国の教育の現状」第3章 義務教育, 第1節 就学状況, 5. 混血児について) http://www.mext.go.jp/b_menu/hakusho/html/hpad195301/hpad195 301 _2_042.html(검색일 2018.5.29.)

41) 1957년 6월 시점에서 2,600명 이상의 혼혈아가 수천 개의 소학교에 재적했는데, 혼혈아를 받아들인 학교 및 담임교사, 재직자, 그리고 문부성이 어느 정도로 혼혈아를 차별하고 경계했는지, 혼혈아들이 사회의 인종편견에 얼마나 시달리고 있었는지, 문부성관련자료 文部省初等中等教育局 『混血児の就学について指導上留意すべき点』(1953), 『混血児指導記録一~四』(1954-1957年)에서도 잘 나타나 있다.

42) 平塚員世, 앞의 논문, 1742~1744쪽.

도 일본인(시코쿠출신) 아버지와 중국인 어머니 사이에서 태어난 혼혈아인데, 그는 전시 중(1942년)에 필리핀의 마닐라에 거주하며 다수의 혼혈아들을 목격했다. 그는 당시 필리핀의 혼혈아들이 스스로 '메스티소(스페인계 혼혈)'임을 선언하며 '당당했던' 모습을 회상하며 혼혈아에 대한 시선이 그곳과는 사뭇 다른 일본 사회를 이렇게 얘기한다.

> 일본에서는 버림받은 '혼혈아(合の子)'가 많고, 자라난 아이도 대부분 고아다. 10만에서 20만에 이른다. 지금은 눈에 띄는 현상으로 감출 수도 없고 검열도 풀렸지만 1년 전엔 혼혈아에 관해 언급하는 것도 쓰는 것도 허락되지 않았다. 나는 목욕탕 등에서 자주 어린아이가 뒤바뀐다는 말을 들었는데, 신문에는 발표를 금했다. [중략] 전쟁과 혼혈은 붙어 다닌다. 대전쟁이 계속 반복된다면 지구상에 혼혈아가 아닌 사람이 없을 것이다. 신민족이 탄생할지 모른다.[43]

필리핀에서 차지하는 스페인의 위상을 생각할 때, 히노 아시헤이의 이러한 소회(所懷)가 전전의 아시아에서 일본이 욕망했던 우월적 위치를 그리워하는 것인지 아니면 패전국 일본인이 '우성'이자 '문명(승자)'인 미군과 혼혈하는 것을 이상적인 결합으로 주장하는 말인지, 여기서 판단하기는 어렵다. 그러나 혼혈아 문제가 전쟁에 부수하는 것이라고 보는 시각은 분명해 보인다. 이렇게 혼혈 문제를 전쟁의 폐해로 보는 인식은 당시 발간과 동시에 화제를 모았던 다카사키 세쓰코(高崎節子)[44]의 책 『혼혈아(混血児)』(1952, 同光社磯部書房)에서도 확연하다. 다카사키 세쓰코의 이 저작은 '혼혈아에 대한 사회의 오해나 편견, 증오를 불식시킬' 화제작으로 평가받으며 세간의 이목을 모았다.[45] 태평양전쟁을 전후

---

43) 火野葦平, 『鈍魚の舌』, 創元社, 1952, 154~155쪽.
44) 아동복지가.
45) 당시 文部省 兒童文化審議會 會長 神崎清의 평가이다. 이 외에도 이 책의 서문을

로 해서 달라진 일본인들의 혼혈아에 대한 인식 차이를 주요하게 다루고 있는 이 책은 후반부로 갈수록 실재 혼혈아를 보호하고 키우고 있는 보호소들의 현황과 혼혈아와 그 모친들의 고난한 삶을 취재해 소개하고 있다.

다카사키 세쓰코는 혼혈아라는 말이 당시 일본인에게 주었던 왠지 모를 '불쾌감'을 이렇게 얘기한다. "혼혈아 문제는 연애와 같은 평범한 보편성을 갖지 않고 특이한 세계성을 갖는다. 특히 전쟁과 관계가 커서 비극적이다."[46] 당시 '패전, 팡팡, 혼혈아'라는 말이 묶여서 세간에 회자되면서 듣는 이로 하여금 찹찹한 기분을 자아낸다는 말이다. 그렇다면 다카사키 세쓰코가 말하는 혼혈아 문제가 갖는 '특이한 세계성'은 무엇일까. 단순히 전쟁의 부수물로서의 패전의식을 뜻하는 것일까. 여기에는 보다 중층적인 의미가 내포되어 있어 보인다.

다카사키 세쓰코는 무엇보다 태평양전쟁 전에는 '이인(異人)', '혼혈아'라는 말이 연상시키는 것이 '이인은 서양인', '혼혈아는 왠지 로맨틱한 의미에서의 호기심에 찬 서양인'이라면, 태평양전쟁 후에는 이 말이 갖는 이미지가 '이인은 껌을 씹으며 걷는 저급한 흑백의 GI', '혼혈아는 흑백 GI의 방만한 정력'이라고 말한다.[47] 좀 더 이해를 돕기 위해 일본의 혼혈아에 대한 처우가 어떠했는지 이 책에서 설명하는 그 '전사(前史)'를 살펴볼 필요가 있을 것이다. 일본의 혼혈아 역사를 다카사키 세쓰코는 도쿠가와막부(德川幕府) 때로부터 설명하며 막부가 당시 혼혈아 문제로 상당히 애를 먹었다고 한다. 이때의 혼혈아대책은 모든 혼혈아를 일본

쓰고 있는 平林たい子는 '세간을 떠들썩하게 하고 있는 혼혈아 문제가 정치적으로 전혀 방치되고 있는데, 이 책이 그 실마리를 풀어줄' 거라고 평가했다. 발간과 거의 동시에 영화로 제작되기도 한다.

46) 高崎節子, 『混血児』, 同光社磯部書房, 1952, 15쪽.
47) 위의 책, 20~21쪽.

454 3부: 의료와 정치, 제국과 인종

에 남기지 않는 것이었다. 그 예로, 1673년에 포르투갈, 스페인 등의 남만인(南蠻人)을 부친으로 둔 혼혈아들 약 200명이 일본 나가사키에서 모친과 헤어져 부친을 따라 멀리 마카오로 가게 된다. 이러한 혼혈아대책은 물론 사회문제로서의 막부의 시책이 아니라 기독교에 의한 정치적 침략을 두려워한 막부의 정치적 대응이라 할 수 있는데, 당시 홍모인(紅毛人-에도시대 서양인, 특히 네덜란드인을 지칭)이나 남만인을 부친이나 조부로 가진 혼혈아는 일본에 한 명도 정착할 수 없었다.(그리고 '흑인의 피'는 이 시대부터 일본에서도 거부되었다고 한다.) 그러다가 1715년이 되면 혼혈아에 관한 법령이 변한다. 혼혈아를 일본인으로 인정해서 이번에는 해외로 나가거나 부친의 나라로 가는 것을 역으로 금지하게 된다. 이 법령은 안세이(安政, 1855-1860)년간까지 계속되었는데, 얼마 후 혼혈아를 부친의 국적에 올리는 게 '이치'라며 분큐(文久) 2년(1862)에 막부가 부친들의 의견을 수렴해서 혼혈아를 부계에 올려 이동을 허락한다. 그런데 메이지(明治) 6년(1873) 1월 태정관포고에 의해 혼혈아들을 일본인 모친의 '사생아'로 인정하여 일본 국적을 주게 되었다.[48]

이후 '전후'가 되어서도 일본에서는 메이지시대의 기준에 따라 혼혈아를 일본인 모친의 사생아로 국적에 적을 올리도록 하고 있었다. 메이지시대 이후 혼혈아들이 일본 국적을 취득한다는 것이 이전처럼 일본에 남아 일본인으로 살도록 정부가 그 이동을 금지한 것인지까지는 이 맥락에서 확인할 수 없고, 더 정교한 검토가 필요할 것이다. 하지만 태평양전쟁 이전까지 일본에서 혼혈아를 바라보는 시선이 적어도 불쾌감을 일으킬 정도로 '비극적'이지는 않았음을 알 수 있다. 그것은 메이지시대부터 부계혈통주의에 따라 철저히 국적법을 지키는 가운데 예외적으로 혼혈아를 모계의 사생아로까지 인정하여 일본의 국적을 주며 일본에 머

---

48) 위의 책, 17~19쪽.

물게 했다는 것을 보면 유추할 수 있다. 다카사키 세쓰코도 일본인이 메이지시대 이래로 백색인종에 대해 심적으로 동경했다고 하는데, 이러한 동경은 서구문화에 대한 일본인의 역사적 숙명과 사대주의의 '너무나도 일본적인 것' 중 하나였다.[49] 무엇이든 서구문화에 가까워지는 것에 열광한 나머지 서구인과 일본인의 혼혈을 통한 인종개량론[50]이 제기될 정도로 서양인의 '피의 수혈'까지 마다하지 않던 것이 메이지시대 일본인들의 주된 '세계관'이었던 것이다.

혼혈아 문제가 갖는 세계성의 특이함은 바로 이러한 중층성을 갖고 있다는 점이다. 메이지시대 이래 일본이 가져왔던 일종의 강한 신념, 즉 서양을 권력화하는 근대 일본의 심성이 착종해 있다고 볼 수 있는 것이다. 전쟁에서의 패전은 그러한 서양에 대한 심리적 의존성을 재차 확인하는 결과에 지나지 않는다. '외국군대가 주둔하지 않으면 결코 혼혈아는 태어나지 않는다.'는 다카사키 세쓰코의 말대로 일본은 전쟁으로 유사이래 최초로 외국인(서양)에 의한 '점령' 경험을 하게 되었고, 이는 팡팡이라는 새로운 직업여성을 탄생시켰으며 점령이 끝난 이후에도 그러한 부(負)의 유산은 혼혈아 문제를 통해 일본 사회에 잔존했다. '상등(上等)'하다고 여겨왔던 서양문명, 서양인에 대한 주의(主義)를 오히려 '뼈저리게' 체화하게 된 것이다.[51]

여기서 혹자는 일본이 전전에는 우월한 존재에서 전후에는 열등한 존재로 전락하며 그 위상이 변함을 들어 일본의 혼혈아에 대한 인식도 전

49) 위의 책, 22쪽.
50) 메이지19년(1886)부터 인종개량(우생학)의 견지와 구화숭배 열기에서 일본구주인의 잡종에 의해 새로운 일본국민을 만들자는 논의가 있었다. 대표적인 예로 高橋義雄의 『日本人種改良論』은 일본인종과 서양인종의 잡종을 만들어서 황백두인종의 잡종을 얻어 일본 인종의 신체와 정신을 개량하자는 주장을 펼치고 있다.
51) 真嶋亜有, 「制5章 敗戦と愛憎の念」, 『「肌色」の憂鬱—近代日本の人種体験』, 中央公論新社, 2014, 290~291쪽.

도되었을 것이라고 의문을 제기할 수 있을 것이다. 전전, 특히 '대동아공영기'의 일본 내의 혼혈 담론이 일본민족의 혈통을 잘 보존해야 한다는 우려 속에서 우수한 일본인 대 열등한 아시아인의 구도에서 전개되었다. 전후에는 그것이 우월한 점령군(승자) 대 열등한 일본인(패자)의 관계로 전환되기 때문이다. 이처럼 우승열패의 구도에 따라 혼혈아에 대한 인식도 바뀔 수 있다. 하지만 혼혈아에 대한 인식은 전전부터 우생학과 같은 '유사과학'의 이데올로기를 통한 인종의 우열문제가 아니라 권력화의 구조에 영향을 받아 형성되어 왔다고 이해할 수 있다.

'근대의 지(智)가 타자를 관찰하면서 구축'(미셀 푸코)되는 가운데 일본은 일본인이라는 자기동일성의 보증을 위해 아이누인, 류큐인, 조선인을 학(學)의 대상으로 취급하기 시작한다. 이때 백인학자들의 시각을 투사시켜 아시아에 적용하는 일본은 서양인의 백인우월주의에 입각한 인종주의를 권력화했다. 서양인이 자기동일성을 확보하기 위해 '그들'로 타자화했던 일본 인종이 제국에 포섭되어가는 주변의 인종들을 다시 '그들'로 객체화하면서 자기동일성을 확보해나가는 수단으로 일본인종론이 기능한 것이다. 이렇게 제국의 확장과 함께 일본의 인종론은 새로 흡수된 인종에게도 확장되면서 대동아공영권의 정당화 논리로도 활용되었다.[52] 이 가운데 타자화되고 객체화되는 '그들'은 당연히 미개, 야만, 열등과 같은 존재로 표상되는 식민지민이 된다. 그리고 '그들'의 역할은 철저히 우성으로서의 일본의 자기동일성을 뒷받침하는 열성의 표식이 되고, 자연스럽게 편견과 차별의 대상이 되었다. 서양 인종주의의 일본식 권력화가 작용한 것이다. 그렇다면 전후에, 그것도 패자의 위치로 전락한 일본이 전전처럼 자기동일성을 지키기 위해서는 어떠한 방법을 선택했을까.

---

52) 이러한 권력 구도를 지지한 것이 체질인류학으로, 체질인류학은 가장 과학의 모습을 띤 인종론이었다. 이것을 진화론이 뒷받침했고, 진화론적 체질인류학은 인종개조론과 우생학으로 연결된다.

일본에서는 백이건 흑이건 지나치게 구별을 지어서 문제가 되고, 일본인 속에 잠재해 있는 동양인적 풍회(風懷)나 감상이 백인에게는 관대하지만 흑인에 대해선, 검은 피를 운명으로 감수하고 다량의 민주주의자가 된다는 것은 감각적으로는 좀처럼 불가능한 일인 듯하다. 혼혈아의 이력서가 흑인계일 경우 이는 이미 대학교수의 말처럼(백인혼혈에 대해선 유쾌하지 않다며 찹찹하게 팔짱을 끼고, 흑인혼혈에 대해선 기분 나쁘고 절대 있어선 안 될 일이라며 비정한 표정을 짓는) 절대 일어나서는 안 되는 일이 된다.[53]

　　다카사키 세쓰코의 『혼혈아』 책에서도 이처럼 전제가 되고 있는 혼혈아에 대한 인식 중에 백인계와 흑인계를 철저히 구분하고 있는 것을 볼 수 있다. 이 외에도 점령이 막 종료된 시점에서 제기된 혼혈 담론 속에 특이하게 고정적으로 등장하는 묘사를 볼 수 있는데, 바로 '위를 향한 납작하고 큰 코, 뒤집어진 아랫입술, 소름끼치는 납색의 검은 피부'라는 흑인계 혼혈에 대한 것이다. 한 여검사의 사건수첩(『婦人檢事の手帖』)에는 "이런 아이를 앞으로 어떻게 키워야 하나 생각하면 죽이는 게 차라리 나았다."는 흑인계 혼혈아 살인의 가해자 모친에 대한 고발 내용이 있기도 한데,[54] 문제는 이러한 흑인계 혼혈에 대한 '일관된' 표상이 이 시기 상당히 많이 보인다는 점이다. 또한 당시 여성범죄의 한 유형으로서 이러한 흑인계 혼혈아 살인이 소개되고 있기도 하다. 각기 살해 동기는 달라도 그 모친들은 한결같이 이렇게 진술하고 있다. "역시 죽이는 게 낫다고 생각해요. 나를 위해서나 그 아이를 위해서나."[55]

　　앞서 소개한 문부과학성의 교육 정책을 인용한 문장에도 "흑인계 혼혈아가 백인계 혼혈아에 비해 차별을 더 많이 받는 것을 무고한 벌을 가진 혼혈아의 숙명"이라고 서술해 놓고 있었다. 이러한 혼혈아에 대한 구

53) 高崎節子, 앞의 책, 16쪽.
54) 門上千惠子, 「愛は法をこえて」, 『婦人檢事の手帖』, 東西文明社, 1952, 198~199쪽.
55) 出射義夫, 「第3卷女性犯罪」, 『日本社会の病理解剖』, 春秋社, 1952, 163~173쪽.

분은 당시 제안되던 대부분의 혼혈 담론 속에서도 볼 수 있다. 특히 학령기 "혼혈아 430명(그중 흑인계 약 80명)"이라는 문부과학성의 표기나 "일본 혼혈아는 20만이라고 한다. 그중 4만이 흑인이라고 한다."는 『혼혈아』에 나오는 표기, "4년간 267명의 혼혈아를 조사. 그중 66명이 흑인"이라는 의학계의 혼혈아연구 보고서56)에서처럼 혼혈아에 대한 통계 표기를 할 때 총 몇 명의 혼혈아 중 흑인 몇 명이라는 식의 '흑인계 혼혈아 구분'이 필수적으로 나타난다. 실재 당시 혼혈아를 보호소에 위탁할 때 필수 기재 사항이 아이 부친의 국적과 모친의 직업이었다. 1951년 엘리자베스 샌더스 홈의 통계 자료를 보면 "미국인 백인 69, 흑인 34, 불명 2, 그 외 일본인 3, 조선인 0, 중국인 0, 영국인 1, 호주 1, 러시아 2, 프랑스계 흑인 1, 필리핀 3, 스페인 1. 합계 118명"57)처럼 부친의 국적을 확인할 수 있다. 이렇게 여러 인종이 복합적으로 존재하는 반면 유독 백인과 흑인의 구분에 철저한 이유는 무엇일까. 심지어 점령군을 상대로 하는 전용 거리인 '혼혈아 기지'로 유명했던 지역도 요코스카(橫須賀)는 백인, 자마(座間)는 흑인 전용으로 기지촌의 특색이 달랐다.

이러한 흑인계 혼혈아에 대한 고정적인 묘사는 앞서 소개한 여성범죄의 예에서처럼, 혼혈아의 모친들의 행동에도 영향을 미쳤다. 다카사키 세쓰코의 책 『혼혈아』의 후반부에 진술되고 있는 혼혈아 모친들의 삶에서도 백인계 혼혈아의 엄마는 득의양양하게 지내고 흑인계 혼혈아의 엄마는 온갖 수치스러움을 안은 채 죄인처럼 고립되어 생활하는 것을 볼 수 있다.58) 이러한 흑인계 혼혈아에 대한 철저한 구분과 같은 편견과 차별은 점령기에 혼혈 문제를 처음으로 사회에 발언한 미국 기자 베리건

---

56) 石原房雄, 「日本人と白人及び黒人との混血児の研究」, 『日本医事新報』 제1477호, 日本医事新報社, 1952(8.16), 33-36쪽.

57) 小山いと子, 「混血児地帯を行く」, 『婦人倶楽部』 33, 講談社, 1952(8月号), 120~126쪽에서 재구성.

58) 高崎節子, 앞의 책, 91~268쪽.

의 언설에서 영향을 받은 것일 수도 있다. 그는 앞서 인용한 것처럼, 백인의 혼혈아는 '평탄히 일본인에 가깝게 살아갈 것이지만, 흑인 혼혈아는 그렇지 못하다.'며 '검둥이'라고 야유받으며 영원히 고통받을 흑인계 혼혈아를 우려했다.[59] 이렇게 당연히 서양의 인종주의 시각을 그대로 답습한 일본의 인종론을 떠올릴 수 있을 것이다.

하지만 여기에는 하나의 메커니즘이 더 작용하고 있다. 바로 점령 당시 아시아계 혼혈이 인지는 되면서도 백인과 흑인의 케이스에 감춰지고 이와 함께 과학실험이나 보호소의 인적 기록에서 국적보다 인종적 적시를 통해 굳이 흑인계 비율을 일일이 분리, 기재하는 것에는 서양 인종주의의 일본식 권력화가 다시 한번 작용하고 있는 것이다. 이는 전전에 일본이 자기동일성 논리를 구축함에 있어 필요하던 열등한 존재로서의 아시아인을 대신해 '흑인'이 그 타자의 자리에 대체되고 있다고 할 수 있다. 단순히 흑인계가 외모상 더 눈에 띄기 때문에 패전, 점령의 표식으로 기능했고 더 배척되었다는 논리도 있을 수 있지만, 이는 오히려 당시 과학실험의 결과(수치)상에서 부정되고 있다. 즉 흑인계 혼혈이 백인계 혼혈에 비해 더 열등하다거나 유전적으로 좋지 않다는 증거는 전혀 없었다.[60] 혼혈 문제는 철저히 정치 역학과 같은 권력 구조상의 인식임을 과학적 자료를 통해서도 알 수 있는 것이다.

---

59) Darrell Berrigan, 앞의 책, 91~95쪽.
60) 당시 일본의 생리학자 福田邦三나 미국인과 일본인 혼혈아 연구로 유명한 의학자 窪田義信의 연구보고를 예로 들 수 있다. 이 둘은 요코하마와 오이소(大磯)의 자선 시설에 수용되어 있는 0-6세의 혼혈아를 조사했다. 일본인 여자와 백인 남성 간에 태어난 白混 189명, 흑인 남자 사이에서 태어난 黑混 67명, 총 256명이었다. 피부색, 모발색, 곱슬의 유무, 신장, 체중, 가슴둘레, 하지길이, 허리둘레, 홍채색, 앉은키 등, 체질인류학이나 우생학에서 중요시했던 기준에 따라 이들을 조사한 결과 혼혈아의 측정값이 멘델형질에서 벗어남을 밝히고 있다. 멘델형질은 기본적으로 유전자간의 우열관계가 존재한다는 것을 전제조건으로 한다. 따라서 이 형질에서 벗어남은 기존의 우생학이나 인종주의에서 말하는 인종적 우열이 성립되지 않음을 뜻한다(福田邦三, 窪田義信, 「日米混血児の調査に基く人類の程度形質遺伝の考察」, 『日本生理学雑誌』 14(4), 1952, 198~199쪽).

VI. 맺음말

제2차세계대전은 세계 각지를 무대로 다양한 레벨에서 벌어진 전쟁들을 포함하기 때문에 한 마디로 표현하기 어렵다. 존 다우어가 태평양전쟁의 인종적 측면을 분석하면서 '인종전쟁'이라는 표현을 사용했는데, 이 역시 그 일단을 조명한 데에 지나지 않음을 저자 역시 술회해 놓고 있다. 하지만 그럼에도 불구하고 존 다우어는 이 대전은 각 민족의 인종적 프라이드나 분노가 격증하며 노골적인 편견이 폭발하는 전쟁이었고, 그 결과 세계적으로 인종에 관한 인식 상의 혁명이 초래되었고 그것이 현재까지 이어지고 있다고 한다.[61] 전시 중에 흑인들이 '백인을 위한 전쟁'에 반발하며 국내외적으로 자신들의 인권을 위해 싸웠던 것이나 아시아인들의 이민배척에 관한 법률이 강한 저항에 부딪히는 등, 미국은 확실히 미국 내의 인종차별주의에 대한 의식이 고양되고 피차별측의 위상이 변화하는 데에 전쟁이 큰 역할은 했다. 존 다우어가 말하듯이 '인종에 관한 인식 상의 혁명'이 일어났던 것이다.[62]

아시아는 어땠을까. 존 다우어는 '범아시아주의'의 대두가 서양 인종주의에 대해 아시아인들이 반기를 든 것이자 백인우월주의라는 신화에 도전하는 것이었다고 설명한다. 1943년의 '대동아회의'가 그러한 범아시아의 이상주의와 아시아에 있어서의 백인식민지 지배의 종언의 심볼로써 계획되었다는 것이다.[63] 대동아공영권의 개념에 이러한 인종적 요소

---

61) John W. Dower, War Without Mercy: Race and Power in the Pacific War, Pantheon, 1987; ジョン・W. ダワー 著, 斎藤元一 訳, 『容赦なき戦争——太平洋戦争における人種差別』, 平凡社ライブラリー, 2001, 32~34쪽.
62) 이는 넓게 생각하면, 미국에서의 아시아인(황인종)에 대한 위상 변화와 관계가 깊을지 모른다.

가 전혀 없다고 부정할 수는 없다. 백인우월주의로 대표되는 인종의 권력화에 대항하고자 하는 논리는 아시아 여러 나라에서 이 전쟁을 '동양 대 서양'이라는 대립 구도로 인식하기도 했다. 하지만 이 전쟁은 서양의 식민지 지배와 서양 중심의 가치관에 대한 도전인 한편으로 아시아에서는 민족, 국민, 문화 간의 차별을 내포하고 있었다. 그 결과 존 다우어가 정의하듯이 '인종에 관한 인식 상의 혁명'은 일어나지 않는다. 오히려 황인종(몽골로이드) 패러다임이 서양의 인종주의적 관념을 더욱 강화하기 시작한 19세기[64]부터 '권력화'되어 온 백인우월주의는 한층 심화되어 현재에도 뿌리깊게 자리하고 있어 보인다.

본고에서 살펴본 패전 이후 미군 점령기를 전후해서 횡행한 일본의 혼혈 담론은 이러한 서양 인종주의의 스테레오타입에서 크게 벗어나지 못함을 알 수 있다. 무엇보다 제국시대 일본의 우생학적 시각이 패전 이후의 혼혈 담론에도 연속성을 갖고 계승되는 측면이 강했다. 지금까지 종전(일본 패전)을 계기로 일본 사회의 전환을 이야기하는 논의는 많았다. 그 중 '파시즘의 종언, 전후 민주주의의 시작'처럼 전전의 일본과의 '단절'을 전후 일본 복원의 출발점으로 보았다. 일본의 혼혈 담론도 패전 일본의 '전후적' 현상에서 보통 시작해 왔다. '미국의 잔여물(アメリカの 落しもの)', '전쟁의 아이(戦争の申し子)', '나중에 도착한 감정서(後から 来た勘定書)', '(국제고아国際孤児)', '헬로우의 아이(ハローの子)', '(운명의 아이)運命の子' 등, 아직까지 혼혈아에 대한 호칭 역시 일본의 패전 이후 사회적 의식과 깊이 관련이 있다. 그러나 본고에서 살펴보았듯이, 대동아공영권 주창과 함께 불거졌던 일본의 잡혼·혼혈 담론이 패전 이

---

63) ジョン・W. ダワー, 앞의 책, 38쪽.

64) 마이클 키벅, 이효석 역, 『황인종의 탄생: 인종적 사유의 역사』, 현암사, 2016, 171~233쪽.

후 미군 점령기로 이어지면서 연속되는 측면이 있음을 알 수 있다.

1940년대에 들어 일본인종론이 국내적으로는 우생학의 '교양화'를 통해, 국외적으로는 '대동아공영권'의 주창과 함께 확산되어 갔다. 이때 혼혈론이 우생학이나 대동아공영의 논리적 근거로 작용하게 되고, 일본 내 중국인, 조선인을 비롯한 아시아계 및 서양인과의 혼혈아들을 대상으로 병리학적, 유전적, 해부학적, 인류학적 등의 관점이 총동원되어 혼혈아의 실질적인 혼혈 실태조사가 착수되었다. 이때 생물학적인 근거를 비롯해 사회학적인 인식, 또 (국가정신)문화론적 인식 위에서 복합적으로 혼혈 문제가 인지되고 사유되고 있었음을 알 수 있었다.

미군 점령기에는 검열로 인한 단속으로 혼혈아 대책을 포함한 점령정책을 공공연히 비판할 수 없는 상황이었다. 우선 미군 점령기 혼혈아에 대한 기본 정책은 '무차별평등원칙'으로서 아이들을 일본 사회에서 분리하지 않는 것이었다. 하지만 '점령의 아이'는 너무나도 분명하게 백인 또는 흑인의 특징을 갖고 있기 때문에 괴롭힘이나 차별을 당할 것이 분명하니, 혼혈아들을 분리시켜 키워야 한다는 혼혈아보호소 측의 반발도 제기되었다. 이 외에 공중위생학이나 아동복지법과 관련해 혼혈아에 대한 풍속 등을 다룬 몇 가지 글도 볼 수 있는데, 당시 공중위생학 참고서로 제작된 『공중위생총간』 제1권에는 혼혈아가 사회 환경의 영향을 많이 받는다고 정의하며 그 가부는 어디까지나 '사회적 견지'에서만 판단해야 한다고 적시하고 있다. 그러나 그 가부를 판단할 사회적 견지가 바로 정신위생이라는, 정신적 구조 특히 국가정신의 문제라는 점에서 대동아공영권과 함께 대두되던 혼혈론의 연속적인 측면을 확인할 수 있었다.

혼혈에 대한 본격적인 언설은 1952년 5월, 샌프란시스코강화조약 발효 이후부터 활발해진다. 시기적으로 혼혈아들이 학령기를 맞이하게 되면서 그들에 대한 경제적 원조를 강조하는 '금전적' 책임론으로 그 물꼬가 터지기 시작하여 차츰 '순혈주의, 민족 정조'와 같은 담론의 영역으로 확산되어 간다. 혼혈아들이 학령기를 맞이한다는 것은 이전까지 가시화되지 않았던 그들의 존재가 사회적으로 대거 노출되면서 일본의 '패전의식'이 가시화, 민족적 수치심을 자극하는 것이기도 했기 때문이다. 따라서 혼혈 문제는 무책임한 혼혈아 출산이 빚을 민족적 혼란에 대한 경계 속에서 점령기의 '일미' 관계 차원에서 규정된다. 그리고 '어떤 민족이든 혼혈'이기에 보편으로서의 '혼혈은 전혀 나쁘지 않다'고 하면서도 그렇지만 '혼혈아들은 사회로부터 차별을 받을 것이고, 스스로도 열등감을 느낄 것'이라고 단정하는, 모순되고 착종된 혼혈아에 대한 관념이 형성되기 시작한다. 이를 통해 혼혈아에 대한 일본 사회의 차별과 편견이 '공적서사' 형태로 전유되어 가는 과정을 알 수 있었다.

끝으로 이렇게 혼혈아 문제가 전쟁에 부수하는 것이라고 보는 전후 일본 사회의 시각이 갖는 특징을 『혼혈아』의 저자 다카사키 세쓰코가 말하는 '특이한 세계성'과 관련해 생각해 보았다. 그것은 일본인이 메이지시대 이래로 백색인종에 대해 심적으로 동경, 무엇이든 서구문화에 가까워지는 것에 열광한 나머지 서구인과 일본인의 혼혈을 통한 인종개량론이 제기될 정도로 서양인의 '피의 수혈'까지 마다하지 않던 메이지시대 일본인들의 주된 '세계관'과 관련이 있었다. 그리고 이러한 서양 인종주의의 일본식 권력화는 전후에도 패자의 위치로 전락한 일본의 인종론에 영향을 미친다. 흑인계 혼혈아에 대한 철저한 구분과 같은 편견과 차별이 그것인데, 이때 등장하는 흑인계 혼혈아에 대한 고정적인 묘사는 서양 인종주의적 시각을 그대로 답습해 온 일본의 인종론과 맥을 같이 하기도 한다. 하지만 여기에는 또 다른 메커니즘이 작용한다. 전전에 일본이 자기동일성 논리를 구축함에 있어 필요하던 열등한 존재로서의 아시아인의 위치를 흑인이 대체하게 되는 것이다. 이렇게 혼혈 문제는 단순히 전쟁의 부수물이라는 패전의식 외에도 철저히 정치 역학과 같은 권력 구조상의 인식 속에서 중층적인 의미를 내포하고 있음을 알 수 있었다.

참고문헌

文部省初等中等教育局, 『混血児の就学について指導上留意すべき点』, 1953.

文部省初等中等教育局, 『混血児指導記録一~四』, 1954-1957.

마이클 키벅, 이효석 역, 『황인종의 탄생: 인종적 사유의 역사』, 현암사, 2016.

오구마 에이지, 조현설 역, 『일본 단일민족신화의 기원』, 소명출판, 1995.

크리스티앙 들라캉파뉴, 하정희 역, 『인종차별의 역사』, 예지, 2013.

青木冨貴子, 『GHQと戦った女 沢田美喜』, 新潮社, 2015.

石川知福 外, 『公衆衛生叢刊』 第1, 吐鳳堂, 1948.

出射義夫, 『日本社会の病理解部』, 春秋社, 1952.

岩田温, 『人種差別から読み解く大東亜戦争』, 彩図社, 2015.

岩渕功一 編著, 『〈ハーフ〉とは誰か: 人種混淆・メディア表象・交渉実践』, 青弓社, 2014.

門上千恵子, 『婦人検事の手帖』, 東西文明社, 1952.

清野謙次, 『日本人種論変遷史』, 小山書店, 1944.

小山栄三, 『南方建設と民族人口政策』, 大日本出版, 1944.

高崎節子, 『混血児』, 同光社磯部書房, 1952.

中見立夫, 『「帝国」日本の学知』 第3巻, 岩波書店, 2006.

中村良之助, 「大東亜民種人群」, 『経国と地理』, 帝国書院, 1944.

永原慶二, 『20世紀日本の歴史学』, 吉川弘文館, 2003.

火野葦平, 『鈍魚の舌』, 創元社, 1952.

真嶋亜有, 『「肌色」の憂鬱―近代日本の人種体験』, 中央公論新社, 2014.

Darrell Berrigan 著, 土居道夫 譯, 『くらやみの登場者たち』, 世界評論社, 1949.

John W. Dower 著, 斎藤元一 訳, 『容赦なき戦争―太平洋戦争における人種差別』, 平凡社ライブラリー, 2001.

강태웅, 「우생학과 일본인의 표상: 1920-40년대 일본 우생학의 전개와 특성」, 『日本學研究』 제38집, 단국대학교일본연구소, 2013.

세키네 히데유키, 「한일합병 전에 제창된 일본인종의 한반도 도래설」, 『일본문화연구』제19집, 동아시아일본학회, 2006.

이정은, 「일본의 강제병합과 문화적 인종주의」, 『日本研究』제46호, 한국외국어대
학교일본연구소, 2010.

전성곤, 「일본의 '인종' 경합 논리와 제국주의」, 『日本思想』제14호, 한국일본사상
사학회, 2008.

石原房雄, 佐藤一二三, 「日華混血児童の医学的調査」, 『民族衛生』第9巻第3號, 日
本民族衛生学会, 1941.

石原房雄, 「日本人と白人及び黒人との混血児の研究」, 『日本医事新報』第1477호,
日本医事新報社, 1952(8.16).

小山いと子, 「混血児地帯を行く」, 『婦人倶楽部』33, 講談社, 1952(8月号).

斎藤光, 「「純潔教育施策」目的の微妙な拡張: 純潔教育委員会開催以前の社会教育
局官僚の発言から」, 『京都精華大学紀要』41, 京都精華大学, 2012.

宗正雄, 「混血の不利」, 『結婚新設』, 錦正社, 1940.

平塚員世, 「占領の "置土産" をどうするか」, 『時事通信』2049号, 時事通信社, 1952(9).

広谷真実, 朴容九, 「日本における嫌韓言説に見られるレイシズムの特徴とその背
景」, 『일어일문학연구』98권2호, 한국일어일문학회, 2016.

福田邦三, 窪田義信, 「日米混血児の調査に基く人類の程度形質遺伝の考察」, 『日本
生理学雑誌』14(4), 1952.

古屋芳雄, 「共栄圏と混血の問題」, 『結婚新体制談話集』, 朝日書房, 1941.

古屋芳雄, 「混血の問題」, 『結婚新体制』, 青磁社, 1941.

宮田千秋, 「混血私生児はどうなるか」, 『フアイナンス・ダイジエスト5』16, 大蔵
出版, 1951.

羽仁說子, 「パンパンと混血児」, 『時事通信』, 時事通信社, 1952(6).

http://www.mext.go.jp/b_menu/hakusho/html/hpad195301/hpad195301_2_042.html
(검색일: 2018.5.29.)

731부대에 대한 민족주의적 '소비'를 넘어서

731부대 관련 사진오용 사례와 조선 관계 자료 검토를 중심으로

하세가와 사오리

최 규 진

I. 들어가며

731부대는 한국 사람들에게 익숙한 존재다. 731부대의 실험으로 희생된 사람들을 지칭하는 '마루타'라는 말이 일상생활에서도 흔히 사용되고 있을 정도다.[1] 또한 2009년 당시 총리였던 정운찬 씨가 731부대를 아느냐는 국회의원의 질문에 제대로 답변을 하지 못해 지탄을 받았을 만큼 한국인이라면 마땅히 알아야 할 대상으로 인식되고 있다.

하지만 정작 한국에서 731부대에 대한 제대로 된 정보를 얻기는 쉽지 않다. '731부대'로 검색을 해보면 대부분의 글이 잔혹한 사진을 띄워놓고 그저 조선인을 '마루타'로 이용한 '광기어린 집단'으로 묘사하고 있다. 문

---

[1] 한 예로 제약사가 의약품 판매 허가를 받기 전에 시행하는 임상시험(생물학적 동등성 시험 포함)에 참가하는 것을 '마루타 알바'라고 부른다. 「임상시험 아직도 피 뽑고 돈 버는 '마루타 알바' 누명」, 『시사저널』 1365호, 2015.12.10.

제는 언론 보도조차 이러한 수준에서 벗어나지 못하고 있다는 점이다.[2]

서구사회에서 나치 의사들에 대해 그러했듯이 아시아에서 일본 731부대의 만행에 대해 관심을 갖는 것은 자연스러운 일이다. 그러나 그것을 역사적 사실로 입증하고 진정한 교훈으로 만들기 위해선 보다 정교하고 치밀한 접근이 필요하다.[3] 이러한 접근 자체가 쉽지 않았던 2000년대 이전이라면 잘못된 보도에 대해 자료를 제공한 중국이나 러시아 기관 탓을 할 수도 있을 것이다. 하지만 2000년대 들어서는 한국에서도 731부대와 관련된 1, 2차 자료들을 어렵지 않게 구할 수 있었다.[4] 또한 일본에서 1997년에 시작해 2007에 끝난 '731부대 세균전 국가배상 청구 소송'을 통해 신뢰할만한 정보와 전문가들이 널리 알려지기도 했다.[5]

---

2) 이에 대해 온전히 한국 사회, 한국 언론만 탓할 수 없다. 대표적으로 2013년 731이라는 숫자가 적힌 항공자위대 전투기에 아베 총리가 탑승한 것은 한국 사회의 731부대에 대한 민족주의적 반응에 기름을 부은 정치적 망동이었다.

3) 블로그 등 인터넷 매체는 대중에게 731부대에 관한 객관적 사실을 알리는 데 있어서도 중요한 역할을 할 수 있다. 아직 한국에 그런 역할을 하는 사이트가 없지만, 일본의 'おしえて！ゲンさん!~分かると楽しい, 分かると恐い~'(http://www.oshietegensan.com/war-history_h/)이라는 사이트는 전문가도 인정할 만큼 731부대에 대한 객관적 정보를 전달하고 있다.

4) 이 논문에서 언급하고 있는 주요 사진과 자료들이 담겨 있는 黑龙江人民出版社의 『「七三一部隊」罪行鉄証—関東憲兵隊「特移扱」文書』와 中国吉林人民出版社의 『「七三一部隊」罪行鉄証—特移扱・防疫文書編集』는 각각 2001년 12월, 2003년 9월에 출판되었다. 또한 지금까지 발굴된 731부대와 관련된 거의 모든 1차 사료가 담긴 『731부대 세균전자료집성』(곤도 쇼지 제작, CD-ROM판)도 2003년에 출판되었다. 심지어 최근에는 일본 국립국회도서관 디지털 커렉션을 통해 사진 1, 2가 담긴 『明治四十三四年南満州「ペスト」流行誌附録写真帖』과 일본 국립 공문서관 아시아 역사 자료센터를 통해 사진 3, 4가 담긴 『済南事件邦人惨殺写真』 원본을 온라인으로도 볼 수 있다.

5) 이 '731부대 세균전 국가배상 청구 소송'의 결과 'NPO법인 731부대・세균전자료센터'가 2011년에 만들어졌다. 이 단체는 일본 정부가 731부대가 저지른 가해 사실을 인정하게 하는 것을 최대 목표로 삼아 세균전 사실을 일반 시민들에게 알리는 활동에 주력해왔으며 정기적으로 학습회를 열고 회보를 간행하는 등 10년 가까이 적극적인 활동을 이어오고 있다. '731부대 세균전 국가배상 청구 소송'에서 소송대리인으로 활동한 이치노세 게이치로(一瀬敬一郎) 변호사가 이사 겸 사무국장을 맡고 있으며 저널리스트이자 731부대 관련 1차 사료를 집대성한 바 있는 곤도 쇼지(近藤昭二.

이러한 자료와 정보들을 검토하고 알리는 데 소홀했던 한국 학계의 책임도 없지 않을 것이다.[6] 물론 731부대와 관련된 연구가 없는 것은 아니다. 대표적으로 서이종의 논문 두 편을 들 수 있다.[7] 그는 2011년 일본에서 발견된 731부대원이었던 가네코 준이치(金子順一)의 논문[8] 분석을 토대로 중국 농안(農安) 및 신징(新京) 지역 페스트 유행이 731부대의 세균전 실험 결과였음을 논증하였고, 중국에서 발견된 특별이송 자료를 바탕으로 731부대의 '마루타' 수급 상황을 검토하였다. 그의 작업은 한국 사회에 731부대에 대한 진지한 논의를 제시한 것만으로도 적지 않은 의미를 갖는다. 하지만 일본과 중국에서 진행된 논의를 크게

공동대표), 가네코 준이치 논문을 발견한 나스 시게오(奈須重雄. 이사) 등 731부대 관련 최고의 전문가들이 속해 있는 단체다. 웹사이트(http://www.anti731saikinsen. net/)를 통해 731부대와 관련된 다양한 정보들을 제공하고 있으며, 방문, 전화, 메일 등을 통해 731부대에 관한 내용을 문의할 수 있다.

6) 최근 필자가 『누구나 알지만 아무도 모르는 731부대 의학자 의사들의 양심을 건 일본군 세균전부대 규명』(2020)을 번역한 이유도 바로 이러한 반성에서 비롯한 것이다.

7) 서이종은 「일본제국군의 세균전 과정에서 731부대의 농안·신징 지역 대규모 현장 세균실험의 역사적 의의」, 『사회와 역사』 103, 2014와 「만주의 '벌거벗은 생명'과 731부대 特設監獄의 생체실험 희생자─1938~1945년 관동군의 特殊移送자료를 중심으로─」, 『만주연구』 18, 2014 등의 논문을 썼다. 서이종 이전에 쓰네이시 게이치가 1996년 일본문화학보 제3집에 「今日における日本の戰爭責任-731部隊を中心に」라는 논문을 게재하며 거의 최초로 학술적인 작업을 한국학계에 제시한 바 있다. 하지만 이조차 일본어로 된 논문이었고, 한국에서 731부대 관련 자료에 접근하는 것이 어려운 탓인지 2014년 서이종의 작업이 있기까지 한국 학계에서 이렇다할만한 연구성과는 없었다.

8) 가네코 준이치(金子順一) 논문은 2011년 10월, 나스 시게오(奈須重雄)가 일본 국립 국회도서관 간사이관에서 발견한 것으로 전직 731부대원이었던 가네코 준이치 군의가 1949년 도쿄대학에 의학박사 학위를 위해 제출한 논문집을 말한다. 1940년부터 1944년에 걸쳐 『육군군의학교방역연구보고(陸軍軍醫學校防疫硏究報告)』에 발표된 8개 논문을 하나로 묶은 논문집이며 8개 논문 모두 표지에 이시이 시로 부대장의 이름이 병기돼 있다. 8개 논문 가운데 1943년 12월에 발표된 「PX의 효과 략산법(PX ノ効果略算法)」은 태평양 및 동남아시아에서의 페스트균 살포를 염두에 두고 지역과 기후별로 효과를 시산한 연구이며 시산 근거로서 중국 눙안 지역에 살포한 페스트 감염 벼룩 데이터를 사용했다.

벗어나지는 못했다.9) 10)

다시 말해, 한국 사회에서는 731부대와 관련한 지식의 기본 토대라고 할 수 있는 자료에 대한 검토나 해외 선행연구들에 대한 개괄적 고찰조차 진행된 적이 없다. 이처럼 학계에서도 적절한 역량을 갖추지 못하다 보니, 언론에서 731부대에 대한 잘못된 사진을 내걸고 민족주의적으로 과장된 내용을 보도한 역사가 거의 40년에 이른다.11)

이러한 문제의식하에 본 연구는 2장에서 잘못된 731부대 관련 보도에 대해 사진오용 사례를 중심으로 검토할 것이다. 이어 3장에서는 한국에서 살펴볼 만한 731부대 관련 사료와 주제를 검토하여 대안적 접근 방향을 제시해보고자 한다.

---

9) 731부대원이었던 가네코 준이치 논문이 갖는 의미에 대해선 이미 일본에서 발견자인 나스 시게오가 「新発見の金子順一論文を読み解く」, 『NPO法人731資料センター会報』 2, 2011을 통해 그리고 731부대 연구의 권위자인 마쓰무라 다카오가 「旧日本軍による細菌戦兵器攻撃の事実—新発見史料「金子順一論文」は731部隊による細菌戦の何を明らかにしたのか—」, 『月刊保団連』, 2012를 통해 그리고 니시야마 가쓰오가 「金子順一, 池田苗夫の医学博士の学位授与過程」, 『15年戦争と日本の医学医療研究会誌』 13-2, 2013을 통해 상세히 밝힌 바 있다. 특이급에 처해진 조선인에 관련해서도 장즈창(張志強)과 쟈오위지에(趙玉潔), 신페이린(辛培林) 등이 언급한 바 있다. 자세한 내용은 中国黑龙江省档案馆, 『「七三一部隊」罪行鉄証—関東憲兵隊「特移扱」文書』, 黑龙江人民出版社, 2001과 中国吉林省档案馆, 『「七三一部隊」罪行鉄証—特移扱・防疫文書編集』, 中国吉林人民出版社, 2003에 실린 논문 자료 참고.

10) 본 논문의 주제와 결은 다르나 신규환의 「특집: "동아시아 역사의 기억전시교육": 세균전의 기억과 중국 애국주의 교육기지 건설의 새 방향-침화일군(侵華日軍) 제(第)731부대(部隊) 죄증진열관(罪證陳列館)을 중심으로-」(『사림』 47, 2014)와 같은 시사성 있는 연구도 있다.

11) 일단 사진 오용 사례만 따져보면 1982년 8월 4일자 동아일보에서 '속 악마의 포식'이란 기사에 사진 1의 사진이 사용되고 있다. 가장 최근의 사례는 2019년 8월 11일 KBS에서 방영된 「231회 군국주의의 광기 731부대와 마루타 〈역사저널 그날〉이다. 이 방송에서는 2장에서 언급한 거의 모든 사례들이 등장한다.

II. 한국의 731부대 관련 주요 사진오용 사례 검토

역사 문제를 다루는 데 있어 신문, TV방송 등 언론매체의 역할은 적지 않다. 특히 731부대처럼 민감한 역사 문제에서는 쇄빙선과 같은 역할을 하기도 한다.

일본의 경우를 보더라도, 731부대를 세상에 알린 결정적 계기는 1981년 모리무라 세이치(森村誠一)의 「악마의 포식(悪魔の飽食)」연재였다.[12] 그리고 같은 해 마이니치신문은 전직 731부대원이었던 이케다 나에오(池田苗夫)를 인터뷰해 실제 인체실험이 행해졌음을 확인시켜주는 결정적 증언을 기록으로 남겼다.[13] 또한 TBS 디렉터 요시나가 하루코(吉永春子)는 일본 전역을 돌아다니며 20여 명의 전직 부대원을 직접 인터뷰한 다큐멘터리(1976년과 1982년 방영)를 통해 731부대의 실체를 보다 선명하게 보여주었다. 한편 NHK는 1992년 4월 방영한 다큐멘터리『731세균전부대(七三一細菌戦部隊)』를 제작하는 과정에서 구 소련 KGB가 소장하고 있던 하바롭스크재판[14] 음성기록을 발견해 731부대 연구에 큰 도움을

---

12) 모리무라 세이치는 단행본으로 출간하기 전 일본공산당 기관지인『아카하타(赤旗)』에 「악마의 포식」을 연재했다.

13) 예를 들어, 이케다 나에오가 쓴 보고서에 원숭이로 나와있는 실험 대상이 체온 등으로 볼 때 사람일 가능성이 높다는 학자들의 추정이 이 인터뷰를 통해 사실로 밝혀졌다. 문서를 작성한 당사자가 이를 시인한 것이기에 다른 731부대원의 증언보다 그 가치가 크다. 이케다 나에오에 대해서는 15년전쟁과 일본의 의학의료연구회 편집,『누구나 알지만 아무도 모르는 731부대 의학자 의사들의 양심을 건 일본군 세균전부대 규명』, 건강미디어출판사, 2020. 제3부「이케다 나에오 학위논문」, 「731부대원이었던 이케다 나에오의 전후 행적」을 참고할 것.

14) 도쿄재판에서 소추에 실패한 소련측은 일본군이 저지른 세균전의 사실을 전 세계에 널리 알리기 위해 연해주군관구 군사재판소를 설치해 독자적으로 심판하기로 했다. 범죄 행위가 광범위하게 조직적으로 이루어졌다는 사실을 증명하기 위해 소련은 관동군총사령관이었던 야마다 오토조(山田乙三)와 가지쓰카 류지(梶塚隆二) 군의부장, 다카하시 다카아쓰 수의부장, 731부대 본부장이었던 가와시마 기요시,

주기도 했다.

이처럼 언론은 역사, 특히 현대사 연구에 많은 기여를 할 수 있다. 731부대 연구의 권위자인 마쓰무라 다카오(松村高夫)[15]도 이에나가 교과서 재판[16] 제3차 소송 항소심 의견서에서 731부대 연구에 대한 언론

가라사와 도미오 과장, 지부장이었던 니시 도시히데(西俊英)와 오가미 마사오(尾上正男), 일병이었던 기쿠치 노리미쓰(菊池則光)와 구루시마 유지(久留島祐司), 그리고 관련 부대인 1644부대 책임자였던 사토 슌지(佐藤俊二)와 100부대 부대원이었던 히라자쿠라 젠사쿠(平桜全作)와 미토모 가즈오(三友一男)를 포함한 당시 밝혀낸 100명 넘는 관계자 중에서 각 영역의 대표자 12명을 선정하여 소추했다. 지금은 진실이 밝혀졌지만 재판은 1949년 12월 25일부터 6일간 하바롭스크시 셰우첸코 거리에 있는 장교회관에서 진행되었다. 소비에트군이 압수한 증거와 수사 단계에서 얻은 서증이 제출되어 관계 증인 12명이 법정에서 증언했다. 하바롭스크 재판 자체의 공판 기록은 이듬해인 1950년에 바로 앞급한 "공판서류"로서 모스크바에서 출판되었으며 동시에 6개국어(일본어・영어・중국어・한국어・독일어・프랑스어)로 번역되어 각국에서 대량으로 배포되었다. 『하바롭스크 공판서류』에는 부대 편성과 안다 야외실험장에서 세균폭탄을 투하한 생체실험, 부대 본부에서 행해졌던 세균감염실험과 동상실험, 세균 대량생산, 중국 중부 지역인 닝보와 창더에서 실시된 세균 살포, 특이급 규정, 헌병대 및 특무기관에서의 수송 상황, 부대 부근 군사 지역 설정, 100부대에서 행해진 인체실험, 세균에 감염된 말을 이용한 유행병 공작 등에 관한 내용이 담겨 있다.

15) 마쓰무라 다카오는 영국 사회사・노동사, 일본 식민지 노동사를 전공한 학자로 게이오기주쿠대학 경제학부 명예교수이다. 그는 1985년 이후 지속적으로 731부대와 세균전에 관한 연구를 수행하며 『〈논쟁〉 731부대』, 晩声社, 1994, 『전쟁과 역병-731부대가 초래한 것』, 本の友社, 1997, 『재판과 역사학-731부대 세균전부대를 법정에서 보다』, 現代書館, 2007 등의 저서를 집필했다. 변호사, 언론인 등과 함께 문서들과 731부대의 가해자, 피해자의 증언들을 모아 일본의 재판정에서 증언하여 731부대의 인체실험과 세균전은 역사적 사실로 인정받는데 기여하였다. 2001년에는 세균전 재판 법정에서 미국, 일본, 중국, 소련에서 구한 사료를 총망라해 작성한 「일・미・중・소의 자료에 의한 '731부대'와 세균전의 해명」이라는 제목의 감정서를 통해 일본군에 의해 세균무기가 제조되고, 그것이 실제로 사용되어 중국에서 전염병을 발생시켰음을 사료에 근거해 제시했다.

16) '이에나가 교과서 재판(家永教科書裁判)'은 1965년 6월 역사학자 이에나가 사부로 (家永三郎)가 문부성이 자신이 집필한 고교 교과서『신일본사』에 대해 일본의 전쟁 범죄에 대한 기술을 문제삼아 부적격 판정을 내리자 교과서 검정 제도가 교육기본법 제10조와 헌법 제21조에 위배된다며 위헌 소송을 제기한 사건이었다. 1965년의 1차 소송에 이어 1967년에는 문부성에 맞서 행정 소송을 제기한 2차 소송이 이루어졌다. 3차 소송은 1981년도 이에나가의 교과서에 대한 문부성 검정에 반대하여 1984년도 제기됐다. 1981년 검정은 주로 731부대와 난징 대학살과 일본의 전쟁 중

가들의 기여를 높이 사며 "다양한 분야의 전문가들이 서로 협력한다면 전문 연구자만으로는 실현하지 못했던 광범위한 대상자 선정과 사료 발견 등을 기대할 수 있다"고 역설한 바 있다.

하지만 안타깝게도 한국 언론의 731부대 보도행태를 보면 이와 같은 긍정적인 면을 찾기 어렵다. 특히 민족주의적인 감수성을 자극하는 데 급급한 나머지 잘못된 사진을 사용하는 경우가 비일비재하다. 그중 대표적인 사례들을 골라 검토해보고자 한다.

1. 『메이지 사십삼년 만주 '페스트' 유행지 부록 사진첩 (『明治四十三四年南滿州「ペスト」流行誌附録写真帖』) 오용 사례

〈사진 1, 2〉는 731부대에서 행해진 잔혹한 생체실험을 보여주는 대표적인 증거라며 오랫동안 사용되어왔다. 이 사진들이 한국 언론에서 처음 사용된 것은 1982년 8월 4일자 동아일보의 「속(續) 악마의 포식」이란 기사로 추정된다. 이 기사는 〈사진 1〉을 게재하며 '실험대위에 올려져 해부되고 있는 母子마루타'라는 설명까지 달았다. 최근에도 2019년 8월 1일자 YTN 〈"그들은 악마였다"...일본 '731부대'의 끔찍한 만행〉과 2019년

성범죄 등 조선과 중국에 대한 일본의 침략 전쟁과 일본군의 잔학 행위에 관한 내용을 삭제하거나 수정하라는 것이었다. 최종판결은 1997년 8월 29일 "731부대 기술을 시기상조라며 삭제를 요구하는 것은 재량권의 범위를 벗어난 위법"이라고 판시했다. 그러나 재판부는 일본의 교과서 검정제도 자체에 대해서는 합헌이라는 판단을 유지했으며 한반도 반일항쟁 등에 대한 검정의견은 적법하다고 봤다. 3차 이에나가 교과서 소송은 일본의 근현대 역사에서 특히 조선 반도, 중국 대륙에 대한 군사적 침략의 역사를 어떻게 인식하고 어떻게 가르쳐야 할지에 대해 역사학자들과 역사교육자, 일본정부 간의 인식차에 기인한 것으로 일본에서 역사 교육 논쟁의 장이 됐으며, 한국과 중국은 물론 세계 각국에서도 주목을 받았다. 자세한 내용은 松村高夫・矢野久, 『裁判と歴史学: 七三一細菌戦部隊を法廷からみる』, 現代書館, 2007.3, 300~319쪽 참조.

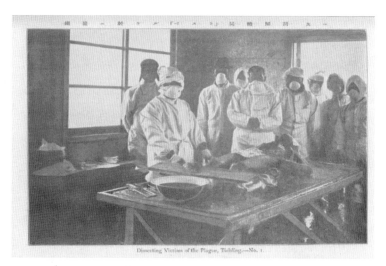

<사진 1> 『메이지 사십삼년 만주 '페스트' 유행지 부록 사진첩』 118쪽에 나온 '테링에서 실시한 '페스트' 시체 해부1(鐵嶺ニ於ケル「ペスト」屍體解剖其一)'

<사진 2> 『메이지 사십삼년 만주 '페스트' 유행지 부록 사진첩』 119쪽에 나온 '테링에서 실시한 '페스트' 시체 해부2(鐵嶺ニ於ケル「ペスト」屍體解剖其二)'

8월 11일 방영된 KBS의 〈231회 역사저널 그날, '군국주의의 광기-731부대와 마루타'〉에서 사용되었다.

이 사진들의 출처는 관동도독부(関東都督府)[17] 임시방역부가 1913년에 간행한 『메이지 사십삼년 만주 '페스트' 유행지 부록 사진첩』(이하 사진첩)이다. 사진의 역사적 배경은 1910-1911년 만주의 대규모 페스트 유행 상황이다. 관동도독부 임시방역부가 당시 상황을 기록한 『메이지 사십삼년 만주 '페스트' 유행지(明治四十三四年「ペスト」流行誌)』에 따르면 약 6만 방리(方里)에서 4만여 명의 희생자가 나온 사상 초유의 사태였다. 상대적으로 피해가 적었지만 일본의 관동도독부가 관할하던 지역에서도 200여 명의 환자가 발생했다. 이에 일본 정부는 세계적인 세균학자 기타사토 시바사부로(北里柴三郎)를 중심으로 방역단을 조직해 현지에 파견했다. 즉 〈사진 1, 2〉가 담긴 사진첩은 『메이지 사십삼년 만주 '페스트' 유행지』와 함께 당시 방역단의 활동을 기록한 자료다. 이 사진첩에는 임시방역부가 뤼순, 다롄, 펑톈 등지에서 실시한 방역 작업 상황과 환자 수용시설, 시신 해부 등에 관한 사진이 120여 점 실려 있다.

정리하면, 〈사진 1, 2〉는 731부대의 생체실험 장면이 아니라, 1910-1911년 만주지역에서 유행한 페스트로 사망한 사람들을 역학조사 차원에서 부검하는 장면이다. 참고로 이시이 시로(石井四郎)가 731부대의 전신이라고 할 수 있는 도고부대(東郷部隊)를 만든 것이 1932년이다.[18] 731부대의 역사를 아무리 길게 잡아도 위 사진을 찍은 시점과 약 20년 이상의 차이가 난다.

---

17) 관동도독부(關東都督府)는 1905년에 체결된 포츠머스 조약을 통해 조차 지역으로서 정해진 뤼순, 다롄 등을 포함한 관동주(關東州) 지역과 남만주철도주식회사 업무 감독 등의 업무를 담당했던 기관이다.

18) 15년전쟁과 일본의 의학의료연구회 편집, 앞의 책, 169쪽 참조.

2. 『지난사건방인참살사진(濟南事件邦人慘殺寫眞)』 오용 사례

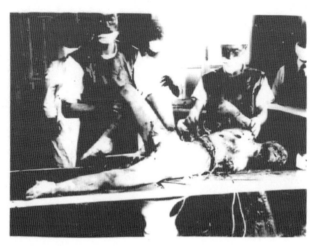

<사진 3> 일본 방위성 방위연구소 소장 『지난사건방인참살사진』, No. 0019

<사진 4> 일본 방위성 방위연구소 소장 『지난사건방인참살사진』, No. 0023

〈사진 3, 4〉는 731부대에서 행해진 생체실험 장면이라며 가장 흔하게
사용되어왔다. 심지어 2016년 1월 15일 방영된 JTBC 〈이규연의 스포트라
이트 '731부대, 남한 첫 마루타 피해자를 찾다'〉에서는 이 사진에 대해
이시이 시로가 직접 생체실험을 하는 모습이라고 설명했다. 그러나 이
사진은 일본 방위성 방위연구소가 소장하고 있는 자료로 1928년 5월에
일어난 '지난사건(濟南事件)' 당시 촬영된 것이다.

　지난사건은 1928년 초 장제스(蔣介石)가 국민당내에서 정치적 지도권
을 확보한 후 북벌을 위해 국민혁명군의 산둥(山東) 진격을 명령함에 따
라 지난 주재 일본 총영사가 일본군의 파병을 요구하고 이에 일본 각의
가 4월 19일 중국 거주 일본인들의 보호를 명분으로 파병을 결정하면서
시작된다. 4월 말 칭다오(青島)와 지난 등지에 일본군 약 5,000여 명이
배치되었고 5월 1일 장제스의 북벌군이 지난에 입성함에 따라 긴장이
고조되었다. 결국 5월 3일 지난 상부지(商埠地, 개항장)에서 일본군과 장
제스 혁명군 사이에 사격전이 벌어지며 2-3일간 무력충돌이 발생했다.[19]
이 지난사건의 피해는 일본 측의 경우 전사자 60명, 부상자 백수십 명이
었고 중국 측의 경우 사망자가 3,945명, 부상자가 1,536명에 달했다고 한
다.[20] 이때 일본 측은 사망자를 지난의원에 이송한 후 경찰, 군, 중국 측
관계자의 입회하에 부검을 실시했는데,[21] 〈사진 3, 4〉는 바로 이 부검장
면을 찍은 것이다.

---

19) 당시 이 무력 충돌의 발발 원인에 대해 장제스의 혁명군 측에서는 일본군이 길을
　　막고 혁명군의 통과를 저지하여 충돌이 발생하였다고 하고, 일본군 측에서는 일본
　　인의 상점이 혁명군에 의해 약탈당하자 일본군이 출동하는 과정에서 충돌이 발생
　　했다고 주장했다. 지난사건에 대해서는 배경한, 「北伐時期 蔣介石과 反帝問題: 濟
　　南事件(1928.5)의 解決交涉 過程과 反日運動에의 對應을 중심으로」, 『역사와경계』
　　25-26, 1994 참고.
20) 위의 글, 271쪽.
21) 「嬲り殺して火焙り 言語に絕した慘狀 一晝夜後に漸く發見」, 『青島新報』, 1928.5.7.

흥미롭게도 지난사건 발생 당시 사진 보도를 둘러싸고 일제의 정치적인 개입이 있었다.[22] 지난사건 발생 후 산둥지역과 일본에서 여러 사진과 함께 사건이 크게 보도되었는데, 신문에 일본군이 중국 병사를 말뚝에 묶어놓은 사진이 게재되자 내무성이 규제에 나선 것이다. 중국 병사 사진을 게재한 언론사에 대해서는 엄격한 경고를 내렸고 일본인 참살 사진에 대해서는 오히려 게재하는 것이 적절하다고 판단해 게재를 허가했다.[23]

이와 같은 당시의 상황까지 고려해보면, 〈사진 3, 4〉는 731부대와 관련이 있기는커녕 일제가 지난사건에서 자신들이 입은 피해를 강조하기 위해 촬영했을 가능성이 크다. 실제 사진을 자세히 보면 부검 의사가 카메라를 통해 시체에 남아있는 손상 정도를 확인시켜주려는 포즈를 취하고 있다.[24] 물론 지난사건의 배경에는 일제의 중국 대륙에 대한 야욕이 깔려 있고, 피해 규모도 중국 측이 훨씬 컸다. 그러나 일본인 의사가 일본인 사망자를 부검하고 있는 이 사진을 놓고 일제의 잔혹함을 논할 순 없다.[25]

---

22) 지난사건 사진 보도에 대해서는 玉井研究会, 「済南事件と日本のマスメディア」, 『政治学研究』 54, 2016, 243~293쪽 참고.

23) 枢密院, 「一, 済南事件報告」, 『枢密院会議筆記』, 1928.5.16.

24) 언론에서 흔히 보도되는 것처럼 만약 사진4가 생체실험을 하는 장면이라면 사람을 굳이 옆으로 뉘어놓고 배를 가를 이유가 없다.

25) 지난의원은 일본군을 보조했던 의사단체인 동인회(同仁會)에서 설치한 것으로, 당시 마키노 원장(牧野院長)의 집도로 일본인 시체 13구를 부검하였다고 한다. 즉 사진 3, 4에서 부검을 집도하고 있는 의사는 마키노 원장으로 추정된다. 참고로 사진첩 제목에서도 자기 나라 사람을 뜻하는 '방인(邦人)'이라고 표시해 부검하는 시체가 일본인임을 분명히 하고 있다. 자세한 내용은 同仁会編, 『同仁会三十年史』, 1932, 162쪽 참고.

3. 『731부대 죄행철증-특이급 · 방역문서편집(「七三一部隊」罪行鉄証―特移扱 · 防疫文書編集)』 사진 오용 사례

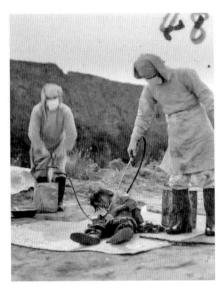

<사진 5> 『731부대 죄행철증-특이급·방역문서편집』
444쪽에 수록된 '호외소독(戸外消毒)' 사진

〈사진 5〉 역시 731부대의 잔학상을 보도하며 널리 이용되는 사진 중 하나다. 흔히 731부대원이 아이를 대상으로 생체실험을 하는 장면으로 묘사되곤 한다.26) 〈사진 5〉는 앞서 논한 사진들과 달리 실제 731부대의 활동사진으로 추정되고 있다. 이 사진은 중국 지린성(吉林省)이 당안관

---

26) 2014년 1월 11일자 YTN 기사에는 「日 731부대 생체실험 사진 공개…고통스러워하는 아이」라는 제목과 함께 이 사진이 게재되었다. 2018년 5월 9일에 나온 인사이트 기사에서도 「일본 '마루타 부대'에 납치돼 생체실험 당하며 몸부림치는 소년」이라며 사진이 소개되었다. 심지어 2019년 8월 11일 KBS에서 방영된 〈231회 역사저널 그날, '군국주의의 광기-731부대와 마루타'〉에서는 "거리에서 구걸하던 13-14살 중국 남자아이를 속여 산 채로 해부"라는 자막과 함께 이 사진을 소개했다.

(档案馆)에 보관하던 731부대 관련 자료를 모아 2003년 펴낸 『731부대 죄행철증-특이급·방역문서편집』에 실려 있다.

정확한 출처를 알기 위해선 이 책의 제작 배경을 알 필요가 있다. 731부대는 패전직전 관동군 사령부의 명령으로 땅을 파 보관하고 있던 자료를 넣고 석유로 태웠는데, 시간이 충분치 않았는지 일부가 소각되지 않고 남았다고 한다. 건설 공사 중 우연히 발견된 이 자료들은 보존 처리를 거친 다음 헤이룽장(黑龙江)과 지린성 당안관에 옮겨졌다. 당안관은 마쓰무라 다카오 등 731부대 권위자들을 초청해 자료를 검증하고 두 권의 책을 출간했다. 이 중 하나가 바로 지린성에서 펴낸 『731부대 죄행철증-특이급·방역문서편집』이다.

이 책에는 크게 두 종류의 자료가 실려 있는데 하나는 '특이급', 즉 헌병과 경찰 등이 체포한 사람을 731부대에서 '마루타'로 이용할 수 있도록 연행한 특수 수송 제도에 관한 것이며, 다른 하나는 1940년에 발생한 신징·눙안 페스트에 관한 것이다. 〈사진 5〉는 바로 이 신징·눙안 페스트 유행 당시의 방역작업 사진이다.

이 사진의 배경을 정확히 알기 위해선 신징·눙안 페스트 유행에 대해 알 필요가 있다. 1940년 6월 중순, 당시 만주국의 수도였던 신징에서 60km 떨어진 눙안 지역에 페스트가 발생했다. 9월 말에는 신징에서도 대유행이 일어났다. 이에 관동군 사령부는 731부대를 신징에 파견하기로 하고 눙안 지역에도 페스트 박멸대를 배치했다.[27] 여기까지만 보면 〈사진 5〉는 731부대가 아이에게 고통을 주는 사진이 아니라 사진의 뒷면에 적혀있던 대로 '호외소독', 말 그대로 감염된 것으로 추정되는 아이에게 소독액을 뿌리는 사진일 뿐이다.

---

27) 中国吉林省档案馆, 『「七三一部隊」罪行鉄証―特移扱·防疫文書編集』, 中国吉林人民出版社, 2003.9, 455쪽.

최근까지도 신징·눙안 지역의 페스트 유행이 자연발생에 의한 것으로 여겨졌기에 과거에는 분명 그렇게 해석하는 것이 적절했다. 하지만 연구자 나스 시게오(奈須重雄)가 2011년 8월, 일본 국립국회도서관 간사이관에서 731부대원이었던 가네코 준이치의 박사학위 논문을 발견하면서 눙안·신징의 페스트 유행이 731부대가 실시한 세균 살포에 의한 것이었음이 밝혀졌다. 결정적으로 가네코 준이치가 쓴「PX의 효과략산법」이라는 논문을 통해 731부대가 1940년 6월 4일부터 1942년 6월 19일까지 비행기로 페스트 감염 벼룩(PX)을 살포한 사실이 드러났다.[28]

이러한 연구결과를 토대로 〈사진 5〉를 다시 해석해보면 731부대가 페스트를 일으켜 놓고 그것을 숨긴 채 방역작업을 벌인 것이다. '호외소독'이라는 미명하에 실시된 이 방역작업은 자신들이 살포한 페스트균이 어떻게 전파되고 어떤 영향을 미치는지 파악하기 위한 역학조사의 일환이라고도 볼 수 있다. 즉, 크게 보아 이 사진은 731부대의 만행을 보여주는 증거라고 할 수 있을 것이다.

하지만 그렇다고 해서 이 사진을 놓고 아이를 대상으로 731부대가 생체실험을 하는 장면이라고 설명해선 안 된다. 2002년 중국 지린성 당안관의 요청으로 이 사진을 직접 검토했던 마쓰무라 다카오 역시 "해당 자

---

28) 1943년 12월 14일에 접수된「PX의 효과략산법」이라는 논문에서 가네코 준이치는 731부대 등이 1940년 6월 4일부터 1942년 6월 19일까지 비행기로 저공비행하며 페스트 감염 벼룩(PX)을 살포하여 실시한 세균전에 대한 기록을 남겼다. 이후 731부대 페스트반 책임자였던 다카하시 마사히코(高橋正彦)의 논문「昭和15年農安及新京に発生せるペスト流行について」 등을 통해 당시 유행 상황이 보다 자세히 파악됐다. 자세한 내용에 대해서는 劤昭三,「ペスト菌(PX)撒布細菌戦の「戦果」の実相 附一ダグウェイ文書Qリポートとも関連して一陸軍軍医学校防疫研究報告書Ⅱ部」掲載の高橋正彦論文から」,『15年戦争と日本の医学医療研究会会誌』 13-2, 2013.5, 26~32쪽 참조. 신징에서 눙안으로 페스트 유행이 확산된 경위에 대해서도 731부대원이었던 히라사와 마사야스(平沢正欣)가 1945년, 교토대학에 제출한 박사논문을 통해 상세히 밝혀졌다. 平澤正欣,「イヌノミCtenocephalus canis Curtisのペスト媒介能力に就ての実験的研究」, 京都帝国大学博士学位申請論文, 1945.9.26 참조.

료집에는 생체해부로 착각하기 쉬운 것이 다수 포함돼 있기 때문에 이용할 때는 출처와 사진의 배경을 반드시 설명해야 한다"고 강조한 바 있다.[29]

4. 『극비주몽군동기위생연구성적(極秘駐蒙冬季衞生硏究成績)』 사진 오용 사례

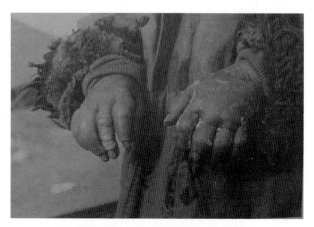

<사진 6> 『극비주몽군동기위생연구성적』
168쪽에 실린 '동상발생(24시간 후)' 사진

731부대의 잔혹한 생체실험 중 하나로 빼놓지 않고 거론되는 것이 바로 동상실험이다. 실제 731부대 내에 동상실험실이 존재했고, 기록상으로도 요시무라 히사토를 중심으로 동상실험이 진행된 것을 확인할 수 있다.[30]

---

29) 마쓰무라 다카오는 2002년 8월 5일, 중국 지린성 당안관의 초청을 받아 직접 『731부대 죄행철증·특이급·방역문서편집』에 실을 자료 및 사진의 검증을 맡았다고 한다. 2020년 3월 20일 필자가 마쓰무라 다카오에게 사진 5의 출처에 대해 질문을 했고 이에 대해 2020년 3월 27일 이메일을 통해 답변을 주었다.

하지만 731부대의 동상실험 사진은 아직 발견된 것이 없다.[31] 731부대의 동상실험 사진으로 널리 사용되고 있는[32] 〈사진 6〉은 주몽군(駐蒙軍)[33] 소속 군의부가 1941년 초 몽골 시린궈러맹(錫林郭勒盟) 시쑤니터(西苏尼特) 서쪽 분지에서 실시한 훈련 기록인『극비주몽군동기위생연구성적(極秘 駐蒙冬季衛生研究成績)』에 실려 있는 것이다.

이 주몽군의 '동기 위생연구'는 혹한기에 몽골 내륙 초원에서 작전을 전개할 경우 필요하게 될 위생 업무 사항을 점검하는 것이 목적이었다. 소련과의 전쟁을 시야에 둔 훈련이라는 성격도 있다.[34] 이『극비주몽군동기위생연구성적』에는 1941년 1월 31일부터 2월 11일까지 대동육군병원(大同陸軍病院) 소속 다니무라(谷村) 군의소좌를 반장으로 한 50여 명이 "생체 8(명)을 연행해" 왕복 700km를 이동하며 동상, 수술, 지혈, 수혈 등을 한 사실이 고스란히 담겨 있다.

구체적으로 보고서에 나온 생체실험을 살펴보면 "좌측 복부 관통 총상"을 일으켜 그 지혈법과 수술법을 연구하였고, 만취상태에서의 동상

---

30) 15년전쟁과 일본의 의학의료연구회 편집, 앞의 책, 72~78쪽 참고.

31) 검토해볼 만한 사진이 한 장 있긴 하다. 731부대 동상반 책임자였던 요시무라 히사토(吉村寿人)는 세상을 떠나기 전 77세 때 자신의 연구 궤적을 되돌아보며『희수회고』(喜寿回顧)라는 자서전을 남겼는데, 이 책의 318쪽에서 일본생리학회 영문지에 실린 자신의 논문을 설명하며 피실험자인 몽고 소년의 사진을 싣었다. 요시무라는 이 사진을 통해 치명적인 온도에서 실험한 것이 아니라며 자신에 대한 세간의 비판에 대해 항변했다.

32) 대표적으로 2014년 1월 21일 YTN의 "[단독] 日 의학계, 731부대 출신 포진..."반성 없어""에서는 731부대 동상연구반 반장이었던 요시무라 히사토의 동상실험 증거인 것처럼 〈사진 6〉을 사용하고 있다. 한편 2019년 8월 11일 방영된 KBS의 〈역사저널 그날〉에서는 〈사진 6〉을 사용하진 않았으나 이 주몽군동기위생연구 참가자 사진을 731부대 동상연구반이라고 잘못 소개하고 있다.

33) 주몽군(駐蒙軍)은 제26사단을 중심으로 편성되었으며 북지방면군의 일역으로서 몽강(蒙疆. 중국의 옛 치하주, 수이유엔과 산서북부의 명칭)지역을 제압하기 위해 만들어진 군대다. 자세한 내용에 대해서는 莇昭三,「15年戰爭中の日本軍の軍人での生体解剖・生体実験」,『15年戰争と日本の医療医学研究会』6-1, 2006.5 참조.

34) 冬季衛生研究班編集,『極秘駐蒙冬季衛生研究成績』, 1941.3.

발생 상황을 관찰하였다. 또한 혈액형 이형 수혈, 시체 수혈 등도 시행했다. 그리고 실험에 사용된 포로 8명은 모두 살해, 소각되었다.

정리하면, 〈사진 6〉은 731부대에서 시행한 동상실험이 아니다. 하지만 오히려 그것이 뜻하는 바를 주목할 필요가 있다. 적어도 1940년대에 들어서면 731부대가 아닌 부대에서도 이러한 생체실험이 자행됐다는 것을 보여주기 때문이다. 즉 이것은 731부대보다 더 분명하게 일본 제국주의가 전쟁의 소용돌이 속에서 얼마나 야만적으로 변해갔는지를 보여주는 증거라고 할 수 있다. 더불어 〈사진 6〉을 억지로 731부대와 연결시키는 것은 마치 731부대에서만 특별히 생체실험이 이루어진 것처럼 여기는 '예외주의'를 낳을 수 있다.

III. 731부대 관련 조선 관계 자료와 연구 주제 검토

과거 일본의 식민지였던 한국에서 731부대와 조선과의 연관성에 관심을 갖는 것은 자연스러운 일이다. 유용한 1차 자료 등을 고려할 때 연구자 입장에서도 마찬가지다. 다만, 2장에서 다룬 사례처럼 민족주의적으로 '소비'하는 방식이 되어선 안 된다. 3장에서는 이러한 문제의식을 이어가며 조선과 관련된 731부대 자료로는 어떤 것들이 있는지 더불어 한국에서 시도해볼 만한 연구 주제로는 어떤 것들이 있는지 살펴보고자 한다.

1. 조선인 '마루타'

조선과 관련된 731부대 문제 중에 사람들이 가장 관심을 갖는 것은 '마루타' 중에 과연 조선인이 있었는가 하는 점이다. 이 연구는 앞서 언급했듯이 패전 직전, 731부대가 관련 자료를 조직적으로 은폐하거나 폐기했기 때문에 규명하기가 쉽지 않다. 그나마 2001년에 중국 지린성 및 헤이룽장성 당안관에서 일본군 헌병대가 작성한 '특이급' 문서가 발견됨에 따라 731부대에서 '마루타'로 이용됐을 것으로 추정되는 조선인 일부의 이름과 본적 등이 밝혀졌다.[35]

본격적으로 조선인 '마루타'에 대해 살피기 전에 이 '특이급'에 대해 충분히 이해할 필요가 있다. '특이급'이란 당시 헌병대가 사용했던 용어로 체포한 중국인 등을 1938년 1월 26일에 발령된 '관헌경(関憲警) 제58호', 「특이급에 관한 건 통첩(特移扱ニ関スル件通牒)」에 따라 "재판을 거치지 않고 사건 송치를 하지 않고" 일본의 헌병 및 경찰 등이 731부대로 체포자를 이송하는 특수 수송을 뜻하는 말이다. 실제 1939년 당시 관동군헌병대 사령부 경무부장을 맡았던 사이토 미오(齋藤美夫)는 1954년 8월 20일자 자필 공술서에서 이 '특이급'에 대해 "이시이세균화학부대에 인계할 압송인도(押送引渡)업무"라고 기술했다.[36] 1942년 10월부터

---

35) '특이급'이란 당시 헌병대에서 사용했던 전문 용어로 1938년 1월 26일에 발표된 '특이급에 관한 건통장(件通牒)'에 따라 재판을 거치지 않고 사건 송치도 하지 않은 채 헌병과 경찰 등이 체포한 중국인 등을 731부대로 연행할 수 있도록 한 특수 수송 제도를 뜻한다. 당시 간도 헌병대 사령부 경무부장을 맡고 있었던 사이토 미오(斉藤美夫)도 '특이급'을 "이시이 세균 화학 부대에 이송해야 하는 압송인도업무(押送引渡業務)"라고 진술한 바 있다. 특이급에 대해서는 中国黒龙江省档案馆, 「関東軍「特移扱」文書の解説」, 『「七三一部隊」罪行鉄証—関東憲兵隊「特移扱」文書』, 黒龙江人民出版社, 2001, 301쪽 참고.
36) 中国黒龙江省档案馆, 「関東軍「特移扱」文書の解説」, 『「七三一部隊」罪行鉄証—関東憲兵隊「特移扱」文書』, 黒龙江人民出版社, 2001, 301쪽.

1943년 11월까지 둥안(東安) 헌병대장 임무를 맡았던 히라키 다케시(平木武)도 "헌병대가 체포한 항일지하공작원 또는 심각한 반만항일사상(反滿抗日思想)을 가지고 있는 자를 신문한 뒤 헌병대장이 관동군 헌병대 사령관 허가를 신청해 하얼빈에 있는 방역급수부(이시이세균부대)로 호송(護送)하여 세균실험을 위해 제공했던 제도를 뜻한다"고 진술한 바 있다.[37] 다시 말해 '마루타'로 이용된 조선인을 찾기 위해선 '특이급'으로 처리된 사람 중 본적이 조선인 사람을 찾으면 된다.

---

37) 中国黑龙江省档案馆, 「関東軍「特移扱」文書の解説」, 『「七三一部隊」罪行鉄証─関東憲兵隊「特移扱」文書』, 黑龙江人民出版社, 2001, 304~305쪽. 특이급 제도 자체에 관한 1차 사료로는 1943년 3월 12일 교부된 '관헌고 제120호(関憲高第一二〇号)' 「특이급에 관한 건 통첩(特移扱ニ関スル件通牒)」이 남아있다. 이 자료에는 '쇼와 13년(1938년) 1월 26일 관헌경 제58호'에 의거한다고 나와 있어 최초 규정이 1938년 1월 26일에 발령됐음을 알 수 있다. 이 '관헌고 제120호'는 하바롭스크재판에 증거 자료로 제출되었으며 특이급 규정 자체에 관한 1차 자료로는 거의 유일하게 남아 있는 자료다. 아울러 구체적인 서류, 절차, 발송, 경호 방법에 대해서는 자무쓰(佳木斯) 헌병대장 다치바나 다케오(橘武夫)가 하바롭스크재판에서 다음과 같이 증언한 바 있다. "'특이급'에 해당되는 인물을 저는 헌병대 본부 유치장에 유치한 뒤 심문 조서 발췌와 '특이급' 허가 신청서를 헌병대 사령부에 보냈습니다. 사령부는 받은 서류를 검토하고 문제를 결정한 다음, '특이급'을 신청해온 해당 헌병대 본부에 '특이급' 명목으로 제731부대에 송치하도록 명령을 내렸습니다. 이와 같은 서류가 지방 본부에서 헌병대 사령부로 제출될 경우에는 서무부(庶務部)를 거쳐 형사부로 보내진 다음 제가 책임자를 맡고 있었던 방첩반(防諜班)으로 (서류가) 인도되었습니다. 같은 반에서 근무했던 쓰지모토(둥안헌병대 분대장)는 이러한 서류를 검토하고 특이급으로 할지 여부를 결정하고 저에게 (서류들을) 제출하는 역할을 했습니다. 저는 이를 승인하고 형사부장에게 보냈습니다. 형사부장은 관동헌병대 사령관의 재결(裁決)을 얻은 후 헌병대 사령관 이름으로 해당 서류를 제출한 헌병대 본부에 명령을 내렸습니다." 헌병대 사령부 안에서는 서무부-형사부-방첩반(결정)-사령관(재가(裁可))이라는 경로를 거쳐 특이급이 결정되었다. 아울러 '특이급'으로 결정된 이후 하얼빈 헌병대에 인도를 연락하는 경우가 일반적이었으나 반대로 하얼빈 헌병대가 각 지방 헌병대에 몇 명 보내도록 요청하는 경우도 있었다. 자세한 내용에 대해서는 中国黑龙江省档案馆, 「関東軍「特移扱」文書の解説」, 『「七三一部隊」罪行鉄証─関東憲兵隊「特移扱」文書』, 黑龙江人民出版社, 2001, 『細菌戦用兵器ノ準備及ビ使用ノ廉デ起訴サレタ元日本軍軍人ノ事件ニ関スル公判書類』, 外国語図書出版所, 1950 참조.

이러한 방법으로 지린성과 헤이룽장성에서 발간된『731부대죄행철증』을 검토한 결과, 신문조서를 통해 확인할 수 있는 '특이급'으로 처리된 조선인은 고창률(高昌律), 김성서(金聖瑞), 한성진(韓成鎭), 이기수(李基洙) 4명이었다.

고창률, 김성서는 1943년 7월 31일 '간헌고(間憲高) 제418호'에 따라 특이급이 된 것으로 추정된다. 문서 요지에 따르면 두 사람은 '소련 간첩' 고병원(高炳院)의 지시로 '간첩'이 되었다고 한다. 간도 헌병대는 고창률이 고병원의 다른 부하 '간첩'이 강도 혐의로 만경(滿警)에 체포되어 취조를 받았다는 소식을 듣고 가족을 데리고 하얼빈 방면으로 이주하려고 했기에, 6월 25일 4시, 비밀리에 조사중이던 김성서와 함께 각각 자택에서 체포하였다고 적었다. 고창률과 김성서에 대한 최종 처분을 보면 "이용가치가 없고 고병원의 간특기(間特機) 공작 상 특이급이 적당한 것으로 인정한다"고 되어 있어 '마루타'로 이용되었을 가능성이 크다.

또 한 명의 조선인, 한성진은 국적이 '일본(조선)'이며, '1943년 6월 25일 13시 훈춘현(琿春縣) 춘화촌(春化村) 두황자(杜荒子) 부락'에서 억류되었다. 억류 상황에 대해서는 "본년(1943) 1월 29일, 소련 간첩 혐의로 형인 한성춘(韓成春)이 검거된 후 계속해서 동생에 대한 조사를 진행하고 있었는데 본인(한성진) 부인과 말다툼…"이라고 적혀 있어 억류되기 전 친형이 이미 검거된 상태였다는 점을 알 수 있다. 한성진에 대한 최종 처분은 "형인 한성춘이 헌병에게 검거된 것도 있어 관병에 반감을 품고 있기에 이용가치가 없으므로 특이급으로 함이 적당하다"고 적혀 있어 역시 '마루타'로 이용됐을 가능성이 크다.

이기수에 대해서는 총 5장의 걸쳐 기술되어 있다. 문서에 따르면 국적은 '일본(조선)'이고, "조선 함경남도 신흥군(新興郡) 동흥면(東興面)이 원적이며 출생지도 같다"고 되어 있다. '소련 모략원'으로서 체포되었을

때의 나이는 28세이며 공작명은 '미첸이(ミッチェンイー)'였다고 한다. 7월 23일 훈춘분대로 이송되었고 "공비(共匪)였기 때문에 사상(思想)상 전혀 이용가치가 없는 자임을 인정한다"고 되어 있다. 1943년 9월 16일에 작성된 '연헌고(延憲高) 제752호 보고(통보)'에도 동일한 내용이 기재돼 있으며 "9월 4일 관헌고(關憲高) 제882호에 따라「특이급」으로 하고 9월 10일 하얼빈 헌병대 본부로 이송, 신병을 인계했다"고 되어 있다. 이기수의 경우 '마루타'로 이용됐을 것으로 추정되는 4명의 조선인 가운데 유일하게 사진까지 남아있다.

<사진 7> 『731부대 죄행철증-특이급·방역문서편집』
44쪽과 45쪽에 나온 이기수 취조 내용과 사진

한편, 2016년 1월 15일 방영된 JTBC 〈이규연의 스포트라이트 '731부대, 남한 첫 마루타 피해자를 찾다'〉에서 '남한 출신 마루타' 김성배(金成培)

를 비롯해 김용권(金龍權)을 새로 찾았다고 보도한 바 있다. 『731부대죄행철증』에서 두 명의 이름을 검색해본 결과, 「둥헌고 제30호(東憲高第三〇號), 쇼와 17년도 억류모자 개황(槪況)에 관한 건 보고 '통첩'」에 담긴 '별지 쇼와 17년 억류모자(抑留謀者) 일람표'(이하 일람표)에서 찾을 수 있었다.[38] 이 일람표에는 둥닝헌병대가 둥닝 지역에서 1942년 한 해 동안 체포한 95명에 대해 이름, 본적, 주소, 학력, 직업, 간첩이 된 동기, 지령 기관, 지령 사항, 보수 자금, 활동 상황, 발견 및 억류의 경위, 억류 장소 및 일시, 신병 처분에 대해 간략히 기록돼 있다.[39]

---

38) 이 자료의 표지로 추정되는 자료에는 '동헌고 제30호 쇼와 17년도 억류 모자의 개황에 관한 건 보고 '통첩' 쇼와 18년 1월 30일 둥닝헌병대장(東憲高三〇號　昭和十七年度抑留謀者ノ槪況ニ関スル件報告「通牒」　昭和十八年一月三十日　東寧憲兵隊長)'이라고 쓰여 있다.

39) 이 일람표는 쇼와 18년(1943) 1월 30일, 둥닝헌병대장 이름으로 「둥헌고제30호(東憲高第三十號), 쇼와 17년도 억류모자 개황(槪況)에 관한 건 보고 '통첩'」과 함께 작성된 자료다. 전후 작성된 집필 공술서에 따르면 당시 둥닝헌병대장이었던 인물은 히라키 다케시였다. 히라키는 1942년 10월 1943년 11월 둥닝헌병대장을 맡으면서 둥닝, 후린(虎林), 바오칭(宝清)의 세 곳 헌병분대와 페이더(裴徳), 후터우(虎头), 라오허(饶河) 세 곳의 분견대를 지휘했다. 하지만 「둥헌고 제30호, 쇼와 17년도 억류모자 개황에 관한 건 보고 '통첩'」은 1942년 한 해 동안 해당 지역에서 체포된 자를 정리한 문서이기 때문에 히라키 이전에 둥닝헌병대장을 맡았던 다니카와 이와키치(谷川岩吉)가 관여한 안건이 대다수를 차지한다. 자세한 내용에 대해서는 中央档案馆·中国第二歴史档案馆·吉林省社会科学院 편집, 「警察·憲兵の731部隊への「特移扱」」, 『証言人体実験731部隊とその周辺』, 1991, 143쪽 참조.

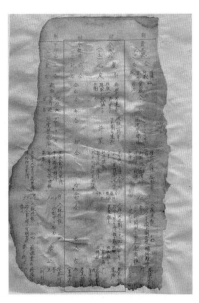

<사진 8> 『731부대 죄행철증-특이급·방역문서편집』
186쪽에 나온 김성배와 김용권의 일람표 내역(빨간 네모친 부분)

이 일람표에 나온 김성배와 김용권에 관한 내용을 보면, 먼저 김성배
는 억류된 당시 25살이었으며 본적은 경북(慶北), 학력은 무학(無學), 직
업은 항연일로군13단(抗联—路軍十三团)이며 제1연장(連長) 허모(許某)
의 종용(慫慂)으로 '간첩'이 되었다. 지령기관은 항연일로군 13단 7연장
허모이며 만바오완(万宝湾), 얼다오거우(二道沟), 다이핑촨(太平川) 군
사 정보와 포탄 파편 입수, 철도 정보, 부락민 획득, 다이핑촨 부근 요도
(要圖) 작성 등이 주요 임무였다. 자금은 김용권과 합쳐서 730엔을 받은
것으로 기재돼 있어 둘은 지인 사이였던 것으로 보인다. 또한 김성배는
공비단(共匪團)으로서 소련으로 한 번 입국했고 지령에 따라 정보 수집
및 제공 임무를 수행했다고 한다. 6월 22일, 라오헤이산(老黑山) 분견대
에서 억류되었으며 최종 '동국경이첩(東國警移牒) 사건 송치' 처분되었

다. 김용권은 억류된 당시 32살이었으며 본적은 함경북도다. 학력과 직업, 주소, 간첩이 된 동기, 지령기관, 지령 업무 등은 김성배와 같으며 억류된 날짜는 김성배보다 빠른 6월 12일로 기록돼 있다. 처분에 대해서는 '사건 송치'라고만 적혀 있다.

이것만 봐서는 김성배와 김용권이 '마루타'로 이용되었는지 여부를 판가름하기 어렵다. 그런데, 일람표가 담겨 있는 「둥헌고 제30호, 쇼와 17년도 억류모자 개황에 관한 건 보고 '통첩」에는 '처분 인원 적요'라는 또 하나의 중요한 문서가 있다.

<표 1> 『731부대 죄행철증-특이급·방역문서편집』 175쪽에 나온 '처분 인원 적요(摘要)'[40]

사건 송치	39	사형 8, 도형(徒刑) 10년 1, 도형 5년 이하 6, 심리중 사망 6, 목하 심리중 (目下審理中) 17
특이급	29	
특기이첩(特機移牒)	4	
이용중(利用中)	3	동닝분대에서 이용중 2, 시멘즈 분견대(石門子分遣隊) 이용중 1
타 부대 이첩(移牒)	2	1은 이첩(移牒) 이용 후 특이급으로 함. 1은 국경(國警)에 신병을 이첩.
사망	1	취조중
계속해서 취조중	5	
타 기관에 억류 처치할 사람	12	
합계	95	

40) '특기이첩'은 특무기관으로 이송된 경우를 뜻하는 것으로 추정된다. 자세한 내용에 대해서는 中央档案馆·中国第二歷史档案馆·吉林省社会科学院 편집, 「警察·憲兵の731部隊への「特移扱」」, 『証言人体実験731部隊とその周辺』, 1991, 145쪽 참조. 참고로 특무기관은 구 일본 육군의 정보기관이다. 일본 육군은 원수부(元帥府), 군사참의원, 시종무관부(侍從武官府), 장교생도시험상치위원(将校生徒試験常置委員)을 특무기관으로서 정하였는데 일반적으로 잘 알려져 있는 것은 특무기관이라는

위의 〈표 1〉 '처분 인원 적요'는 김성배, 김용권을 포함해 일람표에 나온 95명의 처분 결과만 취합해 정리한 것이었다. 이 '처분 인원 적요'를 감안해 정리해보면, 김성배와 김용권 두 명 모두 JTBC가 보도한 것처럼 '마루타'로 이용되었다고 보기 어렵다. 앞서 일람표 내역에서 보았듯이 김성배와 김용권은 분명 최종적으로 '사건 송치' 처분되었기 때문이다. 〈표 1〉에서 보듯이 '사건 송치'와 '특이급'은 분명 구분되어 있다. 실제 95명의 처분 내역을 일람표에서 한 명 한 명 살펴보아도 '특이급'으로 처분된 경우는 '특이'라고 명시되어 있다. 아울러 '특이급' 처분을 받지 않았다고 해서 항일활동 수준이 낮다거나 고초를 덜 겪은 것으로 판단해선 안된다. 〈표 1〉에서 '사건 송치'된 39명의 상황을 봐도 알 수 있듯이 적지 않은 수가 사형을 당하거나 심리 중 사망했다. 즉 김성배와 김용권은 활동 이력이나 활동 자금액수(720엔은 일람표에 나온 활동자금 중 세 번째로 큰 액수임) 등으로 보아, '사건 송치'되어 '사형 8' 또는 '심리중 사망 6' 중의 한 명으로 희생되었을 가능성이 높다.[41]

통칭명을 가진 만주에 있던 육군정보기관이다. 1918년 시베리아 출병 시 하얼빈에 설치된 출병 준비 조사 기관이 이 기관의 전신이며 1919년 4월, '특무기관'이라 칭하기로 정해졌다. 당시는 하얼빈, 블라디보스토크 등 만주 및 시베리아 각지에 기관이 설치되어 작전, 군사적 대외 관계 추리, 조사를 주요 임무로 했다. 시베리아에서 철수한 후에도 만주 특무기관은 그대로 남아 1931년 만주사변을 계기로 중국 각 지역에 증설되었다. 본부는 하얼빈에 있었고 다롄, 펑톈, 무단장, 쑤이펀허(綏芬河), 자무쓰(佳木斯), 헤이허(黑河), 치치하얼, 만주리(滿州里) 등지에 지부 및 출장소가 있었다. 소련군 편제, 장비, 전법 등에 관한 정보 수집과 조사 연구, 일반정보근무, 선전, 모략, 이민족지도 등 기관에서는 다양한 임무를 담당했다. 특무기관은 군 편제에서 제외된 기관이었고 구성원은 군사령부 부속과 비슷한 지위가 주어졌다. 1940년 4월, 특무기관은 정보부로서 군 편제에 들어갔으나 1940년 이후에도 특무기관이라는 통칭을 사용했다. 관동군 정보부는 총사령관의 직접 지휘 하에 있었고 많은 참모 및 구성원이 있는 대규모 정보기관이었다. ブリタニカ国際大百科事典 小項目事典 참고.

41) 이에 대해 단정지어 말할 수 없는 이유는 일람표에 '처분 인원 적요'와 동일하게 95명의 내역이 거의 다 나와 있긴 하나 처분란이 훼손돼 안 보이거나 아무것도 안 쓰여 있는 경우가 있기 때문이다.

이 밖에 심득룡(沈得龍) 등 몇몇 항일독립운동가에 대해서도 '마루타'로서 731부대에 보내졌다는 내용이 종종 보도되고 있으나 대부분 증언 기록에 따른 것으로 조심스럽게 봐야 한다.[42] 다시 말해, 현재까지 '마루타'로 이용되었다고 언급할 수 있는 조선인은 4명이다. 남아있는 특이급 관련 문서 자체가 워낙 적기 때문에 4명이라고 해서 결코 적은 숫자라고 할 수 없다. 그리고 숫자에 집착하기보다 일단 확인된 이 4명의 조선인을 추적하는 것이 더 중요할 것이다.

2. 731부대의 최후 기지 예정지 그리고 도주지로서의 조선

다음은 731부대와 조선의 지정학적 연관성에 대해 살펴보고자 한다. 패전 직전, 731부대원 대다수는 하얼빈에서 도주하여 1945년 8월 26일부터 9월 5일 사이 철도로 한반도를 관통해 부산까지 내려간 다음 배를 통해 일본으로 돌아갔다. 아울러 긴박하게 퇴각 명령이 떨어지기 전 731부대 최후의 기지로서 조선의 강계가 선정되었을 가능성이 높다.

이러한 사실을 보여주는 자료로서 731부대 부대원이었던 미조부치 도시미(溝渕俊美)[43]가 쓴 「헤이보 모유(平房燃ゆ)」[44]를 들 수 있다. 구체

---

42) 심득룡의 경우 다롄헌병대 전무과 외근조장이었던 미쓰오 유타카(三尾豊)의 증언에 따른 것이다. 韓曉, 山邊悠喜子訳, 『七三一部隊「特移扱い」事件-国際反帝情報活動の記録』, ABC企画委員会, 2012, 239~241쪽 참조.

43) 효고현 니시노미야시는 시차원에서 전쟁체험에 관한 구술 자료 및 사진 등을 수집하고 있는데 '전쟁 기억' 2016년 8월 17일자에는 미조부지가 기고한 글이 있다. 이 글에서도 세균전과 관련된 기술이 있다.

44) 이 「헤이보모유(平房燃ゆ)」는 와다 쥬로(和田十郎)가 편집하여 1995년 자가출판한 『ソ連軍進攻から復員まで 日本陸軍最初と最後の復員 関東軍防疫給水部(七三一部隊)隊員の記録』의 한 챕터이다. 참고로 헤이보 모유는 일본어로 '불타는 핑팡'이라는 의미다. 731부대원들이 퇴각하며 핑팡을 불태워버린 모습을 묘사한 것이다.

적으로 이 「헤이보 모유」에는 관동군 방역급수부대의 부대 구성부터 시작해 지부 설립 목적, 세균전과 관련하여 부대가 안고 있던 과제, 신병 교육, 업무 내용, 일상생활, 소련 공격에 이은 부대 시설 파괴 및 증거 인멸작업, 귀국 작전 등에 이르기까지 날짜별로 상세한 기록이 담겨 있다.

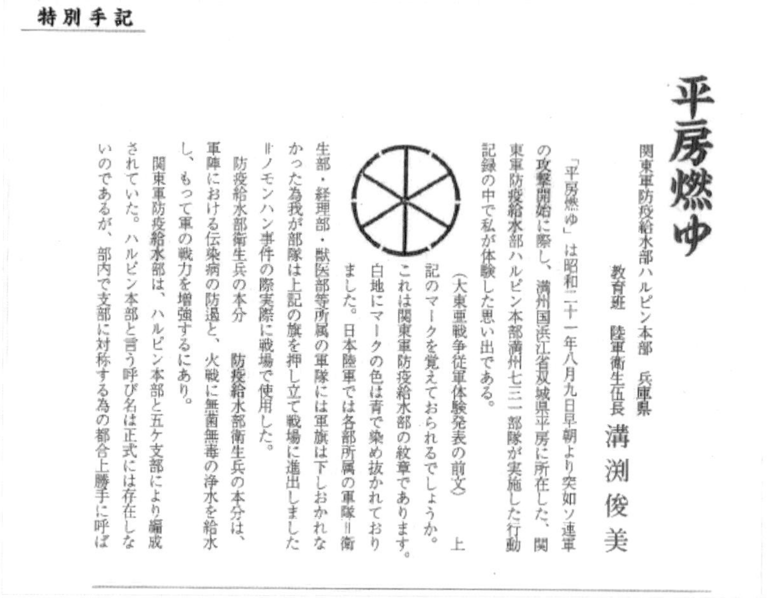

特別手記

平房燃ゆ

関東軍防疫給水部ハルビン本部　兵庫県
教育班　陸軍衛生伍長　溝渕俊美

「平房燃ゆ」は昭和二十一年八月九日早朝より突如ソ連軍の攻撃開始に際し、満州国浜江城県平房に所在した、関東軍防疫給水部ハルビン本部満州七三一部隊が実施した行動記録の中で私が体験した思い出である。

（大東亜戦争従軍体験発表の前文）　上

記のマークを覚えておられるでしょうか。これは関東軍防疫給水部の紋章であります。白地にマークの色は青で染め抜かれておりました。日本陸軍では各部所属の軍隊＝衛生部・経理部・獣医部等所属の軍隊には軍旗は下しおかれなかった我が部隊は上記の旗を押し立て戦場に進出しました『ノモンハン事件の際実際に戦場で使用した。

防疫給水部衛生兵の本分

防疫給水部衛生兵の本分は、軍陣における伝染病の防遏と、火戦に無菌無毒の浄水を給水し、もって軍の戦力を増強するにあり。

関東軍防疫給水部は、ハルビン本部と五ケ支部により編成されていた。ハルビン本部と言う呼び名は正式には存在しないのであるが、部内で支部に対称する為の都合上勝手に呼ば

<사진 9> 「헤이보 모유(平房燃ゆ)」 특별수기 첫 장

미조부치 도시미는 1943년부터 731부대 교육부에서 활동했던 인물로 위의 「헤이보 모유」에는 '교육반 육군위생오장(陸軍衛生伍長)'이라고 밝히고 있다.

「헤이보 모유」를 자세히 살펴보면, 강계에 대해 "관동군 작전 방침이 북만주 포기 남만주 확보로 변경되었을 시점에서 관동군 사령부로부터 관동군방역급수부 하얼빈 본부를 이주할 예정지로서 명령이 내려졌던 토지"라고 언급하고 있다. 강계에 있는 '광산발굴터'가 "우리 부대의 새로운 근거지가 될 것"이라고 구체적인 지점까지 기술했다. 그리고 실제 1945년 8월 1일, 작전명령이 내려져 비밀리에 핑팡 교육부 소속의 사사카와(笹川軍曹) 군조가 지휘하는 사사카와반 전원(완전무장)과 마사키(正木) 군조, 우루시하라(漆原) 오장, 와타나베 쇼사부로(渡辺庄三郎) 오장, 그리고 소위 두 명이 선발 부대로서 '북선(北鮮) 강계'로 출발했다고 한다.

하지만 이 관동군방역급수부 하얼빈 본부 이전 계획은 1945년 8월 9일, 소련의 남하로 실현되지 못했다. 결국 731부대는 바로 8월 9일부터 12일에 걸쳐 부대 건물을 폭파하고 퇴각을 하였고 강계에 있던 선발 부대원들도 여기에 합류했다. 그리고 그 철수 과정에서 조선을 퇴각로로 이용했다. 미조부치가 기록한 731부대의 철수과정을 정리해 보면 아래의 〈표 2〉와 같다.

〈표 2〉 『헤이보 모유』에 기재된 8월 9일 이후의 731부대 동향[45) 46)]

일자	주요 내용
1945년 8월 9일	소련 참전. 부대에서는 증거물을 소각하는 등 퇴각 준비 시작. 이른 아침부터 본부 본관 안뜰에서 ○○ 처리. 오후 고등관 상당의 군속(제1부 연구반급)과 그 가족에게 '부대 선용선로를 이용해 열차에 승차할 것'이라는 명령이 내려져 하얼빈역, 신징역, 안둥역을 경유하는 노선으로 출발.
1945년 8월 10일	연구반에 직속된 의사 약사, 수의사를 제외한 군속들이 어제와 같은 노선으로 열차를 타고 출발.
1945년 8월 11일	기타 일반 군속들 출발.

45) '제단(梯団)'은 이동하는 대부대를 편의상 여럿으로 구분했을 때, 그 각 부대를 뜻하는 군사용어다.

46) 아자미 쇼조는 731부대 관련 문서에서 '○○'처리된 것에 대해 문맥상 생체를 뜻하는 것으로 봤다. 자세한 내용에 대해서는 莇昭三, 「15年戦争中の日本軍の軍人での生体解剖·生体実験」, 『15年戦争と日本の医療医学研究会』, 2006.05, 12쪽 참조.

일자	주요 내용
1945년 8월 12일	소년대원들 출발. 본부 안뜰에서 했던 작업 완료.
1945년 8월 13일	아침부터 공병대가 와서 건물 폭파작업 진행. 남아있는 부대원들에게 오후 4시에 전용선로에 들어오는 열차를 타고 남하하라는 명령이 내려졌으나 이날은 열차가 들어오지 않음.
1945년 8월 14일	마지막으로 핑팡 부대에 남아 있던 대원들이 열차를 타고 강계로 이동. 오후 6시, 수송지휘관 오타(太田)의 명령으로 열차가 부대 전용 선로에서 출발. 오후 7시, 본선(本線) 핑팡역 출발.
1945년 8월 15일	오후 8시 매화구역(梅花口驛) 정차.
1945년 8월 16일	오전 3시경 통화역 화물조차장(貨物操車場) 정차. 통화에 머물고 있던 타 부대와 통화역에서 향후에 대해 논의. 오후 7시, 압록강 연안에 정차.
1945년 8월 17일	이른 아침, 마지막 열차를 타고 핑팡에서 출발한 일행이 강계역에 도착. 선발 부대를 수용한 후 다시 남하. 남선(南鮮)의 정세가 악화되었기에 중간에 정차하지 않고 남하했다고 함. 평양역에서 속도를 줄이지 않고 돌파한 후 경성역을 지나 용산역에서 정차. 거의 하룻동안 용산역에 머뭄. 같이 남하하던 타 부대는 돌연 전투재개 소식을 들었다며 북상했지만 731부대원을 태운 열차는 계속해서 남하.
1945년 8월 20일	정오가 되기 전, 핑팡을 마지막으로 출발한 현역병사가 탄 열차만 먼저 부산항 부두로 도착. 미조부치, 부대원들에게 부산 시내에 있는 우체국에 만주국 중앙은행이 발행한 지폐를 조선은행권으로 교환하도록 조언.
1945년 8월 24일	정오가 조금 지났을 무렵, 이시이 부대장 등장. 3,000톤 선박 2척과 상륙용 주정(舟艇. 800톤) 8척이 부산항으로 입항. 부대 화물과 군속 수하물을 싣고 오후 5시경 일본을 향해 부산항 출발.
1945년 8월 25일	오후 5시 관동군방역급수부 하얼빈 본부 소속 현역병사를 태운 선박이 일본 항구에 도착. 3,000톤 화물선 2척은 야마구치현 센자키항으로, 800톤 상륙용 주정 8척은 야마구치현 히가시하기항으로 입항.
1945년 8월 27-29일	규슈제단(梯団), 시코쿠제단, 도호쿠제단을 조직해 열차로 각 출신지로 이송. 사실상 부대 해체.

보다 객관적인 사료를 통한 검증이 필요하겠지만, 〈표 2〉에 정리된 내용만 봐도 전쟁 막바지 731부대의 긴박한 상황과 조선의 정세 그리고 일제에 있어 조선이 갖는 지정학적 의미 등을 엿볼 수 있다.

더불어 이시이 시로가 731부대의 퇴각 지휘를 위해 부산에 왔다는 기록도 무척 흥미롭다.[47] 이밖에도「헤이보 모유」에는 미국 샌디에고 해군군항 배후지에 페스트 세균폭탄을 투하할 계획으로 '요자쿠라(夜桜)특공대'가 만들어졌다는 것과 강계에 이들을 실어 나를 잠수함이 들어올 예정이었다는 언급이 나오는 등 향후 검토해볼만한 내용이 적지 않다.

3. 인적 자원 공급처로서의 기능 및 인적 네트워크에 대한 가능성 검토

현재 731부대 관계자 가운데 조선에서 의학교육을 받은 것으로 밝혀진 인물로는 모노에 도시오(物江敏夫)가 있다. 이 모노에에 대해서는 이미 일본의 연구자 니시야마 가쓰오(西山勝夫)가 검토한 바 있다.[48]

모노에는 1934년 경성제국대학 의학부를 졸업한 후 바로 육군군의학

---

47) 미조부치도 "이시이 부대장 다시 돌연 모습을 드러내다"라고 기술한 것으로 보아 이시이 시로가 부산에 나타나리라고는 예상치 못했던 것 같다. 이시이 시로는 부대 원들에게 다음과 같이 지시했다고 한다. "2시간 후에 선박이 입항할 거니까 배가 들어오면 모든 부대원들이 화물을 실어라. 제일 가까운 항구에 입항하면 연합군의 점검을 받아라. 100톤이 넘는 큰 선박은 그 명령이 있을 때까지 운행하지 말아라. 그때까지는 일본의 항구에 정박시켜야 한다. 전원 분투하길 바란다. 자기 것 남의 것 따지지 말고 다 실어서 돌아가면 일본 게 된다. 여기에 방치하면 타국의 것이 된다. 이상". 和田十郎,「平房燃ゆ」,『ソ連軍進攻から復員まで 日本陸軍最初と最後 の復員 関東軍防疫給水部(七三一部隊)隊員の記録』, 私家出版, 1995, 587쪽 참조.

48) 西山勝夫,「京城帝国大学医学部の博士学位の授与について―物江敏夫朝鮮軍管区防 疫部長の場合」,『15年戦争と日本の医学医療研究会』15-1, 2014.11. 특별한 언급이 없는 경우 모노에에 대한 내용은 이 논문에 근거한 것이다.

교에 입학하였고 1940년에는 방역연구실에 입실해 말라리아 연구에 주력했던 인물이다. 1956년판 일본 박사록에는 1945년 9월 8일, 경성제국대학에서 '말라리아에 관한 연구(「マラリア」に関する研究)'로 박사학위를 수여 받은 것으로 기록되어 있다. 이 박사학위 논문은 육군군의학교 방역보고 제2부에 게재된 16개 논문을 합친 것으로 주 논문은 「A. sinensis 체내에서의 삼일열 말라리아 원충 발육상황」, 「겸상아포를 사용한 삼일열 말라리아의 인체 감염 시험」, 「사일열 말라리아의 인체 감염 시험」, 「중지나산 열태열 및 사일열 말라리아 원충의 일본 내지산 Anopheles sinensis 체내 발육에 관한 실험적 연구」, 「후쿠이현 시바에의 Anopheles sinensis 습성에 대하여」 등이다.

<표 3> 육군군의학교방역연구보고 제2부에 수록된 모노에 도시오 논문 일람

권호	게재일	주제	주임 및 지도교관	비고
177	41.11.10	육군군의학교 약학교실 창제 말라리아 치료제 약1, 약2, 약3호 효력 실험(陸軍軍医学校薬学教室創製マラリア治療剤薬一、薬二、薬三號効力實驗)	육군군의학교군진방역교실 주임 이시이 소장(石井少将)	극비 도장
178	41.11.10	염산 키니네, 아테브린, 플라스모힌의 proteasome praecox에 대한 효력에 관한 실험적 연구(「鹽酸キニーネ」「アテブリン」「プラスモヒン」ノ鳥マラリア原蟲(proteasome praecox)ニ對スル効力ニ関スル實驗的研究)	육군군의학교군진방역학교실 주임 이시이 소장	
184	41.11.10	proteasome praecox를 활용한 참새 감염실험 제1보(鳥マラリア原蟲(proteasome praecox)ヲ以テスル雀感染實驗(第1報))	육군군의학교군진방역학교실 주임 이시이 소장	
212	42.02.19	사일열 말라리아의 인체감염시험(四日熱マラリアノ人體感染試驗)	육군군의학교군진방역학교실 주임 이시이 소장 (지도교관 마스다 중좌)	극비 도장
247	42.03.04	육군군의학교 강내에 있는 모기족에 관한 조사(陸軍軍醫学校構内ニ於ケル蚊族ニ関スル調査)	육군군의학교군진방역학교실 주임 이시이 소장	
252	42.02.19	겸상아포를 사용한 삼일열 말라리아의 인체 감염 시험(鎌狀芽胞ヲ以テスル三日熱マラリア」ノ人體感染試驗)	육군군의학교군진방역학교실 주임 이시이 소장 (지도교관 기쿠치 대좌) (同 마스다 중좌)	극비 도장

권호	게재일	주제	주임 및 지도교관	비고
253	42.02.19	후쿠이현 사바에시 부근 모기족, 특히 Anopheles에 관한 조사(福井縣鯖江市附近蚊族殊ニAnophelesニ関ルス調査)	육군군의학교군진방역학교실 주임 이시이 소장 (지도교관 기쿠치 대좌) (同 마스다 중좌)	
264	42.03.14	중지나산 열태열 및 사일열 말라리아 원충의 일본 내지산 Anopheles sinensis 체내 발육에 관한 실험적연구(中支那産熱帶熱及四日熱マラリア原蟲ノ本邦内地産Anopheles sinensis ノ體内ニ於ケル發育ニ関スル實驗的研究)	육군군의학교군진방역학교실 주임 이시이 소장	육군군의소좌 모노에 도시오 촉탁 스즈키 가즈오
267	42.03.04	후쿠이현 시바에의 Anopheles sinensis 습성에 대하여(福井縣鯖江ニ於ケルAnopheles sinensisノ習性ニ就テ) 제1보 만추의 습성에 대하여(第1報晚秋ニ於ケル習性ニ就テ)	육군군의학교군진방역학교실 주임 이시이 소장	육군군의소좌 모노에 도시오 촉탁 스즈키 가즈오
287	42.03.04	Anopheles sinensis의 금망통과실험(Anopheles sinensisノ金網通過實驗)	육군군의학교군진방역학교실 주임 이시이 소장	
288	42.03.20	결핵균 액체 배양에 관한 연구. 제1보 혈청가액체 배양기에서의 객담 중 결핵균 발육 상황 및 임상적 응용가치(結核菌ノ液體培養ニ関スル研究 第1報血清加液體培養基ニ於ケル喀痰中結核菌ノ發育状況竝ニ之ガ臨床的應用価値ニ就テ)	육군군의학교군진방역학교실 주임 이시이 소장	
352	42.06.18	객담중 결핵균 집균법(탄수화물부상법)에 관한 연구(喀痰中結核菌ノ集菌法(炭水化物浮上法)ニ関スル研究)	육군군의학교군진방역학교실 주임 이시이 소장	
357	42.06.16	A. sinensis 체내에서의 삼일열 말라리아 원충 발육상황(형태학적연구)(三日熱マラリア原蟲ノA. sinensis體内ニ於ケル發育経過ニ就テ(形態学的研究))	육군군의학교군진방역학교실 주임 이시이 소장	
367	42.06.30	결핵균의 액체 배양에 관한 연구 제2보(結核菌ノ液體培養ニ関スル研究(第2報))	육군군의학교군진방역학교실 주임 이시이 소장	
371	42.07.24	후쿠이현 시바에의 Anopheles sinensis 습성에 대하여(福井縣鯖江ニ於ケルAnopheles sinensisノ習性ニ就テ) 제2보 조춘의 월동모기 습성에 대하여(第2報早春ニ於ケル越冬蚊ノ習性ニ就テ)	육군군의학교군진방역학교실 주임 이시이 소장	
376	42.07.24	신 말라리아 치료제 '안티말라리엔'의 proteasome praecox 및 Plasmodium inui var cyclopis 효력에 관한 실험적 연구(新マラリア治療剤「アンチマラリエン」ノ鳥マラリア原蟲(proteasome praecox)及猿マラリア原蟲(Plasmodium inui var cyclopis)ニ對スル効力ニ関スル實驗的研究)	육군군의학교군진방역학교실 주임 이시이 소장	

모노에가 1940년부터 근무하며 위의 연구를 진행한 육군군의학교 방역연구실은 이시이 시로가 2년간의 해외 시찰을 마치고 귀국한 후 "일본 국방에는 결함이 있다. 국제적으로 금지된 세균전을 준비할 필요가 있다"며 육군군의학교 교관 고이즈미 지카히코(小泉親彦) 등을 설득해 1932년 8월 개설한 기관이다.[49] 방역연구실은 '이시기 기관'(1940년경부터 육군 내부에서 방역연구실과 731부대를 포함한 5개 방역급수부를 통틀어 부르던 별칭)의 중추로서 연구자 네트워크를 조직하고 총괄하는 역할을 했으며 핵심 정보가 모이는 곳이었다. 그리고 이 '이시이 기관'에서 행해진 연구의 결과물이 바로 『육군방역연구보고』였다.[50]

모노에의 경성제대 박사학위 주 논문 중 하나이자 『육군군의학교방역보고』제2부 252권에 실린 「겸상아포를 사용한 삼일열 말라리아의 인체 감염 시험」은 정신병을 앓고 있는 사람에게 강제로 말라리아 감염을 시켜 실험을 진행한 결과물이었다. 역시 박사학위 주 논문 중 하나이자 『육군군의학교방역보고』제2부 212권에 실린 「사일열 말라리아의 인체 감염 시험」도 감염자는 없었지만 문제가 많은 실험이었다.

엄연히 일본 제국의 울타리 안에 있던 식민지의 의과대학을 졸업한 일본인 의사가 육군군의학교 방역연구실에 들어가고 패전 즈음하여 이 방역연구실에서 한 연구를 모아 모교인 경성제대에서 박사학위를 받은 것이 그다지 특별해 보이지 않을 수 있다. 그러나 모노에의 이력을 보면 육군군의학교 방역연구실에서 한 연구를 바탕으로 단지 박사학위를 받는 것에 머물지 않았다.[51] 그는 1942년부터 1943년까지 731부대의 자매

49) 陸軍軍医学校, 『陸軍軍医学校五十年史』, 1936, 184쪽.

50) 渡辺延志, 「731部隊 埋もれていた細菌戦の研究報告-石井機関の枢要金子軍医の論文集発見-」, 『世界SEKAI』, 2012, 317쪽 참조.

51) 모노에는 방역연구실에서 연구한 논문으로 경성제대에서 1945년 9월 8일 박사학위를 받았다. 이에 대해 패전과 함께 경성제대를 제도적으로 정리, 해체하는 과정에서 재적 학생, 대학원생, 연구생을 박사학위를 주어서 대량으로 배출하게 되었던

502 3부: 의료와 정치, 제국과 인종

부대 중 하나인 남지(南支)방역급수부에서 근무했으며, 1944년 3월 28일에 조선군 관구 방역부장 자리에 올랐다.

이는 식민지 조선의 의학교육 기관이 731부대 및 관련 기관에 인적 자원 공급처로서 일정 부분 역할을 수행했을 가능성, 아울러 이시이 시로를 정점으로 한 인적 네트워크가 식민지 조선에까지 뻗어있었을 가능성을 보여주고 있다.[52] 이에 대해선 향후 모노에와 유사한 사례를 폭넓게 추적하여 논증해볼 필요가 있다.[53]

사정(이른바 '포츠담 박사')과 연관지어 생각할 수도 있을 것이다. 그러나 모노에의 박사논문 신청일자는 1945년 5월 4일이었고 교수회 심사도 6월 14일에 끝났다. 이후 경성제대 총장의 문부장관에게 보내는 학위수여에 관한 서면이 작성된 게 6월 19일, 조선총독부로부터 문부장관에게 서면이 보내진 게 6월 29일이었다. 즉, 이미 경성제대에서의 박사학위 절차는 사실상 6월에 모두 끝난 상태였다. 1945년 5-6월 상황에 대해 면밀한 검토가 필요하나 단순히 패전 정국에서 대량으로 배출한 박사학위와는 조금 달리 볼 여지가 있다.

52) 한편, 일각에서는 "731부대에 한국인 참여자들도 적지 않았다. 그들 중에는 광복 뒤 한국 의료계의 태두가 됐다고 할 굉장히 유명한 의료인도 있다"는 주장을 하기도 한다. 그러나 조선인 의학자가 731부대처럼 민감한 정보를 다루는 기관에 참여했을 가능성은 매우 낮다고 본다. 「일제 생체실험 주범들 여전히 의학계 주류라니…」, 『한겨레신문』, 2014.12.16 참고.

53) 연구자들이 모노에에 대해 알아낼 수 있었던 것은 731부대 관련 의학자들이 주로 투고했던 육군군의학교방역연구보고에 나온 저자들의 이력을 역추적한 결과다. 731부대원 및 관계자들의 명단이 밝혀지지 않았기에 이러한 과정을 거칠 수밖에 없었다. 하지만 최근 관동군방역급수부 유수명부(留守名簿, 일본군이 부대원 인사나 포상, 전·상사 통지 등 병사 및 가족의 원호 업무를 처리하고자 작성한 명부)가 발굴되었다. 이는 조선과 관련된 인물을 비교적 수월하게 추적할 수 있는 길이 열린 것이기도 하기에 한국에서도 주목할 필요가 있다. 西山勝夫 編, 『留守名簿 関東軍防疫給水部 全2冊』, 不二出版, 2018.

IV. 결론을 대신하여

2005년 광복절인 8월 15일 MBC는 러시아 군사영상보관소로부터 731부대에서 자행된 생체실험 장면을 입수했다면서 영상을 방영했다. 하지만 곧바로 큰 논란이 일었다. 한국에서도 개봉해 크게 흥행했던 홍콩영화 '흑태양 731'(한국에서는 '마루타'라는 제목으로 1990년 개봉)을 흑백처리한 것이었기 때문이다. 일본의 산케이신문 등은 "일본 규탄이라면 무엇을 해도 된다는 한국 매스컴의 안일한 보도 실태를 다시 한번 폭로한 꼴이다"며 강하게 비판했다. 한국 시민들의 항의도 빗발쳤다. 결국 MBC는 바로 다음날 사과방송을 해야 했다.[54] 이 사건은 대표적인 언론의 잘못된 보도행태로 언급되며 계속 회자되고 있다.[55]

하지만 이런 홍역을 치렀음에도 별다른 개선은 없었다. MBC의 오보를 비판했던 KBS의 경우도 크게 다르지 않았다.[56] 기자들로부터 가장 오랜 기간 가장 높은 신뢰를 받아온[57] 한겨레 역시 731부대 보도 만큼은 허술했다. 2018년 8월 14일 한겨레는 「24년 전 오늘, 일본군 731부대 생체실험 사진이 처음 공개됐다」는 기사를 통해 1994년 8월 14일 중국 죄증기념관이 처음 공개한 731부대 사진들이 한국의 언론에 일제히 보도된 날이라며 해당 사진들을 다시 게재했다. 하지만 그 사진들은 〈사진 1〉을 포함하는 등 대다수가 잘못된 것이었다. 24년 전의 실수를 다시 한

---

54) 2005년 8월 21일 KBS 미디어포커스 참조.
55) 2013년 6월 16일 KBS뉴스 〈'단독 보도'의 함정〉에서도 MBC의 731영상 오보 사례를 보여주며 "단독 입수, 단독 촬영 등 영상에 대한 욕심 때문에 오보를 빚기도" 한다고 설명했다.
56) 2019년 8월 11일자 KBS 〈231회 역사저널 그날, '군국주의의 광기-731부대와 마루타'〉 참조. 방송을 보면 2장에서 언급한 사진 오용이 모두 나타난다.
57) 「JTBC, 영향력·신뢰도 '모두 1위'…국민 언론불신 74.8%」, 『한국기자협회보』, 2017.8.16.

다는 건 24년이 지나도록 이를 검증할 만한 질적 성장이 없었다는 얘기일 것이다. 서두에 언급했듯이 이는 한국 언론만 탓할 문제가 아니다. 한국 사회에 이를 검토하고 교정해줄 만한 연구자들이 없었다는 의미이기 때문이다. 그런 의미에서 이 글은 관련 연구자의 한 사람으로서 쓴 반성문이기도 하다.

그리고 보다 건설적인 반성을 위해 3장에서 조선과 관련지어 주목할 만한 사료와 주제들을 제시해보았다. 하지만 이것은 어디까지나 몇 개의 사료들을 찾아내 시범적인 작업을 진행한 것에 불과하다. 앞으로 보다 심도 있는 연구가 진행될 필요가 있다. 나아가 이러한 작업을 바탕으로 좀 더 큰 문제들을 다루어볼 수 있을 것이다. 예를 들어, 하바롭스크 재판의 공판 기록인 『하바롭스크 공판서류』의 조선문판 분석,[58] 전후 일본 보건의료계 및 의약산업계로 진출한 731부대원들의 한국전쟁 관여 문제[59] 등이다. 이것은 한국과 상당한 연관이 있을 뿐 아니라 각 문제가

---

58) 소련군은 이미 전쟁 직후부터 각 지역에 마련된 일본군 포로수용소에서 세균전부대 관계자에 대한 색출 작업을 시작했으며 1년에 걸친 수사 끝에 731부대의 전모를 거의 다 파악했다. 이러한 정보를 바탕으로 소련은 1947년 초 당시 진행 중이던 극동국제군사재판에 731부대원들을 세우기 위해 애를 썼다. 하지만 미국 측의 방해로 실패하고 독자적 심판을 추진하게 된다. 소련은 관동군 총사령관이었던 야마다 오토조(山田乙三)와 군의 부장 가지쓰카 류지(梶塚隆二), 수의 부장 다카하시 다카아쓰(高橋隆篤), 731부대 본부장이었던 가와시마 기요시(川島淸), 과장 가라사와 도미오(柄沢十三夫), 지부장이었던 니시 도시히데(西俊英)와 오노우에 마사오(尾上正男), 일병이었던 기쿠치 노리미쓰(菊池則光)와 구루시마 유지(久留島祐司), 그리고 1644부대 책임자였던 사토 슌지(佐藤俊二), 100부대 부대원이었던 히라자쿠라 젠사쿠(平桜全作)와 미토모 가즈오(三友一男) 등 각 영역 대표자 12명을 선정해 재판을 진행했다. 재판은 1949년 12월 25일부터 6일간 하바롭스크시 세우첸코 거리의 장교 회관에서 진행되었다. 이 하바롭스크 재판의 공판 기록은 이듬해에 『하바롭스크 공판서류』로 모스크바에서 출판되었으며 출판과 동시에 6개국어로 번역되어 각국에 배포되었다. 이 중에는 조선문판도 있다. 이 『하바롭스크 공판서류』 내용도 중요하지만 이 조선문판이 갖는 의미에 대한 분석 또한 진행될 필요가 있다. 자세한 내용에 대해서는 15년전쟁과 일본의 의학의료연구회 편집, 『누구나 알지만 아무도 모르는 731부대 의학자 의사들의 양심을 건 일본군 세균전부대 규명』, 건강미디어출판사, 2020, 269~270쪽 참고.

갖는 정치적 배경까지 고려하면 현대 세계사를 아우른다.

　이처럼 731부대 문제는 민족주의적으로 '소비'만 하기엔 너무 아까운 주제다. 향후 보다 치밀하고 다채로운 접근이 이루어지길 기대한다. 그리고 그러한 변화에 이 글이 조금이나마 보탬이 되었으면 한다.

---

59) 전후 731부대 소속이었던 후타키 히데오(二木秀雄)와 나이토 료이치(内藤良一), 일본특수공업 사장이었던 미야모토 고이치(宮本光一)는 한국전쟁이 발발하자 1950년 11월 '일본혈액은행'을 설립했다. 일본혈액은행은 일본 최초의 혈액은행으로 한국전쟁 시 미군이 혈액을 대량 구입하면서 사업이 크게 성장했다. 한국전쟁을 통해 사업에 성공한 731부대원들은 1964년 일본 녹십자로 회사명칭을 바꾸었다. 이 회사는 가열처리하지 않은 혈액응고인자제재 등을 판매하여 에이즈 감염 사고를 일으키기도 했다. 자세한 내용은 加藤哲郎, 「『飽食した悪魔』の戦後: 七三一部隊と二木秀雄『政界ジープ』」, 花伝社, 2017, 29쪽 참조.

참고문헌

「거리에서 구걸하던 13-14살 중국 남자아이를 속여 산 채로 해부」, 『KBS』, 2019.8.11.

「[단독] 日 의학계, 731부대 출신 포진…"반성 없어"」, 『YTN』, 2014.1.21.

배경한, 「北伐時期 蔣介石과 反帝問題: 濟南事件(1928.5)의 解決交涉 過程과 反日 運動에의 對應을 중심으로」, 『역사와경계』 25-26, 1994.

서이종 「일본제국군의 세균전 과정에서 731부대의 농안·신징 지역 대규모 현장세 균실험의 역사적 의의」, 『사회와 역사』 103, 2014.

서이종, 「만주의 '벌거벗은 생명'과 731부대 特設監獄의 생체실험 희생자- 1938~1945년 관동군의 特殊移送자료를 중심으로-」, 『만주연구』 18, 2014.

신규환, 「특집: "동아시아 역사의 기억전시교육": 세균전의 기억과 중국 애국주의 교육기지 건설의 새 방향-침화일군(侵華日軍) 제(第)731부대(部隊) 죄증진 열관(罪證陳列館)을 중심으로-」, 『사림』 47, 2014.

「악명높은 인체실험 실태 추적」, 『한겨레신문』, 1992.4.15.

「일제 생체실험 주범들 여전히 의학계 주류라니…」, 『한겨레신문』, 2014.12.16.

「일본 '마루타 부대'에 납치돼 생체실험 당하며 몸부림치는 소년」, 『인사이트』, 2018.5.9.

「日 731부대 생체실험 사진 공개…고통스러워하는 아이」, 『YTN』, 2014.1.11.

15년전쟁과 일본의 의학의료연구회 편집, 하세가와 사오리·최규진 역, 『누구나 알지만 아무도 모르는 731부대 의학자 의사들의 양심을 건 일본군 세균전 부대 규명』, 건강미디어출판사, 2020.

「임상시험 아직도 피 뽑고 돈 버는 '마루타 알바' 누명」, 『시사저널』 1365호, 2015년 12월 10일.

「JTBC, 영향력·신뢰도 '모두 1위'…국민 언론불신 74.8%」, 『한국기자협회보』, 2017년 8월 16일.

加藤哲郎, 「飽食した悪魔」の戦後: 七三一部隊と二木秀雄 『政界ジープ-』, 花伝社, 2017.

近藤昭二編，『CD-ROM版731部隊・細菌戦資料集成』，柏書房，2003.

關東都督府臨時防疫部，『明治四十三，四年「ペスト」流行誌』，1912.3.

関東都督府臨時防疫部，『明治四十三四年南満州「ペスト」流行誌附録写真帖』，1912.3.

奈須重雄，「新発見の金子順一論文を読み解く」，『NPO法人731資料センター会報』2，2011.

「嬲り殺して火焙り 言語に絶した惨状 一晝夜後に漸く發見」，『青島新報』，1928.5.7.

西山勝夫，「金子順一，池田苗夫の医学博士の学位授与過程」，『15年戦争と日本の医学医療研究会誌』13-2，2013.5.

西山勝夫，「京城帝国大学医学部の博士学位の授与について―物江敏夫朝鮮軍管区防疫部長の場合」，『15年戦争と日本の医学医療研究会』15-1，2014.11.

高橋正彦，「昭和15年農安及新京に発生せるペスト流行について」，『陸軍軍医学校防疫報告』2-514，1943.

玉井研究会，「済南事件と日本のマスメディア」，『政治学研究』54，2016.

冬季衛生研究班編集，『極秘駐蒙冬季衛生研究成績』，1941.3.

同仁会編，『同仁会三十年史』，1932.

物江敏夫，「マラリア感染に関する研究」，京城帝国大学医学博士学位申請論文，1945.9.8.

『細菌戦用兵器ノ準備及ビ使用ノ廉デ起訴サレタ元日本軍軍人ノ事件ニ関スル公判書類』，外国語図書出版所，1950.

中国黒龙江省档案馆，『「七三一部隊」罪行鉄証―関東憲兵隊「特移扱」文書』，黑龙江人民出版社，2001.9.

中国吉林省档案馆，『「七三一部隊」罪行鉄証―特移扱・防疫文書編集』，中国吉林人民出版社，2003.9.

中央档案馆・中国第二歴史档案馆・吉林省社会科学院 編集，「警察・憲兵の731部隊への「特移扱」」，『証言人体実験-731部隊とその周辺-』，1991.

枢密院，「一，済南事件報告」，『枢密院会議筆記』，1928.5.16.

松村高夫・矢野久，『裁判と歴史学: 七三一細菌戦部隊を法廷からみる』，現代書館，2007.3.

松村高夫，「旧日本軍による細菌戦兵器攻撃の事実―新発見史料「金子順一論文」は731

部隊による細菌戦の何を明らかにしたのかー」,『月刊保団連』, 2012.8.

常石敬一,『今日における日本の戦争責任- 731部隊を中心に』, 日本文化學報 第3輯, 1996.10.

莇昭三, 「15年戦争中の日本軍の軍人での生体解剖・生体実験」,『15年戦争と日本 の医療医学研究会』6-1, 2006.5.

莇昭三,「ペスト菌(ＰＸ)撒布細菌戦の「戦果」の実相附ーダグウェイ文書Ｑリポー トとも関連してー「陸軍軍医学校防疫研究報告書Ⅱ部」掲載の高橋正彦論 文から」,『15年戦争と日本の医学医療研究会会誌』13-2, 2013.5.

『留守名簿 関東軍防疫給水部 全2册』, 不二出版, 2018.

陸軍軍医学校,『陸軍軍医学校五十年史』, 1936, 184쪽.

陸軍省朝鮮総督府警務局長, 「邦人惨殺死体発表の件」,『陸支密大日記』, 1928.5.18.

和田十郎,『ソ連軍進攻から復員まで 日本陸軍最初と最後の復員 関東軍防疫給水 部(七三一部隊)隊員の記録』, 私家出版, 1995.

渡辺延志, 「731部隊 埋もれていた細菌戦の研究報告-石井機関の枢要金子軍医の論 文集発見-」,『世界SEKAI』, 2012.

韓曉, 山邊悠喜子訳,『七三一部隊「特移扱い」事件-国際反帝情報活動の記録』, ABC 企画委員会, 2012.

平澤正欣, 「イヌノミCtenocephalus canis Curtisのペスト媒介能力に就ての実験的研 究」, 京都帝国大学博士学位申請論文, 1945.9.26.

▌이 책에 실린 논문의 출처 ▌

1부 근대의 '의료 지식'과 공중위생

- 1910년대 의약품 광고의 '과학'과 주술 _최규진
  : 『한국사학보』 80호, 고려사학회, 2020.

- 식민지 초기 조선의 위생풍속에 대한 식민권력의 이중성 미신담론을 중심으로 _황익구
  : 『일본문화연구』 75호, 동아시아일본학회, 2020.

- 조선총독부 발행 1910·20년대 교과서의 보건·위생론 _최재성
  : 『한일민족문제연구』 38호, 한일민족문제학회, 2020.

- 조선총독부 발행 1930~40년대 교과서의 보건·위생론 _최재성
  : 『사림』 73호, 수선사학회, 2020.

- 1930, 40년대 대중잡지에 나타난 의학상식 『家庭之友』·『半島の光』을 중심으로 _이병례
  : 『역사연구』 35호, 역사학연구소, 2018.

- 1935-36년 자이니치(在日)의 의료 일상 『民衆時報』의 의료 광고를 통해 _김인덕
  : 『일본문화연구』 75호, 동아시아일본학회, 2020.

2부 전염병과 사회 관리

- 근대전환기 호열자의 유행과 천도교의 대응 _성주현
  : 『세계역사와 문화연구』 56호, 세계역사문화사학회, 2020.

- 근대(1876-1945) 한국사회의 전염병 인식과 간호사의 융합적 역할 _정은영
  : 『The Journal of the Convergence on Culture Technology』 6권 3호, 국제문화기술진흥원, 2020.

- 1946년 경기 지역의 콜레라 사태와 종전/해방 직후 국제·일국·지역 정치 _임종명
  : 『동방학지』 193호, 연세대학교 국학연구원, 2020.

- '질병으로부터 안전한 공간' 관리와 공간권의 사회사
  19세기 독일 전염병 확산시기 사회적 관계를 중심으로_ 나혜심
  : 『세계역사와 문화연구』 56호, 세계역사문화사학회, 2020.

제3부 의료와 정치, 제국과 인종

- 한위건의 초기 생애와 3·1 독립운동 참여 과정 톺아보기
  생애 초기 규명과 경성의학전문학교 특성 고찰을 중심으로 _하세가와 사오리·최규진
  : 『일본문화연구』 75호, 동아시아일본학회, 2020.

- 근대일본의 우생사상과 '파국'의 상상력 '인종개량'과 '우생결혼' 담론을 중심으로 _서동주
  : 『일본문화연구』 75호, 동아시아일본학회, 2020.

- 일본 미군 점령기의 혼혈 담론 _박이진
  : 『대동문화연구』 103집, 성균관대학교 대동문화연구원, 2018.

- 731부대에 대한 민족주의적 '소비'를 넘어서
  - 731부대 관련 사진오용 사례와 조선 관계 자료 검토를 중심으로 _하세가와 사오리·최규진
  : 『역사비평』 132호, 역사비평사, 2020.

▌찾아보기 ▌

▌저자소개 (필자순) ▌

■ **최규진**(청암대학교 재일코리안연구소 연구교수)

저서로는 『조선공산당 재건운동』(독립기념관, 2009), 『근대를 보는 창20』(서해문집, 2007), 『근현대 속의 한국』(공저, 방송통신대학출판부, 2012), 『일제의 식민교육과 학생의 나날들』(서해문집, 2018) 등이 있다. 논문으로는 「우승열패의 역사인식과 '문명화'의 길」(『사총』 79, 2013), 「근대의 덫, 일상의 함정」(『역사연구』 25, 2013), 「노동하는 신체와 '국민되기'」(『역사연구』 36, 2019) 등이 있다.

■ **황익구**(청암대학교 재일코리안연구소 연구교수)

저서로는 『交錯する戦争の記憶−占領空間の文学』(春風社, 2014), 『異文化理解とパフォーマンス』(공저, 春風社, 2016), 『재일코리안에 대한 인식과 담론』(공저, 도서출판 선인. 2018), 『재일코리안의 역사적 인식과 역할』(공저, 도서출판 선인, 2018), 『일제침략기 사진그림엽서로 본 제국주의 프로파간다와 식민지 표상』(공저, 민속원, 2019) 등이 있다. 논문으로는 「1930년대 재일조선인의 주택문제와 생활권 투쟁의 고찰」(『한일민족문제연구』 36, 2019), 「일제침략기 군대만화엽서를 통해 본 군대의 홍보와 병영생활」(『일본문화연구』 67, 2018) 등이 있다.

■ **최재성**(청암대학교 재일코리안연구소 연구교수)

저서로는 『식민지 조선의 사회경제와 금융조합』(경인문화사, 2006), 『한권으로 읽는 경기도의 3·1운동』(공저, 경기문화재단, 2019) 등이 있다. 논문으로는 「이여성의 1930년대 초 농업문제 인식−일제 농업정책 인식과 토지분배상황 인식을 중심으로」(『한국독립운동사연구』 57, 2017), 「1930년대 초 강정택의 금융조합 인식」(『사림』 57, 2016), 「개화기 교과서에 투영된 신체 규율」(『한국독립운동사연구』 67, 2019) 등이 있다.

■ **이병례**(독립기념관 한국독립운동사연구소 연구원)

논문으로는 「아시아−태평양전쟁기 식민지 조선의 건강담론과 노동통제」(『한국사연구』 185, 2019), 「아시아−태평양전쟁기 '산업전사'이념의 형상화와 재현」(『사총』 94, 2018), 「1930년대 초반 식민지 조선의 경제공황과 일상의 균열」(『역사연구』 31, 2016), 「1930년대 초반 생활물가 동향과 물가 인하 운동」(『史林』 54, 2015) 등이 있다.

■ **김인덕**(청암대 간호학과 교수, 재일코리안연구소 소장)

저서로는 『재일조선인 민족교육 연구』(국학자료원, 2016), 『한국현대사와 박물관』(국학자료원, 2018), 『오사카 재일조선인의 역사와 일상』(도서출판 선인, 2020) 등이 있다. 논문으로는 「공간 이동과 재일코리안의 정주와 건강」(『인문과학』 73, 2019), 「역사박물관의 탄생과 현재-한국 현대 사박물관의 새로운 이해를 위하여-」(『글로벌코리안연구』 5, 2019), 「한국현대사와 박물관 전시-전 사와 '한국근현대사' 시점 넘어 보가-」(『세계 역사와 문화연구』 55, 2020) 등이 있다.

■ **성주현**(숭실대학교 한국기독교문화연구원 HK연구교수)

저서로는 『관동대지진과 식민지 조선』(도서출판 선인, 2020), 『근대 신청년과 신문화운동』 (모시는사람들, 2019), 『3·1운동의 역사적 의의와 지역적 전개』(공저, 경인문화사, 2019), 『1919년 3월 1일 그날을 걷다』(공저, 서울역사편찬원, 2019) 등이 있다. 논문으로는 「한 말 사회진화론의 수용과 자강론의 형성」(『시민인문학』 39, 2020), 「대한적십자 요인 이경 희와 이관용의 민족운동」(『한국민족운동사연구』 102, 2020), 「衡平社と天道敎」(『部落解放 研究』 212, 2020) 등이 있다.

■ **정은영**(청암대학교 간호학과 조교수)

논문으로는 「초등학생의 안전실천행위에 영향을 미치는 융합요인」(『한국융합학회』 10(3), 2019), 「간호대학생을 위한 시뮬레이션 기반 재난간호 교육프로그램 개발 및 효과 검증」 (『한국간호시뮬레이션학회』 7(1), 2019), 「한국 노인의 심혈관질환과 치주질환의 관련성 연구」(『한국융합학회』 10(12), 2019), 「개화기 신소설을 통한 건강 표상」(『역사연구』 36, 2019), 「농촌 지역사회 노인의 재난·안전 실천행위 측정도구 개발」(『한국농촌간호학회』 15(1), 2020) 등이 있다.

■ **임종명**(전남대 사학과 교수)

논문으로는 「종전/해방 직후 남한, 인종 중심적 미국상과 反패권적 약소민족 인민 연대의 상 상」(『한국사학보』 78, 2020), 「종전/해방 직후 남한 담론 공간과 미국의 인종적 국가·사회 상」(『역사연구』 37, 2019), 「아시아-태평양 전쟁기, 식민지 조선의 인종 전쟁 담론」(『사총』 94, 2018), 「종전/해방 직후(1945.8~1950.5) 남한 담론 공간과 변경의 미학적 재현」(『역 사연구』 33, 2017), 「해방 공간의 소설과 '서울/비(非)서울'의 표상 체제」(임종명 외 『역사 속의 중앙과 지방』, 엔터, 2011) 등이 있다.

■ **나혜심**(고려대학교 독일어권문화연구소 연구원)

저서로는 『독일로 간 한인여성』(산과글, 2012), 『박정희시대와 파독한인들』(선인, 2013), 『기록으로 보는 해외 한인의 역사(유라시아편)』(국가기록원, 2015) 등이 있다. 논문으로는 「독일로 간 한인 여성노동자의 난민성」(『역사문제연구』, 20-1, 2016), 「A Study of South Korean Migrant Nurses in West Germany from the Perspective of the Catholic Church in Germany」(『독일연구』 37, 2018), 「횡단적 삶의 방식인 이주 그리고 재독 한인의 삶」(『사림』 59, 2017), 「돌봄 노동 이주의 역사적 기원」(『서양사론』 144, 2020) 등이 있다.

■ **하세가와 사오리**(인하대학교 의과대학 박사후연구원)

현재 인하대학교에서 『조선 후기 한일 의학교류사』로 의학박사학위를 받고 의학교육 및 의료인문학과 박사후연구원으로 있다. 대표 논문으로는 「한위건의 초기 생애와 3·1 독립운동 참여 과정 톺아보기 -생애 초기 규명과 경성의학전문학교 특성 고찰을 중심으로」(『일본문화연구』 75, 2020), 「731부대에 대한 민주주의적 '소비'를 넘어서 - 731부대 관련 사진 오용 사례와 조선 관계 자료 검토」(『역사비평』 132, 2020) 등이 있다. 번역서로는 『누구나 알지만 아무도 모르는 731부대』(건강미디어, 2020, 공역)가 있다.

■ **최규진**(인하대학교 의과대학 부교수)

저서로는 『세상의 배경이 된 의사』(건강미디어협동조합, 2018), 『광장에 선 의사들』(이데아, 2017), 『의료, 인권을 만나다』(건강미디어협동조합, 2017, 공저), 『의료 붕괴』(이데아, 2017, 공저), 『한국 보건의료운동의 궤적과 사회의학연구회』(한울, 2016), 『역사 속의 질병, 사회 속의 질병』(솔빛길, 2015, 공저) 등이 있고, 번역서로 『누구나 알지만 아무도 모르는 731부대』(건강미디어, 2020, 공역), 『콜레라는 어떻게 문명을 구했나』(메디치미디어, 2012, 공역)가 있다. 그 밖의 여러 논문을 썼다.

■ **서동주**(서울대학교 일본연구소 조교수)

저서로는 『전후의 탈각과 민주주의의 탈주』(공저, 박문사, 2020), 『재일조선인 자기서사와 문화지리』(공저, 역락, 2018), 『근대지식과 저널리즘』(공저, 소명, 2016), 『전후의 탄생-일본, 그리고 조선이라는 경계』(공저, 그린비, 2013) 등이 있다. 최근 논문으로는 「제국일본의 생명정치와 '황도주의' 우생학-고야 요시오의 '민족생물학'을 중심으로-」(『일본학』, 52, 2020), 「노동을 위한 〈의학〉·국가를 위한 〈위생〉-근대일본의 위생학자 데루오카 기토의 과학적 위생론을 중심으로-」(『역사연구』, 36, 2019) 등이 있다.

■ **박이진**(성균관대학교 동아시아학술원 부교수)

저서로는 『여제의 일본사』(공역, 성균관대학교출판부, 2020), 『아시아의 망령』(성균관대학교출판부, 2015), 『동아시아로부터 생각한다』(공저, 성균관대학교출판부, 2017), 『동아시아 연구, 어떻게 할 것인가』(공저, 성균관대학교출판부, 2016) 등이 있다. 논문으로는 「Re-nationalizing Repatriated Japanese into Post-War Japan: From Imperial Subjects to Post-War Citizens」(『SUNGKYUN JOURNAL OF EAST ASIAN STUDIES』 Vol.20 No.1, 2020), 「일본의 황후 표상과 젠더-천황가의 이미지 정치와 황후의 역할」(『대동문화연구』 108, 2019), 「야나기다 이즈미의 근대문학관-사회사상의 총괄로서의 문학개념」(『일본문화연구』 66, 2018) 등이 있다.